Kohlhammer

Die Autoren

Dr. Thomas Hermsen ist seit 2000 Professor für Soziologie an der Katholischen Hochschule Mainz und leitet das Institut für Forschung und Internationales. Nach dem Studium zum Verwaltungswirt an der Fachhochschule für öffentliche Verwaltung Köln und einer beruflichen Tätigkeit im öffentlichen Dienst folgten u. a. ein Studium der Sozialen Arbeit an der Fachhochschule Düsseldorf und der Soziologie an der Universität Bielefeld. Zu seinen Schwerpunkten in Forschung und Lehre gehören die allgemeine Soziologie, die Organisationssoziologie und die Kinder- und Jugendhilfe.

Dr. Martin Schmid ist seit 2013 Professor für sozialwissenschaftliche Grundlagen sozialer Arbeit an der Hochschule Koblenz. Nach dem Soziologiestudium an der Goethe-Universität Frankfurt arbeitete er u. a. als Drogenberater in Offenbach und als Wissenschaftlicher Mitarbeiter an der Fachhochschule Frankfurt. Zu seinen Schwerpunkten in Forschung und Lehre gehören die Soziologie des Lebenslaufs, die Soziologie sozialer Probleme, Drogen- und Suchtforschung sowie Case Management.

Thomas Hermsen
Martin Schmid

Studienbuch Angewandte Soziologie

Verlag W. Kohlhammer

Für Bettina und Rita

Dieses Werk einschließlich aller seiner Teile ist urheberrechtlich geschützt. Jede Verwendung außerhalb der engen Grenzen des Urheberrechts ist ohne Zustimmung des Verlags unzulässig und strafbar. Das gilt insbesondere für Vervielfältigungen, Übersetzungen, Mikroverfilmungen und für die Einspeicherung und Verarbeitung in elektronischen Systemen.

Die Wiedergabe von Warenbezeichnungen, Handelsnamen und sonstigen Kennzeichen in diesem Buch berechtigt nicht zu der Annahme, dass diese von jedermann frei benutzt werden dürfen. Vielmehr kann es sich auch dann um eingetragene Warenzeichen oder sonstige geschützte Kennzeichen handeln, wenn sie nicht eigens als solche gekennzeichnet sind.

Es konnten nicht alle Rechtsinhaber von Abbildungen ermittelt werden. Sollte dem Verlag gegenüber der Nachweis der Rechtsinhaberschaft geführt werden, wird das branchenübliche Honorar nachträglich gezahlt.

Dieses Werk enthält Hinweise/Links zu externen Websites Dritter, auf deren Inhalt der Verlag keinen Einfluss hat und die der Haftung der jeweiligen Seitenanbieter oder -betreiber unterliegen. Zum Zeitpunkt der Verlinkung wurden die externen Websites auf mögliche Rechtsverstöße überprüft und dabei keine Rechtsverletzung festgestellt. Ohne konkrete Hinweise auf eine solche Rechtsverletzung ist eine permanente inhaltliche Kontrolle der verlinkten Seiten nicht zumutbar. Sollten jedoch Rechtsverletzungen bekannt werden, werden die betroffenen externen Links soweit möglich unverzüglich entfernt.

1. Auflage 2023

Alle Rechte vorbehalten
© W. Kohlhammer GmbH, Stuttgart
Gesamtherstellung: W. Kohlhammer GmbH, Stuttgart

Print:
ISBN 978-3-17-039564-0

E-Book-Formate:
pdf: ISBN 978-3-17-039565-7
epub: ISBN 978-3-17-039566-4

Vorwort

Unter einer angewandten Soziologie wird eine auf Gesellschaft bezogene Wissenschaft verstanden, die theoretisches und empirisches Wissen auf konkrete soziale Zusammenhänge und Alltagserfahrungen ausrichtet. Inhaltlich wird hierbei Bezug genommen auf individuelle Erlebnisse, auf verallgemeinerbare Geschehnisse des Alltags sowie auf gesellschaftliche Ereignisse und steuerungspolitische Herausforderungen. Das Ziel dieser Zugangsweise besteht darin, einen wissensbasierten und zugleich aktuellen Zusammenhang sowohl zur eigenen Lebenswirklichkeit als auch zu allgemeinen Fragestellungen menschlichen Zusammenlebens herzustellen. Im Gegensatz zu traditionellen Einführungen in die Soziologie über ihre Grundbegriffe, Theorien oder Klassiker hat dieser Zugang den Vorteil, dass eine Verknüpfung aus Alltagserfahrungen, lebenspraktischen Bezügen und wissenschaftlichem Erklärungswissen hergestellt wird. Studierende der Soziologie oder vergleichbarer Studiengänge im Haupt- und Nebenfach haben so die Möglichkeit, sich thematisch und zugleich anwendungsbezogen mit ausgewählten relevanten Themen zu beschäftigen. Darüber hinaus können auch Bezüge zur beruflichen Praxis hergestellt werden.

Das Studienbuch fokussiert im *ersten Kapitel* einen lebenslaufbasierten Zugang (► Kap. 1). Unter Bezugnahme auf konkrete Fallkonstellationen in prägenden Lebensphasen wie Kindheit und Jugend, Familie und Erwerbsbiographie werden spezifische Herausforderungen der Persönlichkeitsentwicklung und des gesellschaftlichen Miteinanders in den Blick genommen.

Kapitel 2 konzentriert sich auf das Verhältnis von Individuum und Gesellschaft und greift Themenbereiche wie Körperlichkeit, Identitätsbildung, Gesunderhaltung und Formen sozialer Ausgrenzung am Beispiel der Behinderung auf (► Kap. 2).

Kapitel 3 legt den Schwerpunkt auf Aspekte sozialer Interaktion und Lebensführung, die insbesondere durch den informationstechnologischen Wandel der Moderne grundsätzlich neugestaltet werden bzw. neu zu gestalten sind (► Kap. 3). Stichworte sind hier neue Formen der Informations- und Wissensgenerierung, der medialen Vernetzung, aber auch der Erwerbsarbeit und des Konsums.

In *Kapitel 4* kommen Herausforderungen in den Blick, die sich auf einen globalen sozialstrukturellen Wandel beziehen (► Kap. 4). Themen wie Urbanisierung, Wirtschaft, Migration und globale soziale Ungleichheiten werden überblicksartig behandelt.

Kapitel 5 nimmt Bezug auf aktuelle Herausforderungen und Problemlagen gesellschaftlicher Entwicklung (► Kap. 5). Am Beispiel der Gegenstandsbereiche soziale Probleme, Populismus, Pandemien und Klimawandel wird verdeutlicht, welche Bezüge sich aus einer angewandten Soziologie ergeben.

Eine systematische Einführung in zentrale Themen und Grundbegriffe der Soziologie kann und will das Studienbuch nicht bieten. Das Ziel des Studienbuches besteht in einer übersichtlichen und verständlichen Einführung in ausgewählte Themenfelder der Soziologie. Auf der Basis dieses Einstiegs und Überblicks sollen Studierende in die Lage versetzt werden, sich mit bestimmten Fragestellungen, Teilaspekten und empirischen Befunden während ihres Studiums, z.B. im Rahmen von zu erstellenden Referaten oder Hausarbeiten, vertiefend zu beschäftigen. Die Kapitel bauen daher auch nicht aufeinander auf. Je nach Interesse ist ein selektiver Zugang, ohne Lektüre der vorhergehenden Kapitel, möglich.

Für Lehrende kann das Studienbuch eine hilfreiche Unterstützung zur Strukturierung und inhaltlichen Ausgestaltung von Lehr- und Fortbildungsveranstaltungen sein. Die Texte sind so aufgebaut, dass auf der Grundlage von einleitenden Fallbeispielen und einer historischen Verortung des Gegenstandsbereichs Zugänge zu aktuellen Wissensbeständen und Debatten erschlossen werden. Auf dieser Grundlage können vertiefende Betrachtungen zu einzelnen Teilaspekten einer Thematik erfolgen. Am Ende eines jeden Kapitels finden sich Vorschläge für die weitere Beschäftigung mit den jeweiligen Inhalten. Bei den Fallbeispielen in den Kapiteln handelt es sich um fiktive Geschichten und nicht um Berichte über reale Personen.

Die Autoren danken ganz herzlich den Mitarbeiterinnen und Mitarbeitern des Kohlhammer Verlags für die äußerst hilfreiche und konstruktive Zusammenarbeit. Zu danken ist auch Justin Geißler, der uns bei der Erstellung der Druckvorlage tatkräftig unterstützt hat.

September 2022
Thomas Hermsen & Martin Schmid

Inhalt

Vorwort			5
1	**Lebenslauf, Lebenslage und Sozialstruktur**		**13**
	1.1	Lebenslauf, Biographie und Karriere	13
		1.1.1 Lebensläufe, Familien- und Erwerbsbiographie: Laura, ihr Bruder Max und ihre Großeltern	13
		1.1.2 Alter, Kohorte und Generation	17
		1.1.3 Individualisierung und die De-Standardisierung des Lebenslaufs	21
		1.1.4 Bildung, Erwerbsarbeit und Familie im Lebenslauf	24
	1.2	Kindheit, Jugend und Sozialisation	28
		1.2.1 Lebenswelten des Heranwachsens: Amelie Parker und Jonas Kleber	28
		1.2.2 Historische Kindheiten: Vom europäischen Mittelalter bis zur Industrialisierung	30
		1.2.3 Kindheit(en) in der westlichen Welt: Familie, Schule und Wohlfahrtsstaat	34
		1.2.4 Jugend(en) in der europäischen Moderne: (Aus-)Bildung, Peers und Freizeitgestaltung	39
	1.3	Familie, Partnerschaft und Erziehung	45
		1.3.1 Die moderne Kleinfamilie: Eheleute Reiter und Tochter Andrea	45
		1.3.2 Geschichte der Familie: Vom europäischen Mittelalter zur Industriegesellschaft	47
		1.3.3 Familienformen, Rollenmuster und Beziehungsgeflechte	51
		1.3.4 Partnerschaft, Erziehung und Freizeitgestaltung	56
	1.4	Sozialstruktur, soziale Ungleichheit und Diversität	61
		1.4.1 Formen sozialer Ungleichheit: Kathinka Lasar, Tobias Rückert und Mohammed Al Masry	61
		1.4.2 Klasse, Schicht, soziale Milieus und Lebensstile	66
		1.4.3 Armut, Reichtum und die Rückkehr der Klassen	71
		1.4.4 Geschlecht, Ethnizität und andere Achsen der Ungleichheit	76

2	**Körper, soziale Teilhabe und gesundes Altern**		**79**
	2.1 Körperbilder, Inszenierung und Optimierung		79
		2.1.1 Verkörperung des Sozialen: Familie Dahlberg – schön und glamourös	79
		2.1.2 Geschichte des Körpers: Von der Leibfeindlichkeit zur Selbstoptimierung	80
		2.1.3 Inszenierung und Selbstfindung: jugendlich, makellos und entblößt	83
		2.1.4 Optimierung und Selbstsorge: gesund, kontrolliert und vital	88
	2.2 Behinderung, Reformansätze und Lebensbereiche		95
		2.2.1 Vanessa Pickert – »Ich bin nicht behindert, ich werde behindert.«	95
		2.2.2 Geschichte der Behinderung: Vom Mittelalter bis zur Mitte des 20. Jahrhunderts	97
		2.2.3 Prinzipien und Leitbilder: Normalisierung, Empowerment und Inklusion	101
		2.2.4 Lebenskontexte von Menschen mit Behinderung: Schule, Beruf und Alter	106
	2.3 Gesundheit, Krankheit und das Gesundheitssystem		113
		2.3.1 Das Gesundheitssystem im Stresstest der Pandemie	113
		2.3.2 Gesundheit und Krankheit im historischen Überblick	117
		2.3.3 Verhalten, Verhältnisse und Gesundheitsförderung	123
		2.3.4 Gesundheitssysteme und Gesundheitspolitik in vergleichender Perspektive	127
	2.4 Alter, Altern und die alternde Gesellschaft		130
		2.4.1 Manfred Widmann und Paula Drewes: Altersbilder im Vergleich	130
		2.4.2 Die Lebensphase Alter im historischen Wandel	133
		2.4.3 Demographischer Wandel und die alternde Gesellschaft	137
		2.4.4 Junge Alte, Hochbetagte und die Potenziale des Alters	141
3	**Netzwerkgesellschaft, Digitalisierung und neue Arbeitsstrukturen**		**146**
	3.1 Netzwerke, Digital Divide und Cybercrime		146
		3.1.1 Tendenzen digitaler Vernetzung: Technologie, Ökonomie und Kultur	146
		3.1.2 Digital Divide: Digitale Ungleichheit – Initiativen und Befunde	151
		3.1.3 Cybercrime: Erscheinungsformen, Bekämpfung und Prävention	155
		3.1.4 Cyberlife: Jugend online – Trends und Herausforderungen	159

	3.2	Massenmedien, Journalismus und Öffentlichkeit	164
		3.2.1 Realität der Massenmedien: Luca Folkers in der Multimediagesellschaft	164
		3.2.2 Mediengeschichte: Höhlenbilder, Buchdruck und digitale Medien	166
		3.2.3 Traditionelle Medien und Journalismus: Enthüllungen und Verfehlungen	170
		3.2.4 Digitale Medien und (Teil-)Öffentlichkeiten: Rollenwechsel und Nutzung	174
	3.3	Industrie 4.0, Plattform-Economy und Care Work: Arbeit in postindustriellen Gesellschaften	181
		3.3.1 Smart Factory, Fahrradkurier und Intensivpflege: Beispiele aus der modernen Arbeitswelt	181
		3.3.2 Landwirtschaft, Industrialisierung, Dienstleistungen: ein kurzer geschichtlicher Überblick	185
		3.3.3 Arbeiten 4.0: Digitalisierung, Dezentralisierung, Entgrenzung	191
		3.3.4 Arbeitslosigkeit und Fachkräftemangel: Geht der Gesellschaft die Arbeit aus?	194
	3.4	Konsum 4.0, Freizeit und Erlebniswelten	197
		3.4.1 Konsum 4.0, Freizeit und Erlebniswelten	197
		3.4.2 Mittelalter und Frühe Neuzeit: Feiertage, Geselligkeit und höfische Festkultur	199
		3.4.3 Industrialisierung und Moderne: Volksvergnügen, Warenhäuser und Kommerzialisierung	201
		3.4.4 Empirische Trends: Freizeitgestaltung und Konsumgewohnheiten	204
		3.4.5 Erlebniskonsum 4.0: Hybrides Shopping, Prosuming und neue Geschäftsmodelle	209
4	**Weltwirtschaft, Megacities und Migration**		**214**
	4.1	Wachstum, Internationalisierung und Wohlstandsmehrung	214
		4.1.1 Grundlagen des Wirtschaftens: Märkte, Zahlungsmittel und staatliche Regulierung	214
		4.1.2 Europäische Wirtschaftsgeschichte: Handel, Territorialstaaten und Kolonialismus	221
		4.1.3 Globalisierung und Weltwirtschaft: Entgrenzung, Vernetzung und Verdichtung	228
		4.1.4 Ungelöste Probleme: Verteilungsgerechtigkeit und Externalisierung	234
	4.2	Urbanisierung, soziale Ungleichheit und ökologische Nachhaltigkeit	241
		4.2.1 Global Cities und Megastädte: Aktuelle Entwicklungen im Überblick	241
		4.2.2 Geschichte der europäischen Stadt: Vom Mittelalter bis zur modernen Großstadt	244

	4.2.3	Sozialraum und soziale Ungleichheit: Segregation, Gentrifizierung und Exklusion	250
	4.2.4	Nachhaltige Stadtentwicklung: Ökonomie, Ökologie und urbane Sicherheit	257
4.3		Migration, Integration und Postmigrationsgesellschaften	266
	4.3.1	Von der Migration zum Migrationshintergrund – ein Überblick	266
	4.3.2	Eckpunkte der Migrationsgeschichte in Deutschland seit 1945	271
	4.3.3	Politische Steuerung, Religion und Rassismus	277
	4.3.4	Assimilation, Integration und die Postmigrationsgesellschaft	280
4.4		Globale Ungleichheiten, Entwicklung und Postkolonialismus	283
	4.4.1	Soziale Lagen, Weltgesellschaft und Nationalstaaten	283
	4.4.2	Ungleichheit zwischen Staaten, innerhalb von Staaten und in der Weltgesellschaft	287
	4.4.3	Von Modernisierungstheorien zum Postkolonialismus	291
	4.4.4	Ungleichheiten und Kontextrelationen	295

5 Aktuelle Herausforderungen angewandter Soziologie – eine Auswahl ... **300**

5.1		Soziale Probleme, Sozialpolitik und soziale Dienste	300
	5.1.1	Von der Sozialen Frage zur Soziologie sozialer Probleme	302
	5.1.2	Soziale Probleme, Inklusion und Exklusion	306
	5.1.3	Sozialpolitik, Soziale Arbeit und die Sozialwirtschaft	308
5.2		Demokratie, Populismus und Autoritarismus	311
	5.2.1	Demokratisierung und Autokratisierung	311
	5.2.2	Funktionale Differenzierung, politisches System und Inklusion	316
	5.2.3	Öffentlichkeit, Diskurs und Digitalisierung	318
	5.2.4	Populismus und Autoritarismus	321
5.3		Corona-Krise, Risikopolitik und Verschwörungstheorien	324
	5.3.1	Seuchen, Pandemien und ihr gesellschaftlicher Umgang	324
	5.3.2	Corona-Krise, fachliche Expertise und Risikopolitik	329
	5.3.3	Querdenkende, Verschwörungstheorien und Aluhüte	335
5.4		Anthropozän, Fridays for Future und globale Klimapolitik	337
	5.4.1	Natur, Umwelt und Gesellschaft	337
	5.4.2	Anthropozän, Ökologie und Nachhaltigkeit	341
	5.4.3	Soziale Bewegungen und Fridays for Future	345
	5.4.4	Klimapolitik, Weltklimagipfel und internationale Beziehungen	347

Stichwortverzeichnis ... **351**

Literatur **354**

1 Lebenslauf, Lebenslage und Sozialstruktur

1.1 Lebenslauf, Biographie und Karriere

1.1.1 Lebensläufe, Familien- und Erwerbsbiographie: Laura, ihr Bruder Max und ihre Großeltern

Laura Schneider studiert im dritten Semester Soziale Arbeit. Zusammen mit ihrem Bruder Max, der gerade ein Medieninformatikstudium begonnen hat, war sie am Wochenende beim 75. Geburtstag ihrer Großmutter Renate. Wie immer bei solchen Anlässen wurde viel von früher erzählt, und Laura und Max haben sich während der Heimfahrt noch lange darüber unterhalten, wie sich ihr Leben vom Leben ihrer Großeltern unterscheidet.

Renate Schneider wurde kurz nach dem Ende des Zweiten Weltkriegs geboren und 1953 in der katholischen Volksschule eingeschult, von der sie später aufgrund guter Leistungen auf die Mädchenmittelschule wechselte. Nach der Mittleren Reife arbeitete sie als Büroangestellte in der Personalabteilung des neu eröffneten Bochumer Opelwerks. Dort lernte sie auch den Großvater von Laura und Max, Werner Schneider, kennen, der in der Lackiererei arbeitete. Bei der Heirat war sie 20, und als sie zwei Jahre später mit Lauras Vater schwanger war, kündigte sie bei Opel und wurde Hausfrau und Mutter. Bei der Geburtstagsfeier hatte sie erzählt, dass das damals bei allen jungen Paaren so war. In den 1970er Jahren verdiente Werner bei Opel genug, um alleine die Familie zu versorgen und aus der Mietwohnung in ein Reihenhaus umziehen zu können. Als die Kinder mit der Schule fertig waren, wollte Renate wieder arbeiten, aber für einen neuen Bürojob hatte sie zu lange pausiert. Von 1990 bis zur Rente arbeitete sie halbtags an der Kasse im Supermarkt. Werner wurde nach 44 Jahren Betriebszugehörigkeit mit 60 Jahren mit einer Abfindung in den Vorruhestand geschickt. Immerhin: Die Geburtstagsfeier hat bestimmt eine Menge Geld gekostet. Neben den Verwandten waren auch viele ehemalige Kollegen eingeladen, v.a. von der Gewerkschaft, in die Werner Schneider schon als Auszubildender eingetreten war. Und regelmäßige Urlaube leisten sich die Großeltern auch – also scheint die Rente gar nicht so schlecht zu sein.

Laura und Max haben die Erzählungen ihrer Großeltern mit ihrem bisherigen Leben verglichen: In dem Alter, in dem sie zu studieren angefangen haben, hatten die Großeltern bereits geheiratet, und zwei Jahre später war das erste Kind da. Laura plant, nach dem Bachelor noch ein Masterstudium anzuschließen und will auf jeden Fall für ein oder zwei Jahre ins Ausland gehen. Kinder will sie später vielleicht auch haben, aber sie kann sich nicht vorstellen, dafür dauerhaft auf einen Job zu verzichten. Max findet die Vorstellung, über 40 Jahre in der gleichen Firma zu arbeiten, nicht nur extrem langweilig, sondern auch heutzutage völlig unrealistisch! Aus seiner WG kennt er viele Geschichten von wechselnden Praktika und befristeten Verträgen. Dass man mehr als 50 Jahre Beiträge an eine Gewerkschaft zahlt, leuchtet ihm auch nicht ein. Allerdings wissen Max und Laura auch, dass sie auf jeden Fall länger als ihre Großeltern arbeiten müssen – und dass es dann noch eine Rente gibt, von der man leben kann, können sie sich kaum vorstellen. Am Ende hat sich Laura gefragt: Was hat sich eigentlich geändert – sind wir anders als unsere Großeltern oder haben sich die Strukturen geändert, in denen wir leben?

Laura hat recht: Die Lebensläufe haben sich in den letzten Jahrzehnten deutlich verändert. Blickt man noch länger zurück, so zeigt sich ein noch größerer Wandel.

In vorindustriellen agrarischen Gesellschaften war nicht nur die durchschnittliche Lebenserwartung wesentlich kürzer als heute. Hinzu kam, dass der Tod in jedem Alter drohte. Die Säuglingssterblichkeit war hoch, und auch wer die frühe Kindheit überlebt hatte, war stets der Gefahr von Krankheiten, Missernten und Hungersnöten, Krieg und anderen Katastrophen ausgesetzt. Wie lange das Leben dauerte und wie das Leben verlief, war zu einem großen Anteil von Zufällen und äußeren Ereignissen abhängig. Zu welchem Stand man gehörte, war durch die Geburt festgelegt und kaum durch eigenes Handeln veränderbar. Kinder mussten früh bei der Arbeit auf dem Feld mithelfen, und Wissensvermittlung, Bildung und die Weitergabe beruflicher Kenntnisse erfolgte innerhalb des Familienverbundes. Eheschließung, Familiengründung und der Erwerb von Besitz war für große Teile der Bevölkerung gar nicht möglich. Wer zu alt oder zu krank zum Arbeiten war, war wiederum auf die Unterstützung anderer Familienmitglieder angewiesen. Insgesamt waren Lebensläufe in vorindustriellen Gesellschaften dadurch gekennzeichnet, »dass das Einzelleben für weite Teile der Gesellschaft eingebettet war in das an die Scholle gebundene Familienschicksal« (Mayer 1998, 448). Zwar gab es auch in vorindustriellen Gesellschaften Darstellungen des Lebenszyklus von der Geburt bis zum Tod, aber Lebensphasen wie Kindheit, Erwachsenenleben und Alter waren weniger klar strukturiert, weniger voneinander abgegrenzt und die Übergänge zwischen den Lebensphasen variierten je nach individuellem Schicksal.

Diese Lebensphasen, in die wir heute wie selbstverständlich Lebensläufe aufteilen, entwickelten sich erst im Übergang zur Industriegesellschaft. Verbesserte hygienische Verhältnisse, Steigerungen der Nahrungsmittelproduktion und Verbesserungen in der medizinischen Versorgung führten zu einem Anstieg der Lebenserwartung und damit auch zu einer größeren Vorhersehbarkeit in Bezug auf den weiteren Lebensverlauf. Die tatsächliche Durchsetzung der allgemeinen Schulpflicht verstärkten die Ausdifferenzierung einer eigenständigen Lebensphase Kindheit auch über das Bürgertum hinaus. Neue industrielle Berufsbilder erforderten verlängerte Schulzeiten und neue Formen der beruflichen Ausbildung, die wesentlich zur Entstehung der Lebensphase Jugend beitrugen.

In der Industriegesellschaft wurde dann für männliche Erwachsene entlohnte Erwerbstätigkeit (inklusive Phasen erzwungener Arbeitslosigkeit) zum dominierenden Strukturelement ihres Lebenslaufs. Frauen waren mindestens bis zur Eheschließung auf dem Arbeitsmarkt aktiv, an die sich rasch die Geburten und eine längere Phase der Versorgung und Betreuung der Kinder anschloss. Parallel dazu entstand der moderne Wohlfahrtsstaat, der mit Krankenversicherung (ab 1883), Unfallversicherung (ab 1884), Invaliditäts- und Altersversicherung (ab 1889), Reichsjugendwohlfahrtsgesetz (ab 1922), staatlicher öffentlicher Fürsorge (ab 1924) und schließlich der Arbeitslosenversicherung (ab 1927) bei immer mehr Risiken im Lebenslauf finanzielle Unterstützung und staatliche Regulierungen vorsah. Die Altersversicherung wurde anfangs erst ab dem 70. Lebensjahr (das die wenigsten Versicherten damals erlebten) und nur als »Sicherheitszuschuss zum Lebensunterhalt« gezahlt. Doch mit einem immer weitere Bevölkerungsgruppen umfassenden Altersversicherungssystem begann die Ausdifferenzierung der Lebensphase »Ruhestand«, die gerade dadurch gekennzeichnet ist, dass man nicht mehr erwerbstätig sein musste.

Hinter diesen Umbrüchen wird ein dreigeteilter Lebenslauf (vgl. Kohli 1985) erkennbar, der aus einer Qualifizierungs- und Ausbildungsphase (Kindheit und Jugend), einer Erwerbsphase (Erwachsenenalter) und dem Ruhestand (Alter) besteht. Während die Qualifizierungsphase wesentlich vom Bildungssystem dominiert wird, steht in der mittleren Lebensphase der Arbeitsmarkt mit allen damit verbundenen sozialpolitischen Regulierungen und Organisationen im Mittelpunkt. Im Ruhestand sind die Alterssicherungssysteme der zentrale Referenzpunkt.

Männer und Frauen verknüpfen in der Industriegesellschaft Familiengründung und Kinderbetreuung sehr unterschiedlich mit der Erwerbsphase, wodurch sich geschlechtsspezifische Lebensläufe herausbilden. Während Männern die Rolle des Familienernährers zugewiesen und damit die Bedeutung der Erwerbsarbeit verstärkt wird, wird von Frauen erwartet, für die Familienarbeit wie die Versorgung und Betreuung der Kinder (und später der eigenen Eltern) die Erwerbsbiographie zu unterbrechen und eigene Karriereambitionen zurückzustellen (vgl. Krüger 1995).

Für Kohli (1985; 2003) wird in modernen Gesellschaften der Lebenslauf selbst zur Institution. Einerseits wird der Lebenslauf immer stärker normiert und standardisiert. Andererseits wirkt dieser normierte und standardisierte Lebenslauf immer stärker normierend auf die Individuen ein, sich an dieser vorgegebenen Struktur zu orientieren. In der Industriegesellschaft wird die Regulierung der Abfolge der einzelnen Sequenzen im Lebensverlauf – von der Geburt im Krankenhaus über die Betreuung in der Kindertagesstätte, der Einschulung, dem Übergang in Berufsausbildung oder Studium, dem Eintritt in den Arbeitsmarkt, Phasen der Erwerbslosigkeit, den Austritt aus dem Arbeitsmarkt und den Beginn des Ruhestandes bis hin zu Pflegebedürftigkeit und dem Tod – immer umfassender. Gleichzeitig werden die lebensweltlichen Sinnwelten und Erwartungen, innerhalb derer Individuen handeln, immer stärker von diesem vermuteten Normallebenslauf strukturiert. So enthält der institutionalisierte Lebenslauf etwa allgemein geteilte Erwartungen, in welcher Lebens- oder Altersphase bestimmte Ereignisse wie z. B. der Beginn der Berufstätigkeit oder die Familiengründung zu erfolgen haben. An solchen allgemein geteilten Erwartungen orientieren Menschen dann wiederum ihr

Handeln. Der Lebenslauf wird damit für Kohli zu einer eigenständigen gesellschaftlichen Strukturdimension, die die Gestalt eines Lebenslaufregimes annimmt.

Dem widerspricht nicht, dass Menschen ihre biographischen Entscheidungen – welche Schule sie besuchen (oder auch nicht), ob und wie viele Kinder sie haben wollen (oder auch nicht), welchen Job sie annehmen (oder auch nicht), welches Modell zur Koordination von Erwerbsarbeit und Familienarbeit sie für sich wählen – nach ihren individuellen Präferenzen und Erwartungen treffen und damit ihre individuelle Biographie durchaus auch in Abweichung von einer vermuteten Normalbiographie gestalten. Im Lebenslauf verschränken sich gesellschaftliche Strukturen (die Makroebene der Gesellschaft) und individuelle Handlungen (die gesellschaftliche Mikroebene) zu einer »Koproduktion sozialstruktureller Bedingungen und individueller Handlungen im Zeitablauf« (Heinz/Sackmann 2020, 248). Menschen treffen individuelle biographische Entscheidungen innerhalb der Strukturbedingungen, die u. a. von jeweils dominierenden Lebenslaufregimes vorgegeben werden. Ihre Handlungsfähigkeit muss in Relation zu den sie umgebenden Strukturen verstanden werden. Gleichzeitig beeinflussen sie durch ihre Handlungen – welche Berufe sie z. B. ausüben, wie viele Kinder sie zur Welt bringen, wie sie Familien- und Erwerbsleben miteinander kombinieren – die Weiterentwicklung dieser Strukturen. Individuelle Lebensläufe sind dann »das (kontingente) Resultat eines komplexen structure-agency-Zusammenspiels über die Zeit« (Wingens 2020, 122).

Lebenslauf

Im alltäglichen Sprachgebrauch bezeichnet der Begriff Lebenslauf meist eine strukturierte Darstellung über bisherige Bildungsabschlüsse und Berufstätigkeiten, die im Rahmen eines Bewerbungsverfahrens für eine neue Stelle oder für die Aufnahme in einer bestimmten Organisation verfasst werden muss. Der soziologische Begriff des Lebenslaufs geht darüber hinaus und bezieht sich auf die historisch und kulturell durchaus unterschiedlichen Regelsysteme, die die Abfolge von Ereignissen, Lebensabschnitten und Übergängen in verschiedenen gesellschaftlichen Teilbereichen wie etwa der Familie, dem Bildungssystem oder der Erwerbsarbeit strukturieren und miteinander verknüpfen. Handlungen, Ereignisse und Episoden (z. B. die Bewerbung auf eine Stelle und die Zu- oder Absage durch den Arbeitgeber oder das Zusammenziehen mit der Partnerin, die Geburt des ersten Kindes und die Elternzeit) verknüpfen sich in der Biographie zu einem subjektiven »Erfahrungs- und Handlungszusammenhang« (Kohli 2018, 261). Da damit auch der Wechsel von Positionen in verschiedenen gesellschaftlichen Bereichen verbunden ist (etwa von der studentischen Hilfskraft zur wissenschaftlichen Mitarbeiterin und Fachreferentin oder vom Ersatzspieler zum Stammspieler im örtlichen Fußballverein) lassen sich Lebensläufe auch als unterschiedliche Karrieren – hier die Berufskarriere, dort die Karriere im Freizeitsport – beschreiben.

In der empirischen Forschung zu Lebensläufen lassen sich zwei Theorie- und Methodenstränge unterscheiden. Die Lebenslaufanalyse untersucht typische Abfolgen von Ereignissen, Übergängen und Positionen über die Zeit bei größeren Gruppen von Individuen und nutzt dafür umfangreiche und komplexe quantitative Methoden. Die Biographieforschung »setzt in ihren Untersuchungen an individuellen Lebensläufen an«, »bemüht sich um die Rekonstruktion der Lebensgeschichte der Befragten« (Kelle/Kluge 2001, 13) und greift dazu auf qualitative Verfahren zurück. In den letzten zwei Jahrzehnten haben Forschungsansätze an Bedeutung gewonnen, die auf eine Kombination und Integration dieser beiden Stränge zielen (Kluge/Kelle 2001). Für Lebenslauf- und Biographieforschung gleichermaßen gilt, dass sie weniger an der Analyse von Zuständen als vielmehr an Verläufen und Entwicklungen über die Zeit interessiert sind.

1.1.2 Alter, Kohorte und Generation

Den drei Begriffen Lebenslauf, Biographie und Karriere gemeinsam ist die Bedeutung der zeitlichen Dimension, wobei sich mehrere Zeitebenen unterscheiden lassen. Es geht zum einen um den biologischen Alternsprozess im Verlauf des Lebens und es geht darüber hinaus um biographische Zeiterfahrungen im Sinne von Erinnerungen an Vergangenes in der Biographie und Erwartungen für die Zukunft. Entscheidungen, Handlungen und Entwicklungen in früheren Lebensphasen beeinflussen die Handlungsmöglichkeiten in späteren Phasen. So können etwa vorhandene oder nicht vorhandene Bildungsabschlüsse spätere Berufskarrieren ermöglichen oder limitieren. Gleichzeitig können Erwartungen an spätere Entwicklungen wie etwa die Familiengründung zeitlich vorgelagerte Entscheidungen z. B. bei der Berufswahl beeinflussen. Hinzu kommen historische Zeitdimensionen (wie im Beispiel von Laura und ihren Großeltern, ▶ Kap. 1.1.1) und institutionelle Zeithorizonte, die z. B. für die Schulpflicht oder den Eintritt in den Ruhestand gelten.

Mit dem chronologischen Alter wird der Alterungsprozess messbar gemacht und in Jahre, Monate, Wochen etc. untergliedert. Dass Menschen exakt wissen, wie alt sie und die Menschen um sie herum sind, ist keine Selbstverständlichkeit. Dazu sind schriftliche Dokumente wie Geburtsregister und Geburtsurkunden erforderlich. Bedeutsam wird das Wissen um sein chronologisches Alter dann, wenn Altersnormen bestimmte Handlungen und Erwartungen an ein festgelegtes Alter knüpfen, wie das etwa im Konzept der Volljährigkeit geschieht. Manche dieser Altersnormen sind gesetzlich fixierte starre und verbindliche Normen (wie z. B. das Mindestalter für den Erwerb des Führerscheins), andere sind eher flexible und nach unterschiedlichen Kontexten auch unterschiedlich ausgeprägte Kann-Erwartungen (wie etwa Vorstellungen darüber, ab welchem Alter ältere Menschen nicht mehr Auto fahren sollten). Sackmann definiert das soziale Alter als »ein durch gesellschaftliche Kategorien und Normen bestimmtes Bündel an Erwartungen von Altersstatus und Altersrollen, die an das Individuum herangetragen werden, von diesem verinnerlicht werden und im Handeln transformiert werden« (Sackmann 2013, 35).

Altersnormen und das soziale Alter haben einen wesentlichen Einfluss auf den Lebenslauf, geben sie doch vor, wann im Lebenslauf welche Handlungen und Übergänge erwartet werden. Wiederum kann zwischen verbindlichen Muss-Erwartungen (wie etwa den U-Untersuchungen in der Kindheit, dem Beginn und Ende der Schulpflicht, den Strafmündigkeitsgrenzen, sozialrechtlichen Altersgrenzen wie z. B. beim BAföG oder – auf der anderen Seite des Lebenslaufs – beim Rentenbeginn) und Soll- oder Kann-Erwartungen wie etwa dem Auszug Jugendlicher aus dem Elternhaus, der ersten Partnerschaft oder der Familiengründung differenziert werden. Besonders dicht ist die Abfolge solcher Altersnormen in der Kindheit und in der Jugend. In Anlehnung an die Entwicklungspsychologie haben Hurrelmann und Quenzel daraus das Konzept sozialer Entwicklungsaufgaben entwickelt.

> »Entwicklungsaufgaben beschreiben die für die verschiedenen Altersphasen typischen körperlichen, psychischen und sozialen Anforderungen und Erwartungen, die von der sozialen Umwelt an Individuen der verschiedenen Altersgruppen herangetragen werden und/oder sich aus der körperlichen und psychischen Dynamik der persönlichen Entwicklung ergeben« (Hurrelmann/Quenzel 2016, 24).

Die Übergänge zwischen den Lebensphasen Kindheit, Jugend, Erwachsenenalter und Alter ergeben sich dann weniger aus verbindlichen Altersnormen als vielmehr aus der Bewältigung der mit der jeweiligen Lebensphase verbundenen Entwicklungsaufgaben. Wie starr und für alle verbindlich oder flexibel und individuell unterschiedlich diese Entwicklungsaufgaben und die Übergänge zwischen den Altersphasen sind, unterscheidet sich zwischen einzelnen Gesellschaften und Zeitepochen. Je nach Gesellschaft und Zeit werden Übergänge zwischen Altersphasen und innerhalb der einzelnen Altersphase mehr oder weniger deutlich durch entsprechende Übergangsrituale markiert und öffentlich gestaltet. So sind z. B. in Deutschland Abschlussfeiern zum Abitur oder zum Bachelor seit vielen Jahren wieder beliebte Rituale, zu deren Durchführung Organisationskommitees gegründet und Budgetpläne erstellt werden.

Wie sehr Altersnormen und alterstypische Ereignisse und Handlungen dem sozialen Wandel unterliegen, lässt sich am Beispiel der Familiengründung zeigen. In den 1960er und 1970er Jahren des letzten Jahrhunderts waren Frauen bei der Geburt des ersten Kindes im Durchschnitt zwischen 24 und 25 Jahre alt – auch Lauras Großmutter Renate aus dem Beispiel vom Anfang des Kapitels (▶ Kap. 1.1.1). Seither ist das Durchschnittsalter bei der Geburt des ersten Kindes kontinuierlich gestiegen und liegt inzwischen bei etwa 30 Jahren. Früher geborene Frauen haben also früher Kinder zur Welt gebracht als später geborene Frauen.

Die Lebenslaufforschung unterscheidet zwischen Alterseffekten und Kohorteneffekten. Mit dem Begriff der Geburtskohorte werden alle bezeichnet, die im gleichen Jahr geboren worden sind. Man kann also formulieren: Die Geburtskohorten der um 1950 geborenen Frauen waren bei der Geburt des ersten Kindes jünger als die Geburtskohorten der um 1990 geborenen Frauen. Daraus lässt sich dann auch ableiten, dass sich am Vergleich verschiedener Alterskohorten der – wodurch auch immer verursachte – soziale Wandel ablesen lässt. Kohorten müssen nicht über Geburtsjahrgänge definiert werden, auch andere Ereignisse wie der schon erwähnte Schulabschluss können Kohorten definieren. Verglichen werden können dann z. B. verschiedene Abiturjahrgänge.

> **Kohortenanalyse**
>
> Die Kohortenanalyse, also der Vergleich verschiedener Kohorten, ist in der Lebenslaufforschung und in der Soziologie ganz allgemein eine klassische Form der Erforschung des sozialen Wandels.

Der Beginn der COVID-19-Pandemie im Frühjahr 2020 hat nicht nur die Abiturfeiern, sondern auch den Unterricht und die Lehre an Schulen und Hochschulen kurzfristig völlig verändert. Der übliche Präsenzunterricht musste kurzfristig auf Online-Unterricht und später dann auf Wechselunterricht und andere Organisationsformen umgestellt werden. Die COVID-19-Pandemie hat massiv in die Lebensläufe von Menschen aus allen Altersklassen eingegriffen: Kinder konnten nicht mehr wie gewohnt in die Kita und die Grundschule gehen, jugendliche Gymnasiastinnen und Gymnasiasten mussten ihr Abitur nach Monaten der Distanzlehre schreiben (und auf die Abiturfeier verzichten), erwachsene Berufstätige konnten ihre Berufe etwa in der Gastronomie nicht mehr ausüben und alte Menschen durften im Pflegeheim plötzlich nicht mehr von ihren Angehörigen besucht werden. Der Beginn der Pandemie hat also alle Altersgruppen betroffen und alle Geburtskohorten, aber in unterschiedlichen Phasen ihres Lebenslaufs. »Personal-biographische Veränderungen«, die als Reaktionen auf ein solchermaßen »gravierendes historisches Ereignis« (Wingens 2020, 80) interpretiert werden können, werden Periodeneffekte genannt.

Will man also etwa Bildungserfolge von Schülerinnen und Schülern untersuchen, kann zwischen Alterseffekten (sechsjährige Grundschülerinnen und -schüler lernen anders als 18-jährige Abiturientinnen und Abiturienten), Kohorteneffekten (heutige Grundschülerinnen und -schüler unterscheiden sich in vielerlei Hinsicht von Grundschulklassen 1970) und Periodeneffekten (z. B. Distanzunterricht durch die COVID-19-Pandemie) unterschieden werden.

Diese Unterscheidung zwischen Alters-, Kohorten- und Periodeneffekten ist in der Theorie recht einleuchtend, in der Praxis und in empirischen Studien aber oftmals nicht trennscharf herauszuarbeiten. So ist aus der aktuellen Befragung der Bundeszentrale für gesundheitliche Aufklärung (BZgA) zum Drogenkonsum von Jugendlichen bekannt, dass der Anteil der Zigarettenraucherinnen und -raucher von knapp einem Prozent bei den 12- und 13-Jährigen auf knapp 24 Prozent bei den 18- bis 19-Jährigen steigt (vgl. Orth/Merkel 2020, 22). Das ist ein klarer Alterseffekt, der zeigt, dass der Beginn des Rauchens in die Lebensphase Jugend fällt und mit steigendem Alter dann immer mehr Jugendliche mit dem Rauchen anfangen. Da diese Befragungen seit rund 30 Jahren in vergleichbarer Form durchgeführt werden, wissen wir allerdings auch, dass der Anteil der Raucherinnen und Raucher unter Jugendlichen und jungen Erwachsenen seit Jahren rückläufig ist. Das sieht nach einem klassischen Kohorteneffekt aus, der darauf zurückzuführen ist, dass später geborene Kohorten weniger häufig rauchen als früher geborene Kohorten. Doch wie stark ist dabei der Periodeneffekt, der mit dem Hochsetzen der Altersgrenze für das Rauchen von 16 auf 18 Jahre im Jugendschutzgesetz und der Einführung mehrerer Nichtraucherschutzgesetze im Jahr 2007 verknüpft ist? Und noch etwas muss berücksichtigt werden: Mit Alters-, Kohorten- und Periodeneffekten alleine lassen sich die Daten zum Rauchen von Jugendlichen keineswegs hinreichend beschreiben. Hinzu kommen z. B. statistische Unterschiede bei der Frage nach dem Rauchen zwischen Mädchen und Jungen (die über die Zeit eher abgenommen haben) und zwischen verschiedenen Schularten. Und die jeweils individuellen Gründe, warum jemand mit dem Rauchen anfängt oder nicht, sind nur über qualitative Verfahren zugänglich.

Der Kohortenbegriff ist klar definiert und in empirischen Studien auch gut operationalisierbar. Deutlich komplizierter verhält es sich mit dem Generationenbegriff. Der klassische Text zum »Problem der Generationen« stammt aus dem Jahr 1928 und wurde von Karl Mannheim (1893–1947) verfasst, der damit ein Verständnis von Generationen begründete, das sich bis heute gehalten hat. Mannheim ging davon aus, dass junge Menschen, die in der gleichen historischen Zeit in einer Gesellschaft aufwachsen, ähnliche prägende Erfahrungen machen und sich daraus ein »natürliches« Weltbild entwickelt, das sich vom Weltbild anderer Zeiten unterscheidet. Das reicht aber Mannheim zufolge noch nicht aus, damit sich aus dieser »Generationslagerung« auch ein tatsächlicher »Generationszusammenhang« entwickelt. Dazu kommt für ihn noch eine »Verbundenheit« durch die Partizipation an »gemeinsamen Schicksalen« und Kollektivereignissen hinzu. Generationen sind also – folgt man Mannheim – mehrere nah beieinanderliegende Alterskohorten innerhalb einer räumlich gebundenen Gesellschaft, die in ihrer Jugend ähnlich prägende Erfahrungen gemacht haben und durch schicksalhafte Erlebnisse verbunden sind. Der Wechsel von einer Generation zur nächsten erfolgt in Zeiten beschleunigten sozialen Wandels schneller, wenn die zeitlichen Erfahrungszusammenhänge, die junge Menschen in diesem Sinn prägen, und die schicksalhaften Ereignisse sich schneller ablösen. In Zeiten verlangsamten sozialen Wandels verlangsamt sich auch die Generationenfolge, wodurch mehr Geburtskohorten zur gleichen Generation gehören. Damit löste sich Mannheim von der gängigen Vorstellung, dass eine Generation aus einer festgelegten Zahl von Geburtskohorten bestand. Umgekehrt ergibt sich sozialer Wandel geradezu dadurch, dass gemeinsame Erfahrungen und schicksalhafte Erlebnisse in der Jugend jeweils neue Generationen mit einem eigenen Weltbild hervorbringen können, die dann später die Generation davor als »Kulturträger« ablösen.

So nachvollziehbar dieses sehr einflussreiche und grundlegende Konzept von Mannheim auch klingt, zeigen sich doch etliche Unschärfen in der praktischen Anwendung etwa in der empirischen Sozialforschung. Für junge Männer, die den Ersten Weltkrieg als Soldaten erlebt haben, mag die Vorstellung von verbindenden schicksalhaften Erlebnissen noch zutreffen, wobei es durchaus einen Unterschied machte, in welcher Position man am Krieg teilgenommen hatte. Während des Nationalsozialismus und im Zweiten Weltkrieg unterschieden sich die Schicksale verschiedener Täter- und Opfergruppen diametral voneinander, so dass daraus kaum ein gemeinsames Generationenverständnis und Weltbild ableitbar wäre. In der Nachkriegszeit machte Schelsky (1957) den Begriff der »skeptischen Generation« für junge Menschen in Westdeutschland zwischen 1945 und 1955 populär, die ihre frühen und in Mannheims Sinn prägenden Jahre während der Zeit des Nationalsozialismus verbracht hatten. Gut zehn Jahre später entstand dann das Label der »68er Generation«, mit dem die protestierenden Studierenden der späten 1960er und frühen 1970er Jahre bezeichnet wurden. Dabei bleibt außen vor, dass der größte Teil der jungen Menschen »1968« gar nicht studierte, und selbst unter den Studierenden waren die in der Studentenbewegung aktiven nur eine Minderheit.

Der nächste Generationenbegriff kam dann aus den USA, wo mit dem Begriff der »Baby Boomer« die geburtenstarken Jahrgänge bezeichnet wurden. In Deutschland waren das die Geburtsjahrgänge von Mitte der 1950er bis Ende der 1960er Jahre, die zumindest die Erfahrung teilten, überall – ob in Schule, Ausbildung, Universität oder bei der Arbeitsplatzsuche – viele gewesen zu sein. Wie sich daraus dann aber ein Generationenzusammenhang oder gar kollektive Lebensläufe ergeben sollen, bleibt unklar. Seither werden insbesondere im Feuilleton immer neue Generationen ausgerufen, bei denen das die jeweilige Generation konstituierende gemeinsame Ereignis oder »Schicksal« eher im Verborgenen bleibt. Das gilt für die Generation X, Y und Z ebenso wie für die Generation der Millennials oder die »Generation Praktika«. Interessant ist, dass die historischen Ereignisse von 1989/90 – der Fall der Mauer, das Ende der DDR und der Beitritt der ostdeutschen Länder zur Bundesrepublik – bislang nicht zu neuen Generationsetiketten geführt haben, was wohl daran liegen könnte, dass diese kollektiven Erfahrungen die Lebensläufe der Menschen im Osten zwar dramatisch, die der Menschen im Westen hingegen nur bedingt beeinflusst haben. Ob irgendwann die »Generation Corona« ausgerufen wird, bleibt abzuwarten. In der Lebenslaufforschung findet sich jedenfalls weitaus häufiger der nüchterne, allerdings auch eher theorielose Begriff der Geburtskohorte als der vielfach aufgeladene Generationenbegriff.

1.1.3 Individualisierung und die De-Standardisierung des Lebenslaufs

Der dreigeteilte Lebenslauf mit Qualifizierungs- und Ausbildungsphase (Kindheit und Jugend), Erwerbsphase (Erwachsenenalter) und dem Ruhestand (Alter) entwickelt sich mit der Industriegesellschaft, setzt sich in den industrialisierten Nachkriegsgesellschaften immer stärker durch und wird in den 1960er Jahren des letzten Jahrhunderts zu einem »Regelsystem der zeitlichen Dimension des Lebens« (Wingens 2020, 152), an dem sich sowohl die Individuen als auch die Gesellschaft immer stärker orientieren. Während der Blütezeit dieses Lebenslaufregimes in den 1950er bis 1970er Jahren waren zentrale Phasen und Übergänge für den Einzelnen und die Einzelne erwartbar und wurden in der Folge auch von den Individuen erwartet.

Für die Bundesrepublik Deutschland zeichnete sich dabei folgendes Phasenmodell ab: Die frühe Kindheit wurde überwiegend zu Hause und dort bei den Müttern verbracht. Im sechsten Lebensjahr erfolgte dann die Einschulung, in den 1950er Jahren meist noch in die geschlechts- und konfessionsgetrennte Volksschule, die dann allmählich von der koedukativen staatlichen Grundschule abgelöst wurde. In den 1950er Jahren war die Volksschule die Regelschule und nur wenige Kinder besuchten mittlere oder höhere Schulen. Mit dem Ausbau des Bildungssystems ab den 1960er Jahren wechselten die Kinder dann nach vier Jahren innerhalb des dreigliedrigen Schulsystems auf die Hauptschule, die Realschule oder ins Gymnasium. Mit diesen Entscheidungen waren sich stark unterscheidende weitere Lebensläufe und Karrieren verbunden, zwischen denen nur schwer gewechselt werden konnte. Auf die Schule folgte eine Ausbildung oder ein Studium und danach – bei den Männern unterbrochen durch die von 1956 bis 2010 geltende Wehrpflicht – der schnelle Eintritt ins Berufsleben.

Getragen von einem stetigen Wirtschaftswachstum dieser Jahrzehnte waren sowohl der Erfolg bei der Jobsuche als auch ein beruflicher Aufstieg und Karriere im Erwerbsleben erwartbar und wurden wiederum auch von den Einzelnen erwartet. Bei der privaten Lebensführung dominierten Ehe und Familiengründung Erwartungen und auch Verhalten. Spätestens nach der Geburt des ersten Kindes verließen die Mütter den Arbeitsmarkt oder reduzierten zumindest die Arbeitszeit, während die Väter weiter an ihren Karrieren arbeiteten. Während manche Frauen auch nach dem Auszug der Kinder in der Hausfrauenrolle verblieben, versuchten andere nach der Kinderphase wieder in den Arbeitsmarkt einzusteigen, wo dann meist die Männer bereits mehrere Karriereschritte absolviert hatten. Die mitgliederstarken Gewerkschaften handelten Jahr für Jahr stabile Lohnzuwächse aus, so dass ein dauerhafter Aufstieg und Wohlstand für alle möglich schien. Zur (männlichen) »Standarderwerbsbiographie« gehörte i. d. R. eine qualifizierte Ausbildung, danach die Übernahme als Facharbeiter, und im Anschluss dann eine mehr als 40 Jahre andauernde Erwerbskarriere, wobei der Arbeitgeber eher selten gewechselt wurde. Der Übergang in die Rente erfolgte regelmäßig bei den Männern mit 65 Jahren und bei den Frauen ein paar Jahre früher. Zur »Standarderwerbsbiographie« passte der »Standardrentner«, der 45 Jahre lang gearbeitet und Beiträge gezahlt hatte. Durch die Rentenreform von 1957 waren die Renten an die Entwicklung der Arbeitseinkommen gekoppelt worden und dadurch deutlich gestiegen, wodurch auch in der Lebensphase Alter ein abgesichertes Leben und Teilhabe an der Wohlstandsentwicklung möglich wurde. Die finanzielle Absicherung der Frauen erfolgte meist über den Ehemann und auch nach dessen Tod über die Witwenrente. Die gesetzliche Krankenversicherung deckte die gesundheitlichen Risiken ab, und Pflege- und Betreuungsbedarf wurde meist innerhalb der Familie von der Ehefrau oder von Töchtern oder Schwiegertöchtern übernommen.

Bereits auf dem Höhepunkt der Durchsetzung dieses dreigeteilten Normallebenslaufs in den 1970er Jahren begann indes die Grundlage des Modells zu erodieren. Mit der Ölkrise von 1973 deuteten sich erste Wirtschaftskrisen an, die die Vorstellung eines immerwährenden Wirtschaftswachstums erschütterten. In der Folge der Bildungsexpansion stieg der Anteil der Studierenden und auch der Frauen unter den Studierenden stark an. Die Studentenbewegung und die Frauenbewegung der 1960er und 1970er Jahre wirbelten die Vorstellungen von Ehe, Familie und einer festgelegten geschlechtsspezifischen Arbeitsteilung, bei der die Männer für das Erwerbsleben und die Frauen für die Familie und die Kindererziehung zuständig waren, durcheinander.

Bereits in seinem für die deutsche Diskussion grundlegenden Artikel zur »Institutionalisierung des Lebenslaufs« von 1985 hatte Kohli vorsichtig auf Anzeichen hingewiesen, dass »der Prozess der Chronologisierung zu einem Stillstand gekommen ist oder sich sogar umgekehrt hat« (Kohli 1985, 22). Solche Anzeichen sah er in Veränderungen des familialen Verhaltens (z. B. im Anstieg des Heiratsalters, in den sinkenden Geburtenzahlen, steigenden Scheidungsraten und insgesamt einer »Destandardisierung des Familienzyklus«), in Veränderungen im Erwerbsleben (in dem die »Standarderwerbsbiographie« durch Arbeitslosigkeit und wechselnde Beschäftigungsverhältnisse immer mehr an Bedeutung verlor) und einen Bedeutungsverlust ehemals strikter Altersnormen für z. B. formale Bildungsprozesse oder auch Sexualität.

Ulrich Beck (1944–2015) setzte in seinem zum Klassiker avancierten Buch über die »Risikogesellschaft« den Begriff der Individualisierung gegen das Konzept der Institutionalisierung (Beck 1986) und beschrieb eine Wirklichkeit, die der »Standarderwerbsbiographie« immer weniger entsprach. Die »Standarderwerbsbiographie« verlor an Bedeutung, weil einerseits immer mehr – zunehmend auch noch gut ausgebildete – Frauen erwerbstätig wurden, die versuchten, Job, Familie und Kindererziehung miteinander zu vereinbaren und dafür auf Teilzeitarbeit und Erziehungszeiten zurückgriffen. Andererseits gelang es auch den Männern in Zeiten hoher Arbeitslosigkeit und zunehmender Flexibilisierung der Beschäftigungsverhältnisse immer weniger den Vorgaben der dauerhaften Erwerbstätigkeit und Beitragszahlungen an die Rentenkasse zu entsprechen. Aber nicht nur im Erwerbsleben, sondern auch bei privaten Lebensformen und im Verhältnis der Geschlechter zeichneten sich dramatische Veränderungen ab. Scheinbar fest zementierte Männer- und Frauenrollen sowie Mütter- und Väterrollen wurden zunehmend hinterfragt, und an die Stelle einer traditionellen geschlechtsspezifischen Rollenteilung in der Familie traten komplexe Aushandlungsprozesse in sich ausdifferenzierenden inner- und außerfamiliären Lebensformen. Parallel dazu verloren klassen- und schichtspezifische Lebensstile und Arten der Lebensführung an Bedeutung. Für Beck bedeutet Individualisierung einerseits Befreiung aus überkommenen Zwängen und gesellschaftlichen Erwartungshaltungen. Damit sind aber auch andererseits Stress und Stabilitätsverlust verbunden: »Die Entscheidungen über Ausbildung, Beruf, Arbeitsplatz, Wohnort, Ehepartner, Kinderzahl, usw. mit all ihren Unterentscheidungen können nicht nur, sondern müssen getroffen werden« (Beck 1986, 216). In der sich individualisierenden Gesellschaft wird das Individuum zum Planungsbüro seiner eigenen Biographie und Karriere in allen Lebensbereichen.

Als dritte Dimension der Individualisierung beschreibt Beck das Entstehen neuer Mechanismen der Re-Integration, die an die Stelle starrer gesellschaftlicher Erwartungshaltungen treten und trotz Stabilitätsverlust und neuer Vielfalt den gesellschaftlichen Zusammenhalt absichern. Wenn z. B. nicht mehr sichergestellt ist, dass Frauen die Care-Arbeit – also etwa die Betreuung und Erziehung der Kinder und die Pflege der Alten – übernehmen, dann führt das zu einem Ausbau der frühkindlichen Betreuungsplätze und der ambulanten Pflegedienste.

Gut 30 Jahre später sind einige dieser Begrifflichkeiten aus der Soziologie in den Alltagssprachgebrauch übergegangen. Von einer Pluralisierung privater Lebensformen, von Patchworkbiographien und von Patchworkfamilien sprechen längst nicht nur Sozialwissenschaftlerinnen und Sozialwissenschaftler, und flexible Bildungsverläufe, andauernde Praktika und prekäre Beschäftigungsverhältnisse gehören zu den Alltagserfahrungen vieler Menschen in ihren individuellen Lebensverläufen. Mit der Anerkennung gleichgeschlechtlicher Partnerschaften, der Öffnung der Ehe für gleichgeschlechtliche Paare und der Abkehr von der starren Zweigeschlechtlichkeit auch im Personenstandsrecht und im bürokratischen Formularwesen durch die Einführung einer dritten Kategorie bei der Frage nach dem Geschlecht zeigt sich, wie weit die Individualisierung auch in Fragen der Sexualität und im kodifizierten Recht vorangekommen ist. Und ob Frauen und Männer heiraten, wenn sie eine Familie gründen, ist weitgehend ihnen überlassen und nicht mehr mit gesellschaftlichen Sanktionen belegt.

So unstrittig diese Individualisierungstendenzen und die damit verbundene De-Standardisierung des Lebenslaufs einerseits erscheinen, so uneindeutig und widersprüchlich sind andererseits die bis heute vorliegenden empirischen Befunde und die Schlussfolgerungen daraus.

1.1.4 Bildung, Erwerbsarbeit und Familie im Lebenslauf

Im Bildungssystem kam es in der Bundesrepublik seit den 1960er Jahren des letzten Jahrhunderts zu einem massiven Ausbau von Bildungsinstitutionen, der üblicherweise als Bildungsexpansion bezeichnet wird. Auf dem Höhepunkt der Industriegesellschaft verlangte der technologische Fortschritt nach immer besser ausgebildeten Facharbeitern und Ingenieuren, während gleichzeitig der Anstieg des wissensbasierten Dienstleistungsbereichs einen Bedarf nach mittleren und höheren Qualifikationen im administrativen, kaufmännischen und sozialen Bereich offenbarte. Um die bislang nicht genutzten »Bildungsreserven« zu erschließen, wurden Realschulen, Gymnasien, Gesamtschulen und Universitäten massiv ausgebaut. Ende der 1960er Jahre wurden die Fachhochschulen als neuer Hochschultyp gegründet, die eine praxisnahe Ausbildung auf akademischem Niveau anbieten und damit den gestiegenen Bedarf an akademisch qualifizierten Fachkräften in der Industrie, im Sozialbereich und in der Verwaltung decken sollten. Die Zahl der Studierenden wuchs von rund 250.000 im Wintersemester 1960/61 auf knapp drei Millionen im Wintersemester 2020/21 an (vgl. Statistisches Bundesamt 2020). Mehr als die Hälfte aller Schülerinnen und Schüler beenden ihre Schulzeit inzwischen mit einem zu einem Studium berechtigenden Abschluss. Parallel dazu verlor die Hauptschule an Bedeutung: »Besuchten 1955 noch mehr als 70 Prozent der damals 13-jährigen Schülerinnen und Schüler die Hauptschule (bis 1968 ›Volksschule‹), so reduzierte sich dieser Anteil bis 2015 kontinuierlich auf 12 Prozent« (Erlinghagen/Hank 2018, 142).

Mit der Bildungsexpansion wurden Bildungs- und Berufskarrieren für große Teile der Bevölkerung zugänglich, die früher einer kleinen Gruppe von ohnehin Privilegierten vorbehalten waren. Die einzelnen Bildungsabschlüsse wurden dabei allerdings weniger wertvoll: Wenn immer mehr über Abitur und Hochschulabschluss verfügen, garantieren solche Abschlüsse nicht mehr den Zutritt zu privilegierten Berufspositionen. Dabei wurden auch die Geschlechterverhältnisse durcheinander gemischt: Waren vor der Bildungsexpansion an Gymnasien und Universitäten fast nur Jungen und Männer anzutreffen, so befinden sich heute auf den Gymnasien mehr Mädchen, während auf den Hauptschulen und Förderschulen der Jungenanteil über dem Mädchenanteil liegt. Für immer mehr Ausbildungsberufe im dualen System reicht der Hauptschulabschluss inzwischen aber nicht mehr aus.

Einerseits hat sich die soziale Mobilität durch die Bildungsexpansion erhöht, während andererseits die soziale Ungleichheit durch das Bildungssystem nicht beseitigt wurde. Kinder aus Akademikerfamilien haben noch immer eine deutlich größere Chance, eine weiterführende Schule oder eine Hochschule zu besuchen, als Kinder von Eltern ohne akademische Bildung (vgl. Huinink/Schröder 2019, 216 ff.; Erlinghagen/Hank 2018, 146 ff.). Längst sind auch die Kinder und Enkel diverser Generationen von Arbeitsmigrantinnen und -migranten auf allen Stufen des deutschen Bildungssystems angekommen, woraus sich wiederum andere und vielfältige Bildungs- und Lebensverläufe ergeben. Mit der Veränderung der Hochschulabschlüsse im Rahmen des Bolognaprozesses und der Umstellung vom Diplom auf Bachelor- und Masterabschlüssen wurden eine Vielzahl neuer Studiengänge und Studienabschlüsse eingeführt, die die Unübersichtlichkeit des Bildungssystems noch verstärkt haben.

Das Bildungssystem ist über die letzten 60 Jahre insgesamt nicht nur massiv ausgebaut, sondern auch differenzierter und komplexer geworden. Immer qualifiziertere Bildungsverläufe haben dazu geführt, dass die Zeit, die junge Menschen im Bildungssystem verbringen, deutlich länger geworden ist. Inzwischen schiebt sich für viele junge Männer und Frauen zwischen die Lebensphase Jugend und das – durch Erwerbstätigkeit und ökonomische Unabhängigkeit von den Eltern definierte – Erwachsenenleben eine weitere Lebensphase, die als Postadoleszenz oder »Emerging Adulthood« (Arnett 2000) bezeichnet wird. Wingens zufolge sind die Übergänge vom Bildungssystem ins Erwerbssystem »zeitlich länger und auch gebrochener, komplizierter, flexibler, vielfältiger geworden« (Wingens 2020, 170). Heute »erfolgt nach Ausbildungsabschluss seltener der Eintritt in ein stabiles Beschäftigungsverhältnis; befristete Arbeitsverträge, Zeitarbeit, Teilzeitarbeit, geringfügige und prekäre Beschäftigungsverhältnisse haben zugenommen« (Wingens 2020, 170). Hinzu kommt, dass auf die erste Ausbildung oder das erste Studium oft noch weitere Qualifizierungsphasen folgen, wie es z. B. im Bachelor-Master-System vorgesehen ist. Wingens unterscheidet beim Übergang ins Erwerbssystem drei Gruppen: Der ersten und zahlenmäßig größten Gruppe gelingt der Übergang, und an die Ausbildung schließen sich zum Qualifikationsniveau passende Arbeitsverhältnisse an. Je höher der Bildungsabschluss, desto höher sind auch die Chancen für eine zum Abschluss passende Berufskarriere. Eine zweite Gruppe benötigt Umwege und Verzögerungen, schafft dann aber auch den Übergang vom Bildungs- ins Erwerbssystem. Die dritte Gruppe scheitert bereits im Bildungssystem und durchläuft umfangreiche Maßnahmen im sog. »Übergangssystem«, das aus Qualifizierungsangeboten, Ausbildungsprojekten und auf eine Ausbildung vorbereitenden Kursen besteht. Nur einem Teil dieser Gruppe gelingt dann doch noch der Übergang ins Erwerbssystem. Daran ändern offensichtlich auch wirtschaftliche Aufschwungsphasen und ein sich allmählich abzeichnender Fachkräftemangel nichts.

Bereits bei der Betrachtung des Bildungssystems deutet sich an, dass sich Institutionalisierung des Lebenslaufs, De-Standardisierung und Individualisierung nicht unbedingt widersprechen müssen, wenn man zwischen unterschiedlichen soziodemographischen Gruppen differenziert. Für junge Menschen aus der akademischen Mittelschicht sind die Bildungsverläufe länger geworden, bieten mehr individuelle Entscheidungsmöglichkeiten (und -notwendigkeiten) und münden am Ende doch meist in sichere Berufskarrieren. Kinder aus nicht akademisch geprägten Elternhäusern haben größere Chancen auf höhere Bildungs- und Berufskarrieren als ihre Eltern und Großeltern, müssen sich aber im dreigliedrigen Schulsystem erst einmal bewähren und sich dann an den entscheidenden Stellen für Investitionen in noch mehr Bildung entscheiden. Bildungsbiographien, die zur Hochzeit der Industriegesellschaft typisch waren, bei denen auf den Hauptschulabschluss eine Berufsausbildung und eine langjährige Berufskarriere (oft ohne den Arbeitsplatz zu wechseln) folgte und die zu einem Einkommen führten, das Teilhabe am Wohlstand für die ganze Familie versprach, finden sich heute nur noch ausnahmsweise. Wer bereits im Ausbildungssystem scheitert, hat erhebliche Schwierigkeiten beim Übergang in das Erwerbssystem. Mädchen und Frauen haben bei diesen Transformationen im Bildungssystem eher mehr Optionen hinzugewonnen, während v. a. weniger qualifizierte Jungen und Männer eher verloren haben.

Auch in der Erwerbsarbeit hat ein gewaltiger Strukturwandel stattgefunden. Reckwitz beschreibt diesen Strukturwandel als den Übergang von der industriellen zur postindustriellen Ökonomie. Nach dem Höhepunkt der Industriegesellschaft in den 1950er bis 1970er Jahren wurden massiv Arbeitsplätze im industriellen Sektor ab- und im Dienstleistungssektor aufgebaut.

> »In einzelnen Regionen ist es zu einer regelrechten Entindustrialisierung gekommen, so im mittleren Westen der USA, in Nordengland, Nordfrankreich oder im Ruhrgebiet. Der westliche Industriearbeiter mit seiner gesellschaftlich geschätzten körperlichen ›harten‹ Arbeit, mit seinem staatlich-gewerkschaftlich gesicherten Mittelklasse-Lebensstandard und verlässlichem Normalarbeitsverhältnis ist im 21. Jahrhundert zu einer nahezu aussterbenden Spezies geworden« (Reckwitz 2019, 78).

Für männliche Industriearbeiter bedeutet das drohender Arbeitsplatzverlust, erneute Qualifizierungsphasen (passend zum Motto des »lebenslangen Lernens«) und diskontinuierliche Berufsbiographien. Männern mit entsprechendem Bildungs- und Ausbildungsniveau verspricht hingegen auch die postindustrielle Ökonomie aufsteigende Berufskarrieren und institutionell strukturierte und abgesicherte Lebensläufe.

Verglichen mit dem institutionalisierten Lebenslauf der 1970er Jahre, der noch weitgehend vom Modell des männlichen Alleinverdieners geprägt war, stehen Frauen heute weitaus mehr Optionen – von der Vollzeiterwerbstätigkeit über unterschiedliche Teilzeitmodelle bis zur ausschließlichen Familienarbeit – zur Verfügung. Da familienbezogene Arbeit weiterhin überwiegend von Frauen übernommen wird, sind es wiederum ganz überwiegend die Frauen, die mit der Vereinbarkeit von Beruf und Familie zu kämpfen haben. Offen bleibt, ob es sich bei dieser Pluralisierung von Möglichkeiten »wirklich um frei zugängliche Optionen handelt oder eher um fremdbestimmte Muster und erzwungene Reaktionen auf veränderte Opportunitätsstrukturen« (Kohli 2003, 535). Erwerbsbiographien von Frauen sind jedenfalls deutlich häufiger als die von Männern durch Unterbrechungen, Unsicherheiten, prekäre Beschäftigungsverhältnisse und dadurch De-Standardisierungstendenzen gekennzeichnet.

Dabei ist auch zu berücksichtigen, dass unter dem Etikett der Dienstleistungsgesellschaft sehr unterschiedliche Formen von Erwerbstätigkeiten zusammengefasst werden. Zu den Dienstleistungen gehören anspruchsvolle und gute bezahlte Jobs in Bereichen wie Forschung, Medizin, Beratung, Bildung, Medien und Informationstechnologien, aber auch einfache Dienstleistungen, »die eine geringe formale Qualifikation voraussetzen. Zu nennen sind hier etwa die Sicherheits- und die Reinigungsbranche, die Gastronomie, das Transportwesen und die haushaltsnahen Dienstleistungen« (Reckwitz 2019, 80). Gerade hier, bei den einfachen Dienstleistungen, finden sich gehäuft Beschäftigungsformen, die nicht dem Normalarbeitsverhältnis aus dem Modell des institutionalisierten Lebenslaufs entsprechen. Das sozial- und arbeitsrechtlich abgesicherte unbefristete Normalarbeitsverhältnis verschwindet nicht etwa, nur sind die Chancen auf Normalarbeitsverhältnisse oder prekäre Beschäftigungsformen je nach Geschlecht, Bildungsniveau und Migrationsstatus ungleich verteilt.

Auch was den Familienbereich angeht, fallen die empirischen Befunde durchaus unterschiedlich aus. Einerseits haben die Zahlen der nichtehelichen Lebensgemeinschaften, der Alleinerziehenden, der Einpersonenhaushalte und der Paare ohne Kinder zugenommen. Ein Teil dieses Wandels lässt sich allerdings auch über die gestiegene Lebenserwartung erklären, die dazu führt, dass sich bei vielen Paaren an die Familienphase nach dem Auszug der Kinder eine längere nachelterliche Paarphase anschließt. Nach dem Tod eines der beiden Ehepartner taucht der oder die Überlebende dann in der Statistik wiederum als Einpersonenhaushalt auf. Andererseits wachsen auch heute noch die weitaus meisten Kinder in eher traditionell zusammengesetzten Familien auf. Eheschließungen sind etwas seltener und finden oft etwas später im Lebenslauf statt, und auch die Geburt der Kinder hat sich zeitlich nach hinten verschoben. Die durchschnittliche Kinderzahl hat sich in den vergangenen drei Jahrzehnten zumindest in den westlichen Bundesländern auch nicht dramatisch verändert. Im Osten Deutschlands waren die Geburtenzahlen im Zusammenhang mit der Vereinigung und dem dadurch bedingten Transformationsprozess zunächst deutlich eingebrochen, hatten sich dann aber wieder den Zahlen im Westen angenähert.

Betrachtet man die sozialpolitischen Maßnahmen, die die Institutionalisierung des Lebenslaufs seit den ersten Sozialversicherungsgesetzen im Kaiserreich unter Bismarck flankieren, so sind auch hier allenfalls mäßige Tendenzen Richtung De-Standardisierung zu entdecken. So wurde das Renteneintrittsalter von 65 auf 67 Jahre erhöht und flexibilisiert. Auf der anderen Seite wurden mit der Einführung der Pflegeversicherung 1995 und dem Recht auf einen Betreuungsplatz für zunächst Drei- bis Sechsjährige Kinder und seit 2013 auch für Kinder unter drei Jahren die Versorgung in unterschiedlichen Phasen des Lebenslaufs weiter ausgebaut.

Aus einer empirischen Perspektive lässt sich die Frage, ob die Institutionalisierung des Lebenslaufs durch De-Standardisierungsprozesse in den letzten Jahrzehnten abgelöst oder zumindest abgeschwächt wurde, nicht eindeutig beantworten. Aus der Empirie lassen sich ebenso Beispiele für – mäßige – De-Standardisierungsprozesse heranziehen als auch Belege für eine weiter fortbestehende Standardisierung der Lebensläufe. Das mag auch daran liegen, dass unterschiedliche soziodemographische Gruppen sehr unterschiedlich von De-Standardisierungsprozessen betroffen waren. Bei Frauen waren die durch die deutlich gestiegene Beteiligung am Bildungssystem und an der Erwerbsarbeit hervorgerufenen Veränderungen sicher wesentlich bedeutsamer als bei Männern. Weitere Differenzierungen zeichnen sich zwischen eher höher Qualifizierten und eher weniger Qualifizierten ab (vgl. z.B. Zimmermann/Konietzka, 2020). Während also die Optionen, die sich im Lebenslauf bieten, und die Stabilitäten und Instabilitäten, die damit verbunden sind, je nach Gruppenzugehörigkeit gestiegen oder gesunken sind, spricht wenig für einen generellen Bedeutungsverlust des institutionalisierten Lebenslaufs.

Laura Schneider und ihr Bruder Max aus dem Fallbeispiel vom Anfang dieses Kapitels haben bei der Geburtstagsfeier ihrer Großmutter Renate offensichtlich Unterschiede zwischen ihren Lebensläufen und den Lebensläufen ihrer Großeltern beobachtet, die es nicht nur in ihrer Familie gibt. Dazu gehören sowohl größere individuelle Entscheidungsspielräume als auch veränderte Sicherheiten und Unsicherheiten.

> **Weiterführende Literatur**
>
> Heinz, W. R., Huinink, J. & Weymann, A. (Hrsg.) (2009): The Life Course Reader. Individuals and Societies across Time. Frankfurt a. M.: Campus.
> Sackmann, R. (2013): Lebenslaufanalyse und Biografieforschung. Eine Einführung (2. Aufl.). Wiesbaden: Springer.
> Sackmann, R. & Wingens, M. (2001): Statuspassagen und Lebenslauf. Übergang – Sequenz – Verlauf. Weinheim: Juventa.
> Wingens, M. (2020): Soziologische Lebenslaufforschung. Wiesbaden: Springer.

1.2 Kindheit, Jugend und Sozialisation

1.2.1 Lebenswelten des Heranwachsens: Amelie Parker und Jonas Kleber

Amelie Parker ist 11 Jahre alt und die einzige Tochter von Nicole und Oliver Parker (beide 41 Jahre). Frau Parker hat Politikwissenschaften studiert und nach der Promotion drei Jahre am Geschwister-Scholl-Institut für Politikwissenschaft in München gearbeitet. Nach der Geburt von Amelie hat sie den Beruf aufgegeben. Herr Parker arbeitet als Controller in leitender Position bei einem internationalen Pharmaunternehmen. Vor zwei Jahren ist die Familie in einen Neubau im Rhein-Main-Gebiet gezogen (180 qm, eigener Garten).

Amelie besucht das Albert-Einstein-Gymnasium. Ihre Schulleistungen sind überwiegend ausreichend. Besondere Schwierigkeiten hat sie mit den Fächern Mathematik, Physik und Chemie. Um die Versetzung nicht zu gefährden, erhält Amelie mehrmals in der Woche Nachhilfeunterricht. Frau Parker ist musisch begabt und daher gibt es auch ein eigenes Klavier im Haus. Einmal in der Woche bekommt Amelie Musikunterricht. Die Lieblingshobbys von Amelie sind das Tanzen und Reiten. Da die Familie über zwei PKWs verfügt, gibt es für Amelie auch noch ausreichend Zeit, beiden Hobbys in der Woche nachzugehen.

Vor einigen Wochen hat Frau Parker eine halbtägige Assistentenstelle im Rektorat der nahegelegenen Grundschule angenommen. Herr Parker ist beruflich viel unterwegs und nur selten zu Hause. Die luxuriösen Urlaube verbringt die Familie in allen Teilen der Welt. Diese Auslandsaufenthalte werden oftmals verknüpft mit einem ausgiebigen Kulturprogramm. Amelie wird von ihren Mitschülerinnen und Mitschülern als aufgeschlossen und modebewusst beschrieben. Für die Schule interessiert sie sich wenig. Sie wird von vielen beneidet.

Jonas ist so alt wie Amelie und war mit ihr auf der Grundschule. Die beiden hatten sich ein wenig angefreundet, da Jonas Amelie immer bei den Hausaufgaben geholfen hat. Nach der vierten Klasse haben sie den Kontakt zueinander verloren. Jonas lebt mit seiner Schwester Lena (9 Jahre) und seiner Mutter Anja Kleber (39 Jahre) in einer Dreizimmerwohnung im Frankfurter Mainfeld in Niederrad. Die Etagenwohnung ist 76 Quadratmeter groß und kostet 1050 Euro Miete. Frau Kleber hat sich vor drei Jahren von ihrem Mann getrennt. Durch den regelmäßigen Alkoholkonsum von Herrn Kleber kam es häufig zu Streitigkeiten und Auseinandersetzungen in der Familie. Die Ehe wurde vor zwei Jahren geschieden. Den Beruf als Krankenschwester hatte Frau Kleber mit der Geburt der Kinder aufgegeben. Inzwischen arbeitet sie wieder halbtags in einem Krankenhaus. So oft es geht, passt Jonas auf seine Schwester auf und macht mit ihr die Hausaufgaben. Trotz seiner überdurchschnittlichen Intelligenz besucht Jonas die nahegelegene Realschule. Durch die familiären Belastungen hatten sich seine Schulnoten stark verschlechtert. Sofern Jonas Zeit bleibt, spielt er leidenschaftlich gerne Schach und liest sehr viel. Jonas wird von seinen Mitschülerinnen und Mitschülern als schüchtern beschrieben. Die gemeinsamen Urlaube verbringt die Familie in Deutschland, meist in einer Ferienwohnung auf einem Bauernhof. Im letzten Jahr waren Lena und Jonas gemeinsam in einem Feriencamp vom Deutschen Jugendherbergswerk.

Amelie, Jonas und Lena haben gemeinsam, dass sie sich in der Lebensphase der Kindheit befinden.

Lebensphasen

»Lebensphasen ordnen Lebensläufe […] [und] lassen sich als altersstrukturierte und biographische Entwicklungsabschnitte beschreiben, die sowohl sozial und kulturell überformt als auch gesellschaftlich bedingt sind« (Schierbaum/Bossek 2020, 191). Lebensphasen markieren idealtypisch unterschiedliche biographische Abschnitte in der Entwicklung, die durch bestimmte qualitative Merkmale gekennzeichnet sind und sich somit auch voneinander abgrenzen. Zu diesen Abschnitten im Lebenslauf gehören Kindheit, Jugend, Erwachsensein und Alter (vgl. Schulz 2018; Abels u. a. 2008).

Jede dieser Phasen wird als eigenständige Entwicklungsstufe betrachtet, die mit bestimmten sozialen, kulturellen, körperlichen, ökonomischen, entwicklungspsychologischen und biographischen Herausforderungen und Anforderungen verbunden sind (vgl. Liebsch 2012). Zugleich handelt es sich allerdings auch um ganz unterschiedliche Kindheiten, Jugenden, Erwachsenheiten und Alter, da diese im praktischen Alltag ganz entscheidend wie bei Amelie und Jonas von den vielfältigen individuellen Lebensbedingungen, sozialen Kontexten, personalen Ressourcen (Interessen, Kompetenzen) und sozialen Kompetenzen geprägt sind (Pluralisierung). Von besonderer Bedeutung sind hierbei Faktoren der Sozialisation (Erziehung, Bildung, kulturspezifisches Wissen), der Lebensführung (Gesundheit, Konsum, Freizeit), der sozioökonomischen Rahmenbedingungen (Einkommen, Vermögen, Wohnen), aber auch der sozialen Kontakte (Freundschaften, Peers, Netzwerke).

Obwohl es sich bei den genannten Lebensphasen in der empirischen Praxis um idealtypische Unterscheidungen handelt, die in den konkreten Lebenswelten von Kindern und Jugendlichen geprägt sind durch Überlappungen, Entgrenzungen (Bildung im Vorschulbereich) und Entstrukturierungen (lebenslange Qualifizierung, Berufswechsel und Weiterbildung), bleiben altersbezogene Entwicklungsaufgaben im Lebensverlauf weiterhin prägend (Witte/Schmitt/Niekrenz 2021; Olk 1985).

Aus einer historischen Perspektive wird deutlich, dass es sich bei Kindheit und Jugend keineswegs um naturgegebene Konstanten handelt. Je nach historischem, geographischem und kulturellem Kontext werden nicht nur die Lebensphasen selbst immer wieder neu definiert, sondern vielfach auch geschlechtsspezifisch voneinander unterschieden. Hierbei handelt es sich um soziale Konstruktionen, die auf normativen Konventionen und Leitbildern beruhen. Diese Übereinkünfte werden u. a. geprägt von den sozialen Strukturen des jeweiligen Gesellschaftstyps (z. B. demokratisch/autokratisch) sowie den Interessen- und Machtverhältnissen in den Bereichen Erziehung und Bildung, Politik, Religion, Wirtschaft, Recht, Massenmedien und Wissenschaft, aber auch vom jeweiligen technischen, medizinischen und kulturellen Entwicklungsstand.

1.2.2 Historische Kindheiten: Vom europäischen Mittelalter bis zur Industrialisierung

Das Kindsein im europäischen Mittelalter (600 n. Chr.–1500 n. Chr.) lässt sich in drei Phasen einteilen. Während der ersten sechs Jahre (infantia) wuchs das Kind zu Hause auf. Kinder wurden dort erzogen und waren weitestgehend von häuslichen Pflichten befreit. Bei Bauern- und Handwerkerfamilien war es allerdings üblich, dass mit etwa vier Jahren erste häusliche Pflichten übernommen wurden. Ab dem siebten Lebensjahr, der Phase der Pueritia, stand die Ausbildung des Kindes an, die vorrangig vom Vater übernommen wurde. Je nach Standeszugehörigkeit begann nun die Schulausbildung oder handwerkliche Ausbildung, i. d. R. nur für die Jungen. Die Mädchen hatten Hausarbeit und Feldarbeit zu verrichten. Zugleich wurde aber auch die Möglichkeit geboten, den Alltag spielerisch zu gestalten und sich auf diese Weise nicht nur bestimmte Fähigkeiten anzueignen, sondern die Phase des Aufwachsens durchaus auch genießen zu dürfen. Dies ändert allerdings nichts daran, dass Kinder vorrangig als wichtige Arbeitskraft zur materiellen und sozialen Sicherung angesehen wurden.

Durch die hohe Kindersterblichkeit war der elterliche Bezug zum Nachwuchs weniger durch eine besondere Fürsorglichkeit, innere Bindung und Zuwendung geprägt. Das heißt aber nicht, dass es im Mittelalter keine Vorstellung von Kindheit gegeben hätte, die mit einer besonderen Form der Fürsorglichkeit einherging (vgl. Fossier 2011, 72 f.). An Kindheit ausgerichtete Formen der Betreuung, Pflege, Ernährung, Bestrafung und Trauer können in vielfältigen Darstellungen, Briefen und Schriften jener Zeit nachgewiesen werden (vgl. Bühler-Niederberger 2022, 470 ff.; Hoyer 2015, 28 f.).

Generell war das alltägliche Leben im Mittelalter von einer ausgeprägten Frömmigkeit bestimmt mit entsprechenden Auswirkungen auf das erzieherische Selbstverständnis. Der Nachwuchs wurde gottestreu erzogen, um zu einem gottesfürchtigen Menschen zu werden. Als erzieherische Mittel war die aus heutiger Sicht gewaltsame Züchtigung mittels Stock und Rute ein probates Mittel. Nur auf diese Weise, so die damalige Auffassung, konnte die gewünschte sittliche Reife erreicht werden.

Ähnlich wie in der Antike und im Römischen Reich gab es im Mittelalter auch noch keine staatlich geführten Schulen. Schulen waren private Einrichtungen, für die Schulgelder entrichtet wurden. Zu den wichtigsten Lehrern, insbesondere bei den Bauernkindern, gehörten die Dorfpfarrer, die meist unentgeltlich unterrichteten (vgl. Shahar 2003, 275 f.). Als Gegenleistung mussten Ministranten- oder Haushaltsdienste verrichtet werden.

Ab dem 13. Jahrhundert wurde ergänzend zur Unterrichtssprache Latein auch die jeweilige Volkssprache zugelassen. Erleichtert wurde zudem der Zugang zu kirchlichen Schulen sowie die Staffelung des Schulgeldes je nach den finanziellen Möglichkeiten der Familie bzw. deren Standeszugehörigkeit. Zu den Unterrichtsinhalten gehörte das Lesen, Schreiben, Rechnen und die Rhetorik. An die Elementarschule schloss sich für begabte Schüler und Kinder reicher Familien die höhere Lateinschule und mit dem 16. Lebensjahr in besonderen Fällen die Universität an.

Die Altersphase ab dem 14. Lebensjahr wurde als Adolescentia bezeichnet. Bei Mädchen begann diese bereits zwei Jahre früher. Von nun an waren diese heiratsfähig. Mit Beginn der Adolescentia wurden die Jugendlichen strafmündig. Es gab bei den einfachen Schichten der Bauern und Handwerker grundsätzlich keinen Unterschied mehr in Bezug auf die zu bewältigenden Arbeitsanforderungen. Die eigentliche sittliche Reife, d. h. das Recht ein Erbe anzutreten oder Verträge abzuschließen, erwarb man mit etwa 21 Jahren (vgl. Winkler 2017).

Die frühe Neuzeit (16.–18. Jahrhundert) ist geprägt durch eine Veränderung des Weltbildes und der Geisteshaltung. Während das Mittelalter den Fokus auf das Verhältnis von Gott, Jenseits und Lebensführung legte, wendet sich der Mensch nun verstärkt dem Diesseits zu. Die religiöse Fixierung wurde abgelöst durch eine Form der Zuwendung zur Welt, auf die aktiv Einfluss ausgeübt werden konnte. Es war die Aufgabe der weltlichen Ordnung sowie des Menschen selbst, zu seiner ästhetischen, moralischen und geistigen Entwicklung beizutragen.

Die vom humanistischen Gedankengut inspirierte Epoche ging von einem Idealbild menschlicher Gesinnung, Würde, Tugendhaftigkeit und Bildung aus. Der Humanismus stärkte in seiner grundsätzlichen Ausrichtung das Selbstbewusstsein des Menschen und damit auch das Bestreben nach Bildung, Wissenserwerb und die Schaffung von idealen Rahmenbedingungen in der Phase des Aufwachsens junger Menschen. Diese neue geistige Grundhaltung führte zu einer veränderten Einstellung gegenüber den Heranwachsenden. Erziehung diente der Ausbildung eines vernünftig handelnden Menschen, der argumentativ und auf der Grundlage überzeugten Vorlebens zu einem verantwortungsvollen Mitglied der Gesellschaft heranreifen sollte. Den Kindern wurde ein eigener Wesenscharakter zugesprochen, der der Schulung und Formung bedurfte.

Gefördert wurde diese Geisteshaltung u. a. auch durch technologische Entwicklungen, wie z. B. der Erfindung des modernen Buchdrucks Mitte des 15. Jahrhunderts durch Johannes Gutenberg (1400–1468). Von nun an konnte Wissen einer größeren Bevölkerungsgruppe zugänglich gemacht werden. Bücher wurden nicht nur in großer Zahl und kostengünstig produziert, sondern sie förderten auch die Verbreitung, Beschäftigung und Auseinandersetzung mit (neuem) Wissen und trugen zu einer Erweiterung der Bildungsmöglichkeiten bei. Der moderne Buchdruck lieferte insofern auch die Basis zur Gründung von staatlichen Schulen und sonstigen Bildungseinrichtungen, die ständeübergreifend den Jungen und Mädchen Lesen, Rechnen und Schreiben beibrachten. Gleichwohl blieb die ständische Ordnung bis zum Ende des 18. Jahrhunderts weiterhin prägend, mit entsprechenden Folgen für das Aufwachsen der Kinder. Die Ständezugehörigkeit manifestierte weiterhin die erheblichen sozialen Unterschiede und Entwicklungsmöglichkeiten.

Ähnlich wie schon in der Antike standen der humanistischen Geisteshaltung in ihrer philosophisch-theoretischen Ausgestaltung die realen Lebensbedingungen der Menschen gegenüber. Kinder wuchsen zum überwiegenden Teil in gravierender Armut auf, die Sterblichkeit war hoch und auch die Weggabe und Versorgung der Kinder durch Ammen war gängige Praxis. Im Vordergrund der Erziehung standen Disziplinierung, Zwang und die körperliche Bestrafung durch die jeweiligen Bezugspersonen.

Mit der Aufklärung (1650–1780) ging ein weiterer gesellschaftlicher Paradigmenwechsel einher. Das Verhältnis von Erziehung und Lebensführung wurde nun nicht mehr nur auf einer philosophisch-theologischen Abstraktionsebene diskutiert, sondern mit konkreten Reformen im Bereich des Bildungswesens verknüpft. Jean-Jacque Rousseau (1712–1778) hatte in seinen Schriften darauf aufmerksam gemacht, dass sich Erziehung nicht mehr an einer zukünftigen Bestimmung des Kindes ausrichten lässt, sondern dass die Entwicklung von Heranwachsenden prinzipiell unvorhersehbar verläuft. Vor diesem Hintergrund galt es pädagogische Überlegungen anzustellen, wie unter diesen Bedingungen Konzepte und Maßnahmen der Erziehung auszugestalten sind. Ausgangspunkt aller Überlegungen ist nach Rousseau die Sichtweise des Kindes und nicht die normative Zugangsweise eines gesellschaftlichen Ideals der Gesinnung und Vorbestimmtheit. Die Phase des Kindseins wurde abgelöst durch ein Bewusstsein von Kindheit als eigenständigem Lebensabschnitt.

1.2 Kindheit, Jugend und Sozialisation

Johann Heinrich Pestalozzi (1746–1827) schließt an Rousseau an und macht deutlich, dass Kindern nicht nur doktrinär Wissen zu vermitteln ist, sondern dass sie dieses Wissen in eigenständiger Auseinandersetzung selbst zu entdecken haben. Heranwachsende sind darin zu fördern, ihre je individuelle, pädagogisch geleitete Form des Zugangs zum Gegenstand zu erschließen. Diese Forderung von Pestalozzi wurde gestützt durch eine sich im 18. Jahrhundert allmählich entwickelnde Kinder- und Jugendliteratur. Hier wurde den Kindern ein eigenständiger Raum für Erfahrungen, Wahrnehmungen und Gestaltungsmustern zugestanden. Zeitgleich kamen eine Fülle neuer pädagogischer Schriften auf den Markt, die sich mit der Entwicklungsstufe Kindheit auseinandersetzten (vgl. Eßer 2014).

Ergänzend trugen auch die besseren hygienischen Lebensbedingungen sowie die Fortschritte in der Medizin dazu bei, dass die Kindersterblichkeit zurückging und sich die allgemeine Lebenserwartung erhöhte. Es stand nicht nur mehr Zeit zur Kinderbetreuung zur Verfügung, sondern es lohnte sich auch diese Zeit zur Kindererziehung einzusetzen. Der Tod von Kleinkindern gehörte nicht mehr zum selbstverständlichen Alltag vieler Familien.

Trotz aller Fortschritte hielt die Pädagogik der Kindheit des 18. Jahrhunderts an der Trennung der Stände fest. Die Handlungsfähigkeit von Jungen und Mädchen wurde innerhalb des Standes selbst, aber nicht überschreitend reflektiert. Der sozialen Akzeptanz einer eigenständigen Kindheit stand im 18. Jahrhundert weiterhin eine Pädagogik und Erziehung gegenüber, die stark von der sozialen Lage der Herkunftsfamilien, von traditionellen Mustern der Vermittlung einer zu führenden Lebensweise, einer hohen regionalen sozialen Kontrolle sowie einer massiven Ungleichbehandlung von Mädchen gegenüber Jungen geprägt blieb. Sittsamkeit, Fügsamkeit und Gehorsam blieben wichtige Leitkategorien der Erziehung.

Im Zeitalter des Frühkapitalismus und der Industrialisierung hatte sich die Vorstellung eines eigenständigen Lebensabschnitts von Heranwachsenden durchgesetzt. Damit ging allerdings noch keine deutliche Verbesserung der Lebensbedingungen einher. Die Umstellung auf kapitalistische Leitkategorien des Wirtschaftens führte zwar zu veränderten Produktionsbedingungen und neuen Beschäftigungsformen in den Fabriken, aber auch zu neuen sozialen Verwerfungen. An die Stelle feudalgesellschaftlicher Strukturen traten nun Formen sozialer Ungleichheit, die in Anlehnung an Karl Marx (1818–1883) von Ausbeutung und Klassenkampf geprägt waren. Für die Lebensbedingungen von Heranwachsenden war nun nicht mehr die Standes- sondern die Schichtzugehörigkeit entscheidend. Während das gehobene Bürgertum das Kindsein als eigene Kinderwelt entdeckte, der ein gesonderter Wohnbereich, kindgerechte Möbel und Spielgelegenheiten zugestanden wurde, hatten sich Kinder von Arbeiterfamilien an der Lohnarbeit zu beteiligen.

Die Lebenswelt der Kinder des Bürgertums, vorrangig auch hier noch diejenige der Jungen, war gekennzeichnet durch eine Vielzahl an Luxusgütern, die ihr Kindsein repräsentierten und schichtspezifisch zelebrierten. Im Gegensatz dazu gehörte zur Lebenswelt der Kinder von Industriearbeiterfamilien die Erwerbsarbeit zum selbstverständlichen Alltag. Hierbei wurde nicht nach Altersgruppen, sondern nach Tätigkeiten unterschieden. Körperlich eher kleine oder zierliche Personen arbeiteten vorrangig im Bergbau oder an Spinnmaschinen, besonders kräftige und qualifiziertere Heranwachsende vermehrt in der Stahlindustrie (vgl. Bühler-Niederberger/Sünker 2014).

Friedrich Engels (1820–1895) hat 1845 die Lage der arbeitenden Klasse anschaulich beschrieben (Engels 2017). So betrug z. B. die tägliche Arbeitszeit 15 Stunden an sieben Tagen in der Woche. Ab Mitte des 19. Jahrhunderts war es trotz neu geschaffener Arbeitsschutzgesetze noch zulässig, dass Kinder ab dem zehnten bis 14. Lebensjahr zwölf Stunden am Tag arbeiteten. Eine angemessene Schulbildung konnte unter diesen Bedingungen nicht erfolgen.

Aber auch den Kindern der Landbevölkerung ging es nicht besser. Kinderarbeit war auch hier eine Selbstverständlichkeit und der Schulbesuch blieb auf wenige Schulpflichtjahre beschränkt. Man lebte in beengten Wohnverhältnissen, hatte mit Hungersnöten zu kämpfen und die medizinische Versorgung war meist schlechter als in den industriellen Ballungsgebieten. Sowohl in der Arbeiter- als auch in der Bauernschicht reiften Kinder schnell zu kleinen Erwachsenen heran. Die Erziehung diente der Ausbildung zur Ausübung vorgegebener Aufgaben und der Vermittlung einer Grundhaltung von Fleiß, Arbeitstugenden und Gehorsam.

1.2.3 Kindheit(en) in der westlichen Welt: Familie, Schule und Wohlfahrtsstaat

Das 20. Jahrhundert wird als Jahrhundert des Kindes bezeichnet (vgl. Key 2016). Sowohl in kultureller, sozialer als auch wissenschaftlicher Hinsicht hat sich die Auffassung durchgesetzt, dass das Kindsein einen eigenständigen Lebensabschnitt markiert, der weder vorrangig naturgegeben noch entwicklungspsychologisch zu erklären ist. Stattdessen handelt es sich um ein kulturelles Muster, das durch die Art und Weise, »wie Körper und Psyche des Kindes gesellschaftlich relevant gemacht werden« (Honig 2016, 170) geprägt wird. Kindheit ist insofern eine immer wieder neu zu konstituierende und zu reflektierende Erkenntnisleistung des Gesellschaftlichen, deren Entscheidungen rechtlich fixiert werden.

> **Altersphasen der Kindheit**
>
> Nach § 1 des Jugendschutzgesetzes (JuSchG) sowie § 7 SGB VIII wird in Deutschland unter einem Kind eine Altersphase zwischen 0 und 13 Jahren und eine Jugendphase zwischen 14 und 17 Jahren verstanden (junger Volljähriger 18 bis 26 Jahre). Abweichend hierzu ist nach Artikel 1 der UN-Kinderrechtskonvention von 1989 »ein Kind jeder Mensch, der das achtzehnte Lebensjahr noch nicht vollendet hat, soweit die Volljährigkeit nach dem auf das Kind anzuwendenden Recht nicht früher eintritt« (UNICEF 1989, 9).

Unabhängig von den Unterschieden in den altersspezifischen Abgrenzungen werden Kindheit und Jugend von der Auffassung geprägt, dass es sich um eine Lebenspassage handelt, die als Schutz-, Schon-, Lern- und Qualifizierungsraum zu werten ist (vgl. Kränzl-Nagl/Mierendorff 2007, 6).

Von dieser Grundhaltung ausgehend bedarf der Prozess des Heran- und Hineinwachsens einer privaten und staatlichen Steuerung, die durch die Schaffung hierfür zuständiger Institutionen fürsorgend, sozialisierend, erziehend, pädagogisierend, bildend und (lern-)fördernd bei gleichzeitiger Wahrung der Autonomie als Rechtspersönlichkeit begleitet und reguliert wird. Mierendorff spricht in diesem Zusammenhang von einer institutionalisierten Kindheit und betont damit die exklusive Zuständigkeit von öffentlichen Organisationen für Personengruppen eines bestimmten Alters (vgl. Mierendorff 2019).

Dies zeigt sich insbesondere in den Bereichen der vorschulischen und schulischen Bildung. Der Verlauf von Kindheit und Jugend wird altersbezogen reguliert und konkretisiert sich in Betreuungseinrichtungen wie Kindertagesstätten, Kindergärten, den jeweiligen Schultypen (Grundschulen, weiterführende Schulen, Hochschulen) und Ausbildungsstätten. Diese Institutionen markieren den Status der Minderjährigkeit, Unmündigkeit und Entwicklungsbedürftigkeit. Hinzu kommen exklusiv ausgewiesene staatliche Institutionen, die z. B. im Fall abweichenden Verhaltens oder bei Bedürftigkeit – auf der Basis gesondert für diese Gruppen und Fälle verabschiedeter Gesetze – die beschränkte Handlungsfähigkeit, Strafbarkeit und Fürsorgeverpflichtung regulieren (SGB VIII, Jugendgerichtsgesetz).

Nimmt man die gesellschaftlichen Muster zur Etikettierung und Gestaltung von Kindheit und Jugend in den Blick, so lassen sich folgende Bereiche unterscheiden.

Familialisierung, Privatheit und Individualisierung

In Artikel 6 des Grundgesetzes der Bundesrepublik wird der besondere Schutz von Ehe und Familie garantiert. Ehe und Familie stehen nicht nur unter dem besonderen Schutz des Staates (Absatz 1), sondern die Pflege und die Erziehung sind das natürliche Recht, aber auch eine Verpflichtung der Eltern, über deren Betätigung die staatliche Gemeinschaft wacht (Absatz 2). Eingriffe in diese Freiheitsrechte sind nur unter besonderen Voraussetzungen zulässig.

Diese vorrangige Orientierung am Familiensystem wurde durch zwei Faktoren beeinflusst, die den sozialen Wandel im Übergang zum 20. Jahrhundert prägten: Zum einen hat die Phase der Industrialisierung bis zum ausgehenden 19. Jahrhundert zu einer Durchsetzung der modernen kapitalistischen Wirtschaftsweise geführt. Prozesse der Automatisierung steigerten die Effizienz und damit auch den Profit mit der Folge, dass sich nicht nur die Produktionsverhältnisse verbesserten, sondern auch die Lebensbedingungen der Lohnarbeiterinnen und Lohnarbeiter. Das Verhältnis von Erwerbsarbeit und Freizeit verlagerte sich zugunsten von mehr Freizeit bei gleichzeitigem Anstieg der Einkommen, der beruflichen Anforderungen und Qualifikationen sowie einer stetigen Zunahme der individuellen Freiheiten in der Gestaltung des Lebenslaufs.

Zum anderen verlagerten sich mit der Umstellung auf eine industrialisierte und ausdifferenzierte Gesellschaft die Herausforderungen im Bereich der Politik. Auf die desolaten Arbeitsbedingungen folgte eine Sozialgesetzgebung, die insbesondere durch die Einführung von Kinderschutzgesetzen dazu beitrug, dass diese von der Fabrikarbeit freigestellt wurden. Es kam zu einer zunehmenden Stärkung der Rolle von Familien, die auch im unternehmerischen Interesse lag. Die seitens der Wirtschaft geforderten neuen Anforderungen an Bildung, Ausbildung und Qualifizierung beförderten den institutionellen Ausbau des Bildungswesens und stärkten zugleich die Funktionen der Institution Familie in den Bereichen Sozialisation, Erziehung und Wissensvermittlung bei gleichzeitiger Freistellung von Heranwachsenden von der Lohnarbeit.

Die zunehmende Fokussierung auf eine Kernfamilie ging einher mit einer verstärkten Binnendifferenzierung der jeweiligen Rollenmuster. Die Frau übernahm bis Mitte des 20. Jahrhunderts mehrheitlich die Versorgung und Betreuung der Kinder und der Mann sicherte das Einkommen durch außerhäusliche Erwerbsarbeit. Materieller Wohlstand und Zeitgewinn stärkten und forderten zugleich den Bedarf nach persönlicher Zuwendung. In der Fachliteratur wird von einer Intimisierung der familiären Beziehungen und einer emotionalen Höherbewertung der Kinder gesprochen (vgl. Aries 2014, 517). Die Phase des Aufwachsens wird nun eng verknüpft mit der normativen Vorstellung einer behüteten Kindheit, deren Basis eine auf Vertrauen, Zuneigung und Liebe ausgerichtete familiale Fürsorge und individuelle Förderung sind, bei gleichzeitiger Zurückstellung eigener Bedürfnisse (vgl. Schmid 2014, 43). Kindern wird nicht nur eine eigenständige Gefühls- und Bedürfniswelt zugestanden, sondern sie nehmen immer mehr die Rolle gleichberechtigter Akteure ein. An dieser Eigenständigkeit haben sich Handlungen der Eltern, Bezugspersonen und Institutionen zu orientieren (vgl. Bühler-Niederberger 2020, 34 ff.). Auf diese Weise wird z. B. die Betreuung und Förderung von Amelie für Nicole Parker zu einem Fulltime-Job, der auf der einen Seite eine Vielzahl von Ressourcen bindet, zugleich allerdings auch in Teilbereichen die individuellen Bedürfnislagen und Interessen von Amelie berücksichtigt und fördert (▶ Kap. 1.2.1).

Scholarisierung, Qualifizierung und Pädagogisierung

Die soziale Akzeptanz eines Lebensabschnitts Kindheit und Jugend als Schutz-, Vorbereitungs- und Entwicklungsraum ist in westlichen Gesellschaften eng gekoppelt mit der Vorstellung, dass diese Phase als Erziehungs-, Lern- und Bildungsabschnitt zur Ausbildung einer eigenständigen Persönlichkeits-, Berufs- und Karriereentwicklung zu nutzen ist. Jugend in Europa, so Hornstein, ist Schuljugend (vgl. Hornstein 1966, 113). Mit einer gesetzlich geregelten Schulpflicht (in Deutschland seit 1919) wird der Anspruch formuliert, dass Kinder und Jugendliche staatlich reguliert über einen Mindeststandard an Bildung verfügen sollen. Während die Familie in den ersten Jahren Aufgaben der Primärsozialisation übernimmt, haben Schulen nicht nur die Aufgabe, Heranwachsende möglichst frühzeitig auf das zukünftige Zusammenleben und die Erwerbsarbeit vorzubereiten, sondern Bildung und Ausbildung sollen die individuellen Lebenschancen erweitern und damit auch einen Optionsspielraum zur Wahl des persönlichen und beruflichen Lebenslaufs erschließen (vgl. Busse 2017, 162). Hierin unterscheidet sich die Moderne deutlich von der frühindustrialisierten Gesellschaft. Die in vielen Ländern noch bis Ende des 19. Jahrhunderts akzeptierte Kinderarbeit erlaubte es, den Übergang zur späteren beruflichen Vollerwerbstätigkeit weitestgehend übergangslos zu vollziehen.

Mit dem Verbot von Kinderarbeit zur Erwerbssicherung wurden Institutionen zur Vorbereitung auf die spätere Berufstätigkeit vorgeschaltet. Dieser Prozess der Freistellung von erwerbstätigen Verpflichtungen und Marktabhängigkeiten bei gleichzeitigem und unabhängig von der jeweiligen Marktposition gewährtem Zugang zu öffentlichen Dienst- und Sozialleistungen wird nach Esping-Andersen auch als Dekommodifizierung bezeichnet (vgl. Esping-Andersen 1993, 36). Als Gegenleistung für diesen freien Zugang wird Bildung und Ausbildung eng gekoppelt an den späteren beruflichen Werdegang, die soziale Stellung und Milieuzugehörigkeit sowie den sich hieraus ergebenden Lebensstil. Karriereverläufe und die spätere soziale Platzierung werden durch den Bildungsstand, das Ausbildungsniveau, das zur Verfügung stehende Einkommen, aber auch durch eine bessere Bewertung und Förderung von Kindern aus mittleren Schichten durch pädagogische Institutionen bestimmt (vgl. Bühler-Niederberger 2020, 185 f.). Die Geschichte von Jonas ist ein gutes Beispiel dafür, wie Lebensverhältnisse individuelle Entwicklungschancen einschränken können (▶ Kap. 1.2.1).

Da die Gesellschaft davon ausgeht, dass Heranwachsende noch nicht über die nötige Reife und Einsicht verfügen, bedürfen Lernbereitschaft und Wissenserwerb einer motivationsfördernden Unterstützung durch eine hierauf zugeschnittene Pädagogik. Mit der Freistellung von Kindern für mehr Schulausbildung stellt sich für eine Pädagogik die Frage, auf welchen wissenschaftlichen Grundlagen und unter welchen Prämissen Erziehung, Sekundärsozialisation und Wissensvermittlung ausgeübt werden sollen. Während man noch bis in die 70er Jahre des letzten Jahrhunderts davon ausging, dass pädagogische Maßnahmen dazu dienen, die Kinder und Jugendlichen durch erzieherische Maßnahmen auf die Welt der Erwachsenen vorzubereiten, hat sich nun der Fokus von den Erwachsenen auf die Heranwachsenden selbst verlagert. Neue Konzepte der Pädagogik nehmen die individuellen Interessen, Bedürfnisse und Wahrnehmungen der Kinder und Jugendlichen als eigenständige Akteure ihrer Welt in den Blick. An die Stelle definierter normativer Kriterien von Erziehung treten nun situativ und interaktiv ausgerichtete Strategien einer individuellen, bedürfnisorientierten Förderung (vgl. Büchner 2010). Mierendorff verweist auf die Neujustierung des Verhältnisses zwischen lehrenden Erwachsenen und lernenden Kindern und bezieht sich dabei auf eine kindheitsorientierte Pädagogik, die von Mitbestimmung und Partizipation geprägt ist (vgl. Mierendorff 2010, 28).

Differenzierung, Wohlfahrtsicherung und Verrechtlichung

Mit einer zunehmenden Differenzierung der Gesellschaft in einzelne Teilbereiche wie Wirtschaft, Religion, Wissenschaft, Politik und Erziehung geht auch eine Spezialisierung der Institutionen einher, die bestimmte Aufgaben wahrnehmen. In den Bereichen Wohlfahrtssicherung und Bildung führte dies zu einer verstärkten Arbeitsteilung zwischen Familie und Staat in den Segmenten Erziehung, Sozialisation und Wissensvermittlung, die ihren Ausdruck in einer ausweitenden Regulierung der Lebensphasen Kindheit und Jugend findet. Mierendorff (2013) spricht von einer institutionalisierten Altershierarchie, aus der sich nicht nur bestimmte Rechte (Sozialleistungen) und Pflichten (Schule) ableiten, sondern auch bestimmte Schutzräume und Formen der Freistellung von gesellschaftlichen Aufgaben (Erwerbsarbeit).

Im Bildungssystem trägt diese stark formalisierte und verpflichtende Ausweitung eines Schutzraumes durch die Erweiterung der Elementarschulbildung dazu bei, dass der zeitliche, personelle und finanzielle Aufwand für Betreuung, Sozialisation und Erziehung sowohl im privaten als auch im öffentlichen Sektor stetig steigt. Die Erziehungsberechtigten geraten häufig in eine Überforderungssituation, da die notwendigen Kapazitäten nicht in ausreichendem Maß zur Verfügung stehen. Im (Vor-)Schulwesen steigt auf institutioneller Ebene der Bedarf an Fachkräften, Sachausstattung und wissenschaftlich fundierter Pädagogik. Kindertageseinrichtungen, Krippen, Kindergärten, Horte und Schulen sind zunehmend alters- und wohnortbezogen unterstützend zu den erwerbstätigen Eltern für die Betreuung und Erziehung zuständig. Damit wird zwar die Bedeutung der Familie als Kernbereich des Aufwachsens von Kindern nicht in Frage gestellt, aber es kommt zur Ausbildung eines komplexen Beziehungsgeflechts der Arbeitsteilung zwischen der Institution Familie und dem öffentlichen Bildungssektor. Baader hebt in diesem Zusammenhang den Wandel von der Familienkindheit zur Institutionenkindheit hervor (vgl. Baader 2014, 445).

Die Lebenswelten der Kinder werden durch die enge Kopplung von familiärer und institutioneller Betreuung und Förderung nicht nur offener, pluraler, individueller und vorläufiger (vgl. BMFSFJ 2013, 39), sondern es verändern sich auch die Lebenswelten der Eltern, die die Auswirkungen dieses neuen Arrangements managen müssen. Die Corona-Pandemie hat nochmals in besonderer Weise deutlich gemacht, wie eng dieses Beziehungsgefüge von Kitabetreuung, Schulbesuch, Erwerbstätigkeit, Förderung und Freizeitgestaltung miteinander vernetzt und voneinander abhängig ist (Autor:innengruppe Bildungsberichterstattung 2022).

Neben dem Charakter einer Industrie- und Dienstleistungsgesellschaft zeichnen sich moderne Gesellschaften auch durch Rechtsstaatlichkeit und ein System wohlfahrtsstaatlicher Sicherung aus. Ähnlich wie in anderen Epochen zuvor hat der Staat ein grundlegendes Interesse an der Erhaltung und Reproduktion der geltenden Wirtschafts- und Sozialordnung mit der Folge, dass Kindheit und Jugend nicht nur durch eine staatlich regulierte Erziehung, sondern auch durch eine Stärkung der Rechtsposition der Akteure geprägt wird. Dieser Prozess wird in der Literatur als Vergesellschaftung der Kindheit bezeichnet und konkretisiert sich z.B. in einer Anerkennung von Kindern als eigenständige Rechtssubjekte (UN-Kinderrechtskonvention, Charta der Grundrechte der Europäischen Union, Kinder- und Jugendstärkungsgesetz). Es wird zum Ausdruck gebracht, dass Heranwachsende nicht nur einen besonderen Rechtsschutz geltend machen können, sondern auch eigene Bedürfnisse und Interessen zum Ausdruck bringen, auf deren Realisierung sowohl die Gesellschaft, ihre Institutionen als auch die Sorgeberechtigten zu achten haben (vgl. Deckert-Peaceman u.a. 2010, 28f.). Eine ausdrückliche Verankerung von Kinderrechten im Grundgesetz der Bundesrepublik Deutschland wird diskutiert, ist allerdings bisher noch nicht realisiert.

1.2.4 Jugend(en) in der europäischen Moderne: (Aus-)Bildung, Peers und Freizeitgestaltung

Die Lebensphase Jugend umfasst in Erweiterung gesetzlicher Bestimmungen im westeuropäischen Raum einen eigenständigen Lebensabschnitt von 15 bis 20 Jahren (vgl. Quenzel/Hurrelmann 2022, 20). Hierbei handelt es sich um ein relativ junges Phänomen der Moderne, das sich erst Mitte des 20. Jahrhunderts durchgesetzt hat. Jugend verkörpert einen besonderen Entwicklungs- und Lebensabschnitt zum Erwachsenwerden, der einher geht mit körperlicher (Sexualität) und geistiger Reife (Persönlichkeitsbildung) und dem Erwerb von Teilbereichen des Erwachsenseins nach unterschiedlichen Altersklassifizierungen, z. B. als Konsumentin und Mediennutzerin oder als Berufseinsteiger und Rechtspersönlichkeit. Mit Jugend bzw. Jugend(en) wird insofern ein sozialer Status bezeichnet,

> »der durch die ökonomische und soziale Abhängigkeit von Anderen (Erwachsene, Familie) und eingeschränkte Rechte bestimmt ist und (in der Regel) mit dem Zugang zu Bildung und Ausbildung sowie mit Entwicklungsaufgaben einhergeht, die den Übergang von der Kindheit ins Erwachsenenleben regeln. Jugend ist eine Phase sozialer Platzierung« (Niekrenz/Witte 2018, 384).

Je nach institutioneller Zugangsweise wird der Altersabschnitt von Jugend bzw. jungen Menschen zwischen dem zehnten und 27. Lebensjahr verortet (Vereinte Nationen, deutsches Recht).

Während die moderne Kindheit geprägt ist durch Familialisierung, Dekommodifizierung und Pädagogisierung zählen zu den lebenslagenprägenden Elementen der Jugend Kategorien wie (Aus-)Bildung, Freizeit und Konsum sowie Medien und Jugendkulturen, deren Bedeutung wir im Folgenden aus einer stärker empirischen, auf Deutschland bezogenen Perspektive in den Blick nehmen.

Familie, (Aus-)Bildung und erste Erwerbstätigkeit

Auch für Jugendliche nimmt die Kernfamilie einen besonderen Stellenwert ein. Trotz der Vielschichtigkeit und Heterogenität der sozialen Wirklichkeiten von Kindern und Jugendlichen bleibt die Familie schicht- und herkunftsübergreifend das zentrale Bezugssystem der Lebensorientierung. Von den mehr als acht Millionen Familien mit minderjährigen Kindern in Deutschland leben gut 70 Prozent als Ehepaar und gut zwölf Prozent als unverheiratete Paare (Bezugsjahr 2021) mit mindestens einem minderjährigen Kind (vgl. Statistisches Bundesamt 2022a). Als Familien gelten dabei alle Eltern-Kind-Gemeinschaften, bei denen mindestens ein Kind unter 18 Jahren im Haushalt lebt. Zu den Kindern zählen leibliche, aber auch Stief-, Pflege- und Adoptivkinder.

Auch wenn die subjektive Wahrnehmung aufgrund von Medienberichten und Presseschlagzeilen vielfach anderes suggeriert, so ist dennoch festzuhalten, dass das traditionelle Familienmodell einer Familienkindheit von Mutter, Vater und Kind(er) weiterhin prägend ist.

Ergänzt wird dieser Trend durch eine Kindzentrierung, die verknüpft wird mit einer ebenfalls traditionellen Form der geschlechtsspezifischen Arbeits- und Rollenteilung von Mutter (Haushalt und Erziehung) und Vater (Erwerbsarbeit und ergänzende Erziehungsunterstützung). Heranwachsende verkörpern ein bedeutendes Humankapital, in das großzügig investiert wird. Es dient als sinnstiftende Projektionsfläche eines erfüllten Lebens der Eltern, die ideale Bedingungen des Aufwachsens schaffen, um dem jungen Menschen möglichst optimale Bedingungen eines beruflichen und sozialen Aufstiegs zu ermöglichen. Diese Form der Behütetheit und Förderung wird honoriert durch eine besondere Wertschätzung der Familie durch die Jugendlichen sowie eine lange Verweildauer der Heranwachsenden in der Familie (vgl. Calmbach u. a. 2020, 567).

Trotz einer schichtübergreifenden Primärorientierung am traditionellen Modell der Normalfamilie sind in den letzten 20 Jahren auch deutliche Veränderungen der Familienformen nachweisbar. Ein-Eltern-Familien und Patchwork-Familien nehmen zu und im Laufe des Familienlebens kommt es häufiger als früher zu diversen Wechseln hinsichtlich des aktuell geltenden Familienstatus. 18 Prozent der Väter und Mütter sind alleinerziehend und zwölf Prozent leben, wie oben bereits erwähnt, in nichtehelichen oder gleichgeschlechtlichen Partnerschaften (vgl. Statistisches Bundesamt 2022a). Drei Viertel aller Heranwachsenden in Deutschland leben in finanziell gesicherten und ein Viertel in eher unsicheren Verhältnissen.

Strukturell hat diese zentrale Stellung der Familie, unabhängig vom Familientypus, für die Lebensorientierung der Heranwachsenden zur Folge, dass bereits auf dieser Ebene entscheidende Weichen zur Ausbildung und Manifestation sozialer Ungleichheit gestellt werden. So lässt sich z. B. aufzeigen, dass die Höhe des sozialen Status mit der Wichtigkeit und Ausprägung der Förderung der Kinder und Jugendlichen durch die Eltern korreliert (vgl. Büchner 2010, 533).

Der Lebensweg von Jugendlichen hängt entscheidend von der eingeschlagenen Bildungslaufbahn ab. Diese wiederum ist eng gekoppelt an die zukünftige Erwerbstätigkeit und Karrieregestaltung, die den (beruflichen) Lebensweg, Lebensstil sowie die soziale Platzierung in der Gesellschaft bestimmen. Wirtschaftlich gut situierte Eltern, so die World Vision Kinderstudien der letzten Jahre, sorgen dafür, »dass ihre Kinder neben Kindergarten und Schule vielfältige Anregungen durch Musik, Ballett, Sport oder Theater in ihrer Freizeit erhalten. Kinder werden gewissermaßen zum ›Zukunftsprojekt‹ ihrer Eltern« (Bründel/Hurrelmann 2017, 38). Es sind immer noch die spezifischen familiären Merkmalsbedingungen, die »einen zwei- bis dreifach höheren Einfluss auf die kindlichen Bildungs- und Sozialisationsergebnisse [haben] [...] als Kindertageseinrichtungen« (Krinninger/Schulz, 2022, 404; Helsper 2022).

Im Bereich Bildung und Ausbildung hat die Erweiterung, Liberalisierung und Akademisierung der berufsorientierten (Hochschul-)Ausbildung erheblich zur Ausdehnung der Jugendphase beigetragen (vgl. Fend 2005, 151ff.). Trotz der weiterhin bestehenden Ungleichheit der Bildungschancen nach Herkunft und sozialer Schichtung ist der Trend in Richtung einer Expansion des Bildungssektors bei gleichzeitiger Verbesserung der Bildungschancen der Bevölkerung insgesamt seit den 1950er Jahren eindeutig. »Untere Bildungsschichten schrumpfen, mittlere und höhere Bildungsschichten dehnen sich aus« (Geißler 2014a, 55).

Jugendliche sind im historischen Vergleich besser ausgebildet, qualifizierter und gebildeter. Damit einher geht eine für beide Geschlechter geltende spätere Verheiratung oder Ehelosigkeit, eine spätere Geburt von Kindern oder Kinderlosigkeit, eine Pluralität der praktizierten Familienformen sowie ein wachsender Betreuungsbedarf von Heranwachsenden (vgl. Geißler 2014a, 57).

Fasst man die Befunde der Shell Jugendstudien und Sinusstudien der letzten Jahre zusammen, so wird deutlich, dass bei aller Differenziertheit der Gruppe der Jugendlichen grundsätzlich ein möglichst hoher formaler Bildungsabschluss angestrebt und auch realisiert wird. Zugleich haben Bildung und Ausbildung ihren rein instrumentellen Charakter verloren und sollen zumindest zugleich auch Lebensfreude vermitteln, der Persönlichkeitsentwicklung und Lebenserfüllung dienen. Dennoch besteht eine hohe Akzeptanz hinsichtlich des in Schule und Ausbildung praktizierten Leistungs- und Auswahlprinzips bei gleichzeitiger Verknüpfung mit entsprechenden Karriereerwartungen und der Hoffnung auf Statussicherung durch Bildung (vgl. Steiner 2018). Hierfür werden längere Ausbildungswege und ein zeitweise unsicherer ökonomischer und sozialer Status in Kauf genommen.

Diesen Einschränkungen stehen gute berufliche Einstiegschancen gegenüber. Das Angebot ist größer als die Nachfrage, was zu einer Stärkung der Position und des Selbstbewusstseins der Bewerberinnen und Bewerber beiträgt (vgl. Quenzel/Hurrelmann 2022, 124 ff.).

Peers, Jugendkulturen und Devianz

Die Bedeutung von Peergroups, also Gruppen von Gleichaltrigen, Gleichgesinnten und Gleichgestellten (vgl. Griese 2016, 57), für Heranwachsende ist ungebrochen hoch. Über 70 Prozent der Jugendlichen gehören sozialen Cliquen an. Peergroups stellen ein Bindeglied zwischen dem primären Bezugsrahmen der Eltern und der Familie sowie den neuen Bezugsgruppen im Prozess der schulischen und berufsbezogenen Sozialisation dar. Die Funktion von Gleichaltrigengruppen besteht insbesondere darin, dass in der sozialen Interaktion unter Gleichgesinnten Rollenidentitäten ausgebildet und Entwicklungsprozesse der Loslösung vom Elternhaus und einer zunehmenden Verselbstständigung im Prozess der eigenen Identitätsbildung erbracht werden (vgl. Hoffmann 2022).

Zwischen dem zehnten und zwölften Lebensjahr nimmt die Bedeutung sozialer Beziehungen unter Gleichaltrigen, insbesondere im Bereich der Freizeitgestaltung, deutlich zu. Der Kinder- und Jugendbericht über die Lebenssituation junger Menschen in Deutschland, der von der Bundesregierung in jeder Legislaturperiode dem Deutschen Bundestag und dem Bundesrat durch das Bundesministerium für Familie, Senioren, Frauen und Jugend (BMFSFJ) vorzulegen ist, hat je nach Altersphase folgende Themen, Leitmotive und Funktionen von Peers ermittelt: In der Altersphase zwischen dem zehnten und 13. Lebensjahr gehören zu den vorherrschenden Themen der Abschied von der Kindheit, der Übergang von der Grundschule auf die Sekundarstufe II sowie das Entdecken und Bewusstwerden des eigenen Körpers. In dieser Phase tragen die Peerkontakte dazu bei, dass die Erweiterung eigener Handlungsspielräume sowie Freundschaften und Zugehörigkeiten zu sozialen Gruppen erprobt werden. Darüber hinaus ist diese Phase gekennzeichnet durch die Einübung der Konsumentenrolle sowie die Auseinandersetzung mit Jugendkulturen.

In der Phase zwischen dem 13. und 16. Lebensjahr bestimmen Themen der Ablösung vom Elternhaus, erste Liebesbeziehungen, engere Freundschaften sowie Prozesse der sozialen Abgrenzung untereinander den Alltag von Heranwachsenden. Cliquen dienen nun eher als Gegenwelten in Abgrenzung zu den Erwachsenen. Grenzen werden ausgelotet und Identitätsentwürfe erprobt. In der Altersphase über 16 Jahre ist der Alltag thematisch geprägt durch Paarbeziehungen, Ausbildungsabschnitte, konkrete Berufsaussichten oder einer Orientierung in Richtung Studium. Zu den Funktionen gehören nun exklusiv ausgewählte Freundschaften sowie die Stabilisierung bisher in den Peergroups gepflegten lockeren Beziehungen (vgl. BMFSFJ 2013, 172).

Nimmt man das Verhältnis von Eltern und Peergroups in den Blick, so sind die Eltern eher »die Karriere- und Finanzberater, die Gleichaltrigen die Freizeit- und Stilberater. Die Eltern sind das soziale Modell für die großen Linien der künftigen Lebensführung, die Gleichaltrigen für die Gestaltung des Alltags« (Quenzel/Hurrelmann 2022, 161; vgl. Quenzel/Meusburger 2022, 427f.).

Die Phasen der körperlichen (Pubertät) und psychischen Reifung (Adoleszenz) im Jugendalter sind zudem geprägt durch emotionale, moralische und intellektuelle Auseinandersetzungen mit geltenden Normen, Verhaltenserwartungen und sozialen Anpassungs- und Integrationsherausforderungen.

In diesem Prozess der individuellen Verortung, des Ausprobierens und der Abgrenzung kann es zu Identitätskrisen, Protestverhalten und Verhaltensproblemen kommen, die in Teilbereichen gesellschaftlich als abweichendes Verhalten registriert, aber auch kohortenspezifisch unterschiedlich bewertet werden. Jugenddelinquenz, also Formen des normativ nur missbilligten Verhaltens (Schwänzen einer Schulstunde) als auch nach geltendem Recht von strafbaren Delikten (Fahren ohne Führerschein), werden grundsätzlich als episodenhafte Erscheinungen im Rahmen des Übergangs zum Erwachsenwerden angesehen und dementsprechend auch mehr oder weniger stark sanktioniert.

Abweichendes Verhalten und Devianz

Art und Umfang devianten Verhaltens in Gesellschaften zu erfassen, ist empirisch ausgesprochen schwierig. Generell ist bekannt, dass abweichendes Verhalten (Devianz) zum normalen Alltagsverhalten von Menschen gehört. Wir alle lügen mehrmals am Tag, gehen über rote Fußgängerampeln oder beschönigen unsere Steuererklärung. Bei Heranwachsenden findet abweichendes Verhalten im Alltag oftmals Ausdruck in der Haartracht, der Kleidung, durch Piercings und Tätowierungen sowie Sprache und Musik. Bedeutsam wird abweichendes Verhalten dann, wenn es als delinquentes Verhalten eingestuft wird.

Delinquenz bezieht sich vorrangig auf ein Verhalten, das gegen rechtlich fixierte Regelungen verstößt und damit als prinzipiell kriminell und strafbar gilt. Entwicklungspsychologisch ist bekannt, dass Jugenddelinquenz eine Form des Verhaltens innerhalb der Entwicklungsphase des Aufwachsens markiert, indem

> sich Heranwachsende mit ihrer Identität auseinandersetzen, Verhaltensspielräume ausprobieren, Abgrenzungen zu den Erwachsenen vollziehen oder aber, um im Rahmen von Gruppenprozessen sozial akzeptiert und integriert zu werden (Mutproben).

Statistisch erfassbar sind allerdings nur diejenigen Formen der Delinquenz von Heranwachsenden, die entdeckt und registriert werden. Aktuelle Befunde zeigen, dass es auch hier zu erheblichen Abweichungen zwischen der öffentlichen Wahrnehmung und der tatsächlichen Häufigkeit von Delikten kommt.

Im Bereich der Gewaltkriminalität von Heranwachsenden sind die Zahlen in der zeitlichen Gesamtschau seit Jahrzehnten rückläufig und es kann nicht von einer generellen Zunahme der Gewaltkriminalität bei Jugendlichen gesprochen werden (vgl. Oberwittler 2022, 1233 ff.; Albrecht 2016). Hinsichtlich der Art der Gewaltkriminalität gibt es allerdings Unterschiede, die sich sowohl altersbezogen als auch regionalbezogen (bspw. West- und Ostdeutschland, Ballungsgebiete und ländliche Regionen) differenzieren lassen. Bei den Delikten leichte Körperverletzung sowie gefährliche und schwere Körperverletzung ist eine Zunahme erkennbar, bei den Diebstahlsdelikten ist die Tendenz rückläufig. Es lassen sich auch keine signifikanten Unterschiede zwischen deutschen und nichtdeutschen Heranwachsenden aufzeigen. Lediglich bei Flüchtlingen und einigen besonderen Gruppen von Arbeitsmigrantinnen und -migranten sind Unterschiede erkennbar. Diese hängen allerdings eher mit den prekären Lebenslagen zusammen (vgl. Albrecht 2010, 837 f.).

Weiterhin ist zu berücksichtigen, dass es erhebliche Unterschiede zwischen den Geschlechtern gibt. Jugendkriminalität ist vorrangig Jungenkriminalität, auch wenn es leichte Tendenzen der Angleichung in der Relation der Verurteilungsziffern zur altersgleichen weiblichen Bevölkerung gibt. Im Durchschnitt ist die Deliktrate bei männlichen Jugendlichen fünfmal so hoch (vgl. Albrecht 2010, 839 f.). Die Unterschiede nehmen mit der Schwere des Delikts zu. Bei leichten Formen wie dem Ladendiebstahl sind die Unterschiede gering, bei schwereren Formen wie Vandalismus, Raub, Körperverletzung und (schwere) Gewalt sind sie erheblich.

Hinsichtlich der Wirkung von Sanktionen bei kriminellen Handlungen ist auf der Basis internationaler Studien nachgewiesen worden, dass Bestrafungen nur geringe nachhaltige Effekte aufweisen. Demgegenüber haben sich sinnvolle und frühzeitige Präventionsmaßnahmen bewährt. Diese haben einen nachhaltigen Effekt auf den weiteren biographischen Werdegang der Heranwachsenden (vgl. Albrecht 2010, 881).

Freizeit, Konsum und Mediennutzung

In den Bereichen Freizeitgestaltung und Mediennutzung lassen sich u. a. auch vor dem Hintergrund der technischen Entwicklung der letzten 20 Jahre gravierende Veränderungen aufzeigen. Kinder nutzen in ihrer Freizeit eine Vielzahl von Aktivitäten und gehen damit auch, ob nun durch die Eltern initiiert oder nicht, terminliche Verpflichtungen ein. Zu den wichtigsten Aktivitäten gehören Sport und Musik, Lesen, Clubs und Partys sowie regelmäßige Treffen und Verabredungen zum

Shoppen, Filme anschauen, Rumhängen, Kinobesuche sowie Computer- und Internetaktivitäten. Drei bis sechs Termine in der Woche sind keine Seltenheit mit der Folge, dass z. B. der Tagesablauf und Wochenrhythmus von Amelie als auch die neue Berufstätigkeit ihrer Mutter in der Schule entscheidend von diesen Verpflichtungen bestimmt wird (vgl. Fuhs 2010, 717; ▶ Kap. 1.2.1).

Verändert haben sich damit auch die Spielaktivitäten. Das typische Muster des Spielens auf Straßen (Straßenkindheit) im Grundschulalter, das geprägt war von eher unbeaufsichtigten Aktivitäten auf Spiel- und Fußballplätzen, Rad- und Rollschuhfahren sowie Treffen in Jugendheimen und sonstigen öffentlichen Plätzen, hat an Bedeutung verloren. Weitestgehend unverändert geblieben ist der hohe Stellenwert, dem Treffen mit Freundinnen und Freunden beigemessen wird.

Die erhebliche Ausweitung der Freizeitangebote als auch eine zunehmende bessere Einkommenssituation der Heranwachsenden für den alltäglichen Konsum tragen dazu bei, dass die Bandbreite der Möglichkeiten von den Heranwachsenden aktiv genutzt wird. Die verbesserte ökonomische Situation der Haushalte sowie eine zunehmende Nebenerwerbstätigkeit von Jugendlichen bewirken, dass diese über erhebliche monatliche Geldbeträge verfügen. Im monatlichen Durchschnitt verfügen 16-Jährige über 105 Euro, 17-Jährige über 178 Euro und volljährige Jugendliche über 297 Euro (vgl. Postbank 2019).

In der Literatur wird von einer zunehmenden Individualisierung und Mediatisierung des Freizeitverhaltens bei Kindern und Jugendlichen gesprochen. Kennzeichnend ist hierbei zum einen, dass die Ausweitung und Bandbreite der Freizeitmöglichkeiten mit einer wachsenden Wahl selbstständiger und selbstbestimmter Aktivitäten verbunden ist. Zum anderen hat sich die Art und Weise der Kommunikation mit ihren neuen Vernetzungsmöglichkeiten verändert. Kinder und Jugendliche organisieren sich medial mittels Handys, Facebook und Internetforen, nutzen und gestalten ihre Aktivitäten aktiv und weitestgehend unabhängig von den Eltern. Heranwachsende verfügen daher auch über eine Vielfalt von elektronischen Medien, die sie i. d. R. besser beherrschen als ihre Eltern.

Generell haben nach den aktuellen Shell Studien 99 Prozent der Jugendlichen Zugang zum Internet und verbringen dort etwa drei Stunden am Tag (vgl. Shell 2019, 30). Virtuelle Kommunikation, digitale Vernetzung und die Nutzung von Online-Medien nehmen einen besonderen Stellenwert ein.

Hinsichtlich der sozialen Unterschiede lässt sich zeigen, dass Einkommen und Bildung einen signifikanten Einfluss auf die Ausstattung, die gewählten Freizeitaktivitäten und das Freizeitverhalten haben und es ähnlich wie in der Welt der Erwachsenen zu einer Kluft der Lebensverhältnisse unter den Jugendlichen kommt (vgl. Thole 2010, 756). Erwartungsgemäß ist die Medienausstattung umso breiter, je höher der Bildungsgrad der Eltern ist (vgl. BMFSFJ 2013, 122).

> **Weiterführende Literatur**
>
>
>
> Andresen, S., Wilmes, J. & Möller, R. (2019): Children'sWorlds+. Eine Studie zu den Bedarfen von Kindern und Jugendlichen in Deutschland. Gütersloh: Bertelsmann.
> Baader, M. S., Eßer, F. & Schröer, W. (Hrsg.) (2014): Kindheiten in der Moderne. Eine Geschichte der Sorge. Frankfurt, New York: Campus.

Bründel, H. & Hurrelmann, K. (2017): Kindheit heute. Lebenswelten der jungen Generation. Weinheim, Basel: Beltz.
Bühler-Niederberger, D. (2020): Lebensphase Kindheit. Theoretische Ansätze, Akteure und Handlungsräume (2. Aufl.). Weinheim, Basel: Beltz Juventa.
Krüger, H.-H., Grunert, C. & Ludwig, K. (Hrsg.) (2022): Handbuch Kindheits- und Jugendforschung, (Band 1 und 2) (3. Aufl.). Wiesbaden: Springer.
Scherr, A. (2009): Jugendsoziologie. Einführung in Grundlagen und Theorien (9. Aufl.). Wiesbaden: VS Verlag.

Weiterführende Quellen

TUI Stiftung (Hrsg.) (2022): Junges Europa 2022. So denken Menschen zwischen 16 und 26 Jahren. Hannover.

1.3 Familie, Partnerschaft und Erziehung

1.3.1 Die moderne Kleinfamilie: Eheleute Reiter und Tochter Andrea

Horst Reiter wurde 1938 geboren. Sein Vater war Schreiner in einem mittelständischen Unternehmen und seine Mutter Hausfrau. Nach Beendigung der Volksschule machte Horst eine Lehre zum Elektroinstallateur. 1958 lernte er Ingrid (20 Jahre) kennen, die bei der Stadtverwaltung arbeitete. 1962 wurde geheiratet und das Paar zog in eine kleine Wohnung. 1964 wurde Susanne geboren, 1966 Andrea und 1968 die Zwillinge Andreas und Jens. Ingrid gab den Beruf auf und versorgte Haushalt und Kinder. 1969 kaufte sich die Familie ein kleines Mittelreihenhaus. Der erste Urlaub ging Anfang der 1970er Jahre nach Österreich. Mit einem gebraucht gekauften Opel wurden Ferien auf einem Bauernhof verbracht. In den Folgejahren fuhr die Familie immer wieder zu der lieb gewonnenen Pension, die zu einem zweiten zu Hause wurde.

Die Kinder von Horst und Ingrid haben ein ganz anderes Leben als die Eltern geführt. Susanne hat sich nach dem ersten Kind von ihrem Mann scheiden lassen und lebt nun gemeinsam mit einer Freundin in München. Andreas ist Dachdecker und der Abenteurer der Familie. Sein Beruf hat es ihm ermöglicht, viele Jahre in Kanada zu leben. Er ist bis heute unverheiratet und wohnt in Österreich. Jens hat mehrfach seine Lehren abgebrochen und ist zwei Mal geschieden. Er lebt mit seiner neuen Partnerin und deren zwei Kinder, die sie mit in die Partnerschaft gebracht hat, in einem Nachbarort, nicht weit vom Elternhaus entfernt.

Im Interview macht Andrea deutlich, dass sie andere Vorstellungen von ihrem Leben hatte als ihre Eltern. Sie betont den Wandel der Generationen und kritisiert die traditionellen Rollenvorstellungen. Ihre Mutter Ingrid war intelligent und hatte den Abschluss der 9. Klasse. Den Traumberuf Lehrerin durfte Ingrid nicht verwirklichen, da das Geld nur für das Studium des älteren Bruders reichte.

Auf Druck der Eltern hat sie dann eine Ausbildung im öffentlichen Dienst begonnen und mit Gründung einer Familie die persönlichen Ziele zurückgestellt. Windeln wechseln, Putzen, Kochen und Haushalt waren für Andrea aber nie eine Option.

Nach dem Abitur zog sie von zu Hause aus. Mit Unterstützung des Studenten-BAföG studierte Andrea Medizin in Düsseldorf. Nach einer beruflichen Tätigkeit an der Universitätsklinik Düsseldorf war Andrea einige Jahre als Fachärztin für Lungenerkrankungen an einer Klinik in Kapstadt tätig. Hier lernte sie ihren Ehemann Stefan kennen, der dort als Orthopäde arbeitete. Im Jahr 2003 sind beide nach Hamburg gezogen. 2006, da war Andrea 40 Jahre alt, kam Niklas auf die Welt. Zwei Jahre später wurde Laura geboren. Nach einer Kinderpause eröffnete Andrea eine Arztpraxis in Hamburg.

Der Werdegang von Familie Reiter ist typisch für eine Familie im 20. Jahrhundert und entspricht einer Form des Zusammenlebens, die sich als traditionelle Kleinfamilie bis heute erhalten hat. Sowohl in Deutschland als auch in anderen industrialisierten Gesellschaften wird das Leitbild der Normalfamilie von Vater, Mutter sowie ein oder zwei Kindern mehrheitlich durchlebt und normativ angestrebt. Die Klein- oder Kernfamilie basiert auf einer Lebensgemeinschaft, die sich aus mindestens zwei Generationen zusammensetzt (Mühling/Rupp 2008, 77). Zugleich zeigt das Fallbeispiel allerdings auch, dass es verschiedene Formen des (familiären) Zusammenlebens gibt, diese nicht lebenslang bestehen und sich vor dem Hintergrund der gestiegenen Lebenserwartung auch mehrfach verändern können. So lebten Horst und Ingrid Reiter zuerst als Paar zusammen, dann kamen die Kinder, die inzwischen das Haus verlassen und eigene Formen des (familiären) Zusammenlebens gewählt haben. Aktuell leben Horst und Ingrid wieder alleine und pflegen, trotz ihres hohen Alters, intensive Kontakte zu ihren Kindern und Enkelkindern.

Für Niklas ist es selbstverständlich, dass er in seinen Sozialkontakten mit einer Vielfalt von unterschiedlichen Familienformen konfrontiert wird. Zu nennen wären hier insbesondere die Eineltern-Familien, die Patchworkfamilien, die Regenbogenfamilien, Pflegefamilien, Adoptivfamilien, Stieffamilien und gleichgeschlechtliche Familien.

Familie

Aus wissenschaftlicher Sicht ist es vor diesem Hintergrund gar nicht so einfach, das soziale Gebilde Familie präzise zu definieren. Die Sozialwissenschaften konnten sich bisher auf keine allgemein gültige Definition verständigen. Generell anerkannt ist die Auffassung, dass Familie da ist, »wo (mindestens) eine Generationenbeziehung besteht, die ein besonderes Verbundenheitsgefühl umfasst, und wo zwischen den Angehörigen verschiedener Generationen Leistungen füreinander erbracht werden« (Steinbach/Hank 2020, 441). Verpflichtend ist also weder eine eheliche Beziehung noch ein gemeinsamer Haushalt bzw. Wohnsitz, auch wenn dies mehrheitlich der Fall ist. »Alleinstehende und auch Paare ohne

> Kinder […] sind entsprechend keine Familien, obwohl sie als Kinder ihrer Eltern, als Geschwister, als Tanten oder Onkel natürlich auch in familiale Kontexte eingebunden sind« (Steinbach/Hank 2020, 441)

Nimmt man den historischen Wandel der Familienformen in den Blick so wird deutlich, dass es sich bei der Pluralität der heutigen Familienformen keineswegs um ein historisch neues Phänomen handelt. Die familiengeschichtliche Forschung konnte zeigen, dass nicht etwa die Pluralität der Familienformen das wirklich Neue an der Entwicklung ist, sondern die Ausbildung und hohe Stabilität der Kernfamilie als prägende Familienform bis in die heutige Zeit hinein.

Um den Stellenwert von Familie und Gesellschaft in den jeweiligen Epochen vergleichend verorten zu können, werden im Folgenden die Formen der Institutionalisierung von Ehe und Familie, die Muster der Rollenverteilung sowie das familiäre Zusammenleben näher in den Blick genommen.

1.3.2 Geschichte der Familie: Vom europäischen Mittelalter zur Industriegesellschaft

Hausgemeinschaft als Grundeinheit der Existenzsicherung

Das Mittelalter ist geprägt durch eine Ständeordnung, die den Menschen sowohl in weltlicher als auch religiöser Hinsicht eine eindeutige gesellschaftliche Position mit definierten Rechten und Pflichten auferlegte. Durch Geburt wurde die Ständezugehörigkeit auf Lebenszeit festgelegt. Diese prägte die soziale Stellung, die ökonomischen Lebensbedingungen und die politischen Einflussmöglichkeiten. Man gehörte entweder dem Klerus (Papst, Erzbischöfe, Bischöfe, Mönche, Nonnen, Dorfpfarrer, Wanderprediger) als erstem Stand, dem Adel (Kaiser, Könige, Herzöge, Grafen, Fürsten) als zweitem oder der Bauernschaft und der einfachen Bürgerschaft als drittem Stand an. Diesem waren 90 Prozent der Gesamtbevölkerung zuzurechnen.

In familiärer Hinsicht hatte sich durch die Ausdehnung des Christentums die Einehe als gesellschaftliche Norm im europäischen Raum durchgesetzt. Mit der Ehe wurde ein neuer Haushalt gegründet, der den Grundstein für eine Hausgemeinschaft bildete. Diese hatte allerdings wenig mit unserem heutigen Verständnis von Familie zu tun. Das Haus bzw. die gemeinsam im Haus lebenden Mitglieder bildeten eine Haushaltsfamilie (vgl. Mitterauer 2003, 264), zu denen neben den Eltern und den leiblichen Kindern auch unverheiratete Verwandte und das Gesinde gehörten. Vor dem Hintergrund der weit verbreiteten Armut sowie der mit der Landwirtschaft einhergehenden körperlichen Arbeit handelte es sich hierbei eher um einen Zweckverband zur Existenzsicherung. Man arbeitete sechs Tage in der Woche von morgens bis abends. Erschwerend kamen die hohen Abgabepflichten erwirtschafteter Erträge an den Gutsherren sowie die zu erbringenden Frondienste hinzu. Das Haus verkörperte eine »organisatorische Grundeinheit des Erwerbs- und Arbeitslebens« (Rösener 2009, 138), die der Existenzsicherung und der Besitzerhaltung sowie der gegenseitigen Unterstützung und Versorgung diente (vgl. Textor 1996).

Von besonderer Bedeutung für die Sozialstruktur der agrarischen Hausgemeinschaft des Hochmittelalters war das damals in vielen Regionen vorherrschende Anerbenrecht. Es war üblich, dass der Hof an den ältesten Sohn weitergegeben wurde. Dieser hatte als Gegenleistung die Versorgung des Elternpaares zu übernehmen. Die Geschwister gingen leer aus mit der Folge, dass sich diese entweder eine andere Erwerbstätigkeit z. B. im Handwerk suchen mussten oder aber in der Hausgemeinschaft verblieben und nun den Status eines landlosen Gesindearbeiters einnahmen. Zwar waren die Nichterben abzufinden, aber die zu zahlenden Geldbeträge lagen weit unter dem realen Wert des Hofes. Alternativ gab es für die Nichterben die Möglichkeit, in eine andere Hofstelle einzuheiraten. Die Folge der Anwendung des Anerbenrechtes waren massive Wanderungsbewegungen der ländlichen Bevölkerung sowie ein relativ hoher Anteil von Junggesellen.

Die Lebensbedingungen der bäuerlichen Bevölkerung waren geprägt durch Armut, harte körperliche Arbeit und Entbehrungen. Man lebte in beengten Wohnverhältnissen und mit den Nutztieren unter einem Dach. Die hygienischen Bedingungen waren schlecht und die medizinische Versorgung unzureichend. Die Lebenserwartung war aufgrund der hohen Kindersterblichkeit, durch Krankheiten, Hungersnöte und Kriege gering mit der Folge, dass die Anzahl der Hausmitglieder im Durchschnitt bei etwa fünf Personen lag (vgl. Mitterauer 2009, 98). In den zur Verfügung stehenden zwei oder drei Räumlichkeiten teilte man sich die wenigen Betten.

Hinsichtlich der Rollenverteilung der Eheleute herrschte eine patriarchalische Ordnung. Bei den meisten Ehen, auch denjenigen des dritten Standes, handelte es sich um arrangierte Ehen, bei denen die Frau kein Mitspracherecht hatte. Sie war dem Mann untergeordnet. Dieser bestimmte nicht nur die zu erledigenden Aufgaben, sondern er besaß auch das Recht zur Züchtigung und Bestrafung. Das Verhältnis der Eheleute war durch die Not des Alltags geprägt und die Funktion der Ehe bestand darin, Nachwuchs zu zeugen. Im Vordergrund stand zudem die Weitergabe der wenigen Besitztümer sowie die soziale Absicherung bei Krankheit und Alter. Das Zusammenleben wurde geprägt durch einen grundsätzlich auf kirchlichen Normen basierenden Bund der Ehe, hatte aber noch wenig mit einer auf emotionaler Zuneigung basierenden Form der Liebesehe nach heutigem Verständnis zu tun. Dies heißt jedoch nicht, dass Liebe und Zuneigung für die Beziehungen der Familienmitglieder im Alltag gänzlich unbedeutend waren (vgl. Gestrich 2008, 85, 96).

Nach kirchlichem Recht war eine Trennung oder Scheidung der Eheleute nicht vorgesehen. Lediglich bei Unfruchtbarkeit, Untreue, Trunksucht der Ehefrau, Verschwendung von Vermögen und Inzest war eine Scheidung möglich.

Bürgerliche Familie, Industriearbeit und Privatheit

Bis zu Beginn des 18. Jahrhunderts war die Hausgemeinschaft weiterhin prägend. Einen eigenständigen Familienbegriff gab es bis zum ausgehenden 17. Jahrhundert nicht (vgl. Gestrich 2003, 367). Die Bevölkerungsstruktur war agrarwirtschaftlich geprägt und die Einheit von Wohnen und Arbeiten bestimmte das Leben der Haushaltsmitglieder. Diese Einheit bestand i. d. R. aus Eltern, Kinder, Verwandten, Gesellen und Lehrbuben. Die Kindersterblichkeit in den europäischen Ländern war bis zum ausgehenden 18. Jahrhundert weiterhin sehr hoch. Von 1000 Geburten vor 1750 erreichten in Frankreich, das durchaus repräsentativ für andere europäische Länder steht, 502 Kinder das 15. Lebensjahr. Auch bei Erwachsenen führte die hohe Sterblichkeitsrate dazu, dass etwa jede vierte Wiederverheiratung auf den frühzeitigen Tod des Ehepartners zurückzuführen war (vgl. Burguiére/Lebrun 2005, 17). Familienbunde wurden zu jener Zeit nicht nur durch späte Heirat (25 bis 30 Jahren) geschlossen, sondern sie wurden insbesondere auch durch den frühzeitigen Tod von Familienmitgliedern vielfach in ihrer Zusammensetzung verändert oder aufgelöst. Hinzu kam, dass die Anzahl von Junggesellen in der Bevölkerung relativ hoch war, da oftmals nur dann geheiratet wurde, wenn man einen eigenen Haushalt gründen und aufrechterhalten konnte (vgl. Goody 2002, 95 f., 148).

Erst Mitte des 18. Jahrhunderts etablierte sich ein Familienverständnis im heutigen Sinne. Mit der zunehmenden Industrialisierung und Verstädterung veränderte sich nicht nur die Form der Erwerbsarbeit, sondern es veränderten sich zugleich die Lebensbedingungen der Menschen. Die zunehmende Mechanisierung und Technisierung führte, trotz aller sozialen Verwerfungen, zu einer Veränderung der materiellen Absicherung bei gleichzeitiger Zunahme des Wohlstandsgefüges.

An die Stelle einer starren Ständeordnung traten Prozesse technologischen und sozialstrukturellen Wandels, die in ihrer Dynamik geprägt waren von einer zunehmenden Automatisierung der industriellen Fertigung, der Revolutionierung der Agrarproduktivität, einer Kapitalisierung der Geldströme, einer Ausweitung der Märkte sowie einer zunehmenden Massenproduktion von Verbrauchsgütern bei gleichzeitiger Erweiterung der Mobilitätsmöglichkeiten durch den Ausbau der Infrastruktur und einer Fortentwicklung des Verkehrswesens. Diese Veränderungen führten in Kombination mit neuen wissenschaftlich-medizinischen Erkenntnissen nicht nur zu einem rasanten Wachstum der Bevölkerung, sondern auch zu einer Neustrukturierung der sozialen und damit auch der familiären Verhältnisse. Neue Möglichkeiten der Erwerbsarbeit schufen neue Berufs- und Tätigkeitsfelder, die zu einer räumlichen Trennung des familiären Zusammenlebens im Haus und der außerhäuslichen Erwerbsarbeit beitrugen.

Weiterhin veränderten sich im Prozess der Industrialisierung auch die Formen der Rollenverteilung zwischen den Familienmitgliedern. Die ökonomischen Rahmenbedingungen erzwangen eine Neuverteilung der industriell geprägten Erwerbsarbeit zu Lasten der Familienmitglieder. Trotz der Mitarbeit von Familienangehörigen verbesserte sich die Armutssituation der Industriearbeiterfamilien aufgrund der ständig sinkenden Löhne allerdings nur sehr langsam. Die meisten Familien lebten auf engstem Raum. Trotz der eh schon beengten Wohnverhältnisse waren viele Mieterinnen und Mieter gezwungen, Teile ihres Wohnraums gegen Zahlung eines Entgelts unterzuvermieten.

Diese Entwicklungen blieben nicht ohne Einfluss auf das Familienleben. Die langen Arbeitstage führten dazu, dass die Familienmitglieder kaum gemeinsame Zeit miteinander verbrachten. Das Leben mehrerer Familien in ein oder zwei Räumen ließ eine Privat- und Intimsphäre nicht zu. Die Wohnräume boten lediglich eine Schlafmöglichkeit zur Regeneration, zum Schutz vor Witterungsbedingungen sowie zur Nahrungsaufnahme.

Demgegenüber sah das Leben der quantitativ deutlich unterrepräsentierten bürgerlichen Oberschicht im 19. Jahrhundert anders aus. Das Familienleben war geprägt von einer Form der Haushaltsführung, die auf Bedienstete und Hauspersonal zurückgreifen konnte. Die Rollenverteilung von Mann und Frau orientierte sich an der Unterscheidung von Haushaltsführung und Erwerbsarbeit und von Vorstellungen tugendhafter Lebensführung. Die Frau wurde zum Mittelpunkt des Familienlebens. Sie übernahm die Mutterrolle, die mit Fürsorglichkeit, Aufopferungsbereitschaft und Pflichterfüllung verbunden wurde. Der Ehemann wurde zum Versorger, der durch die pflichtgemäße Erfüllung beruflicher Aufgaben die ökonomischen Rahmenbedingungen für ein gedeihliches Familienleben in Wohlstand und sozialer Sicherheit zu gewährleisten hatte. Seine berufliche Stellung prägte die soziale Verortung der Familie und er repräsentierte als Haushaltsvorstand diese Zugehörigkeit. Der Schriftsteller Thomas Mann (1875–1955) hat dieses Leben eindrucksvoll am Beispiel einer Kaufmannsfamilie in den Buddenbrooks literarisch beschrieben.

Obwohl im Prozess der Industrialisierung die Lebensbedingungen der Familien von Industriearbeiterschaft und Bürgertum deutlich auseinanderfielen, überrascht die mit dem wachsenden Wohlstand im ausgehenden 19. Jahrhundert zu beobachtende Neustrukturierung des Familienlebens der Arbeiterschaft. Mit der allmählichen Zunahme des Wohlstands kann eine Neuorientierung an den normativen Vorstellungen der bürgerlichen Oberschicht beobachtet werden (vgl. Ehmer 1993, 16f.). Es kam zu einer Angleichung der sozialen Schichten, die Wert auf eine traditionelle Form der Arbeitsteilung legten. Die Frau übernahm die Haushaltsführung, gestaltete und dekorierte das Heim, übernahm Stopf- und Stickereiarbeiten, umsorgte die Familienmitglieder und sicherte die Kindererziehung. Der Ehemann garantierte den Lebensunterhalt.

Hinzu kamen Veränderungen im Verhältnis von Staat und Kirche. Mit der Trennung von Politik und Religion vollzog sich auch ein Wandel im Selbstverständnis der Ehe. Die Ehe und die dazugehörige Hausgemeinschaft waren nun nicht mehr Teil einer göttlichen Ordnung, sondern basierten auf einer eigenständigen Entscheidung der Partnerinnen und Partner, die weder durch Standeszugehörigkeit noch durch die Zugehörigkeit zu einer bestimmten Glaubensrichtung bestimmt waren. An ihre Stelle traten Formen der Übereinkunft zweier Menschen, die geprägt waren durch persönliche Beziehungen und mehr oder weniger ausgeprägte Formen der emotionalen Zuneigung. Es wäre allerdings voreilig, im 18. und 19. Jahrhundert mehrheitlich von Liebesheiraten auszugehen. Korrekter ist es, auch weiterhin von Vernunftehen zu sprechen. Die neuen Kriterien der Vernünftigkeit waren nun allerdings nicht mehr auf Herkunft, Besitz oder Religionszugehörigkeit hin ausgerichtet, sondern rückten die moralische Qualität und Integrität der auserwählten Personen in den Vordergrund (vgl. Gestrich 2003, 377, 502).

Im 19. Jahrhundert setzte sich ein Verständnis von Kernfamilie durch, das explizit ein Zusammenleben mit nicht verwandten Personen ausschloss. Ehe und Familie verkörperten eine soziale Gruppe, die durch enge Blutsverwandtschaft in gerader Linie und einer besonderen Vertraulichkeit und Verbundenheit zueinander gekennzeichnet war. Die Familie wurde zum Rückzugsort des Privaten, der Emotionalität und Intimität (vgl. Schierbaum 2022; Gestrich 2013, 21).

1.3.3 Familienformen, Rollenmuster und Beziehungsgeflechte

Nimmt man die Veränderungen der letzten Jahrhunderte in den Blick, so überrascht die hohe Stabilität und Flexibilität, mit der sich das System Familie auf die jeweiligen Herausforderungen gesellschaftlichen Wandels eingestellt hat. Die Familie verkörpert bis heute eine bedeutende Form des Zusammenlebens, die wichtige Aufgaben der Reproduktion, sozialen Bindung und emotionalen Stabilisierung der Familienmitglieder, der Pflege und Erziehung, der Haushaltsführung, der Gesundheit und Erholung sowie der wechselseitigen Hilfe erfüllt (vgl. Kaufmann 1995, 36 ff.). Von einem bevorstehenden Kollaps als Folge des Zusammenbruchs von Familienstrukturen kann nicht die Rede sein. Verändert haben sich die Familienformen, Beziehungsmuster, Aufgabenverteilungen und sozialen Problemlagen von Familien, ein Prozess der Auflösung oder des Zerfalls der Institution Familie lässt sich nicht belegen (vgl. BMFSFJ 2020a, 35 ff.).

Aber wie sehen nun die konkreten Veränderungen der familiären Strukturen aus? Welche Entwicklungen sind empirisch hinreichend belegt und welche basieren eher auf Klischees und medialen Inszenierungen?

Familienformen und andere private Lebensformen

Es ist gar nicht so einfach festzulegen, was eigentlich unter einer Familienform verstanden werden soll. Wenn als Bezugsgröße der sozialwissenschaftlich geprägte Begriff der Lebensform herangezogen wird, so werden nach der Auslegung des Statistischen Bundesamtes hierunter soziale Beziehungen zwischen den Mitgliedern eines Haushaltes verstanden, die aus einer oder mehreren Personen bestehen. In der Literatur werden über 25 Lebensformen voneinander unterschieden, von der traditionellen Ehe mit unterschiedlicher Kinderzahl und unterschiedlichem Erwerbsstatus der Eltern über die vielfältigen Formen nichtehelicher Lebensgemeinschaften mit und ohne Kinder bis hin zu den Alleinerziehenden und Wohngemeinschaften. Legt man Hausgemeinschaften zugrunde, so wird von mindestens acht Haushaltstypen ausgegangen. Hierzu gehören die Eingenerationenhaushalte (Ehepaare ohne Kinder, nichteheliche Lebensgemeinschaften ohne Kinder, Einpersonenhaushalte), die Zweigenerationenhaushalte (Ehepaare mit Kindern, nichteheliche Lebensgemeinschaften mit Kindern, Alleinerziehende, Haushalte mit nicht mehr ledigen Kindern) und die Drei- und Mehrgenerationenhaushalte (vgl. Wagner/Valdés Cifuentes 2014, 84, 91).

Wie bereits erwähnt reicht für den Familienstatus nach heutigem Verständnis eine auf Dauer angelegte Solidargemeinschaft zwischen mindestens zwei Menschen nicht aus. Das Familienverständnis ist geprägt von einer Eltern-Kind-Beziehung (Zeugungsfamilie) und zwar unabhängig davon, ob dieser Typus der sozialen

Gruppe in einem gemeinsamen oder getrennten Haushalt lebt. Die Kind-Eltern-Beziehung schließt auch die sog. Herkunftsfamilie mit ein, die auf einer Beziehung von erwachsenen Kindern zu ihren Eltern beruht (vgl. Klocke/Stadtmüller 2009, 6f.) Weitere Kriterien wie Geschlechtszugehörigkeit, gemeinsame Haushaltsführung oder Blutsverwandtschaft sind keine prägenden Merkmale, um den Status einer Familie zu erfüllen.

Konstitutiv für individualisierte Gesellschaften ist, dass das klassische Modell der Kernfamilie von Vater und Mutter im Sinne verheirateter Eltern und einem oder mehreren leiblichen Kindern durch neue Lebensgemeinschaften, die eine Vielfalt von Formen familiären Zusammenlebens ermöglichen, erweitert wird. Zu den neuen und auch empirisch weit verbreiteten Familienformen gehören neben der Kernfamilie die Alleinerziehenden, die Patchworkfamilie, die Regenbogenfamilie und die Mehr-Generationenfamilie.

Bereits auf der Ebene der *Kernfamilie* lassen sich die gravierenden Veränderungen der letzten Jahrhunderte aufzeigen. Eine Kernfamilie beruht auf einer Liebesbeziehung der Eltern zueinander und nicht auf Schicht- oder Standeszugehörigkeit. Die Partnerinnen und Partner haben sich selbstbestimmt gewählt und die Form des Zusammenlebens wird verpflichtend weder durch die Ehe noch durch die Geburt eines Kindes entschieden. *Ein-Eltern-Familien* (Alleinerziehende) beruhen in den meisten Fällen auf einer Trennung und Scheidung und sie werden nicht, wie in den Jahrhunderten zuvor, von einer hohen Sterblichkeit durch Kriege, Unfälle oder Krankheiten bestimmt. Vor dem Hintergrund der deutlich geringeren Lebensrisiken und einer Verlängerung der Lebenserwartung sind Fälle der Verwitwung bei Familien mit minderjährigen Kindern eher selten. Die höhere Lebenserwartung, die zunehmende ökonomische Unabhängigkeit, der Ausbau der sozialen Sicherungssysteme sowie der Anstieg des Bildungsniveaus tragen allerdings auch dazu bei, dass Ehen leichter aufgelöst werden und während des Lebenslaufs sehr unterschiedliche Formen des Wechsels von familiären und nicht-familiären Lebensweisen möglich sind. Menschen haben nun die Möglichkeit, mehrere Familienkonstellationen über einen relativ langen Zeitraum zu leben mit der Folge, dass *Patchworkfamilien* (Stieffamilien) deutlich zugenommen haben. Hierbei handelt es sich um eine Familienform, bei der mindestens ein Elternteil ein Kind aus einer früheren Beziehung mit in die Familie einbringt. Die Lebenssituation von Jens ist hier ein gutes Beispiel (▶ Kap. 1.3.1).

Bei der *Pflege- oder Adoptivfamilie* nehmen volljährige Personen Kinder anderer Eltern zeitweise oder auf Dauer unter bestimmten gesetzlich geregelten Bedingungen auf. Im Gegensatz zu einer Adoption erhält das Pflegekind allerdings nicht den rechtlichen Status eines leiblichen Kindes.

Einen Spezialfall bildet in diesem Zusammenhang die sog. *Inseminationsfamilie*. Der medizinische Fortschritt hat dazu geführt, dass immer mehr Paare ihren Nachwuchs mit einer Samen- oder Eizellenspende von Dritten künstlich zeugen können (multiple Elternschaft). Generell ist zu erwarten, dass mit den Fortschritten der Gentechnologie diese familiäre Lebensform an Bedeutung zunehmen wird und die Gesellschaft sich hier auf ganz neue ethische und soziale Herausforderungen einstellen muss (vgl. Steinbach/Hank 2020, 451 f.).

Unter einer *Regenbogenfamilie* werden Familien verstanden, »in denen mindestens ein Elternteil lesbisch, schwul, bisexuell, transgeschlechtlich bzw. intergeschlechtlich und/oder nichtbinär ist« (entnommen aus https://familienportal.de/). Mehrheitlich zählen hierzu gleichgeschlechtliche Elternteile, die mit Kindern zusammenleben. Bei diesen Kindern kann es sich um leibliche Kinder auf der Basis einer vorhergehenden heterogeschlechtlichen Beziehung handeln oder aber um adoptierte, in Pflege genommene oder mithilfe von Samenspenden entstandene Kinder. Diese Familienform ist noch eher selten und das Ergebnis eines erst in den letzten zwei Jahrzehnten vollzogenen Prozesses gesetzlicher und normativer Liberalisierung.

Der moderne und historisch neuartige Typus der (multilokalen) *Mehr-Generationenfamilie* zeichnet sich dadurch aus, dass »zumindest drei Generationen, […] durch Abstammung oder Adoption miteinander verbunden sind« (Lauterbach 2004, 223). Die verlängerte Lebenserwartung hat diesbezüglich zu einer erheblichen Ausweitung von familiären Beziehungs- und Rollenmustern geführt, die trotz räumlich getrennter Haushalte drei bis vier Generationen miteinander zu Lebzeiten verbindet (vgl. Nave-Herz 2018, 133, 141).

Familienformen pluralisieren sich, stehen hinsichtlich ihrer Vielfalt nebeneinander und lösen sich im biographischen Verlauf mehrfach ab. Die Steigerung der Lebenserwartung und die Abnahme der Kinderzahl in den Familien haben dazu geführt, dass im Rahmen einer Längsschnittbetrachtung die traditionelle Familienphase nur noch einen bestimmten Lebensabschnitt im Lebensverlauf ausfüllt. Da Statistiken oftmals einen konkreten, eher kurzen Zeitabschnitt (z. B. Veränderung in den letzten drei Jahren) in den Blick nehmen entsteht der Eindruck, dass die traditionelle Kernfamilie an Häufigkeit erheblich abgenommen hat. Diese Aussage ist in dieser Form allerdings verzerrend. Richtig ist, dass die Lebensphase in einer Kernfamilie mit minderjährigen Kindern nur noch einen begrenzten Teilausschnitt des Lebens ausmacht (vgl. Burkart 2008, 29). Die häufigste Familienform besteht immer noch aus verheirateten Paaren mit gemeinsamen Kindern (vgl. Nave-Herz 2019, 30). Zugleich ist aber auch ein grundsätzlicher Wandel hinsichtlich des Selbstverständnisses und der Wahl der Familienformen zu beobachten, der insgesamt zu einem zahlenmäßigen Rückgang der traditionellen Kernfamilie führt. Dieser ist jedoch nicht so gravierend, wie oftmals in den Presseberichten suggeriert wird (vgl. Statistisches Bundesamt 2021a, 59). Die unterschiedlichen Lebensverläufe der Kinder von Horst und Ingrid Reiter als auch die hiervon deutlich abweichende Normalbiographie der Elterngeneration stehen insofern repräsentativ für einen weiterhin zu beobachtenden Trend (▶ Kap. 1.3.1).

Empirisch nicht haltbar ist die Auffassung, dass es sich bei vielen Familienformen um neue und quantitativ verstärkt auftretende Lebensformen handelt. Dies ist insbesondere bei Ein-Eltern-Familien, Adoptions-, Pflege und Stieffamilien nicht der Fall. Im historischen Rückblick handelte es sich allerdings nicht um eigenständig etablierte Familienformen, die generell sozial akzeptiert waren und schichtübergreifend auftraten. Auch die Ursachen und Gründe beruhten auf anderen Zusammenhängen, z. B. Verwitwung und Nicht-Ehelichkeit statt auf Trennung und Scheidung (vgl. Nave-Herz 2019, 25).

Im Unterschied zum 19. Jahrhundert wurden in der Moderne traditionelle Wert- und Normvorstellungen bürgerlicher Kernfamilien zunehmend ergänzt durch eine steigende soziale und rechtliche Akzeptanz in Bezug auf andere Formen familiären Zusammenlebens. Diese Entwicklung wird als Prozess der De-Institutionalisierung der Familie bezeichnet, wobei zu beachten ist, dass sich diese These selbst auf eine eher konservative Vorstellung von (Kern-)Familie als Leitkategorie bezieht (vgl. Nave-Herz 2019, 15).

Rollenmuster, Arbeitsteilung und Erwerbstätigkeit

Generell ist hervorzuheben, dass trotz aller Prozesse der Individualisierung und Liberalisierung die Rollenspezifizierung und Aufgabenverteilung bis heute eher traditionellen Mustern folgt. Die Kernfamilie stellt immer noch die weit verbreitetste Familienform dar (vgl. BMFSFJ 2020a, 18). Auch normativ scheint es so zu sein, dass die Kleinfamilie als sinnstiftendes Lebensideal weiterhin prägend ist. Medial wird dieser Einfluss an den beliebten Familienserien deutlich, die sich seit Jahrzehnten hoher Einschaltquoten erfreuen. Sie zählen daher auch zu den Klassikern der Fernsehunterhaltung. Von »Vater ist der Beste« und »Familie Schölermann« in den 1950er Jahren über »Familie Hesselbach« und »Lieber Onkel Bill« in den 1960er Jahren, »Die Waltons« und »Unsere kleine Farm« in den 1970er Jahren bis zu »Ich heirate eine Familie« und »Dallas« in den 1980er Jahren sowie »Eine schrecklich nette Familie« und »Roseanne« in den 1990er und »Unser Charly« und »Eine himmlische Familie« in den ausgehenden 1990er Jahren. Nach 2000 setzt sich der Trend mit Serien wie »Six Feet Under« und der Familiensaga »Downton Abbey« zwar fort, aber es scheint so zu sein, dass die Attraktivität von Familienserien, die das klassische Idyll einer Kern- und Mehrgenerationenfamilie als »Wert und Lebensleitbild« (Fuhs 2007, 24) widerspiegeln, an Bedeutung verliert (vgl. Brake/Büchner 2022, 670 ff; Schäffer 2007).

Nicht nur in den meisten Familienserien, sondern auch im realen Leben übernehmen Frauen mehrheitlich die Haushaltsführung und die Betreuung der Kinder unter Verzicht auf Vollerwerbstätigkeit und beruflicher Karriere. Sie sind zuständig für ein emotional ausgleichendes Familienleben, übernehmen Fürsorgeaufgaben und halten dem berufstätigen Vater ›den Rücken frei‹. In gleicher Weise gilt aber auch, dass die Männer die Rolle des Hauptnährers übernehmen (müssen), den ökonomischen Lebensstandard der Familie erwirtschaften und den sich hieraus ergebenden sozialen Status sicherzustellen haben. Auch hier wird eine gewisse bedingungslose Aufopferungsbereitschaft erwartet. Strittig ist, worauf eigentlich diese Stabilität des Rollenverständnisses zurückzuführen ist. Ob dieser Trend eher das Ergebnis einer kapitalistisch ausgerichteten Gesellschaftsordnung ist oder aber das Resultat einer konservativ ausgerichteten (deutschen) Familienpolitik der 1950er und 1960er Jahre verkörpert, deren kulturelle Folgen bis heute nachwirken, wird kontrovers diskutiert. Als weitere Ursachen kommen auch eine interfamiliäre geschlechtsspezifische Sozialisation sowie ein normativer Grundkonsens hinsichtlich einer weiblichen Fürsorgeverpflichtung im Kleinkindalter in Betracht.

Empirisch belegt ist, dass trotz einer grundsätzlichen Ausrichtung an traditionellen Differenzierungsmustern die Erwerbstätigkeit von Müttern zugenommen hat. Minderjährige Kinder in Familien haben zwar einen erheblichen Einfluss auf die Art der Erwerbstätigkeit (Teilzeit oder Vollzeit) und den Karriereverlauf, aber das heutige Selbstverständnis der Mütter ist mehrheitlich auf die Ausübung einer Erwerbstätigkeit neben der Mutterrolle hin ausgerichtet (vgl. BMFSFJ 2020a, 10.). Peukert spricht von einem Wandel des weiblichen Lebenszusammenhangs, den er auf die Formel »Vom Dasein für Andere« zum »Anspruch auf ein Stück eigenes Leben« bringt (Peukert 2019, 448).

Verändert hat sich auch die gesellschaftliche Haltung gegenüber erwerbstätigen Müttern. Während in den skandinavischen und osteuropäischen Ländern eine hohe, auch normative Erwartung die Ausübung einer Erwerbstätigkeit von Müttern unterstützte, kann die Bundesrepublik bis in die 1970er Jahre als eher traditionell ausgerichtet eingestuft werden. Die Vollerwerbstätigkeit der Mütter hatte bei einem Teil der deutschen Bevölkerung stigmatisierenden Charakter. Trotz aller Verbesserungen in den letzten Jahrzehnten hat sich diese Form der Bewertung von Erwerbsarbeit bei Müttern nicht grundlegend geändert. Zwar hat die Aufgeschlossenheit gegenüber Teilzeitarbeit erheblich zugenommen, aber die Verknüpfung von Vollerwerbstätigkeit gekoppelt mit Karriereambitionen und beruflich bedingter Abwesenheit bei gleichzeitiger Erziehung von Kleinkindern ist bis heute zum Teil negativ besetzt. Diesen Müttern haftet, abweichend zu vielen anderen Ländern in Europa, das Stigma der Ichorientierung, der Verantwortungslosigkeit und einer möglichen Gefährdung der Entwicklung des Kindes an (vgl. Diabaté 2015).

Das Leben von Ingrid Reiter ist Ausdruck dieses normativen Selbstverständnisses (▶ Kap. 1.3.1). Trotz der Anrechnung von Kinderziehungszeiten droht Ingrid bei Tod des Ehemannes und fehlender Unterstützung der Kinder die Altersarmut. Aber auch Andrea Reiter ist von dieser normativen Grundhaltung geprägt. Ganz bewusst entscheidet sie sich erst im Anschluss an eine längere Phase erfüllten Erwerbslebens für eigene Kinder, wählt eine Auszeit, um dann erneut in den Beruf einzusteigen. Ihr guter Bildungs- und Ausbildungsstand sowie die materielle Absicherung über den Ehepartner ermöglichten ihr einen Entscheidungsspielraum und eine weitere berufliche Entwicklung, den sozial schlechter gestellte Familien mit geringerem Bildungs- und Ausbildungsstand i.d.R. nicht haben.

Trotz der hier beschriebenen Grundausrichtung in der Rollenverteilung sei an dieser Stelle auch betont, dass sich im Vergleich zum 19. Jahrhundert das Selbstverständnis der Väter gegenüber der Familie verändert hat. Obwohl die Haushaltsführung weiterhin hauptverantwortlich von den Frauen übernommen wird, übernehmen Männer, insbesondere in den höheren Bildungsschichten, zumindest zeitweise Aufgaben der Kinderbetreuung, der Unterstützung der Frau in der Schwangerschaft, der Begleitung zu Vorsorgeuntersuchungen und Schwangerschaftskursen, der Hausarbeit und sonstiger Aufgaben (Abholung von der Kindertagesstätte, Besuch der Krabbelgruppe, Elternsprechtage, Betreuung bei den Hausarbeiten, Einkäufe, Freizeitaktivitäten).

Verändert hat sich auch die soziale Akzeptanz gegenüber betreuenden und erziehenden Vätern. Väter, die mit den Kindern auf Spielplätze gehen, Kinderwagen schieben oder an Schwangerschaftskursen teilnehmen erfahren eine hohe soziale

Wertschätzung. Hieran wird allerdings zugleich auch deutlich, dass gerade weil dies so ist, die enge traditionelle Verknüpfung von Ehefrau, Haushalt und Mutterrolle sowie Ehemann, Vollzeiterwerbsarbeit und statusprägender Berufsrolle weiterhin als normative Leitorientierung Bestand hat.

1.3.4 Partnerschaft, Erziehung und Freizeitgestaltung

Liebesideal, Paarbeziehung und Elternschaft

In welcher Form sich die sozialen Beziehungen und Interaktionsstile in den Bereichen Partnerschaft sowie Erziehung und Bildung verändert haben, ist in der Wissenschaft umstritten. Die gestiegenen Scheidungsraten (1990–2005) allein sagen z. B. nichts darüber aus, ob die Paarbeziehungen schlechter geworden sind. Die Gründe der erhöhten Scheidungsraten sind Folge der gestiegenen Handlungsalternativen familiärer Akteure. Soziale Sachzwänge haben abgenommen und ökonomische Unabhängigkeiten zugenommen. Die Paarbeziehung basiert auf gegenseitigen Liebesbekundungen und ist nicht mehr auf schichtspezifische Traditionen der Verknüpfung von Familienbanden durch Heirat ausgerichtet. Ehen werden nicht geschieden, weil man ökonomisch durch Arbeitsplatzwechsel oder Arbeitsplatzverlust den Lebensstandard einschränken muss, sondern weil man sich nicht mehr liebt. Mit dem romantischen Liebesideal verbundene Erwartungen wie z. B. Attraktivität und Leidenschaft, emotionale Nähe, gegenseitiges Verständnis, glücklich Sein, Treue und bedingungsloses füreinander Dasein sind auf Dauer schwer einlösbar. Wider besseres Wissen – die Häufigkeit von Scheidungsraten und Fremdgehverhalten sind statistisch gut erforscht – wird das Ideal einer lebenslangen Ehe immer wieder neu zelebriert. Sie wird mit enormem Aufwand und hohen ökonomischen Kosten romantisch inszeniert, sowohl im eigenen Leben als auch in den Medien. Liebesfilme mit vorhersehbaren Handlungssträngen erfreuen sich hoher Beliebtheit und es schein auch nicht zu stören, dass die Filme enden, wenn das Zusammenleben beginnt. Das Leben hört zwar nicht auf, aber es scheint irgendwie anders weiterzugehen. Von nun an wird es kompliziert und das Genre wechselt. Die Wahrscheinlichkeit für dramatische Inszenierungen steigt.

Auch diese mediale Entwicklung deckt sich mit empirischen Befunden. Soziale Konflikte, Formen ehelicher und familiärer Gewalt sowie eine Vielzahl anderer sozialer Probleme finden mehrheitlich in Familien statt. Kriminalstatistisch betrachtet, so Nave-Herz, ist die Familie, insbesondere für Kinder, der gefährlichste Ort in der Gesellschaft. Mord und Totschlag sowie sexueller Missbrauch kommen vermehrt in Familien vor (vgl. Demant/Andresen 2022; Nave-Herz 2014, 13). Hinzu kommen die vielfältigen Formen von psychischer und körperlicher Gewalt (auch zwischen Geschwistern) sowie Vernachlässigung (vgl. Sutterlüty 2022; Bilz/Lenz/Melzer 2022).

Empirisch richtig ist aber auch, dass vor dem Hintergrund der verlängerten Lebenserwartung und des zunehmenden materiellen Wohlstands der Zeitraum des gemeinsamen Zusammenlebens deutlich zugenommen hat. Geschieden wird jede dritte Ehe, insofern ist das Glas immer noch zu Zweidrittel voll (vgl. Statistisches

Bundesamt 2021a, 57). Weiterhin ist statistisch relevant, dass in Relation zu den insgesamt geschiedenen Ehen in Deutschland (2019/2020) ›nur‹ etwa die Hälfte gemeinsame Kinder unter 18 Jahren hat. Dies relativiert im Bereich der Familienforschung den statistischen Wert um einen bedeutenden Aspekt (vgl. BMFSFJ 2020a, 99; Nave-Herz 2019, 26).

Zu den wichtigsten gesellschaftlichen Einflussfaktoren auf die interfamilialen Interaktionsbeziehungen und Sozialisationsbedingungen mit entsprechenden Folgen für Erziehung und Bildung zählen die geringere Kinderzahl, zunehmende Leistungsanforderungen im vorschulischen und schulischen Bereich, gestiegene Erwartungen an die individuelle Förderung der Kinder und an die Eltern sowie die Zunahme des Wohlstands und der Freizeitmöglichkeiten. Das gewandelte Selbstverständnis von Kindheit und Gesellschaft erfordert ein neues Erziehungs- und Rollenverständnis. Körperliche Züchtigung und autoritäre Erziehungsstile gelten als nicht mehr zeitgemäß. An die Stelle einer autoritären Erziehung ist eine kindorientierte Pädagogik getreten, die der persönlichen Entwicklung immer mehr Aufmerksamkeit schenkt. Kinder befriedigen vorrangig emotionale und sinnstiftende Bedürfnisse. Diese erfüllen sie umso eher, je mehr sie als eigenständige und gleichberechtigte Mitglieder der Familie behandelt werden. Die Vermutung liegt nahe, dass das permanente Bemühen diesen Anspruch zu erfüllen zu Stressbelastungen als Folge des sich hieraus ergebenden Zeitaufwandes und Konfliktpotenzials führt. Hinzu kommen Erweiterungen der Familienstrukturen durch Übernahme weiterer Rollen wie z. B. die Großelternrolle, die Rolle des geschiedenen Partners, die erweiterte Rolle von Vater und Mutter für die jeweilig noch vorhandenen nicht leiblichen Kinder etc.

Vermutlich sind es diese neuen Freiräume im sozialen Umgang miteinander, die den Fortbestand traditioneller Rollenverteilungen zwischen den Geschlechtern zum Teil sogar weiterhin bedingen. Die Bewältigung der Vielfalt an Aufgaben setzt effiziente Organisation und Arbeitsteilung voraus und genau dies können unterschiedliche Rollenspezifikationen (Haushalt, Erziehung, Erwerbstätigkeit) leisten. Hinzu kommt, dass sich diese traditionelle Rollenverteilung zwischen den Geschlechtern auf einen heutzutage eher überschaubaren Abschnitt des Lebens bezieht und Veränderungen im Laufe des Lebens auf vielfältige Weise realisiert werden können. Ob die gesellschaftlichen Rahmenbedingungen dies dann in der gewünschten Weise, insbesondere für die berufliche Weiterentwicklung der Frauen, zulassen und welche Folgen diese klassische Aufgabenverteilung in ökonomischer und sozialer Hinsicht für das weitere Leben haben, stellt eine Herausforderung für die Familienpolitik dar.

Nimmt man explizit die Folgen für die Bereiche Erziehung und Bildung in den Blick so ist hervorzuheben, dass die mit der persönlichen Biographie verbundenen Wertauffassungen von Selbstverwirklichung und Selbstentfaltung schon im Kontext der Paarbeziehung auf eine harte Probe gestellt werden.

Kommen minderjährige Kinder hinzu ergeben sich zwangsläufig Handlungskonflikte zwischen den Möglichkeiten der Verwirklichung der eigenen Interessen und den Ansprüchen an eine Erziehung, die mit einer erheblichen Zurücknahme eigener Wünsche und Bedürfnisse verbunden ist. Je individueller und pädagogischer Erziehung ausgerichtet wird, umso anspruchsvoller und zeitaufwendiger ist die

Erziehung mit entsprechenden Folgen sowohl für die Geburtenrate insgesamt als auch für die familiäre Alltagsgestaltung im Einzelnen. Es steigen aber nicht nur die Erwartungen an die Eltern, sondern auch die Erwartungen an die Kinder. Wenn das Kind schon unter erheblichem Ressourceneinsatz der Elternteile optimale Rahmenbedingungen zur Persönlichkeitsentwicklung und Erweiterung der Lebensperspektiven erhält, dann wird im Gegenzug erwartet, dass sich diese Investition auch auszahlt (vgl. Mitterauer 2009, 92). Der Leistungsdruck steigt sowohl hinsichtlich des Handelns der Kinder als auch im Kontext von Schule und Berufsbildung. Eltern entwickeln sich zu regelrechten Hauslehrerinnen und Hauslehrern, unterstützt von Nachhilfeunterricht und diversen therapeutisch ausgerichteten Berufsgruppen. Diesen kommt die Aufgabe zu, auch noch die geringfügigsten Verhaltensabweichungen und Leistungsunterschiede als krankhafte Erscheinung zu klassifizieren, um im Anschluss medizinische und therapeutische Maßnahmen einleiten zu können. Krankheit signalisiert, dass es sich um eine Störung handeln muss, die quasi von außen und ohne schuldhaftes Verhalten der Familienmitglieder aufgetreten ist. Krankheit signalisiert auch, dass man von nun an einen Sonderstatus der Förderung erwarten und einfordern kann. Rechtschreibung wird bei Legasthenikerinnen und Legasthenikern keiner Benotung unterzogen, wer die Regeln des Zahlensystems nicht versteht, leidet unter einer Dyskalkulie und lebhafte Kinder haben eine Aufmerksamkeits-Defizit-Hyperaktivitäts-Störung (ADHS) und bedürfen medikamentöser Behandlung und pädagogischer Betreuung.

Besonders in den Blick genommen werden von den Erziehungsberechtigten auch die öffentlichen Erziehungs- und Fördereinrichtungen. Erfüllen Kindergärten, Kindertagesstätten, Vorschulen, Grund- und weiterführende Schulen nicht die Erwartungen, so wird frühzeitig interveniert. Noch wichtiger ist es, gleich an den Entscheidungen mitzuwirken und präventiv in diversen Gremien und Elternverbänden aktiv zu sein.

Freizeit- und Konsumverhalten

Das familiäre Freizeitverhalten zeichnet sich dadurch aus, dass diese Zeit bis zu einem gewissen Alter der Kinder überwiegend zusammen verbracht wird. Die Aktivitäten reichen vom gemeinsamen Fernsehen, persönlichen Gesprächen und Ausflügen bis zur Einnahme von Mahlzeiten, Einkäufen und alltäglicher Freizeitgestaltung. Durch die enge Kopplung von Familie und kollektiv verbrachter Zeit kommt diesem Abschnitt im familiären Alltagsleben eine besondere Sozialisationsfunktion zu, die entscheidenden Einfluss sowohl auf die Persönlichkeitsentwicklung als auch die Qualität familiärer Beziehungen hat.

Vor dem Hintergrund des Geburtenrückgangs und des hohen Stellenwertes, den das Auto in einer mobilen Gesellschaft einnimmt, haben die Möglichkeiten des Spielens mit Freundinnen und Freunden außerhalb des familiären Umfeldes auf Straßen und öffentlichen Plätzen abgenommen. Dies hat zur Folge, dass auch gemeinsame Freizeitaktivitäten unter den Familienmitgliedern eines höheren planerischen und logistischen Aufwandes bedürfen. Man fährt zusammen ins Schwimmbad, besucht den Fußballplatz in der Umgebung, unternimmt Ausflüge oder verabredet sich an beliebten Treffpunkten. Das spontane Spielen auf der Straße oder an anderen Orten ist zwar seltener geworden, dafür nehmen die Aktivitäten in Sport-, Tanz- und Musikvereinen, aber auch die Möglichkeiten der Nutzung von Freizeit in den eigenen vier Wänden unter Einsatz der neuen Kommunikations- und Unterhaltungsmedien zu. Diese Medien tragen dazu bei, dass soziale Kontakte, Verabredungen und gemeinsame soziale Netzwerke zeitnah und sozialräumlich entkoppelt gepflegt werden. Persönliche Treffen an einem konkreten Ort sind nicht mehr zwingend erforderlich. In der Familienforschung wird von einer grundsätzlichen Tendenz zur Auflösung räumlicher Interaktionsordnungen gesprochen (vgl. Feldhaus/Logemann 2014, 77).

Neben der wichtigen Sozialisationsfunktion wird den Freizeitaktivitäten eine bedeutende pädagogische Funktion zugeschrieben. Mit der Zunahme der Möglichkeiten und Angebote steigt der Anspruch, dass diese Zeit sinnvoll genutzt wird. Faulenzen und Abhängen gelten als unproduktiv und der permanente Gebrauch von Handys, Tablets und anderen digitalen Medien wird kritisch reflektiert. Welchen Einfluss die neuen Kommunikations- und Unterhaltungsmedien ausüben, ist umstritten. Empirisch gesichert ist, dass diese Medien nicht nur einen Einfluss auf die Persönlichkeitsentwicklung haben, sondern auch die sozialen Beziehungen verändern. Wie genau die Kausalzusammenhänge aussehen und welche konkreten Wirkungen hierauf zurückzuführen sind, ist Gegenstand der Forschung. Unstrittig ist die Zunahme der Häufigkeit der Nutzung und die Tatsache, dass diese Form der Kommunikation eine soziale Kontrolle durch die Erziehungsberechtigten erschwert. In sozialen Netzwerken wird mehr oder weniger öffentlich und just in time kommuniziert, es werden Verabredungen organisiert und soziale Beziehungen gepflegt. Zugleich werden aber auch die Kontakte zu den Eltern auf diese Weise raum- und situationsübergreifend regelmäßig und oftmals sogar intensiver gepflegt.

Trotz der Vielfalt der sich hieraus ergebenden positiven und negativen Effekte auf das familiäre Zusammenleben ist nachgewiesen, dass weder der intensive Fernsehkonsum allein noch die Nutzung von gewaltbasierten Computerspielen oder der zum Teil pubertierende Gebrauch sexualisierter Kommunikation persönlichkeits- oder familienstrukturgefährdend ist (vgl. Nave-Herz 2019, 107 f.). Ursache und Wirkung werden vielfach verwechselt. Entscheidender sind die Qualität der gepflegten familiären Beziehungen untereinander, die Lebenszufriedenheit der Eltern mit ihrer jeweiligen Situation, der Bildungsstand der vorrangig betreuenden Bezugspersonen sowie die im Alltag praktizierten Formen des sozialen Umganges miteinander. Richtig ist aber auch, dass die neuen Möglichkeiten der Kommunikations- und Informationstechnologie die Familien mit neuen erzieherischen und pädagogischen Herausforderungen konfrontieren.

Eine besondere Bedeutung nimmt bis zu einem gewissen Alter der gemeinsam zu verbringende Urlaub ein. Ergänzend zu den erwerbsfreien Stunden des Abends in der Woche und den arbeitsfreien Wochenenden steht Urlaub für kollektiv zu verbringende Familienzeit. Urlaub ist nicht nur die Zeit der Erholung, der Entspannung und Regeneration, sondern auch der besonderen Erlebnisse. Man kommt in Kontakt mit fremden Kulturen und Lebensstilen aus aller Welt und probiert neue Formen der Freizeitgestaltung aus. Mit der Verdichtung der Familienbeziehungen steigt aber auch die Wahrscheinlichkeit für familiäre Konflikte (vgl. Mitterauer 2009, 114).

Hinsichtlich des Konsums haben sich die finanziellen Möglichkeiten als auch die Angebotspalette in den letzten Jahren ebenfalls deutlich verbessert. Im Vergleich zu den letzten Jahrzehnten können sich Familien mehr leisten und auch die Kinder verfügen bereits in frühen Jahren über bessere finanzielle Möglichkeiten. Kinder orientieren sich hinsichtlich des Konsumverhaltens an ihren Eltern und passen sich den finanziellen Möglichkeiten des Elternhauses an. Problematisches Konsumverhalten ist mehrheitlich bei Familien und deren Kinder nicht nachweisbar. Familien wählen sorgfältig ihren Bedarf aus und entscheiden in vielen Fällen gemeinsam über Anschaffungen. Oftmals treten auch die Kinder als kompetente Beraterinnen und Berater auf, da sie sich in bestimmten Bereichen (bspw. Unterhaltungs- und Informationstechnologie) oftmals deutlich besser auskennen. Weiterhin wird über bestimmte Konsumgüter ein sozialer Status sowohl der Familie selbst als auch der Familienmitglieder in Peergroups und anderen gesellschaftlichen Kreisen dokumentiert. Die Differenz der Generationen findet ihren Ausdruck vorrangig hinsichtlich der Auswahl der Statussymbole, aber nicht hinsichtlich der grundsätzlichen symbolischen Bedeutung. Konflikte familiärer Beziehungen im Bereich des Konsums sind eher selten. Meist geht es weniger darum, dass die Anschaffung getätigt werden soll, als vielmehr um die Frage, wann der richtige Zeitpunkt ist und in welchem Rahmen finanzielle Mittel zur Verfügung stehen. Richtig ist aber auch, dass Konsumbedürfnisse und Geld in Familien ein ständiges Thema sind. Konflikte verschärfen sich immer dann, wenn die finanziellen Möglichkeiten eingeschränkt und bestimmte Bedürfnisse in Relation zu den Bezugsgruppen der Lebenswelt nicht befriedigt werden können.

Zusammenfassend kann festgehalten werden, dass Familie Reiter durchaus ein repräsentatives Bild abgibt (▶ Kap. 1.3.1). Nimmt man die Lebensläufe aller Familienmitglieder in den Blick, so lässt sich zeigen, dass die Kinder von Horst und Ingrid sehr unterschiedliche Lebenswege und Familienbeziehungen gewählt haben. Im Vergleich zur Elterngeneration kann man von pluralisierten familiären Lebensformen sprechen, die inzwischen eine hohe gesellschaftliche Akzeptanz erfahren. Die institutionalisierte Form der Ehe mit traditionellen Rollenverteilungen von Mann und Frau haben ihr Alleinstellungsmerkmal verloren. Die Paarbeziehungen sind eher partnerschaftlich ausgerichtet und die Familiengründung wird zum Teil aufgeschoben. Die Mehrzahl der Familienmitglieder hat sich für ein familiäres Zusammenleben entschieden, und zwar trotz durchaus auch negativ gemachter Erfahrungen wie Trennung und Scheidung. Die Geschlechterrollen bleiben eher traditionell verteilt, und zwar auch dann, wenn vom Grundsatz her mehr Erwerbsarbeit der Frau ermöglicht und auch realisiert wird. Die normativen Leitvorstellungen hinsichtlich des Verhältnisses der Eltern zu den Kindern haben sich verändert. Auch die nicht leiblichen Kinder erfahren eine hohe soziale Akzeptanz. Die Unterscheidung von leiblichen Kindern und Stiefkindern hat an Bedeutung verloren. Stattdessen wird der Entwicklung der Kinder in allen Entwicklungsphasen besondere Aufmerksamkeit geschenkt. Zugleich werden aber auch eigene Wünsche nicht generell den familiären untergeordnet.

Im Vordergrund steht das Bestreben, allen Familienmitgliedern mit ihren jeweiligen Interessen und Bedürfnislagen möglichst gleichberechtigt zu entsprechen. Prägend für die Entwicklung der Familie und der Familienmitglieder bleiben Faktoren wie Bildungsstand, Einkommen, sozialer Status und Familienform mit der Folge, dass die sozialen Unterschiede groß sind, z. B. zwischen Jens und Andrea. Trotz dieser Unterschiede bleiben die Kontakte zwischen den Generationen bestehen, und zwar auch dann, wenn man nicht mehr in einem Haushalt zusammenlebt und geographisch voneinander getrennt ist.

> **Weiterführende Literatur**
>
> Ecarius, J. & Schierbaum, A. (Hrsg.) (2022): Handbuch Familie. Gesellschaft, Familienbeziehungen und differente Felder (Band 1 und 2) (2. Aufl.). Wiesbaden: Springer.
> Gestrich, A., Krause, J.-U. & Mitterauer, M. (2003): Geschichte der Familie. Stuttgart: Kröner.
> Nave-Herz, R. (2019): Familie heute. Wandel der Familienstrukturen und Folgen für die Erziehung (7. Aufl.). Darmstadt: Wissenschaftliche Buchgesellschaft.
> Wonneberger, A., Weidtmann, K. & Stelzig-Willutzki, S. (Hrsg.) (2018): Familienwissenschaft. Grundlagen und Überblick. Wiesbaden: Springer.
>
> **Weiterführende Quellen**
>
> BMFSFJ – Bundesministerium für Familie, Senioren, Frauen und Jugend (Hrsg.) (2021a): Neunter Familienbericht. Eltern sein in Deutschland – Ansprüche, Anforderungen und Angebote bei wachsender Vielfalt. Berlin.
> BMFSFJ – Bundesministerium für Familie, Senioren, Frauen und Jugend (Hrsg.) (2021b): Familie heute. Daten. Fakten. Trends, Familienreport 2020 (2. Aufl.). Berlin.

1.4 Sozialstruktur, soziale Ungleichheit und Diversität

1.4.1 Formen sozialer Ungleichheit: Kathinka Lasar, Tobias Rückert und Mohammed Al Masry

Wir beginnen dieses Kapitel mit kurzen Skizzen zu drei sehr unterschiedlichen Lebenslagen.

Skizze 1

Kathinka Lasar lebt in Rostock mit ihren drei Kindern im Alter von fünf, acht und dreizehn Jahren in einer Hochhaussiedlung, die als sozialer Brennpunkt bekannt ist. Frau Lasar ist alleinerziehend, seitdem ihr Mann vor einem Jahr ausgezogen ist. Von seinem Gehalt als Möbelpacker konnte die Familie gerade so leben. Als er dann aber arbeitslos wurde und keinen Job mehr fand, wurde er immer aggressiver. Mehrfach musste Frau Lasar die Polizei rufen, um sich und ihre Kinder zu schützen. Als er nach einer polizeilichen Wegweisung nicht mehr wieder kam, war sie richtig froh. Geld bekommt Kathinka Lasar seither vom Jobcenter, das sie mit mehreren kleineren Putzjobs aufbessert. Es reicht trotzdem nie: Die Wohnung ist für vier Personen viel zu klein, müsste dringend renoviert werden, und seit die Waschmaschine vor einem Monat kaputt gegangen ist, trägt sie die Wäsche zum Waschen zur Nachbarin. Die älteste Tochter braucht eigentlich einen Computer für ihre Schularbeiten, aber daran ist derzeit nicht zu denken. Im Jobcenter erzählt sie davon nichts, dort geht es immer nur um Qualifizierungsmaßnahmen, in die sie vermittelt werden soll. Frau Lasar kann sich nicht vorstellen, wie das mit drei Kindern funktionieren soll. Zum Glück gibt es die Tafel: Dort steht sie regelmäßig für Lebensmittel an.

Skizze 2

Tobias Rückert hat sich vor vier Jahren einen Traum verwirklicht: Er hat zusammen mit seinen zwei Freunden Daniel und Alexander sein erstes eigenes Restaurant eröffnet. Zuvor hatte er in mehreren durchaus besseren Berliner Restaurants gekocht, konnte dort aber nie sein eigenes Konzept einer modernen regionalen und veganen Küche zu erschwinglichen Preisen verwirklichen. Als ihnen ein Lokal in Kreuzberg zur Pacht angeboten wurde, haben sie erst lange gerechnet. Wie gut, dass Daniel BWL studiert und Erfahrung mit solchen Kalkulationen hat. Tobias Rückert ist Single und hat sein ganzes Erspartes in die Renovierung des Lokals gesteckt. Doch ohne den dicken Zuschuss von Alexanders Vater hätte das alles nicht gereicht. Die ersten vier Jahre liefen richtig gut: Vegan wurde immer beliebter, die Kundinnen und Kunden kamen zahlreich und Tobias, Daniel und Alexander mussten immer mehr Personal anstellen, um ihr Restaurant sechs Tage die Woche öffnen zu können. Gerade, als er seinen Golf verkauft und einen Tesla bestellt hatte, schlug die Corona-Pandemie zu. Aber auch mit Vegan-to-Go ließ sich Geld verdienen.

Skizze 3

Mohammed Al Masry ist 2015 im Alter von 15 Jahren zusammen mit seinem Bruder Ibrahim von Syrien vor dem Bürgerkrieg nach Deutschland geflüchtet, nachdem sein Vater – ein erfolgreicher Geschäftsmann – ermordet worden war. Während der Flucht wurden die beiden Brüder getrennt, und bis heute hat Mohammed nichts mehr von seinem Bruder gehört. In Bayern wurde er vom Jugendamt in einer WG für unbegleitete minderjährige Flüchtlinge untergebracht. Er hatte Glück: Sein Asylantrag wurde bewilligt, er hat recht schnell Deutsch gelernt, und als sich ihm die Chance bot, an Kursen zum Hauptschul- und dann zum Realschulabschluss teilzunehmen, hat er zugegriffen. Obwohl das alles sehr schwer war und viel Kraft gekostet hat, hat er beides geschafft. Jetzt sucht er eine Ausbildungsstelle im IT-Bereich. 2015, als er nach Deutschland kam, fand er viel Unterstützung. Inzwischen hat er das Gefühl, dass sich die Stimmung gedreht hat, und er ist überzeugt: Ein syrischer Flüchtling mit dem Namen Mohammed bekommt nur dann eine Stelle, wenn es keine geeigneten deutschen Bewerber gibt. Bei der Wohnungssuche geht es ihm nicht anders.

Eine alleinerziehende Mutter, die mit ihren Kindern von Sozialleistungen (und Putzjobs in Schwarzarbeit) lebt, ein Single, der als selbstständiger Restaurantbetreiber Erfolg hat, und ein syrischer Flüchtling, der sich über Diskriminierung bei der Suche nach einem Ausbildungsplatz und einer Wohnung ärgert: An diesen Skizzen fallen v. a. die Unterschiede auf. Alle drei leben in Deutschland, aber sie leben in sehr unterschiedlichen Verhältnissen und Lebenslagen und haben unterschiedliche Ziele. Kathinka Lasar will sich um ihre drei Kinder kümmern und ihnen trotz Armut einen ordentlichen Start ins Leben ermöglichen. Tobias Rückert will sein Restaurant trotz Krise auch weiterhin erfolgreich betreiben können. Und Mohammed Al Masry sucht eine Ausbildungsstelle und endlich eine Wohnung. Sie unterscheiden sich auch hinsichtlich der Ressourcen, die ihnen dafür zur Verfügung stehen, und sie unterliegen ungleichen Restriktionen, die ihnen das Erreichen ihrer Ziele erschweren.

In der Soziologie gehört die Beschäftigung mit sozialer Ungleichheit von Anfang an zu den klassischen Themenfeldern. Das hängt damit zusammen, dass die Soziologie als Wissenschaft historisch dann entstand, als die Menschen die sozialen Strukturen, in denen sie lebten (und damit auch in unterschiedlichen Formen sozialer Ungleichheit), nicht mehr als natürlich und gottgegeben akzeptierten, sondern als sozial erzeugt und damit auch als analysier- und veränderbar begriffen. Einer bekannten Definition nach liegt soziale Ungleichheit dann vor, »wenn Menschen aufgrund ihrer Stellung in sozialen Beziehungsgefügen von den ›wertvollen Gütern‹ einer Gesellschaft regelmäßig mehr als andere erhalten« (Hradil 2001, 30). Einer stärker handlungstheoretisch akzentuierten Definition zufolge ist soziale Ungleichheit »die sozial erzeugte Verteilung von Handlungsressourcen und Handlungsrestriktionen in der Bevölkerung der untersuchten Einheit« (Rössel 2009, 18).

Soziologie sozialer Ungleichheit

In der Soziologie sozialer Ungleichheit geht es also nicht um zufällige oder biologische Unterschiede zwischen Menschen wie z. B. Lottogewinne oder körperliche Merkmale, sondern um Unterschiede, die sich auf gesellschaftliche Ursachen zurückführen lassen wie z. B. Einkommensunterschiede zwischen verschiedenen Berufsgruppen oder Zulassungsbedingungen für bestimmte Ausbildungen und Studiengänge. Dabei sind diese Differenzierungen komplizierter, als es auf den ersten Blick aussieht, wenn etwa körperliche Merkmale in einer Gesellschaft genutzt werden, um die Merkmalsträger zu stigmatisieren und zu diskriminieren. In der Soziologie sozialer Ungleichheiten wird auch nicht die soziale Situation einzelner Menschen – also z. B. Unterschiede zwischen Kathinka Lasar, Tobias Rückert und Mohammed Al Masry – analysiert. Stattdessen interessiert sich die Soziologie sozialer Ungleichheit (wie die Soziologie insgesamt) stets für Gruppen von Menschen wie etwa alleinerziehende Frauen, männliche

> Selbstständige oder geflüchtete Menschen und geht dabei der Frage nach, ob deren Handlungsressourcen und Handlungsrestriktionen etwas mit ihrer jeweiligen Kategorisierung als alleinerziehende Frauen, männliche Selbstständige oder geflüchtete Menschen zu tun haben.

Die Analyse sozialer Ungleichheit gehört in der Soziologie zu den zentralen Elementen der Sozialstrukturanalyse. Ganz allgemein formuliert zergliedert die Sozialstrukturanalyse die Gesellschaft »in ihre relevanten Elemente und Teilbereiche und untersucht die zwischen ihnen bestehenden Wechselbeziehungen und Wirkungszusammenhänge« (Geißler 2014b, 1). Einführungsbücher zur Sozialstrukturanalyse behandeln darüber hinaus i.d.R. Themen wie die Bevölkerungsstruktur und -entwicklung sowie gesellschaftliche Institutionen wie z.B. den Arbeitsmarkt, die Familie, das Bildungssystem oder den Wohlfahrtsstaat. Der Fokus liegt dabei jeweils auf den Auswirkungen auf die Verteilungsstrukturen der Gesellschaft und damit wiederum auf die Entwicklung sozialer Ungleichheiten. Wenn die Bevölkerung im Durchschnitt älter wird, hat dies Auswirkungen auf die Alterssicherungssysteme, wenn am Arbeitsmarkt weniger niedrig qualifizierte Arbeitskräfte nachgefragt werden, verschärfen sich dadurch bildungsabhängige Einkommensungleichheiten usw.

Sinnvoll ist dabei die Unterscheidung zwischen Determinanten, Dimensionen, Ursachen und Auswirkungen sozialer Ungleichheit (vgl. Solga/Berger/Powell 2009, 16).

Unter *Determinanten* sozialer Ungleichheit werden soziale Merkmale oder Kategorien verstanden, die Grundlage für Bevor- oder Benachteiligungen bei der Verteilung von Ressourcen, Restriktionen und wertvollen Gütern sein können. Dabei wird zwischen zugeschriebenen Merkmalen wie z.B. der sozialen oder ethnischen Herkunft oder dem Geschlecht und erworbenen Merkmalen wie dem Bildungsabschluss und dem Beruf unterschieden.

Dimensionen sozialer Ungleichheit bezeichnen die vielfältigen Erscheinungsformen sozialer Ungleichheit wie z.B. materiellen Wohlstand, Bildung, Macht und Prestige, die Hradil als die vier »Basisdimensionen sozialer Ungleichheit bezeichnet« (Hradil 2001, 31). Dabei fällt auf, dass Bildung auch schon bei den Determinanten sozialer Ungleichheit genannt wurde. Tatsächlich kann z.B. die soziale Herkunft zur Benachteiligung im Bildungssystem führen. In diesem Fall ist Bildung eine Dimension sozialer Herkunft. Wenn niedrige Bildungsabschlüsse dann zu verringerten Chancen auf dem Arbeitsmarkt führen, dann wird Bildung zur Determinante sozialer Ungleichheit und die Erwerbschancen zur Dimension sozialer Ungleichheit. Weitere Dimensionen können z.B. die soziale Absicherung, Gesundheitsrisiken, Arbeitsbedingungen, Freizeitbedingungen oder Wohn- und Umweltbedingungen sein (für eine Systematik der Dimensionen sozialer Ungleichheit vgl. Huinink/Schröder 2019, 111). Dimensionen sozialer Ungleichheit können meist nicht direkt, sondern nur über Indikatoren beobachtet werden. So sind etwa Einkommen und Vermögen vergleichsweise klar zu beobachtende (und über Umfragen zu messende) Indikatoren für die Dimension materieller Wohlstand.

Damit Determinanten sozialer Ungleichheit wie die Kategorie ›Flüchtling‹ soziale Ungleichheiten z. B. in den Dimensionen ›Arbeitsmarkt‹ und ›Wohnungsmarkt‹ zur Folge haben, sind soziale Prozesse erforderlich, die die ungleiche Verteilung von ›wertvollen Gütern‹ – hier etwa Ausbildungsstelle und Wohnung – an die jeweiligen Determinanten koppeln. Diese Prozesse sind die *Ursachen* sozialer Ungleichheit. Im konkreten Beispiel wären das etwa Diskriminierungsprozesse aufgrund ethnischer Herkunft oder Vorurteile. Andere typische Ursachen sozialer Ungleichheit sind z. B. Ausbeutungsverhältnisse oder aber auch die Vergabe bestimmter Zertifikate und Positionen nach Leistung (Meriokratie) – ein Grundprinzip marktförmiger (kapitalistischer) Leistungsgesellschaften. Soziologisch interessant wird der Leistungsmechanismus dann, wenn die Leistung wiederum nicht nur auf individuellen Handlungen (wie Fleiß und Anstrengungen) beruhen, sondern z. B. in der sozialen Herkunft und der besseren familiären Unterstützung begründet ist.

Die Auswirkungen sozialer Ungleichheit decken sich teilweise mit den Dimensionen, können aber auch darüber hinaus gehen. So sind z. B. unterschiedliche Armutsrisiken Auswirkungen sozialer Ungleichheit, die über die Dimension materieller Wohlstand und die Indikatoren Einkommen und Haushaltsgröße berechnet werden können. Auch unterschiedliche Lebensstile oder bestimmte kulturelle Muster können Auswirkungen sozialer Ungleichheit sein.

Für viel Verwirrung sorgt die häufig parallele Verwendung der Begriffe soziale Ungleichheit und soziale Gerechtigkeit. Dabei liegen die beiden Begriffe auf unterschiedlichen Ebenen. Soziale Ungleichheit ist ein analytischer Begriff, der in einer theoretisch und empirisch argumentierenden Disziplin wie der Soziologie verwendet wird, um die soziale Wirklichkeit zu beschreiben und zu untersuchen. Soziale Gerechtigkeit ist ein normativer Begriff, der in der Philosophie, in der Ethik und in der Politik für wertende Aussagen eingesetzt wird. Soziologinnen und Soziologen können bspw. analysieren, ob Bildungszertifikate tatsächlich nach individueller Leistung vergeben werden oder ob die soziale Herkunft dabei ein bedeutsamer Mechanismus ist. Ob das Leistungsprinzip als solches gerecht oder ungerecht ist, entzieht sich hingegen einer soziologischen Analyse.

In diesem Kapitel ist viel von Sozialstruktur und ungleichen Verteilungsstrukturen zu lesen. Solche Strukturen wirken sehr mächtig und erwecken leicht den Eindruck, dass sie das Handeln der individuellen Akteure determinieren. Neuere aktuelle Ansätze zur Sozialstrukturanalyse betonen deshalb, dass Strukturen zwar Rahmenbedingungen für das Handeln individueller Akteure setzen und mehr oder weniger Ressourcen und Einschränkungen bedeuten können, die Akteure aber (fast) immer zwischen Handlungsalternativen auswählen können. Nicht vergessen werden sollte, dass auch die jeweiligen Strukturen das Ergebnis sozialen Handelns sind. Menschen handeln innerhalb vorgefundener Strukturen, aber durch ihr Handeln verändern sie auch permanent diese Strukturen. Das kann bewusst geschehen – etwa als politisches Handeln, mit dem explizit die Sozialstruktur verändert werden soll. Beispiele hierfür sind etwa die Einführung eines Mindestlohns, die »Ehe für Alle« oder Streiks und Demonstrationen für höhere Löhne. Nicht minder wichtig sind die nicht intendierten Folgen individueller Handlungen. So werden etwa Entscheidungen für oder gegen einen bestimmten Beruf oder für oder gegen eine Familiengründung und ein Kind sicher nicht wegen deren Auswirkungen auf die wirt-

65

schaftlichen Strukturen oder die Bevölkerungsentwicklung und das Rentensystem, sondern aus höchst individuellen Gründen – vielleicht, weil sich Menschen davon mehr Lebenszufriedenheit versprechen – getroffen. Dennoch haben all diese individuellen Entscheidungen zusammengenommen entscheidende Auswirkungen auf die Sozialstruktur. Ansonsten gäbe es keinen sozialen Wandel und keine Veränderungen der Sozialstruktur und der Strukturen sozialer Ungleichheit. Schon ein kurzer Blick in die Geschichte zeigt, wie massiv sich die Strukturen sozialer Ungleichheit in der Vergangenheit verändert haben.

1.4.2 Klasse, Schicht, soziale Milieus und Lebensstile

Vor der Industrialisierung lebten die mitteleuropäischen Gesellschaften primär von der Landwirtschaft. Parallel zur Entstehung größerer Verwaltungseinheiten wie Fürstentümer oder Königreichen wurde die zuvor dominante segmentäre Untergliederung der Gesellschaft in Familienverbände und Sippen allmählich abgelöst durch eine ständische Aufteilung der Gesellschaft in Gruppierungen mit höherem oder niedrigerem Status und unterschiedlichen Pflichten und Privilegien. Eine besonders markante Ausprägung fand diese europäische Ständegesellschaft im System des Feudalismus, das sich in West- und Mitteleuropa etwa ab dem 8. und 9. Jahrhundert herausbildete. Kennzeichnend für feudalistisch strukturierte Gesellschaften waren wechselseitige Abhängigkeitsverhältnisse zwischen den verschiedenen Ständen.

In der mittelalterlichen Lehenspyramide überließen höhere Adelige niedrigen Adeligen Grund und Boden (Lehen), die sich im Gegenzug zu Treue, Gefolgschaft auf Kriegszügen und Abgaben verpflichteten. Daraus entwickelten sich mehrfach gestufte Systeme von Abhängigkeiten und Vasallen. Daneben hatte sich der Klerus, also die kirchlichen Würdenträger, als eigener Stand etabliert. Zwischen beiden Ständen kam es immer wieder zu Kämpfen um die Vorherrschaft und auch zu zahlreichen Überlappungen, wenn etwa Bischöfe als Fürstbischöfe über umfangreiche Ländereien regierten. So gehörten zu den Kurfürsten, die im Mittelalter den römisch-deutschen Kaiser wählten, die Erzbischöfe von Mainz, Köln und Trier. Klerus und Adel stabilisierten ihre Herrschaft wechselseitig: Die weltliche Macht des Adels sorgte mit ihren Truppen für die Durchsetzung der Herrschaftsansprüche beider Stände, während der Klerus die normative Vorstellung einer gottgegebenen und damit von Menschen nicht zu verändernden ständischen Ordnung absicherte.

Die größte Bevölkerungsgruppe im mittelalterlichen und frühneuzeitlichen Feudalismus stellten die Bauern, die dem Adel wiederum durch wechselseitige Abhängigkeiten verbunden waren. In den normativen Vorstellungen des Feudalismus gewährte der Adel den Bauern das Recht, das Land zu bestellen und bot ihnen bewaffneten Schutz vor Aggression von innen und außen. Dafür forderte er umgekehrt Abgaben und Militärdienst ein. Auch die Bauern waren keine einheitliche Gruppierung, sondern lassen sich mindestens in freie Bauern mit und ohne Landbesitz, unfreie Bauern, Fronbauern und Leibeigene unterteilen. Anders sah das soziale Gefüge in den Städten aus, wo sich neben Feudalherren bürgerliche Gruppen wie Handwerker, Kaufleute und Beamte sowie unbürgerliche Gruppen wie

Knechte, Mägde, Gesellen ohne Zunftzugehörigkeit, Invalide und Arme aufhielten. Eine besondere Stellung kam den Juden in vielen mittelalterlichen Städten zu. Zeitweilig waren sie umfangreich in das Stadtleben integriert, wurden dann aber wiederum häufig Opfer von Pogromen und Verfolgung.

Die soziale Ungleichheit als gesellschaftlich erzeugte Verteilungsstruktur folgte dieser ständischen Gliederung. Von individuellen Schicksalsschlägen waren unfreie Bauern wie hohe Adelige bedroht. Davon unabhängig entwickelte sich aber eine soziale Verteilungsstruktur, in der dem hohen Adel eine standesgemäße Lebensführung mit einer entsprechenden materiellen Ausstattung und ohne die Notwendigkeit zu Arbeiten zustand. Am anderen Ende der sozialen Verteilungsstruktur standen große Gruppen von Bauern und Leibeigenen, die in ständiger Angst vor Hunger, Frondiensten und gewaltsamen Übergriffen lebten. Die Zugehörigkeit zu den einzelnen Gruppen innerhalb der ständischen Gesellschaft ergab sich aus der Geburt und war somit dem Handeln der Individuen nahezu vollständig entzogen. Die soziale Mobilität und insbesondere die Chance, in einen höheren Stand aufzusteigen, war sehr gering. Unabhängig von regionalen und zeitlichen Variationen gehörte die »Abhängigkeit der Lebenschancen und des Status von der sozialen Herkunft des einzelnen« (Hradil 2001, 110) zu den zentralen Struktureigenschaften der ständischen Gesellschaftsordnung.

Im Übergang zur Industriegesellschaft und zum kapitalistischen Wirtschaftssystem verlor diese ständische feudale Ordnung allmählich an Bedeutung. Der Adel behielt noch bis ins Kaiserreich seine politische Macht, wurde aber in wirtschaftlicher Hinsicht vom aufstrebenden Bürgertum überholt, das sein Geld in die neuen Manufakturen und später dann in die Fabriken investierte. Die rasante Entwicklung neuer Technologien war einer der Grundpfeiler der industriellen Revolution in den Bereichen Energie, Bergbau, Textilindustrie, Eisen- und Stahlindustrie und Verkehrswesen. In den neuen Fabriken wurde die zunehmend arbeitsteilige Produktion unter Einsatz komplexer Maschinen, wissenschaftlich ausgearbeiteter Arbeitsabläufe und bürokratisch-kaufmännischer Verwaltung zur Massenproduktion. Immer mehr besitzlose Landarbeiter zogen vom Land in die Städte, um in den neuen Fabriken Geld zu verdienen. Da die Nachfrage nach Arbeit das Angebot überstieg, waren die Löhne niedrig, die Arbeitslosigkeit hoch und die Lebensbedingungen schlecht. Die »gravierende Ungleichheit der Lebenschancen« (Geißler 2014b, 17) nahm weiter zu. In diesem Umfeld entstand die »soziale Frage« des 19. Jahrhunderts, die nach Lösungen für das Problem der massenhaften Verelendung der industriellen Arbeiterschaft und damit für eine neue Form sozialer Ungleichheit suchte. Mit der Industrialisierung entstanden aber auch die Gewerkschaften, sozialdemokratische und kommunistische Parteien und insgesamt die Arbeiterbewegung, die die Industriegesellschaften für mehrere Jahrzehnte prägen sollten.

In den Fabriken standen sich zwei Gruppen mit gegensätzlichen Interessen gegenüber: Eine kleine Gruppe von Kapitalbesitzern, denen die Fabriken gehörten und die die Fabriken betrieben, um möglichst hohen Profit damit zu erwirtschaften, und eine große Gruppe, bestehend aus der mittellosen Arbeiterklasse, die auf den Verkauf ihrer Arbeitskraft angewiesen waren. Karl Marx (1818–1883) hat diese Entwicklung von einer ständischen Gesellschaft hin zu einer Klassengesellschaft am pointiertesten beschrieben und als zentrales Unterscheidungsmerkmal den Besitz an

Produktionsmitteln und die Ausbeutung der Arbeiterklasse durch die Kapitalisten herausgearbeitet. Andere wie Max Weber (1864–1920) entwickelten komplexere Klassentheorien, die neben der Bourgeoisie und dem Proletariat auch weitere Klassen wie z. B. Beamte, das Kleinbürgertum und verschiedene durch Bildung charakterisierte Klassen berücksichtigten.

Die Marxsche Klassentheorie ging davon aus, dass der Antagonismus zwischen Bourgeoisie und Proletariat zu Klassenkämpfen und letztlich zu einer Revolution führen würde. Zwar war die Geschichte des Kaiserreichs und auch die der Weimarer Republik durchaus von Auseinandersetzungen zwischen Bürgertum und Arbeiterbewegung geprägt, zur Revolution im Marxschen Sinn kam es aber nicht im industrialisierten Deutschen Reich, sondern im noch stark agrarisch geprägten russischen Zarenreich. In Deutschland und großen Teilen Europas brachte schließlich der Nationalsozialismus neue Formen sozialer Ungleichheit hervor: Während die nationalsozialistische Wohlfahrt sich um die »Volksgemeinschaft« sorgte, wurden Jüdinnen und Juden und andere, die nicht zur »Volksgemeinschaft« gezählt wurden, ausgegrenzt, enteignet und ermordet.

Nach dem Zweiten Weltkrieg entstanden mit der Bundesrepublik und der Deutschen Demokratischen Republik zwei deutsche Staaten mit in vielerlei Hinsicht gegensätzlichen Strukturen. In der DDR sollte soziale Ungleichheit überwunden und ein sozialistischer Staat nach dem Vorbild der Sowjetunion aufgebaut werden. Der Abbau sozialer Ungleichheit ist in der DDR durchaus gelungen, wobei allerdings die materielle Wohlstandsentwicklung auf einem deutlich niedrigeren Niveau als in der Bundesrepublik verblieb. Geißler beschreibt deshalb die DDR »als eine nach unten – nicht zur Mitte – nivellierte Arbeiter- und Bauerngesellschaft [...]. Der Nivellierungseffekt wurde noch dadurch verstärkt, dass Geld wegen der Mängel im Waren- und Dienstleistungsangebot relativ ›wertlos‹ war« (Geißler 2014b, 83).

In der Bundesrepublik hingegen etablierte sich – nachdem Armut und Hunger der ersten Nachkriegsjahre überwunden waren – unter dem Namen »soziale Marktwirtschaft« ein wohlfahrtsstaatlich eingehegter Kapitalismus. Auf das sog. Wirtschaftswunder folgten bis in die 1970er Jahre ökonomisch gesehen drei Jahrzehnte nahezu kontinuierlichen Wirtschaftswachstums, das hohe Lohnzuwächse, eine expansive Sozialpolitik und damit die Beteiligung der Industriearbeiterschaft am stetig steigenden Wohlstand ermöglichten. Empirisch bildet sich diese Entwicklung u. a. im Gini-Koeffizienten ab. Dieser Index ist eine in der Ungleichheitsforschung international etablierte Maßzahl zur Analyse von Ungleichheitsverteilungen, der zwischen den Werten 0 und 1 schwankt, wobei 0 völlige Gleichheit und 1 völlige Ungleichheit bedeutet. Bezogen auf die Verteilung der Nettoäquivalenzeinkommen sank der Gini-Koeffizient von 0,292 im Jahr 1962 auf 0,247 im Jahr 1978 (Geißler 2014b, 77).

Der Klassenbegriff wurde in der sozialwissenschaftlichen und politischen Debatte an den Rand gedrängt und weitgehend durch den Begriff der Schichtung ersetzt, der zwar noch an einer sozioökonomischen Analyse sozialer Ungleichheit festhielt, gleichzeitig aber frei von den theoretischen und politischen Implikationen der durch Marx geprägten Klassentheorie war. Schelsky beschrieb die Bundesrepublik der 1950er und 1960er Jahre gar als »nivellierte Mittelstandsgesellschaft«, in der industrielle Massenproduktion und Massenkonsum von »Komfort- und Unterhaltungsgütern« zur »Überwindung des Klassenzustandes der industriellen Gesellschaft« geführt hätten (Schelsky 1965, 333).

Ein bekanntes Schichtungsmodell der frühen Bundesrepublik war das Zwiebelmodell von Bolte, mit dem die Schichtungsstruktur anhand einer etwas asymmetrischen Zwiebel veranschaulicht wurde. Das kleinere Ende der Zwiebel – die Oberschicht – umfasste etwa zwei Prozent, das gegenüberliegende größere Ende – die Unterschicht – immerhin etwa 21 Prozent. Die 77 Prozent dazwischen galten als Mittelschicht, die dann wieder in obere Mitte, mittlere Mitte und untere Mitte differenziert wurde. In Dahrendorfs »Hausmodell« der 1960er Jahre waren Oberschicht (ein Prozent sog. Eliten) und Unterschicht (fünf Prozent) geschrumpft und die Mittelschicht auf über 90 Prozent angewachsen. Die Hälfte der Mittelschicht machte jetzt die sozial zu Kleinbürgerinnen und Kleinbürgern aufgestiegene Arbeiterschicht aus. Dazu gehörten dann z. B. die gut ausgebildeten Facharbeiter, deren Löhne etwa in der Automobilindustrie deutlich angestiegen waren und die nur noch wenig mit den Proletarier genannten Arbeitern des Frühkapitalismus gemein hatten. Letztlich setzten die eher beschreibenden als erklärenden Schichtungsmodelle bei Ungleichheitsdimensionen wie Bildung, Beruf und Einkommen an, die wiederum stark miteinander korrelierten.

Spätestens in den 1980er Jahren wurde die Kritik an Klassen- und Schichtungsmodellen immer stärker. Unter der Überschrift »Jenseits von Klasse und Schicht« stellte Beck die These auf, dass die »Relationen sozialer Ungleichheit in der Nachkriegsentwicklung der Bundesrepublik weitgehend konstant geblieben« seien, sich gleichzeitig aber die »Lebensbedingungen der Bevölkerung radikal verändert« hätten. Die Begründung hierfür fasste er in die bekannt gewordene Metapher vom »Fahrstuhl-Effekt«:

> »Die Klassengesellschaft wird insgesamt eine Etage höher gefahren. Es gibt [...] ein kollektives Mehr an Einkommen, Bildung, Mobilität, Recht, Wissenschaft, Massenkonsum. In der Konsequenz werden subkulturelle Klassenidentitäten und -bindungen ausgedünnt und aufgelöst. Gleichzeitig wird ein Prozess der Individualisierung und Diversifizierung von Lebenslagen und Lebensstilen in Gang gesetzt, der das Hierarchiemodell von Klassen und Schichten unterläuft und in seinem Wirklichkeitsgehalt in Frage stellt« (Beck 1986, 122).

Die Kritik an den Klassen- und Schichtungsmodellen setzte auf mehreren Ebenen an. Dank Bildungsexpansion – so wuchs z. B. die Zahl der Studienanfängerinnen und -anfänger von Jahr zu Jahr weiter an – und insgesamt steigenden Einkommen verloren solche Dimensionen und Indikatoren ihre Aussagekraft. Die meisten Klassen- und Schichtungsmodelle waren einseitig an Männern und ihrer in den 1960er Jahren unangefochtenen Rolle als Familienernährer ausgerichtet. Frauen und Kinder wurden über den Familienernährer einer Schicht zugeteilt. Dem starken Anstieg der Frauenerwerbsarbeit in der zweiten Hälfte des 20. Jahrhunderts wurden solche Modelle nicht gerecht. Alleinerziehende Mütter waren mit klassischen Schichtungsmodellen noch weniger erfassbar.

Andere Lebenslagen wie etwa die Lebenslage vieler Arbeitsmigrantinnen und -migranten, die bis 1973 im Mittelmeerraum angeworben worden waren, kamen in den Klassen- und Schichtungsmodellen ebenfalls nicht vor. Hinzu kam ein von den Sozialwissenschaften beobachteter Wertewandel, demzufolge in jüngeren Altersklassen die Bedeutung materieller Werte wie Einkommen und Besitz abnahm und immaterielle Werte wie Selbstverwirklichung wichtiger wurden. Auch kulturell schien sich die Gesellschaft eher auseinanderzuentwickeln. Das galt insbesondere für Fragen der Lebensführung und der Lebensstile. Während gesellschaftliche Großgruppen wie Parteien, Gewerkschaften und Kirchen an Attraktivität und Prägekraft verloren, wurden individualisierte Wohn-, Familien- und Arbeitsmodelle erprobt. Die Aufmerksamkeit innerhalb der Ungleichheitsforschung richtete sich zunehmend neben den »vertikalen« Dimensionen sozialer Ungleichheit wie Bildung, Einkommen und Beruf jetzt auch auf »horizontale« Dimensionen wie Freizeitgestaltung, Konsum, kulturelle Ausdrucksmöglichkeiten und Werteverständnis sowie auf Lebenslagen wie Alter, Geschlecht oder ethnische Herkunft.

Das Vokabular der Ungleichheitsforschung wurde in der Folge um die Begriffe Lebenslage, soziales Milieu und Lebensstil erweitert. Unter »Lebenslage« versteht Hradil »die Gesamtheit ungleicher Lebensbedingungen eines Menschen, die durch das Zusammenwirken von Vor- und Nachteilen in unterschiedlichen Dimensionen sozialer Ungleichheit zustande kommen« (Hradil 2001, 44). Mit mehrdimensionalen Lebenslagenansätzen lassen sich die Ressourcen und Restriktionen einzelner Bevölkerungsgruppen umfassender analysieren als mit rein sozioökonomischen Klassen- oder Schichtmodellen. Denken wir noch einmal an die drei Beispiele aus Lebensläufen vom Beginn dieses Kapitels (▶ 1.4.1): Nur mit Klassen- oder Schichtkonzepten lassen sich die dort skizzierten Lebenslagen nicht beschreiben.

Einen noch umfassenderen Ansatz verfolgt die Forschung zu sozialen Milieus und zu Lebensstilen. Für Hradil sind soziale Milieus »Gruppen Gleichgesinnter [...], die gemeinsame Werthaltungen und Mentalitäten aufweisen und auch die Art gemeinsam haben, ihre Beziehungen zur Umwelt einzurichten und ihre Umwelt in ähnlicher Weise zu sehen und zu gestalten« (Hradil 2001, 45). Unter einem Lebensstil versteht er den »regelmäßig wiederkehrenden Gesamtzusammenhang der Verhaltensweisen, Interaktionen, Meinungen, Wissensbestände und bewertenden Einstellungen eines Menschen« (Hradil 2001, 46).

In der Folge dieser Debatten entstanden eine ganze Reihe von Forschungsansätzen, die sich dieser neuen Konzepte bedienten. Anfang der 1990er Jahre verfasste Schulze unter dem griffigen Titel »Erlebnisgesellschaft« eine empirische Studie zu Lebensstil, Freizeitgestaltung und kulturellen Vorlieben, in der er verschiedene alltagsästhetische Schemata und soziale Milieus herausarbeitete, die mit dem sozioökonomischen Status, mit dem Lebensalter und mit Werteorientierungen korrelierten (vgl. Schulze 1992). Eine der bekanntesten regelmäßig durchgeführten Milieustudien kommt vom Sinus-Institut, das neben der sozioökonomischen Dimension auch Fragen der Werteorientierung berücksichtigt und z. B. die bundesdeutsche Gesellschaft in zehn unterschiedliche Milieus aufteilt, die sich vom »traditionellen Milieu« bis hin zum sog. »expeditiven Milieu« erstrecken (vgl. Barth u. a. 2018). Zu den Kundinnen und Kunden des Sinus-Instituts gehören nicht nur große Unternehmen, sondern z. B. auch die Deutsche Bischofskonferenz, die alle versuchen, ihre Kommunikationsstrategien zielgruppenspezifisch auf die kulturellen Stile und Werteorientierungen der einzelnen Milieus auszurichten.

Eine deutlich stärker theoretisch verankerte Verknüpfung zwischen vertikalen Ungleichheitsmerkmalen wie Schicht oder Klasse und horizontalen Konzepten wie Lebensstil oder Wertorientierung hat bereits in den 1980er Jahren der französische

Soziologe Pierre Bourdieu vorgelegt (vgl. Bourdieu 1983). Bourdieu knüpfte an den Marxschen Klassenbegriff an, erweiterte diesen aber. Neben dem ökonomischen Kapital führte Bourdieu die Begriffe kulturelles und soziales Kapital ein. Beim kulturellen Kapital differenzierte er wiederum zwischen dem inkorporierten kulturellen Kapital, das als Bildung und Wissen zeitaufwändig in der Familie und in anderen Institutionen erworben werden muss, dem objektivierten kulturellen Kapital, das in Form kultureller Güter wie etwa einem Buch oder einem Musikstück gekauft werden kann, und dem institutionalisierten kulturellen Kapital, das v. a. aus Titeln und Zertifikaten besteht, die über Schulen und Hochschulen erworben werden können. Da die Aneignung von inkorporiertem sozialem Kapital zu einem großen Teil über die Sozialisation in der Familie geschieht, beeinflusst die soziale Herkunft stark die Ausstattung mit inkorporiertem kulturellem Kapital. Objektiviertes kulturelles Kapital kann man zwar – die notwendigen ökonomischen Mittel vorausgesetzt – leicht kaufen, zum tieferen Verständnis eines Gemäldes, eines Buches oder einer Musikpartitur benötigt man aber wiederum inkorporiertes kulturelles Kapital.

Als dritte Kapitalart spricht Bourdieu vom sozialen Kapital und bezieht sich dabei auf Gruppenzugehörigkeiten, Netzwerke und Beziehungen. Der Grundstock des sozialen Kapitals geht wiederum auf die Familie zurück, muss aber im Lebenslauf gepflegt und ausgebaut werden. Zusammenfassend spricht Bourdieu auch vom symbolischen Kapital, in dem sich die von anderen wahrgenommene Kapitalausstattung eines Menschen ausdrückt. Die Kapitalausstattung insgesamt bestimmt schließlich die Position, die Menschen im sozialen Raum einnehmen. Da es den herrschenden Klassen Bourdieu zufolge gelingt, ihre Vorstellungen eines ›legitimen Geschmacks‹ in Bezug auf Stile, Kultur und Ästhetik durchzusetzen, sind Angehörige der Mittelklassen stets gezwungen, diesen Vorstellungen nachzueifern. In den unteren Klassen konzentriert man sich hingegen eher am Praktischen, da der Abstand zwischen (mehrdimensionaler) Kapitalausstattung und dem vorgegebenen legitimen Geschmack unüberbrückbar erscheint. Für Deutschland liegen mehrere empirische Studien zu »Sozialen Milieus im gesellschaftlichen Strukturwandel« vor, die auf Bourdieus Klassentheorie aufbauen (vgl. Vester u. a. 2001).

1.4.3 Armut, Reichtum und die Rückkehr der Klassen

Der Gini-Koeffizient der Nettoäquivalenzeinkommen, der in den 1960er und 1970er Jahren rückläufig war und damit auf sinkende Ungleichheit hinwies, hatte sich bis in die 1990er Jahre kaum verändert. Dann begann der Index wieder zu steigen: 1991 lag er noch bei 0,246, im Jahr 2000 dann bei 0,264 und 2005 bei 0,3 (vgl. Geißler 2014b, 77). Innerhalb der Ungleichheitsforschung herrscht weitgehende Einigkeit darüber, dass die Einkommensungleichheit in diesem Zeitraum wieder zunahm. Die Gründe, die hierfür genannt werden, sind hingegen vielfältig.

Mit dem Fall der Mauer 1989 und dem Beitritt der neuen Bundesländer 1990 zur Bundesrepublik übernahm Ostdeutschland auch das kapitalistische Wirtschaftssystem und die Sozialgesetzgebung der alten Bundesrepublik. Innerhalb weniger Jahre wurde die sozialistische Planwirtschaft abgewickelt und einem gewaltigen Modernisierungssprung unterzogen. Für die nivellierte ostdeutsche Arbeiter- und Bauerngesellschaft bedeutete das eine Umschichtung in eine »Dienstleistungs- und Mittelschichtengesellschaft mit stärkeren sozialen Abstufungen« (Geißler 2014b, 467) im Schnelldurchlauf. Für einen Teil der Bevölkerung der ehemaligen DDR brachte das neue Chancen zum sozialen Aufstieg, für viele aber auch die massenhafte Entwertung von Bildungszertifikaten und Berufsbiographien, Massenarbeitslosigkeit und sozialen Abstieg. Diese Verwerfungen zeigten sich auch bei den Geburtenziffern und bei der Zahl der Eheschließungen, die direkt nach der Vereinigung massiv zurückgingen. Inzwischen gibt es bei diesen Indikatoren kaum noch Unterschiede zwischen Ost- und Westdeutschland. Die Abwanderung von der DDR in die Bundesrepublik flachte mit der Vereinigung ab, kam aber nicht zum Stillstand. Insbesondere junge, gut Ausgebildete verließen auch in den Folgejahren v. a. die ländlichen Regionen der neuen Länder, was zu dramatischen Folgen in Bezug auf den demographischen Wandel in den betroffenen Regionen führte. In der deutschen Ungleichheitsforschung und in der politischen Debatte zur sozialen Ungleichheit kam seit der Vereinigung die Analyse sozialer Ungleichheiten zwischen Ost- und Westdeutschland hinzu.

Anfang der 2000er Jahre reagierte die Bundesregierung auf steigende Arbeitslosenzahlen mit weitreichenden Sozialreformen, die unter dem Motto »Fördern und Fordern« die bisherige Sozialhilfe mit der Arbeitslosenhilfe zusammenlegte, insgesamt mehr Mitwirkung Hilfebedürftiger bei der Vermittlung auf dem Arbeitsmarkt erwartete und die Zumutbarkeitsregeln bei der Aufnahme neuer Jobs deutlich absenkte. Über die Folgen dieser Reform wird seither gestritten. Während die Befürworterinnen und Befürworter der Reformen darin die Grundlage des später einsetzenden und lange anhaltenden Wirtschaftswachstums sehen, sind die nach dem Vorsitzenden einer Beratungskommission »Hartz-Reformen« genannten Gesetze für die Kritikerinnen und Kritiker bis heute Belege für eine als neoliberal bezeichnete wirtschafts- und sozialpolitische Wende, die zu steigender sozialer Ungleichheit führte.

Das Interesse für die Untersuchung von Lebensstilen und sozialen Milieus flaute nach der Jahrhundertwende wieder ab und richtete sich wieder stärker auf klassische »vertikale« Ungleichheitsmerkmale. Zu einem Schwerpunktthema entwickelte sich dabei die Armutsforschung (vgl. z.B. Böhnke/Dittmann/Goebel 2018; Cremer 2017). Inzwischen liegen differenzierte Konzepte zum Armutsbegriff und zur quantitativen Messung von Armut vor. So wird zwischen absoluter Armut und relativer Armut unterschieden. Absolute Armut »definiert sich anhand des Unterschreitens eines physischen Existenzminimums« (Dittmann/Goebel 2018, 22). Absolute Armutskonzepte werden v. a. in Ländern mit sehr niedrigem Lebensstandard verwendet, in denen das Überleben nicht gesichert ist. In entwickelten Ländern wie der Bundesrepublik macht die Verwendung solcher Begriffe – außer bei Untersuchungen zu besonderen Bevölkerungsgruppen wie z.B. Obdachlosen – wenig Sinn. In entwickelten Ländern wird eher auf relative Armutskonzepte zurückgegriffen, bei denen »die Armutsgrenze im Verhältnis zu den jeweiligen ›durchschnittlichen‹ Lebensbedingungen einer Gesellschaft« (Dittmann/Goebel 2018, 22) festgelegt wird. Da Armut als Dimension und Auswirkung sozialer Ungleichheit nicht direkt messbar ist, werden messbare Indikatoren benötigt. Auch hierzu wurden sehr unterschiedliche Konzepte entwickelt. Vergleichbar einfach messbar ist Armut über den Indikator Einkommen. Eher am Lebenslagenkonzept orientiert sind multidimensionale Armutskonzepte wie z. B. das Konzept der materiellen Deprivation, mit dem versucht wird, die konkrete Lebenssituation zu erfassen.

1999 forderte der Bundestag die Bundesregierung auf, regelmäßige Armuts- und Reichtumsberichte vorzulegen. Die bislang erschienenen Berichte (BMAS 2021) sowie die in diesem Kontext eingerichtete Internetadresse (www.armuts-undreichtumsbericht.de) enthalten umfangreiche Informationen zu den zentralen Indikatoren der Armuts- und Reichtumsberichterstattung im Zeitverlauf. Exemplarisch werden hier die Indikatoren Armutsrisikoquote, materielle Deprivation und Einkommensreichtum vorgestellt.

Messung der Armutsrisikogrenze

Grundlage der Messung der Armutsrisikogrenze ist die Berechnung des Nettoäquivalenzeinkommens auf Haushaltsebene. Das ist schon deshalb erforderlich, um die finanzielle Situation unterschiedlicher Lebensformen – z. B. Singles und Familien mit mehreren Kindern – vergleichen zu können. Das gleiche Einkommen, das einem Single einen durchschnittlichen Lebensstandard ermöglicht, kann schließlich für eine alleinerziehende Mutter mit drei Kindern Armut und Entbehrung bedeuten. Zur Berechnung des Nettoäquivalenzeinkommens werden die Nettoeinkommen aller Personen, die in einem gemeinsamen Haushalt leben, zusammenaddiert und durch die Anzahl der Personen dividiert. Da allerdings in Mehrpersonenhaushalten anders gewirtschaftet werden kann als in Einpersonenhaushalten und der finanzielle Bedarf mit dem Alter variiert, wird die Zahl der Personen meist nach einer von der OECD festgelegten Skala gewichtet. Die erste Person im Haushalt geht dabei mit dem Faktor 1,0, jede weitere Person ab 14 Jahren mit dem Faktor 0,5 und jede weitere Person unter 14 Jahren mit dem Faktor 0,3 in diese Berechnung ein. Mit dieser Berechnung kann jeder Person unabhängig ihres Alters oder ihres tatsächlichen Erwerbsstatus ein Nettoäquivalenzeinkommen zugewiesen werden. Um dieses individuelle Nettoäquivalenzeinkommen mit dem durchschnittlichen Einkommen einer Gesellschaft vergleichen zu können, muss dann noch das durchschnittliche Nettoäquivalenzeinkommen der jeweiligen Gesellschaft – z. B. der Bundesrepublik Deutschland – berechnet werden. Hierzu wird i. d. R. nicht das arithmetische Mittel, sondern der Median verwendet, bei dem besonders hohe Einkommen weniger stark ins Gewicht fallen. Dann muss noch ein Grenzwert festgelegt werden, bei dessen Unterschreiten von Armut oder Armutsrisiko gesprochen wird. In der internationalen Armutsforschung werden mehrere solcher Grenzwerte verwendet, wobei sich die 60-Prozent-Grenze als Schwelle für Armutsgefährdung etabliert hat.

Wie man sieht, gehen in die Berechnung des Indikators »Armutsrisikoquote« eine Vielzahl normativer Setzungen, Vereinbarungen und Standardisierungen ein (vgl. Goebel/Krause 2018). Man kann natürlich darüber streiten, ob die Gewichtungsfaktoren die finanzielle Situation einer mehrköpfigen Familie in einer Großstadt angemessen berücksichtigen oder ob das Armutsrisiko bei 70, 60 oder 50 Prozent des Durchschnittseinkommens beginnt. Ohne solche Vereinbarungen wäre eine vergleichbare quantitative Messung über verschiedene Stichproben, Regionen und Zeiträume hinweg allerdings gar nicht möglich. Diese Setzungen müssen aber wiederum bei der Interpretation der Armutsrisikoquote berücksichtigt werden: Gemessen wird nicht Armut direkt (was auch gar nicht möglich wäre), sondern ein bestimmtes Konstrukt, das sich aus dem Berechnungsverfahren ergibt.

Auf der Basis des Sozio-ökonomischen Panels (SOEP), einer repräsentativen Längsschnittstudie privater Haushalte in Deutschland, ergibt sich nach diesem Berechnungsverfahren für das Jahr 1995 eine Armutsrisikoquote von rund elf Prozent (alle Daten sind der Armuts- und Reichtumsberichterstattung der Bundesregierung auf der Internetseite www.armuts-und-reichtumsbericht.de entnommen). Bis zum Jahr 2019 stieg diese Quote auf mehr als 16 Prozent an. Die Armutsrisikoquote liegt bei Frauen leicht über dem Wert der Männer, ist in Ostdeutschland erheblich höher als in Westdeutschland und ist für Menschen mit Migrationshintergrund mehr als doppelt so hoch als für Menschen ohne Migrationshintergrund. Differenziert man nach dem Alter, so zeigen sich die höchsten Armutsrisikoquoten bei Kindern und Jugendlichen und die niedrigsten Quoten bei Menschen ab dem 50. Lebensjahr. Alleinerziehende haben ein größeres Armutsrisiko als Paare mit oder ohne Kinder. Die höchste Armutsrisikoquote wird bei Arbeitslosen gemessen, während der entsprechende Wert bei Erwerbstätigen und Rentnerinnen und Pensionären deutlich niedriger liegt.

Ein ganz anderer Weg wird für die Berechnung des Indikators ›Materielle Deprivation‹ eingeschlagen. Hierzu wird nach Entbehrungen in neun verschiedenen Dimensionen gefragt. Zu diesen Dimensionen gehören finanzielle Probleme, die Miete und die Strom- oder Wasserrechnungen bezahlen zu können, finanzielle Probleme beim Heizen der Wohnung, bei der Ernährung oder bei unerwarteten Ausgaben. Weitere Dimensionen betreffen die Möglichkeit, sich eine Woche Urlaub im Jahr, ein Auto, eine Waschmaschine, ein Farbfernsehgerät und ein Telefon leisten zu können. Wer Einschränkungen in drei dieser neun Dimensionen berichtet, gilt als materiell depriviert. Im Jahr 2009 traf das auf 12,5 Prozent und im Jahr 2019 auf knapp sieben Prozent der Menschen in Deutschland zu.

Einkommensreichtumsquote

Interessant ist für die Analyse sozialer Ungleichheit auch ein Blick auf die Einkommensreichtumsquote. Zur Berechnung dieses Indikators wird wiederum auf das Nettoäquivalenzeinkommen zurückgegriffen. Als Grenzwert für Einkommensreichtum wird wahlweise die 200- oder 300-Prozent-Schwelle verwandt. Als einkommensreich gilt demnach, wer mehr als das Doppelte oder das Dreifache des durchschnittlichen Einkommens (Median) zur Verfügung hat – gemessen wiederum über Haushalt und Gewichtungsfaktoren. Der Anteil einkommensreicher Menschen schwankte nach dem 200-Prozent-Kriterium und den Daten

> des SOEP zwischen 1995 und 2017 zwischen sechs und 8,4 Prozent, der Anteil nach dem 300-Prozent-Kriterium zwischen 1,1 und zwei Prozent.

Neben diesen eher deskriptiven Ansätzen zur Beschreibung von Armut und sozialer Ungleichheit haben sich auch die stärker theoretisch argumentierenden Ansätze zur Analyse der Ursachen und Auswirkungen sozialer Ungleichheit weiterentwickelt. Auch hier lag ein Schwerpunkt bei besonders marginalisierten Gruppen, deren Lebenslage anhand des Begriffspaares Inklusion und Exklusion beschrieben wurden (vgl. z. B. Kronauer 2010; Stichweh/Windolf 2009; Bude/Willich/Vogel 2008). Zunehmend werden dabei wieder der Klassenbegriff und Klassentheorien verwendet, die dann allerdings meist über den Marxschen Klassenbegriff hinausgehen. So beschreibt etwa Nachtwey in seinem Buch über die »Abstiegsgesellschaft« (Nachtwey 2016) zwei unterschiedliche Epochen in der deutschen Nachkriegsgesellschaft. Die Epoche der »sozialen Moderne« reicht in seiner Darstellung in der Nachkriegsgeschichte bis in die 1970er Jahre und war geprägt von wirtschaftlichem Wohlstand und dem Ausbau des Sozialstaates. Seit den 1970er Jahren ist dieses Modell für Nachtwey aber in eine mehrfache Krise geraten, die mit stagnierenden Wachstumsraten und dem Aufstieg des Neoliberalismus erklärt werden. Die sich an die »soziale Moderne« anschließende Epoche nennt Nachtwey »regressive Moderne«, da sie hinter bereits erreichte Standards der gesellschaftlichen Integration zurückfällt.

> »Die Abstiegsgesellschaft führt in eine neue Klassengesellschaft. Die Oberklasse lebt in einer ständischen Welt, in der man sozial abgeschottet ist. Die Mittelklasse koproduziert sich durch die zunehmende Praxis sozialer Schließung und kultureller Distinktion. Die Melange aus sozialstaatlicher Kontrolle und Disziplinierung, prekären Jobs und Sozialleistungen konstruiert eine neue Unterklasse« (Nachtwey 2016, 169).

Auf den Fahrstuhleffekt, den Beck in den 1990er Jahren beschrieben hatte, folgt bei Nachtwey die Rolltreppe nach unten, auf der große Segmente der deutschen Gesellschaft Abstieg erleben.

Differenzierter fällt das Klassenmodell aus, das Reckwitz (2019) vorlegte. Reckwitz spricht von der »spätmodernen Gesellschaft«, in der sich eine neue dreigliedrige Sozialstruktur entwickelt. Diese Struktur besteht aus

> »neuer Mittelklasse, neuer Unterklasse und – zwischen ihnen – der alten Mittelklasse, der Erbin der nivellierten Mittelstandsgesellschaft. Hinzu kommt on top die kleine Oberklasse der Superreichen. Die Dynamik der spätmodernen Sozialstruktur umfasst also zwei Richtungen: nach oben steigt eine neue Mittelklasse aus der traditionellen Mittelklasse empor, nach unten fällt eine prekäre Klasse aus ihr heraus – wir befinden uns im spätmodernen Paternoster« (Reckwitz 2019, 87).

Ursächlich für die Entwicklung dieser neu formatierten Klassengesellschaft sind für Reckwitz drei »langfristige Prozesse der Wirtschafts-, Sozial und Kulturgeschichte des 20. und 21. Jahrhunderts: erstens die Postindustrialisierung der Ökonomie, zweitens die Bildungsexpansion und drittens der Liberalisierungsprozess des Wertewandels« (Reckwitz 2019, 77).

Von diesen drei Trends profitiert insbesondere die neue Mittelklasse, die Reckwitz auch Akademikerklasse nennt. Die neue akademische Mittelklasse verfügt über hohe Bildung, arbeitet eher in der Wissensökonomie statt in klassischen Industriebetrieben und vertritt mehrheitlich liberale Wertorientierungen. Die neue Unterklasse oder prekäre Klasse besteht aus Beschäftigten im Niedriglohnsektor, Bildungsverlierern und ehemaligen Industriearbeiterinnen, deren Arbeitsplätze im Zuge der Globalisierung und Postindustrialisierung in den spätmodernen Gesellschaften verloren gegangen sind. Die alte Mittelklasse kämpft damit, dass ihre eher traditionellen Werteorientierungen an Legitimität und Durchsetzungskraft verlieren, neue und prestigeträchtige Jobs in der Wissensökonomie hohes kulturelles Kapital erfordern und langfristig der Abstieg in die Unterklasse droht. Ob sich dieses Klassenmodell auch empirisch nachweisen lässt, ist allerdings umstritten (vgl. Kumkar/Schimank 2021; Mau 2021a).

1.4.4 Geschlecht, Ethnizität und andere Achsen der Ungleichheit

Reckwitz wie Nachtwey knüpfen in ihren Überlegungen zu einer neuen Klassenstruktur bewusst an Bourdieu an und beziehen nicht nur sozioökonomische Dimensionen wie Einkommen oder Besitz, sondern auch horizontale Ungleichheitsmerkmale in ihre Modelle ein.

> »Moderne Klassenverhältnisse sind komplexer als der einfache Gegensatz von Arm/Reich oder Oben/Unten. Die vertikalen sozialen Ungleichheiten sind verschränkt mit horizontalen Disparitäten [...]. Geschlecht und Ethnie bilden jeweils eigenständige, irreduzible Strukturen der Diskriminierung« (Nachtwey 2016, 175).

Damit werden solche Ansätze anschlussfähig an die Intersektionalitätsdebatte, die – aus den USA kommend – immer stärker auch in deutschsprachigen sozialwissenschaftlichen Veröffentlichungen zur sozialen Ungleichheit thematisiert wird.

In den englischsprachigen Sozialwissenschaften gibt es eine lange Tradition, soziale Ungleichheit nicht nur über Kategorien wie Klassen und Schicht zu erforschen. Anders als in Deutschland ist die Trias von »Class, Race und Gender« für viele empirische Studien zur sozialen Ungleichheit und zu Diskriminierungserfahrungen eine Selbstverständlichkeit. Im Umfeld der Gender Studies und der Postcolonial Studies wurden die Mechanismen der Konstruktion und Zuweisung von Kategorien wie Gender und Race und die Auswirkungen solcher Zuweisungen analysiert. Sowohl in der deutschsprachigen Frauenforschung als auch in den internationaler orientierten Gender Studies werden Fragen der geschlechtsspezifischen Arbeitsteilung, der Anerkennung und Diskriminierung entlang der Differenzkategorie »Geschlecht« und der Konstruktion und Dekonstruktion der Kategorie Geschlecht thematisiert. In den Postcolonial Studies geht es um »Rassismus und westliche Dominanz, Ausbeutungs- und Unterdrückungserfahrungen im Zusammenhang mit Fragen hinsichtlich der Folgen der Kolonialisierung bzw. deren Ende, und zwar auf Seiten der Kolonialisierten wie der Kolonialisierenden« (Bronner/Paulus 2017, 70). Intersektionalität bezeichnet ein Programm, das die Kategorien Class, Race und Gender nicht mehr jeweils einzeln für sich analysieren will, sondern die »Untersuchung der Verwobenheit von Ungleichheitsdimensionen« (Winker/Degele 2009, 12) in den Mittelpunkt rückt. Entstanden ist der Begriff Ende der 1960er Jahre im Umfeld des »Black Feminismus« in den USA, als sich schwarze Frauen von weißen

Frauen aus der Mittelschicht, die ihren Lebensstil und ihre Lebenslage zum Ausgangspunkt ihrer feministischen Analysen machten, nicht mehr vertreten fühlten und nach angemesseneren Problembeschreibungen für die Lebenslagen von z. B. schwarzen Frauen aus der Unterschicht suchten.

Weder in der Marxschen Klassentheorie noch in den Schichtungsmodellen der Bundesrepublik wurde die Differenzkategorie »Geschlecht« systematisch berücksichtigt. In den Schichtungsmodellen wurden Frauen und Kinder über den meist männlichen Haupteinkommensbezieher einer Familie einer Schicht zugewiesen. Die Kategorie »Race« wurde bislang in die deutsche Ungleichheitsforschung noch weniger einbezogen. Das fängt schon bei sprachlichen Schwierigkeiten an, da sich die ungebrochene Verwendung des Begriffs »Rasse« angesichts der deutschen Geschichte verbietet. Meist wird deshalb der Begriff entweder in Anführungszeichen gesetzt oder durch Begriffe wie Ethnizität ersetzt. In der Sozialstatistik finden sich dann Kategorien wie »Migrationshintergrund«. Da es »Rasse« als biologische Kategorie nicht gibt, wohl aber vielfältige Formen von biologistischem oder kulturellem Rassismus und damit verbundene Diskriminierungen, wird darüber diskutiert, ob das Diskriminierungsverbot in Artikel 3 des Grundgesetzes der Bundesrepublik Deutschland umformuliert werden sollte. Neben den Kategorien Klasse, Gender und Ethnizität ist der Intersektionalitätsansatz offen für weitere Achsen der Ungleichheit, die Diskriminierungen und soziale Ungleichheit begründen. So wird als vierte Kategorie sozialer Ungleichheit oft der Körper und die Orientierung an Körpernormen genannt, die dann z. B. zur Diskriminierung von kranken Menschen oder von Menschen mit Behinderungen führen kann. Weitere im Intersektionalitätsdiskurs verwendete Ungleichheits- und Diskriminierungskategorien sind Antisemitismus, Antiziganismus, Homophobie oder die Abwertung von Obdachlosen. Erzeugt wird soziale Ungleichheit intersektionalen Analysen zufolge auf der Strukturebene (indem z. B. von Frauen unbezahlte Familienarbeit erwartet wird oder Migrantinnen und Migranten der Zugang zum Arbeitsmarkt erschwert wird), auf der Symbolebene (durch Normen und Ideologien, die Ungleichheitsverhältnisse rechtfertigen) und auf der Ebene der Subjekte, auf der die hegemonialen Diskurse internalisiert werden.

Nach diesem Schnelldurchgang durch zentrale Konzepte der Sozialstrukturanalyse können auch die Fallbeispiele vom Beginn dieses Kapitels – Kathinka Lasar, Tobias Rückert und Mohammed al Masry (▶ Kap. 1.4.1) – aus unterschiedlichen Perspektiven betrachtet werden. Je nachdem, welche Kategorien und Dimensionen von Ungleichheit dabei berücksichtigt werden, ergibt sich ein anders dimensionierter Ungleichheitsraum. Die drei Fallbeispiele nehmen unterschiedliche Positionen in diesem Raum ein und die Gründe für diese Positionierungen verändern sich. Zu diskutieren bleibt, mit welchen Kategorien sich die soziale Wirklichkeit (spät-)moderner Gesellschaften angemessen beschreiben lässt.

Weiterführende Literatur

Böhnke, P., Dittmann, J. & Goebel, J. (Hrsg.) (2018): Handbuch Armut. Ursachen, Trends, Maßnahmen. Opladen, Toronto: Budrich.

Erlinghagen, M. & Hank, K. (2018): Neue Sozialstrukturanalyse. Ein Kompass für Studienanfänger (2. Aufl.). Paderborn: Fink.
Huinink, J. & Schröder, T. (2019): Sozialstruktur Deutschlands (3. Aufl.). München: UVK.
Reckwitz, A. (2019): Das Ende der Illusionen. Politik, Ökonomie und Kultur in der Spätmoderne (8. Aufl.). Frankfurt a. M.: Suhrkamp.

Weiterführende Quellen

BMAS – Bundesministerium für Arbeit und Soziales (Hrsg.) (2021a): Lebenslagen in Deutschland. Der Sechste Armuts- und Reichtumsbericht der Bundesregierung. Berlin.
Statistisches Bundesamt, WZB – Wissenschaftszentrum Berlin für Sozialforschung & BiB – Bundesinstitut für Bevölkerungsforschung (2021): Datenreport 2021. Ein Sozialbericht für die Bundesrepublik Deutschland. Bonn: Bundeszentrale für politische Bildung.

2 Körper, soziale Teilhabe und gesundes Altern

2.1 Körperbilder, Inszenierung und Optimierung

2.1.1 Verkörperung des Sozialen: Familie Dahlberg – schön und glamourös

Sandra Dahlberg (45 Jahre) hat von ihren Eltern in der Münchener Innenstadt eine Modeboutique übernommen. Sie ist stolz auf ihr jugendliches Aussehen. Ihr Fachgeschäft für luxuriöse Designerkleidung mit Beautycenter richtet sich an eine wohlhabende Klientel. Wer Sandras Geschäft besucht, bekommt ein All-inclusive Package aus Körperpflege, Stilberatung und modischen Accessoires. Sandra hat einen Namen in der Münchener Schickeria und legt Wert darauf, dass ihr Markenprofil auch in ihrer äußeren Erscheinung repräsentiert wird. Sie genießt den Luxus, die Aufmerksamkeit und den Erfolg.

Sandra hat nach ihrer Modelkarriere zwei Töchter bekommen, Sarah (19 Jahre) und Hannah (17 Jahre). Im Interview berichtet Hannah, dass bei ihr im Leben wohl etwas falsch gelaufen ist. Hannah hat ihre Mutter wegen ihres Erfolges und ihrer Schönheit immer beneidet. Im Vergleich zu Sarah war Hannah schon als Kleinkind ein wenig pummelig. Auch im Kontakt mit Verwandten und Freunden und Freundinnen der Familie hatte Hannah immer den Eindruck, dass Sarah beliebter war, obwohl Hannah deutlich bessere Schulnoten hatte. Hannah berichtet weiter, dass ihr in der 4. Klasse so richtig deutlich wurde, wie wichtig gutes Aussehen ist. Sie wurde wegen ihrer Pummeligkeit gehänselt und im Turnunterricht äfften die Klassenkameradinnen und -kameraden ihre ungeschickten Bewegungen nach und lachten sie aus. Dies hat Hannah sehr verletzt. Sie hat sich ausgegrenzt gefühlt. Ihre Schulaufgaben wollten alle abschreiben, aber mit ihr spielen wollten sie nicht.

Nach der Grundschule ging Hannah auf ein Gymnasium und mit Beginn der Pubertät begann sie mit den ersten Diäten. Warum sie damit angefangen hat, ist ihr inzwischen klargeworden. Sie wollte geliebt, anerkannt und wertgeschätzt werden. Bei Frust verlor Hannah aber gleich wieder die Kontrolle. Sie kaufte viele Süßigkeiten und verschlang diese in kurzer Zeit. Statt schlanker zu werden, nahm Hannah an Gewicht zu.

Mit 15 Jahren erkrankte sie an Magersucht. Hannah verlor deutlich an Gewicht und in einer ersten Phase wurden die Jungen sogar auf sie aufmerksam. Plötzlich wurde sie für ihre schlanke Figur gelobt. Die Schulkameraden flirteten

> nun mit ihr und einen kurzen Moment glaubte Hannah glücklich zu sein. Aber dann, so erzählt sie weiter, habe sie die Kontrolle verloren. Hannah magerte stark ab und brach auf dem Schulhof zusammen. Nach einem vierwöchigen Krankenhausaufenthalt wurde sie für zwölf Wochen in einer stationären Einrichtung zur Behandlung von magersüchtigen Mädchen aufgenommen.

Rein anatomisch betrachtet bildet der menschliche Körper die physische Hülle der Existenz. Kopf, Rumpf, Arme, Beine, die inneren Organe und Sinnesorgane formen durch ihre jeweilige Verknüpfung den Menschen, grenzen ihn von seiner Umwelt ab und unterscheiden ihn von allen anderen lebenden Körpern in der Natur (vgl. Gugutzer 2006). Zugleich ist das körperliche Erscheinungsbild aber auch ein Medium der Kommunikation. Die Körperhülle fungiert »als Trägersystem für Zeichen, Signale und Handlungen« (Bette 1987, 613).

Für Frau Dahlberg ist es wichtig gut auszusehen. Ihre äußere Erscheinung steht symbolisch für das, was sie beruflich oder privat vertritt (Jugendlichkeit, Vitalität) und wie sie sich sozial verortet (Status). Weiterhin achtet sie darauf, dass sie die gesellschaftlichen Erwartungshaltungen und Zuschreibungen als Rollenträgerin erfüllt. Von der Befriedigung dieser Erwartungen und dem individuellen Selbstverständnis hängen eine Vielzahl von Interaktionsbeziehungen ab, die über beruflichen Erfolg oder Misserfolg, soziale Wertschätzung oder Ablehnung, Sympathie oder Antipathie, gesellschaftliche Integration oder Ausgrenzung, Zugehörigkeit oder Entfremdung entscheiden. Der Körper ist »ein maßgeblicher Faktor für die Ordnung des Sozialen [...]. [Er] ist Produkt und Produzent des Sozialen« (Raab 2010, 147).

Um den engen Zusammenhang von Kultur und Körperlichkeit besser zu verstehen, lohnt ein Blick in die Geschichte.

2.1.2 Geschichte des Körpers: Von der Leibfeindlichkeit zur Selbstoptimierung

Entsagung, Sündhaftigkeit und Buße im Mittelalter

In dem Standardwerk von Le Goff und Truong zur Geschichte des Körpers wird die Hypothese vertreten, dass das europäische Mittelalter durch ein neues Spannungsverhältnis zwischen Körper und Geist geprägt war. Während in der griechischen und römischen Antike exklusive Räume wie die Arenen, Sportstätten, Theater oder das Gymnasion der kulturellen Inszenierung der Körperlichkeit dienten, war das Mittelalter durch die Abschaffung exklusiver Kultstätten geprägt. Ritterliche Turniere, Ringkämpfe und Ballspiele dienten zwar dazu körperliche Kraft, Geschicklichkeit und Ausdauer im Wettkampf zu inszenieren, aber diese Ereignisse fanden nur zu bestimmten Anlässen und Volksfesten statt. Speziell geschaffene öffentliche Plätze gab es nicht. Stattdessen wurden bestehende Flächen wie der Dorfplatz oder freie Ackerflächen und Felder exklusiv hergerichtet (vgl. Le Goff/Truong 2007, 169).

Einen besonderen Stellenwert nahm in diesem Zusammenhang das Christentum ein. Der Glaube prägte das kollektive Selbstverständnis. Körper und Geist waren wichtige Bestandteile menschlicher Existenz, aber das Verhältnis zueinander wurde als problematisch, sich gegenseitig behindernd und verführend konstruiert. Die Körperlichkeit des Menschen wurde »zugleich glorifiziert und unterdrückt, gepriesen und gedemütigt« (Le Goff/Truong, 2007, 33). Es war der Glaubenslehre vorbehalten, dieses Spannungsverhältnis von Leibfeindlichkeit und Leibbejahung durch Vorschriften und Rituale (Buße, Geißelung, Fasten, Beichte) auszutarieren. Nur auf diese Weise konnte sichergestellt werden, dass der Mensch aufersteht. Le Goff und Truong sprechen von einem grundlegenden Mechanismus der europäischen Geschichte, der bis in die heutige Zeit ausstrahlt. Man denke nur an unser gängiges Verständnis von Ehe und sexueller Treue, das seinen Ursprung u. a. im Sakrament der Ehe (12. Jahrhundert) findet.

Christlich normativ bestimmt war auch die Darstellung des weiblich Schönen. Vor dem Hintergrund der geringen Lebenserwartung war die Vorstellung von Schönheit geprägt durch eine kindliche, mädchenhafte, schlanke Figur mit blasser Haut. Das Haar sollte lang, blond und gelockt sein. Die Augen strahlend blau, die Wangen ein gesundes Rot aufweisen und der Mund zierlich rot erscheinen. Dieses Ideal fand sich insbesondere in den Mariendarstellungen wieder (vgl. Huf 2013, 30).

Die Jugendlichkeit war Ausdruck einer Vorstellung von Reinheit und Tugend. Kurvenreiche Körper sind in bildhaften Darstellungen jener Zeit eher selten, da diese als Ausdruck der Verführung und Wollust gedeutet wurden. Der Gebrauch von Kosmetik galt als heidnisch. Der Körperhygiene wurde daher eine eher untergeordnete Rolle zugeschrieben. Dies änderte sich erst mit der Ausdehnung der Städte im 15. Jahrhundert und einer sich hieraus entwickelnden Badekultur (vgl. Schulz 1983).

In der Kunst und im Alltagsleben war die Darstellung der Nacktheit verpönt, da sie mit der Ursünde von Adam und Eva und deren Vertreibung aus dem Paradies verbunden wurde. Nacktheit provozierte nicht nur, sondern sie wurde mit Ketzerei gleichgesetzt und bestraft. Im Vordergrund stand nicht die äußerliche Schönheit, sondern die Reinheit der Seele. Der Körper bildete lediglich die notwendige, aber vergängliche und verführbare Hülle (vgl. Le Goff/Truong 2007, 155 ff.).

Rationalität und Effizienz im Übergang zur Moderne

Die Frühmoderne, also die Epoche vom Ende des 15. Jahrhunderts bis zum Übergang vom 18. zum 19. Jahrhundert, war durch erhebliche Erkenntnisgewinne in den Naturwissenschaften geprägt. Krankheiten waren nicht mehr gottgegeben und das Ergebnis sündhaften Handelns, sondern sie wurden auf ihre (externen) Ursachen und Kausalzusammenhänge hin erforscht. Statt generell auf Aderlass, Brechmittel und Klistiere zu setzen, wurde nach Ursachen und wirksamen Behandlungsmethoden gesucht.

Aus diesem Selbstverständnis heraus leitete sich eine neue Haltung gegenüber der eigenen physischen Existenz ab. Man wurde sich seiner Körperlichkeit, seines Handelns und seiner persönlichen Verantwortung bewusst. Hierbei beschränkte man sich allerdings bis ins ausgehende 18. Jahrhundert auf exzessive Ausschweifungen wie der Trunksucht und der Völlerei. Von einer körperlichen Für- und Selbstsorge kann noch nicht gesprochen werden.

Bis ins 19. Jahrhundert standen weder körperliche Anstrengungen durch Sport noch die Körperhygiene besonders hoch im Kurs. Mit einer gesunden Lebensweise wurde eher die Vermeidung der Ermüdung des Körpers durch sportliche Aktivitäten verbunden. Der Lebensstil des wohlhabenden Bürgertums orientierte sich an Idealen der geselligen Konversation auf Empfängen, der Pflege der Kunst und Literatur sowie der Repräsentation des sozialen Standes. Es gehörte zum Selbstverständnis, dass man in Abgrenzung zum Proletariat keine anstrengenden körperlichen Tätigkeiten zum Grunderwerb verrichtete. Man widmete sich den schönen Künsten als Sammler oder Mäzen, aber nicht den Leibesübungen (vgl. Hermsen 1997). Bei der Arbeiterschicht stellte sich die Frage von Körperertüchtigung schon aufgrund der zeitlich und körperlich belastenden Industriearbeit nicht.

Nimmt man den Wandel des Schönheitsideals in den Blick, so kann mit Beginn der Aufklärung eine Neuorientierung an Idealen der griechischen und römischen Antike festgestellt werden. Während in der Renaissance (15. und 16. Jahrhundert) und im Barock (Ende 16. bis Anfang 18. Jahrhundert) eine gewisse vitale Fülle und Wohlbeleibtheit als Schönheitsideal galten, wurde zu Beginn des 19. Jahrhunderts die Wespentaille modern. Die von Clemens Brentano (1778–1842) in seinem Roman Godwi (1798–1901) stilisierte Lore Lay wurde zum Sinnbild des Schönen und knüpfte an antike Vorstellungen des weiblich schlanken, jungen und wohlproportionieren Körpers an. Schönheit, so Huf, »ist nun endgültig das Reich der Frau geworden« (Huf 2013, 41).

Mit einer zunehmenden Entkopplung von Arbeitszeit und Freizeit, bei gleichzeitig sich verbessernden Lebens- und Arbeitsbedingungen, einer Zunahme der Lebenserwartung sowie neueren Erkenntnissen hinsichtlich körperlicher Ertüchtigung und Gesundheit nahm auch das Interesse an sportlichen Aktivitäten zu. Mitte des 19. Jahrhunderts kam es zur Gründung von Turnvereinen. In den deutschen Schulen wurde 1882 das Drillturnen eingeführt. Es gehörte nun zum guten Ton Mitglied eines Fußballclubs zu sein und an den jeweiligen Wettkampfveranstaltungen und Turnieren teilzunehmen. Es fanden erste öffentliche Laufwettbewerbe (1862 London) und Straßenradrennen (1865 Amiens) statt (vgl. Busse 2014). 1896 wurden in Athen die ersten Olympischen Spiele der Neuzeit eröffnet.

Generell ist festzuhalten, dass das 19. Jahrhundert geprägt wurde von einer Verknüpfung antiker Leitbilder des athletischen Körpers mit einer sich individualisierenden, über Leistung definierenden Persönlichkeit. Gekoppelt wurde dieses vorrangig männlich geprägte Schönheitsideal beim Bürgertum mit aristokratischer Vornehmheit und nationalistischer Gesinnung. Die gestählte Brust und ein militärisch geprägter Schritt galten als Ideal eines standesgemäßen Habitus.

In Abgrenzung hierzu war Weiblichkeit durch ein Schönheitsideal bestimmt, das Wert zu legen hatte auf ein repräsentatives Äußeres und die Einhaltung von Benimmregeln (Etikette). Die Frau repräsentierte den sozialen Stand des Ehemannes. Ihr Wirkungsraum war auf Privatheit und Familie ausgerichtet. Die sportlichen Aktivitäten beschränkten sich auf Fechten, Bogenschießen, Reiten, Eislaufen und leichte gymnastische Übungen (vgl. Sarasin 2016, 336 ff.).

Epochenübergreifend wird deutlich, dass sich die Verkörperung des Sozialen, unabhängig vom jeweiligen historischen und kulturellen Kontext, auf vier Dimensionen des Gesellschaftlichen bezieht: Der Körper ist ein

> »Instrument und Produkt sozialen Handelns, Agent und Repräsentant sozialer Ordnung, Medium der Selbstpositionierung und sozialen Zuordnung und schließlich ein Argument für soziale In- und Exklusion [bspw. Geschlecht, ethnische Zugehörigkeit, Behinderung]« (Schmincke 2021, 59 ff; vgl. Klein 2010, 458).

2.1.3 Inszenierung und Selbstfindung: jugendlich, makellos und entblößt

Nach Einschätzung der Soziologin Gabriele Klein stehen in der Moderne Körper im Mittelpunkt der gesellschaftlichen und individuellen Aufmerksamkeit (vgl. Klein 2010, 457). Zu beobachten ist eine zunehmende Körperaufwertung, Ästhetisierung und Sexualisierung.

In vielfältigen Kontexten nimmt die Körperlichkeit eine wichtige Rolle ein. Zu erwähnen sind hier Entwicklungen im Sport (Doping, Fitness), naturwissenschaftliche Fortschritte im Bereich der Bio- und Gentechnologie (Veränderungen des Erbguts), neue Erkenntnisse der Transplantationsmedizin, das Beziehungsgefüge von Lebensstil, Ernährung und Gesundheit, Entwicklungen im Bereich der ästhetisch-plastischen Chirurgie sowie der öffentlichen Präsentation in den sozialen Medien.

Vor diesem Hintergrund greifen wir im Folgenden soziale Phänomene auf, die in besonderer Weise die Körper-(Re-)Präsentation der Moderne prägen. Zu den auch empirisch weit verbreiteten Erscheinungen zählen Schönheit, Nacktheit und (mediale) Öffentlichkeit, Ernährung und Gesundheit sowie Sport und Fitness.

Schönheit und Jugendlichkeit

Seit Jahrtausenden haben die Menschen kosmetische Produkte eingesetzt, um schöner und attraktiver auszusehen. Operative Eingriffe waren selten und risikoreich. Meist beschränkten sich solche Eingriffe auf Personen, die durch schwere Kriegsverletzungen oder angeborene Missbildungen beeinträchtigt waren. So wurden bereits seit dem 7. Jahrhundert Nasen aus Stirnhaut geformt. Auch im Mittelalter gab es Versuche fehlende Nasen, Ohren und Hände zu ersetzen. Meist handelte es sich hierbei allerdings um die künstliche Rekonstruktion durch einen geformten (metallischen) Gegenstand, der auf die jeweilige Stelle platziert wurde. In der Renaissance gab es dann erste Versuche Nasen aus Oberarmhaut zu rekonstruieren (vgl. Skuse 2021; Huf 2013, 258).

Erst Ende des 19. Jahrhunderts begann der Deutsche Jacques Joseph (1865–1934), der als Begründer der plastischen Chirurgie gilt, Menschen operativ zu behandeln. Im Vordergrund standen zu Beginn auch hier Nasenoperationen. Mit Ausbruch des Ersten Weltkrieges (1914–1918) wurden bei besonders verstümmelten Kriegsversehrten Operationen zur Rekonstruktion von Gesichtsknochen durch Elfenbein durchgeführt (vgl. Ramsbrock 2011, 113 ff.). Mit Fortschreiten der medizinischen Entwicklung und der Anästhesie wurden in der Folge vermehrt auch Gaumenspalten, Klumpfüße und das Schielen behandelt (vgl. Fromm 2010).

In den letzten Jahrzehnten hat die Schönheitschirurgie an Konjunktur gewonnen. Nach Umfragen der Deutschen Gesellschaft für ästhetisch-plastische Chirurgie (DGÄPC) sind in Deutschland (Erhebungszeitraum September 2020 bis Juni 2021, n = 1432) Botulinumbehandlungen und Faltenunterspritzungen (Filler) mit jeweils über 30 Prozent die häufigsten durchgeführten Behandlungen. Es folgen Oberlidstraffungen und Brustvergrößerungen mit Implantat mit jeweils rund acht Prozent (vgl. DGÄPC 2021, 4).

Nimmt man den Beratungsbedarf bzw. die Behandlungswünsche der unter 30-jährigen Patientinnen und Patienten in den Blick, so stehen die Brustvergrößerung (Implantat) und die Intimkorrektur auf den ersten beiden Plätzen, gefolgt von Fettabsaugung und Nasenkorrektur. Bei den Männern stehen bei den Behandlungswünschen die Fettabsaugung, die Gynäkomastie-Behandlung sowie die Unter- und Oberlidstraffung auf den ersten vier Plätzen (vgl. DGÄPC 2021, 8).

Legt man alle statistisch erfassten Eingriffe zugrunde, so liegt der Frauenanteil seit Jahren bei über 80 Prozent, wohingegen der Männeranteil leicht rückläufig ist und sich auf rund elf Prozent stabilisiert (vgl. DGÄPC 2021, 11).

Bei beiden Geschlechtern leben über 50 Prozent in festen Beziehungen. Darüber hinaus kann eine deutliche Zunahme der Altersgruppen über 40 Jahre beobachtet werden. Die meisten Patientinnen und Patienten haben sich im Vorfeld gut informiert, kennen die Risiken und legen besonderen Wert auf Empfehlungen ihres sozialen Umfeldes. Die überwiegende Mehrheit erhoffen sich eine Verbesserung bestimmter Körpermerkmale, z. B. größere und prallere Brüste, weniger Falten, einen strafferen Bauch oder vollere Lippen. Man möchte schöner und attraktiver sein, um ein besseres Lebensgefühl, mehr Zufriedenheit und ein größeres Selbstvertrauen zu erlangen (vgl. DGÄPC 2020; 2015).

Die für Deutschland ermittelten Daten decken sich mit internationalen Studien. Die regelmäßig von der International Society of Aestetic Plastic Surgery (ISAPS) veröffentlichen Statistiken bestätigen den Trend der Zunahme kosmetischer Eingriffe. Jährlich werden weltweit über zwölf Millionen chirurgische und rund 17,5 Millionen nichtchirurgischer Eingriffe vorgenommen. Führend in diesen Sektoren sind die USA, gefolgt von Brasilien, Japan und Mexiko. Zu den häufigsten chirurgischen Eingriffen gehören Fettabsaugungen, Brustvergrößerungen, Augenlidoperationen und Nasenkorrekturen. Bei den nichtchirurgischen Eingriffen stehen Botulinumtoxin, Hyaluronsäure und Haarentfernung an der Spitze (vgl. ISAPS 2022).

Grundsätzlich ist festzuhalten, dass sich die Erwartungen der Nutzerinnen und Nutzer durch den Eingriff mehrheitlich erfüllen. Erwartet werden ein attraktiveres Erscheinungsbild, eine Verbesserung des Selbstbildes, mehr Lebensqualität, ein höheres Selbstwertgefühl und in einigen Fällen auch eine Verbesserung der Partnerbeziehung. Das Hauptmotiv für einen chirurgischen Eingriff bleibt allerdings die Unzufriedenheit mit dem eigenen Körperbild. Vor diesem Hintergrund verwundert es auch nicht, dass die meisten Kundinnen und Kunden in der rückblickenden Bewertung zu einem positiven Urteil kommen (vgl. Borkenhagen 2011). Die

Nachhaltigkeit dieser Befunde über einen längeren Zeitraum ist bisher nicht hinreichend untersucht.

Vor dem Hintergrund der jährlich millionenfach in Anspruch genommenen plastischen Schönheitschirurgie ist festzuhalten, dass diese Form der Körperoptimierung, neben dem Einsatz von Kosmetikprodukten und sportlichen Aktivitäten, weit verbreitet und sozial akzeptiert ist. Eingriffe zur Körperoptimierung gehören zum Alltag, obwohl man nicht offen über sie spricht. Die Art der Dienstleistung ist für die Mehrheit finanzierbar und beschränkt sich nicht auf Hollywoodstars und wohlhabende Oberschichten. Über 50 Prozent aller kosmetischen Eingriffe werden in Arztpraxen durchgeführt. Kleinere Eingriffe, so der Germanist und Historiker Gilman, sind inzwischen so alltäglich wie die kieferorthopädische Korrektur mittels Zahnspange in den 1960er und 1970er Jahren (vgl. Kaube 2014; Gilman 2006, 180).

Gefördert wird dieser Trend durch diverse Fernsehformate, in denen das körperliche Restyling propagiert und in Vorher-Nachher-Sequenzen inszeniert wird. Man denke nur an die Shows wie »Extreme Makeover« des Senders ABC, »The Swan – Endlich schön!« auf ProSieben, »Extrem schön – Endlich ein neues Leben« auf RTL II oder den RTL-Dreiteiler »Aus alt mach neu – Brigitte Nielsen in der Promi-Beauty-Klinik« aus dem Jahr 2008 (vgl. Wagner 2014, 95). Aus dem hässlichen Entlein, das meist eher aus sozial benachteiligten Milieus stammt, wird in wenigen Monaten, medial eindrucksvoll im Showdown enthüllt, ein schöner Schwan, der Anerkennung und Wertschätzung erfährt. Schönheit ist in der Moderne zu einem wichtigen milieuübergreifenden, statusprägenden Persönlichkeitsmerkmal geworden (vgl. Degele 2022, 149).

Selbstdarstellung und Posing

Aus naturwissenschaftlicher Sicht befasst sich insbesondere die Attraktivitätsforschung mit den biologischen Körpermerkmalen, die kulturübergreifend eine gewisse Geltung im Kontext von Partnerwahl und Fortpflanzung für sich beanspruchen. Hierzu gehören eine Symmetrie der Gesichtszüge, eine makellose Haut, hervortretende Backenknochen und schmale Wangen, große Pupillen, eine kindlich-jugendliche Erscheinung (Barbie-Effekt), die Geruchswahrnehmung und der jeweilige Hormonstatus (vgl. Renz 2007, 69).

Bedeutsamer sind kulturspezifisch durch Sozialisation erlernte Symbole, Zeichen und Ausdrucksformen. Im historischen Rückblick werden insbesondere kulturelle Veränderungen des Scham- und Sexualverhaltens im Kontext von Schichtzugehörigkeit, Privatheit und Öffentlichkeit näher untersucht.

Auf dieser Ebene lässt sich zeigen, dass der (teil-)entblößte Körper eine besondere Rolle spielt. So kam z. B. im antiken Griechenland der männlichen Nacktheit eine bedeutende Stellung zu. Ein athletischer, muskulöser Körper bei sportlicher Ertüchtigung war Ausdruck eines ästhetisch künstlerischen Verständnisses von Perfektion und Verteidigungsbereitschaft. Diese Form der öffentlichen Präsentation von Nacktheit war kulturell eingebunden und beschränkt auf explizit ausgewiesene Plätze (Sportstätten) und Wettkampfveranstaltungen. Frauen war dieses Recht der Entblößung verwehrt und Nacktheit entsprechend schambesetzt.

Im antiken Rom war Nacktheit im öffentlichen Raum nicht üblich. Es wurden zwar die Traditionen der Olympischen Wettkämpfe der Griechen übernommen, aber die Sportler und Kämpfer in den Arenen hatten sich entsprechend ihrer Sportart zu bekleiden. Die Thermen wurden streng nach Geschlechtern getrennt und auch hier hatten sich die Frauen im Gegensatz zu den Männern leicht zu bedecken.

Während der Blütezeit des Reiches wurden in der Kunst heroische Darstellungen in eher seltenen Fällen mit (teil-)entblößten Körperdarstellungen verknüpft. Sofern diese Darstellungsform gewählt wurde, sollte die Männlichkeit, Entschlusskraft und Stärke des Herrschers hervorgehoben werden. Mehrheitlich präsentierten sich die Kaiser allerdings bedeckt mit der Toga zur Verkörperung des weisen und klug agierenden Staatsmanns.

Durch den Einfluss des Christentums wurde der nackte Körper im europäischen Mittelalter als unsittlich und sündhaft angesehen. Ein entblößter Körper stand für Gottesferne, Unzucht und verwerfliches Verhalten. Bezogen auf Herkunft und Standeszugehörigkeit brachte ein leicht bekleideter oder teilentblößter Körper eher Armut und Elend zum Ausdruck. Demgegenüber war die Nacktheit im Badehaus gesellschaftlich akzeptiert.

Mit Beginn der frühen Neuzeit im 16. Jahrhundert wurde der nackte Körper verstärkt im öffentlichen Raum tabuisiert, nun aber unterschieden nach sozialer Schichtzugehörigkeit. Die ärmere Bevölkerung nutzte schon allein mangels Alternativen weiterhin Flüsse und Seen zur Körperreinigung. Der gehobene Stand kultivierte die Etikette und kleidete sich in der Öffentlichkeit standesgemäß. Nackte und gebräunte Haut war verpönt.

Im Übergang zum 19. Jahrhundert etablierte sich mit Aufstieg des Bürgertums im europäischen Kontext eine Kultur der vollkörperbedeckenden Badebekleidung für beide Geschlechter. Ende des 19. Jahrhunderts entwickelten sich zwar die ersten Alternativbewegungen der Freikörperkultur und der FKK-Bewegung, die jedoch in der Minderheit blieben. Erst mit Beginn der Studentenbewegung in den 1960er Jahren und der Frauenbewegung in den 1970er Jahren setzten sich in der Bundesrepublik liberalisierte Formen der Nacktheit als Ausdruck von Selbstbestimmung und Individualität in breiteren Bevölkerungsschichten durch. Hinzu kamen seit den 1980er Jahren Veränderungen der Freizeitkultur an öffentlichen Stränden sowie im Wellnessbereich. Nacktheit wurde gesellschaftsfähig und Geschlechtertrennung eher unüblich.

In den Massenmedien und zu Marketingzwecken gehören entblößte Oberkörper heutzutage zum Alltag. Sex Sells und sorgt für Einschaltquoten in der Werbung sowie für die Erhöhung der Auflage von Zeitschriften und Magazinen. Hinzu kommen Nackt-Dating-Shows wie »Adam sucht Eva – Gestrandet im Paradies« von RTL oder »Dating Naked« des amerikanischen Kabel-TC-Sender TCL. Im kanadischen Pay-TV-Sender »Naked News« werden Nachrichten und Informationssendungen von nur teilweise bekleideten oder nackten Reporterinnen und Moderatorinnen präsentiert. Mit der Erschließung des Internets haben sich zudem die Verfügbarkeit von Nacktdarstellungen und der Zugriff auf pornographisches Material erweitert. Cybersex und der Austausch erotischer Fotos (Sexting) auf Internetplattformen sind Phänomene einer körperbetonten (Selbst-) Darstellung und medialen Verbreitung, deren Ursachen und Folgen noch nicht hinreichend untersucht sind.

In der sozialwissenschaftlichen Literatur wird die These vertreten, dass sich moderne Gesellschaften durch eine Auflösung von Privatheit und Öffentlichkeit auszeichnen. Ausschnitte des privaten Lebens und der (körperlichen) Intimität werden zunehmend öffentlich verbreitet.

Im historischen Vergleich kann eine Tendenz zur Schamlosigkeit beobachtet werden, die sich jeder weiteren Kontrolle entzieht. Richard Sennett hebt in seinem Buch über den Verfall und das Ende des öffentlichen Lebens hervor, dass es im Übergang zum 20. Jahrhundert zu einem Wandel des öffentlichen Lebens gekommen ist. Im öffentlichen Raum konstituierte sich historisch rückblickend das kulturelle, aber unpersönliche Selbstverständnis einer bürgerlichen Geselligkeitskultur, so z. B. in den literarischen und künstlerischen Salons, politischen und wissenschaftlichen Zusammenkünften oder im Vereinswesen. Im sozialen Raum der Privatheit entwickelte sich im Gegenzug das Individuelle, konkretisiert u. a. in einem geschützten Wohnraum mit einer entsprechenden Privatsphäre der intimen und seelischen Empfindungen. Beide Sozialräume wurden streng voneinander unterschieden und die Präsentation von Körperlichkeit wurde gekoppelt an Konventionen, Umgangsformen (Etikette) und strengen Kleiderordnungen.

Diese Trennung löst sich nach Sennett in modernen Gesellschaften zunehmend auf. Authentizität wird in einer anonymen Massengesellschaft nicht mehr durch Privatheit und Abgeschiedenheit erworben, sondern im Kontext öffentlicher Präsentation. Das eigentliche Ich, das Individuelle wird gesucht in der Distanzlosigkeit, der öffentlichen Vorführung und Körperpräsentation. Identität, so Sennett weiter, lässt sich in einer versachlichten Welt nicht mehr über Prozesse der Vergesellschaftung herstellen, sondern nur noch über Personenkult. Intimität wird öffentlich, da die Gesellschaft selbst den Menschen kein Gefühl der Zugehörigkeit und Verbundenheit mehr vermitteln kann. Die Menschen werden zurückgeworfen auf ihre Körperlichkeit und Intimität und nur noch hierüber lässt sich ein Bezug von Sinn und sozialem Halt herstellen. Wahrhaftigkeit ist nur noch über Selbstbezug, Emotionalität und Selbstenthüllung im öffentlichen Raum zu vermitteln (vgl. Sennett 1983).

Während Sennett die Veränderung der Schamgrenzen als einen kulturellen Verfallsprozess deutet, hebt der Ethnologe Hans Peter Duerr den Zugewinn an Freiheitsgraden und Handlungsoptionen hervor. Traditionelle Gesellschaften sind geprägt durch Zwänge, Konventionen und eine enge soziale Kontrolle der Gesellschaftsmitglieder, die es in dieser Form in hochindustrialisierten Gesellschaften nicht mehr gibt. Der Fortschritt der Moderne liegt gerade darin, dass es keiner gesonderten Rückzugsräume des Privaten mehr bedarf. Die Moderne bietet Formen der öffentlichen Entfaltung, die völlig neu sind und daher auch neue Handlungsoptionen zur Senkung der Schamgrenzen, aber eben auch neuer Blamagen und Peinlichkeiten bereithält (vgl. Duerr 1988).

Vielfach wird in diesem Zusammenhang unterstellt, dass insbesondere Jugendliche in der Pubertät besonders gefährdet seien. In dieser Übergangsphase zwischen Kindheit und Erwachsenenalter sind spezifische Entwicklungsaufgaben der Selbstfindung, der zukünftigen Lebensplanung und auch der Auseinandersetzung mit der eigenen und der Sexualität anderer zu bewältigen. Das Internet bietet in diesem Kontext einen Erfahrungsraum des Experimentierens und Ausprobierens.

Ergebnisse internationaler Studien zeigen, dass die Mehrzahl der Jugendlichen über eine hohe Kompetenz, ein ausgeprägtes Risikobewusstsein sowie ein beachtliches Reflexionsniveau im Umgang mit sexuellen Interaktionen über das Internet verfügen (vgl. Martyniuk u. a. 2013). Bisher unzureichend untersucht sind Phänomene der Optimierung bestimmter Körperteile, die als neuester Körper-Hype über Instagram, Twitter, Facebook und anderen Plattformen via Selfi verbreitet werden (Thigh Gap, Bikini Bridge, Collarbone Challenge, Ab Crack). Auch hier liegt die Vermutung nahe, dass der Vorbildcharakter für das konkrete Handeln von Jugendlichen im Alltag eher gering ist.

2.1.4 Optimierung und Selbstsorge: gesund, kontrolliert und vital

Ernährung und Gesundheit

Die Ernährung hat in modernen Gesellschaften einen Stellenwert erreicht, der weit über eine physisch notwendige Form der Nahrungsaufnahme hinausgeht. Lebensmittel stehen in vielen Ländern in ausreichendem Maße zur Verfügung und können in enormer Vielfalt konsumiert werden. Ein hoher Lebensstandard bietet zudem die Möglichkeit, dass das Angebot von den Verbraucherinnen und Verbrauchern auch in Anspruch genommen werden kann. Mit den Konsummöglichkeiten steigen zugleich die Ansprüche hinsichtlich Auswahl, Zubereitung und Darbietung. Im Vordergrund stehen Genuss, Gesundheit und eine sozial und ökologisch verträgliche Form von Anbau und Vertrieb. Kauf und Verzehr sind Ausdruck eines Lebensstils, einer Lebenshaltung und Milieuverortung.

Im historischen Rückblick zeigt sich, dass Produktion, Zubereitung und Verzehr seit jeher entscheidend von gesellschaftlichen Strukturen geprägt wurden. Diese stehen in engem Zusammenhang mit politischen, wirtschaftlichen, technologischen und soziokulturellen Entwicklungen.

In der Früh- und Vorgeschichte, bis etwa 12.000 v. Chr., ernährte sich die Menschheit vorrangig von rohen Pflanzen, wildem Obst, Samen, Knollen und sonstigem Gemüse. Fleisch in Form von Rentier, Mammut, Hirsch und anderem Getier wurde seltener verzehrt. Die Jagd war aufwendig, gefährlich und nicht immer von Erfolg gekrönt. Mit Beginn der Sesshaftigkeit und dem Anbau von Nutzpflanzen kamen vermehrt Getreideprodukte, Erbsen und Linsen auf den Tisch. Darüber hinaus wurden Schweine, Ziegen, Rinder und Schafe gehalten (vgl. Hirschfelder 2005, 31).

Während der griechischen Antike zwischen 800 und 500 v. Chr. hatte sich eine ausgeprägte Bauernkultur herausgebildet, die sich überwiegend von Brot- und Getreidebrei ernährte. Selbst in der Blütezeit der griechischen Antike um 500 v. Chr. sicherte Getreide, ergänzt durch wenig Gemüse, Fleisch und Fisch, die Grundversorgung der einfachen Bevölkerungsschichten. Für die wenigen Reichen und politischen Repräsentanten war der Tisch allerdings üppig gedeckt. Ähnliche Bedingungen in Nahrungsauswahl und Nahrungsangebot finden sich im antiken Rom und im Mittelalter (vgl. Hirschfelder 2005, 73, 113 ff.).

Mit Ausbau der Seeschifffahrt und der Entdeckung neuer Kontinente im 15. Jahrhundert wurden neue Produkte nach Europa importiert. Aufgrund der hohen Kosten und der nur begrenzt zur Verfügung stehenden Mengen wurden diese Waren vorrangig von wohlhabenden Schichten konsumiert und als Ausdruck ihrer sozialen Stellung präsentiert. Erst ab dem 18. und 19. Jahrhundert konnten vor dem Hintergrund des rasanten Bevölkerungswachstums einige, ursprünglich exotische Nutzpflanzen, in größerem Umfang zur Versorgung der Bevölkerung angebaut werden. Besonders bekannt geworden sind hier die Kartoffel und die Tomate. Luxusgüter wie Kakao, Kaffee und Tabak wurden erst im 19. Jahrhundert im großen Stil aus den Kolonien importiert.

Im Prozess der Industrialisierung kam es zu einem weiteren Anstieg der Bevölkerung und zu einem Wandel der Anbautechniken. Der gestiegenen Nachfrage folgten die Mechanisierung des Ackerbaus, die Erschließung neuer Anbauflächen sowie die Steigerung der Erträge. Darüber hinaus verbesserten sich die Möglichkeiten zur Lagerung, Verpackung und des Transports. Lebensmittel konnten Mitte des 19. Jahrhunderts in großen Mengen und gut gekühlt über weite Distanzen transportiert werden.

Mit der Veränderung der Produktions- und Arbeitsbedingungen ging sowohl ein Wandel des Warenangebots als auch ein Wandel der Zeiteinteilung einher. Tageszeit und Tagesverlauf wurden nun von den Bedingungen der Fabrikarbeit geprägt und damit auch die Essenszeiten und Aufenthaltsorte für Arbeit und Wohnen. Die langen und oftmals unterschiedlichen Arbeitszeiten sowie die beengten Wohnverhältnisse führten dazu, dass traditionelle Formen familiären Gemeinschaftsessens aufgebrochen wurden und die Nahrungsaufnahme vermehrt am Arbeitsort in explizit geschaffenen Arbeitspausen stattfand (vgl. Hirschfelder 2018, 8 f.).

Mit Verbreitung der Armut in den städtischen Ballungsgebieten nahm auch der Verbrauch kohlenhydratarmer, fettreicher, aber preiswerter Kost zu. Der größte Anteil der Bevölkerung litt unter Vitaminmangel. Der Konsum von Alkohol und Tabak stieg. Die Qualität des Trinkwassers war miserabel. Erst im Übergang zum 20. Jahrhundert verbesserten sich die Produktionsbedingungen und die Qualität der Nahrungsmittelversorgung, Aufbereitung und Konservierung (vgl. Hirschfelder 2005, 185, 207).

Im europäischen Kontext gelang es allerdings erst zu Beginn des 20. Jahrhunderts, die Mehrheit der Bevölkerung ausreichend mit Lebensmitteln zu versorgen. Lebensmittelknappheit, wenn man einmal von den beiden Weltkriegen absieht, war nun die Ausnahme. Ganzjährig stand ein reichhaltiges und qualitativ hochwertiges Angebot zur Verfügung. Die Gesellschaft hatte nicht mehr mit den Folgen des Nahrungsmittelmangels zu kämpfen, sondern mit den Folgen des Überflusses. Zugleich änderte sich auch das Selbstverständnis von Körperlichkeit, Ernährung und Ernährungslehre.

»Sage mir, was Du ißt, und ich sage Dir, was Du bist« (Brillat-Savarin 2021, 15) – so die bekannte Äußerung des Gastrosophen Jean Anthelme Brillat-Savarin (1755–1826) aus seinem Werk »Physiologie des Geschmacks oder Betrachtungen über das höhere Tafelvergnügen« (2021), das sich bis heute großer Beliebtheit erfreut.

Individualisierung, Singularisierung und wissenschaftliche Rationalität leiten von nun an das Handeln. Art und Weise der Ernährung werden Teil des Lebensstils und entsprechend in Szene gesetzt (vgl. Hirschfelder 2018, 4). Man isst vegan und nicht vegetarisch; man kauft im Bioladen und nicht im Supermarkt um die Ecke; man ernährt sich glutenfrei, meidet Laktose und achtet auf Nachhaltigkeit und Gesundheit. In Geselligkeit werden Lebensphilosophie und Lifestyle entsprechend inszeniert und neueste Ernährungstrends diskutiert. Die Zubereitung erfolgt in der zum Wohnraum offenen Hightech-Küche als Symbol für Kreativität, kulturelle Bildung, Wohlstand und Exklusivität (vgl. Reckwitz 2020a, 309 ff.). Fachkompetenz wird durch eine entsprechende Literaturauswahl, wie hochwertig illustrierte Kochbücher (möglichst signiert), für alle sichtbar demonstriert.

Hinzu kommt die hohe gesellschaftliche Akzeptanz dieses Wertekanons. Gesund zu leben wird zu einer sozialen und individuellen Verpflichtung. Wer zu viel und das Falsche isst, bringt damit zum Ausdruck, dass man sein Leben nicht im Griff hat. Übergewicht, so die herrschende und wissenschaftlich gestützte Auffassung, ist ungesund und schädigt das Gemeinwohl. In Deutschland sind über 60 Prozent der Männer und über 45 Prozent der Frauen übergewichtig. Hiervon sind wiederum rund 24 Prozent der Männer und 20 Prozent der Frauen adipös (vgl. WHO 2022, 200; Schienkiewitz u. a. 2017). Auch Kinder und Jugendliche werden immer dicker. In Deutschland sind rund 15 Prozent aller drei- bis 17-Jährigen übergewichtig (vgl. Schienkiewitz u. a. 2018).

Dieser Trend lässt sich auch weltweit beobachten. Die Menschheit wird immer dicker und die sich hieraus ergebenden Folgekosten für die Gesundheitssysteme steigen. Aktuelle Studienergebnisse der Organisation für wirtschaftliche Zusammenarbeit und Entwicklung (OECD) weisen darauf hin, dass die gesundheitlichen Folgen des Übergewichts das Bruttoinlandsprodukt um durchschnittlich 3,3 Prozent schmälern. Die Lebenserwartung ist bei Übergewichtigen um rund drei Jahre kürzer. Die sich aus dem Übergewicht ergebenden Folgekosten für das Gesundheitssystem betragen in Deutschland jährlich pro Person über 430 Euro. Die Forscher gehen bis 2050 von insgesamt 92 Millionen vorzeitigen Todesfällen in den untersuchten 52 Staaten aus (vgl. OECD 2019, 15 f., 74 ff.).

Trotz dieser bedrohlich erscheinenden Zahlen ist aus wissenschaftlicher Sicht Zurückhaltung bei den Befunden und unterstellten Kausalbeziehungen von Ernährung und Zivilisationskrankheiten wie leichtem Übergewicht, Diabetes (Typ-2-Diabetes) und Bluthochdruck angebracht. Allein schon durch die in den letzten Jahren vielfach veränderten Grenz- und Richtwerte werden breite Bevölkerungsschichten pathologisiert, obwohl es nach heutigem Erkenntnisstand in vielen Fällen keinen medizinischen Handlungsbedarf gibt und kein körperliches Leiden zu beobachten ist (vgl. Posch 2009, 92 ff.). Darüber hinaus werden kausale Zusammenhänge von Ernährung und einigen Zivilisationserkrankungen unterstellt, die wissenschaftlich durchaus umstritten sind. Die Senkung der Nüchtern-Blutzuckergrenzwerte unterstellt z. B. eine epidemieartige Ausbreitung der Typ-2-Diabetes, die vor dem Hintergrund der Veränderung von Grenzwerten, der demographischen Altersentwicklung der Bevölkerung sowie verbesserten Diagnosemöglichkeiten differenzierter zu betrachten ist (vgl. Spiekermann 2008; Schorb 2008).

Auch bei der Analyse der Ursachen für Übergewicht zeigt sich, dass die Kalorienaufnahme nur ein Faktor von vielen ist. Bei Übergewicht handelt es sich um ein komplexes Zusammenspiel von genetischer Veranlagung, Stressfaktoren, Bewegung, Körperzusammensetzung von Muskulatur, Fettdepots und Ernährung, das bis heute nur unzureichend verstanden wird.

Unstrittig ist, dass Übergewicht, je nach Ausprägung, über viele Lebensjahrzehnte gesundheitsschädigende Effekte hat. Unstrittig ist aber auch, dass Personengruppen mit häufig wechselnden Ernährungsgewohnheiten zwischen Diät und Nicht-Diät ebenfalls mit gesundheitsschädigenden Folgen, die den Erkrankungsmustern bei Übergewicht ähnlich sein können, rechnen müssen. Kontrovers diskutiert werden auch Zusammenhänge zwischen Ernährung und anderen Zivilisationskrankheiten wie Krebs und Schlaganfall. Auch hier sind kaum wissenschaftlich abgesicherte Kausalbeziehungen nachgewiesen (vgl. Pollmer/Warmuth 2007).

Trotz allem orientieren sich Gesellschaftsmitglieder an Normwerten von normalgewichtig und übergewichtig. Wer diese Leitkategorien zum Maßstab seines Handelns macht und bekundet, gerade wieder einmal ein aktuell populäres Diätprogramm zu praktizieren, erfährt soziale Wertschätzung und Anerkennung. Wer sich offen dazu bekennt, dass für ihn ein leichtes Übergewicht zu einem genussvollen Leben gehört, muss mit kritischen Nachfragen rechnen (vgl. Frommeld 2020). Wissenschaftlich ist umstritten, welche der Personengruppen über eine längere Lebenserwartung verfügt und mit welchen Folgeerkrankungen welche Lebensweise einhergeht.

Erstaunlicherweise bleiben trotz des unbestrittenen weltweiten Trends zu Übergewicht und Adipositas (Fettleibigkeit) die vorherrschenden Schönheitsideale seit Jahrzehnten weitestgehend unverändert. Als attraktiv gelten Personen, die körperlich schlank, athletisch, sportlich und jugendlich erscheinen. Obwohl die meisten Menschen diesem Ideal nicht entsprechen, prägen die Medien, die Modebranche, die Werbung, aber auch die Wissenschaften unser kulturelles Selbstverständnis.

Vor diesem Hintergrund nehmen auch Erkrankungsmuster, die unter die Kategorie Essstörungen fallen, deutlich zu. Zu den bekanntesten und weit verbreiteten Formen zählen die Magersucht (Anorexia nervosa), die Ess-Brech-Sucht (Bulimia nervosa) und die Ess-Sucht mit regelmäßigen Heißhungerattacken (Binge-Eating-Störung). Als relativ neues Krankheitsbild wird insbesondere bei Jugendlichen die sog. Orthorexie (Orthorexia nervosa) diagnostiziert. Hierbei handelt es sich um eine Form der Essstörung, die man auch als krankhaftes Gesundessen bezeichnen könnte. Die Betroffenen beschäftigen sich intensiv mit der Qualität von Lebensmitteln und fixieren sich auf eine bestimmte, meist sehr begrenzte Auswahl von Produkten. Ihr Ernährungsverhalten ist geprägt durch eine zwanghafte Beschäftigung mit als gesund geltenden Nahrungsmitteln und der Angst, sich durch die Aufnahme von als krankmachend eingestuften Zusatzstoffen oder Nahrungsbestandteilen wie Fetten, Zucker und Kohlenhydraten zu schädigen. Auch hier magern die Patientinnen und Patienten als Folge einseitiger Ernährung stark ab. Die Ursache dafür liegt allerdings nicht in der Reduzierung der Nahrungsmenge, sondern in einer Beschränkung der Nahrungsvielfalt und Zusammensetzung.

Hannah litt unter Magersucht (▶ Kap. 2.1.1). Unter diese Kategorie von Essstörungen fallen mehrheitlich Jugendliche in der Pubertät. Sie sind meist zwischen zehn und 19 Jahre alt. Obwohl die Anzahl der Essstörungen bei Jungen zunehmen, sind Mädchen überproportional häufig betroffen. Von Magersucht spricht man immer dann, wenn das Körpergewicht deutlich unter dem minimalen Normalgewicht (mindestens 15 Prozent) liegt. Da statistische Vollerhebungen zu den Erkrankungsformen fehlen, können lediglich diejenigen Erkrankungen erfasst werden, die auch eindeutig diagnostiziert werden. In Deutschland werden jährlich über 7.000 Personen wegen Anorexia nervosa und über 1.400 Personen wegen Bulimia nervosa stationär behandelt (vgl. Statistisches Bundesamt 2021b). Zu den sozialen Ursachen, die zu Essstörungen führen, zählen gesellschaftliche Faktoren (Schönheitsideale), persönlichkeitsbedingte Faktoren (Selbstbild, Selbstwertgefühl, Kontrollbedürfnis), das soziale und familiäre Umfeld (Familie, Gleichaltrige) sowie in geringerem Maße biologische Faktoren (Genetik, Hirnfunktionsstörungen).

Sport und Fitness

Historisch betrachtet war es seit jeher von Vorteil, wenn Menschen auf ihre physische Leistungsfähigkeit achteten. Ein trainierter Körper sicherte das Überleben und wirkte sich vorteilhaft auf die Partnerwahl aus. Wer sich in der Antike oder im Mittelalter für den Militärdienst entschied, war gut beraten, wenn er auf seine körperliche Fitness und Kondition achtete. Zudem war die Sicherung des Reiches nur möglich, wenn der Staat über entsprechend wehrhafte Soldaten verfügte. Außerhalb des Heeres waren die meisten Menschen in der Landwirtschaft tätig. Auch hier konnte das Überleben der Hausgemeinschaft nur gesichert werden, wenn durch körperliche Arbeit ausreichend Lebensmittel angebaut und geerntet wurden. Im Zeitalter der industriellen Revolution war in den Städten die Fabrikarbeit die einzige Möglichkeit zur Sicherung des Lebensunterhaltes.

In der Moderne sind die meisten Menschen von körperlich zehrender Industriearbeit befreit. Es ist gerade der Mangel an physischer Beanspruchung, der zu Einschränkungen der Leistungsfähigkeit führt. Wachsender Wohlstand und die Reduzierung der Arbeitszeiten tragen zudem dazu bei, dass man sich in der Freizeit vermehrt den Hobbys und Interessen widmet. Neben einer Loslösung von körperlicher Leistungsfähigkeit und Erwerbsarbeit kommt es nun auch zu einer engeren Kopplung von Politik, Freizeitsport und Gesundheit.

Im Europa des 19. Jahrhunderts ist nicht nur eine Zunahme nationalistischer Tendenzen im Kontext von Körperkultur und Ästhetik zu beobachten, sondern auch eine engere Verknüpfung mit erzieherischen, nationalistisch-militärischen und gesundheitlichen Aspekten. Friedrich Ludwig Jahn (1778–1852) richtete in Berlin 1811 den ersten Turnplatz ein und appellierte an die Jugend, sich im Kampf gegen die napoleonische Besetzung zum Schutz Preußens fit zu halten. Gustav Zander (1835–1920) entwickelte in den 1850er Jahren die ersten Übungsgeräte, die ab 1877 auch industriell hergestellt wurden. Insgesamt existierten allein in Deutschland zu Beginn des 20. Jahrhunderts 79 Zander-Institute (vgl. Zarotis 1999, 35). Bereits vor dem Ersten Weltkrieg (1906) gab es über 100 sog. Licht- und Luftbäder und etwa 100.000 Menschen nutzten Einrichtungen zur körperlichen Ertüchtigung an Geräten. Erste Übungshefte und Ratgeber wurden herausgegeben. Zu den bekanntesten Autoren zählte der Däne J. P. Müller (1866–1938), dessen Buch »My System. 15 Minutes Exercise a Day for Health's Sake« in 24 Sprachen übersetzt und millionenfach verkauft wurde (vgl. Möhring 2003).

Im Übergang zum 20. Jahrhundert entstanden neue soziale Bewegungen, die eine Rückbesinnung zu einer natürlichen, von Sachzwängen befreiten Lebensweise einforderten. Besonders bekannt wurde die Lebensreformbewegung, die natürliche Ernährungs-, Bewegungs- und Medikationsweisen propagierte (vgl. Trachsel 2003). Freikörperkultur, Heilverfahren, gesunde Ernährung und regelmäßige Bewegung sollten die persönliche Wahrnehmung fördern und den Naturzustand zurückbringen. Besonders bekannt wurde die Siedlung von Monte Verità in Ascona, die von Intellektuellen, Schriftstellern und Künstlern wie Hermann Hesse, Rudolf Steiner oder Wladimir Iljitsch Lenin besucht wurde. In Deutschland erlangte Anfang des 20. Jahrhunderts die Siedlung Hellerau als erste deutsche Gartenstadt nahe Dresden eine gewisse Berühmtheit.

In den 1950er und 1960er Jahren waren die Zeiten des Mangels überwunden. Die ersten Fastfood-Ketten etablierten sich und der Konsum von Fertigprodukten, meist in Dosen abgefüllte und konservierte Gerichte, nahm stetig zu. All dies blieb nicht ohne Folgen. Die Kalorienaufnahme überstieg schnell den täglichen Kalorienverbrauch. Die Menschen wurden dicker und die Häufigkeit von Zivilisationskrankheiten wie Herz-Kreislauferkrankungen, Übergewicht und Diabetes stieg an. Sportliche Aktivitäten dienten nun nicht mehr der Sinnsuche, sondern der von Politik und Krankenkassen propagierten Gesunderhaltung.

Auf Initiative des Deutschen Sportbundes wurde am 16. März 1970 in Deutschland die Trimm-dich-Bewegung ins Leben gerufen. In vielen Städten wurden Trimm-dich-Pfade (insgesamt etwa 1500) errichtet. Auf festgelegten Lauf- oder Wanderstrecken gab es Haltepunkte, an denen an Geräten und Holzkonstruktionen Übungen der Körperertüchtigung durchgeführt wurden. Die Trimm-dich-Bewegung erfreute sich großer Beliebtheit und gehörte Anfang der 1970er Jahre zum sonntäglichen Ritual. Populär waren auch die Volksläufe, die ab Ende der 1960er Jahre zu den traditionellen Leichtathletik-Veranstaltungen der ganzen Familie gehörten. Wie bei den Profis zur Olympiade wurden Medaillen verliehen, die von klein bis groß als Trophäen an den eigenen vier Wänden platziert wurden.

Bereits Mitte der 1950er Jahre wurde auch das Bodybuilding durch Steve Reeves (1926–2000) in den USA populär. Dieser Trend setzte sich Anfang der 1980er Jahre durch Arnold Schwarzenegger fort, der das Bodybuilding in Europa als Männlichkeitsidol salonfähig machte. Schwarzenegger war fünffacher Mr. Universum und siebenfacher Mr. Olympia. Seine ersten Hollywoodfilme, »Conan der Barbar« aus dem Jahr 1982 und »Conan der Zerstörer« 1984, wurden zu Kassenschlagern; dass mit dieser Sportart bisher verbundene Image eines Unterschichtensports war obsolet. Von nun an betrieb man Bodybuilding zur Gesunderhaltung und zur Verbesserung des ästhetischen Erscheinungsbildes (vgl. Emrich 1992, 13 ff.). Zu den Urvätern des Bodybuildings gehörte Friedrich Wilhelm Müller (1867–1925), der unter seinem Künstlernamen Eugen Sandow in einem Wanderzirkus durch das Stemmen von Menschen und Pferden Berühmtheit erlangte. 1897 eröffnete er in London das erste Fitnessstudio. 1901 richtete er ebenfalls in London den ersten Bodybuilding-Wettkampf aus, der von 15.000 Menschen besucht wurde (vgl. Kläber

2013, 130). Sander war auch Personal Trainer von König Georg V. und Gesundheitsberater unter US-Präsident Theodore Roosevelt (vgl. Dilger 2008, 70; Wedemeyer 1996, 104).

Anfang der 1980er Jahre entwickelte sich Fitness von einer Bewegung des Breitensports hin zu einer Lebenshaltung. Hollywoodstars wie Jane Fonda, Sydney Rome und Victoria Principal verkörperten diesen Lifestyle und lösten mit der Aerobic-Bewegung eine neue Welle auch der weiblich emanzipierten Körperertüchtigung aus. Aerobic wurde Teil einer sozialen Bewegung, die für Weltoffenheit, Emanzipation und Innovation stand. Die Zugehörigkeit wurde modisch wie eine Art Uniform zum Ausdruck gebracht. Wer Aerobic betrieb, benötigte das passende Outfit von Stulpen, engen Leggings, farbenfrohen Bodys, knöchelhohen Turnschuhen, Stirn- und Schweißbändern sowie das passende musikalische Ambiente.

In den Folgejahrzehnten kam es zu einer zunehmenden Differenzierung und Ausweitung der Fitnessangebote, die auf unterschiedliche Bedürfnisse und Moden reagierten. Vom Power Yoga über Bodyforming, Kieser Training, Aqua-Fitness, Power-Walking und Pilates bis zu Inlineskating, Tennis, Squash, Mountainbiking und vieles andere mehr reichte die Angebotspalette. Es entwickelte sich ein neuer Markt für Fitness mit entsprechendem Equipment. Im Zentrum der Fitnesswelle steht bis heute nicht mehr

> »der Wettkampf, die Fairness, die sportliche Leistung und das individuelle Vermögen, sondern Sportlichkeit als Konglomerat an Werten wie Gesundheit, Wohlbefinden, Authentizität und Natürlichkeit, Leistungs- und Belastungsfähigkeit, (Selbst-)Disziplin, Attraktivität und Jugendlichkeit« (Graf 2013, 140).

Aktuell sind Smartwatches, Fitnessarmbänder und Datenbrillen im Trend. Sie ermöglichen nicht nur eine Rund-um-die-Uhr-Aufzeichnung aller wichtigen Körperaktivitäten, sondern bieten Vergleichsoptionen mit Gesundheits- und Leistungsnormen. Ergänzt werden Wearables durch umfangreiche Funktionen zur Vernetzung mit einer Vielzahl digitaler Medien. Wearables sind das neue Statussymbol zur Quantifizierung des Selbst (vgl. Mau 2017, 167 ff.). Besitzerinnen und Besitzer von Wearables sind karrierebewusst, überdurchschnittlich gebildet, verfügen über ein gutes Einkommen und sind mehrheitlich zwischen 20 und 40 Jahren alt (vgl. PwC 2015; Fittkau/Maaß 2015).

Unterstützt wird dieser Trend nach Information, Kontrolle und Leistungsvergleich durch eine Vielzahl wissenschaftlicher Studien, die relevante Eckdaten benennen, an denen sich die persönlichen Fortschritte orientieren. Erste Initiativen von Krankenkassen bieten die Möglichkeit, mittels Datenaustausch Risikoanalysen zu erstellen und personalisierte Tarife anzubieten. Wer bestimmte Bedingungen erfüllt, kommt in den Genuss von Geld- und Sachprämien. Gesundheit wird immer enger gekoppelt an die persönliche Lebensführung und die technischen Möglichkeiten digitaler Selbstvermessung (vgl. Dimitriou 2019, 75). Was gesund erhält wird durch die Überführung in Zahlen definiert (vgl. Zillien u. a. 2015) und führt unter Rekurs auf wissenschaftliches Wissen zu einer »individuelle[n] und kollektive[n] Expertisierung der Selbstvermesser« (Zillien/Fröhlich 2018, 246).

Generell ist festzuhalten, dass der Wachstumstrend der Fitnessbranche bis heute anhält (Ausnahme sind die Jahre der Corona-Pandemie). Nach Angaben des Arbeitgeberverbandes der deutschen Fitness- und Gesundheits-Anlagen (DSSV) waren in Deutschland 2020 über elf Millionen Mitglieder registriert. Über 215.000 Menschen waren vor Corona in der Fitnessbranche beschäftigt, die einen Jahresumsatz von mehr als 5,5 Milliarden Euro erwirtschaftete. Im Vergleich zu Fußball oder Turnen stellt Fitnesstraining die mitgliederstärkste Trainingsform dar. Die Zielgruppen haben sich in den letzten Jahren verändert. Frauen bilden etwa die Hälfte der Mitglieder und die Mehrzahl aller Mitglieder ist zwischen 30 und 49 Jahre alt und dem Mittelstand zuzurechnen. Gesundheitsbezogene Ziele des Trainings nehmen weiterhin deutlich zu und es ist damit zu rechnen, dass die Altersgruppe 50 plus in den nächsten Jahren erheblich steigen wird (vgl. DSSV 2020).

Gleiches gilt für die USA und andere Industrieländer. Laut Angaben der amerikanischen IHRSA (International Health Racquet and Sportsclub Association) sind über 62 Millionen US-Amerikaner Mitglied in einem Fitnessstudio. Insgesamt gibt es in den Vereinigten Staaten über 41.000 Studios (vgl. IHRSA 2020).

Weiterführende Literatur

Gugutzer, R., Klein, G. & Meuser, M. (Hrsg.) (2022a): Handbuch Körpersoziologie 1: Grundbegriffe und theoretische Perspektiven (2. Aufl.). Wiesbaden: Springer.
Gugutzer, R., Klein, G. & Meuser, M. (Hrsg.) (2022b): Handbuch Körpersoziologie 2: Forschungsfelder und methodische Zugänge (2. Aufl.). Wiesbaden: Springer.
Huf, H.-C. (2013): Die Geschichte der Schönheit. München: Heyne.
Kläber, M. (2013): Moderner Muskelkult. Zur Sozialgeschichte des Bodybuildings. Bielefeld: transcript.
Schmincke, I. (2021): Körpersoziologie. Paderborn: UTB.

Weiterführende Quellen

IKK classik (2021): Gesundheit in Zahlen 2021. Nr. 5. Hamburg: brand eins.
Gert, B. M., Mensink, M., Haftenberger, C., Lage B., Brettschneider, A.-K., Lehmann, F., Frank, M., Heide, K., Moosburger, R., Patelakis, E. & Perlitz, H. (2020): EsKiMo II – Die Ernährungsstudie als KiGGS-Modul. Robert Koch-Institut. Berlin.

2.2 Behinderung, Reformansätze und Lebensbereiche

2.2.1 Vanessa Pickert – »Ich bin nicht behindert, ich werde behindert.«

Vanessa ist 33 Jahre alt und lebt in Hamburg. Vanessa wurde mit sehr verkürzten Armen und Beinen geboren, die sie nur begrenzt zum Essen und Laufen einsetzen kann. Vanessa ist auf den Rollstuhl angewiesen. Ihre Kindheit hat Vanessa in einem behüteten Elternhaus mit zwei weiteren Geschwistern verbracht. Die Schwestern Anna und Lena sind nicht behindert. Die Familie hat sich stets bemüht, dass Vanessa wie ein normales Kind aufwachsen kann. Um die Entwicklung von Vanessa uneingeschränkt fördern zu können, hat die Mutter Anette ihre gut dotierte Stelle in einem Unternehmen aufgegeben.

Vanessa hat dank entsprechender technischer Unterstützung einen ganz normalen Kindergarten und auch eine für alle Kinder zugängliche Schule besuchen können. Durch ihre hohe Intelligenz und ihr aufgeschlossenes Wesen gab es für Vanessa keine besonderen Anpassungsprobleme. Dennoch waren die Jahre der Kindheit prägend.

Natürlich wurde Vanessa von den anderen Kindern bestaunt, manchmal auch gehänselt, und sie konnte auch nicht an allen Veranstaltungen wie z.B. dem regelmäßigen Sport- und Schwimmunterricht teilnehmen. Mit sieben oder acht Jahren wurde Vanessa dann ganz besonders bewusst, dass sie anders war.

Wie es Vanessa bereits früh in der Familie gelernt hatte, wollte sie aber auch in der Schule dazugehören und keine Sonderbehandlung erfahren. Sie konzentrierte sich daher auf ihre Stärken und statt der Sportveranstaltungen nahm Vanessa an Kunstkursen teil. Bilder malt sie bis heute sowohl mit ihren Füssen als auch mit den verkürzten Armen und stellt diese auch öffentlich aus. Darüber hinaus beteiligte sich Vanessa an den regelmäßigen Kultur- und Theaterveranstaltungen der Schule mit großer Leidenschaft.

Schwieriger wurde es für Vanessa erst mit Beginn der Pubertät. Während ihre Klassenkameradinnen auf dem Gymnasium bereits ihre ersten Erfahrungen mit einem Freund machten, konzentrierte sich Vanessa auf ihre Ziele, die sie im Leben verwirklichen wollte. Trotz der Zuneigung durch die Familie und den freundschaftlichen Kontakten zu Gleichaltrigen fühlte sich Vanessa in bestimmten Situationen einsam. Ihr fehlten die Zärtlichkeiten, die mit einer ersten Liebe verbunden sind.

Nach dem Studium der Chemie und Physik bekam Vanessa ein Jobangebot in einem internationalen Pharmakonzern in Hamburg. Sie genießt es sehr, dass in ihrem Beruf allein die kognitiven Fähigkeiten gefragt sind. Auf dieser Ebene fühlt sich Vanessa vollintegriert. Ihr Arbeitsplatz wurde den speziellen Bedürfnissen angepasst und durch die Möglichkeit des Homeoffice kann Vanessa viele Tätigkeiten von zu Hause aus durchführen. Dies ändert allerdings nichts daran, dass sie durch ihre Beeinträchtigungen auf Sozialleistungen und persönliche Betreuungen angewiesen ist.

Diese Abhängigkeit hatte in der Vergangenheit zur Folge, dass Vanessa bei Überschreiten eines bestimmten Einkommenssatzes (etwa doppelter Hartz-IV-Satz) Geld zurückzahlen musste. Es war daher auch nicht möglich Vermögen anzusparen und sich selbst etwas aufzubauen. Zwar wurden mit Inkrafttreten des Bundesteilhabegesetzes 2016 und dessen zeitversetzte Reformstufen die Einkommens- und Vermögensgrenzen deutlich erhöht, aber sie bleiben weiterhin gedeckelt. Große Träume kann sich Vanessa daher nicht erfüllen. Sie kann weder größere Summe ansparen noch uneingeschränkt mobil sein. Ein eigenes Auto, das ihren Bedürfnissen entsprechend umgebaut wird, wurde bisher nicht bewilligt.

Zwischenmenschlich leidet Vanessa bis heute darunter, dass sie keinen festen Freund hat. Ein normales Familienleben wird sie wohl aus vielerlei Gründen nie führen können.

Menschen mit angeborenen oder in früher Kindheit erworbenen Beeinträchtigungen, so macht Vanessas Schilderung deutlich, sind anders. Sie weichen nicht nur von einer (biologischen) Norm körperlicher oder geistiger Entwicklung ab, sondern ziehen Aufmerksamkeit auf sich. Selbst unter Berücksichtigung des modernen Verständnisses von Vielfalt und Diversität wäre es naiv und auch nicht im Interesse von Vanessa, wenn der Tatbestand der Beeinträchtigung geleugnet würde.

Zugleich handelt es sich bei Behinderung allerdings immer auch um eine kulturspezifische Zuschreibung. Je nach gesellschaftlichem Selbstverständnis wird ein Mensch mit geistigen Auffälligkeiten entweder als Brahmane hoch verehrt, oder aber er wird lebenslang in eine stationäre Einrichtung zwangsuntergebracht. Im schlimmsten Fall, so zeigt die Geschichte, konnte das Leben als »lebensunwert« eingestuft werden.

Der folgende historische Abriss vermittelt einen Einblick über den Stellenwert von Behinderung in unterschiedlichen sozialen Epochen Europas.

2.2.2 Geschichte der Behinderung: Vom Mittelalter bis zur Mitte des 20. Jahrhunderts

Barmherzigkeit, Solidarität und kirchliche Fürsorge

Das europäische Mittelalter kannte keinen Begriff von Behinderung. Unter Menschen mit Handicaps (homo debilis) wurden chronisch Kranke, Versehrte, Taube, Blinde, durch Alter körperlich Behinderte sowie Menschen mit angeborenen Einschränkungen gefasst. Debilitas bildete einen Sammelbegriff für vielfältige Formen körperlicher »Geschwächtheit, Gebrechlichkeit, Lähmung und Verkrüppelung« (Goetz 2009, 26).

Durch die Dominanz des Christentums in allen Lebenssphären wurde ein enger Zusammenhang zwischen Glaubensvorstellungen und Krankheit, körperlichen Behinderungen, Sünde und Schuld konstruiert. In Anlehnung an das alte und neue Testament wurden irdische Ereignisse verknüpft mit Vorstellungen eines strafenden Gottes oder eines Paktes mit dem Teufel. Man unterstellte eine Kausalität zwischen körperlichen/geistigen Auffälligkeiten und dem Charakter der Seele. Hieraus wurden dann bestimmte, vom Aberglauben jener Zeit geprägte Schlüsse gezogen. Kindern mit besonderen Abweichungen unterstellte man, dass sie vom Satan den Eltern untergeschoben wurden (Wechselbalg). Sie galten als besondere Bedrohung. In diesen eher seltenen Fällen kam es zu Formen der Misshandlung und Kindstötung (vgl. Neumann 2017, 141 ff.).

Im Zeitalter der Hexenverfolgungen (1300–1750) waren insbesondere geistig Behinderte der Gefahr ausgesetzt, dass ihnen teuflische Besessenheit unterstellt wurde. Folterungen, exorzistische Rituale, gerichtliche Anklagen und Verbrennungen kamen vor, waren allerdings nicht so verbreitet, wie vielfach unterstellt.

Zugleich entwickelte sich im Spätmittelalter eine regelrechte Kultur des Narrentums mit der Folge, dass geistig beeinträchtige Personen, sofern sie über ein gewisses schauspielerisches und unterhaltendes Talent verfügten, auf Jahrmärkten und in Wirtshäusern ihre Andersartigkeit zur Schau stellen konnten. Sie waren damit nicht auf Betteln und Almosen angewiesen (vgl. Hellberg/Zürn 2016, 2).

Während man geistig Behinderten eher ablehnend gegenüberstand, waren die Reaktionsweisen auf körperliche Einschränkungen ambivalent. Die katholische Soziallehre forderte Barmherzigkeit, Mitleid und Caritas als sittliche Pflicht. Zwar gab es im frühen Mittelalter noch keine staatlichen Fürsorgeleistungen, aber verkrüppelte Menschen wurden auch nicht generell verfolgt. Sie lebten überwiegend im Verbund der familiären Hausgemeinschaft oder verdingten sich als Bettler und Gaukler. Arbeitskräfte waren knapp und daher konnten chronisch Erkrankte durchaus mit Anteilnahme und Fürsorge durch ihre Herren rechnen. Ihnen wurden entweder andere Aufgaben zugewiesen oder sie erhielten Prothesen und Hilfsmittel. Darüber hinaus wurden ihnen aufgrund langjähriger Verbundenheit Hilfen und unterstützende Formen zur Unterhaltssicherung gewährt (vgl. Walter 2009, 298 ff.). Unstrittig ist aber auch, dass Personen mit offensichtlich angeborenen Beeinträchtigungen nicht mit einer besonderen Fürsorge rechnen konnten.

Im Vergleich bildeten Personen mit angeborenen Behinderungen die Minderheit. Die meisten Menschen wiesen körperliche Einschränkungen als Folge von Krankheit, Epidemien, Unfällen oder durch die Beteiligung an Kriegen auf. Hinzu kamen in größerer Zahl auch Menschen, die durch die verbreiteten Verstümmelungspraktiken der Justiz (Blendungen, Entfernung von Nase, Ohren oder Zunge, Abhacken von Fingergliedern und ganzen Gliedmaßen) körperliche Beeinträchtigungen aufwiesen (vgl. Keintzel 2020, 292 f.).

Im ausgehenden Mittelalter entstanden die ersten kirchlichen Institutionen sozialer Fürsorge. Es kam zur Gründung von Spitälern für Erkrankte und Verkrüppelte, nicht aber für geistig eingeschränkte Personen. Diese wurden, auch vor dem Hintergrund der begrenzten Behandlungsmöglichkeiten (Aderlässe, Schröpfkuren, betäubende Medikamente), selbst gegen Ende des Mittelalters noch in Narren- und Tollhäuser eingesperrt. Gewalttätige Geisteskranke wurden im 14. Jahrhundert wie Tiere in Doren- und Tollkisten gehalten und zur Schau gestellt (vgl. Irsigler 2009, 175).

Zusammenfassend zeichnet sich für das europäische Mittelalter ein differenziertes Bild im Umgang mit (angeborenen) Behinderungen ab. Forschungen belegen, dass sich die Menschen mehrheitlich

> »ihrer andersartigen, auffälligen, gebrechlichen und beeinträchtigten Mitmenschen annahmen und ihren Möglichkeiten entsprechend zu integrieren versuchten. Bemerkenswert ist dabei nicht nur der immer wieder erkennbare Anspruch, für deren Versorgung und Einbindung möglichst individuell zugeschnittene Lösungen von langer Dauer zu finden, sondern ebenso die hohe Flexibilität der Beteiligten innerhalb ihrer sozialen Netzwerke. Beispiele gelungener Integration stehen jedoch neben Fällen von Ausgrenzung, Misshandlung oder Ausbeutung« (Frohne u. a. 2010, 162).

In der frühen Neuzeit (16. bis frühes 19. Jahrhundert) verlagerte sich der Deutungsrahmen zur Erklärung körperlicher und kognitiver Einschränkungen. Theologisch geprägte Muster traten in den Hintergrund und naturphilosophisch-medizinische in den Vordergrund (vgl. Schmidt 2010, 618). Die Ursachen für Handicaps wurden wissenschaftlich untersucht und als medizinisches Problem behandelt.

Zu den meist erst zu Lebzeiten erworbenen Beeinträchtigungen gehörten insbesondere bei Kindern Infektionskrankheiten (Pocken, Poliomylitis) und Unfallfolgen. Hinzu kamen Blindheit, Lähmungen, fehlende Gliedmaßen und Epilepsie, die zu den klassischen Formen der Behinderung zählten.

Zugleich war das Alltagsleben weiterhin geprägt durch mittelalterlichen Aberglauben und Mythenbildung. Verbreitet war z. B. die Annahme, dass das emotionale Empfinden schwangerer Frauen unmittelbare Auswirkungen auf den Fötus hat.

Mit Beginn der Bauernkriege im 16. Jahrhundert und dem Dreißigjährigen Krieg von 1618 bis 1648 kam es vermehrt zu Ernteausfällen und Hungersnöten, die zur Verarmung großer Bevölkerungsschichten beitrugen. In der Folge kam es im deutschsprachigen Raum durch den Tod vieler Mitglieder der Hausgemeinschaft zur Auflösung traditioneller Versorgungsstrukturen. Solidarformen familiärer Hausgemeinschaften zerbrachen. Körperlich oder geistig Behinderte waren nun gezwungen ihren Lebensunterhalt durch Betteln und Vagabundentum zu sichern. Da das Betteln in vielen Fürstentümern unter Strafe gestellt war, kamen eine Vielzahl von ihnen in Arbeits- und Zuchthäuser, gemeinsam mit Schwerverbrechern und Kriminellen. Bei der Mehrzahl dieser Personen handelte es sich allerdings um verstümmelte Soldaten und verkrüppelte Zivilisten (vgl. Fandrey 1990, 54 ff.).

Ob es zu einer erheblichen Vernachlässigung von Kindern mit angeborenen Behinderungen gekommen ist, wird kontrovers diskutiert. Regionalstudien deuten darauf hin, dass sich die Hausgemeinschaft durch eine hohe Solidarität und einen engen Zusammenhalt auszeichnete. Für behinderte Angehörige wurden vielfältige Formen der Betreuung, Versorgung und Beschäftigung gefunden. Erst wenn alternative Betreuungsvarianten ausgeschöpft waren, kam es zur Aufnahme in Hospitälern und anderen Einrichtungen (vgl. Ritzmann 2017; 2008, 280).

Strukturell unterstützt wurden diese Solidarformen durch neue Beschäftigungsfelder, insbesondere in den sich ausbildenden Großstädten. Die Erweiterung der Erwerbsstrukturen schufen für Kaufleute, Freiberufler und Unternehmer neue Berufszweige wie das Schneidern, die Schuh- und Uhrmacherei und das Kunstdrechseln sowie den Musikinstrumentenbau. In all diesen Arbeitsfeldern wurden auch Menschen mit Behinderungen eingesetzt (vgl. Fandrey 1990, 67).

Krüppelfürsorge, Anstalten und Euthanasie

Mit zunehmender Industrialisierung im Übergang zum 19. Jahrhundert stieg die Anzahl körperlicher Behinderungen, die im Laufe des Lebens durch Arbeitsunfälle, schlechte Arbeitsbedingungen (Bleivergiftungen, Phosphordämpfe, körperlichen Verschleiß) und chronische Krankheiten (Tuberkulose, Infektionen, Gicht) auftraten. Hinzu kamen Erkrankungen, die durch die desolaten Wohnverhältnisse, Unterernährung, eine schlechte medizinische Versorgung sowie durch Misshandlungen und Alkoholkonsum verursacht wurden.

Die Verbreitung der industriellen Lohnarbeit hat allerdings auch dazu beigetragen, dass die produktiven Potentiale der Erwerbsarbeit stärker in den Blick kamen.

Das Interesse an erzieherischen, schulischen und beruflichen Förderungen stieg. Es entstanden Sondereinrichtungen für Taubstumme, Blinde und körperlich Behinderte. 1832 wurde in München die erste Erziehungs- und Beschäftigungsanstalt für behinderte Jungen gegründet (vgl. Hellrung 2017, 13). Geistig eingeschränkte Menschen fanden deutlich weniger Beachtung. Bis Mitte des 19. Jahrhunderts wurden sie entweder im familiären Verband versorgt oder aber mit Straffälligen und Kriminellen in Erziehungs- und Besserungsanstalten, Arbeits- und Zuchthäusern oder Armen- und Siechenhäusern untergebracht.

Mit Einführung der gesetzlichen Krankenversicherung (1883), der Unfallversicherung (1884) sowie der Invaliditäts- und Altersversicherung (1889) verbesserte sich in Deutschland die Situation, insbesondere für berufsbedingt erworbene Einschränkungen. 1913 waren bereits 26 Millionen Arbeitnehmerinnen und Arbeitnehmer gegen Arbeitsunfälle versichert, 16 Millionen in der Invaliden- und Altersversicherung und eine Million bezogen eine Invalidenrente (vgl. Fandrey 1960, 112).

Die Verbesserung der sozialpolitischen Rahmenbedingungen sowie die Fortschritte in Medizin, Bildung und Gesundheitsversorgung veränderten die Wahrnehmung der Bevölkerung. Aus ehemaligen Zwangsanstalten wurden Pflege- und Verwahranstalten, die die Familien mit behinderten Angehörigen von traditionellen Versorgungsfunktionen entlasteten und sich der gesonderten (pädagogisch erzieherischen) Förderung annahmen. Geleitet wurde der Ausbau des Anstaltswesens und der Hilfsschulen auch von der Vorstellung, dass prinzipiell jede Erkrankung heilbar und damit auch für die Mehrzahl ein wirtschaftlich selbstständiges Leben möglich ist.

Der Erste Weltkrieg (1914–1918) hatte für Europa gravierende Veränderungen zur Folge. Über zwei Millionen deutsche Soldaten waren gefallen und die Anzahl der Kriegsinvaliden ging in die Hunderttausende (vgl. Leonhard 2014, 565). Nach Schätzungen mussten bei über 60.000 Soldaten Beine, Füße oder Arme amputiert werden und über 1,5 Millionen Menschen erhielten eine amtlich zugesprochene Erwerbsminderung. Hinzu kamen die vielen zivilen Opfer, die durch Mangelernährung und sonstige Kriegseinflüsse nur bedingt arbeitsfähig waren (vgl. Fandrey 1960, 159).

1918 wird eine Beschäftigungspflicht für Kriegsinvalide vom Reichstag beschlossen, 1919 ein Kündigungsverbot für Schwerbehinderte, 1920 wurde das Gesetz über die Beschäftigung von Schwerbeschädigten sowie das Krüppelfürsorgegesetz erlassen. 1924 schuf die Reichsfürsorgepflichtverordnung die gesetzliche Grundlage zur Gründung von Anstalten für Körperbehinderte. Im Krüppelfürsorgegesetz wurde erstmalig die Verpflichtung ausgesprochen, dass Körperbehinderten medizinische, schulische und berufliche Rehabilitation zu gewähren ist. Es war

»ein Meilenstein in der Konstituierung von (Körper-)Behinderung als soziales Problem, da es Rechtsansprüche auf Meldung, Untersuchung, ärztliche und erzieherische Betreuung sowie berufliche Bildung festschrieb und die auf körperbeeinträchtigte Menschen gerichteten Maßnahmen aus der allgemeinen Armenfürsorge heraushob; allerdings beinhaltete es mit der vorgeschriebenen Meldepflicht durch Ärzte, Hebammen, Lehrer und Pflegepersonal auch einen weit reichenden Kontrollanspruch des Staates« (Waldschmidt 2012, 726).

Nach Übernahme der nationalsozialistischen Herrschaft (1933) begann eines der grausamsten Kapitel im Umgang mit behinderten Menschen. Es gehört zu den paradoxen Entwicklungen, dass mit einer zunehmenden Anerkennung und Wahrnehmung von Menschen mit Handicaps als eigenständige Teilgruppe zugleich sowohl ganz neue Formen bedarfsorientierter pädagogischer Förderung und sozialer Sicherung als auch neue Formen des Ausschlusses, der Diskriminierung, der Verfolgung und Tötung einhergingen (vgl. Frehe 1993, 26 ff.).

1933 wurde das Gesetz zur Verhütung erbkranken Nachwuchses (Sterilisierungsgesetz) verabschiedet, das am 1. Januar 1934 in Kraft trat. Von nun an war es zulässig, dass bei ärztlich diagnostiziertem Schwachsinn, Schizophrenie, Zyklothymie (Stimmungsstörungen), Alkoholismus oder Psychopathie eine Zwangssterilisation durchgeführt wurde. 1935 erweiterte man im Gesetz zum Schutze der Erbgesundheit den Personenkreis auf chronisch Kranke (Depressive, Blinde, Taube, Missgebildete). Schätzungen gehen davon aus, dass insgesamt zwischen 300.000 und 400.000 Menschen zwangssterilisiert wurden.

1939 wurde von Hitler eine Ermächtigung zur Euthanasie mit Wirkung vom 1. September 1939 unterzeichnet. Unter Mitwirkung von Ärztinnen und Ärzten sowie Pflegekräften wurden in der Zeit von 1939 bis 1941 zwischen 80.000 und 100.000 Menschen ermordet. Nachdem trotz Geheimhaltung der Widerstand der Bevölkerung und der Interessenverbände zunahm, wurde der systematische Mord eingestellt, aber insbesondere bei Kindern mit Down-Syndrom, Hydrocephalie (»Wasserkopf«) und Missbildungen jeglicher Art auf der Basis ärztlicher Gutachten bis Kriegsende fortgesetzt. Dieser »wilden« Euthanasie fielen bis 1945 nochmals 140.000 Menschen zum Opfer. Insgesamt wird von über 300.000 Euthanasieopfern unter der Nazi-Herrschaft ausgegangen (vgl. Wienberg 2013, 178 f.).

In der historischen Gesamtschau wird deutlich, dass der Umgang mit behinderten Menschen im Übergang vom Mittelalter bis zum Ende des Zweiten Weltkrieges geprägt ist von einer ursprünglich am Seelenheil ausgerichteten Form der milden Gabe hin zu einer individuell nachzuweisenden Form der Bedürftigkeit. Epochenübergreifend ergeben sich aus den materiellen und sozialen Abhängigkeiten institutionelle Machtgefälle, die Auswirkungen auf die konkreten Lebensbedingungen hatten. Diese reichten von der Zuschreibung eines bestimmten sozialen Status (Sklave statt freier Bürger), über Hilfen durch kirchliche Einrichtungen bis hin zu freiheitsentziehenden Einweisungen in Zucht- und Armenhäusern, massenhafter Tötung und der Durchführung medizinischer Experimente an Anstaltsinsassen zwischen 1946 und 1973 durch Zuführung radioaktiver Nahrung in den USA oder Hepatitis-B-Tests an Insassen in New York (vgl. Popescu-Willigmann 2014, 32). Zu beobachten ist aber auch eine die Jahrhunderte übergreifende Form familiärer, verwandtschaftlicher oder dorfgemeinschaftlicher Solidarität, Fürsorge und Verbundenheit.

2.2.3 Prinzipien und Leitbilder: Normalisierung, Empowerment und Inklusion

Sowohl der historische Rückblick als auch die Lebensgeschichte von Vanessa machen deutlich, dass es gesellschaftliche Einstellungen im Umgang mit Anderssein sind, die den Alltag von Menschen mit Behinderung prägen. Behinderung ist eine soziale Konstruktion, die von gesellschaftlichen Leitbildern bestimmt wird. Vanessa ist nicht behindert, sie wird behindert, so ihr Aufruf an die Gesellschaft.

Aber wie sehen aktuell die normativen Leitbilder der deutschen Gesellschaft im Umgang mit behinderten Menschen aus? Welche Reformen lassen sich identifizieren? Im Folgenden werden die unterschiedlichen Prinzipien und Leitbilder seit Ende des Zweiten Weltkrieges überblickartig dargestellt. An ausgewählten Bereichen wie Schule, Beruf, Wohnen und Freizeit werden im Anschluss die sich aus den Reformideen ergebenden Veränderungen reflektiert (▶ Kap. 2.2.4).

Normalisierung, Selbstbestimmung und Empowerment

Bis Mitte der 1960er Jahre waren behinderte Menschen überwiegend in Heimen und Anstalten untergebracht. Großraumsäle, definierte Tagesabläufe, strenge Aufsicht und Kontrolle, Vollversorgung, geringe Bedürfnisorientierung und soziale Isolation prägten den Alltag. Hiervon betroffen waren mehrheitlich geistig Behinderte.

Ende der 1950er Jahre leiteten Reformen in Dänemark und Schweden einen Perspektivenwechsel ein. Die Präambel des dänischen Fürsorgegesetzes vom 5. Juni 1959 (Gesetz über die Fürsorge für geistig Behinderte und andere besonders Schwachbegabte) betonte den *Normalitätsanspruch* für ein Leben mit geistiger Einschränkung. Als Begründer gilt der dänische Jurist Niels Erik Bank-Mikkelsen (1919–1990). Propagiert wurde Gleichberechtigung und mitbürgerliche Teilhabe für alle (vgl. Bank-Mikkelsen 2005, 52). Normalisierung bezog sich hierbei sowohl auf die Verbesserung der objektiven Lebensbedingungen als auch auf die Berücksichtigung der persönlichen Bedürfnisse (vgl. Franz/Beck 2022, 104). Angestrebt wurden gemeindenahe Wohneinheiten mit regionalen Hilfeangeboten.

Der schwedische Psychologe Bengt Nirje (1924–2006) forderte in der konkreten Umsetzung einen normalen Tagesrhythmus in Anpassung an gleichaltrige Nichtbehinderte ein; die Trennung der Bereiche Wohnen, Arbeit und Freizeit mit Ortswechsel sowie Wechsel der Bezugs- und Kontaktpersonen. Weiterhin sollten die Lebensbedingungen altersentsprechend gestaltet, individuelle Wünsche berücksichtigt und ein Leben in Zweigeschlechtlichkeit ermöglicht werden. Die Standards von Schulen, Arbeitsstätten und Wohnheimen sollten am Maßstab vergleichbarer Einrichtungen für Nichtbehinderte (Lage, bauliche Gestaltung, Ausstattung, Personalbesetzung, Qualität) ausgerichtet werden (vgl. Thimm 2005, 21 f.).

Im Oktober 1985 fand in Hamburg der erste Europäische Kongress der Internationalen Liga von Vereinigungen für Menschen mit geistiger Behinderung zum Thema »Normalisierung – eine Chance für Menschen mit intellektueller Behinderung« statt und bereitete den Weg für eine wissenschaftliche Aufbereitung. Zu den bedeutendsten Vertretern gehörten Walter Thimm (1936–2006) in Deutschland und Wolf Wolfensberger (1934–2011) in den Vereinigten Staaten.

Prinzip der Selbstbestimmung

Das Prinzip der *Selbstbestimmung* verwies auf das Streben nach Freiheit und eigenverantwortlichem Handeln. Seinen Ursprung hatte das Leitbild in der ame-

> rikanischen, schwarzen Bürgerrechtsbewegung. Die in den 1960er Jahren an der Universität Berkeley/Kalifornien unter Federführung des körperlich behinderten Studenten Ed Roberts (1939–1995) ins Leben gerufene Independent Living Bewegung galt als Vorreiterin (vgl. Theunissen 2001, 14 ff.).

Die Impulse dieser und anderer Bewegungen hatten auch Auswirkungen auf Entwicklungen in Europa. So fand 1978 in Wien der siebte Weltkongress der International League of Societies for the Mentally Handicapped zum Schwerpunktthema Entscheidungen statt. Im Jahr 1981 führte die Vereinigung Integrationsförderung in München einen Kongress zum Thema Selbstbestimmung durch. 1989 organisierte der Bundesverband für spastisch Gelähmte und andere Körperbehinderte e. V. einen Kongress in Düsseldorf mit dem Schwerpunkt »Selbstbestimmtes Leben«.

Erst Anfang der 1990er Jahre wurden verstärkt geistig Behinderte in den Blick genommen. 1994 veranstaltete die Bundesvereinigung Lebenshilfe e. V. in Duisburg einen Kongress unter dem Motto »Ich weiß doch selbst, was ich will! Menschen mit geistiger Behinderung auf dem Weg zu mehr Selbstbestimmung«. In der Duisburger Erklärung wurde hervorgehoben, dass Menschen mit Behinderung ihr Leben in Eigenverantwortung selbst bestimmen wollen, jede Form von Benachteiligung und Diskriminierung ablehnen und für das Recht an der Teilnahme am Leben der Gemeinschaft eintreten (vgl. Zelenka 2012, 32). Zu den weiteren Elementen gehörten die Befriedigung von Grundbedürfnissen, die Ausrichtung des Handelns an eigenen Interessen und Fähigkeiten, die eigenständige Definition von Zielen und Mitteln zur Zielerreichung, die Wahrnehmung und Nutzung von Stärken und Schwächen zur Entwicklung von Selbstbewusstsein, zur Selbstverwirklichung, Kompetenzentwicklung und Identitätsbildung, zur Integration und Partizipation.

Im Bereich der Behindertenhilfe und Sonderpädagogik etablierte sich dieses Leitmotiv in den 1990er Jahren und wurde insbesondere durch Selbsthilfebewegungen und Selbstvertretungsorganisationen vorangetrieben. Selbstbestimmung betonte hier die Kompetenzorientierung und löste sich von der Vorstellung, dass Menschen mit (angeborenen) Beeinträchtigungen mit Defiziten ausgestattet sind. Der Hilfe- und Unterstützungsbedarf hatte sich nun an den zentralen Elementen des Selbstbestimmungsprinzips auszurichten (vgl. Schuppener 2022, 114).

> **Empowerment**
>
> Die Maxime des *Empowerments* hatte seinen Ursprung in der Bürgerrechtsbewegung, in der südamerikanischen Befreiungstheologie sowie in der gemeindebezogenen Sozialen Arbeit der Vereinigten Staaten. Empowerment heißt übersetzt so viel wie Ermächtigung, Selbstbefähigung und Stärkung von Eigenmacht und Autonomie und bezieht sich bis heute auf viele Bereiche gesellschaftlichen Zusammenlebens. Hierzu gehören u. a. Aktivitäten sozialer Bewegungen, Initiativen gegen Armut und Unterdrückung sowie unterstützende Maßnahmen in der sozialen Hilfe. Im Vordergrund steht die Selbstvertretung eigeninitiierten Handelns (vgl. Kulig/Theunissen 2022, 117 ff.).

Mit Empowerment in der Behindertenhilfe ist gemeint, dass Menschen mit Einschränkungen über ausreichend Fähigkeiten verfügen, um ihr Leben selbst in die Hand zu nehmen. Fürsorgliche Entmündigung, Mitleid, Überbehütung und Überversorgung haben im Empowerment keinen Platz. Die Aufgabe des Empowerments ist es Hilfe auf Wunsch und nach Bedarf zur Verfügung zu stellen sowie zur Ressourcenaktivierung beizutragen (vgl. Herriger 2009).

Selbstbestimmung ist zwar ebenfalls ein wichtiger Baustein des Ansatzes, doch als Gesamtkonzept geht Empowerment darüber hinaus. Hervorgehoben werden sowohl die individuellen Freiheitsrechte als auch der institutionelle Auftrag zur Selbstbefähigung. Es wird ein Prozess beschrieben, »bei dem Menschen in Situationen des Mangels, der Benachteiligung, Diskriminierung oder gesellschaftlichen Ausgrenzung ihre Angelegenheiten selbst in die Hand nehmen. Dabei werden sie sich unter professioneller Anleitung ihrer eigenen Fähigkeiten bewusst, entwickeln eigene Kräfte und nutzen soziale Ressourcen. Ziel ist, über ihre Lebensumstände selbst zu verfügen und ihr ganzes Potenzial zu entfalten« (Lebenshilfe 2008, 60).

In der Praxis hat sich die Leitidee u. a. in der Einführung des persönlichen Budgets, der Teilhabe beeinträchtigter Menschen an der Gestaltung des Heimalltags sowie in der Assistentenbegleitung konkretisiert.

Integration, Inklusion und Lebensqualität

Die Leitsätze *Integration und Inklusion* werden häufig synonym verwendet. Integration leitet sich ab vom Lateinischen integrare, was so viel heißt wie erneuern, ergänzen, geistig auffrischen, Wiederherstellung eines Ganzen. Im Bereich der Behindertenhilfe beziehen sich Integrationsmaßnahmen traditionell auf die Verbesserung der Teilhabemöglichkeiten durch eine Aktivierung von persönlichen Ressourcen sowie auf eine Anpassung an bestehende Rahmenbedingungen. Implizit basiert die Integrationsidee auf einer Defizitorientierung des Hilfebedürftigen.

Inklusion steht im Gegensatz dazu für die Vielfalt des Menschen und schließt jegliche Form von Separierung aus (vgl. Heimlich 2022, 121). »Leitvorstellung der Inklusion ist das gleichberechtigte Miteinander unterschiedlicher Mehr- und Minderheiten« (Tillmann 2022, 522).

Der Terminus »Inclusion« stammt ursprünglich aus Reformbestrebungen des Bildungssystems in Kanada/New Brunswick und bezog sich seit Ende der 1980er Jahre auf die Integration aller Schülerinnen und Schüler mit und ohne »special educational needs« in die Regelschule (vgl. Hinz 2000, 127 ff.). Reformbestrebungen des Schulsystems in Kanada als auch die auf der Weltkonferenz in Spanien 1994 von der UNESCO verabschiedete Erklärung von Salamanca (Salamanca Statement and Framework for Actions) haben dann zur Verbreitung des Inklusionsbegriffs in Europa beigetragen (vgl. Biewer/Schütz 2022, 127).

In der Salamancaerklärung hat die UNESCO deutlich gemacht, dass sich Inklusion auf alle Kinder, unabhängig von ihren physischen, intellektuellen, sozialen, emotionalen, sprachlichen oder anderen Fähigkeiten bezieht.

»Das soll behinderte und begabte Kinder einschliessen, Strassen- ebenso wie arbeitende Kinder, Kinder von entlegenen oder nomadischen Völkern, von sprachlichen, kulturellen oder ethnischen Minoritäten sowie Kinder von anders benachteiligten Randgruppen oder -gebieten« (UNESCO 1994, o. S.).

Ergänzend zu erwähnen ist die Charte de Luxembourg (1996), in der richtungweisende Ziele in den Bereichen Bildung, Erziehung und Unterrichtung festgelegt wurden (vgl. Sander 2006, 7).

In der sozialen Hilfe hat die UN-BRK (Übereinkommen über die Rechte von Menschen mit Behinderungen), die am 3. Mai 2008 in Kraft getreten ist, neue Maßstäbe gesetzt. Seit März 2009 ist diese Konvention auch für Deutschland bindend. Sie verankert Ansprüche auf Selbstbestimmung, Diskriminierungsfreiheit und gleichberechtigte Teilhabe. In der Behindertenhilfe steht nicht mehr Fürsorge, Defizitorientierung und Normierung im Vordergrund, sondern eine Reform der gesellschaftlichen Strukturen im Umgang mit Vielfalt und Unterschieden (vgl. Bielefeldt 2009, 8 ff.).

Die unterschiedlichen Segmente wie Schule, (Aus-)Bildung, Arbeit, Wohnen und Freizeit haben dieser Vielfalt Rechnung zu tragen und Reformen zur Verhinderung von Ausgrenzung und Diskriminierung einzuleiten (Diversity-Ansatz). Im Vordergrund steht das »*Einbezogensein als vollwertiges Mitglied der Gesellschaft* und eben nicht das *Einbezogenwerden als ›neues‹ Mitglied in die Gesellschaft*« (Markowetz 2005, 28, Herv. i. O.).

Lebensqualität

Unter *Lebensqualität* wird das subjektive Wohlbefinden eines Menschen oder einer sozialen Gruppe verstanden. Das Leitkonzept stellt die Nutzerperspektive in den Vordergrund und geht zurück auf sozialpolitische und sozialwissenschaftliche Diskussionen zur Entwicklung moderner Wohlfahrtsstaaten der 60er und 70er Jahre.

Studien zur Wohlfahrtsmessung konnten zeigen, dass mit zunehmendem materiellen Wohlstand nicht automatisch auch ein Anstieg subjektiven Wohlbefindens einhergeht. Lebensqualität ist nicht nur über ökonomische Wirtschaftsmaße zu bestimmen, sondern setzt sich aus einem Konglomerat materieller und immaterieller Faktoren zusammen. Bis heute fehlt allerdings eine einheitliche Definition.

Bezug genommen wird vielfach auf die von der Arbeitsgruppe Lebensqualität der Weltgesundheitsorganisation (WHOQOL) verfasste Präzisierung. Demnach ist unter Lebensqualität die »subjektive Wahrnehmung einer Person über ihre Stellung im Leben in Relation zur Kultur und den Wertsystemen, in denen sie lebt und in Bezug auf ihre Ziele, Erwartungen, Standards und Anliegen« (Bullinger 2000, 15) zu verstehen.

Zu den *objektiven* Lebensbedingungen zählen z. B. Familienbeziehungen, Sozialkontakte, Gesundheitsstatus, Einkommen, Arbeitsbedingungen und Wohnverhältnisse. Zu den *subjektiven* Komponenten gehören ein hohes Maß an Selbstverwirklichung, eine befriedigende Partnerschaftsbeziehung, das positive Erleben sozialer Kontakte sowie eine positiv wahrgenommene Emotionalität (Lebensfreude,

Glücksmomente, positive Grundhaltung) und befriedigende Belastungs- und Auslastungszustände.

Aus empirischer Sicht kommt erschwerend hinzu, dass die Indikatoren für Wohlbefinden schwer messbar sind. Dies gilt insbesondere für Menschen mit geistigen Beeinträchtigungen, da sich diese oftmals nicht verständlich äußern können. Inzwischen liegen einige anerkannte Instrumente zur Erfassung der Lebensqualität mit und ohne gesundheitliche Beeinträchtigungen (WHOQOL-100, WHOQOL-BREF) vor.

Besonders bekannt geworden ist die amerikanische Studie von R. Schalock zur Lebensqualität von Menschen mit Behinderung, in der Kerndimensionen zur Planung und Evaluation von Dienstleistungen identifiziert wurden. Zu diesen Dimensionen zählen emotionales und materielles Wohlbefinden, soziale Beziehungen, persönliche Entwicklung (Lernen, Bildung, Alltagsaktivitäten), physisches Wohlbefinden (Gesundheit, Ernährung, Mobilität), Selbstbestimmung, soziale Inklusion (soziale Rollenübernahme, Zugang zu unterschiedlichen Lebensbereichen), Partizipation am Gemeindeleben, sowie Rechte hinsichtlich Schutz der Privatsphäre, eine würdevolle Behandlung sowie Mitsprache- und Mitwirkungsmöglichkeiten (vgl. Schäfers 2008, 34 f.).

Grundsätzlich weisen Menschen in Industrieländern mit einem funktionierenden Wohlfahrtssystem eine hohe Lebenszufriedenheit auf. Gleiches gilt für Menschen mit Behinderung. Hierbei ist jedoch zu beachten, dass sich Zufriedenheit auch dann einstellt, wenn Menschen das Gefühl haben, dass ihre Lebenslage von unerwünschten Rahmenbedingungen (Krankheit, Rasse, sozialer Status) bestimmt ist, die sie nicht selbst beeinflussen können. Zufriedenheit ist dann ein Indikator der (psychischen) Lebensbewältigung, konkret des resignativen Abfindens mit den Gegebenheiten. Solche Tendenzen lassen sich bei Menschen in stationären Einrichtungen beobachten.

Studien belegen, dass sich insbesondere kleinere Wohnheime, überschaubare Wohngemeinschaften mit einem hohen Maß an Privatheit, selbstbestimmte Formen des Zusammenlebens sowie individuelle Formen der Unterstützung und Förderung positiv auf das Wohlbefinden, die Zufriedenheit und Lebensqualität auswirken (vgl. Schäfers 2022, 138 f.).

2.2.4 Lebenskontexte von Menschen mit Behinderung: Schule, Beruf und Alter

Die genannten Leitsätze haben zu wichtigen nationalen und internationalen Reformen beigetragen. Trotz aller medizinischen Fortschritte ist eine körperliche/geistige Beeinträchtigung weiterhin ein weit verbreiteter Tatbestand. Die meisten Handicaps sind nicht angeboren, sondern werden im Laufe des Lebens durch Krankheit, Unfall, (langjährige) Erwerbsarbeit sowie Alterung erworben. Nach Angaben des Statistischen Bundesamtes (Stand 2021) sind rund drei Prozent der deutschen Bevölkerung von Geburt an schwerbehindert (Grad der Behinderung mindestens 50 Prozent). Insgesamt sind über neun Prozent (7,8 Millionen) schwerbehindert. Ein Drittel hiervon sind 75 Jahre und älter. Knapp 45 Prozent

(3,5 Millionen) gehört der Altersgruppe von 55 bis 74 Jahren an. 90 Prozent aller Schwerbehinderungen werden durch Krankheit verursacht (vgl. Statistisches Bundesamt 2022b).

Familie und Frühförderung

Familien mit behinderten Kindern haben einen erhöhten Erziehungs-, Betreuungs- und Pflegebedarf. Hinzu kommen medizinische, therapeutische und pädagogische Hilfen sowie Herausforderungen zur Herstellung eines Ausgleichs zwischen den unterschiedlichen Bedürfnislagen und Zuwendungsformen der einzelnen Familienmitglieder. Bestimmte soziale Netzwerke und Kontakte müssen gepflegt, andere können aufgrund der zeitlichen Belastungen oder erschwerten Zugänge (bspw. Vereinsaktivitäten, Sport- und Kulturveranstaltungen) kaum wahrgenommen werden. Hinzu kommt, dass öffentliche Reaktionen auf Menschen mit Behinderung oftmals zu einer Abnahme von Sozialkontakten und zu einer Zunahme emotionaler Belastungen führen.

Generell ist nachgewiesen, dass die neuen Leitsätze der Behindertenhilfe die strukturelle Benachteiligung von Familien mit beeinträchtigten Kindern nicht entscheidend verbessern konnten. Diese Familien haben im Durchschnitt ein geringeres Einkommen, befinden sich verstärkt in Teilzeitbeschäftigungsverhältnissen und weisen geringere soziale Netzwerke auf. Der überwiegende Teil der Mehrbelastung wird von den Eltern (Müttern), Geschwistern und Verwandten übernommen. Hinzu kommen Herausforderungen im Zeitmanagement, die sowohl auf den erhöhten Förderbedarf als auch auf den beträchtlichen Aufwand zur Durchsetzung von Leistungsansprüchen bei sehr unterschiedlichen Leistungserbringern zurückzuführen sind (vgl. Wachtel 2016, 430). Diese Belastungen führen allerdings nicht zu einer grundsätzlichen Reduzierung der Lebenszufriedenheit und Lebensqualität.

Zur familiären Entlastung sieht das deutsche Sozialgesetzbuch (SGB IX) seit 2001 eine Vielzahl von Möglichkeiten der Frühförderung vor. Hierunter fallen medizinische, psychologische, pädagogische und finanzielle Leistungen. Zu den Hilfen der Frühförderung gehören je nach Art der Beeinträchtigung u.a. Maßnahmen der medizinischen Rehabilitation, der Beratung sowie heil- und sonderpädagogische Leistungen. Diese Unterstützungen können im familiären Umfeld oder aber auch in speziellen ambulanten Frühfördereinrichtungen erbracht werden.

Insgesamt ist es trotz Schaffung von über 800 regionalen und überregionalen Frühförderstellen und über 100 Sozialpädiatrischen Zentren nicht gelungen, Finanzstrukturen, Zuständigkeitsprobleme, Versorgungsstrukturen und Qualitätsstandards länderspezifisch, geschweige denn bundeseinheitlich zu regeln (vgl. Sarimski u.a. 2013, 9f.) Je nach Ressourcenlage der Eltern, ihrer sozialen Herkunft (Migrationshintergrund, Milieuzugehörigkeit, Bildungsstand) sowie sozialräumlichen Verortung (Stadt-Landgefälle) lassen sich gravierende Unterschiede in Nutzung und Qualität aufzeigen (vgl. Seifert 2014, 30).

Gleiches gilt für den Bereich der frühkindlichen Bildung. Trotz anerkannter Bemühungen zur Teilhabe und Inklusion sowie einem erheblichen Ausbau der Kinderbetreuung setzen sich in der frühkindlichen Bildungsförderung die strukturellen Probleme des Bildungssystems fort. Grundsätzlich gilt auch hier, dass Kinder aus bildungsnahen Elternhäusern und ohne Migrationshintergrund vor der Einschulung früher und vielfältiger gefördert werden (vgl. Autor:innengruppe Bildungsberichterstattung 2022, 6 ff.; 2014, 6). Bei Kindern mit Beeinträchtigungen, insbesondere bei geistigen Einschränkungen, verstärkt sich dieser Prozess der Segregation in doppelter Weise – familiär und institutionell (vgl. Röh 2018, 102 ff.).

Schule und Ausbildung

Artikel 24 der UN-BRK erkennt das Recht auf Bildung an. Basierend auf dem Menschenrechtsgrundsatz der Gleichberechtigung ist ein inklusives Bildungssystem und lebenslanges Lernen sicherzustellen. Ein sozialer Ausschluss ist unzulässig.

Um die notwendige Unterstützung und eine erfolgreiche Bildung für Menschen mit Behinderung zu gewährleisten, sind staatlicherseits Vorkehrungen und Rahmenbedingungen (baulich, fachlich, finanziell) zu treffen. Grundsätzlich ist die bestmögliche schulische und soziale Entwicklung sicherzustellen. Dies schließt die Schaffung von Sondereinrichtungen zur individuellen pädagogischen Förderung (Förderschulen, Werkstätten für behinderte Menschen) nicht prinzipiell aus, verlangt aber eine konsequent am Förderbedarf ausgerichtete Gestaltung (Kind-Umfeld-Analyse). Voraussetzung ist weiterhin, dass die traditionellen Einrichtungen aufgrund der vorliegenden Einschränkungen wie z. B. ein begleitender Pflegebedarf keine angemessene Förderung gewährleisten können. Zudem ist sicherzustellen, dass diese Sonderbehandlung beschränkt bleibt auf Aktivitäten, die zwingend erforderlich sind. In allen anderen Lebens- und Lernbereichen sind einbeziehende institutionelle Arrangements zu schaffen.

Die konkrete Umsetzung des Leitgedankens der Inklusion im schulischen Bereich wird kontrovers diskutiert. Aktionspläne auf Bundes-, Länder- und kommunaler Ebene haben zu erheblichen Verbesserungen geführt. Unzureichende personelle und räumliche Ausstattung, Probleme der Finanzierbarkeit, fehlende qualitative Standards und personenbezogene Diagnostiken, mangelnde Formen der Weiterbildung von Lehr- und Fachkräften sowie die Heterogenität der Beeinträchtigungen erschweren im konkreten Fall allerdings das angestrebte Ziel einer Inklusion (vgl. Ahrbeck u. a. 2021). Studien belegen, dass Ansprüche der Vollinklusion auch für Kinder mit Behinderung Entwicklungsnachteile haben können. Aus diesem Grund werden Modelle moderater Inklusion diskutiert, die sich an der Art und am Grad der Behinderung sowie an den realen Möglichkeiten der Heranwachsenden und dem konkreten Förderbedarf orientieren.

Anerkennend ist hervorzuheben, dass die initiierten Bildungsreformen den Automatismus von (angeborener) kognitiver Behinderung gleich Förder- oder Sonderschule in Deutschland aufgelöst haben (vgl. BMAS 2016, 106 ff.). Rein quantitativ lassen sich bisher allerdings keine gravierenden Veränderungen in der Verteilung auf einzelne Schultypen beobachten und auch die Verhältniszahlen inklusiver Angebote bezogen auf die jeweiligen Bildungsstufen (Grundschule, weiterführende Schulen, Universitäten) verringern sich von Bildungsstufe zu Bildungsstufe (vgl. Hansen 2022, 199 f.).

Zu beachten ist allerdings auch, dass institutionelle und sonderpädagogische Unterstützungsmaßnahmen in speziellen Einrichtungen nicht per se entwicklungs- und bildungshemmend sind. Die »Steigerung des Anteils von Kindern mit Behinderung an Regelschulen [bedeutet] nicht unbedingt, dass sie sozial inkludiert sind oder gar eine ihnen angemessene Bildung erhalten« (Felder/Schneiders 2016, 114). Noch weniger folgt hieraus, dass sich aus einer Erhöhung der Inklusionsquote die Chancen im Bereich Berufsbildung und späterer Erwerbstätigkeit nachhaltig verbessern.

Im Segment der *Berufsausbildung* setzt sich eine Auslagerung von Menschen mit Behinderung in Berufsbildungswerke und Werkstätten für behinderte Menschen (WfbM) fort. Die Mehrzahl der Qualifizierungen findet in Sondereinrichtungen statt. Angestrebt werden berufsbildende Angebote im Regelsystem.

In der konkreten Umsetzung gibt es allerdings auch hier eine Vielzahl struktureller und interessengeleiteter Widerstände. Die enge Verknüpfung von Berufsausbildung, Beschäftigungssystem und Arbeitsmarkt führt dazu, dass aus Sicht von Unternehmen die Inklusion von Menschen mit geistigen oder körperlichen Beeinträchtigungen wenig »attraktiv« ist.

Die Ausgleichsabgabe, die bereits 1953 in Deutschland eingeführt wurde, ist ein gutes Beispiel dafür, dass selbst gesetzliche Sanktionsmaßnahmen wenig an der diskriminierenden Stellung auf dem ersten Arbeitsmarkt verändern konnten. Menschen mit Handicaps sind weiterhin seltener erwerbstätig, weisen niedrigere Schulabschlüsse auf und sind überdurchschnittlich häufig von Arbeitslosigkeit betroffen. Der Anteil der Personen, die keinen beruflichen oder akademischen Abschluss aufweisen, liegt deutlich über dem Durchschnitt. Diese Differenzen sind umso größer, je stärker die kognitiven und psychischen Einschränkungen dazu führen, dass bestimmte Leistungs- und Qualifizierungsniveaus nicht erfüllt werden können (vgl. Metzler u. a. 2017, 5 ff.).

Beruf, Wohnen und Freizeit

Vor der Corona-Pandemie trugen der wirtschaftliche Aufschwung, die Erhöhung der Beschäftigungsquoten in Unternehmen, im öffentlichen Dienst und den Integrationsbetrieben (Lebensmittelmärkte, Cafés, Gartenbau) sowie ein zunehmender Fachkräftemangel dazu bei, dass es auch für Menschen mit Behinderung zu positiven *Beschäftigungseffekten* auf dem ersten Arbeitsmarkt kam. Im direkten Vergleich profitierten Menschen mit Handicaps allerdings nicht in gleichem Maße (vgl. Aktion Mensch 2019, 10). Problematisch bleibt der Anteil der Langzeitarbeitslosen (länger als ein Jahr auf Beschäftigungssuche), der deutlich über dem Durchschnitt liegt.

Die Corona-Pandemie hat diesen Effekt nochmals deutlich verstärkt. Langzeitarbeitslose mit Behinderung sind länger arbeitslos mit der Folge, dass eine erneute Beschäftigungsaufnahme erschwert ist (vgl. Aktion Mensch 2020, 12). Insgesamt hat die Pandemie die Arbeitslosigkeit von Menschen mit Behinderung wieder deutlich erhöht (vgl. Aktion Mensch 2021).

Für Menschen mit kognitiven und psychischen Einschränkungen ist die Situation besonders prekär. Hier stehen i. d. R. nur Beschäftigungsmöglichkeiten in den rund 730 Werkstätten zur Verfügung. An diesen Rahmenbedingungen haben auch Geldleistungen an Arbeitgeber, Zuschüsse für eine bedarfsgerechte Einrichtung des Arbeitsplatzes, die Kostenübernahme für technische Arbeitshilfen, Arbeitsassistenzen, Vorlesekräfte und Gebärdensprachdolmetscher sowie Integrationsvereinbarungen zur Gestaltung des Arbeitsplatzes, der Arbeitsorganisation und der Arbeitszeiten wenig geändert (vgl. BMAS 2021b, 265 f.; 2016, 198 ff.).

Trotz der Vielfalt der Bildungsförderprogramme gelingt es nicht, den ersten Arbeitsmarkt für Menschen mit Behinderung zu erschließen. Es bleiben die Werkstätten, die diesen Personengruppen einen geschützten Raum bieten (müssen). Rund 320.000 Menschen mit Behinderung sind hier beschäftigt. Überproportional betroffen sind Menschen mit einer geistigen oder psychischen Beeinträchtigung (vgl. Doose 2022, 464 f.; Kulke 2020).

Kritikerinnen und Kritiker weisen darauf hin, dass diese Einrichtungen – bei aller Wertschätzung – immer auch an einem Prozess von Förderung *und* Ausgrenzung beteiligt sind. Heilpädagogische Kindertagesstätten, Förderschulen, Werkstätten und Tagesstätten mindern zwar die individuelle Isolierung, sie befördern aber zugleich eine Form inkludierender Exklusion, die dem Kerngedanken inklusiver Teilhabe widerspricht (vgl. Rudloff 2016, 67). Die auf den ersten Blick besonders gelungene Form der Integration, so die Kritikerinnen und Kritiker, geht einher mit einer meist lebenslänglichen Exklusion. Ähnlich wie im Bildungssektor ist allerdings auch hier zu berücksichtigen, dass Inklusion nicht zwangsläufig mit positiven Wirkungen verbunden ist. Ob bestimmte Formen der Einbindung und Teilhabe aus Sicht der Betroffenen mit mehr Handlungsspielräumen und mehr subjektiver Lebensqualität einhergehen, ist eine wichtige Frage. In der konkreten Umsetzung geht es allerdings darum, die Wirkungen bestimmter Unterstützungskonzepte konkret zu evaluieren und zu akzeptieren, dass »nicht für jeden Menschen die ungeteilte Gemeinsamkeit aller hilfreich ist« (Ahrbeck 2017, 138; Weber 2015, 135 f.).

Nimmt man den Lebensbereich *Wohnen* in den Blick so ist zu betonen, dass Artikel 19 der UN-Behindertenrechtskonvention das Recht von Menschen mit Behinderung auf eine selbstbestimmte Lebensführung nicht nur anerkennt, sondern ausdrücklich dazu auffordert, dass entsprechende Rahmenbedingungen geschaffen werden. Beeinträchtigte Menschen haben das Recht ihren Aufenthaltsort frei zu wählen und zu bestimmen, wo und mit wem sie zusammenleben wollen. Darüber hinaus ist diesen Personengruppen Zugang zu gemeindenahen Unterstützungsdiensten zu Hause und in Einrichtungen zu ermöglichen.

Konkretisiert werden diese Rechtsansprüche u. a. im Ausbau ambulanter Wohnformen, der Bereitstellung eines persönlichen Budgets, der Abschaffung von Zentralunterkünften bei gleichzeitiger Erweiterung kleinerer gemeindenaher Wohnheime, der Schaffung von Außenwohngruppen, ambulant begleiteten Wohngemeinschaften, dem Wohnen in Gastfamilien und weltanschaulich ausgerichteten Lebensformen sowie der ambulanten Unterstützung in der eigenen Wohnung.

Trotz der seit Mitte der 1980er Jahre bereits realisierten Konzepte differenzierter Wohnangebote durch Länder und Kommunen bleibt in diesem Segment noch viel zu tun. Hemmend wirken sich bis heute die mit diesen Reformbemühungen einhergehenden hohen Kosten, die nur begrenzt zur Verfügung stehenden öffentlichen Mittel sowie der Fachkräftemangel aus. Über die Hälfte aller Menschen mit Behinderung sind weiterhin in stationären Einrichtungen untergebracht. Ein weiterer, ebenfalls nicht unerheblicher Teil wohnt trotz Erreichen des Erwachsenenalters bei der Herkunftsfamilie (vgl. Seifert 2022, 469).

Das Thema *Freizeit und Behinderung* stellt bisher ein Forschungsdesiderat dar. Unstrittig ist, dass beeinträchtigte Menschen die gleichen Freizeitbedürfnisse haben. Der Zugang zu bestimmten Formen der Freizeitgestaltung ist jedoch vielfach durch Barrieren (architektonische, sozialräumliche, vorurteilsbedingte) begrenzt. Darüber hinaus sind gerade Menschen mit geistigen Einschränkungen von der Freizeitgestaltung der Allgemeinbevölkerung weitestgehend ausgeschlossen. Die Aktivitäten beschränken sich auf institutionelle Angebote. Die Teilnahme scheitert oftmals schon an der Haltung und Bereitschaft der Akteure und Institutionen. Eine Ursache für diese Tendenz ist der fehlende Kontakt zur Bezugsgruppe sowie eine mangelnde öffentliche Präsenz und Wahrnehmung. Teilhabebarrieren (Kosten, Zugänglichkeiten) oder bestehende Vorurteile im Sinne offen zum Ausdruck gebrachter Behindertenfeindlichkeit sind eher nachrangig (vgl. Trescher 2016, 109).

Vor dem Hintergrund noch fehlender Forschungsbefunde kann festgehalten werden, dass dieser Teilbereich in den nächsten Jahren zunehmend in den Blick zu nehmen ist. Neben einer Stärkung der Barrierefreiheit und der persönlichen Mobilität werden erweiternde Unterstützungsformen im Bereich der persönlichen Assistenzen sowie der inklusiven Freizeitpädagogik diskutiert.

Altern und Tod

Der demographische Wandel und die steigende Lebenserwartung haben dazu beigetragen, dass Menschen mit Behinderung vermehrt ins Rentenalter kommen. Vor dem Hintergrund der brutalen Massenmorde im Nationalsozialismus an einer ganzen Generation setzt dieser Prozess im Vergleich zur Allgemeinbevölkerung verzögert ein.

Obwohl Alternsprozesse grundsätzlich bei allen Menschen in gleicher Weise verlaufen, gibt es rein statistisch zwischen Menschen mit und ohne angeborene Behinderung Unterschiede. Im Fall einer angeborenen kognitiven oder körperlichen Beeinträchtigung kann es frühzeitiger zu Alterserscheinungen wie Demenz oder motorischen Einschränkungen kommen. Alterstypisch kommt es hinsichtlich des Grades der Einschränkungen zu einer Annäherung der Menschen mit und ohne Behinderung. Sozialrechtlich wird dennoch weiterhin zwischen altersbedingten Erkrankungen im Sinne des Leistungskatalogs der Kranken-, Pflege- und Rentenversicherung und Formen der Eingliederungshilfe unterschieden.

Sozialstrukturell gibt es ebenfalls Unterschiede. Der überwiegende Teil der Menschen mit geistiger Beeinträchtigung hat nicht geheiratet. Sie haben keine eigene Familie gegründet und keine eigenen Kinder. Sie verfügen also weder über ein eigenständiges familiäres soziales Netz, noch sind sie finanziell unabhängig. Die meisten haben Zeit ihres Lebens Leistungen des Sozialstaates erhalten.

Hinsichtlich der gesellschaftlichen und institutionellen Herausforderungen sind die Entwicklungen allerdings vergleichbar. So stellen z. B. neue Pflege- und Wohnformen sowohl eine Herausforderung für den Bereich der Altenhilfe insgesamt als auch der Einrichtungen der Behindertenhilfe dar. Im Bereich der personenbezogenen Dienstleistungen konzentrieren sich die Bedarfslagen insbesondere auf Maßnahmen der Integrationssicherung zur Förderung der selbstständigen Lebensführung sowie auf Maßnahmen bei Hilfe- und Pflegebedürftigkeit. Im Gegensatz zur restlichen Altersgruppe leben Menschen mit geistiger oder mehrfacher Behinderung i. d. R. bereits seit langem in stationären bzw. teilstationären Einrichtungen oder in ambulant betreuten Wohngruppen und Einzelwohnungen.

Ähnlich wie beim Rest der Ruheständlerinnen und Ruheständler stehen auch Menschen mit Behinderung vor dem Problem, dass sie mit Erreichen der Altersgrenze ihren Arbeitsplatz in den Werkstätten verlieren. Somit entfallen jahrzehntelange Muster einer festen Tagesstruktur, Sozialkontakte beruflicher Art lösen sich auf und es bedarf einer Neuausrichtung hinsichtlich Wohnen, Freizeit und sozialer Teilhabe. Analog zur Altenhilfe werden auch hier neue Modelle des Wohnens erprobt. Das Spektrum reicht von Seniorenhäusern über betreutes Wohnen, gemeinschaftliche Wohnformen, ambulant betreute Wohngemeinschaften bis zu eher traditionellen Formen der stationären und teilstationären Unterbringung.

Die Themen Sterben und Tod sind sowohl in der Gesamtbevölkerung als auch in der Behindertenhilfe ein Tabu geblieben. Aktuell wird diskutiert, inwieweit bestehende Konzepte von Palliative Care in der Begleitung von Menschen mit vorrangig geistiger Beeinträchtigung in modifizierter Form Anwendung finden können.

Palliative Care

Unter Palliative Care werden Handlungskonzepte verstanden, die sich auf den Umgang und die Begleitung von Sterbenden beziehen. In der Allgemeinbevölkerung gehören zu diesen Bedarfen insbesondere ein möglichst langer Verbleib im vertrauten Wohn- und Lebensumfeld, eine gesicherte medizinisch ambulante Versorgung ohne Schmerzen, die Vermeidung von leidensverlängernden Maßnahmen, die Sicherstellung alltäglicher Bedarfe wie Einkaufen, Kochen, Reinigung der Wohnung, die Pflege sozialer Beziehungen sowie die soziale Begleitung durch Gespräche und psychologische Betreuung zur Bewältigung von Ängsten, Krisen und zur Vorbereitung auf den Tod. Aufgrund meist vorliegender begrenzter kognitiver und motorischer Fähigkeiten sind die Kommunikationsformen allerdings den jeweiligen Einschränkungen und Wahrnehmungsmustern anzupassen.

Ergänzend ist auch die Angehörigenperspektive in den Blick zu nehmen. Oftmals sind behinderte Menschen nicht als Patientinnen und Patienten selbst betroffen, sondern sie machen die Erfahrung von Sterben und Tod im stationären und teilstationären Kontext bei Mitbewohnerinnen und Mitbewohnern, mit denen sie schon seit Jahrzenten enge soziale Beziehungen und Kontakte gepflegt haben (vgl. Franke 2018, 89 ff.).

Aktuell konzentrieren sich die Leistungserbringer auf Fort- und Weiterbildungsmaßnahmen, um in den nächsten Jahren entsprechend qualifiziertes Personal zur Verfügung zu haben. Darüber hinaus hat das Bundesministerium für Bildung und Forschung diverse Modellvorhaben gefördert. Zu erwähnen sind hier exemplarisch die Vorhaben der Katholischen Hochschule NRW (SoPHiA, MUTIG, LEQUI) mit dem Landschaftsverband Westfalen-Lippe (LWL), das Verbundprojekt »Alter erleben – Lebensqualität und Lebenserwartung von Menschen mit geistiger Behinderung im Alter« sowie das Forschungsprojekt »PiCarDi – Palliative Versorgung und hospizliche Begleitung von Menschen mit geistiger und schwerer Behinderung« in Zusammenarbeit mit der Universität Koblenz-Landau und der Universität Leipzig (vgl. Rodekohr 2017; KVJS 2013).

> **Weiterführende Literatur**
>
> Ahrbeck, B. (2017): Der Umgang mit Behinderung. Besonderheit und Vielfalt, Gleichheit und Differenz (3. Aufl.). Stuttgart: Kohlhammer.
> Hedderich, I., Biewer, G., Hollenweger, J. & Markowetz, R. (Hrsg.) (2022): Handbuch Inklusion und Sonderpädagogik (2. Aufl.). Bad Heilbrunn: Klinkhardt.
> Röh, D. (2018): Soziale Arbeit in der Behindertenhilfe (2. Aufl.). München: Reinhardt.
>
> **Weiterführende Quellen**
>
> BMAS – Bundesministerium für Arbeit und Soziales (2021b): Dritter Teilhabebericht der Bundesregierung über die Lebenslagen von Menschen mit Beeinträchtigungen. Teilhabe – Beeinträchtigung – Behinderung 2021. Prognos AG. Berlin.

2.3 Gesundheit, Krankheit und das Gesundheitssystem

2.3.1 Das Gesundheitssystem im Stresstest der Pandemie

Um den Jahreswechsel 2019/20 berichteten deutsche Medien erstmals von einer neuartigen Form von Lungenerkrankungen mit Todesfolge in China. In den folgenden Wochen wurden immer mehr Fälle aus asiatischen Ländern und bald auch aus anderen Kontinenten berichtet. Ziemlich schnell wurde klar, dass es sich dabei um eine Infektionskrankheit handelte, die mit dem Namen COVID-19 bezeichnet wurde und für die eine Infektion mit dem neuartigen Coronavirus SARS-CoV-2 verantwortlich war.

In Deutschland wurden die ersten Infektionen bereits im Januar 2020 festgestellt. Im März gab es dann die ersten Todesfälle in Deutschland. Die Weltgesundheitsorganisation (WHO) erklärte das Infektionsgeschehen am 11. März 2020 zu einer weltweiten Pandemie. Ebenfalls im März 2020 stellte der Deutsche

Bundestag eine »epidemische Lage von nationaler Tragweite« gemäß Infektionsschutzgesetz (IfSG) fest. In der Folge wurden umfangreiche grundrechtseinschränkende Maßnahmen zur Eindämmung der Pandemie beschlossen. Andere Länder reagierten mit vergleichbaren Konzepten. Dazu gehörten die Schließungen von Kindertagesstätten, Schulen, Hochschulen und Geschäften sowie Quarantäne für positiv auf das Virus Getestete. Die Gesundheitsämter wurden für die Nachverfolgung der Kontakte positiv Getesteter zuständig. Rasch wurde klar, dass die meisten Infektionen ohne Symptome oder nur mit milden Symptomen verliefen, manche aber auch zu schweren Erkrankungen führten, die eine Krankenhausaufnahme, intensivmedizinische Behandlung und Beatmung erforderlich machten. Ein Teil der Patientinnen und Patienten, die auf den Intensivstationen aufgenommen und beatmet werden mussten, verstarb an den Folgen der Infektion. Besonders gefährdet waren alte Menschen und Menschen mit einer Reihe von Vorerkrankungen.

Während des ersten ›Lockdowns‹ im Frühjahr 2020 fehlte es in vielen Arztpraxen und Krankenhäusern an Atemmasken, Schutzkleidung und Desinfektionsmitteln. Aus Norditalien, Frankreich und den USA gingen dramatische Bilder von Krankenhäusern mit überfüllten Intensivstationen um die Welt. Pflegefachkräfte und Ärzte und Ärztinnen, die sich nicht mehr ausreichend schützen konnten, infizierten sich und ein Teil von ihnen verstarb. Erst, nachdem es mit nichtmedikamentösen Interventionen wie Lockdown, Abstandhalten und Maskentragen gelungen war, die Infektionszahlen zu senken, entspannte sich auch die Lage in den Krankenhäusern.

Bereits im zweiten Halbjahr 2020 wurden verschiedene Impfstoffe gegen das Coronavirus SARS-CoV-2 entwickelt, die dann in klinischen Studien getestet wurden. Im Dezember wurden erste Impfstoffe zugelassen, und im Winter 2020/21 starteten in Deutschland Impfungen gegen SARS-CoV-2. Da der Impfstoff zunächst knapp war und die reichen Industrieländer große Mengen davon bestellt hatten, dauerte es in ärmeren Ländern viel länger, bis mit dem Impfen begonnen werden konnte. Trotz Impfungen kam es durch Virusvarianten zu weiteren Infektionswellen und zu Geschäftsschließungen, Schulschließungen, Ausgangssperren und Kontaktbeschränkungen. Ziele dieser Maßnahmen war neben der Vermeidung von Infektionen, Erkrankungen und Todesfällen v. a. die Verhinderung einer Überlastung des Gesundheitssystems.

Wir haben dieses Kapitel nicht mit Fallbeispielen individueller Menschen, sondern mit der Corona-Pandemie begonnen, die weltweit für Ansteckungen, Erkrankungen, Todesfälle und Einschränkungen im öffentlichen und privaten Leben gesorgt hat. Wahrscheinlich sind beim Lesen dieses Studienbuchs die Auswirkungen der Pandemie immer noch präsent.

Schon im ersten Jahr der Pandemie haben Sozialwissenschaftler die »Corona-Gesellschaft« ausgerufen (vgl. Volkmer/Werner 2020). Zur Bewältigung der Pandemie wurden in Deutschland und anderen Ländern – parallel zur Entwicklung von Impfstoffen – v. a. sog. »nichtpharmakologische Ansätze« (Grote u. a. 2021) genutzt. Größtenteils wurden die damit verbundenen Einschränkungen von der Bevölkerung akzeptiert, es kam aber auch zu Demonstrationen und Protestbewegungen wie den »Querdenkern«, die die medizinisch-wissenschaftlichen Erklärungen für die Pandemie bestritten, Verschwörungstheorien verbreiteten und die Maßnahmen zur Eindämmung der Corona-Pandemie vehement ablehnten (vgl. Nachtwey/Schäfer/Frei 2020).

Die Pandemie hat auch vor Augen geführt, wie eng Gesundheit und Krankheit mit sozialen Fragen verbunden sind. Das gilt etwa für die Frage, ob die Pandemie bestimmte soziale Gruppen härter getroffen hat als andere. Während in den ersten Wochen der Pandemie die Infektionszahlen in sozioökonomisch besser gestellten Städten und Kreisen höher war, drehte sich dieser Effekt bald um und sozioökonomisch schlechter gestellte Regionen wiesen höhere Infektionsraten auf, in denen typische Risikofaktoren für schwere COVID-19-Verläufe vermehrt vorkommen (vgl. Doblhammer/Kreft/Reinke 2021; Hoebel u. a. 2021).

Insgesamt war und ist die Pandemie ein Stresstest für die Gesundheitssysteme weltweit. Steigende Zahlen an Infektionen bedeuteten steigende Patientenzahlen im Krankenhaus und auf den Intensivstationen. In mehreren Ländern kamen die Gesundheitssysteme zu verschiedenen Zeitpunkten während des Verlaufs der Pandemie an ihre Belastungsgrenze oder darüber hinaus (vgl. El Bcheraoui u. a. 2020), was die Frage nach der quantitativen und qualitativen Ausstattung der einzelnen nationalen Gesundheitssysteme aufwarf.

Dabei ist es gar nicht so einfach zu klären, was eigentlich ein Gesundheitssystem ausmacht. Bei dem Begriff Gesundheitssystem fallen einem zunächst Bilder von Krankenhäusern, Arztpraxen, Ärztinnen und Ärzten, Pflegepersonal, Apotheken und neuerdings auch Impfzentren ein. Was aber macht diese Ansammlung von Organisationen, Personen und Berufsgruppen zu einem ›System‹? Gibt es eigentlich einen Unterschied zwischen dem älteren Begriff des »Gesundheitswesens« und dem neueren Begriff des »Gesundheitssystems«?

Gesundheitssystem

Zumindest für Soziologinnen und Soziologen schließt die Verwendung des Begriffs »Gesundheitssystem« an grundlegende theoretische Konzepte zur Ausdifferenzierung funktionaler Teilsysteme an. »Funktionelle Teilsysteme lassen sich als gesellschaftsweit institutionalisierte, funktionsspezifische Handlungszusammenhänge definieren. Ihr Konstitutionskriterium ist ein spezieller Sinn« (Mayntz 1988, 17). Orientiert an diesem speziellen Sinn – im Gesundheitssystem etwa der Behandlung von Kranken – entwickeln sich zunächst Funktionsrollen (wie z. B. Ärzte), dann »Netzwerke bestimmter Kategorien von Rolleninhabern, Einrichtungen für die Übermittlung von Wissen und Fertigkeiten an die künftigen Rolleninhaber und nicht zuletzt formale Organisationen, die auf den speziellen Handlungszweck spezialisiert sind« (Mayntz 1988, 21). Das wären im Gesundheitssystem also z. B. Ärzteverbände und medizinische Fachbereiche an Universitäten und Krankenhäuser. Von gesellschaftlichen oder funktionalen Teilsystemen spricht Mayntz dann, wenn ein solches System »für eine bestimmte Art von Handeln in der Gesellschaft primäre Zuständigkeit besitzt« (Mayntz 1988, 22), wachsende Bevölkerungsgruppen in die Interaktionen des Teilsystems einbezo-

> gen werden und aus dem Teilsystem heraus erfolgreich eine Selbstregulierungskompetenz beansprucht wird. All diese Bedingungen sind beim Gesundheitssystem erfüllt: Kaum jemand bezweifelt die alleinige Zuständigkeit des Gesundheitssystems für die Behandlung von Kranken. In einem Sozialstaat wie Deutschland sind nahezu alle Menschen als potentiell Kranke in die Interaktionen des Gesundheitssystems einbezogen, und die Frage, welche Behandlungen bei welchen Erkrankungen angewandt werden sollen, beantwortet nicht die Politik oder ein anderes System, sondern diese Frage wird aus dem Gesundheitssystem selbst heraus – etwa von ärztlichen Fachgesellschaften in Form von Behandlungsleitlinien – beantwortet.

Systemtheoretiker wie Niklas Luhmann (1927–1998) definieren moderne Gesellschaften ganz grundsätzlich »als funktional differenzierte Gesellschaft« (Luhmann 1998, 743). Aber auch über die Systemtheorie hinaus ist sich die Soziologie doch weitgehend darin einig, dass moderne Gesellschaften ohne die Herausbildung funktionaler Teilsysteme oder Funktionssysteme wie etwa der Wirtschaft, der Politik, der Wissenschaft oder eben auch des Gesundheitssystems kaum vorstellbar wären. Verbunden damit ist nicht nur ein enormer Grad an Arbeitsteilung zwischen den einzelnen Teilsystemen, sondern auch eine immer weiter voranschreitende Verselbstständigung der einzelnen Systeme. Funktionale Teilsysteme entwickeln aus dem für ihre Entstehung konstitutiven Sinn heraus einen eigenen Code, kommunizieren nur noch über diesen Code und betrachten auch das Gesamtsystem nur noch aus der Perspektive ihres Teilsystems. Das war auch in den einzelnen Phasen der Corona-Pandemie gut zu erkennen: Im Ausnahmezustand der Pandemie sah es phasenweise so aus, als ob alle anderen Teilsysteme sich dem Gesundheitssystem unterordnen würden (vgl. Stichweh 2020a). Aber je länger die Pandemie andauerte, umso mehr setzte sich wieder der jeweilige Sinn der einzelnen Teilsysteme durch: Aus dem Wirtschaftssystem wurden schnelle Öffnungen und ein Ende der Maßnahmen gefordert, aus der Wissenschaft immer neue Studien durchgeführt, und aus dem Gesundheitssystem heraus wurden schärfere Schutzkonzepte und engeren Grenzwerte vorgeschlagen. Die Kultur beschwerte sich über fehlende Auftrittsmöglichkeiten, und der Sport setzte zunächst Geisterspiele in der ersten Fußballbundesliga und später schließlich wieder den normalen Spielbetrieb durch. Dem politischen System gelang es bestenfalls ausnahmsweise, die anderen Systeme zu steuern und unter das Primat des Gesundheitssystems und der Pandemiebekämpfung unterzuordnen.

Für Luhmann und seine nicht auf Handlungen, sondern auf Kommunikation aufbauende Systemtheorie ist die binäre Unterscheidung zwischen gesund und krank für das »System der Krankenbehandlung«, wie er das Gesundheitssystem nennt, konstitutiv. »Nur die Unterscheidung zwischen krank und gesund definiert den spezifischen Kommunikationsbereich des Arztes und seiner Patienten [...]. Nur hiermit wird etwas bezeichnet, für das es außerhalb des Systems keine Entsprechungen und keine Äquivalente gibt« (Luhmann 2005, 179). Nur wer krank ist, wird im Gesundheitssystem behandelt. »Gesunde sind, medizinisch gesehen, noch nicht oder nicht mehr krank oder sie leiden an noch unentdeckten Krankheiten« (Luhmann 2005, 179). Rechnet man den Bereich der Prävention und Gesundheitsförderung (vgl. Kolip 2020) ebenfalls dem Gesundheitssystem zu, so zeigt sich, dass sich das Gesundheitssystem zunehmend auch an Gesunde wendet, indem verhindert werden soll, dass sie später etwa aufgrund einer ungesunden Lebensführung krank werden.

Die Tendenz zur Verselbstständigung von Funktionssystemen wie dem Gesundheitssystem bedeutet allerdings nicht, dass das Gesundheitssystem unabhängig von anderen Funktionssystemen bestehen kann. So ist das Gesundheitssystem etwa auf finanzielle Ressourcen (um z. B. Personal und Geräte bezahlen zu können) und damit auf das Wirtschaftssystem angewiesen. Und angesichts der vielen unterschiedlichen Interessenlagen braucht das Gesundheitssystem trotz aller Selbststeuerungsorgane auch das politische System, da nur dort kollektiv bindende Entscheidungen getroffen werden können.

Dass ein Funktionssystem wie das Gesundheitssystem als globalisiertes Weltsystem (vgl. Stichweh 2012, 6 f.) begriffen werden muss, hat nicht zuletzt auch wiederum die Corona-Pandemie gezeigt. Das Virus verbreitete sich weltweit, ohne auf nationale Grenzen Rücksicht zu nehmen, und die Erforschung des Virus und die Entwicklung von Gegenmaßnahmen war ebenfalls ein Prozess, der nicht an den Grenzen der Nationalstaaten stoppte. Auch wenn sich die Reaktionen auf die Pandemie in einzelnen Punkten unterschieden, wurde doch stets international verglichen und die Entwicklung in anderen Ländern aufmerksam verfolgt. Bei der Versorgung mit Medikamenten, Schutzausrüstung wie Masken, Schnelltests und schließlich auch bei der Entwicklung und Produktion von Impfstoffen zeigte sich, wie stark sich die Produktions- und Lieferketten bereits globalisiert hatten. Daran ändert auch die Tatsache nichts, dass Impfstoffe zunächst den reichen Gesellschaften des globalen Nordens vorbehalten waren und die Länder im Süden weitgehend warten mussten, bis der Norden seinen Bedarf an Impfstoffen gesättigt hatte.

2.3.2 Gesundheit und Krankheit im historischen Überblick

Aus einer sozialwissenschaftlichen Perspektive ist erwartbar, dass tiefgreifender sozialer Wandel wie z. B. die Transformation von Agrar- zu Industriegesellschaften auch mit Veränderungen in der Entwicklung von Krankheiten und der Lebenserwartung verbunden ist. Ein einprägsames Modell für einen solchen Zusammenhang liefert etwa das Konzept des epidemiologischen Übergangs, das in den 1970er Jahren für die westlichen Industriegesellschaften entwickelt wurde (vgl. Omran 1971). Dieses Modell teilt die Entwicklung von Sterblichkeit und unterschiedlichen Krankheiten in drei Phasen ein. In der ersten Phase, die in Europa etwa bis zur Mitte des 19. Jahrhunderts reichte, prägten Seuchen und Hungersnöte das Leben der Menschen. Die durchschnittliche Lebenserwartung bei der Geburt lag unter 40 Jahren, und ein großer Teil der Todesfälle waren auf Mangelernährung, Infektionskrankheiten und Komplikationen bei der Geburt zurückzuführen. Die mittlere Phase ist eine Phase des Übergangs, in der Seuchen und Infektionskrankheiten noch nicht verschwinden, aber seltener werden, wodurch die Lebenserwartung bei der Geburt leicht ansteigt. Diese Übergangsphase beginnt in Europa in der zweiten

Hälfte des 19. Jahrhunderts und reicht bis ins frühe 20. Jahrhundert und umfasst somit große Teile des Prozesses der Industrialisierung von Ländern wie Deutschland. Nach den beiden Weltkriegen beginnt die dritte Phase in der Mitte des 20. Jahrhunderts. Todesfälle durch Infektionskrankheiten gehen weiter zurück, in den Industriegesellschaften steigt die Lebenserwartung und in der Todesfallstatistik dominieren jetzt chronische Erkrankungen des Herz-Kreislauf-Systems und Krebserkrankungen. Kritisiert wird an diesem Modell die selektive Datenbasis, und immer wieder werden Vorschläge diskutiert, weitere Phasen hinzuzufügen (vgl. z. B. Vögele 2014). Inwieweit die SARS-CoV2-Pandemie Anlass zu einer Modifikation des Modells gibt, bleibt abzuwarten. Als ursächlich für den langfristigen Anstieg der Lebenserwartung gelten eine verbesserte Versorgung mit Lebensmitteln, ein allgemein steigender Lebensstandard, verbesserte und hygienischere Wohn-, Lebens- und Arbeitsbedingungen (etwa durch den Ausbau der Wasser- und Abwasseranlagen) sowie der medizinische Fortschritt.

Bereits in den Agrargesellschaften des europäischen Mittelalters finden sich unterschiedliche Berufsrollen wie Chirurgen, Wundärzte, Bader oder Hebammen, die die Zuständigkeit für die Behandlung von Krankheiten für sich reklamierten. Getrennt davon etablierte sich an den neu gegründeten Universitäten die Medizin als Studienfach. Die »beiden medizinischen Hauptberufe jener Zeit« waren »akademisch ausgebildete Ärzte und handwerklich ausgebildete Chirurgen, sogenannte Wundärzte« (Mayntz/Rosewitz 1988, 121). Während die an den Universitäten ausgebildeten Ärzte eher für innere Erkrankungen zuständig waren, bei denen es nach damaligem Verständnis und Interventionsmöglichkeiten v. a. auf Diagnostik und Beratung ankam, kümmerten sich die Chirurgen um äußere Erkrankungen und die zu deren Behandlung für notwendig erachteten Körpereingriffe. Gleichzeitig war damit eine standesmäßige Differenzierung verbunden: Die an den Universitäten ausgebildeten Ärzte behandelten den Adel, während die bäuerliche Bevölkerung bei Chirurgen, Wundärzten und anderen Berufen Hilfe suchte. Die frühen Hospitäler waren »religiös motivierte und orientierte multifunktionale Einrichtungen, bei denen die eigentliche Krankenbehandlung nur eine untergeordnete Rolle spiel[t]e« (Mayntz/Rosewitz 1988, 134). Neben der Aufnahme von Kranken boten sie Pilgern Unterkunft und Armen, Alten und anderen Hilfsbedürftigen eine frühe Form der Fürsorge. Zwischen dem 13. und 15. Jahrhundert entstanden in Europa auch die ersten Apotheken, was auf steigende Arbeitsteilung und Ausdifferenzierung der Gesundheitsberufe hinweist.

Im 16. Jahrhundert begann dann auch an den Universitäten die Lehre am Krankenbett, und umgekehrt verlagerte sich auch die Ausbildung der Chirurgen allmählich an die Universitäten. Mitte des 19. Jahrhunderts wurde schließlich in Preußen die akademische Ausbildung zu einem einheitlichen Arztberuf mit dem Titel »Praktischer Arzt, Wundarzt und Geburtshelfer« gesetzlich festgelegt (Huerkamp 1985, 58). Damit war der Beruf des akademisch ausgebildeten Allgemeinarztes entstanden, der die manuellen Fähigkeiten des Chirurgen mit der Bildung des ›gelehrten‹ Arztes verband und prinzipiell alle Schichten der preußischen Gesellschaft behandelte, sofern sie sich dies leisten konnten. Parallel dazu veränderten sich allmählich auch die Inhalte der medizinischen Wissenschaft, die über lange Strecken eher einer geisteswissenschaftlich-philosophischen Tradition gefolgt war und nun immer mehr naturwissenschaftliche Inhalte und praxisorientierte Übungen aufnahm. Die sich verfestigende Profession des Arztes ist in Preußen eng verknüpft mit der Niederlassung in einer Praxis, von der aus der Arzt als freier, am Gesundheitsmarkt orientierter Beruf seine Patientinnen und Patienten behandelte. Damit verfestigten sich auch die beiden komplementären Rollen in der Krankenbehandlung: auf der einen Seite der Arzt als professioneller Leistungserbringer, auf der anderen Seite der Patient oder die Patientin in der passiven Laienrolle (vgl. Stichweh 1988). Auch die Ausbildung der Apotheker wurde in Preußen Mitte des 19. Jahrhunderts den Universitäten übertragen.

Im 19. Jahrhundert konzentrierten sich dann auch die bislang multifunktionalen Hospitäler stärker auf die Krankenbehandlung und wandelten sich zu Krankenhäusern. Zusätzlich zu den religiös geführten Häusern gründeten jetzt auch vermehrt größere Kommunen und wohltätige Organisationen – die Vorläufer der heutigen Wohlfahrtsverbände – Krankenhäuser. Teils wurden in diesen sich allmählich professionalisierenden Krankenhäusern Ärzte fest angestellt, teils aber auch angesehene frei praktizierende Ärzte als Belegärzte gewonnen. Dadurch etablierte sich schon früh ein aus heutiger Sicht schwer verständliches System von privat abrechnenden leitenden Ärzten in öffentlichen oder gemeinnützigen Krankenhäusern. In den Krankenhäusern vollzog sich schließlich auch die komplexe Transformation von religiös motivierten und organisierten Schwesternorden zu speziell ausgebildeten und angestellten Pflegefachkräften. Diese Konzentration der Hospitäler auf die Krankenbehandlung und die stärker naturwissenschaftlich orientierte medizinische Forschung an den Universitäten beeinflussten sich wechselseitig: So wurden etwa an den Universitäten Erkenntnisse aus Nachbardisziplinen wie der Chemie und der Physik für den medizinischen Fortschritt nutzbar gemacht, während die Krankenhäuser die Möglichkeit boten, neue Geräte, pharmazeutische Produkte und medizinische Behandlungsprozeduren an einer großen Zahl von Kranken zu erproben (vgl. Stichweh 1988, 264).

Auf die Seuchenbekämpfung zurück geht die Entwicklung der Gesundheitspolizei und der Gesundheitsaufsicht, die in Preußen von Medizinalbeamten wie dem Kreisphysiker übernommen wurde. Diesen beamteten Ärzten kam auch die Aufgabe zu, Gerichtsgutachten zu erstellen und Apotheken, die medizinische Ausbildung und Honorarordnungen zu überwachen. Im Zuge der Industrialisierung wuchsen im 19. Jahrhundert die Städte stark an, wobei die engen Wohnverhältnisse, die unzureichenden hygienischen Verhältnisse und die soziale Lage der neu entstandenen Arbeiterklasse den nach wie vor viele Opfer fordernden Infektionskrankheiten wie Cholera, Pocken und Typhus Vorschub leisteten (vgl. Vögele 2014). Die Städte reagierten darauf mit einem Ausbau der relevanten städtischen Infrastruktur wie etwa der Kanalisation, der Abfallbeseitigung und Wasserversorgung (vgl. Ruckstuhl/Ryter 2021). Gleichzeitig stieg die Bedeutung des öffentlichen Gesundheitsdienstes, der z. B. solche Bauvorhaben begutachten musste, Massenquartiere, Schlafstellen und Arbeiterquartiere kontrollieren sollte und insgesamt zu einer Fachbehörde für Hygienefragen ausgebaut wurde (vgl. Huerkamp 1985, 167 ff.).

Bereits Mitte des 19. Jahrhunderts sind damit zentrale Strukturelemente, die das Gesundheitssystem in Deutschland bis heute prägen, zu erkennen. Dazu gehören die ärztliche Profession, die Arztpraxis als Basis der ambulanten Krankenbehandlung,

Krankenhäuser mit sich ausdifferenzierendem medizinischen Fachpersonal, ein öffentlicher Gesundheitsdienst, Apotheken und medizinische Forschung und Ausbildung an Universitäten. Zur Finanzierung dieses entstehenden Gesundheitssystems finden sich bereits in der ersten Hälfte des 19. Jahrhunderts Betriebskassen und gewerkschaftliche Unterstützungskassen, deren Vorläufer wiederum bis zu den mittelalterlichen Zünften zurückreichen. Einzelne Gemeinden richteten auf kommunaler Ebene Hilfekassen ein, die als Vorläufer der Allgemeinen Ortskrankenkassen (AOK) gelten können (vgl. Simon 2017, 20).

Für die Arbeiterinnen und Arbeiter waren die verschiedenen Kassen die einzige Möglichkeit, sich Krankenbehandlung überhaupt leisten und krankheitsbedingten Lohnausfall kompensieren zu können. Andererseits war der Verdienst vieler Arbeiterinnen und Arbeiter so niedrig, dass sie davon die Beiträge für die Unterstützungskassen nicht zahlen konnten. Aber auch die Fabriken hatten durchaus ein Interesse daran, ihre erfahrenen Arbeiterinnen und Arbeiter auch über Krankheitsphasen hinweg beschäftigen zu können. Zu dem allgemein hohen Krankheitsrisiko etwa durch Infektionskrankheiten kamen in den Bergwerken, Hochöfen und sonstigen Industriebetrieben arbeitsbedingte Unfall- und Krankheitsrisiken dazu. Und auch für die Ärzteschaft waren Krankenkassen, die die Kosten für die Behandlung von Arbeiterinnen und Arbeitern übernahmen, wichtig, da allein durch die Behandlung der zahlungsfähigen Oberschicht nicht genügend Geld zu verdienen war.

Mit der Gründung des Kaiserreichs 1871 verlagerte sich die politische Auseinandersetzung von der Ebene der Länder auf die Reichsebene. Die Doppelstrategie des Reichskanzlers Bismarck im Konflikt mit der Arbeiterbewegung bestand bald darin, einerseits mit den Sozialistengesetzen hart gegen die Arbeiterbewegung und ihre Parteien vorzugehen, andererseits aber mit der Einführung verpflichtender Sozialversicherungskassen die Arbeiterinnen und Arbeiter in die Strukturen des Kaiserreichs einzubinden. Dabei berücksichtigt die oft genutzte Formel von »Zuckerbrot und Peitsche« nicht, dass diese sozialpolitischen Reformen und die damit erhoffte Befriedung der sozialen Frage nicht nur den Arbeiterinnen und Arbeitern, sondern auch den Fabrikbesitzern und den konservativen Eliten des Kaiserreichs – und nicht zuletzt auch der Ärzteschaft und den Krankenhausträgern, deren Finanzierung dadurch gesichert wurde – nutzten. 1883 wurde schließlich mit dem »Gesetz, betreffend die Krankenversicherung der Arbeiter« die gesetzliche Krankenversicherung (GKV) in Deutschland eingeführt.

Zunächst war nur ein Teil der Arbeiterinnen und Arbeiter bis zu einer bestimmten Einkommenshöhe berechtigt, sich in der neuen gesetzlichen Krankenversicherung anzumelden. Berechtigte Arbeiterinnen und Arbeiter wurden nach ihrer Betriebszugehörigkeit einer Betriebs-, Innungs- oder Knappschaftskasse zugewiesen. Fehlte eine solche Kasse, war die Ortskrankenkasse zuständig. Angestellten war der Zugang zur gesetzlichen Krankenversicherung verwehrt, sie konnten sich aber in den verbliebenen Hilfekassen organisieren, die später zu den »Ersatzkassen« wurden. Die Beiträge zu den gesetzlichen Krankenkassen wurden zunächst zu zwei Dritteln von den Arbeiterinnen und Arbeiter und zu einem Drittel von den Arbeitgebern, später dann jeweils hälftig getragen. Verwaltet wurden die Kassen von den Beitragszahlerinnen und Beitragszahlern, also von den Versicherten und den

Arbeitgebern. 1911 wurden die verschiedenen Sozialversicherungsgesetze in der Reichsversicherungsverordnung (RVO) zusammengefasst, die bis in die 1990er Jahre gelten sollte und durch das Sozialgesetzbuch abgelöst wurde.

Die neu eingeführte gesetzliche Krankenversicherung übernahm die Kosten für die ambulante und stationäre Krankenbehandlung sowie die Kosten für Arzneimittel und Krankengeld bei Arbeitsunfähigkeit. Bald dehnten die meisten Kassen diese Leistungen auch auf Familienangehörige aus, ohne die Beiträge dafür zu erhöhen. Niedergelassene Ärzte, die mit den Kassen abrechnen wollten, mussten von diesen eine Zulassung erhalten und einen Vertrag abschließen. Schließlich einigten sich die gesetzlichen Krankenkassen mit den Ärzteverbänden auf gemeinsame Selbstverwaltungsorgane mit weitreichenden Zuständigkeiten.

In der Weimarer Republik wurde der Kreis der Pflichtversicherten u. a. auf Arbeitslose und zunehmend auch auf Angestellte ausgeweitet und die beitragsfreie Mitversicherung für Familienangehörige gesetzlich abgesichert. Der Anteil der in der gesetzlichen Krankenversicherung Versicherten lag zum Ende der Weimarer Republik bei etwa 60 Prozent.

> »Nimmt man alle anderen Kassen hinzu, dann war die Krankenversicherung schon damals faktisch ›Volksversicherung‹. Damit war ein Sockel geschaffen, der das komplexe System von Ärzten, Apothekern, Krankenhäusern, Rehabilitationseinrichtungen, Medizin-, Pharma- und Hygieneindustrie tragen konnte« (Stolleis 2003, 155).

Mehr Versicherte auf der einen Seite, aber auch mehr Leistungsanbieter wie Arztpraxen und Krankenhäuser auf der anderen Seite führten zu Verteilungskämpfen, die wiederholt von Ärztestreiks begleitet wurden. Auf beiden Seiten stieg der Organisationsgrad, der immer mehr kollektive Akteure hervorbrachte. Bereits 1900 hatten Ärzte den Hartmannbund als Interessenvertretung gegründet. Auch die Krankenhäuser organisierten sich – meist entlang ihrer Trägerstrukturen – in eigenen Verbänden. In den Selbstvertretungsorganen der Krankenkassen waren die Gewerkschaften stark vertreten. Der Verteilungskampf zwischen Ärzten und ihren Organisationen und den Krankenkassen wurde schließlich auf dem Verordnungsweg durch die Gründung Kassenärztlicher Vereinigungen als Körperschaften des Öffentlichen Rechtes gelöst, in denen die Ärzte Mitglied werden mussten, wenn sie Geld von den gesetzlichen Krankenkassen erhalten wollten. Die Kassen rechneten jetzt nicht mehr mit den Ärzten direkt ab, sondern zahlten an die Kassenärztlichen Vereinigungen, die das eingenommene Geld wiederum auf die Arztpraxen und Krankenhäuser verteilten. Ärztevertreter und Krankenkassen bildeten einen gemeinsamen »Reichsausschuss«, der das Zulassungsverfahren regulieren sollte. Mit diesem korporatistischen Entscheidungsverfahren war ein weiteres Strukturelement des deutschen Gesundheitssystems entstanden, das im Kern bis heute (in Form des Gemeinsamen Bundesausschusses) überleben sollte.

Während der nationalsozialistischen Diktatur wurden jüdische, sozialdemokratische und kommunistische Ärztinnen und Ärzte sowie Angestellte des Gesundheitssystems entlassen und verfolgt. Jüdische Ärztinnen und Ärzte verloren ihre Approbation. Die von den Nationalsozialisten zunächst angestrebte Auflösung der einzelnen Zweige der Sozialversicherungen und die Gründung einer Einheitsversicherung kam indes nicht zustande. Die Ministerialbürokratie führte vielmehr die bisherige Tradition fort, indem sie z. B. die Ersatzkassen stärker in das Systems der gesetzlichen Krankenversicherungen integrierte und über die Krankenversicherung der Rentnerinnen und Rentner auch diese Gruppe in die GKV einbezog (vgl. Simon 2017, 27 ff.; Stolleis 2003, 180 ff.). Andererseits waren Ärztinnen und Ärzte und Teile des Gesundheitssystems in unterschiedlichem Ausmaß – z. B. über Zwangssterilisationen im Rahmen des »Gesetzes zur Verhütung erbkranken Nachwuchses« oder über die systematische Tötung von Anstaltspatientinnen und -patienten im Rahmen der »Aktion T4« in die nationalsozialistischen Verbrechen eingebunden (vgl. Hohendorf u. a. 2002).

Nach dem Ende des Krieges erklärte die neu gegründete Weltgesundheitsorganisation (WHO) 1946 in ihrer Satzung: »Gesundheit ist ein Zustand des vollständigen körperlichen, geistigen und sozialen Wohlbefindens und nicht nur das Fehlen von Krankheit oder Gebrechen«. Damit legte sie den Grundstein für ein bio-psycho-soziales Verständnis von Gesundheit und Krankheit, das weit über das damals und teilweise auch heute noch dominierende rein naturwissenschaftlich-biomedizinisch orientierte Krankheitskonzept hinausging. Seit den 1970er Jahren verstärkte sich die Diskussion über bio-psycho-soziale Modelle von Gesundheit und Krankheit (vgl. Engel 1977).

1949 wurden sowohl die Bundesrepublik Deutschland als auch die Deutsche Demokratische Republik (DDR) als zwei deutsche Staaten gegründet. In der Bundesrepublik knüpfte man bald an die Traditionslinien des Bismarck'schen Sozialversicherungssystems an, stellte die Selbstverwaltung in den Organen der Krankenversicherung wieder her und vergrößerte – sobald es die wirtschaftlichen Verhältnisse wieder erlaubten – die Anzahl der Versicherten in der GKV weiter. So wurden etwa 1972 Landwirte, Menschen mit einer Behinderung und Studierende in die GKV aufgenommen. Nur wenige Jahre später sollte sich dann aber mit dem Ende der langen Wachstumsphase nach dem Krieg die Tonlage in der Gesundheitspolitik grundsätzlich verändern. Fortan ging es nicht mehr um Ausbau der Krankenversicherung und des Gesundheitssystems, sondern um die sog. Kostenexplosion und um Kostensenkungen. Mit mehreren aufeinanderfolgenden Gesundheitsreformen wurde versucht, die Kosten im Gesundheitssystem und damit die Beiträge zu den Krankenkassen stabil zu halten.

In der DDR hingegen wurde das Bismarck'sche Versicherungssystem durch ein zentralstaatliches System mit staatlich gesteuerter Leistungserbringung in staatlichen Einrichtungen ersetzt. Die größten Veränderungen gab es bei der Leistungserbringung. Die privatwirtschaftlich organisierten Privatpraxen wurden rasch zurückgedrängt und durch Ambulatorien und Polikliniken ersetzt, was nicht zuletzt zu einer besseren Verzahnung von stationärer und ambulanter Behandlung führte. Nach dem Beitritt der ostdeutschen Länder 1990 zur Bundesrepublik erlebten die Bürgerinnen und Bürger der DDR den zweiten Systemwechsel, da jetzt das westdeutsche Gesundheitssystem auf die neuen Bundesländer ausgeweitet wurde. Die Polikliniken verschwanden wieder.

Die vier klassischen Pfeiler der Sozialversicherung in Deutschland (Krankenversicherung, Unfallversicherung, Rentenversicherung und Arbeitslosenversicherung) gehen alle auf die Diskussionen zur sozialen Frage während der Industrialisierung zurück und wurden während des Kaiserreichs bzw. im Fall der Arbeitslosenversicherung in der Weimarer Republik gegründet. Die Pflegeversicherung als fünfte und bislang letzte Säule des Sozialversicherungssystems ist nicht nur in der zeitlichen Dimension ein Sonderfall. Mit der Pflegeversicherung reagierte die Politik im vereinten Deutschland 1995 auf den demographischen Wandel und die steigende Zahl älterer und sehr alter Menschen mit Pflegebedarf. Zwar sichert auch heute noch häusliche Pflege durch Familienangehörige – in der weit überwiegenden Mehrzahl Frauen – die Versorgung von alten pflegebedürftigen Menschen, aber die veränderten Lebens-, Arbeits- und Familienstrukturen hatten in Kombination mit dem demographischen Wandel den Bedarf nach professioneller Pflege massiv anwachsen lassen. Noch in einem weiteren Punkt unterscheidet sich die Pflegeversicherung von der Krankenversicherung und den anderen Sozialversicherungen: Während in der GKV nach dem Bedarfsprinzip die Kosten für erforderliche Leistungen unabhängig von ihrer Höhe übernommen werden, ist die Pflegeversicherung nach dem Zuschussprinzip organisiert und sieht je nach Pflegegrad lediglich pauschale Zuschüsse vor.

Die Reformen an der Krankenversicherung und auch an der gerade erst gegründeten Pflegeversicherung gingen indes auch in den letzten 20 Jahren weiter, was auf einen unverändert hohen Steuerungsbedarf in immer komplexer werdenden Systemen hinweist.

2.3.3 Verhalten, Verhältnisse und Gesundheitsförderung

Seit langem ist bekannt, dass es einen Zusammenhang zwischen dem sozioökonomischen Status und dem Gesundheitszustand gibt. Besonders eindrucksvoll zeigt sich dies, wenn man die Lebenserwartung in verschiedenen Einkommensgruppen analysiert. So hat etwa eine sozialepidemiologische Arbeitsgruppe beim Robert-Koch-Institut (RKI) auf der Grundlage der Daten des Sozio-ökonomischen Panels (SOEP) von 1992 bis 2016 die Lebenserwartung bei der Geburt berechnet und diese dann nach dem Nettoäquivalenzeinkommen gruppiert. Zur Berechnung des Nettoäquivalenzeinkommens werden auf Haushaltsebene die Nettoeinkommen addiert und dann durch die gewichtete Anzahl der Haushaltsmitglieder dividiert, wobei die oder der erste Erwachsene im Haushalt mit dem Faktor 1, jedes weitere Haushaltsmitglied ab 14 Jahren mit dem Gewichtungsfaktor 0,5 und jedes Haushaltsmitglied unter 14 Jahren mit dem Gewichtungsfaktor 0,3 multipliziert wird.

Dabei zeigt sich, dass bei Männern wie bei Frauen bei steigendem Einkommen auch die durchschnittliche Lebenserwartung ansteigt. In der untersten Einkommensgruppe lag das Nettoäquivalenzeinkommen unter der Armutsrisikoschwelle von 60 Prozent des (über den Median gemessenen) Durchschnittsnettoäquivalenzeinkommens, während in der höchsten Einkommensgruppe mindestens das Anderthalbfache des Durchschnittsnettoäquivalenzeinkommens verdient wurde. Frauen kamen in der ärmsten Einkommensgruppe auf eine Lebenserwartung von 78,4 Jahren und in der reichsten Gruppe auf 82,8 Jahre. Bei Männern betrug die Lebenserwartung in der untersten Einkommensgruppe 71,0 Jahre und in der höchsten Einkommensgruppe 79,6 Jahre. Daraus errechnet sich bei Frauen eine Differenz in der Lebenserwartung von 4,4 Jahren und bei Männern von 8,6 Jahren im Unterschied zwischen niedrigster und höchster Einkommensgruppe. Betrachtet man die zukünftige Lebenserwartung für diejenigen, die bereits 65 Jahre alt geworden sind, so zeigt sich immer noch ein Unterschied von 3,7 Jahren bei den Frauen und 6,6 Jahren bei den Männern (vgl. Lampert u. a. 2019). Mit diesem Befund – einkommensstärkere Menschen leben länger als einkommensschwächere Menschen – steht Deutschland indes nicht alleine. Internationale Studien belegen nach Einkommenshöhe gestaffelte Mortalitätsrisiken (vgl. Mackenbach u. a. 2008). Innerhalb Deutschlands zeigen sich auch interessante regionale Unterschiede bei der Lebenserwartung:

> »Unter Nutzung des German Index of Social Deprivation lässt sich zum Beispiel zeigen, dass die mittlere Lebenserwartung in vielen Kreisen Sachsen-Anhalts, Mecklenburg-Vorpommerns, Brandenburgs und Thüringens relativ gering ist, und zwar vor allem in den Kreisen mit hoher sozioökonomischer Deprivation. Im Gegensatz dazu gibt es in Bayern, Baden-Württemberg und Hessen vergleichsweise viele Kreise und kreisfreie Städte mit niedriger sozioökonomischer Deprivation und hoher mittlerer Lebenserwartung« (Lampert 2020, 547).

Insgesamt liegen seit Jahren so viele empirische Belege für einen Zusammenhang zwischen dem sozioökonomischen Status und der Gesundheit vor, dass sich das Forschungsinteresse inzwischen von der Frage, ob es einen solchen Zusammenhang gibt, verschoben hat zu der Frage, wie dieser Zusammenhang zu erklären ist. Hierzu gibt es sehr unterschiedliche mikro- und makrosoziologische Erklärungsansätze (vgl. Pförtner 2013). Dabei ist auch zu berücksichtigen, dass sich der Zusammenhang zwischen dem sozioökonomischen Status und der Gesundheit in zwei Richtungen auswirken kann: So kann sowohl Armut zu schlechterer Gesundheit führen, aber umgekehrt kann etwa eine schlechte Gesundheit über eine frühe Arbeitsunfähigkeit Armut hervorrufen.

Die meisten Modelle sind multifaktoriell angelegt und berücksichtigen sowohl materielle, psychosoziale als auch verhaltensbezogene Faktoren. Zu den materiellen Faktoren gehört Einkommen und Vermögen. Dass Menschen mit wenig Geld bei gesunden Nahrungsmitteln, Hygieneartikeln und privaten Zusatzversicherungen sparen, leuchtet unmittelbar ein. Hinzu kommt der Verzicht auf möglicherweise das Wohlbefinden steigernde, aber kostspielige Ausgaben für Sportvereine, Wellness-Angebote oder Urlaubsreisen. Auch die Wohnsituation ist hierbei zu berücksichtigen. Zu den psychosozialen Faktoren gehören z. B. Stress, der bei prekären Beschäftigungsverhältnissen mit anhaltender Arbeitsplatzunsicherheit dauerhaft hoch sein kann. Auch die soziale Unterstützung durch andere Menschen und die Lebensform (alleinlebend oder in Partnerschaft oder Familie) spielt eine Rolle. Dass schließlich ungesunde Verhaltensweisen wie Rauchen, hoher Alkoholkonsum und Bewegungsmangel die Gesundheit beeinträchtigen verwundert nicht. Komplexe Modelle gehen davon aus, dass die materiellen Faktoren die psychosozialen Faktoren beeinflussen (bspw. erzeugen finanziell unsichere Lebensverhältnisse Stress) und beide zusammen wiederum ungesunde Verhaltensweisen verstärken können. Hinzu kommen Faktoren wie die subjektive Wahrnehmung von Krankheitssymptomen und das Inanspruchnahmeverhalten von gesundheitsbezogenen Dienstleistungen. In den letzten Jahren wird auch häufiger über Gesundheitskompetenz (Health Literacy) als Ursache für sozial ungleich verteilte Gesundheit diskutiert. Darunter wird

»die Fähigkeit zum Umgang mit Gesundheitsinformationen verstanden, um im Alltag tragfähig Entscheidungen treffen und umsetzen zu können, von denen die eigene Gesundheit (und Lebensqualität) profitiert« (Schaeffer u. a. 2020, 673). Da Gesundheitsinformationen inzwischen immer häufiger online angeboten und recherchiert werden, spricht man inzwischen auch von E-Health Literacy oder digitaler Gesundheitskompetenz (vgl. Bittlingmayer u. a. 2020), und auch hier deuten erste Studien auf eine sozial ungleiche Verteilung hin.

Eine interessante Perspektive auf den Zusammenhang zwischen sozialer Ungleichheit und gesundheitlicher Ungleichheit ergibt sich, wenn zusätzlich die zeitliche Dimension berücksichtigt und gesundheitliche Ungleichheit im Lebenslauf analysiert wird. Dabei sind zwei Wirkzusammenhänge besonders bedeutend: Zum einen gehen bestimmte Entwicklungsphasen im Lebenslauf mit einer erhöhten Vulnerabilität in Bezug auf die Gesundheit einher. Dazu gehören z. B. die Schwangerschaft, aber auch andere Wachstumsphasen insbesondere im Säuglings-, Kindes- und Jugendalter (vgl. Lampert 2020, 550). Zweitens wirken manche Risikofaktoren kumulativ. Lampert verdeutlicht dies am Beispiel des Rauchens: »Je früher mit dem Rauchen begonnen wird und je länger geraucht wird, desto höher ist das Risiko für z. B. Herz-Kreislauf-Krankheiten, Atemwegserkrankungen und Krebserkrankungen« (Lampert 2020, 551). Wer in Kindheit und Jugend keinen Sport getrieben hat, wird sich im Erwachsenenalter schwertun, damit anzufangen, und es dadurch noch schwerer haben, die Folgen langjährigen Bewegungsmangels auszugleichen.

Eine besonders vulnerable Phase ist die Schwangerschaft. Daten aus der KIGGS-Studie des Robert-Koch-Instituts zur Gesundheit von Kindern und Jugendlichen zeigen, dass weniger als zwei Prozent der Mütter mit einem hohen sozioökonomischen Status, aber über 27 Prozent der Mütter mit einem niedrigen sozioökonomischen Status während der Schwangerschaft geraucht haben (vgl. Kuntz u. a. 2018a). Sozioökonomisch besser gestellte Mütter stillen deutlich häufiger als schlechter gestellte Mütter (vgl. Lampert 2020, 539). Ebenfalls aus der KIGGS-Studie ist bekannt, dass Kinder und Jugendliche mit niedrigem sozioökonomischem Status sich öfter ungesund ernähren, weniger Sport treiben, eher zu Übergewicht und Adipositas neigen und häufiger rauchen (vgl. Kuntz u. a. 2018b). Die allermeisten Eltern bewerten den Gesundheitszustand ihrer Kinder in der KIGGS-Studie mit sehr gut bis gut. Als mittelmäßig oder schlecht wird der Gesundheitszustand deutlich öfters in der niedrigen Statusgruppe bewertet. Dauerhafte gesundheitliche Einschränkungen, psychische Auffälligkeiten und ADHS kommen ebenfalls in der niedrigen Statusgruppe signifikant häufiger vor als in der höheren (vgl. Kuntz u. a. 2018c). Auch bei Erwachsenen finden sich dann bei vielen somatischen, psychosomatischen und psychischen Störungen signifikante Korrelationen mit dem sozioökonomischen Status. Dazu gehören u. a. Herz-Kreislauf-Erkrankungen wie Herzinfarkt, Atemwegserkrankungen wie die chronisch obstruktive Lungenerkrankung, Lungenkrebs, chronische Rückenschmerzen, Angststörungen (bei Frauen) und Substanzkonsumstörungen.

Besonders von den gesundheitlichen Auswirkungen sozialer Ungleichheit betroffen sind marginalisierte Gruppen, deren Lebenssituation unmittelbar mit gesundheitlichen Risiken assoziiert ist. Das gilt z. B. für Wohnungslose, die signifikant häufiger als die Wohnbevölkerung an somatischen und psychischen Störungen leiden (vgl. Bäuml u.a. 2017). Erste Studien zur gesundheitlichen Situation geflüchteter Menschen in Sammelunterkünften weisen auf eine hohe allgemeine gesundheitliche Belastung, auf Defizite in der Versorgungsqualität und auf Zugangsbarrieren hin (vgl. Biddle u.a. 2021).

Angesichts dieser Befunde überrascht es nicht, dass von Seiten der Gesundheitswissenschaften und von Public-Health-Akteuren mehr Prävention und Gesundheitsförderung gefordert wird. Auch wenn diese beiden Begriffe manchmal fast synonym verwendet werden, beziehen sie sich doch auf unterschiedliche Konzepte und Kontexte.

> **Prävention und Gesundheitsförderung**
>
> Prävention soll Risiken für Krankheiten vermindern und begründet sich eher aus einem an der Pathogenese, also der Lehre von der Entstehung von Krankheiten orientierten Konzept. Gesundheitsförderung hingegen schließt an Theorien zur Salutogenese an, also an Überlegungen, wie Menschen trotz schwieriger Umstände gesund bleiben können, was sie selbst dafür tun können und wie soziale Räume gesundheitsförderlicher gestaltet werden können. Gesundheitsförderung bezieht sich nicht nur auf das Gesundheitssystem, sondern auf unterschiedliche Settings wie die Schule, die Familie, den Arbeitsplatz oder den kommunalen Sozialraum und versucht, solche sozialen Räume gesundheitsförderlicher zu gestalten (vgl. Kolip 2020).

Präventive und gesundheitsfördernde Interventionen lassen sich wiederum in verhaltensorientierte und in verhältnisorientierte Ansätze unterscheiden. So kann man etwa an Jugendliche und Erwachsene verhaltenspräventiv appellieren, wegen der zu erwartenden Gesundheitsschäden nicht zu rauchen. Die um das Jahr 2007 in Kraft getretenen Nichtraucherschutzgesetze hingegen haben – verhältnispräventiv – das Rauchen am Arbeitsplatz und in öffentlichen Gebäuden verboten und damit z. B. an vielen Arbeitsplätzen gesundheitsfördernde Rahmenbedingungen geschaffen.

Eine andere Differenzierung unterteilt Prävention in universelle Präventionsangebote (die sich an ganze Populationen oder Bevölkerungsgruppen richtet), selektive Präventionsangebote (für Teilgruppen mit einem empirisch bestätigten besonderen Risiko) und indizierte Präventionsangebote, die Menschen erreichen wollen, die bereits erste Symptome aufweisen. Noch bekannter ist die Unterscheidung zwischen Primärprävention (z. B. in Form von Impfprogrammen), Sekundärprävention (z. B. Screeningprogrammen zur Krebsfrüherkennung) und Tertiärprävention (wie z. B. in niedrigschwelligen Drogenhilfeangeboten, mit denen die gesundheitlichen Folgen des Drogenkonsums gemindert werden sollen).

Angesichts der skizzierten Zusammenhänge zwischen sozialer Ungleichheit und gesundheitlicher Ungleichheit ist absehbar, dass allein durch Appelle an das Verhalten keine grundlegenden Veränderungen zu erwarten sind. Aus einer Public-Health-Perspektive werden deshalb Konzepte diskutiert, die verhältnispräventiv auf die »ökonomischen, ökologischen, hygienischen und sozialen Verhältnisse abzielen«

(Haverkamp 2018, 496) und parallel dazu individuelle Gesundheitsentscheidungen und gesundes Verhalten anregen und ermöglichen wollen. Das schließt dann wiederum an die Ottawa-Charta der WHO von 1986 an, die umfassende Maßnahmen zur Gesundheitsförderung vorsah, um »allen Menschen ein höheres Maß an Selbstbestimmung über ihre Gesundheit zu ermöglichen und sie damit zur Stärkung ihrer Gesundheit zu befähigen« (WHO 1986).

2.3.4 Gesundheitssysteme und Gesundheitspolitik in vergleichender Perspektive

Das Gesundheitssystem in Deutschland weist auch heute noch Strukturelemente auf, die sich bis ins Kaiserreich und auf die ersten Bismarck'schen Gesetze zur Krankenversicherung zurückführen lassen (▶ Kap. 2.3.2). Zu diesen prägenden Strukturelementen gehören das Sozialversicherungsprinzip, die Finanzierung über Beiträge, die von Arbeitnehmern und Arbeitgebern jeweils zur Hälfte gezahlt werden und damit die enge Anbindung an die Erwerbsarbeit und den Arbeitsmarkt sowie die Begrenzung des Kreises der Pflichtversicherten. Das führt zu einem Dualismus von gesetzlichen Krankenversicherungen (in denen rund 90 Prozent der Bevölkerung versichert sind) und privaten Krankenversicherungen (mit rund 10 Prozent der Versicherten), die sich grundlegend unterscheiden. In der GKV werden die Beiträge prozentual vom Bruttolohn berechnet, und nicht erwerbstätige Familienmitglieder sind ohne weitere Beiträge mitversichert. In der privaten Krankenversicherung (PKV) werden Beiträge je nach individuellem Risiko kalkuliert, eine beitragsfreie Mitversicherung gibt es nicht. Die Leistungen in der GKV sind im SGB V festgelegt. Wird der vom Gemeinsamen Bundesausschuss (GB-A) beschlossene Leistungskatalog überschritten, sind Zuzahlungen und Eigenleistungen fällig. Die Leistungen in der PKV können zumindest teilweise frei zwischen Versicherten und Versicherung vereinbart werden. Da die Honorare, die Arztpraxen und Krankenhäuser aus dem System der PKV beziehen können, kompliziert berechnet und durch verschiedene Mechanismen begrenzt werden, ist die Behandlung von privat versicherten Patientinnen und Patienten für Praxen und Krankenhäuser attraktiv. Die Privilegien, die sich daraus für privat Versicherte ergeben, führen immer wieder zu Verärgerung und letztlich Vertrauensverlust bei den gesetzlich Versicherten. Seit 2009 gilt in Deutschland eine Versicherungspflicht in der gesetzlichen oder privaten Krankenversicherung. Der Anteil der Menschen ohne Krankenversicherung liegt dem aktuellen Mikrozensus zufolge bei knapp 0,1 Prozent.

Ebenfalls zu den Strukturelementen des Bismarck'schen Sozialversicherungssystems gehört das Selbstverwaltungsprinzip für zentrale Organisationen wie Krankenkassen, Ärztekammern, Kassenärztliche Vereinigungen und den Gemeinsamen Bundesausschuss. Die Leistungserbringerseite wird im stationären Bereich dominiert von einer Mischung aus privatwirtschaftlich organisierten Krankenhäusern, von Krankenhäusern, die von den gemeinnützigen Wohlfahrtsverbänden betrieben werden, und von kommunalen Krankenhäusern. Die ambulante Behandlung ist die Domäne der niedergelassenen Ärztinnen und Ärzte in ihren privatwirtschaftlich organisierten Arztpraxen, zwischen denen die Versicherten frei wählen können. Schnittstellenprobleme zwischen dem ambulanten und dem stationären Sektor sind dabei nicht selten.

Ein ganz anders organisiertes Gesundheitssystem findet sich in Großbritannien (vgl. z. B. Schmid 2010, 185 ff. oder Wendt 2013, 110 ff.). Während das deutsche Gesundheitssystem auch noch mehr als 100 Jahre nach den Bismarck'schen Sozialversicherungsgesetzen mit diesem Namen verknüpft wird, wird das britische Gesundheitssystem als Beveridge-Modell bezeichnet. William Henry Beveridge war ein britischer Ökonom und Politiker, der bis 1937 die London School of Economics and Political Sciences leitete. 1942 legte er im Auftrag des Britischen Parlamentes einen Bericht zur Weiterentwicklung der Sozialen Sicherungssysteme vor, der eine nationale Versicherung zur Absicherung im Alter, bei Arbeitslosigkeit und krankheitsbedingter Arbeitsunfähigkeit vorsah, für den Gesundheitsbereich aber statt eines Versicherungssystems einen staatlichen, steuerfinanzierten Gesundheitsdienst vorschlug. 1946 beschloss das Parlament mit dem »National Insurance Act« ein allgemeines Sozialversicherungssystem und mit dem »National Health Service Act« den nationalen Gesundheitsdienst.

Trotz vieler Reformen gelten in Großbritannien bis heute die Grundstrukturen dieses Beveridge-Modells. Wer wegen Krankheit nicht arbeiten kann, erhält Krankengeld aus der Allgemeinen Sozialversicherung. Für die Krankenbehandlung ist hingegen der aus Steuermitteln finanzierte »National Health Service« zuständig, dessen Leistungen allen Einwohnerinnen und Einwohnern zustehen. Der »National Health Service« betreibt Krankenhäuser und ambulante Versorgungseinrichtungen. Niedergelassene privatwirtschaftlich organisierte Arztpraxen sind nicht vorgesehen, und eine freie Arztwahl gibt es auch nicht. Die Behandlung erfolgt durch die jeweils lokal zuständigen ambulanten oder stationären Einrichtungen. Da der »National Health Service« seit Jahren chronisch unterfinanziert ist, gibt es bei vielen Behandlungen lange Wartezeiten. Insgesamt genießt der »National Health Service« aber nach wie vor eine hohe Wertschätzung bei den Bürgerinnen und Bürgern in Großbritannien.

In der international vergleichenden Forschung zu Gesundheitssystemen (vgl. Gerlinger/Rosenbrock 2020; Schmid 2010) wird neben dem Bismarck'schen Sozialversicherungssystem und dem Beveridge-Modell eines staatlichen und steuerfinanzierten Gesundheitssystems meist noch als drittes Modell ein privates Krankenversicherungssystem aufgeführt. Als Beispiel für ein solches System gelten die USA. Kennzeichnend für dieses System sind private Krankenkassen und private Leistungserbringer im ambulanten und stationären Bereich. Steuerfinanzierte öffentliche Leistungen gibt es bspw. in den USA nur für Rentnerinnen und Rentner (Medicare) und besonders bedürftige Menschen (Medicaid). Mit dem unter Präsident Obama verabschiedeten »Affordable Care Act« wurden die privaten Krankenversicherungen stärker reguliert (z. B. durch das Verbot, Menschen mit Vorerkrankungen auszuschließen), eine Versicherungspflicht eingeführt und staatliche Zuschüsse zur Krankenversicherung bereitgestellt. In der Folge dieses nach wie vor in den USA umstrittenen und als »Obamacare« bekannt gewordenen Systems ging der Zahl der Menschen ohne Zugang zum Gesundheitssystem zwar deutlich zurück, liegt aber immer noch wesentlich höher als im Sozialversicherungssystem Bismarck'scher Prägung oder in staatlichen Gesundheitssystemen, die sich am Beveridge-Modell orientieren.

Im Kern geht diese Typologisierung von Gesundheitssystemen auf einen Vorschlag von Esping-Andersen von 1990 zu »unterschiedlichen Welten des Wohlfahrtskapitalismus« zurück, der wohlfahrtsstaatliche Regulierungen in kapitalistischen Staaten anhand verschiedener Kriterien verglichen hat. Zentrale Kriterien für Esping-Andersen waren der Grad der Dekommodifizierung (wie weit also das jeweilige Regulierungssystem Menschen von dem Zwang befreite, seine Arbeitskraft auf dem Arbeitsmarkt zu verkaufen), der Grad der Stratifikation (und damit das Ausmaß der Verringerung oder Verstärkung sozialer Ungleichheiten) und die jeweilige Bedeutung von Staat, Markt und Familie. In den Folgejahren gab es neben Kritik an dem Modell auch vielfache Erweiterungsvorschläge, die sich z. B. auf die Nachfolgestaaten der ehemals sozialistischen Länder Mittel- und Osteuropas bezogen. Generell ist zu berücksichtigen, dass sowohl das oben skizzierte Dreiermodell der Gesundheitssysteme als auch das Modell von Esping-Andersen die reichen kapitalistischen Länder des globalen Westens oder Nordens besser berücksichtigt als die Länder des globalen Südens oder Länder wie China und Russland. Zwischen den verschiedenen Gesundheitssystemen sind zudem in den vergangenen Jahrzehnten Angleichungsprozesse zu beobachten. So suchen alle Systeme nach Antworten auf den demographischen Wandel und die steigende Zahl älterer Menschen, die die Gesundheitssysteme und die Pflege weltweit vor Herausforderungen stellt. Da die Komplexität und die interne Ausdifferenzierung seit der Gründung in der Phase der Industrialisierung stark angewachsen sind, haben alle Gesundheitssysteme mit jeweils spezifischen Steuerungsproblemen zu kämpfen.

Welches Gesundheitssystem und welche Steuerungsversuche durch das politische System den Stresstest durch die Corona-Pandemie besser oder schlechter bestanden haben, kann zum gegenwärtigen Zeitpunkt noch nicht beurteilt werden. Dass nationale Gesundheitssysteme aber letztlich als Teil eines globalen Weltsystems agieren, zeigte sich auch während der Pandemie: Die jeweils in den einzelnen Staaten eingesetzten Instrumente und Interventionen wie Hygieneregeln, Kontaktbeschränkungen, Testprogramme und Impfungen unterschieden sich nicht, lediglich der jeweilige nationale Mix aus diesen Maßnahmen variierte.

Weiterführende Literatur

Hehlmann, T., Schmidt-Semisch, H. & Schorb, F. (2018): Soziologie der Gesundheit. München: UVK (UTB).
Razum, O. & Kolip, P. (Hrsg.) (2020): Handbuch Gesundheitswissenschaften. Weinheim: Beltz Juventa.
Richter, M. & Hurrelmann, K. (Hrsg.) (2016): Soziologie von Gesundheit und Krankheit. Wiesbaden: Springer.

Weiterführende Quellen

RKI – Robert-Koch-Institut (Hrsg.) (2017): Gesundheitliche Ungleichheit in verschiedenen Lebensphasen. Gesundheitsberichterstattung des Bundes. Gemeinsam getragen von RKI und Destatis. RKI, Berlin.

Robert Koch-Institut (Hrsg.) (2020): Gesundheitliche Lage der Frauen in Deutschland. Gesundheitsberichterstattung des Bundes. Gemeinsam getragen von RKI und Destatis. RKI, Berlin.

2.4 Alter, Altern und die alternde Gesellschaft

2.4.1 Manfred Widmann und Paula Drewes: Altersbilder im Vergleich

Obwohl Manfred Widmann 71 Jahre alt ist, sitzt er am Schreibtisch und korrigiert Hausarbeiten. Es ist zwar schon sechs Jahre her, dass Professor Widmann von seinem Fachbereich und seiner Hochschule in den Ruhestand verabschiedet wurde, aber zunächst hat er noch sechs Semester als Seniorprofessor mit einer reduzierten Seminarliste weitergearbeitet. Auch danach bat ihn sein Fachbereich, zwei Seminare weiterhin als Lehrbeauftragter zu übernehmen, und daran hat sich bis jetzt nichts geändert. Manchmal fragt er sich selbst, warum er immer noch unterrichtet. Finanziell hätte er das nicht nötig, aber einerseits fühlt er sich verpflichtet, seinen Fachbereich zu unterstützen, und andererseits machen ihm die Lehre und die Diskussionen mit den jungen Studierenden Freude. Auch zu den Konferenzen seiner Fachgesellschaft fährt er noch regelmäßig und selbstverständlich liest er auch noch wichtige Fachzeitschriften und schreibt gelegentlich auch noch einen Artikel. Darüber hinaus engagiert er sich im Vorstand einer Umweltstiftung und im Beirat des lokalen Kunstmuseums. Für seine Kinder und Enkelkinder, die in Brüssel und in Mailand leben, aber mehrmals im Jahr zu Besuch kommen, nimmt er sich inzwischen etwas mehr Zeit und er genießt die langen Urlaube mit seiner Frau, einer pensionierten Museumspädagogin. In letzter Zeit sprechen sie fast jeden Tag über ein neues Projekt, das gute Freunde von Ihnen initiiert haben: Der neu gegründete Verein »Gutes Wohnen und Leben im Alter« sucht eine Immobilie oder einen Bauplatz für ein Wohnprojekt mit mehreren altersgerechten Wohnungen. Zunächst fand er die Idee absurd: Warum sollten er und seine Frau ihr schönes Haus am Rande der Altstadt verlassen? Aber dann hat seine Frau ihn auf die vielen Treppen hingewiesen, auf seine Knieprobleme und auf den großen Garten, den sie immer weniger nutzen. Und wenn sie alt werden, wäre es ja vielleicht nicht schlecht, gute Freunde in der Nähe zu haben, wo schon die Kinder so weit weg wohnen.

Paula Drewes geht es deutlich schlechter als Manfred Widmann und seiner Frau. Mit 81 ist sie zehn Jahre älter als Manfred Widmann. An ihren Halbtagsjob als Verkäuferin kann sie sich inzwischen kaum mehr erinnern. Ihr Mann, der als Hausmeister gearbeitet hatte, ist vor sechs Jahren gestorben, und die Demenz, die sich schon vor seinem Tod bemerkbar gemacht hatte, ist seither rasant fortgeschritten. Zwei Jahre nach dem Tod ihres Mannes ist sie zu ihrer Tochter Ines gezogen, weil sie nicht mehr alleine leben konnte. Die ambulante Versorgung war zu aufwendig geworden. Vor sechs Monaten hat ihre Tochter damit begonnen, einen Platz in einem Pflegeheim zu suchen. Paula braucht inzwischen 24 Stunden Betreuung. Dass Ines ihre Tochter ist, weiß sie nicht mehr und Ines hat Angst, dass ihre Mutter unbemerkt das Haus verlassen und nicht mehr zurückfinden könnte. Jetzt war kurzfristig ein Platz im Pflegeheim der AWO freigeworden, und Ines hofft, dass sich der tägliche Stress deutlich reduzieren wird, wenn ihre Mutter erst einmal im Pflegeheim ist. Als sie von den Kosten gehört hat, war sie geschockt, und wahrscheinlich wird sie sogar einen Teil davon übernehmen müssen, da die Rente und die Leistungen der Pflegeversicherung nicht ausreichen werden.

Zwischen Manfred Widmann und Paula Drewes fallen v. a. die Unterschiede auf. Die beiden Fallbeispiele unterscheiden sich in Bezug auf das Geschlecht, auf den Familienstand, auf die gesundheitliche Situation, auf die Teilhabe am gesellschaftlichen Leben und auch bei der Einkommenssituation. Gemeinsam ist beiden nur eines: Manfred Widmann und Paula Drewes gelten beide als alt und werden der Lebensphase Alter zugeordnet.

Dabei erweist sich der Begriff Alter als mehrdeutig. Einerseits wird der Begriff »Alter« als Differenzmarker (vgl. van Dyk 2020, 14) verwendet, mit dem Alt und Jung und die Alten und die Jungen voneinander abgegrenzt werden. Diese Begriffspaare finden sich in der Rentendebatte, wenn junge Beitragszahler gegen alte Rentenempfänger in Stellung gebracht werden, aber auch in der Sportberichterstattung, wenn z. B. für die Fußballnationalmannschaft eine passende Mischung aus jungen und alten Spielern gefordert wird. Während der Corona-Pandemie wurde von jungen Menschen solidarisches Handeln (etwa der Verzicht auf Partys und Treffen mit Freundinnen und Freunden) gefordert, um die stärker gefährdeten Alten zu schützen. Andererseits ist Altern ein Prozess, dem Menschen nicht entrinnen können. Was auch immer wir tun – ob wir arbeiten oder uns entspannen, ob wir ein Fachbuch lesen oder schlafen – wir altern dabei. Der Begriff des Alterns bringt die zeitliche Dimension in die Soziologie. Mit dem Prozess des Alterns können Veränderungen auf unterschiedlichen Ebenen verbunden sein, die wir i. d. R. erst bemerken, wenn größere Zeitspannen vergangen sind. Der Körper altert, körperliche und kognitive Fähigkeiten verbessern oder verschlechtern sich, Einstellungen können sich verändern und andere Altersgrenzen und Altersnormen werden angewendet.

Nur wenige Eigenschaften eines Menschen werden so oft abgefragt wie das Alter (vgl. van Dyk 2020, 16). Das gilt sowohl für amtliche Formulare als auch für private Kommunikationssituationen. Das chronologische oder kalendarische Alter – gemessen als die Zeitspanne, die seit der Geburt eines Menschen verstrichen ist – nimmt jedes Jahr um ein Jahr zu. Damit verbunden ist auch ein biologischer Alterungsprozess, der als »nicht umkehrbarer physiologischer Vorgang beschrieben wird, der mit dem Tod endet« (van Dyk 2020, 15). Das biologische Alter ist nicht mit dem kalendarischen Alter gleichzusetzen: Je nach Lebensweise, Einkommens- und Arbeitsverhältnissen, genetischer Ausstattung und einer Vielzahl anderer Faktoren kann sich der altersbedingte körperliche Abbauprozess bei kalendarisch gleichaltrigen Menschen deutlich unterscheiden. Regelmäßig berechnen Studien je nach Bildungsstand, Beruf und Einkommen unterschiedliche Lebenserwartungen (vgl. z. B. Bopp/Mackenbach 2019).

> **Alter körperlich, psychisch und sozial**
>
> Das sichtbare Alter verweist auf den Körper, der Informationen über sein Alter preisgibt. Das psychische Alter bezieht sich auf die innerpersonale Wahrnehmung und Selbsteinschätzung des chronologischen Alters. Das soziale Alter ergibt sich aus rechtlichen Altersgrenzen, sozialen Altersnormen und aus der gesellschaftlichen Einteilung des Lebenslaufs in verschiedene Phasen. So beginnt die Schulpflicht mit sechs Jahren, die Volljährigkeit mit 18 Jahren und die gesetzliche Rente wegen Alters je nach Geburtsjahrgang derzeit zwischen 65 und 67 Jahren.

Die soziologische Lebenslaufforschung (vgl. Wingens 2020; Kohli 1985) hat theoretisch und empirisch herausgearbeitet, dass in modernen westlichen Gesellschaften ein dreigeteilter Lebenslauf dominiert, der aus einer Bildungsphase (Kindheit und Jugend), einer Erwerbsphase (Erwachsenenalter) und einer Ruhestandsphase besteht. Dieser dreigeteilte Lebenslauf ist in modernen Gesellschaften zu einer Institution geworden, an der sich individuelle biographische Entscheidungen orientieren. Für die Lebensphase Alter »ist dabei die Herausbildung des modernen Ruhestandes die entscheidende strukturelle Veränderung« (Kohli 2013, 13). In der Regel wird deshalb der Beginn der Lebensphase Alter mit dem Übergang in den Ruhestand gleichgesetzt. Die Freisetzung aus dem Erwerbssystem und der Beginn der Renten- oder Pensionszahlungen werden in der Lebenslaufperspektive zum zentralen Bezugspunkt der soziologischen Altersforschung. Nicht ganz zu Unrecht ist dieser Perspektive nachgesagt worden, dass sie v. a. auf Männer und berufstätige Frauen zutrifft und bei weniger in den Arbeitsmarkt integrierte Frauen Schwächen aufweist. Nicht erwerbstätige Frauen erleben den Übergang in den Ruhestand nur über ihren Mann vermittelt, während andere einschneidende Ereignisse wie etwa der Auszug der Kinder aus der elterlichen Wohnung nicht berücksichtigt werden.

Da die Lebensphase Alter erst mit dem Tod endet und die Lebenserwartung in den letzten 150 Jahren stark angestiegen ist, dauert diese Lebensphase heute recht lange und im Einzelfall deutlich länger als Kindheit und Jugend zusammengenommen an. Dass sich in einer solch langen Lebensphase sehr unterschiedliche Abschnitte und Lebenslagen finden, kann nicht verwundern. Sowohl in der Alltagssprache als auch in der Gerontologie, einem interdisziplinären Wissenschaftsfeld, »das sich von der Untersuchung grundlegender biologisch-körperlicher Vorgänge bis hin zu Fragen der gesellschaftlichen und sozial-kulturellen Repräsentation von Altern und Alter erstreckt« (Wahl/Heyl 2015, S. 76), finden sich deshalb Vorschläge, diese lange Lebensphase zu unterteilen. In diese Richtung gehen Differenzierungen in das dritte Lebensalter, das gerne auch als junges Alter bezeichnet wird, an das sich ein von gesundheitlichen Einschränkungen und Pflegebedürftigkeit geprägtes viertes Lebensalter und in manchen Unterteilungen auch ein fünftes, abhängiges Lebensalter anschließt, in dem die selbstständige Lebensführung durch Unterbringung in Institutionen und Versorgung rund um die Uhr abgelöst wird.

Die beiden Fallbeispiele Manfred Widmann und Paula Drewes passen durchaus zu solchen Differenzierungen: auf der einen Seite junge, gesunde Alte, die die Potenziale des Alters für sich und die Gesellschaft – etwa über ehrenamtliche Tätigkeiten in der Zivilgesellschaft – nutzbar machen, und auf der anderen Seite ›alte‹ und kranke Alte als dementiell erkrankte Pflegebedürftige. Solche unterschiedlichen Altersbilder können »als kollektive Deutungsmuster verstanden werden, die in öffentlichen Diskursen über das Alter entstehen und sich verändern« (BMFSFJ 2010, 27). Wenn solche Altersbilder auf der Mesoebene von Organisationen institutionalisiert werden, erhalten sie eine »konkrete, dauerhafte und handlungswirksame Form und wirken sich dann auf das Alltagsleben, die Lebensläufe und Lebensplanung der Menschen aus« (BMFSFJ 2010, 27). Der Übergang zu Altersstereotypen – »wenn Menschen aufgrund ihres Lebensalters bestimmte Eigenschaften, Verhaltens- und Rollenerwartungen zugeschrieben werden« (Backes/Clemens 2013, 59) – ist dabei fließend. Die Analyse solcher Altersbilder und ihrer Wirkungen stand im Zentrum des sechsten Altenberichts der Bundesregierung (vgl. BMFSFJ 2010), der sich angesichts der Ausdehnung und Diversifizierung der Lebensphase Alter für differenzierte und veränderte Altersbilder stark machte und neben Defiziten und Unterstützungsbedarf auch Potenziale und Kompetenzen alter Menschen betonte.

2.4.2 Die Lebensphase Alter im historischen Wandel

Obgleich die Lebenserwartung in vorindustriellen Gesellschaften wesentlich niedriger lag als heute, gab es dennoch auch in der Antike, im Mittelalter und in der frühen Neuzeit alte Menschen, Diskurse über das Alter und unterschiedliche Altersbilder. »Von der Antike bis in das 18. Jahrhundert waren stets rund 5–10 Prozent der Bevölkerung über 60 Jahre alt« (Ehmer 2008, 162). Alte Menschen und das Alter waren also auch in agrarischen Gesellschaften präsent, aber die meisten Menschen starben deutlich früher und konnten auch nicht die Erwartung haben, so alt zu werden. Die Säuglings- und Kindersterblichkeit war hoch, und auch nach dem Kindesalter war das Überleben in jedem Alter z. B. durch Seuchen, Krankheiten, Kriege oder Hungersnöte bedroht. In der sozialhistorischen Forschung finden sich je nach Epoche und Region sehr unterschiedliche Beispiele für Altersbilder, die manchmal stärker die positiven, manchmal aber auch stark die negativen Seiten des Alters transportierten. Das gilt auch für die Darstellung des Alters und alter Männer und Frauen in der Kunst (vgl. z. B. Hülsen-Esch 2020). Weit verbreitet waren allegorische Darstellungen der Lebensalter als Zyklus oder als Lebenstreppe, die bis zur Lebensmitte als Aufstieg und danach als Abstieg gezeichnet wurden.

Einen Ruhestand im heutigen Sinne kannten die agrarischen Gesellschaften nicht. »In allen Epochen vor der Moderne scheint es die Regel gewesen zu sein, bis ans Lebensende zu arbeiten, wenn dies die Kräfte zuließen« (Ehmer 2008, 164). Wer es sich leisten konnte, arbeitete im Alter weniger. In vielen Regionen Europas entwickelten sich Muster und Regeln für die Übergabe des Hofes an die nächste Generation, bei denen der alte Bauer und die alte Bäuerin auf das Altenteil zogen, nur noch einen Teil des Landes für die eigene Existenzsicherung beanspruchten und bearbeiteten und den eigentlichen Hof den Erben übergaben. Wer dauerhaft krank und schwach wurde und nicht mehr weiterarbeiten konnte, war auf die Unterstützung aus der Familie angewiesen. Die tatsächliche Bedeutung der Familie sollte dabei nicht überschätzt oder von romantisierenden Bildern früherer Großfamilien überlagert werden: »Wegen der hohen Sterblichkeit und der hohen Mobilität der vormodernen Gesellschaften konnten keineswegs alle älteren Menschen mit der Anwesenheit von Familienangehörigen rechnen« (Ehmer 2008, 164). Wer keine familiäre Unterstützung hatte, dem blieben Betteln, Almosen und die ab dem 17. Jahrhundert allmählich entstehenden Armenkassen und Armenhäuser der Armenfürsorge (vgl. Sachße/Tennstedt 1998). Alte Menschen, deren Arbeitskraft nicht mehr zur Existenzsicherung ausreiche, galten in vielen frühen Armengesetzen und -verordnungen als legitime Empfänger von Almosen, während arbeitsfähige Arme an die Zucht- und Arbeitshäuser verwiesen und mit Bettelverbot belegt wurden.

Im 19. Jahrhundert schließlich begann ein Anstieg der Lebenserwartung, der bis heute anhält. Gründe hierfür waren Verbesserungen bei der Hygiene, der Trinkwasserversorgung und Kanalisation, bei der Nahrungsmittelproduktion, der Bekämpfung von Infektionskrankheiten und – etwas später – der medizinischen Versorgung (vgl. Klotz/Simm 2019, 86; Fach u. a. 2016). Die mittlere Lebenserwartung bei der Geburt lag der amtlichen Statistik zufolge für die Periode 1881 bis 1890 im Deutschen Reich bei 40,3 Jahren für Frauen und 37,2 Jahren für Männer (alle Zahlen in diesem Absatz nach Kohli 2013). Dabei muss aber die zu dieser Zeit noch sehr hohe Säuglings- und Kindersterblichkeit berücksichtigt werden. Das 60. Lebensjahr erreichten rund ein Drittel der Männer und knapp 40 Prozent der Frauen. Wer bereits 60 Jahre alt war, hatte eine weitere Lebenserwartung von 13,1 Jahren (bei den Frauen) und 12,4 Jahren (bei den Männern).

Die Industrialisierung und die damit verbundene Durchsetzung eines kapitalistisch-marktwirtschaftlichen Wirtschaftssystems veränderte die Arbeits-, Lebens- und Wohnverhältnisse der Menschen grundlegend. Der Zuzug vom Land in die Städte, die beengten Wohnverhältnisse, die Arbeitsbedingungen in den neuen Industriebetrieben, niedrige Löhne und unsichere Beschäftigungsverhältnisse führten zu einem Anwachsen von Armut und Elend bei den neuen Industriearbeiterinnen und -arbeitern und ihren Familien, zur Entstehung der Arbeiterbewegung, zu sozialdemokratischen und sozialistischen Parteien, zu Diskursen über die soziale Frage und Sozialreformen und schließlich auch zu einer neuen Form von Sozialpolitik und Sozialgesetzen. Mit der Kaiserlichen Botschaft von 1881 kündete Reichskanzler Bismarck die Einführung eines Gesetzes über eine Krankenversicherung der Arbeiterinnen und Arbeiter, eines Unfallversicherungsgesetzes und eines Gesetzes »betreffend die Invaliditäts- und Altersversicherung« an, das 1889 in Kraft trat (▶ Kap. 2.3.2). Die Altersgrenze in der Rentenversicherung lag bei 70 Jahren (was nur wenige erreichten) und die Leistungen waren zunächst bescheiden: »Versichert waren nur die aufgrund nachlassender Arbeitsproduktivität gegen Ende des Lebens zu erwartenden Lohneinbußen« (van Dyk 2020, 22). In den folgenden Jahren wurden die Leistungen allmählich ausgeweitet (z. B. auch auf Hinterbliebene) und die Altersgrenze auf 65 Jahre für Männer und 60 Jahre für Frauen gesenkt. Letztlich erreichte die gesetzliche Rente erst mit der Rentenreform von 1957 das Niveau einer

Lebensstandardsicherung. Hierzu wurden das bisherige Kapitaldeckungsverfahren auf eine Umlagefinanzierung umgestellt und die Rentenhöhe an die aktuelle Lohnentwicklung gekoppelt, so dass es zu regelmäßigen Rentenerhöhungen kam. Über diese verschiedenen Reformen kristallisierte sich allmählich »die Institutionalisierung des – an das chronologische Alter gekoppelten – Ruhestandes heraus, mit dem eine Versorgung im Rahmen einer sozialen Alterssicherung verbunden ist« (Backes/Clemens 2013, 28). Ausschlaggebend für den Übergang in den Ruhestand und die Lebensphase Alter ist seither nicht die individuelle Erwerbsfähigkeit, sondern das Erreichen einer sozialpolitisch vorgegebenen Altersgrenze. Durch die stetig steigende Lebenserwartung erreichten in den Folgejahren immer mehr Menschen diese Altersgrenze und die Lebensphase Alter. Die Lösung für das Problem der nachlassenden Arbeitskraft musste nun nicht mehr individuell gesucht werden, sondern wurde zu vergleichbaren Konditionen wohlfahrtsstaatlich organisiert. Altern und das Alter wandelten sich von einer individuellen zu einer kollektiven Erfahrung. Im Zentrum dieses institutionalisierten Lebenslaufs stand allerdings die männliche Erwerbsbiographie. Der Großteil der Frauen, die statt Erwerbsarbeit Familienarbeit leisteten, blieben von einer eigenen Rente ausgeschlossen und hatten nur vermittelt über die Ehemänner oder die Witwenrente Zugang zu Rente und Ruhestand.

Mit der den Lebensstandard sichernden Rente war auch eine neue nacherwerbliche Lebensweise entstanden, die gleichermaßen vom Zwang wie vom Recht auf Erwerbsarbeit befreit war. In den 1970er Jahren setzten dann auch erste Debatten darüber ein, wie diese Lebensweise sinnvoll gelebt werden sollte und wie die finanziell jetzt abgesicherten Rentnerinnen und Rentner die freie Zeit nutzen könnten.

Die Gerontologie, die sich mit der Erforschung des Alters und des Alterns befasst und die seit den 1950er Jahren in den USA und anderen Ländern fest institutionalisiert war, etablierte sich ab den 1980er Jahren auch in Deutschland und rezipierte theoretische Ansätze und Forschungsbefunde aus der englischsprachigen Literatur (vgl. Wahl/Heyl 2015; Amann 2014). Dabei wurde der in den 1950er und 1960er Jahren in den USA dominante »Disengagement«-Ansatz, der von der Notwendigkeit einer Anpassung an den mit der Alterung verbundenen Funktionsverlust ausging, bald von auf Aktivierung und möglichst große Kontinuität mit der mittleren Lebensphase setzenden Ansätzen verdrängt (vgl. van Dyk 2020, 42 ff.; Backes/Clemens 2013, 123 ff.). Seither werden defizitorientierte Modelle in der Gerontologie eher abgelehnt, während Konzepte, die die Potenziale des Alters betonen, dominieren. 1993 erschien der erste von einem wissenschaftlichen Expertengremium erstellte Altenbericht der Bundesregierung (BMFuS 1993), dem seither sieben weitere gefolgt sind.

Seit den 1990er Jahren wurde über die sich immer weiter ausdehnende und ausdifferenzierende Lebensphase Alter unter dem Stichwort »Strukturwandel des Alters« (Tews 1993) diskutiert. Großzügige Vorruhestandsregelungen und Frühverrentungen führten dazu, dass das tatsächliche Renteneintrittsalter deutlich unter die Regelaltersgrenzen fiel. Angesichts hoher Arbeitslosenzahlen galten Vorruhestandsregelungen und Abfindungen in den 1990er Jahren in der Bundesrepublik Deutschland und anderen Ländern als attraktive Möglichkeit, den Arbeitsmarkt zu entlasten und die Beschäftigungsstruktur in den Betrieben zu verjüngen. Diese »Entberuflichung« ganzer Alterskohorten führte nicht nur zu einer Verjüngung des Ruhestandsalters und zu einer Ausdifferenzierung und Individualisierung der Wege von der Erwerbsarbeit in den Ruhestand, sondern auch zunehmend zu einer Belastung der Rentenkassen. Wie weit die Verjüngung des Ruhestandsalters ging, zeigt eine Studie aus dem Jahr 1991 mit dem Titel »Die Älteren. Zur Lebenssituation der 55–70jährigen«, in der erstmals eine Untergruppe älterer Menschen vorgestellt wurde, die mit dem Ruhestand vielfältige Aktivitäten, Selbstverwirklichung, Kreativität und Genuss verbanden (vgl. Infratest Sozialforschung u. a. 1991). Das Ende der DDR und der Zusammenbruch der Wirtschaft in den neuen Bundesländern gab der Entberuflichung und der Verjüngung des Ruhestands einen weiteren Schub. Mehr als eine Million Menschen im Alter zwischen 55 und 65 wurden in den neuen Bundesländern über Vorruhestands- und Altersgeldregelungen vorzeitig in den Ruhestand geschickt, so dass Entberuflichung und Vorruhestand zu einer ganze Alterskohorten prägenden Erfahrung wurden.

Da Frauen im Durchschnitt länger leben als Männer, gehört zum Strukturwandel des Alters auch die Feminisierung des Alters. Der Begriff der Singularisierung des Alters hängt damit zusammen, da mit zunehmendem Alter Frauen verwitwet sind und alleine leben.

Zum Strukturwandel des Alters gehörte aber auch, dass die immer höhere Lebenserwartung nicht nur zu einer Steigerung der Zahl alter Menschen führte, sondern dass es auch immer mehr hochaltrige Menschen gab. Der Vierte Altenbericht der Bundesregierung nennt für Hochaltrigkeit eine pragmatische Altersgrenze von 80 bis 85 Jahren (vgl. BMFSFJ 2002). Wenn es immer mehr hochaltrige Menschen gibt, führt das auch zu einer Zunahme alterskorrelierter Erkrankungen wie z. B. dementieller Erkrankungen und entsprechendem Pflegebedarf. Nach langen Diskussionen wurde 1995 die Pflegeversicherung als jüngste gesetzlich verpflichtende Sozialversicherung eingeführt. Die Pflegeversicherung veränderte den Anbietermarkt an Pflegedienstleistungen und führte zu einem Wachstumsschub v. a. für privatwirtschaftlich organisierte ambulante Pflegedienste.

Da seit den 1990er Jahren auch über den demographischen Wandel, die Überalterung der Gesellschaft und die Kosten für die Sozialversicherungssysteme – insbesondere für die Rentenversicherung – diskutiert wird, ist die Politik in Deutschland wie in anderen Ländern seither bemüht, den Trend zu einem frühen Rentenbeginn zu brechen und die Finanzierung der Rente an den demographischen Wandel anzupassen. Dazu wurde in Deutschland das Rentenniveau abgesenkt, zur privaten Vorsorge für das Alter geraten (»Riester-Rente«) und das gesetzliche Renteneintrittsalter schrittweise auf 67 Jahre für Männer und Frauen angehoben. Wer früher in Rente gehen will, muss Abschläge in Kauf nehmen. Tatsächlich steigt das Renteneintrittsalter seither auch wieder an von 60,5 Jahren bei den Frauen im Jahr 1995 auf 62,5 im Jahr 2019 und bei den Männern im gleichen Zeitraum von 59,8 Jahren auf 62,2 Jahre (vgl. Deutsche Rentenversicherung Bund 2020, 132). Wegen der Absenkung des Rentenniveaus wird inzwischen auch wieder über drohende Altersarmut diskutiert. Dieses Risiko könnte in den kommenden Jahren steigen, wenn zunehmend Alterskohorten in Rente gehen, deren Erwerbsbiographien durch längere Zeiten von Arbeitslosigkeit, Niedriglohn und sonstigen Unterbrechungen geprägt sind.

2.4.3 Demographischer Wandel und die alternde Gesellschaft

Bereits im ersten Altenbericht der Bundesregierung taucht der Begriff »Demographischer Wandel« auf (BMFuS 1993, 5), der seither aus der Diskussion um Alter und Altern in Deutschland nicht mehr wegzudenken ist. Für die nächsten 40 Jahre wurde dort ein kontinuierlicher Anstieg der Zahl älterer Menschen und damit auch ein Anstieg des Anteils älterer Menschen an der Gesamtbevölkerung prognostiziert. Inzwischen ist zwar mehr als die Hälfte dieses Prognosezeitraums vergangen, und die Daten- und Rechenmodelle der Bevölkerungswissenschaft (Demographie) und auch der Bevölkerungssoziologie (vgl. z.B. Kreyenfeld/Konietzka 2020; Niephaus/Kreyenfeld/Sackmann 2016; Höpflinger 2012) sind komplexer und differenzierter geworden, aber an den Kernaussagen, die mit dem Stichwort des demographischen Wandels verbunden sind, hat sich seither nur wenig verändert.

Im Mittelpunkt der Forschung zum demographischen Wandel stehen Veränderungen in der Zusammensetzung und im Umfang einer Bevölkerung, die sich aus »den drei demographischen Prozessen der Fertilität, der Migration und der Mortalität« (Kreyenfeld/Niephaus/Sackmann 2016, 4) ergeben. Ob Deutschland eine »Schrumpfende Gesellschaft« (Kaufmann 2005) ist und wie sich die Altersstruktur der Bevölkerung in Deutschland ändert, hängt davon ab, wie viel Kinder im zu untersuchenden Zeitraum geboren werden, wie sich der Migrationssaldo – die Differenz zwischen Zuzügen nach und Wegzügen aus Deutschland – entwickelt, und wie viel Menschen in diesem Zeitraum sterben.

> **Geburtenziffer (Total Fertility Rate)**
>
> Zur Beschreibung der Fertilität wird am häufigsten die sog. zusammengefasste Geburtenziffer (TFR, Total Fertility Rate) verwendet, die sich aus den altersspezifischen Geburtenziffern errechnet und – vereinfacht – als »durchschnittliche Kinderzahl pro Frau« (Kreyenfeld/Konietzka 2020, 768) interpretiert wird. Bei Kreyenfeld und Konietzka (2020) finden sich auch Erläuterungen zu den methodischen Problemen, die mit dieser und anderen demographischen Kennziffern verbunden sind.

Die zusammengefasste Geburtenziffer lag im 19. Jahrhundert zwischen 4 und 5, was bedeutet, dass Frauen damals im Durchschnitt 4 bis 5 Kinder geboren haben. Zu Beginn des 20. Jahrhunderts ging diese Kennzahl deutlich zurück, und die Weltwirtschaftskrise und zwei Weltkriege führten zu weiteren Rückgängen in der ersten Hälfte des 20. Jahrhunderts. Nach dem Zweiten Weltkrieg stieg dann in den 1950er und 1960er Jahren die zusammengefasste Geburtenzahl in vielen europäischen Ländern wieder an. Das »Golden Age of Marriage« brachte die Babyboomer hervor und damit in Deutschland jene geburtenstarken Jahrgänge, die jetzt allmählich in

Rente gehen und mitverantwortlich für die zunehmende Zahl alter Menschen in den kommenden Jahren sind. Ende der 1960er Jahre ging das »Golden Age of Marriage« dann auch schon wieder zu Ende und die zusammengefasste Geburtenzahl fiel in Westdeutschland unter 1,5 Kinder je Frau. In der DDR lag die Geburtenzahl deutlich darüber, fiel nach dem Zusammenbruch der DDR und dem Beitritt der neuen Bundesländer zur Bundesrepublik aber umso tiefer unter 1 Kind je Frau. Zu Beginn des 21. Jahrhunderts näherten sich die Geburtenziffern in den alten und neuen Bundesländern dann wieder an. Lange schwankte die Geburtenziffer um 1,4 Kinder je Frau, und seit 2015 liegt sie zwischen 1,5 und 1,6 und damit deutlich unter dem Niveau, das erforderlich wäre, um die jeweilige Elterngeneration zu ersetzen. Interessant ist auch, wie sich bei diesen Zahlen Mikro- und Makroebene miteinander vermengen: So ist einerseits die Entscheidung für oder gegen ein Kind eine sehr individuelle Entscheidung einer Frau oder eines Paares. Andererseits ändern aber auch leicht steigende Geburtenziffern pro Frau erst einmal wenig an der absoluten Geburtenzahl, da die Zahl der Frauen in den entsprechenden Altersklassen bereits durch die vorangegangene demographische Entwicklung rückläufig ist (vgl. Pötzsch 2016).

Bei der Mortalität interessiert neben den absoluten Zahlen der in einem Kalenderjahr Verstorbenen v. a. die Entwicklung der Lebenserwartung, die in industrialisierten Ländern typischerweise einen U- oder wannenförmigen Verlauf hat. Im Zusammenhang mit der Geburt und in den ersten Jahren nach der Geburt ist das Risiko, zu versterben, erhöht. Wenige Jahre nach der Geburt ist dieses Risiko dann am geringsten und steigt dann allmählich mit dem Alter wieder an (vgl. Pötzsch 2016, 101 f.). Bereits im 19. Jahrhundert ging die Säuglingssterblichkeit in Europa massiv zurück, was nicht nur zu einem Anstieg der Lebenserwartung, sondern auch der Planbarkeit und Erwartbarkeit in Bezug auf das eigene Leben und zu einem anhaltenden Bevölkerungswachstum führte. Im Übergang zum 20. Jahrhundert nahm die Bedeutung von Epidemien und Infektionskrankheiten als Todesursache ab, während Herz-Kreislauferkrankungen und andere chronische Leiden immer wichtiger wurden. Frauen haben eine höhere Lebenserwartung als Männer, was sowohl biologische als auch verhaltensbezogene Ursachen hat und dazu führt, dass in der Lebensphase Alter und v. a. unter den Hochaltrigen der Anteil der Frauen deutlich überwiegt. Der Zusammenhang zwischen der sozialen Lage und der Lebenserwartung in nahezu allen entwickelten Ländern wird inzwischen durch eine Vielzahl an Studien belegt (vgl. z. B. Bopp/Mackenbach 2019).

Zwischen 1871/81 und 2017/19 stieg die durchschnittliche Lebenserwartung bei der Geburt bei Frauen von 38,5 Jahren auf 83,4 Jahre und bei Männern von 35,6 Jahren auf 78,6 Jahre, was insgesamt mehr als eine Verdopplung bedeutet. Die durchschnittliche weitere Lebenserwartung 65-Jähriger stieg bei den Männern von 9,6 Jahren 1871/81 auf 17,9 Jahre und bei den Frauen von 10 Jahren auf 21,1 Jahre (vgl. Statistisches Bundesamt/WZB/BiB 2021, 19). Innerhalb der Gerontologie wird darüber gestritten, ob die Lebenserwartung auch weiterhin immer weiter steigen kann oder ob es dafür biologische Grenzen gibt. Durch die steigende Lebenserwartung nahm auch die Anzahl sehr alter Menschen mit altersbedingten Erkrankungen und Behandlungs- und Pflegebedarf zu. Aber bedingt durch den medizinischen Fortschritt und den gestiegenen Wohlstand wuchs auch die Anzahl der gesunden, noch nicht von Krankheit und Pflegebedürftigkeit gekennzeichneten alten Menschen. Anders ausgedrückt: Die steigende Lebenserwartung führt bei vielen Menschen zu zusätzlichen Jahren, die eher mit dem mittleren Erwachsenenalter vergleichbar sind. Erst als Hochaltrige werden viele Menschen mit Krankheit, Pflegebedarf und der Abhängigkeit von entsprechenden Versorgungssystemen konfrontiert.

Im Jahr 2020 wurden den Angaben des Statistischen Bundesamtes zufolge 773.144 Kinder in Deutschland geboren. Im gleichen Jahr starben in Deutschland 985.572 Menschen. Demnach gab es 212.428 mehr Todesfälle als Geburten. Die Zahl der Sterbefälle übersteigt in Deutschland seit vielen Jahren die Zahl der Geburten. Dass es in den vergangenen Jahren trotz dieses Sterbeüberschusses dennoch zu einem Bevölkerungswachstum kam, ist somit allein der Migration nach Deutschland zu verdanken. Der Migrationssaldo, also die Differenz zwischen Zuzügen und Fortzügen, war in den letzten 50 Jahren in Deutschland in den allermeisten Jahren positiv und nur in wenigen Ausnahmejahren negativ.

Die Geschichte der Migration in die Bundesrepublik weist sehr unterschiedliche Gruppen von Migranten auf. In den 1950er und 1960er Jahren dominierte die Arbeitsmigration, die auf die Anwerbeabkommen mit mehreren Mittelmehrstaaten wie Italien, Spanien und der Türkei zurückzuführen ist. Grund hierfür war die hohe Nachfrage nach Arbeitskräften in der deutschen Industrie, die auf dem deutschen Arbeitsmarkt nicht gedeckt werden konnte. 1973 endete mit dem Anwerbestopp diese Phase der Migrationsgeschichte. In den Folgejahren trugen v. a. der Nachzug von Familienangehörigen und zunehmend auch Flucht und die Suche nach einem sicheren Asyl zum Migrationsgeschehen bei. In den 1990er Jahren kamen nach dem Ende des Eisernen Vorhangs vermehrt Menschen aus Mittel- und Osteuropa nach Deutschland. Die EU-Osterweiterungen ab 2004 und die damit verbundene Freizügigkeit verstärkten den Zuzug von Menschen aus Mittel- und Osteuropa. Auf dem Höhepunkt der sog. Flüchtlingskrise 2015 kamen insgesamt rund zwei Millionen Menschen aus Kriegs- und Krisengebieten wie Syrien und Afghanistan nach Deutschland. Da gleichzeitig etwa eine Million Menschen aus Deutschland wegzogen, bedeutet dies ein positives Wanderungssaldo im Jahr 2015 von rund einer Million Menschen (vgl. Statistisches Bundesamt/WZB/BiB 2021, 23).

Damit sind die wichtigsten Entwicklungen bei der Fertilität, bei der Mortalität und bei der Migration kurz umrissen. Im Rückblick haben Bevölkerungswissenschaftlerinnen und -wissenschaftler aus diesen Prozessen theoretische Konzepte eines ersten und zweiten demographischen Übergangs entwickelt.

Erster und zweiter demographischer Übergang

Unter dem ersten demographischen Übergang werden die mit der Industrialisierung vieler europäischer Länder zusammenfallenden Veränderungen in der Mortalitäts- und Fertilitätsentwicklung zusammengefasst. Im Zuge der Industrialisierung führten verbesserte hygienische Bedingungen und medizinischer Fortschritt zunächst zu einem Rückgang der Säuglings- und Kindersterblichkeit und damit zu einem Bevölkerungswachstum. Danach gingen die Geburtenzahlen

> zurück: »Das Geburtenverhalten der Bevölkerung passte sich mit einer gewissen zeitlichen Verzögerung den veränderten Rahmenbedingungen an« (Kreyenfeld/Konietzka 2016, 776). Dieser eng mit der Industrialisierung verbundene »erste demographische Übergang« zeigt sich nicht nur in Europa, sondern auch in anderen sich industrialisierenden Ländern. Der »zweite demographische Übergang« beginnt weltweit in der zweiten Hälfte der 1960er Jahre und begründet sich in komplexen Verschiebungen in der Wertestruktur industrialisierter Gesellschaften. Die Ehe verliert an Bedeutung, der Stellenwert von Kindern verändert sich, mit der Pille steht ein vergleichsweise sicheres Verhütungsmittel zur Verfügung, und insgesamt kommt es zu einer Pluralisierung unterschiedlicher Wohn- und Lebensformen mit und ohne Kinder. In der Summe führen diese Veränderungen dazu, dass in vielen – aber nicht allen – industrialisierten Ländern die Zahl der Geburten erneut deutlich zurückgeht und – ohne Kompensation durch Zuwanderung – die Bevölkerungszahl insgesamt abnimmt.

Die Geschichte der Bevölkerungsentwicklung der Bundesrepublik lässt sich mit den Theorien des ersten und zweiten demographischen Übergangs recht gut beschreiben. Zur Prognose der zukünftigen Entwicklung führen die statistischen Ämter der Länder und des Bundes regelmäßige Schätzungen zur Bevölkerungsvorausberechnung vor. Aktuell liegen die Ergebnisse der 15. zwischen Bundesamt und Landesämtern für Statistik koordinierten Bevölkerungsvorausberechnung vor (vgl. Statistisches Bundesamt 2022e), die von den Bevölkerungszahlen des Jahres 2021 ausgehen und Prognosen bis ins Jahr 2070 umfassen. Diesen Prognosen liegen unterschiedliche Annahmen über die demographischen Prozesse Fertilität, Mortalität und Migration zugrunde, woraus sich unterschiedliche Varianten der Prognose ergeben. Die sog. »moderate Variante« geht davon aus, dass sich die zusammengefasste Geburtenziffer bei 1,55 Kindern je Frau stabilisiert, dass die Lebenserwartung bei der Geburt auch weiterhin leicht ansteigt auf 88,2 Jahre bei Mädchen und auf 84,6 Jahre bei Jungen und dass die jährliche Nettozuwanderung auf 250.000 im Jahr 2033 zurückgeht und dann konstant bleibt. In diesem moderaten Modell bleibt der Anteil der Bevölkerung unter 20 Jahren, der 2021 bei knapp 19 Prozent lag, auch im Jahr 2070 auf diesem Niveau. Der Anteil der 20- bis 67-Jährigen geht in diesem Zeitraum von 62 auf 56 Prozent zurück. Der Anteil der über 67-Jährigen steigt hingegen von 20 auf 26 Prozent an. Innerhalb der Gruppe der Älteren nimmt der Anteil der über 80-Jährigen zu. Dreht man an den Stellschrauben der Annahmen, ergeben sich Abweichungen nach oben oder unten, das Gesamtbild aber bleibt: Die Gesellschaft wird in den kommenden Jahren älter werden, es wird mehr hochaltrige Menschen geben, und wegen der Bedeutung der Migration und des Wertewandels für die demographischen Prozesse ist auch klar, dass die Bevölkerung in Zukunft in vielerlei Hinsicht diverser sein wird. Das gilt auch für die Alten selbst: Längst sind die Arbeitsmigrantinnen und -migranten der 1960er Jahre in der Lebensphase Alter angekommen. Die Zahl alter Menschen mit Migrationshintergrund steigt, und allmählich gehen auch die in den späten 1950er und frühen 1960er Jahren geborenen und oftmals bereits vom Wertewandel geprägten Babyboomer in Rente. Altenhilfe, Pflege und andere mit der Lebensphase Alter befassten Institutionen und

Organisationen müssen sich auf die damit einhergehende Pluralisierung und Diversifizierung von Lebensstilen, kulturellen Mustern und religiösen Prägungen einstellen.

Längst nicht alle Prognosen zum demographischen Wandel und zur Alterung der Gesellschaft aus der Vergangenheit sind bislang auch eingetreten. Der prognostizierte Bevölkerungsrückgang ist vorerst ausgeblieben, stattdessen ist die Bevölkerung Deutschlands bis zur Corona-Pandemie weiter angewachsen. Van Dyck weist auf die Unsicherheiten hin, die mit Prognosen zur Bevölkerungsentwicklung verbunden sind:

> »Bevölkerungsprognosen über 50 Jahre hinweg hätten in der ersten Hälfte des 20. Jahrhunderts zwei Weltkriege, die Weltwirtschaftskrise und den Holocaust unberücksichtigt gelassen, für die zweite Hälfte des Jahrhunderts wären die tiefgreifende Veränderung der Geschlechterverhältnisse, die Einführung der Pille, die Veränderung der Migrationsbewegungen und die Wiedervereinigung ausgeblendet geblieben« (van Dyck 2020, 99).

Rein am biologischen Alter orientierte Prognosen sind wenig aussagekräftig, da sie den mit einer steigenden Lebenserwartung verbundenen Zugewinn an gesunden Jahren und veränderbare soziale Altersnormen (wie etwa den späteren Rentenbeginn) zu wenig berücksichtigen. Bemerkenswert sind die regionalen Unterschiede bei der Altersverteilung: Auf Kreisebene schwankt aktuell der Anteil der Menschen über 70 Jahren zwischen 7,8 und 17,7 Prozent (vgl. BiB 2021, 22).

Auch der gelegentlich vorhergesagte Generationenkonflikt zwischen den hohe Rentenbeiträge zahlenden jüngeren Altersgruppen (deren eigene Erwartungen an die gesetzliche Rente eher ungewiss ist) und den jetzigen Rentnerinnen und Rentnern, die noch recht ordentliche Renten beziehen, ist bislang ausgeblieben. Das liegt u. a. an der nach wie vor hohen Integrationskraft der Familie für das Generationenverhältnis (vgl. Kohli 2021). Auch aktuelle Konfliktlinien wie etwa die nach Altersgruppen unterschiedliche Betroffenheit in Bezug auf die Corona-Pandemie oder den Klimawandel haben bislang nicht zu größeren Generationenkonflikten geführt (van Dyk 2020, 111 f.).

2.4.4 Junge Alte, Hochbetagte und die Potenziale des Alters

Bereits 2005 im Fünften Altenbericht wurde darauf hingewiesen, dass die steigende Lebenserwartung v. a. mit einem Gewinn zusätzlicher gesunder und aktiver Lebensjahre verbunden ist, »also einer Verlängerung jener Lebensphase, in der Menschen zu einer selbstständigen und selbstverantwortlichen Lebensführung fähig sind« (BMFSFJ 2005, 29). In Zukunft verfügten die älteren Generationen im Durchschnitt über eine bessere Gesundheit, ein höheres Bildungsniveau und eine bessere finanzielle Absicherung als Generationen Älterer vor ihnen. Die sich daraus ergebenden Potenziale der Lebensphase Alter sollten durch entsprechende gesellschaftliche Rahmenbedingungen gefördert und freigesetzt werden. Solche Potenziale wurden v. a. in vier Bereichen gesehen: Bei der Erwerbsarbeit, beim freiwilligen und ehrenamtlichen Engagement, bei Unterstützungsleistungen innerhalb der Familie und bei der Prävention individueller alterstypischer Risiken »durch den Verzicht auf Risikofaktoren, gesunde Ernährung und ein ausreichendes Maß an körperlicher und geistiger Aktivität« (BMFSFJ 2005, 31).

Die Suche nach Potenzialen des Alters im Bereich der Erwerbsarbeit bezieht sich zunächst auf die dem Ruhestand vorangehende Phase und die konkreten Übergänge von der Erwerbsarbeit in den Ruhestand. Durch die bereits erwähnten Vorruhestandsregelungen und Frühverrentungen – oft unter Beteiligung der Arbeitslosenversicherung – war die Erwerbsquote der 55- bis 64-Jährigen und damit die Integration der Alterskohorten vor dem Renteneintrittsalter in den Arbeitsmarkt auf ein historisches Tief von knapp 43 Prozent gefallen (vgl. BMFSFJ 2005, 51). Dabei muss zusätzlich berücksichtigt werden, dass die Arbeitsmarktintegration von Frauen durchaus angestiegen war, dieser Anstieg aber die Verkürzung der Lebensarbeitszeit der Männer offenbar nicht ausgleichen konnte. Durch die Beendigung der entsprechenden Regelungen, die stufenweise Anhebung des Renteneintrittsalters von 65 auf 67 und die Absenkung des Rentenniveaus v. a. beim vorzeitigen Rentenbeginn ist es in den Folgejahren gelungen, die Arbeitsmarktintegration älterer Arbeitnehmer deutlich zu erhöhen (vgl. Bundesagentur für Arbeit 2019). Dahinter ist ein »grundlegender Paradigmenwechsel« erkennbar, bei dem es inzwischen darum geht, »die ökonomische Produktivität älterer Beschäftigter möglichst lang zu nutzen« (Heinze/Schneiders 2019, 200). In den letzten Jahren steigt zudem der Anteil der Rentnerinnen und Rentner, die bereits das Regeleintrittsalter erreicht haben und dennoch weiterhin erwerbstätig sind, an. Aktuell sind mehr als ein Viertel aller Rentnerinnen und Rentner in den ersten drei Jahren nach dem Übergang in die Altersrente erwerbstätig und weitere 13 Prozent der Rentnerinnen und 20 Prozent der Rentner wären gerne erwerbstätig (vgl. Anger/Trahms/Westermeier 2018). Auf die Frage nach den Gründen für diese Erwerbstätigkeit im Rentenalter wird überwiegend auf den Spaß an der Arbeit, die mit der Erwerbsarbeit verbundenen Kontakte zu anderen Menschen und die Notwendigkeit einer ›Aufgabe‹ verwiesen. Viele Befragte nennen aber auch finanzielle Motive für die fortgesetzte Erwerbstätigkeit, wobei unklar bleibt, ob es um die Absicherung des Existenzminimums oder um die Sicherung des gewohnten Lebensstandards geht.

Andererseits erfreut sich das deutsche Modell der gesetzlichen Rente mit einem im Vergleich zu anderen Ländern eher starren Rentenbeginn nach wie vor großer Beliebtheit, während die Erhöhung des Renteneintrittsalters und die Absenkung des Rentenniveaus anhaltend unpopulär sind. Von Altersteilzeitregelungen und der unter bestimmten Voraussetzungen abschlagsfreien Rente mit 63 Jahren wird rege Gebrauch gemacht. Das deutsche Rentensystem ist trotz aller Schwächen anscheinend eine Erfolgsgeschichte, die sich tief im Bewusstsein der Bevölkerung eingeprägt hat. Während etwa in den USA ein festes Renteneintrittsalter als Altersdiskriminierung gebrandmarkt würde, gelten Rente und Ruhestand in Deutschland als Lohn für eine Lebensleistung und Versprechen auf wohlverdiente späte Freiheit vom Zwang zu Arbeiten (vgl. van Dyk 2020, 127 f.).

Die wirtschaftlichen Potenziale des Alters beschränken sich indes nicht nur auf den Arbeitsmarkt. Alte Menschen werden inzwischen als wichtige Kundengruppe für Waren und Dienstleistungen insbesondere in den Segmenten Wohnen, Handwerk, Gesundheit, Pflege, Tourismus, Freizeit, soziale Dienstleistungen und Unterhaltung geschätzt und umworben (vgl. Heinze/Naegele/Schneiders 2011).

Durch die umlagefinanzierte Rente galt Altersarmut in Deutschland jahrelang als Randphänomen. Die Absenkung des Rentenniveaus und der Verweis auf private Alterssicherungsprodukte, die insbesondere von Geringverdienenden kaum genutzt werden (können), begünstigen allerdings in den kommenden Jahren einen erneuten Anstieg der Altersarmut (vgl. Simonson/Vogel 2019; Vogel/Motel-Klingebiel 2013). Das gilt insbesondere für Menschen mit verminderter Erwerbsfähigkeit oder unterbrochenen und unvollständigen Erwerbsbiographien.

Bei der Frage der Erwerbstätigkeit kurz vor oder in den ersten Jahren nach dem Rentenbeginn wird deutlich, dass sich der Paradigmenwechsel von den Defiziten des Alters auf die Potenziale des Alters v. a. auf die jungen Alten bezieht. Das gilt in abgeschwächter Form auch für zwei weitere Bereiche, in denen Potenziale des Alters vermutet werden: beim ehrenamtlichen Engagement in der Zivilgesellschaft und bei Unterstützungsleistungen innerhalb der Familie. Den Daten des Deutschen Alterssurveys (DEAS) zufolge ist der Anteil der ehrenamtlich engagierten alten Menschen zwischen 1996 und 2014 kontinuierlich und in allen Altersgruppen zwischen 60 und 81 Jahren angestiegen. Besonders hoch fällt dieser Anstieg bei den 66- bis 71-Jährigen aus: 1996 haben sich aus dieser Altersklasse zehn Prozent ehrenamtlich engagiert, 2014 waren es über 28 Prozent. In keiner jüngeren Altersklasse gibt es mehr ehrenamtlich Engagierte, und mit steigendem Alter geht der Anteil ehrenamtlich Engagierter dann auch wieder zurück. Je höher der formale Bildungsabschluss, umso mehr Menschen engagieren sich in einem Ehrenamt (vgl. Künemund/Vogel 2020; Wetzel/Simonson 2017).

Ein besonders wichtiger Ort für Care-Arbeit und das Erbringen von Unterstützungsleistungen ist die Familie. Noch nie lebten so viele Generationen einer Familie zur gleichen Zeit (wenn auch nicht am gleichen Ort), und so verwundert es nicht, dass die Betreuung von Enkelkindern eine wichtige Dimension intergenerationeller Unterstützung ist (Mahne/Klaus 2017), aber auch zwischen erwachsenen Kindern und älter gewordenen Eltern gibt es umfangreiche monetäre, emotionale und sonstige Unterstützungsleistungen. Nach wie vor wird der größte Teil der Pflegeleistungen im häuslichen Rahmen von nahen Angehörigen und oft zwischen Ehepartnerinnen und -partner erbracht. Bei fortschreitendem Alter und zunehmendem Pflegebedarf verändern sich dann die Richtungen und Kinder – insbesondere Töchter – übernehmen die Sorgearbeit und Pflege für ihre unterstützungsbedürftigen Eltern.

Die Bedeutung der Wohnung und der Wohnsituation nimmt im Alter zu. Mit zunehmendem Alter verbringen Menschen mehr Zeit in ihrer Wohnung. Schon beim Übergang von der Erwerbsarbeit in den Ruhestand fällt die Zeit, die Menschen zuvor an ihrer Arbeitsstätte verbracht haben, weg. Wenn mit steigendem Alter die außerhäuslichen Aktivitäten zurückgehen, steigt die Zeit, die in der Wohnung und im direkten Wohnumfeld verbracht wird. Die zeitliche Bedeutung der Wohnung bzw. des Zimmers kumuliert schließlich bei pflegebedürftigen und mobilitätseingeschränkten Menschen, die in einem Pflegeheim untergebracht sind und dieses nur noch zu kleineren begleiteten Spaziergängen verlassen.

Studien zufolge wohnen rund 93 Prozent der über 65-Jährigen in privat genutzten Wohnungen (vgl. Penger/Oswald/Wahl 2019, 418). In Alten- und Pflegeheimen leben gerade einmal vier Prozent, zwei Prozent in betreuten Wohnformen und weniger als ein Prozent in gemeinschaftlichen Wohnprojekten. Mit zunehmendem Alter steigt der Anteil der Bewohnerinnen und Bewohner von Alten- und Pflegeheimen an, aber auch von den über 80-Jährigen leben noch etwa 89 Prozent in der eigenen Wohnung. In vollstationären Pflegeeinrichtungen lebten Ende 2019 rund 910.000 Menschen (vgl. BMG 2021, 76). Den Daten des DEAS zufolge handelt es sich bei den privat genutzten Wohnungen überwiegend um Wohneigentum (vgl. Nowossadeck/Engstler 2017). 92 Prozent der 70- bis 85-Jährigen bewerten ihre Wohnsituation positiv, und das gilt auch für eher einfache Wohngegenden.

> »Für Menschen in der zweiten Lebenshälfte spielt offenbar für die Bewertung ihrer Wohnsituation nicht in erster Linie der bauliche Zustand der Wohnung und des Wohnumfelds eine Rolle, sondern auch in hohem Maße ihre Verbundenheit mit der Wohnung, dem Quartier und der Nachbarschaft« (Nowossadeck/Engstler 2017, 293).

Institutionalisierte Wohnformen wie Pflegeheime werden hingegen nach wie vor eher abgelehnt (Backes/Clemens 2013, 260f) und mit dem Verlust der Selbstständigkeit und Selbstbestimmung assoziiert. Nur ein sehr geringer Teil der privat genutzten Wohnungen ist barrierereduziert oder gar barrierefrei. Den Daten des DEAS nach leben weniger als sechs Prozent der 70- bis 85-Jährigen in einer barrierereduzierten Wohnung.

Den in den letzten Jahren in der Öffentlichkeit rege diskutierten innovativen gemeinschaftlichen Wohnprojekten wie Mehrgenerationenhäuser kommt quantitativ derzeit nur eine sehr untergeordnete Bedeutung zu. Immerhin hat diese Diskussion dazu geführt, dass Umzüge im Alter nicht nur unter der Perspektive des Verlusts der eigenen Wohnung, sondern auch als Zugewinn an Chancen und Möglichkeiten betrachtet werden.

Während die Potenziale des Alters sich primär bei den jungen Alten realisieren, dominiert bei den Hochbetagten nach wie vor ein defizitorientierter Blick. Im Jahr 2019 waren fünf Prozent der Menschen zwischen 65 und 69 Jahren pflegebedürftig. Mit zunehmendem Alter steigt dieser Anteil auf 64 Prozent bei den über 90-Jährigen Männern und 81 Prozent bei den über 90-Jährigen Frauen (vgl. BMG 2021, 16). Junge Alte, die frei vom Zwang zur Erwerbsarbeit und trotzdem finanziell abgesichert sind und Zeit für Ehrenamt und Enkel, aber auch für Reisen und umfangreiche Freizeitaktivitäten haben, stehen für das Versprechen auf den verdienten Ruhestand. Pflegebedürftige, ihrer Autonomie beraubte, möglicherweise bettlägerige und dementiell erkrankte hochaltrige Menschen symbolisieren hingegen nach wie vor den Schrecken des Alters. In dieser Lebensphase wird die Bedeutung von Unterstützungs- und Versorgungssystemen wie der ambulanten und stationären Pflege und des Gesundheitssystems immer wichtiger. 2019 registrierten die Pflegeversicherungen rund 4,25 Millionen Pflegebedürftige, von denen 21,4 Prozent (in absoluten Zahlen etwa 910.000) in stationären Einrichtungen versorgt wurden und 78,6 Prozent (rund 3,34 Millionen) ambulante Leistungen erhielten und im häuslichen Umfeld gepflegt wurden (vgl. BMG 2021, 76). An einer demenziellen Erkrankung leiden in Deutschland derzeit rund 1,6 Millionen Menschen (vgl. BMG 2021, 16).

Seit der Einführung der Pflegeversicherung 1995 hat sich ein umfangreicher Markt an Pflegedienstleistungen entwickelt, zu dem 2019 mehr als 14.500 ambulante und mehr als 15.000 stationäre Pflegeeinrichtungen gehören, in denen insgesamt rund 1,2 Millionen Menschen beschäftigt sind (vgl. BMG 2021). Über die hohen Belastungen, die Einkommenssituation und den Fachkräftemangel in der Pflege ist in den letzten Jahren in der breiten Öffentlichkeit immer wieder diskutiert worden.

Auch wenn die meisten Menschen zu Hause sterben wollen, ist doch inzwischen das Krankenhaus der häufigste Sterbeort. Immer öfter sind auch Pflegeheime und Hospize der Ort, an dem das Leben endet. Gerade bei hochaltrigen Menschen ist die letzte Lebensphase »eng verknüpft mit Krankheiten aller Art sowie einer Vielzahl medizinisch-therapeutischer Entscheidungen« (Strupp u.a. 2019, 316). Dabei rücken Palliativmedizin und palliative Versorgung, bei denen es nicht um Heilung, sondern um das Lindern von Schmerzen und anderen Beschwerden und eine möglichst hohe Lebensqualität auch am Lebensende geht, immer mehr ins Zentrum.

Weiterführende Literatur

Backes, G. & Clemens, W. (2013): Lebensphase Alter. Eine Einführung in die sozialwissenschaftliche Altersforschung (4., überarb. u. erw. Aufl.). Weinheim: Beltz Juventa.
Hahmann, J., Baresel K., Blum, M. & Rackow K. (Hrsg.) (2021): Gerontologie gestern, heute und morgen. Multigenerationale Perspektiven auf das Alter(n). Wiesbaden: Springer.
Hank, K., Schulz-Nieswandt, F., Wagner, M. & Zank, S. (Hrsg.) (2019): Alternsforschung. Handbuch für Wissenschaft und Praxis. Baden-Baden: Nomos.
van Dyk, S. (2020): Soziologie des Alters (2., akt. u. erg. Ausgabe). Bielefeld: transcript.

Weiterführende Quellen

BMFSFJ – Bundesministerium für Familie, Senioren, Frauen und Jugend (Hrsg.) (2020b): Achter Altenbericht: Ältere Menschen und Digitalisierung. Berlin.
BMG – Bundesministerium für Gesundheit (Hrsg.) (2021): Siebter Pflegebericht. Bericht der Bundesregierung über die Entwicklung der Pflegeversicherung und den Stand der pflegerischen Versorgung in der Bundesrepublik Deutschland. Berichtszeitraum: 2016–2019. Berlin.
Vogel, C., Wettstein, M. & Tesch-Römer, C. (Hrsg.) (2019): Frauen und Männer in der zweiten Lebenshälfte. Älterwerden im sozialen Wandel. Wiesbaden: Springer.

3 Netzwerkgesellschaft, Digitalisierung und neue Arbeitsstrukturen

3.1 Netzwerke, Digital Divide und Cybercrime

3.1.1 Tendenzen digitaler Vernetzung: Technologie, Ökonomie und Kultur

Pressenotizen der digitalen Gesellschaft
Bereich Bildung – ZEIT vom 21.09.2020

Im September 2020 verkündeten Kanzleramt und Kultusminister, dass man sich vor dem Hintergrund der Corona-Pandemie entschieden habe, 800.000 Lehrkräfte mit Dienstlaptops auszustatten. Der Digitalpakt Schule soll dazu beitragen, dass Kompetenzzentren für den digitalen Unterricht geschaffen werden. Kritiker beklagen das Fehlen von digitalen Lernstrukturen und Lerninhalten, kompatiblen Softwareinfrastrukturen und modernen Lehrplänen (vgl. Deutsche Presseagentur 2020; Sadigh 2020).

Bereich Wirtschaft – FAZ vom 21.12.2020

Im Dezember 2020 berichtet die FAZ über neue Dimensionen des Verbrechertums. Weltweit werden Organisationen durch Cyberattacken gefährdet und zur Zahlung von Lösegeld aufgefordert. So wurde z. B. durch einen Computervirus der Reinigungszyklus eines Wasserwerks in Israel manipuliert. Ziel war die Vergiftung der Bevölkerung durch eine gezielte Zufuhr von Chlor. Von Cyberkriminalität bedroht sind nicht nur Staaten, sondern auch Unternehmen, Regierungsorganisationen, Krankenhäuser, Universitäten, Verkehrsbetriebe, Non-Profitorganisationen und Privatpersonen. Schätzungen gehen davon aus, dass die jährlichen Schäden über eine Billion Dollar pro Jahr betragen (vgl. Finsterbusch/Heeg 2020, 18).

Bereich Jugendliche Lebenswelten – FAZ vom 16.12.2020

Ist die Nutzung von Computerspielen entwicklungsgefährdend? Nach einer Mitteilung der Bundeszentrale für gesundheitliche Aufklärung (BZgA) steigt der Anteil der problematischen Nutzung von Internet- und Computerspielen bei Jugendlichen seit Jahren, so die Befunde der Drogenaffinitätsstudie 2019. Zeitlicher Kontrollverlust, Entzugssymptome sowie eine zunehmende Isolierung sind nur einige Merkmale einer drohenden Spielsucht. Pro Woche verbringen Jugendliche etwa 22 Stunden im Internet, zuzüglich der Zeit, die sie mit Schulaufgaben im Netz verbringen (vgl. FAZ 2020, 7).

Die obigen Beispiele verweisen auf eine technische Entwicklung, die als Digitalisierung bezeichnet wird und inzwischen alle gesellschaftlichen Bereiche des öffentlichen und privaten Lebens umfasst. Hierbei wird unter Digitalisierung vorrangig Bezug genommen auf die Entwicklung des Internets als »Basisinfrastruktur der digitalen Welt, weswegen […] von Digitalisierung in der Regel dann [zu sprechen ist], wenn auf digitalen Basistechnologien (Halbleitern, Chips usw.) basierende Dinge (Computer) miteinander über das Internet vernetzt werden« (Staab 2020, 904).

Der spanische Soziologe Manuell Castells war einer der ersten Wissenschaftler, der sich seit Mitte der 1990er Jahre verstärkt mit Fragen einer zunehmenden digitalen Verflechtung und Wissensbasierung auseinandergesetzt hat. Castells geht von der These aus, dass die Industriegesellschaft durch eine Netzwerkgesellschaft abgelöst wird. Diese zeichnet sich dadurch aus, dass Prozesse der Digitalisierung und Computerisierung alle gesellschaftlichen Teilbereiche, wie z.B. die Erwerbsarbeit, die Waren-, Finanz- und Kapitalströme, die Forschung, die Kriegsführung sowie die Kommunikation und soziale Interaktion global erfasst haben.

Netzwerkgesellschaft – Was ist gemeint?

Konkret geht Castells von der Überlegung aus, dass (digitale) Netzwerke als neues Paradigma der Konnektivität fast jede Form des gesellschaftlichen Austausches prägen.

Netzwerke

Netzwerke sind hierbei als offene Strukturen der Kommunikation zu begreifen, die sich wie ein Spinnennetz miteinander verknoten. Sie operieren mittels der modernen Informationstechnologien grenzenlos, d.h. raumübergreifend, eigendynamisch, unkontrollierbar und unendlich. Eine einmal in die Welt gesetzte Information erlaubt eine unbegrenzte Zahl von Anschlussoperationen, aus denen sich eine Vielzahl von Reaktionsweisen ergeben, die wiederum Rückkopplungen in vielen Bereichen von Wirtschaft, Politik, Wissenschaft, Religion und den sozialen Medien bewirken.

Durch den Einsatz von Computertechnologien operieren Netzwerke nicht nur mit enormer Geschwindigkeit, sondern sie verarbeiten, kombinieren und generieren auch eine unbegrenzte Menge von Daten. Netzwerke sind zwar auch weiterhin von Akteuren beeinflusst, aber durch ihre Eigendynamik tritt die Bedeutung des Individuums in den Hintergrund.

Darüber hinaus verfügen Netzwerke über eine beachtliche Stabilität und Komplexität. Sie organisieren sich selbst und können eine Vielzahl von Informationen verarbeiten. Bekannte Beispiele sind die Aktienmärkte und deren Finanzströme, Unternehmensnetzwerke, politische und wissenschaftliche Verflechtungen, Multimedianetzwerke, soziale Netzwerke zur Kontaktpflege und des Meinungsaustausches in Foren, Plattformen und Chats, aber auch kriminelle Strukturen der Mafia, des Drogenhandels, des Terrorismus und des Darknets.

(Digitale) Netzwerke erschließen zum einen eine neue Form der kollektiven Interessenbündelung, der Identitätsbildung, Teilhabe und Vergesellschaftung auf freiwilliger Basis. Ihre Strukturen erschaffen einen neuen Raum zur Ermöglichung von Partizipations- und Handlungsfähigkeit (vgl. Stichweh 2005, 123). Sofern Akteure Zugang haben, können sie weitestgehend unabhängig von Standort, sozialer Herkunft, Schichtung, Milieu und ökonomischen Rahmenbedingungen hieran partizipieren. Zum anderen schaffen Netzwerke neue Formen der Kontrolle, der Ausübung politischer Herrschaft sowie der interessengeleiteten (Aus-)Nutzung, bspw. durch Profil- und Konsumentenanalysen oder der politischen Manipulation.

Folgende Dynamiken prägen den Übergang von einer Industriegesellschaft zu einer internetbasierten Netzwerkgesellschaft:

Digitale (informationstechnische) Revolution

Die Fortschritte in der Entwicklung der Computer- und Mikrochipentwicklung haben zu einer weltweiten Verbreitung des Computers, der Telekommunikation und des (mobilen) Internets beigetragen. Im Kern setzt sich eine Entwicklung fort, die bereits mit Erfindung der Telegraphie und des Telefons ihren Anfang nahm.

Unter der digitalen Revolution werden alle

> »technologischen Entwicklungen auf dem Sektor der Elektronik und der Informationsverarbeitung zusammengefasst, die die Entwicklung zur Wissens-, Informations- und Netzwerkgesellschaft möglich machten [...] Sie markiert den Umbruch in eine grundlegende Neuorganisation der Produktion und Kommunikation, der Transportwege und Distributionen und damit verbunden der gesellschaftlichen Basisstrukturen« (Schäfers 2016, 133).

Mit dem Vormarsch der elektronischen Technologien sind Handel und Kommunikation schneller, raumüberschreitend und in vielfältigen kumulativen Rückkopplungsschleifen möglich. Die Bedeutung von Wissen als Produktivkraft neben Boden, Arbeit und Kapital nimmt zu. Es entstehen neue Branchen und Handelsprozesse, in denen der Mehrwert v. a. über den Austausch von Daten, Expertisen und professionellem Know-how generiert wird (Finanzmärkte und deren Produkte, Unternehmen der Forschung und Mikrotechnologie).

Wandel der Ökonomie und Produktionsstrukturen

Die Fortschritte der Digitalisierung haben dazu beigetragen, dass traditionelle Formen der Industrieproduktion und Fertigung an Bedeutung verloren haben. Die

Industriegesellschaft, so Castells Überlegungen, hatte im ausgehenden 20. Jahrhundert ein Optimum an Produktivität und Effizienz erreicht. Der Ausbau der digitalen Technologien hat neue Formen der Produktoptimierung, der Erweiterung und Neuentwicklung (flexible Fertigungssysteme) von Industriezweigen, Produktionsstätten (IT-Branche) und Nachfragemustern ermöglicht. An Bedeutung gewinnen insbesondere Produktionsbereiche (wissens- und informationsbasiert), die standortunabhängig operieren. Hierzu zählen multinationale Unternehmen, Finanzdienstleister und Firmennetzwerke.

Die Produktivität und Wettbewerbsfähigkeit dieser neuen Form informationeller Ökonomie ist stärker als zuvor geprägt von Finanzkapital- und Informationsverflechtungen, einem algorithmisch geprägten Handel der Finanzmärkte (bspw. Arbitrage-Geschäfte zur Ausnutzung von Kurs-, Zins- und Preisunterschieden) und seinen hierauf ausgerichteten Finanzinstrumenten (Derivate, Futures, Schuldverschreibungen). Hinzu kommen monopolitisch strukturierte Online-Plattformen wie Google, Uber, Amazon, Alibaba u. a., die neue digitale Märkte von Angebot und Nachfrage kreieren und regulieren (eigene Apps, Nutzungs- und Provisionsentgelte, Datenanalysen). Staab hat in diesem Zusammenhang den Begriff des digitalen Kapitalismus geprägt (vgl. Staab 2019).

Wandel der Kommunikation, sozialen Interaktion und Wissensgenerierung

Mit dem Prozess der Datafizierung und Verflechtung geht auch ein Wandel der Generierung und des Prozessierens von Infrastrukturen (bspw. Online-Plattformen) und Interdependenzen (bspw. Tracking) einher. Soziologinnen und Soziologen sprechen allgemein von einer Überschussproduktion sinnhafter Kommunikation und den sich hieraus ergebenden Optionen der Konnektivität und Beteiligung (Baecker 2017, 1398 ff.). Im Kern lassen sich vier Formen der Veränderung identifizieren.

Erstens: Mit der Entwicklung der Telegraphie und des Telefons erweiterte sich das Spektrum der Möglichkeiten mit mehr oder weniger bekannten Akteuren zu kommunizieren. Die Beteiligten waren nicht mehr auf Face-to-Face-Kontakte, zeitaufwändige Besuchsreisen oder Briefkorrespondenzen angewiesen. Stattdessen konnten sie unmittelbar, bei gleichzeitiger Überwindung großer Distanzen, miteinander kommunizieren, Wissen austauschen und Transaktionen vollziehen. Dies führte zu einer Beschleunigung und Erweiterung sozialer Austauschprozesse.

Zweitens: Die zunehmende Computerisierung und die Erfindung des Internets haben zu einer Globalisierung von Interaktionen geführt. Empirisch lassen sich diese Entwicklungen in vielen Bereichen des gesellschaftlichen Lebens, z.B. den Chat-Portalen und den Massenmedien, aufzeigen. Zugleich werden neue Formen der Teilhabe ermöglicht. Die moderne Gesellschaft, so hat es der Soziologe Rudolf Stichweh formuliert, zeichnet sich durch eine zunehmende

> »Ausdifferenzierung *unpersönlicher Beziehungen* als einem alltäglichen Teil der Erfahrungswirklichkeit eines jeden […] [aus]. Die Person wird dann gewissermaßen hinter die Linien der Interaktion zurückgenommen und kann unbekannt bleiben. Damit wächst die Gewöhnung an den Umgang mit Menschen, die man eigentlich nicht kennt. […] [Hierbei

handelt es sich um eine] Form sozialer Strukturbildung, die Netzwerk heißt und die Kontakt und sogar Gemeinschaft aus allen Lokalitätsbedingungen herauslöst« (Stichweh 2010, 173).

Drittens: Computergesteuerte Systeme strukturieren Kommunikations- und Wissensprozesse. Daten werden anhand bestimmter algorithmischer Kriterien generiert, selektiert und kategorisiert. Ein klassisches Beispiel sind Recherchen über Suchportale oder der Umstieg auf automatische Inhaltserschließungsverfahren für Medienwerke in Bibliotheken und Archiven. Auf diese Weise erfolgt nicht nur ein Auswahlprozess darüber, was überhaupt als anschlussfähig in die Gesellschaft gelangt, sondern auch in welcher Form dies geschieht. Immer, so fassen es Couldry und Hepp treffend zusammen, »wenn wir ein datenbasiertes Werkzeug benutzen, benutzt es auch uns« (Couldry/Hepp 2021, 90).

Eine Steigerungsform dieser Variante ist die Selbstbeteiligung von Computern an der Kommunikation, z. B. durch sog. Social Bots. Diese generieren millionenfach Likes, verbreiten Kommentare auf Facebook, Twitter und anderen Portalen, posten Bewertungen auf Hotel-, Reise- und Einkaufsportalen und kreieren Scheinprofile. Auf diese Weise lassen sich Meinungen manipulieren und das Wahlverhalten (bspw. US-Wahl, Brexit-Entscheidung) beeinflussen. Computergesteuerte Systeme bzw. die Akteure, die diese einsetzen, üben somit Macht auf gesellschaftliche Entwicklungen in Wirtschaft und Politik aus. Inzwischen existiert eine eigenständige Branche, die diese Produkte anbietet (Fan-like-Pakete, Anti-Bot-Programme). Für den Nutzer und die Nutzerin wird es zunehmend schwieriger zu erkennen, wer hier eigentlich kommuniziert.

Viertens: In Fortsetzung dieser Entwicklung werden sich sowohl die Akteurskonstellationen auf der Ebene der Interaktion unter Anwesenden (Mensch zu Mensch, Mensch zu Computer und umgekehrt bis zur Verschmelzung von Mensch und Technik zu Cyborgs, Computer zu Computer) als auch auf der Ebene der Kommunikation zwischen Abwesenden verändern. In naher Zukunft werden Computer als Interaktionspartner in Haushalt, Verkehr, Partnerschaft, Erwerbsarbeit, Freizeitgestaltung, Gesundheit und Pflege sowie in vielen anderen Bereichen des gesellschaftlichen Lebens zur Verfügung stehen.

Die konkreten Folgen für Individuen und Gesellschaften lassen sich noch nicht absehen. Unstrittig ist, dass diese Prozesse einer Regulierung und Kontrolle bedürfen.

Wandel kultureller Orientierungen

Mit den erweiterten Möglichkeiten der internationalen Verflechtungen gehen Veränderungen im kulturellen Selbstverständnis einher, dessen Folgen Castells ambivalent beurteilt. Zum einen ist zu vermuten, dass mit der informationstechnischen Revolution auch ein Verlust eines normativen Grundkonsenses nationalstaatlich geprägten Zusammenlebens einhergeht. In der Auseinandersetzung mit anderen Kulturen werden Auffassungen in Frage gestellt und kontextuell neu verortet, bspw. hinsichtlich bestimmter religiöser Auffassungen und politischer Orientierungen.

Darüber hinaus ist von einer (globalen) Zunahme der Beteiligung durch soziale Bewegungen (Fridays for Future, Gelbwesten) auszugehen (vgl. Mayntz 2020, 4). Diese greifen Themen und Probleme nationalen und globalen Interesses auf. Castells spricht von einer Kultur realer Virtualität, »in der digitalisierte Netzwerke auf der Grundlage von multimodaler Kommunikation kulturelle Ausdrucksformen und persönliche Erfahrungen so integrieren, dass Virtualität zu einer grundlegenden Dimension unserer Realität wird« (Castells 2017, XXXV). Zum anderen entstehen neue Formen des Widerstands, z. B. ein global agierender Terrorismus oder religiöser Fundamentalismus sowie neue Muster sozialer Ungleichheit und Ausgrenzung (Onliner versus Offliner).

Diese Entwicklungstendenzen vollziehen sich weitestgehend entkoppelt von Steuerungsmöglichkeiten einzelner Nationalstaaten. Diese verlieren zunehmend ihre Autorität und die Politik ihre Glaubwürdigkeit. Auf der einen Seite führt der Austausch von Daten und Wissen zu einer neuen Ökonomie, zu einem Anstieg der Produktivität und Interaktivität. Auf der anderen Seite entstehen neue soziale Bruchlinien der Inklusion und Exklusion, die zum Ausschluss ganzer Bevölkerungsgruppen führen können.

Hinsichtlich der Entwicklung des Internets nehmen wir nachfolgend Bezug auf drei Aspekte des Wandels, die zunehmend in den Blick einer angewandten Soziologie geraten.

3.1.2 Digital Divide: Digitale Ungleichheit – Initiativen und Befunde

Mit der Verbreitung des World Wide Web bildete sich ein neuer thematischer Strang der Ungleichheitsforschung heraus, der als Digital-Divide-Forschung bezeichnet wird. Diese beschäftigt sich mit sozialen und transnationalen

> »Disparitäten im Zugang zu und in der Nutzung von digitalen Technologien im Allgemeinen und des Internets im Besonderen. [Es wird von der generellen Annahme ausgegangen], dass die Verbreitung und gewinnbringende Verwendung der digitalen Technologien vom sozioökonomischen Status einer Person (Mikroebene) und von der volkswirtschaftlichen Potenz eines Landes (Makroebene) begünstigt wird und sich damit bestehende soziale und transnationale Klüfte durch die Verbreitung dieser Technologien eher verstärken als verringern« (Marr/Zillien 2010, 257).

Gerade in den ersten beiden Jahrzehnten der Verbreitung des Internets konnte eine digitale Kluft zwischen den hochindustrialisierten Ländern und den Schwellen- und Entwicklungsländern identifiziert werden. Diese Kluft konkretisierte sich in ungleichen Zugängen verschiedener Bevölkerungsgruppen zu Informations- und Kommunikationstechnologien. Erkennbar wurde eine deutliche Polarisierung des Ein- oder Ausschlusses, die als soziale Spaltung interpretiert wurde.

In den letzten beiden Jahrzehnten konnten diese Polarisierungsdynamiken gemindert werden. An die Stelle der Unterscheidung zwischen Onlinern und Offlinern rückten differenziertere Betrachtungen zu qualitativen Unterschieden hinsichtlich Anschlussgeschwindigkeit, Art und Kosten der Zugangsgeräte, der politischen Rahmenbedingungen, der geographischen und sozialräumlichen Verortung, der Vielfalt der Zugangs- und Nutzungsoptionen, der Nutzungsinhalte sowie des Zusammenhangs von Herkunft, Sprache, Hautfarbe, Geschlecht, Religion sowie Bildung und Medienkompetenz (vgl. Trkulja 2008, 143 f.; Castells 2005, 262 ff.).

Um bestehende Formen sozialer Ungleichheit auszugleichen, haben sich in den letzten Jahren eine Vielzahl von Initiativen herausgebildet. Im Folgenden werden drei Projektvorhaben vorgestellt.

Beispiel 1 – staatlich: Die »Digital India-Kampagne« der indischen Regierung

Im Januar 2019 berichtete die German Trade & Invest über eine Initiative zur Verbesserung der digitalen Infrastruktur in Indien. In Indien haben rund eine Milliarde Inderinnen und Inder, die sog. Unconnected Billion, keinen Zugang zu Online-Angeboten. Die Autorin H. Nazir schreibt hierzu: »Die indische Regierung hat im Juli 2015 die Kampagne Digital India ins Leben gerufen und angekündigt, bis 2019 umgerechnet rund 20 Milliarden US-Dollar (US$) in entsprechende Projekte zu investieren. Zu den drei Hauptzielen der Kampagne gehört die Anbindung der gesamten Bevölkerung an das Hochgeschwindigkeitsinternet. Des Weiteren soll der Bereich E-Government stark ausgebaut werden. Das dritte Ziel ist die digitale Autonomie der Bürger. Sie sollen digitale Kompetenzen erlangen, um die neuen Möglichkeiten nutzen zu können« (Nazir 2019; vgl. auch Homberg 2022).

Beispiel 2 – privatwirtschaftlich: Google Loon und Starlink von Elon Musk

Mit navigationsgesteuerten Gasballons wollte Google sicherstellen, dass auch entlegene Gebiete der Erde mit Internet versorgt werden. Die Ballons waren in der Lage, bis zu sechs Monate in rund 18 Kilometer Höhe in der Luft zu bleiben. Jeder Ballon sollte einen Radius von ca. 40 Kilometern auf der Erde abdecken. 2021 wurde das Vorhaben wegen der hohen Kosten eingestellt.

Die Firma SpaceX von Tesla Chef Elon Musk wird in den nächsten Jahren eine Vielzahl von erdnahen Satelliten für den Internetempfang (Projekt Starlink) in den Erdorbit schicken. Insgesamt sollen bis 2027 annähernd 12.000 Satelliten dafür sorgen, dass Internet für alle Menschen auf der Erde technisch möglich sein wird. Über 1000 Satelliten von SpaceX befinden sich bereits im All (vgl. Banner 2020).

Beispiel 3 – nichtstaatlich: Women20-Gipfel

Auf dem »Women20-Gipfel – Gender Gap – Stärkung von Mädchen und Frauen durch Digitalisierung« im Juli 2017 in Berlin wurde die Studie »Bridging the Digital Gender Gap« vorgestellt. Diese hatte sechs unterschiedliche Länder auf vier Kontinenten untersucht. Auf dem Gipfel trafen sich »Vertreter_innen von Politik, Wirtschaft und Zivilgesellschaft aus den 20 wirtschaftsstärksten Ländern,

> um über aktuelle Chancen und Herausforderungen von Gleichstellung und Frauenrechten zu diskutieren. Ganz oben auf der Agenda: die Digitalisierung. [...] In Äthiopien, Brasilien, Deutschland, Indien, Indonesien und Südafrika haben wir mit Startup-Gründern, nationalen Politikexpertinnen, Sozialunternehmerinnen und NGO-Vertretern gesprochen, [...] wie die digitale Inklusion gleichberechtigt für alle gelingen kann« (Silbernagl 2017, o. S.). Empfohlen wird eine Verbesserung der Zugangsmöglichkeiten, die Stärkung der Digitalkompetenz, eine inhaltliche Ausrichtung an den Bedürfnissen und Interessen von Frauen und deren Lebens- und Arbeitsrealitäten, die Zusammenstellung von genderdiversen Teams, die Schaffung geschützter Räume zur Vermittlung von Medienkompetenz und zur Nutzung und Verbreitung von Medieninhalten (vgl. gut.org 2017).

Die Praxisbeispiele verdeutlichen, dass es neben einem profitorientierten Interesse auch ein politisches Interesse an einer möglichst gleichberechtigten Beteiligung der Bürgerinnen und Bürger gibt. Hierbei kommt den sozialen Medien eine besondere Bedeutung zu, da diese eine Vielzahl von Optionen zur Informations- und Wissensbeschaffung (Zugang) und zu ihrer Verwendung (Nutzung) bereitstellen, woraus sich wiederum Folgeeffekte hinsichtlich ihrer Wirkung ergeben. Aus der klassischen Medienforschung ist bekannt, dass es mit zunehmender Verbreitung von Informationen zu einer wachsenden Wissenskluft kommen kann (vgl. Bonfadelli, Friemel 2017, 241; Tichenor u. a. 1970, 159). Generell gilt, dass mit wachsender Streuung medialer Informationen die Wissensunterschiede zwischen Bevölkerungsgruppen größer werden. In dieser Konstellation werden Wissensklüfte nicht abgebaut, sondern sie vergrößern sich (vgl. Zillien/Haufs-Brusberg 2014, 12). Zusammenfassend können folgende Befunde als mehr oder weniger gesichert gelten.

Erstens: Grundsätzlich haben Zugangsbarrieren (räumlich, materiell, politisch, inhaltlich) einen Einfluss auf die Nutzung, Verbreitung und Wirkung von Informationen. Aufnahme, Selektion und Interpretation werden durch bestimmte Barrieren geprägt. Standortvorteile tragen dazu bei, dass sich die Wissenskluft unterschiedlicher Bevölkerungsgruppen verstärken kann. Menschen, die in Ballungsgebieten und Metropolen leben, dessen Staaten zudem demokratisch legitimiert und wohlhabend sind, müssen nicht nur weniger Zugangshürden überwinden, sondern ihnen steht auch ein breiteres Spektrum der Nutzung zur Verfügung (vgl. Marr/Zillien 2010, 257).

Zweitens: Zugleich wird das Informationsverhalten entscheidend von Bildungsstand, Alter und Geschlecht, aber auch von Erziehungsstilen, Sozialisationsbedingungen und milieuspezifischen Lebensbedingungen bestimmt. Als zentrale Determinanten für eine bestehende oder sich erweiternde Wissenskluft sind milieuspezifische Zugangsbarrieren verantwortlich. Diese wiederum werden bestimmt durch den Bildungsstand und den sich hieraus ergebenden Kompetenzen der Wissensaneignung, -selektion, -verortung und -verwertung (vgl. Rudolph 2019, 162 ff.). Generell ist von einem positiven Zusammenhang von Bildungsgrad und Informationsstand auszugehen. Eine technologiebasierte Verbreitung neuer Medien und Medienformate allein führt eher zu einer Verschärfung der Wissensunterschiede. An diesem Punkt setzt die Initiative zur Digitalisierung für Mädchen und Frauen an.

Drittens: Richtig ist aber auch, dass es sich um relative Wissensunterschiede handelt. Von einer medialen Verbreitung profitieren grundsätzlich alle Bevölkerungsgruppen, die Gebildeteren allerdings mehr als diejenigen, denen aus bestimmten Gründen Zugänge versagt bleiben. Bevölkerungsgruppen mit höherer formaler Bildung verfügen über mehr Medienkompetenz (Medien- und Textauswahl, Verstehens- und Einordnungskompetenz), weisen ein besseres Wissensniveau (Wissensfundus und Kontext) auf und pflegen Sozialkontakte, in denen gesellschaftlich relevante Themen Gegenstand des Diskurses und Austauschprozesses sind.

Viertens: An den genannten Korrelationen bleibt problematisch, dass nur bestimmte Formen des Wissens als ›wissenswert‹ in den Blick kommen. Vorrangig handelt es sich um politisches, kulturelles, wissenschaftliches und sonstiges Faktenwissen, das unter Bildungswissen subsumiert wird. Kritikerinnen und Kritiker weisen zu Recht darauf hin, dass genau diese Wissensbestände für die Alltagsgestaltung der Menschen, also deren Lebensbezüge, von nur geringer Bedeutung sind.

Weiterhin ist zu berücksichtigen, dass für unterschiedliche soziale Milieus sehr unterschiedliche Wissensbestände von Interesse und Nutzen sein können. Die Wissensklufthypothese wurde vor diesem Hintergrund ergänzt durch eine stärker die Sozialstrukturen berücksichtigende Perspektive (Differenzhypothese). Diese geht davon aus, »dass die individuelle Motivation zur Informationsaufnahme bzw. die angenommene Funktionalität medial erworbener Informationen – und nicht der sozioökonomische Status und die hiermit korrespondierenden Eigenschaften – als zentrale Determinanten wachsender Wissensklüfte wirken« (Zillien/Haufs-Brusberg 2014, 30).

Fünftens: Ergänzt wurde diese Perspektive durch eine räumliche Differenzierung von Wissensinhalten. Es konnte festgestellt werden, dass Wissensklüfte jenseits von Schichtung und Milieu umso geringer ausfallen, je lokaler und konflikthafter die Ereignisse ausgerichtet sind, je mehr die Menschen unmittelbar vom Sachverhalt betroffen sind und je häufiger hierüber berichtet wird. Ein enger Sozialraumbezug der Themen, die Kombination aus Konflikthaftigkeit und Betroffenheit sowie die Häufigkeit und Vielschichtigkeit der Medienberichterstattung verringern die Wissenskluft und führen zu einem schichtübergreifend besseren Informationsstand. Förderlich ist auch eine adressatenorientierte Aufbereitung der Inhalte (anschaulich, verständlich, präzise).

Sechstens: Richtet man den Fokus auf die sich aus den Unterschieden ergebenden Wirkungen und Verwertungsvorteile, wird auch hier ein eher differenziertes Bild erkennbar. Generell gilt, dass Vorteile im Zugang und der Nutzung von Wissen die Möglichkeiten zur Partizipation erhöhen. Zugleich bleiben allerdings auch viele Fragen offen. Obwohl es methodisch schwierig ist, Wirkungszusammenhänge im Kontext von Bildungsstand, sozioökonomischem Status, Erziehung und Sozialisation, Sozialraum und konkreten Lebensumständen kausal hinsichtlich ihrer mittel- und langfristigen Effekte zu erfassen, kann die folgende Kernaussage als gesichert angesehen werden: Eine höhere »Medienkompetenz, höheres Vorwissen, relevante Sozialbeziehungen, eine selektivere Information und eine Affinität für die printmediale Darstellung [...] hinsichtlich der Ausschöpfung medial bereitgestellter Informationen [führen] zu einer vorteilhaften Startposition für Höhergebildete« (Zillien 2013, 497).

Während der Corona-Pandemie wurden diese Zusammenhänge in besonderer Weise bestätigt und machten den positiven Selbstverstärkungsprozess für die Bessergestellten und die Negativspirale für die Benachteiligten deutlich. »Die Profiteure profitieren, während die Abgehängten noch weiter abgehängt werden« (Zillien/Lenz 2021).

Richtig ist aber auch, dass es nach einer Übergangsphase der Etablierung des Internets und trotz der höheren Nutzungsanforderungen im technischen, ökonomischen und kognitiven Bereich im globalen Kontext nicht zu einer dauerhaften (Ab-)Spaltung ganzer Bevölkerungsgruppen gekommen ist. Der von der International Telecommunication Union (ITU) erstellte Report zur digitalen Entwicklung 2017 bis 2019 kommt zu dem Ergebnis, dass über 75 Prozent der Weltbevölkerung Zugang zum Internet haben und 57 Prozent aller Haushalte weltweit über einen eigenen Internetanschluss verfügen (in Europa 85 Prozent). Zugleich ist aber hervorzuheben, dass es sowohl in Europa als auch weltweit ein Gefälle zwischen städtischen und ländlichen Gebieten gibt. Weiterhin besteht eine zum Teil gravierende Kluft zwischen den Geschlechtern. Trotz der deutlich unterschiedlichen Ausprägung profitieren im Durchschnitt Männer (Europa 87 Prozent, weltweit 62 Prozent) gegenüber Frauen (Europa 83 Prozent, weltweit 57 Prozent) grundsätzlich mehr von der Internetnutzung (vgl. ITU 2021a, 3; 2020, 1, 10).

Länderspezifisch lässt sich zeigen, dass es zwar weltweit Verbesserungen hinsichtlich der Onlineanbindung gibt, dass aber zugleich weiterhin gravierende kontinentalspezifische Unterschiede vorliegen. Im Vergleich belegen nach dem Development Index (IDI) die europäischen Länder die besten Plätze. Länder auf dem afrikanischen Kontinent schneiden erheblich schlechter ab und belegen mehrheitlich die letzten Ränge (vgl. ITU 2021b). Ein beträchtlicher Teil der Bevölkerung verfügt über keinen Internetzugang. Dieser hängt weiterhin »von der Verfügbarkeit bestimmter Ressourcen – wie Geld, kognitive Kompetenzen oder soziale Unterstützung – [ab und fällt] deshalb insbesondere jenen Personen [...] schwer, die aufgrund ihrer sozialen Position von diesen Ressourcen abgeschnitten sind« (Zillien/Haufs-Brusberg 2014, 79; vgl. CRI 2020).

3.1.3 Cybercrime: Erscheinungsformen, Bekämpfung und Prävention

Unter Internetkriminalität im weiteren Sinne werden nach der Definition des Bundeskriminalamtes

> »jene Straftaten zusammengefasst, bei denen Informations- und Kommunikationstechnik zur Planung, Vorbereitung oder Ausführung genutzt wurde. [Cybercrime im engeren Sinne] umfasst die Straftaten, die sich gegen das Internet, weitere Datennetze, informationstechnische Systeme oder deren Daten richten« (BKA 2019, 3).

Hierunter fallen insbesondere Computerbetrug (Kreditkarten, Abrechnungen), Ausspähen von Daten, Computersabotage sowie die Täuschung oder Fälschung von Daten (bspw. Schadsoftware in E-Mail-Anhängen).

Länderübergreifend kann ein kontinuierlicher Anstieg der Fall- und Schadenszahlen beobachtet werden. Je ausgeprägter sich eine Gesellschaft digital vernetzt, umso größer wird das Tätigkeitsfeld und damit auch das Gefährdungs- und Schadenspotenzial von Cybercrime. Dies zeigt sich exemplarisch am Wandel des Konsumverhaltens (Plattformökonomie). Je mehr Menschen das Internet als Portal zum Kauf von Waren nutzen, umso lukrativer wird es Online-Shops zu kreieren, die nach erfolgter Bestellung und Vorkasse keine Ware liefern. Je mehr personenbezogene und sensible Daten elektronisch gespeichert werden, umso größer ist das Interesse, diese Daten zu stehlen und missbräuchlich zu verwenden. Je anonymer Transaktionen vollzogen werden können, umso lukrativer ist es, sich illegal bestimmte Artikel zu beschaffen. Das Internet »ermöglicht eine Trennung von realer und digitaler Identität. So findet eine Anonymisierung, eine Entpersonalisierung von Kriminalität statt« (Münch 2017, 10).

Als Nutzer oder Nutzerin hat man sich an bestimmte Formen der kriminellen Beschaffung von privaten Daten bereits gewöhnt. So wie die Informationsbeschaffung, Unterhaltung und Kommunikation mittels Internet zum Lebensalltag gehört, so ist auch der Selbstschutz vor einer missbräuchlichen Verwendung zur alltäglichen Routine geworden. Die Nutzerinnen und Nutzer digitaler Endgeräte werden nicht nur regelmäßig mit einer Vielzahl von Spam-Mails konfrontiert, sondern im Gegenzug gehört auch der Einsatz von Virenscannern und Firewalls zur selbstverständlichen Basisausstattung.

Zugleich professionalisieren sich allerdings auch die Kriminellen. Die Befunde der polizeilichen Kriminalstatistik machen deutlich, dass sich das Täterspektrum ständig erweitert und den Herausforderungen auf eigens geschaffenen Handelsplattformen stellt. Neben der unmittelbaren Begehung von Straftaten hat sich ein eigenständiger Markt von Schadsoftware und Infrastrukturen (digitale Schwarzmärkte) entwickelt, die neue Aktivitätsfelder und damit auch neue Tätergruppen erschließen. Umfassende IT-, Fach- und Branchenkenntnisse sind kaum mehr erforderlich. Es reicht aus, sich das Know-how käuflich zu erwerben (Cybercrime-as-a-Service) bzw. sich auf entsprechenden Plattformen (Clearnet, Deepweb, Darknet) mit den notwendigen Informationen und Tools zu versorgen (vgl. BKA 2022, 12 ff.; 2020a, 35 ff.). Weiterhin findet eine Verlagerung von Tätergruppen und Deliktarten ins Internet statt. Zu beobachten ist dies insbesondere beim Handel mit Betäubungsmitteln und Waffen, bei Betrug und Kinderpornographie, aber auch im Bereich politisch motivierter Cyberkriminalität.

Nimmt man einzelne in Deutschland polizeilich bekannt gewordene Delikte in den Blick, so überwiegen mit deutlichem Abstand Betrugsdelikte, z. B. Abrechnungs- und Kreditbetrug. Es folgen das Ausspähen und Abfangen von Daten, Formen der Datenveränderung und Computersabotage (Hackerangriffe) sowie die missbräuchliche Nutzung von Telekommunikationsdiensten (Zugriff auf Router). Die verstärkte Nutzung des Internets während der Corona-Pandemie hat den missbräuchlichen Einsatz von typischen Cyberangriffswerkzeugen (Phishing-Mails, Fake-Seiten, Malware Spamming) nochmals verstärkt (vgl. BKA 2022, 6; 2020b, 1).

Da die polizeiliche Kriminalstatistik nur diejenigen Fälle erfasst, die auch angezeigt werden, sind diese Befunde zu ergänzen um Ergebnisse repräsentativer Befragungen, die Aussagen zu Opferzahlen, Erscheinungsformen und branchenspezifischen Entwicklungen im Dunkelfeld zulassen. Nach Schätzungen des Landeskriminalamtes Niedersachsen werden bei computerbezogener Kriminalität, hierzu gehören insbesondere der Datenverlust durch Viren sowie der Missbrauch persönlicher Daten, der Angriff im Bereich des Online-Bankings sowie der generelle Betrug, insgesamt nur rund 15 Prozent aller Vorfälle angezeigt (vgl. LKA NI 2018, 53). Zu ähnlichen Befunden kommen auch vergleichbare Studien (vgl. Dreißigacker u. a. 2021; 2020a, 947; 2020b; Dreißigacker 2016, 26).

Zieht man ergänzend zu den angezeigten Fällen weitere Dunkelfeldstudien heran, so wird das tatsächliche Ausmaß der Cyberkriminalität deutlich. Nach diesen Befunden ist jeder zweite Internetnutzer in Deutschland innerhalb von zwölf Monaten (n = 1198 Privathaushalte ab 16 Jahre) Opfer von Cybercrime, vorrangig im Zusammenhang mit der Infizierung durch Schadprogramme, geworden (vgl. Bitkom 2021, 12). Bei rund 5000 befragten Unternehmen mit mehr als zehn Beschäftigten haben rund 41 Prozent innerhalb von zwölf Monaten (2017/2018) mindestens einen Cyberangriff, auf den reagiert werden musste, erlebt (vgl. Dreißigacker u. a. 2021, 23; Büchel/Hirsch 2020, 3).

Von Diebstahl, Industriespionage oder Sabotage waren 2020/21 neun von zehn Unternehmen (n = 1067 ab zehn Mitarbeitenden) in Deutschland betroffen. Der jährliche Gesamtschaden für die deutsche Wirtschaft wird auf 223 Millionen Euro beziffert (vgl. Bitkom 2021a, 2, 10). Eine gesetzliche Verpflichtung zur Meldung von Hackerangriffen, wie sie in einigen Bundesstaaten der USA für Unternehmen mit mehr als 500 Beschäftigten existiert, gibt es in Deutschland noch nicht. Hinsichtlich der zukünftigen Entwicklung erwarten deutsche Unternehmen eine zunehmende Bedrohung durch organisierte Wirtschaftskriminalität, Hackerangriffe und ausländische Geheimdienste. In besonderer Weise gefährdet sind Großunternehmen mit mehr als einer Milliarde Euro Umsatz (vgl. Ernst & Young, 2021).

Aktuell sind mehrere hundert Millionen Schadprogrammvarianten auf dem Markt. Weltweit kommen im Durchschnitt täglich über 319.000 neue Varianten (2022) hinzu, jährlich rund 116 Millionen (BSI 2022, 13). Allein die Anzahl schädlicher E-Mails, die monatlich in deutschen Regierungsnetzen abgefangen werden, liegt bei rund 34.000 (vgl. BSI 2022, 53; Könen 2017). Obwohl es schwierig ist, die direkten (Schadensbehebung, Verlust geistigen Eigentums) und indirekten (Umsatzausfälle, Reputationsverlust) Kosten zu erfassen besteht Konsens, dass die Summen erheblich sind. Schätzungen gehen davon aus, dass sich die jährlichen Verluste durch Cyberkriminalität weltweit auf rund 6 Billion US-Dollar pro Jahr belaufen.

Grundsätzlich kann sowohl im Privatbereich als auch bei Unternehmen seit 2013 ein kontinuierlicher Anstieg der Gesamtkosten durch Internetkriminalität beobachtet werden. Zugleich lässt sich allerdings auch zeigen, dass die Aufwendungen durch ein hohes Sicherheitsniveau deutlich verringert werden können (vgl. Ponemon Institute LLC 2019).

Mit der Entstehung und Verbreitung neuer Formen der Internetkriminalität nehmen auch die Aktivitäten zur staatlichen Bekämpfung und Prävention zu. Es wurden nationale und internationale Cyber-Abwehrzentren geschaffen, neue Ministerien (Bundesamt für Sicherheit in der Informationstechnik, BSI), Behörden (Europäische Agentur für Netz- und Informationssicherheit, ENISA), Sondereinheiten (Zentralstelle zur Bekämpfung der Internetkriminalität, ZIT, Frankfurt am Main), Arbeitsgruppen (Leitertagung Cybercrime BKA/LKA, AG Polizei und Justiz GAG) sowie neue Formen der Kooperation in und mit der Wirtschaft (Deutsche Sicherheitsorganisation, DCSO, von Allianz, Bayer, BASF und Volkswagen, German Competence Centre against Cybercrime e. V. – G4C) gegründet.

Grundsätzlich lassen sich vier zentrale Akteursgruppen identifizieren, die im Bereich der Bekämpfung und Prävention von Cyberkriminalität aktiv sind: Zum Ersten ist die Politik zu nennen, die durch Gesetze (IT-Sicherheitsgesetz 2015) sowie durch die Gründung neuer Ministerien und Sicherheitsbehörden auf nationaler und internationaler Ebene aktiv ist.

Zweitens sind auf institutioneller Ebene die Sicherheitsorgane des Staates wie Polizei und Nachrichtendienste hervorzuheben. Deren Zuständigkeit liegt in Deutschland bei den Landeskriminalämtern und auf Bundesebene beim Bundeskriminalamt. Da es sich um ein globales und anonym agierendes Problem handelt, arbeiten diese Organe eng mit dem European Cybercrime Centre (EC3) bei EUROPOL zusammen.

Drittens ist auf der Ebene der größeren Unternehmen, des Mittelstandes sowie vielfältiger sonstiger Institutionen wie Universitäten, Forschungseinrichtungen, Organisationen des Gesundheitswesens und NGOs die Allianz für Cyber-Sicherheit hervorzuheben, die auf Initiative des Bundesamtes für Sicherheit in der Informationstechnik (BSI) in Zusammenarbeit mit dem Bundesverband Informationswirtschaft, Telekommunikation und neue Medien e. V. (Bitkom) gegründet wurde. Über 2700 Organisationen sind Mitglied dieses Verbundnetzwerkes.

Viertens sind die privaten Nutzerinnen und Nutzer zu erwähnen. Diese weisen bei der Computernutzung mehrheitlich ein ausgeprägtes Sicherheitsbewusstsein auf. Über 90 Prozent verwenden Virenschutzprogramme und über 80 Prozent setzen Firewalls ein. Weiterhin werden regelmäßig Updates von Browser und Betriebssystem durchgeführt und auch bei der Verwendung von Passwörtern wird auf Sicherheit geachtet. Hinzu kommt die Verwendung neutraler E-Mail-Adressen sowie die Löschung von Cookies und Browserverläufen. Bei der Nutzung mobiler Endgeräte, insbesondere bei Smartphones, werden spezielle Firewalls oder Virenschutzprogramme deutlich seltener verwendet. Ausbaufähig ist der Einsatz von Kinderschutzsoftware durch die Eltern.

Trotz des grundsätzlich bestehenden hohen Sicherheitsvertrauens haben die meisten Anwenderinnen und Anwender bereits negative Erfahrungen sammeln müssen (Spam- oder Phishing-Attacken). Insgesamt zeigt sich allerdings, dass die Anzahl der tatsächlich erfolgten Betrugsdelikte in Relation zur Nutzerzahl und zur Häufigkeit der Internetnutzung im privaten Kontext eher gering ist.

Die Corona-Pandemie und die sich hieraus ergebenden Veränderungen des mobilen Arbeitens haben einerseits dazu beigetragen, dass Cyber-Kriminelle neue Möglichkeiten des Datenklaus genutzt haben. Zugleich haben aber auch die Unternehmen reagiert und ihre Sicherheitsmaßnahmen deutlich erweitert und verbessert (vgl. KPMG 2022).

3.1.4 Cyberlife: Jugend online – Trends und Herausforderungen

Trends: Nutzungsverhalten junger Menschen

Castells These einer Welt der Internetkommunikation wird durch empirische Studien bestätigt. Während im Jahr 1997 nur ca. sechs Prozent der Deutschen das Internet nutzten, sind es im Jahr 2021 bereits rund 91 Prozent aller Personen ab zehn Jahren. Streamingdienste nehmen bei den 14- bis 29-Jährigen an Bedeutung zu. Trotz einer unterschiedlichen altersmäßigen Verteilung liegen die Schwerpunkte der täglichen Mediennutzung in den Bereichen Individual-Kommunikation (Chatten, Mails), Information und Unterhaltung (Film, Musik, Video) sowie sonstiger Internetnutzung wie Surfen, Shoppen und Spielen (vgl. mpfs 2021a; Feierabend u. a. 2021). Altersübergreifend ist die tägliche Dauer der Internetnutzung insgesamt in den letzten Jahren kontinuierlich bis 2021 auf 227 Minuten gestiegen. Nimmt man nur die *mediale* Internetnutzung in den Blick, so beträgt die tägliche Nutzungsdauer bei den 14- bis 29-Jährigen schon 269 Minuten, bei 30- bis 49-Jährigen 178 Minuten (vgl. Beisch/Koch 2021, 491). Im Vordergrund steht eine bedarfsorientierte und zeitversetzte Inanspruchnahme (vgl. Beisch/Schäfer 2020, 469).

Ergänzt werden diese Befunde durch Studien des Medienpädagogischen Forschungsverbundes Südwest im Rahmen der Studienreihe KIM (Kindheit, Internet, Medien), die sich auf das Medienverhalten von Kindern zwischen sechs und 13 Jahren konzentriert. Kinder wachsen im familiären Haushalt mit einer Vielzahl von Mediengeräten wie Fernseher, Radio, Handys, Smartphones, Digitalkameras, Spielkonsolen, Computer und Tablets auf, nutzen aber zugleich auch traditionelle Medienformate wie Tageszeitungen und Bücher. Mobiltelefone sind weit verbreitet und gehören oftmals zum persönlichen Besitz. Das Freizeitverhalten ist geprägt durch Fernsehen und Internet, Treffen mit Freundinnen und Freunden, Hausaufgaben und Lernen, Musik hören, Spielen, Lesen, Sport und gemeinsamen Unternehmungen mit den Eltern (vgl. mpfs 2021b, 14 f.; 2018, 11 f.). Zu ähnlichen Ergebnissen kommt auch die Schweizer JAMES-Studie. Smartphone und Tablet sind weit verbreitet und ständiger Begleiter. Snapchat, Instagram, WhatsApp und Facebook gehören, ähnlich wie in Deutschland, zu den beliebtesten sozialen Netzwerken (vgl. Jael u. a. 2020).

Studien mit dem Schwerpunkt zur Mediennutzung Jugendlicher zwischen 12 und 19 Jahren zeigen weiterhin, dass Jugendliche durchaus kritisch mit Berichterstattungen umgehen. Besonderes Vertrauen genießen Tageszeitungen, gefolgt von Fernsehen und Radio. Das Internet schneidet als vertrauenswürdige Informationsquelle deutlich schlechter ab.

Nimmt man die problematische Mediennutzung in den Blick, so zeigt sich, dass die Erziehungsberechtigten zwar Absprachen hinsichtlich der Inhalte und der Nutzungszeiten vereinbaren, i. d. R. aber wenig Wissen darüber besteht, welche anderen Formen des Jugendschutzes hilfreich sind. Weiterhin ist bekannt, dass rund sieben Prozent der 6- bis 13-Jährigen schon einmal auf ungeeignete, unangenehme oder angstauslösende Inhalte im Zusammenhang mit der Internetnutzung gestoßen sind (vgl. mpfs 2021b, 70 f.). Nimmt man die Altersgruppe der 12- bis 19-Jährigen in den Blick, so sind rund 47 Prozent bereits mit persönlich beleidigenden oder falschen Angaben im Netz konfrontiert worden (vgl. mpfs 2021a, 61 f.).

Die Gesundheit von Kindern und Jugendlichen soll auch durch einen übermäßigen Medienkonsum gefährdet werden. Die Ergebnisse der BLIKK-Medienstudie geben Hinweise darauf, dass es einen Zusammenhang zwischen einer übermäßigen Nutzung und gesundheitlichen Gefährdungen geben kann. Je umfangreicher der Medienkonsum, so die Kernthese, desto ausgeprägter treten von den Eltern beschriebene Entwicklungsauffälligkeiten (Sprachentwicklungsstörungen, Hyperaktivität, Konzentrationsstörungen, erhöhter BMI) auf. Nutzen Eltern während der Betreuung von Kindern bis zu einem Jahr zeitgleich digitale Medien, so wurden vermehrt Fütter- und Einschlafstörungen wahrgenommen. Bei Kleinkindern zwischen zwei und fünf Jahren wurden nach Elternangaben Sprachentwicklungsstörungen, motorische Hyperaktivität sowie Konzentrationsstörungen beobachtet. Ähnliches gilt bei Jugendlichen zwischen dem achten und dreizehnten Lebensjahr. In der Selbsteinschätzung geben die Jugendlichen an, dass sie vermehrt Probleme haben, die eigene Internetnutzung selbstbestimmt zu kontrollieren (vgl. Deutscher Kinderschutzbund 2017, 7). Eine Ursache-Wirkungsbeziehung kann aus diesen Befunden allerdings nicht abgeleitet werden. Dennoch geben die Selbstauskünfte der Jugendlichen im Rahmen dieser und anderer Studien einen durchaus wichtigen Hinweis zur Prävention. Im Kern geht es nicht um Verbote digitaler Medien und mobiler Endgeräte, sondern um eine erzieherische und pädagogisch unterstützende Vermittlung eines verantwortungsbewussten und reflektierten Umgangs.

Herausforderungen: Problemdimensionen Gewalt – Sexualität – Games

Jugendliche, insbesondere in einer Spanne zwischen dem 10. und 15. Lebensjahr, befinden sich in einer spezifischen Lebensphase (Pubertät), die geprägt ist durch körperliche, geistige, emotionale und soziale Entwicklungen. In diesem Lebensabschnitt setzen sie sich in aktiver und verdichteter Form mit der eigenen körperlichen Entwicklung (Reifungsprozesse), den gesellschaftlichen Anforderungen (normative Erwartungen) und ihren individuell gesteckten Zielen auseinander. Diese Prozesse zeichnen sich durch Formen der Anpassung, Abgrenzung und des abweichenden Verhaltens aus, das geschlechtsspezifisch, episodisch, spontan und gruppenbezogen gezeigt wird. In der Mehrzahl handelt es sich um Bagatelldelikte, die mit fortschreitendem Alter deutlich abnehmen.

Zu den weit verbreiteten Formen abweichenden »Fehlverhaltens« zählen Eigentums- und Gewaltdelikte, Varianten des Vandalismus und der persönlichen Beleidigung sowie Formen der Auseinandersetzung mit Körperlichkeit und Sexualität. Hinzu kommen der Gebrauch von Rauschmitteln und sonstige Varianten suchtähnlichen Verhaltens, die z. B. in neuen Formen exzessiver Mediennutzung (Games, Glücksspiele, Pornographie) ihren Ausdruck finden können. Mehrheitlich treten in diesen Kontexten männliche Jugendliche in Erscheinung. Deren Lebenswelten sind oftmals geprägt durch prekäre Lebenslagen (ökonomisch, emotional, sozialräumlich), Bildungsunterschiede, Leistungsdefizite in Schule und Ausbildung sowie andere belastende Rahmenbedingungen des familiären Umfelds (zerbrochene Ehen, familiäre Gewalt, Bindungsstörungen, Alkoholsucht).

Folgende Erscheinungsformen problematischer Mediennutzung sind bei Heranwachsenden von Bedeutung.

Gewaltdarstellungen

Gewaltdarstellungen sind in den (visuellen) Medien spätestens seit Erfindung des Fernsehens ein viel diskutiertes Thema. Der ungehinderte und gesetzlich schwer zu regulierende Zugang ins Internet hat zur Konsequenz, dass der Beschaffung und Verbreitung von Gewaltdarstellungen kaum Grenzen gesteckt sind. Hinzu kommt die Nutzung von gewalttätigen Games, deren Beschaffung trotz Altersregulierung bei entsprechenden Fachkenntnissen schwer zu kontrollieren ist. Trotz einer grundsätzlich zu beobachtenden Zunahme in Nutzung und Verbreitung bleibt strittig, ob diese Inhalte einen ungünstigen Einfluss auf die persönliche Entwicklung von Jugendlichen haben. In der Forschung wird die Auffassung vertreten, dass sozial prekäre Lebenslagen des familiären und sozialen Umfelds kausal bedeutender sind als der Konsum medialer Gewaltdarstellungen. Unstrittig ist aber auch, dass die Kombination von sozialen und persönlichen Risikofaktoren bei gleichzeitiger intensiver Nutzung gewaltverherrlichender Inhalte einen negativen Einfluss auf das Sozialverhalten haben kann. Generell ist festzuhalten, dass Jugendliche im Zusammenhang mit der Verbreitung der digitalen Medien vermehrt mit Gewaltdarstellungen konfrontiert werden, ob gewollt oder nicht.

Cybermobbing als Form der Gewaltausübung

In der Literatur wird zwischen struktureller Gewalt und personaler Gewalt unterschieden. Zu den Formen struktureller Gewalt gehören z. B. überhöhte Leistungsanforderungen, fehlende Beteiligungsmöglichkeiten, mangelnde berufliche Perspektiven, schlechte Arbeitsbedingungen und fehlender Freiraum. Diese Formen der Gewalt sind von gesellschaftlichen Rahmenbedingungen geprägt und gehen nicht von einzelnen Täterinnen und Tätern aus.

Demgegenüber finden persönliche Formen der Gewalt ihren Ausdruck in physischer, psychischer und/oder seelischer Gewalt. Zur physischen Gewalt gehören die absichtliche Verletzung von Menschen, Freiheitsberaubung, sexueller Missbrauch und Vergewaltigung, Sachbeschädigung, Diebstahl und Vandalismus. Eine besonders problematische Form der Verbreitung von Gewalthandlungen wird als Happy Slapping bezeichnet. Mittels Handy oder Videokamera werden Gewaltakte von Komplizen oder Gruppenmitgliedern der Peergroup aufgezeichnet und in den sozialen Medien verbreitet. Psychische und seelische Formen der Gewalt finden ihren Ausdruck durch Beleidigung und Beschimpfung, Anschreien, Erniedrigung, Bedrohung, Diskriminierung und Einschüchterung, der Verbreitung von Gerüchten, der Verleumdung und sozialen Ausgrenzung sowie anmachender Gebärden und Erpressung. Finden diese Akte der Gewalt mittels digitaler Medien im virtuellen

Raum statt, spricht man von Cybermobbing, Cyberbullying oder allgemein von Internetmobbing. Mittels SMS, Chat-Nachrichten oder sonstigen Plattformeinträgen werden boshafte und diffamierende Texte, Bilder oder Filme verbreitet.

Cybermobbing weist insofern eine neue Qualität auf, da durch die Vernetzung der Endgeräte in kurzer Zeit eine Vielzahl von Akteuren erreicht werden. Die Inhalte tauchen an verschiedenen Orten immer wieder auf, sind öffentlich und bleiben zugleich für Eltern und mit Erziehungs- und Sozialisationsaufgaben betraute Institutionen meist unbemerkt. Für die Opfer sind die Auswirkungen vielfältig und können zum Verlust von Selbstvertrauen, zu Angstzuständen und Depressionen bis hin zum Selbstmord führen. Die Einfachheit des Einsatzes und ihre vielfältige Verbreitung bringen es mit sich, dass Aktionen dieser Art eher spontan und unüberlegt erfolgen. Hinzu kommt, dass es den Täterinnen und Tätern leicht fällt, anonym zu bleiben und die Reaktion der Opfer durch die Tathandlung räumlich entkoppelt erfolgt. Die Hemmschwelle ist daher deutlich reduziert.

Sexting und Pornographie

Auch das Sammeln erster erotischer Erfahrungen sowie die Auseinandersetzung mit der eigenen und fremden Körperlichkeit zählt zu den wichtigen Erfahrungen im Prozess der Ausbildung einer eigenständigen Persönlichkeit von Heranwachsenden. Während die Jugendlichen anderer Generationen sich verstärkt über Illustrierte und Jugendzeitschriften mit Sexualität auseinandergesetzt haben, nutzen die heutigen Generationen Aufklärungsseiten im Netz, flirten in Chatrooms und machen ihre ersten sexuellen Erfahrungen durch das Anschauen pornographischer Seiten und Filme. Zugleich werden Möglichkeiten der erotischen Selbstdarstellung und Verbreitung genutzt, die als Sexting bezeichnet werden. Man fotografiert sich in erotischen Posen oder auch ganz nackt und sendet diese Fotos oder Videos an Personen, zu denen man erste erotische Kontakte aufbauen möchte. Hierunter fällt auch das Versenden pornographischer Mitteilungen. Als Adressaten freizügigen Bild- und Textmaterials kommen aber auch der Freundeskreis oder die Peergroup in Frage. Auch in diesem Segment sind erwartungsgemäß Jungen deutlich aktiver als Mädchen.

Das Internet bringt es mit sich, dass die Nutzerinnen und Nutzer anonym bleiben können und Scheinprofile erzeugt werden. Als Sextortion wird die Erpressung von Jugendlichen durch Erwachsene bezeichnet, die sich durch eine falsche Identität über soziale Netzwerke freizügige Texte und Bilder verschaffen und mit der Veröffentlichung drohen, wenn bestimmte Forderungen nicht erfüllt werden. Unter Cybergrooming wird die Kontaktaufnahme von Erwachsenen im Internet zu Kindern oder Jugendlichen verstanden, um sexuelle Handlungen vorzunehmen.

Computerspiele

Die Nutzung von Computerspielen übt auf Jugendliche eine besondere Attraktivität aus. Spielen gehört seit jeher zu den Tätigkeiten von Heranwachsenden, um Erfahrungen zu sammeln, körperliche und geistige Leistungsfähigkeiten zu testen und sich erprobend der Bewältigung von Entwicklungsaufgaben zu stellen. Es werden alternative Interaktions- und Beziehungsmuster ausprobiert sowie unterschiedliche Lebensweisen simuliert.

Computerspiele zeichnen sich dadurch aus, dass eine andere Form von Sozialität und Interaktion Voraussetzung ist. Während traditionelle Gesellschaftsspiele von der unmittelbaren Face-to-Face-Interaktion geprägt sind, lassen technikbasierte Games vielfältige Formen personaler und technikgeprägter Interaktivität zu. Zugleich befriedigen Games in besonderer Weise Bedürfnisse der Abenteuerlust, der Schaffung und Gestaltung von Phantasiewelten sowie des Erprobens und Auslebens von Rollenmuster, die in dieser Form sowohl im unmittelbaren Face-to-Face-Kontakt als auch unter realen Umweltbedingungen nicht möglich sind (Held, Rächer, Kommissar, Formwandler). Die mit der Digitalisierung und Vernetzung verbundenen Optionen können aufgrund ihrer Faszination und Vielfältigkeit zu einem, aus Sicht der Erwachsenen, übermäßigen Konsum- und Freizeitverhalten führen und je nach Lebenslage zu einem Rückzug in eine Scheinwelt.

Ähnlich wie im Bereich der Nutzung von Gewaltdarstellungen sind es primär die entwicklungsschädigenden, meist familiären Rahmenbedingungen, die in Kombination mit den Angeboten der Games zu problematischem Nutzungsverhalten (sozialer Rückzug, Übermüdung, Vernachlässigung von Sozialkontakten) führen können. Zugleich erschließen Online-Rollenspiele und Kommunikationsplattformen allerdings auch Räume des Austauschs und der Gemeinschaft, die förderlich für die Bewältigung von Entwicklungsaufgaben (Freundschaftsbeziehungen, Entwicklung von Selbstsicherheit, Bewältigung von schulischen Herausforderungen) sind.

Problembereichsübergreifend ist für die Mehrheit der Jugendlichen festzuhalten, dass zwar die Häufigkeit der Mediennutzung zunimmt, diese aber weder zur Vereinsamung noch zu einem problematischen Nutzungsverhalten führt. Stattdessen fördern digitale Medien mehrheitlich sowohl die gesellschaftliche Teilhabe als auch die Entwicklung junger Menschen. Heranwachsende nutzen die neuen Medienformate kreativ, gestalten Inhalte eigenständig und greifen gezielt, verantwortungsbewusst und selbstbestimmt auf diese zu. Lernprozesse werden gefördert und die Kreativität und Geschicklichkeit unterstützt. Wie in allen Bereichen jugendlicher Sozialisation nehmen hierbei die Eltern eine wichtige Erziehungs- und Vermittlungsfunktion im Umgang mit den digitalen Medien sowie zur Stärkung der Medienkompetenz ein.

> **Weiterführende Literatur**
>
> Castells, M. (2017): Der Aufstieg der Netzwerkgesellschaft. Das Informationszeitalter – Wirtschaft – Gesellschaft – Kultur (Band 1) (2. Aufl.). Wiesbaden: Springer.
> Zillien, N. & Haufs-Brusberg, M. (2014): Wissenskluft und Digital Divide. Baden-Baden: Nomos.
>
> **Weiterführende Quellen**
>
> Bündnis gegen Cybermobbing e. V. (2017): Cyberlife II. Spannungsfeld zwischen Faszination und Gefahr. Cybermobbing bei Schülerinnen und Schülern. Karlsruhe.

> Lott, Y. (2023): Der Gender Digital Gap in Transformation? Verwendung digitaler Technologien und Einschätzung der Berufschancen in einem digitalisierten Markt, WSI, Nr. 81, Düsseldorf.

3.2 Massenmedien, Journalismus und Öffentlichkeit

3.2.1 Realität der Massenmedien: Luca Folkers in der Multimediagesellschaft

Luca Folkers ist 16 Jahre alt und besucht das Gutenberg-Gymnasium in Mainz. Für Politik hat er sich schon früh interessiert. Aus Zeitungen, Zeitschriften, Funk, Fernsehen und in sonstigen Internetforen informiert er sich regelmäßig über Ereignisse auf der Welt. Zugleich bringt sich Luca aktiv ein. Er tauscht sich mit Freunden und Bekannten aus, nimmt Kontakte zu Personen an den jeweiligen Orten auf und postet Beiträge.

Grundsätzlich in Frage gestellt wurde Lucas Selbstverständnis von Redlichkeit und Sachlichkeit in Text und Bild im Jahr 2015. Am 7. Januar wurde über den Anschlag auf die französische Satirezeitschrift Charly Hebdo berichtet. Die Zeitschrift hatte 2006 Mohammed-Karikaturen gedruckt und war daraufhin mehrfach bedroht worden. Nach einer Veröffentlichung einer Sondernummer unter dem Titel »Charia Hebdo« erfolgte 2011 ein Brandanschlag auf die Redaktionsräume. Am 7. Januar 2015 überfielen zwei maskierte und bewaffnete Terroristen die Redaktion. Sie töteten vier Karikaturisten des Satiremagazins, sechs weitere Personen der Redaktion und zwei Polizisten. Dieser brutale Mord war für Luca ein Anschlag auf die Pressefreiheit. In Foren und Chats tauschte er sich aus und rief in der Jahrgangszeitung seiner Schule zur Solidarität mit den Opfern auf.

Am 11. Januar wurde berichtet, dass weit über eine Million Menschen gegen die Terroranschläge in Paris protestierten. Der Protestmarsch wurde von den Staatschefs der Welt angeführt. Die Politikerinnen und Politiker gedachten der Opfer des Anschlags. Die Bilder zeigten, wie diese Arm in Arm für Demokratie, Meinungsfreiheit und Toleranz einstanden. Das Ereignis machte Schlagzeilen. Hier einige Auszüge: »Die politische Weltelite auf der Straße – Seite an Seite mit dem Volk« (ZDF Studio Paris); »Der Gedenkmarsch heute in Paris hatte eine ganz besondere Reihenfolge: In erster Reihe die Angehörigen und die Hinterbliebenen der Opfer und die übrigen Mitarbeiter der Redaktion von Charlie Hebdo und erst dahinter die Staats- und Regierungschefs aus 50 Ländern, die eigens angereist waren« (ARD Brennpunkt); »Anderthalb Millionen Menschen waren es allein in Paris. Unter ihnen: Staats- und Regierungschefs aus rund 50 Ländern. Bilder, die man so auch noch nicht gesehen hat« (ZDF heute-journal).

Bereits 24 Stunden nach diesen Meldungen gab es über Twitter die ersten Zweifel am Wahrheitsgehalt der Aktion. Fotos und Handyvideos belegten, dass die Politiker auf einer abgesperrten Nebenstraße, mehr als einen Kilometer entfernt von den Demonstrationen, für Fotos und Aufnahmen posiert hatten. Der Marsch erstreckte sich nur über eine Entfernung von rund 200 Metern und die dort abgebildeten Personen setzten sich aus den Staatschefs, Personenschützern und Begleitpersonen der Delegationen zusammen. Im Vergleich zur Gesamtdemonstration also nur eine kleine Gruppe politischer Prominenz, die durch eine geschickte Positionierung den Eindruck vermitteln sollte, dass hier eine gemeinsame Aktion mit der Bevölkerung stattgefunden hat.

Die Belege der Täuschung waren eindeutig. Politik und Presse bemühten sich den Sachverhalt aufzuklären. Hervorgehoben wurden insbesondere Sicherheitsbedenken. Bei der Vielzahl hochkarätiger Politiker sei es nicht machbar, dass sich die Staatschefs den Massenprotesten anschließen. Im Vordergrund habe die symbolische Bedeutung der Aktion gestanden und die sei ehrlich und authentisch gewesen. Der Vorwurf Lügenpresse, die manipuliert und täuscht, sei nicht gerechtfertigt. Hinzu käme, so die Pressevertreter, dass man sich auf Nachrichtenagenturen vor Ort verlassen müsse und diese hätten eben die Bilder geliefert, die nachher auch gesendet worden sind. Man könne nicht überall persönlich vor Ort sein.

Luca fühlte sich getäuscht und betrogen. Natürlich war ihm bewusst, dass Medien zu propagandistischen Zwecken von autokratischen Regimen eingesetzt und missbraucht werden, aber dass dies in Europa in dieser Form möglich war, hat ihn überrascht. Es war wohl eher Zufall und der besonderen weltweiten Aufmerksamkeit geschuldet, dass die Wahrheit ans Licht kam (Schlagzeilen siehe https://propagandaschau.wordpress.com).

Der Soziologe Niklas Luhmann (1927–1998) hat in seinem Buch über die »Die Realität der Massenmedien« festgestellt, dass alles, was wir »über unsere Gesellschaft, ja über die Welt, in der wir leben, wissen, wissen wir durch die Massenmedien« (Luhmann 1996a, 9). Anfang der 1990er Jahre verstand man unter Massenmedien noch fast ausschließlich die traditionellen Verbreitungsmedien wie die gedruckte Presse, das lineare Fernsehen und den Rundfunk. Ihre Aufgabe ist es bis heute, Informationen zu synchronisieren, zu verbreiten und einem unbekannten, räumlich verstreuten Publikum öffentlich zugänglich zu machen (vgl. Nassehi 2021, 271 f.; Bösch 2019, 23).

Luca ist in einer Gesellschaft aufgewachsen, die geprägt ist durch gravierende Fortschritte in der Informationstechnologie. Die Entwicklungen der letzten Jahrzehnte haben einen neuen Gesellschaftstypus hervorgebracht. An die Stelle der Industrie- und Dienstleistungsgesellschaft trat mit Beginn der 1990er Jahre die Informationsgesellschaft, die sich zu einer Multimediagesellschaft entwickelt hat. Diese kennzeichnet sich durch eine wachsende globale Bedeutung in der Verbreitung und Nutzung von Informationen und Wissen aus. Hinzu kommt eine digitale Infrastruktur, die die Erweiterung der Zugangs-, Nutzungs- und Vernetzungsmöglichkeiten für breite Bevölkerungsschichten ermöglicht. Im Folgenden nehmen wir aus einer historischen Perspektive diesen Wandel näher in den Blick.

3.2.2 Mediengeschichte: Höhlenbilder, Buchdruck und digitale Medien

Die ersten Vermittlungsmedien: Zeichen, Bilder und Schrift

> **Medien**
>
> Unter Medien werden Artefakte verstanden, »deren Zweck es ist, Kommunikation zu ermöglichen. Als Artefakte erfüllen sie Leistungen wie Aufnahme, Speicherung, Übertragung, Vervielfachung und Reproduktion, Wiedergabe und Ver- bzw. Bearbeitung von Informationen« (Crivellari/Sandl 2003, 633). Medien sind vermittelnde Zeichenträger, worunter in ihrer traditionellen Form Sprache, Malerei, Schrift, Bilder und Filme gehören. Hinzu kommen symbolische Zeichenträger wie Bauwerke, Nationalflaggen oder Statussymbole.

Artefakte waren im historischen Rekurs Ausdruck einer Bedeutungszuschreibung, um einen Bezug des Menschen zur Umwelt herzustellen. Im Laufe der Zeit verdichteten sich Zeichen und Symbole (geschnitzte Masken, Werkzeuge) mittels einer komplexer werdenden Sprache zu kollektiv geteilten Vorstellungen, um z. B. den Tod von Angehörigen in einen religiösen Kontext verorten zu können. Ereignisse und Mythen wurde ein kollektiver Sinn zugeschrieben. Rituale und Zeremonien vermittelten Geborgenheit, ein Gefühl von Gemeinschaft und Identität.

Am Anfang dieser Entwicklung stand die Höhlenmalerei. Soweit wir wissen, wurden bereits vor über 40.000 Jahren Bilder und Zeichen an Felswände gemalt oder geritzt. Geschaffen wurde ein erstes kulturelles Gedächtnis von Ereignissen (Jagdszenen), Symboliken und religiösen Deutungen. Berühmt geworden sind die 1879 entdeckten Höhlenbilder von Altamira in Nordspanien, die Höhle Cueva de El Castillo im spanischen Kantabrien, die Grotte Chauvet im Flusstal der Ardéche (Frankreich), die 1940 entdeckte Höhle von Lascaux im französischen Département Dordogne sowie die neuesten Funde auf der indonesischen Insel Sulawesi, östlich von Borneo.

Um 3.000 v. Chr. entstanden die ersten Hochkulturen der Ägypter und Sumerer, die komplexere Schriftsysteme entwickelten. Die bekanntesten Schriften jener Zeit sind die Hieroglyphen, die überwiegend in Stein gemeißelt wurden und z. B. über das Leben der Pharaonen, Priester und anderer hochrangiger Persönlichkeiten berichteten. Bekannt ist auch die auf Tontafeln eingedrückte Keilschrift, die etwa zeitgleich im heutigen Syrien, Iran und Irak entstand. Um ca. 1.000 v. Chr. wurden Schriftsätze auf Papyrus, einem aus Schilfpflanzen hergestellten Material, festgehalten. Auf diese Weise war es möglich, Informationen in kurzer Zeit zu geringen Kosten und in großer Zahl zu verbreiten. Hinzu kam, dass nun auch eine größere Anzahl an Gelehrten in der Lage war ihre Gedanken zu Papier zu bringen. Etwa 200 v. Chr. gelang es, aus einem Brei aus Fasern von Seide, Hanf und Lumpen das erste Papier herzustellen. Es war leicht zu produzieren und einfach zu beschriften. Es sollte aber noch viele Jahrhunderte dauern, bis das Papier ab dem 11. Jahrhundert seinen Siegeszug in Europa antrat.

Diese Beispiele machen deutlich, dass die Funktion von Kommunikationsmedien schon seit Beginn der Menschheitsgeschichte in einer ordnenden, stabilisierenden Struktur von Gesellschaften bestand, und zwar über den eigenen Tod und den der Sippenmitglieder hinaus. Je komplexer die Bezüge, umso differenzierter die Sinnverweise (mathematische Formeln, physikalische Modelle).

Vom Buchdruck bis zu den modernen Medienformaten

Bis zur Erfindung des Buchdrucks in Europa im Jahr 1450 durch Johannes Gutenberg (ca. 1400–1468) mit beweglichen Metallettern und seiner Erfindung der Druckerpresse musste sich das Mittelalter auf mühevoll erstellte Handschriften beschränken. Eine Vervielfältigung war nur durch Abschriften möglich. Zwar gab es bereits Drucke mittels Holz- und Metallformen, aber deren Herstellung war teuer und in nur begrenzter Zahl einsetzbar (vgl. Stöber 2013, 47). Die mit der Vervielfältigung verbundenen Aufgaben blieben das Privileg gebildeter Menschen, die ihrem Stand entsprechend überwiegend von der körperlichen Arbeit befreit waren. Abschriften und Drucke wurden von Mönchen, Nonnen und Säkularklerikern in Klöstern, den sog. Skriptorien, durchgeführt. Ab dem 12. Jahrhundert übernahmen auch professionelle Schreibstuben die Bücherproduktion. Aufgrund des hohen Aufwandes war die Verbreitung von Büchern begrenzt. Hinzu kam, dass sich die Leserschaft aus wenigen Gelehrtenkreisen zusammensetzte. Die Mehrzahl der Menschen konnte weder lesen noch schreiben.

Durch die Erfindung des Buchdrucks wurde Wissen erstmalig in großem Umfang verbreitet. Um 1480 gab es bereits rund 90 Städte, in denen gedruckt wurde. Im Jahr 1500 waren es bereits 252 (vgl. Bösch 2019, 36). In der Folge stiegen sowohl der Bedarf als auch die Produktion an Texten. Die Vielfalt des Wissens konnte nun gesammelt und archiviert werden. Bibliotheken wurden zu öffentlichen Räumen, in denen Interessierte an unterschiedlichen Standorten Zugang zu Wissen mit Autorenzuordnung bekamen (vgl. Ziemann 2018, 58; Schanze 2001, 236).

Die Erfindung der Druckerpresse führte in nur wenigen Jahrzehnten zu einer rasanten Verbreitung von Büchern. Um 1500 gab es im deutschsprachigen Raum über 200 Druckereien, in Europa rund 1100. Gab es 1470 nur 17 Orte mit einer Druckerei, so waren es 1490 bereits 204 (vgl. Vocelka 2017, 95; Weber, 2004, 72). Die europäische Produktion stieg von etwa einer Million Manuskriptexemplaren im 14. Jahrhundert auf etwa 200 Millionen Bücher im 16. Jahrhundert (vgl. Böhn/Seidler 2014, 53).

An die Stelle der lateinischen Sprache, die nur von wenigen Menschen verstanden wurde, traten im 16. Jahrhundert die jeweiligen Landes- und Volkssprachen. Darüber hinaus wurden nicht mehr nur religiöse und wissenschaftliche Bücher produziert, sondern die Bevölkerung selbst wurde zum Adressaten von Flugschriften, volkstümlichen Büchern, Fabeln, Stände- und Trachtenbüchern. Da weiterhin die meisten Menschen weder lesen noch schreiben konnten, wurden die Flugschriften von Kolporteuren (Hausierern) verlesen und verbreitet. Diese zogen von Markt zu Markt und lasen der ländlichen Bevölkerung Nachrichten, kurze Geschichten, Haushaltstipps und Horoskope vor. Darüber hinaus wurden Gebets- und Gesangbücher, Rezeptbücher, Kalender, Brillen, Rosenkränze, Schreibutensilien, Spielkarten und sonstige Waren des täglichen Bedarfs zum Kauf angeboten (vgl. Schilling 1990, 33). Auf diese Weise wurde ein Zugang zu einer bisher unbekannten Welt erschlossen. Geringe Herstellungskosten und hohe Auflagen erlaubten es, dass auch die ärmere Landbevölkerung Texte zur privaten Lektüre käuflich erwerben konnte (vgl. Faulstich 1998, 118 ff.).

Aus dieser Tradition heraus entwickelten sich Mitte des 17. Jahrhunderts die ersten Zeitungen und Zeitschriften, die allerdings vorrangig von Akademien herausgegeben wurden. Zu nennen sind hier insbesondere das 1665 erstmals erschienene Journal des Sçavans in Paris und die im gleichen Jahr publizierte Zeitschrift »Philosophical Transactions of the Royal Society« in London. Als Erfinder der ersten gedruckten, wöchentlich erscheinenden Zeitung gilt der Straßburger Drucker und Buchbinder Johann Carolus (1575–1634). Obwohl es gedruckte Nachrichten bereits im ausgehenden 16. Jahrhundert in Frankreich und den Niederlanden gab, wird die historische Wende auf Anfang bis Mitte des 17. Jahrhunderts verortet (vgl. Birkner 2012, 68 ff.). Zu Beginn ihrer Entstehung hatten Zeitungen eine Unterrichtungsfunktion und dienten nicht der Meinungsbildung oder wertenden Stellungnahme (vgl. Wilke 2008, 23). Zeitungen verbreiteten Nachrichten (Aktualität) und galten als verlässliche Quelle. Sie erschienen regelmäßig (Periodizität), waren an ein breites Publikum gerichtet (Universalität), durch ihren Warencharakter allgemein zugänglich (Publizität) und wiesen eine gleichartige formelle Struktur auf (vgl. Birkner 2020, 1101; Droste 2011, 18).

Im Jahr 1700 gab es in Deutschland rund 70 unterschiedliche Zeitungen bei einer Auflagenhöhe von 300 bis 400 Stück und einem Leserkreis von insgesamt rund 250.000 Menschen. 1800 waren es bereits ca. 200 Zeitungen bei etwa drei Millionen Leserinnen und Lesern (vgl. Böhn/Seidler 2014, 61). Allmählich bildete sich ein öffentliches Publikum, das sich kritisch mit gesellschaftlichen Themen auseinandersetzte. Zwar versuchten die jeweiligen politischen Herrscher Inhalt und Verbreitung durch Vergabe von Druckprivilegien zu kontrollieren, aber ihre allmähliche Durchsetzung als Printmedium konnten sie nicht verhindern (vgl. Bösch 2019, 57 ff.).

Im 18. Jahrhundert etablierte sich ein lesendes und emanzipiertes Bürgertum. Es entstanden neue literarische Gattungen (Roman), das Bildungssystem wurde ausgebaut und die Erwerbsarbeit differenzierte sich aus. Die Nachfrage nach Themenbereichen aus Politik, Religion, Wirtschaft und Kultur nahm zu und damit auch das Angebot von Zeitungen, (Fach-)Zeitschriften und Büchern. Hinzu kamen technische Verbesserungen im Druck sowie der Illustration. Dies steigerte die Attraktivität der Printmedien und setzte neue Kaufanreize (vgl. Faulstich 2004, 60 ff.).

Bildungsliteratur wurde zum neuen Statussymbol des aufstrebenden (Wirtschafts-)Bürgertums. In Pariser Salons, Tisch- und Lesegesellschaften sowie Kaffeehäusern pflegte man die weltgewandte Konversation (vgl. Würgler 2013, 63 f.). In der Zeit von 1701 bis 1800 stieg die Zahl produzierter Buchexemplare in Europa auf ein Milliarde (vgl. Buringh/Zanden 2009, 43). Im deutschsprachigen Raum konnten um 1800 bereits mehr als die Hälfte der Menschen lesen (vgl. Böhn/Seidler 2014, 53). Im Übergang zum 19. Jahrhundert wurde das Buch mittels automatisierter Papierherstellung und des Rotationsdrucks zur Massenware. Zeitungen und Zeitschriften konnten kostengünstig und in kurzer Zeit für die schnell wachsende Bevölkerung produziert werden. Die Stärke der Fachzeitschriften war eine zielgruppen- und themenspezifische Ausrichtung auf die Bedürfnislagen einzelner sozialer Gruppen wie Frauen, Jugendliche, Angler, Jäger etc.

Die bürgerliche Bildungsliteratur wurde ergänzt durch Unterhaltungsliteratur aller Art. Es entstanden eigenständige Industrie- und Berufszweige im Drucker- und Pressewesen sowie das Berufsbild des Journalisten. Mit der Erfindung weiterer neuer Medien wie der Fotografie und des Films erhielt die Branche nochmals einen deutlichen Wachstumsschub. Ganz neue Informationen wie Lieder, Interviews, Konzerte und (historische) Ereignisse konnten auf Schallplatten und Zelluloid reproduziert werden. Hinzu kamen Erfindungen im Bereich der Informationsübertragung durch den Telegraphen und das Telefon.

Mit Aufkommen des Tonfilms und des Hörfunks Anfang der 20er Jahre des 20. Jahrhunderts konnten Informationen übertragen und über Wochenschauen einer breiten Bevölkerungsschicht in Kinos und Filmpalästen zugänglich gemacht werden. Es entstanden neue Darstellungs- und Vermittlungsformen, die von Moderatoren aufbereitet und in einen Kontext gesetzt wurden.

Anfang der 1950er und 1960er Jahre setzte sich das lineare Fernsehen als elektronisches Medium durch. Ereignisse wurden live in Bild und Ton übertragen. Der Stellenwert an Unterhaltungssendungen stieg rapide. Die familiäre Abendgestaltung war geprägt durch Quiz-Shows, Volksmusik, Heimatfilme, Western, Volkstheateraufführungen, Sportberichterstattungen, Krimis und Familienserien.

Mit der Erfindung des ersten programmgesteuerten Rechners (1941) durch Konrad Zuse (1910–1995) wurde ein neues Zeitalter der elektronischen Speicherung, Komprimierung und Verbreitung von Daten erreicht. Es waren die Fortschritte der Mikrochipentwicklung, die in den folgenden Jahrzehnten zu einer massenhaften Ausweitung der digitalen Infrastruktur beitrugen. Ursprünglich für einen militärischen, wissenschaftlichen und behördlichen Bereich entwickelte Großcomputer ebneten mit Beginn der 1980er Jahre den Weg für leistungsfähige und kostengünstige Anwendungen. Microsoft und Apple gehörten Mitte der 1970er Jahre zu den ersten Garagenfirmen, die das Potenzial für den privaten Endverbraucher erkannten. 1982 kam von der Firma Commodore der C 64 auf den Markt, der neben Spielen auch Textverarbeitung und Musikproduktion ermöglichte. Weltweit wurden bis 1994 rund 17 Millionen Geräte verkauft (vgl. Danyel 2012, 197). Hinzu kam eine wachsende Nachfrage von Computertechnologie in traditionellen Bereichen der Industrieproduktion wie der Automobil-, Uhren- und Druckindustrie sowie des metallverarbeitenden Gewerbes. Im Dienstleistungssektor wie dem Banken- und Versicherungswesen stieg der Bedarf nach effizienten Formen der Speicherung und Verarbeitung großer Datenmengen. Sowohl die Produktionsabläufe als auch die Büroarbeit erfuhren einen radikalen Wandel der Arbeitsbedingungen. Ihm folgten Umwälzungen im Bereich des Ausbaus der Telekommunikation (bspw. Bildschirmtext ab 1983, Videotext) und des Internets seit Mitte der 1990er Jahre als globales Informations- und Kommunikationsmedium.

Die aktuellen Endgeräte wie Handys, Computer, Smart-TV, IPads und Tablets verfügen über eine Vielzahl von Anwendungen, die ganz verschiedene Arten der Kommunikation erlauben. Die Hardware hat sich zum eigentlichen Medium einer interaktiven und digitalen Vernetzung von Empfängern und Sendern entwickelt. Ihre enorme Übertragungs- und Speicherkapazität von Ton, Text und Bild erlaubt eine multifunktionale Nutzung, globale Partizipation und »Multimedialität der Produktion und Crossmedialität der Publikation und Vermarktung von Inhalten« (Hohfeld/Strobel 2012, 81).

Die Anwender sind zugleich Rezipient und Produzent von Informationen. Mittels unterschiedlicher Plattformen können die Nutzerinnen und Nutzer nicht nur Informationen, Nachrichten und Wissen suchen und auswählen, sondern auch Texte verfassen, Bilder und Filme erstellen. Das eigentliche Medium ist nicht die Übertragungstechnologie, sondern die jeweils gewählte Form der Anwendung. In funktionaler Hinsicht sind die neuen Kommunikationsmittel multioptional einsetzbar (vgl. Jäckel 2010, 281).

3.2.3 Traditionelle Medien und Journalismus: Enthüllungen und Verfehlungen

Massenmedien als Informationsvermittler und Meinungsbildner

Seit dem ausgehenden 18. Jahrhundert gehört es zu den konstitutiven Merkmalen von Verbreitungsmedien, dass diese das Publikum über Ereignisse von gesellschaftlichem Interesse aufklären. In demokratischen Gesellschaften haben Massenmedien (Leitmedien) neben der reinen Informationsfunktion die Aufgabe, Sachverhalte aufzudecken (Kontrolle), zu diskutieren, zu kommentieren und zu bewerten (Kritik). Sie üben insofern eine Wächter- und Meinungsbildungsfunktion aus und weisen auf Missstände, Fehlentwicklungen und Verstöße hin. Um dies leisten zu können, bedürfen ihre Institutionen und Beschäftigten eines rechtlichen Schutzes vor staatlicher Zensur und Sanktion. Die Pressefreiheit und die Freiheit der Berichterstattung sind in vielen Nationen ein gesetzlich geschütztes Gut. In der Bundesrepublik Deutschland sichern Artikel 5 des Grundgesetzes und die Landespressegesetze diese Freiheitsrechte.

Welche Macht bzw. welchen Einfluss Massenmedien auf Teilbereiche der Gesellschaft ausüben, wird kontrovers diskutiert. Da es bis heute keine allgemeingültige Definition von Macht gibt, hängt die Beurteilung davon ab, was unter Macht verstanden wird.

> **Macht nach Max Weber (1864–1920)**
>
> Im Sinne des Soziologen Max Weber zeigt sich Macht insbesondere darin, dass man in der Lage ist, die eigenen Ziele und den eigenen Willen ohne Zustimmung und gegen den Willen der Anderen durchzusetzen. Diese Möglichkeiten sind in demokratisch legitimierten Gesellschaften eher gering. Macht zeigt sich aber auch bereits darin, dass mittels bestimmter Maßnahmen dafür gesorgt werden kann, dass Dinge und Themen ausgewählt, beschleunigt, aufbereitet oder verlangsamt ablaufen (vgl. Jäckel 2005, 298).

Wenn man von diesem Verständnis ausgeht, so ergeben sich mindestens drei Formen der Einflussnahme durch Massenmedien: Verbreitungsmedien üben erstens einen Einfluss auf Prozesse der *Informationsauswahl (Selektivität)* aus. Zweitens erfolgt i. d. R. durch Journalistinnen und Journalisten oder Redaktionen eine *Informationsverortung und -bewertung (Gewichtung)* sowie drittens eine Entscheidung darüber, wo, in welchem Umfang und in welchem Format die *Informationen veröffentlicht (Darstellung)* werden. So spielt es z. B. eine Rolle, ob die Informationen auf der ersten Seite mit Bild als wertende Schlagzeile oder aber auf den folgenden Seiten als Notiz am Rande erscheinen. In dieser Hinsicht verfügen Massenmedien über ein unbestrittenes Informations- und Meinungsbildungsmonopol. Da Verbreitungsmedien allerdings zugleich untereinander konkurrieren und sich am Markt behaupten müssen, wird die traditionell bestehende Monopolstruktur relativiert. Man kann sich nicht alles erlauben und es wäre existenzgefährdend, wenn zur Steigerung der Auflage auf Seriosität und Wahrheitsgehalt verzichtet würde.

Wenn man das Verhältnis von Politik und Massenmedien in den Blick nimmt so wird deutlich, dass es bei der *Informationsauswahl* keineswegs beliebig ist, welches Geschehen Beachtung findet. Natürlich richten sich Verbreitungsmedien an einem Massengeschmack aus. Politische Konflikte und Krisen, aber auch Außergewöhnliches wie Katastrophen, Unfälle und Tragödien sowie voyeuristisch Persönliches und Privates sind beliebte Themen der Boulevardpresse. Das Nachrichtenwesen ist insofern von besonderer Bedeutung, da diese Mitteilungen in exponierter Weise immer eine gesellschaftliche Relevanz aufweisen.

Massenmedien erfüllen dann ihre Aufgaben, wenn es ihnen gelingt, täglich Neues und Unvorhersehbares für das Publikum zu produzieren. Sie »garantieren den Wechsel der Themen inklusive des Wechsels der Tonfälle, in denen über Themen berichtet wird. [...] Sie tun es nach eigenen Kriterien, [...] unter scharfer Beobachtung ihrer eigenen Marktseite [...] und sie tun es mit einer ständig irritierbaren Aufmerksamkeit für das, was [...] Mehrheiten für interessant halten und was nicht« (Baecker 2010, 22). Ob ein Sachverhalt aufgegriffen und über längere Zeit diskutiert wird, ist aus Sicht der Medien eher zweitrangig, aber natürlich nicht unbedeutend. Wenn es allerdings gelingt die Nachricht so zu platzieren, dass sich auch die anderen Medien kampagnenartig hieran beteiligen, dann entsteht ein Machtkonglomerat, dem sich die Politik und die öffentliche Meinung kaum noch entziehen können. Es wird Handlungsdruck erzeugt, der alternativlos in der Reaktion ist. Der zu Recht im Zusammenhang mit der Watergate-Affäre erzwungene Rücktritt von Richard Nixon, der zu Unrecht erzwungene Rücktritt des Bundespräsidenten Christian Wulff wegen des Verdachts der Vorteilnahme sowie die Entschuldigung von Kanzlerin Angela Merkel in der Corona-Pandemie sind anschauliche Beispiele dieser Macht der Medien.

Im Bereich der *Informationsgewichtung* konnten Studien zeigen, dass medien wirksam inszenierte Skandale des Politik- und Wirtschaftssystems im Vergleich zu Verfehlungen aus den Bereichen Kunst, Kultur, Sport und Starprominenz quantitativ deutlich häufiger in der Berichterstattung aufgegriffen werden (vgl. Imhof 2000, 63). Ursächlich hierfür sind u. a. sowohl die gesellschaftliche Bedeutung und Platzierung als auch medieninterne Aspekte der Kommerzialisierung und Marktpositionierung (vgl. Oehmer 2011, 163 ff.).

In diesem Zusammenhang kommt der *Informationsdarstellung* eine wichtige Funktion zu. Da (politische) Sachzusammenhänge sowohl im Rückblick als auch hinsichtlich der zukünftigen Auswirkungen schwer darstellbar sind, bedienen sich Medien der Personalisierung und Moralisierung. Dies hat den Vorteil, dass sich diese Form der Publizität in Aufmerksamkeit erzeugende Schlagzeilen und Bilder fassen lässt. »War Politiker X bestechlich?« oder »Hat der Bundespräsident seine Frau betrogen?« ist nicht nur in Sekundenschnelle als Schlagzeile zu erfassen, sondern Leser bzw. Zuschauerinnen können sich hierzu spontan äußern und moralisch positionieren. Die Informationsdarstellung wird anschlussfähig für das breite Publikum. Durch die in den Medien praktizierte Verknüpfung von Sachthemen und Personalisierung wird Aufmerksamkeit erzeugt. Je nach Aufbereitung und Präsentation kann es hierbei zu persönlichen Diffamierungen und Diskreditierungen von Amtsträgern und -trägerinnen kommen. In einigen Fällen können voyeuristische oder populistische Motive nicht nur die politische oder berufliche Karriere zerstören, sondern auch die physische und/oder psychische Gesundheit von Betroffenen gefährden. Insbesondere im Boulevardbereich tritt zeitweise die sachliche Richtigkeit und Verlässlichkeit der Informationen in den Hintergrund. (Leit-)Medien folgen diesbezüglich ihrer Eigenlogik zur Steigerung der Auflage, Verbesserung der Quote und Stärkung der Medienpräsenz.

Diese Bestrebungen haben zur Konsequenz, dass sich auch die Politik weniger an einer Sachlogik als vielmehr an einer Medienlogik ausrichtet. Medien wollen Aufmerksamkeit erzielen und benötigen hierzu plakative Botschaften. Da Politikerinnen und Politiker zur Ausübung ihrer Ämter auf (Wieder-)Wahlen angewiesen sind, haben diese ein hohes Eigeninteresse daran, dass sowohl die politischen Entscheidungen als auch das Handeln als Amtsträger bzw. -trägerin medientauglich, d.h. allgemeinverständlich und unterhaltsam vermittelt wird. Pressekonferenzen, Interviews, die Teilnahme an Talkshows, aber auch an Unterhaltungsformaten wie Koch- oder Gameshows können zur Steigerung der Popularität beitragen. Politikerinnen und Politiker werden so zunehmend von der Mediatisierung der Gesellschaft geprägt und weniger von der Notwendigkeit, zu bestimmten Anlässen komplexe Sachverhalte darzulegen. Dies gilt in besonderer Weise in Zeiten des Wahlkampfes und gesellschaftlicher Krisen (bspw. Corona).

Massenmedien als vierte Gewalt

Luca war enttäuscht darüber, dass Journalistinnen und Journalisten den Bildern in Paris vertrauten und die traditionellen Medien ein Ereignis präsentierten, das in dieser Form nicht stattgefunden hat (▶ Kap. 3.2.1). Die Enttäuschung ist verständlich, schließlich übt der Journalismus eine wichtige Gatekeeper-Funktion aus.

> »Journalismus recherchiert, selektiert und präsentiert Themen, die neu, faktisch und relevant sind. Er stellt Öffentlichkeit her, indem er die Gesellschaft beobachtet, diese Beobachtung über periodische Medien einem Massenpublikum zur Verfügung stellt und dadurch eine gemeinsame Wirklichkeit konstruiert. Diese konstruktive Wirklichkeit bietet Orientierung in einer komplexen Welt« (Meier 2018, 14).

3.2 Massenmedien, Journalismus und Öffentlichkeit

In dieser Funktion genießt der Journalismus als Beruf ein hohes Vertrauen und eine breite Akzeptanz.

Nimmt man die Enthüllungen der letzten Jahrzehnte in den Blick, so kann sich die Bilanz sehen lassen. Jährlich findet hierzu ein Weltkongress, die Global Investigative Journalism Conference (GIJC) statt, auf der aus über 130 Ländern über aktuelle Enthüllungen, Verbrechen und Skandale berichtet wird. So wurden z. B. 2015 der Süddeutschen Zeitung die Panama Papers (11,5 Millionen Dokumente) der Kanzlei Mossack Fonseca auf verschlüsseltem Wege übermittelt. Zur Verschleierung von Geschäften verkaufte die Kanzlei Briefkastenfirmen an Politikerinnen, Sportfunktionäre, Banken, Prominente und Kriminelle. Neben den hauptberuflich tätigen Akteuren werden auch die Whistleblower immer wichtiger. 2016 deckte der Spiegel in Zusammenarbeit mit dem journalistisches Recherche-Netzwerk European Investigative Collaborations (EIC) und der Enthüllungsplattform Football Leaks die Steuerbetrügereien bekannter Fußballstars auf. 2020 deckten Medienberichte die Machenschaften des russischen Geheimdienstes im Fall des Oppositionsführers Alexej Nawalny auf.

Ähnlich brisante Skandale wurden schon zu Beginn des 20. Jahrhunderts aufgedeckt. 1923 verschaffte sich der Journalist Léo Lania (1896–1961) Zugang zum »Völkischen Beobachter« in München (Zeitschrift der NSDAP). Als italienischer Faschist getarnt, veröffentlichte er ein Interview mit Adolf Hitler. Hierbei deckte er die ideologischen Machenschaften der Nazi-Bewegung schonungslos auf, lange bevor es zur Machtergreifung Hitlers kam. 1962 wies der Spiegel auf die schlechte militärische Lage der Bundeswehr gegenüber den Ostblockstaaten hin und wurde wegen Landesverrats angezeigt. Es kam zu Durchsuchungen und Verhaftungen. Franz-Joseph Strauß (1915–1988) trat in der Folge als Verteidigungsminister zurück. Der Spiegel wurde freigesprochen. 1972 wiesen Bob Woodward und Carl Bernstein von der Washington Post nach, dass mit Wissen des republikanischen Präsidenten Richard Nixon (1913–1994) Wahlkämpfer der republikanischen Partei in das Hauptquartier der Demokraten in Washington eingebrochen waren, um Abhörwanzen zu installieren und vertrauliche Dokumente zu fotografieren. Auftraggeber waren enge Vertraute des Präsidenten. 1974 trat Nixon zurück (Watergate-Affäre). 1999 wurde der Parteispendenskandal der CDU publik. Es konnte nachgewiesen werden, dass die CDU vom Waffenhändler Karlheinz Schreiber Spendengelder angenommen und nicht versteuert hatte. Wolfgang Schäuble trat als CDU-Chef und Helmut Kohl als Ehrenvorsitzender der Partei zurück.

Diese Enthüllungen sind herausragende Beispiele journalistischer Arbeit, bei denen die beteiligten Akteure oftmals bis heute ihr Leben riskieren. Pro Jahr werden nach Angaben des Komitees zum Schutz von Journalistinnen und Journalisten im Durchschnitt (2011–2021) rund 79 Journalistinnen und Journalisten und Medienschaffende getötet. Über die Hälfte von ihnen stirbt in Ausübung ihrer Tätigkeit oder wird gezielt ermordet. Bei den restlichen Fällen konnten die Ursachen nicht abschließend geklärt werden. Hinzu kommt die Vielzahl der inhaftierten (488 in 2021), entführten (65 in 2021) oder verschwundenen Journalistinnen und Journalisten (vgl. Reporter ohne Grenzen 2021).

Nicht zu verschweigen sind aber auch die erschreckenden Beispiele des Versagens und Missbrauchs. Hierzu zählt z. B. die politische Demontage der Bundespräsidenten Christian Wulff aus dem Jahr 2012 (vgl. Kepplinger 2018, 20 f.). Gut in Erinnerung ist auch die Hitler-Tagebuch-Affäre des Nachrichtenmagazins Stern aus dem Jahr 1983. Sämtliche Tagebücher wurden später als Fälschungen entlarvt. Ob auch der frühe Unfalltod von Diana Frances Spencer (1961–1997), besser bekannt als Lady Di, auf das skrupellose Fehlverhalten von Paparazzi zurückzuführen ist, konnte nie abschließend geklärt werden. Dennoch ist unbestritten, dass die Paparazzi durch ihr Verhalten wesentlich dazu beigetragen haben, dass Lady Di ihr Leben und ihre politische Rolle als Belastung empfunden hat.

3.2.4 Digitale Medien und (Teil-)Öffentlichkeiten: Rollenwechsel und Nutzung

Neue Medien – plurale Öffentlichkeiten

> **Der Idealtypus der Öffentlichkeit**
>
> In westeuropäischen Gesellschaften wird *Öffentlichkeit* »auf alle jene Dinge und Gesellschaftsbereiche [bezogen], die für jedermann frei zugänglich und sichtbar sind oder die den Staat und kollektive Interessen betreffen. [...] *Privatheit* meint hingegen all jene [vor staatlichen Eingriffen geschützte] Angelegenheiten und Bereiche, die [...] der Intimsphäre entsprechen und in denen individuelle und wirtschaftliche Interessen verfolgt werden können« (Lingenberg 2015, 170)

Dieser Idealtypus (politischer) Öffentlichkeit entwickelte sich zu Beginn des 18. Jahrhunderts mit Ausbreitung der Printmedien und einer zunehmenden Trennung von institutionell staatlicher und informell privater Sphäre. Auf der einen Seite standen die politischen Repräsentanten, Herrschenden und Amtsträger und auf der anderen Seite ein sich emanzipierendes und gebildetes Bürgertum aus Wirtschaft, Wissenschaft, Kunst und Kultur.

Jürgen Habermas hat in seiner Habilitationsschrift (1961) mit dem Titel »Strukturwandel der Öffentlichkeit. Untersuchungen zu einer Kategorie der bürgerlichen Gesellschaft« dieses Beziehungsverhältnis näher reflektiert. An gesellschaftlichen Entwicklungen von England, Frankreich und Deutschland machte er deutlich, dass sich zu jener Zeit eine bürgerliche Öffentlichkeit als aufgeklärtes und weitestgehend unabhängiges Publikum ausbildete. Diese neue soziale Schicht informierte sich, unabhängig von staatlichen Zugriffen und mittels der neuen Printmedien, über politische Entwicklungen und gesellschaftliche Probleme. Die Diskussionsatmosphäre in Kaffeehäusern, Salons und Tischgesellschaften war geprägt durch eine vernunftgeleitete Kultur des offenen Meinungsaustausches. Es entwickelte sich eine Form politisierter Öffentlichkeit, die Einfluss nahm auf Entscheidungen staatlicher Institutionen und politischer Amtsträger.

Die Zusammensetzung dieses Publikums wurde im 19. Jahrhundert geprägt durch ein wohlhabendes Bildungs- und Wirtschaftsbürgertum, das über finanzielle Mittel, eine gute Bildung und zeitliche Ressourcen verfügte, um über komplexe Themen in geselligen Kreisen zu diskutieren und sich mittels kritischer Publizistik

Gehör zu verschaffen. Dieser Idealtypus politischer Öffentlichkeit wurde, empirisch betrachtet, nur von einer elitären, aber nicht unbedeutenden Minderheit repräsentiert. Weder der Landarbeiter noch die Industriearbeiterschaft und noch weniger Frauen hatten Zugang zu diesen Kreisen.

Der bis Mitte des 19. Jahrhunderts zu beobachtende Prozess einer bürgerlichen Liberalisierung und Demokratisierung setzte sich nach Habermas im Übergang zum 20. Jahrhundert als Folge einer zunehmend von Wirtschaftsinteressen, politischen Parteien und sonstigen Interessengruppen geprägten medialen Öffentlichkeit nicht weiter fort. Moderne, von Kapitalinteressen geprägte Demokratien konnten in einem Zeitalter mediengesteuerter und politisch autorisierter Meinungen keine emanzipierte Öffentlichkeit ausbilden und wurden daher dem Anspruch als repräsentative Demokratien nicht gerecht (vgl. Habermas 1990, 356f). Unter dem Einfluss finanzkräftiger Investoren bildeten sich monopolartige Strukturen einzelner Medienformate aus. Das publizistische Geschehen war geprägt durch Eigeninteresse, Profitdenken und Gewinnmaximierung. Es kam zu einseitigen und manipulativen Formen der Auswahl, Aufbereitung und Verbreitung von Informationen. Das sich gegenseitig ergänzende Beziehungsverhältnis von politisch interessierten Bürgern und kritischer Publizistik des 19. Jahrhunderts zerbrach.

Aus heutiger Sicht, so Habermas rückblickende Einschätzung, haben eine zunehmende Ausdifferenzierung der Massenmedien sowie die Entstehung neuer Medien zu einem Wandel demokratischer Öffentlichkeit(en) beigetragen. Massenmedien sind gegenüber Einflüssen anderer Sozialsysteme wie Politik, Wirtschaft und Wissenschaft deutlich unabhängiger und weniger manipulierbar. Zugleich unterliegen sie allerdings vermehrt Eigendynamiken des Mediensystems. Der Zwang nach Aufmerksamkeit, Popularität und Inszenierung behindert in Teilbereichen auch weiterhin einen sachlichen Diskurs, und zwar sowohl für Pressevertreterinnen als auch Amtsträger.

Auf Nutzerseite lässt sich auf Basis vielfältiger Studien zur Medienwirkung aber auch zeigen, dass es keinen einfachen, linearen Kausalzusammenhang zwischen Medienpräsentation, Mediennutzung und Medienwirkung gibt. Das Publikum hat sich in der Nutzung von Massenmedien sowie in der Wahrnehmung gesellschaftlich relevanter Fragen als kompetent, selbstbestimmt und aktiv partizipierend erwiesen. Die Entstehung neuer sozialer Bewegungen und einer zivilgesellschaftlich sich organisierenden Bevölkerung in den 1970er und 1980er Jahren sind empirisch gut belegte Beispiele.

Vor diesem Hintergrund korrigierte Habermas seine skeptische Einschätzung und wies darauf hin, dass die zunehmende Ausdifferenzierung durchaus zu einer Pluralisierung und Liberalisierung von neuen Öffentlichkeiten beigetragen hat. Die Vielfalt und breite Zugänglichkeit zu digitalen Verbreitungsmedien bei gleichzeitiger Verschmelzung von Autor, Redaktion und Verleger haben zu einer quantitativen Steigerung an Informationen, Meinungsäußerungen und Partizipationsmöglichkeiten geführt. Masse hat allerdings wenig mit Klasse, also Qualität in Auswahl, Gewichtung und Darstellung, zu tun. Habermas spricht von einer Entleerung inhaltlicher Substanz mit der Folge, dass die Fülle der Beiträge weiterhin von den gesellschaftlich relevanten Entwicklungen abgekoppelt sind. Der Vielfalt der Beiträge steht kein steuerndes Medium der (qualitativen) Bündelung gegenüber (vgl.

Schwering 2014). Die hochgradige Differenzierung und Fragmentierung der Kommunikationsgemeinschaften in Foren, Chats und Blogs, so Habermas kritisch, steht der Ausbildung integrierender Öffentlichkeiten eher entgegen (vgl. Habermas 2020a, 27).

> »Ein demokratisches System nimmt im ganzen Schaden, wenn die Infrastruktur der Öffentlichkeit die Aufmerksamkeit der Bürger nicht mehr auf die relevanten und entscheidungsbedürftigen Themen lenken und die Ausbildung konkurrierender öffentlicher, und das heißt: *qualitativ gefilterter* Meinungen, nicht mehr gewährleisten kann« (Habermas 2021a, 498; vgl. auch 2022).

In Abgrenzung zu Habermas haben sich aktuelle Ansätze in der Analyse von einem normativ integrierenden und vernunftgeleiteten Anspruch gelöst. Es sind gerade die neuen technologischen und kulturellen Rahmenbedingungen, die eine kollektive Öffnung, Aktivierung und Partizipation, ganz im Sinne einer demokratisch pluralistischen Gesellschaft, erst ermöglichen. Wikis, Blogs, Social Networking Sites wie Facebook, Twitter und Open-Source-Kooperationen erschließen neue Formen der Nutzung und Beteiligung. Digitale Medien eröffnen neue Orte der Information und Meinungsbildung. Hierbei handelt es sich um eine an Bedeutung gewinnende Sphäre liberaler und selbstkontrollierter Diskursräume. Es bildet sich erstmalig ein globales und vernetzt agierendes Publikum aus, das nicht auf eine elitäre Oberschicht beschränkt bleibt. Die heutige westeuropäische Bevölkerung verfügt im Vergleich über mehr Wohlstand, Bildung, Wissen und Medienkompetenz. Die Qualität vieler Beiträge ist beachtlich und stellt eine sinnvolle Ergänzung zu traditionellen Formen des (kritischen) Journalismus dar (vgl. Adolf/Stehr 2010, 10f.).

Open-Source-Projekte erlauben z. B. eine raumübergreifende Bündelung unterschiedlicher Kompetenzen zur Bewältigung komplexer Aufgaben. Diese neuen Formen der Pluralität und Vernetzung haben allerdings weiterhin zur Voraussetzung, dass die Zugänge zu diesen Medien auf politisch liberalen und im Sinne der sozialen Teilhabemöglichkeiten auch auf wohlfahrtsstaatlich gerechten Strukturen basieren (müssen). In vielen Ländern der Welt ist dies weiterhin nicht hinreichend gewährleistet.

Richtig ist aber auch, dass es in modernen Gesellschaften keine Öffentlichkeiten des konsensualen Diskurses und der integrierenden Wertegemeinschaft mehr geben kann. Wir leben in einem »fluktuierenden System von simultanen und dispersen Publizitätsformen« (Zimmermann 2010, 47) mit entsprechenden Möglichkeiten des konstruktiven und manipulativen Gebrauchs. Aus der freien Verfügbarkeit von Daten und der Expansion weltweiter kommunikativer Anschlussmöglichkeiten folgt ein institutioneller Kontrollverlust. Hieraus ergeben sich zwangsläufig neue Herausforderungen und Strategien politischer Steuerung und Intervention, insbesondere zur Abwehr und Begrenzung von autoritären, antidemokratischen und kriminellen Einflussnahmen.

Neue Medien – neue Medienkompetenzen

Nimmt man das Verhältnis von digitalen Medien, Nutzung und Wirkung in den Blick, so zeigt sich, dass Verbreitungsmedien mehrheitlich zur Informationsbeschaffung sowie Kontakt- und Beziehungspflege eingesetzt werden. Der von Habermas in den Blick genommene Diskurs gesellschaftlicher Themen spielt rein quantitativ eine sekundäre Rolle. Bereits mit Durchsetzung des Hörfunks und Fernsehens konnte die Medienwirkungsforschung anhand einer Vielzahl von Studien belegen, dass eine linear monokausale Beziehung zwischen Sender und Empfänger nicht existiert.

Fernsehen, Hörfunk und Printmedien stellen mit ihren jeweils unterschiedlichen Ressortbeiträgen grundsätzlich wichtige und sachlich fundierte Hintergrundinformationen zu vielfältigen Ereignissen zur Verfügung. Wie diese aber genutzt werden, welche Einstellungen und Handlungen aus der Nutzung folgen, bleibt offen. Weiterhin wurde deutlich, dass das Publikum die Vielfalt der Medienformate selektiv, also auf der Grundlage konkreter Erwartungen und Bedürfnisse, nutzt. Je nach Eigeninteresse und Lebenssituation werden z. B. am Morgen die Nachrichten auf der Fahrt zur Arbeit verfolgt oder aber es wird ein Klassik- oder Volksmusiksender zur Unterhaltung ausgewählt. Bei längeren Fahrten werden die Sender regelmäßig gewechselt und die Inhalte rauschen kaum wahrnehmend am Nutzer bzw. an der Nutzerin vorbei. Bereits seit den 1960er und 1970er Jahren ist bekannt, dass sowohl bei den Printmedien als auch bei Hörfunk und Fernsehen die Unterhaltung, Entspannung und Ablenkung im Vordergrund stand und weiterhin steht. Traditionelle Massenmedien und neue Medien sind in ihrer Breitenwirkung vorrangig Bestandteil der Freizeit- und Unterhaltungskultur und nicht der (politischen) Bildung und des öffentlichen Diskurses.

Fasst man die Funktionen der Medien aus Nutzersicht zusammen, so können vier Schwerpunkte identifiziert werden: Unterhaltung und Freizeitgestaltung, Information und Wissenserwerb, soziale Kontakt- und Beziehungspflege sowie Sozialisation, Identitätsfindung und Integration.

Die Angebote der Verbreitungsmedien befriedigen im *Unterhaltungs- und Freizeitbereich* Bedarfe des Zeitvertreibs, der Entspannung sowie der emotionalen Regulierung von Befindlichkeiten. Bücher, Zeitschriften, Radio, Filme unterschiedlicher Genres (Krimis, Komödien etc.), Shows, Videos, Computerspiele und sonstige onlinegestützten Formate decken ein breites Spektrum individueller Interessen ab. Verstärkt wird dieser Prozess durch Multimediaoptionen, die es dem Anwender und der Anwenderin ermöglichen, Programm und Zeit selbstbestimmt zusammenzustellen und abzurufen.

Obwohl das Fernsehen weiterhin zu den beliebtesten Medien zählt, nimmt die Nutzung neuer Medien stetig zu. Die Anzahl der Haushalte, die neben den traditionellen Unterhaltungsmedien auch digitale Medien im Unterhaltungs- und Freizeitsegment nutzen, steigt kontinuierlich. Hinzu kommen generationenspezifische Unterschiede im Nutzungsverhalten. Jüngere Generationen verfügen über eine Vielzahl elektronischer Medien, die sie je nach Bedarf zur Unterhaltung und Freizeitgestaltung einsetzen. Spielkonsolen, Tablets, Smartphones und Laptops gehören inzwischen zur Grundausstattung. Darüber hinaus steigt die Verbreitung von Smart-TV, Book-Readern und Smartwatches. Der Trend geht zu Medien, die portabel und mobil einsetzbar sind. Im Mittelpunkt der Nutzung hinsichtlich des täglichen Zeitbudgets stehen weiterhin tagesaktuelle Medien wie Fernsehen, Radio und Internet (vgl. Kupferschmitt/Müller 2020). Generell ist seit den 1970er Jahren generationenübergreifend ein kontinuierlicher Anstieg des Zeitbudgets der Mediennutzung zu beobachten.

Das Internet ist im Vergleich zu den traditionellen Medien besonders attraktiv, da es multifunktional und standortunabhängig einsetzbar ist. Fernsehen und Rundfunk genießen allerdings insbesondere in Deutschland weiterhin einen guten Ruf und werden im öffentlich-rechtlichen Bereich als seriöse Informationsquellen geschätzt (vgl. Schudson 2020; Neuberger 2018, 23). Als Leitmedium fungiert das Fernsehen allerdings nicht mehr. Neue Mischformen wie Web-TV, Internet-TV, Mediatheken, Video on Demand und andere Streamingdienste haben zu einer besseren Verknüpfung beigetragen und sichern damit auch ihre Zukunftsfähigkeit (vgl. Hölig/Loosen 2018). Die Vielfalt der Angebotsstrukturen bringt es mit sich, dass der Stellenwert des Fernsehens je nach Altersgruppe variiert (vgl. Vowe 2021; Vowe/Henn 2016).

Presse, Hörfunk und Fernsehen dienen weiterhin der tagesaktuellen *Information* und des *Wissenserwerbs*. Trotz der Dominanz von Unterhaltungsprogrammen nehmen Nachrichten, Dokumentationen, Politikmagazine und sonstige Sendeformate dieser Art einen wichtigen Platz ein. Die Nutzerinnen und Nutzer haben die Erwartung, dass sie sich auf der Grundlage sachlicher und verständlicher Berichterstattung über Ereignisse informieren und eine Meinung bilden können. Erwartet wird auch eine kritische und kontrollierende Positionierung durch einzelne Beiträge. Auf Nutzerseite werden diese Erwartungen entscheidend von der Auswahl des Informationsangebotes sowie des Erlebens und Verarbeitens von Medieninhalten bestimmt. Das Zustandekommen konkreter Meinungen, Ansichten und Denkweisen sowie das (normativ geprägte) Handeln werden von den kognitiven Kompetenzen, der sozialen Akzeptanz der Medienbotschaften, den konkreten Lebensumständen, sozialen Beziehungen im Sozialraum und sonstigen intervenierenden Variablen bestimmt (vgl. Beck 2014, 455 ff.). Es sind die Primärgruppen, Nachbarschaften und konkreten Interaktionszusammenhänge, die das Meinungsbild und Verhalten prägen. Ergänzt werden diese Prozesse durch soziodemographische (Alter, Geschlecht) und sozialstrukturelle (Herkunft, formaler Bildungsstand, sozioökonomischer Status, Milieuzugehörigkeit) Merkmale.

Im Kontext der Nutzung neuer Medienformate wie Internet, Chats und Blogs konnte die Forschung zeigen, dass im internationalen Vergleich das Vertrauen in Deutschland in die Qualität des professionellen Journalismus weiterhin relativ hoch ist. Dies ändert jedoch nichts daran, dass der Nutzungsumfang traditioneller Medienformate altersspezifisch sinkt und ein zunehmendes Bedürfnis nach ergänzender, selbstbestimmter Informationsbeschaffung und Kontrolle besteht (vgl. Ritzi 2019, 72 ff.). Traditionelle Massenmedien stellen zwar ein weiterhin wichtiges Medium zur Information dar, aber diesen wird nicht blind vertraut. Skepsis und Misstrauen sind Ausdruck einer funktionierenden demokratischen und mündigen Gesellschaft (vgl. Neuberger 2018, 42 ff.).

Ergänzend kommt hinzu, dass je nach Interessenlage bestimmte Bedarfe durch einzelne Medien nicht hinreichend abgebildet werden. Eine multimediale Kombination von Medien, und zwar sowohl seitens der Produzenten als auch des Publikums, erweitert den Optionsspielraum. Den Nachteilen einer selektiven Auswahl der Themen, ihre inhaltlichen Rahmungen, Rangfolgen und Beschränkungen wird eine Vielfalt der Angebotsmuster entgegengesetzt. Neuberger sieht in diesem digitalen Wandel auch eine Chance für den professionellen Journalismus. Aus den Gatekeepern einer einseitigen Vermittlung von Informationen haben sich Netzwerker (digitaler Journalismus) entwickelt, die Informationsvermittlung und Meinungsbildung vielfältiger und partizipativer gestalten (vgl. Neuberger 2020, 143).

Im Bereich der *Kontakt- und Beziehungspflege* haben die neuen Medien eine neue Dimension des Austausches erschlossen. Facebook, WhatsApp, Webblogs, Twitter und andere dienen der sozialen Interaktion und Meinungsbildung. Ihr inhaltlicher Schwerpunkt bleibt quantitativ auf die Privatsphäre, die Pflege zwischenmenschlicher Beziehungen, die Selbstdarstellung und Selbstorganisation sowie die Vermittlung von persönlichen Erlebnissen, Erfahrungen und Vorlieben beschränkt. Aktivitäten dieser Art übersteigen erwartungsgemäß mit Abstand Formen der Nutzung, die ihren Fokus auf gesellschaftlich relevante Themen ausrichten. Dies heißt jedoch im Umkehrschluss nicht, dass dieser Dimension keinerlei Bedeutung zukommt.

Im Bereich der *Sozialisation, Identitätsfindung und Integration* wird dieser Zusammenhang besonders deutlich. Alle Medienformate nehmen hier eine durchaus wichtige Funktion wahr. Vermittelt werden Normen, Leitbilder, Identifikationsfiguren, Rollenerwartungen und Lebensstile. Insbesondere in Familienserien, Doku-Soaps und Daily Talks wird dieser Bedarf nach Orientierung, Abgrenzung, Selbstbestätigung und Positionierung befriedigt. Hinzu kommen Unterhaltungssendungen, die Familie, Freundinnen und Freunde und Bekannte zu bestimmten Zeiten zusammenführen. In der Phase der Identitätsfindung von Heranwachsenden leisten die traditionellen Massenmedien im Kontext des familiären Settings weiterhin einen wichtigen Beitrag. Sie ergänzen die herkömmlichen Sozialisationsinstanzen von Elternhaus, Familie, Peergroups und Schule. Die neuen Medien haben auch hier das Nutzungsspektrum erweitert, aber Fernsehen, Bücher, Zeitungen und Zeitschriften nicht grundsätzlich ersetzt. Auch in den neuen Medien wird gespielt, gechattet und geshoppt.

Grundsätzlich ist festzuhalten, dass die neuen Medien eine Ressource darstellen, die überwiegend kompetent zur Bewältigung anstehender Aufgaben eingesetzt werden. Heranwachsende haben sich als souveräne Multimedia-Nutzende erwiesen (vgl. Moser 2010, 138 ff.). Sie sammeln Informationen, führen Recherchen durch, erstellen Hausarbeiten und Referate, organisieren Schulprojekte und praktizieren neue Lernformen. Die Lebenswelten von Heranwachsenden sind immer auch Medienwelten. Sie nehmen seit jeher einen festen Platz im Alltag ein, aber sie dominieren ihn nicht (vgl. Baacke/Sander/Vollbrecht 1990). Es kommt keineswegs zu einer Entkopplung von online und offline in der Kommunikations- und Beziehungspflege (vgl. Friedrichs/Sander 2010, 294). Aus Sicht der Sozialisationsinstanzen hat die Multifunktionalität und räumliche Entkopplung der neuen Medien allerdings dazu geführt, dass ihr Einsatz weniger kontrollierbar geworden ist. Hinzu kommt, dass Smartphones, Handys, Computer, Tablets, Spielekonsolen etc. als Statussymbole gelten und daher im Zusammenspiel mit den Peergroups ein gewisser Konsum- und Konformitätsdruck ausgeübt wird. Formen sozialer Ungleichheit finden ihren Ausdruck in der Ausstattung und Inspruchnahme von Medienangeboten.

Generell ist zu beobachten, dass die neuen Medien quantitativ immer häufiger und zu vielfältigen Aktivitäten genutzt werden. Ihr Einsatz und Gebrauch führt nicht zur Reduzierung sozialer Interaktionen und mehrheitlich auch nicht zu Teilhabeverlust und Vereinsamung. Die digitalen Medien haben für die Mehrheit der Nutzerinnen und Nutzer neue Optionen und Formen der Integration, Identifikation und Gestaltung sozialer Beziehungen geschaffen, die verantwortungsbewusst und bedarfsorientiert eingesetzt werden (vgl. Wampfler 2014, 20 ff.). Über-Identifikationen und pathologische Reaktionen sind in Einzelfällen zu beobachten, aber empirisch eher selten. Im Vordergrund stehen Kommunikationsmuster, bei denen Verabredungen vereinbart, Alltagserlebnisse, Interessen und emotionale Befindlichkeiten mittels Text, Fotos, Videos etc. ausgetauscht, neue soziale Beziehungen begründet und bestehende soziale Kontakte gepflegt werden (vgl. Döring 2010). Hinzu kommen neue Möglichkeiten der Selbstpräsentation von Kompetenzprofilen sowie des Privaten, Intimen und Körperlichen (bspw. private Homepages, Profile) sowie Orte der Konstruktion und Rekonstruktion von Identitäten in Online-Rollenspielen und Web-3D-Welten (vgl. Ganguin/Sander 2008).

Der computerunterstützte Unterricht hat positive Effekte auf das Lernen und die Leistung sowie auf die schriftsprachliche Kompetenzentwicklung (vgl. Appel/Schreiber 2015). Zugleich treten aber auch neue Formen abweichenden Verhaltens wie Computersucht (Spielsucht, Suizidforen), Gewalt (Cyberbullying, Cyberstalking, Happy Slapping; ▶ Kap. 3.1.4), Pornographie, Extremismus und Computerkriminalität (illegale Downloads, Plagiate; ▶ Kap. 3.1.3) auf.

Weiterführende Literatur

Bösch, F. (2019): Mediengeschichte. Vom asiatischen Buchdruck zum Fernsehen (2. Aufl.). Frankfurt a. M.: Campus.
Jäckel, M. (Hrsg.) (2005): Mediensoziologie. Grundfragen und Forschungsfelder. Wiesbaden: VS Verlag.
Wilke, J. (2008): Grundzüge der Medien- und Kommunikationsgeschichte. Köln u. a.: Böhlau.

Weiterführende Quellen

Die Medienanstalten (Hrsg.) (2022): Medienvielfaltsmonitor 2022-I – Anteile der Medienangebote und Medienkonzerne am Meinungsmarkt der Medien in Deutschland. Berlin.

3.3 Industrie 4.0, Plattform-Economy und Care Work: Arbeit in postindustriellen Gesellschaften

3.3.1 Smart Factory, Fahrradkurier und Intensivpflege: Beispiele aus der modernen Arbeitswelt

Beispiel 1: Aus einer Pressemitteilung von Audi vom 15. 12. 2021

Rund 5.300 Schweißpunkte sind nötig, um die Karosserieteile eines Audi A6 miteinander zu verbinden. Bislang überwachen Mitarbeitende in der Fertigung die Qualität der Prozesse beim sogenannten Widerstandspunktschweißen (WPS) stichprobenartig manuell mithilfe von Ultraschall. Expert_innen aus den Bereichen Fertigung, Innovationsmanagement, Digitalisierungsplanung und IT erproben am Standort Neckarsulm eine deutlich smartere Art, die Qualität der Schweißpunkte festzustellen: Im Rahmen des Pilotprojekts »WPS Analytics« nutzt das Team um Mathias Mayer und Andreas Rieker Künstliche Intelligenz (KI), um Qualitätsauffälligkeiten automatisiert und in Echtzeit zu erkennen. Michael Haeffner, Leiter Delivery Management Digitalisierung Produktion/Logistik, zeigt sich mit den Vorhaben am Standort zufrieden: »Als Pilotwerk für digitale Produktion und Logistik im Volkswagen Konzern haben wir das Ziel, digitale Lösungen für die Fahrzeugfertigung bis zum Serieneinsatz zu testen und zu entwickeln. Mit dem Einsatz der KI erproben wir hier eine wichtige Schlüsseltechnologie, die Audi und den Standort fit für die Zukunft macht.« Der zugrundeliegende Algorithmus, dessen graphische Benutzeroberfläche (Dashboard) und eine Anwendung für tiefergehende Qualitätsanalysen werden aktuell im Karosseriebau des Audi A6/A7 am Standort Neckarsulm pilotiert. Ziel des Projekts ist, dass der Algorithmus zukünftig an die 100 Prozent der gesetzten Schweißpunkte im Karosseriebau bewertet. Die Vision: Künftig könnten die Schweißprozesse automatisiert gesteuert und kontinuierlich optimiert werden (https://www.audi-mediacenter.com/de/pressemitteilungen/wie-audi-kuenstliche-intelligenz-in-der-produktion-einsetzt-14438, Zugriff am 22.05.2023).

Beispiel 2: Deutschlandfunk Kultur, 23. 11. 2017, über Fahrradlieferdienste

Sie sind überall in Berlin: Die pinken Fahrradkuriere des Lieferdienstes Foodora und der Start-Up-Konkurrenz. Sie schwirren durch die Berliner Kieze und liefern Essen aus. Aus dem Stadtbild sind sie mittlerweile nicht mehr wegzudenken. Besonders beliebt sind diese Kurierjobs bei jungen, arbeitssuchenden Menschen – nicht nur wegen der Flexibilität, mit der die Start-Ups werben. Fahrradkuriere sind klimaneutral unterwegs, sie treiben Sport und verdienen nebenbei auch noch Geld. Das zieht. Aber passen die wirtschaftlichen Interessen eines Unternehmens mit einem solch flexiblen Arbeitsmodell langfristig zusammen – oder lauern irgendwann Probleme? Berlin-Friedrichshain. Nieselregen. Sarah steht vor einem Café und mustert ihr Fahrrad. Die lila Farbe des Rahmens ist abgesplittert, die Kette rostet. Stabil sieht das Ganze nicht aus.»Man merkt ihm durchaus an, dass es mittlerweile zwei Winter hinter sich hat und eigentlich müssten viele Sachen grunderneuert werden. Aber dafür hab ich absolut nicht das Geld.« In einem Winter mit frostigen Temperaturen: schlecht – besonders, weil das Fahrrad für Sarah das Fundament ihrer Arbeit ist. Um ihr Studium zu finanzieren, hat sie zwei Jobs. Einer davon: Foodora-Riderin. Für das Berliner Unternehmen liefert sie Essen aus. Eine Reparatur ihres Fahrrads würde sie rund 100 Euro kosten. Die Verschleißpauschale, die ihr Arbeitgeber dafür seit kurzem seinen Angestellten zahlt, reiche dafür nicht aus (Mathias von Lieben, Digitale Tagelöhner. Hinter der hippen Fassade von Foodora und Co. https://www.deutschlandfunkkultur.de/digitale-tageloehner-hinter-der-hippen-fassade-von-foodora-100.html, Zugriff am 30.09.2022).

Beispiel 3: Aus dem Berufsalltag einer Intensivfachpflegerin. »Intensivpflege ist Technikpflege«

»Um in der Kreisklinik Leben zu retten, muss Julia Rettenberger rund 30 Geräte bedienen können.

Es gibt dieses Bild von uns Pflegekräften: Wir verrichten einen Dienst am Menschen, unser Job besteht aus Assistenzarbeiten für die Ärzteschaft, uns stellt man sich als empathische und aufopferungsbereite Frauen und Männer vor. Das mag freilich einen wahren Kern treffen. Aber es ist eben längst nicht alles. Denn vor allem die Intensivpflege ist an außerordentlich viele technische Gerätschaften gekoppelt, dementsprechend verfügen wir alle über ein enormes technisches Know-how. Intensivpflege ist Technikpflege, denn unsere Patienten sind fast alle auf Geräte angewiesen, die sie am Leben erhalten. Wenn ich die Gerätschaften durchzähle, die ich bei meiner Arbeit regelmäßig nutze, dann komme ich auf um die 30 Stück. Von Beatmungsgeräten und Infusionspumpen über Dialysemaschinen und Blutgasgeräten bis hin zu Überwachungsmonitoren und Ohrthermometern. Jedes Gerät muss auf eine andere Art und Weise bedient werden und gibt unterschiedliche Töne ab – die spezifische Akustik sofort richtig interpretieren zu können und dementsprechend zu reagieren, ist extrem wichtig. Welche Maschine ist mit welchen anderen Geräten kompatibel? Was bewirkt diese oder jene Veränderung an der Apparatur dann beim Patienten? Wie lange dürfen gewisse Materialien am Gerät verwendet werden?« (Julia Rettenberger, Intensivfachpflegerin an der Kreisklinik Ebersberg, in der Süddeutschen Zeitung vom 28.11.2021, Protokoll: Johanna Feckl, Ebersberg, https://www.sueddeutsche.de/muenchen/ebersberg/ebersberg-sz-kolumne-auf-station-pflege-technik-1.5475359, Zugriff am 22.05.2023).

Arbeiten nimmt in modernen Gesellschaften sehr unterschiedliche Formen an. Das erste Beispiel führt direkt in die »Smart Factory« der Industrie 4.0, in der durch umfassende Digitalisierung, Vernetzung und den Einsatz Künstlicher Intelligenz (KI) und intelligenter Technik Produktionsprozesse, Arbeitsabläufe und Logistik weitgehend automatisiert und effizient gestaltet werden (vgl. Ittermann/Niehaus

2018; Hirsch-Kreinsen 2017). Eng verbunden damit sind das Internet der Dinge (Internet of Things), in dem physische Objekte wie Maschinen, Werkstücke und Ersatzteile über Chips oder eingebettete Computer mit dem Internet verbunden sind und Daten austauschen können, und die Idee von Big Data, also großen Datenmengen, und selbstlernenden Algorithmen, die diese Daten zur Optimierung von Produktionsprozessen verwenden können. In der Industrie 4.0 soll zudem durch smarte Sensoren und automatisierte Steuerung eine neue Form der Mensch-Maschine-Interaktion möglich werden (vgl. BMAS 2017, 67 ff.; Deuse u. a. 2018).

Der Begriff Industrie 4.0 bezieht sich auf die vierte industrielle Revolution, die in dieser Logik auf die erste industrielle Revolution (die durch die Einführung mechanischer Produktionsanlagen wie dem mechanischem Webstuhl und der Dampfmaschine seit Ende des 18. Jahrhunderts geprägt war), die zweite (Elektrifizierung, erste Fließbänder Anfang des 20. Jahrhunderts) und die dritte (Elektronik, Informationstechnologie, weitere Automatisierung ab den 1960er Jahren) folgt (vgl. z. B. Zink u. a. 2019, 53)

Daran schließt sich auch der Begriff Arbeit 4.0 an. Im »Weißbuch Arbeiten 4.0« des Bundesarbeitsministeriums wird mit Arbeit 1.0 die beginnende Industriegesellschaft mit den ersten Arbeiterorganisationen bezeichnet. Arbeiten 2.0 bezieht sich auf Massenproduktion und die Entstehung des Wohlfahrtsstaates, Arbeiten 3.0 dann auf die entwickelte Industriegesellschaft mit Sozialstaat, Tarifverhandlungen zwischen Arbeitgeber- und Arbeitnehmerorganisationen und umfangreichen Arbeitnehmerrechten. Wie »Arbeiten 4.0« in der digitalen und flexiblen Arbeitswelt aussehen wird, ist noch offen (vgl. BMAS 2017, 198). Allerdings steht der Begriff Industrie 4.0 immer noch eher für eine Zukunftsvision von Industriepolitikerinnen und -politiker als für eine empirische Beschreibung von Industriebetrieben in Deutschland (vgl. Minssen 2019, 70).

Anders verhält es sich mit der Idee neuer Form von Arbeiten – Arbeiten 4.0 – in einer zunehmend digitalisierten, über Informationstechnologie vernetzten und flexibilisierten Arbeitswelt, auf die das zweite Beispiel verweist. Lieferdienste, die mit ihren Transportern oder wie im Beispiel als Fahrrad-Rider Mahlzeiten, aber auch andere Produkte an die Haustür bringen, haben in den letzten Jahren erheblich zugenommen und durch die Corona-Pandemie noch einmal zusätzlich Auftrieb erhalten. Die Rider von Lieferando und ähnlichen Unternehmen kombinieren Muskelkraft, ein Fahrrad und ein Smartphone und bedienen so die über eine Internet-Plattform eingegangenen und auf die einzelnen Rider verteilten Kundenwünsche. Dass bei vielen Betrieben Fahrrad, Smartphone und der für das Smartphone erforderliche Datenvertrag nicht vom Betrieb gestellt wird, sondern Privatsache der Rider ist, und dass Festanstellungen und Vollzeit-Jobs eher die Ausnahme als die Regel sind, weist darauf hin, wie stark sich die soziale Organisation der Erwerbsarbeit gegenüber der klassischen Industriearbeit mit ihren sozial und rechtlich abgesicherten Beschäftigungsformen verändert (vgl. z. B. Schaupp 2021). Die Plattform- oder Gig-Ökonomie treibt diese Flexibilisierung auf die Spitze, in dem jede über Plattformen vermittelte Dienstleistung (Gig) als Einzelauftrag gilt, der an Selbstständige vergeben wird (vgl. Plöger/Keuneke 2021).

Das dritte Beispiel aus der Pflege verweist auf die quantitative wie qualitative Bedeutung des Gesundheitsbereichs für den Arbeitsmarkt moderner Gesellschaften.

Bei der im Beispiel skizzierten Pflege auf der Intensivstation spielt einerseits der Einsatz moderner Technik eine große Rolle. Andererseits zeigt der Fachkräftemangel nicht nur in der Intensivpflege, sondern allgemein in der Pflege im Krankenhaus oder auch in der Altenhilfe, in welchem Ausmaß alternde Gesellschaften auf entsprechend qualifizierte Fachkräfte angewiesen sind. Dabei wird der größte Teil der Pflegearbeit nicht als Erwerbsarbeit, sondern als unbezahlte Arbeit in den Familien zu Hause geleistet (vgl. BMG 2021, 11).

> **Care, Care Work und Sorgearbeit**
>
> Die Begriffe Care und Care Work oder Sorgearbeit erstrecken sich über den Bereich der Pflege hinaus und beziehen sich auf Themen wie Kindererziehung und -betreuung über Hausarbeit bis hin zur Selbstsorge (vgl. Aulenbacher u. a. 2018; Riegraf 2017). Sorgearbeit gibt es über kommerzielle Anbieter, staatliche Organisationen und Wohlfahrtsverbände in Form entlohnter Erwerbsarbeit (z. B. als ambulante Pflegedienste, als Betreuungsangebote für Kinder oder als Beratungsangebot). Sorgearbeit gibt es darüber hinaus aber eben auch als unbezahlte Arbeit in der Familie und in anderen privaten Lebensformen. Und es gibt Arrangements der Sorgearbeit im arbeits- und sozialrechtlichen Graubereich wie etwa bei der 24-Stunden-Betreuung von Pflegebedürftigen im Haushalt (vgl. Aulenbacher/Helma/Schwiter 2021).

Dabei zeigen die ausgewählten Beispiele nur einen kleinen Ausschnitt von dem, was wir heutzutage unter Arbeit und Arbeiten verstehen. Menschen arbeiten z. B. in der Produktion, in der Landwirtschaft, im Handwerk, in sozialen Berufen, in Kreativberufen in der Medienbranche oder in hoch- oder niedrigqualifizierten Dienstleistungsberufen. Schon diese Aufzählung unterschiedlicher Formen der Erwerbsarbeit zeigt, wie schwer es ist, den Begriff Arbeit zu definieren. Mikl-Horke erklärt Arbeit so: »Arbeit meint jede zweckhafte Tätigkeit, die der Befriedigung materieller oder geistiger Bedürfnisse dient. Die Tätigkeit selbst kann dabei in körperlicher, manueller Arbeit und/oder in geistiger Arbeit bestehen. In ihrer elementarsten Form ist Arbeit auf die Sicherung des Überlebens auf der Grundlage natürlicher Ressourcen gerichtet« (Mikl-Horke 2017, 24). Dabei geht Arbeit weit über die Erwerbsarbeit hinaus.

Care- oder Sorgearbeit wird sowohl als Erwerbsarbeit als auch als unbezahlte Arbeit geleistet. Im Haushalt als dem »räumlich, wirtschaftlich und sozial definierten Ort der Lebensführung« (Geissler 2018, 768) geht es um umfangreiche Haushaltsarbeit, die unbezahlt bleibt oder immer häufiger als entlohnte Haushaltsdienstleistung eingekauft wird, für die manchmal Steuern bezahlt werden, die aber oft in Form von Schwarzarbeit organisiert ist. Aber auch Schwarzarbeit ist Arbeit. Für Zwangsarbeit oder Sklavenarbeit gilt das erst recht.

Noch komplizierter wird es, wenn man über das Gegenstück zur Arbeit nachdenkt: So suggeriert etwa der Begriff der »Work-Life-Balance«, dass während der Arbeit nicht gelebt und während des (Privat-)Lebens nicht gearbeitet wird. Andererseits werden in Betrieben Maßnahmen zur Verbesserung der Work-Life Balance implementiert, um die Leistungsfähigkeit der Beschäftigten zu erhöhen (vgl. Kratzer u. a. 2015). Das Gegensatzpaar Arbeit/Freizeit macht nur Sinn, wenn man es auf die formelle Erwerbsarbeit mit klaren Arbeitszeitregeln und den von Erwerbsarbeit freien Zeiten (am Wochenende, nach Büroschluss oder im Urlaub) bezieht. Was aber, wenn in dieser arbeitsvertraglich zugesicherten Freizeit Hausarbeit erledigt oder die Wohnung renoviert wird – ist das dann Arbeit oder Freizeit? Ebenso unbefriedigend bleiben auch Versuche, Arbeit als dem Menschen vorbehaltene Tätigkeit zu charakterisieren – schließlich arbeiteten in der Landwirtschaft schon in vorindustriellen Gesellschaften Tiere, in industriellen oder postindustriellen Gesellschaften arbeiten zunehmend Roboter und andere Maschinen und im ersten Beispiel in der Automobilfabrik arbeitet künftig Software als KI (Künstliche Intelligenz) und ersetzt dabei den Menschen als Arbeiter. Ein überhistorischer und alle möglichen Felder umfassender Arbeitsbegriff scheint demnach kaum möglich, was auch bedeutet, dass Arbeit dem historischen und sozialen Wandel unterliegt und je nach Bezugspunkt (sachlich, kulturell, individuell) konkret bestimmt werden muss (vgl. Voß 2018).

3.3.2 Landwirtschaft, Industrialisierung, Dienstleistungen: ein kurzer geschichtlicher Überblick

Das ständisch-feudale europäische Mittelalter war ganz überwiegend eine Agrargesellschaft, deren Wirtschaft im Wesentlichen aus Landwirtschaft und Viehzucht bestand. Landwirtschaft im Mittelalter war eine »arbeitsintensive Subsistenzwirtschaft mit niedriger Produktivität« (Liedtke 2012, 12), in der schlechte Ernten regelmäßig zu Hungersnöten führten. In vielen europäischen Feudalstaaten wurde die Landwirtschaft v. a. durch leibeigene Bauern geprägt, die ihren Lehnsherren gegenüber zu Frondiensten verpflichtet waren. Daran änderte sich bis zum Ende des 17. Jahrhunderts wenig. In Handwerksbetrieben und ab dem 17. und 18. Jahrhundert in den neu entstehenden Manufakturen wurden handwerkliche Güter produziert. Auf lokalen Märkten wurden die so erzeugten Agrar- und Handwerksprodukte gehandelt. Handelskompanien übernahmen den Fernhandel zwischen den allmählich an Bedeutung gewinnenden europäischen Städten und wurden dabei unterstützt von Aktiengesellschaften, Banken, Seehäfen und anderen für die Logistik des Fernhandels notwendigen Dienstleistungen. In dieser sich allmählich herausbildenden Wirtschaftsstruktur der Neuzeit sind bereits die drei Wirtschaftssektoren Landwirtschaft, Produktion und Dienstleistungen zu erkennen.

> **Primärer, sekundärer und tertiärer Sektor**
>
> Die Landwirtschaft wird dabei als Primärer Sektor bezeichnet. Der Produktionsbereich ist der Sekundäre Sektor und umfasst das Handwerk, die Manufakturen und die späteren Fabriken und Industriebetriebe, aber auch Bergbau, Energieversorgung und das Baugewerbe. Dienstleistungen (u. a. Handel, Verkehr, Banken, zunehmend dann auch personenbezogene Dienstleistungen etwa im Gesundheitsbereich) gehören zum Tertiären Sektor. Der Anteil der in der

> Landwirtschaft Beschäftigten wird für die Zeit um 1800 für das Gebiet des späteren Deutschen Reiches auf über 60 Prozent geschätzt, gut 20 Prozent arbeiteten um 1800 im Handwerk und in Manufakturen und rund 17 Prozent im Handel und anderen Dienstleistungsbetrieben (vgl. Metz 2005, 462).

Das 18. und das 19. Jahrhundert waren in Europa dann gleich von mehreren Revolutionen geprägt. Die Französische Revolution 1789 steht exemplarisch für die politischen Umbrüche dieser Zeit. Das Ende der Leibeigenschaft und die Bauernbefreiung zog sich in Europa über mehrere Jahrhunderte hin. In der Landwirtschaft wurde durch Innovationen beim Saatgut, bei der Viehzucht und bei den eingesetzten Techniken eine deutliche Ertragssteigerung erreicht. Die Wissenschaften lösten sich in der Folge der Aufklärung immer mehr von der Vorherrschaft der Kirche, konnten zunehmend Naturphänomene durch wissenschaftliche Beobachtungen und Analysen erklären und aus diesen Erkenntnissen Technologien für Medizin, Hygiene, Produktion und Verkehr entwickeln. Die Entwicklung der Dampfmaschine und des mechanischen Webstuhls markieren den Beginn der ersten industriellen Revolution und des Zeitalters der Industrialisierung. Innovationen in der Textilindustrie, im Bergbau, in der Eisenindustrie und der Ausbau der Eisenbahn beflügelten sich wechselseitig und machten Großbritannien »zur mit Abstand größten Wirtschaftsmacht des frühen und mittleren 19. Jahrhunderts« (Liedtke 2012, 35). Großbritannien war nicht nur der »Workshop of the World«, sondern entwickelte sich auch zum weltweiten Zentrum für Banken, Versicherungen, Handelsbetriebe und Logistik. In anderen Ländern wie Deutschland setzte die Industrialisierung mit zeitlicher Verzögerung ein. In Deutschland kam erschwerend hinzu, dass es bis zur Reichsgründung 1871 keinen einheitlichen Wirtschaftsraum gab. Ab der Mitte des 19. Jahrhunderts waren es in Deutschland dann v. a. Kohlebergbau, die Eisenherstellung und der Eisenbahnausbau, die die Industrialisierung vorantrieben. Hinzu kamen ab den 1870er Jahren in der Phase der Hochindustrialisierung oder zweiten Industrialisierung die Chemie- und die Elektroindustrie. Zum Zeitpunkt der Gründung des Deutschen Reichs war der Anteil der Beschäftigten im primären Sektor an allen Beschäftigten bereits unter 50 Prozent gefallen. Dennoch arbeiteten auch im Kaiserreich zunächst noch mehr Menschen in der Landwirtschaft als in der Industrie. Erst Anfang des 20. Jahrhundert überholte der sekundäre Sektor (der Produktionsbereich) den primären Sektor (den Agrarbereich). 1912 waren noch etwa 35 Prozent aller Beschäftigten im primären Sektor, fast 40 Prozent im Produktionsbereich und mehr als 25 Prozent bereits im tertiären Sektor tätig (vgl. Metz 2005, 462).

Der Prozess der Industrialisierung in Europa und in Nordamerika ging einher mit tiefgreifenden sozialen, politischen und ökonomischen Umwälzungen. Durch den Zuzug ehemaliger Landarbeiter in die Städte und in die Nähe der neu entstehenden Industriegebiete stieg die Stadtbevölkerung stark an, was zu katastrophalen Wohn- und Lebensbedingungen führte. Die neuen industriellen Arbeitsverhältnisse waren rechtlich kaum reguliert, und da das Angebot an Arbeitskräften groß war, konnten die Fabrikbesitzer Löhne, Arbeitszeiten und Arbeitsbedingungen weitgehend diktieren. Kinderarbeit war weit verbreitet. Die schlechten Lebensbedingungen der entstehenden Arbeiterklasse wurden als die große soziale Frage des späten 19. Jahrhunderts und frühen 20. Jahrhunderts diskutiert. Gewerkschaften, sozialistische und kommunistische Parteien, Streiks, aber auch erste Ansätze einer Sozialpolitik und gesetzliche Regelungen zum Schutz der Arbeiter und ihrer Familien sind ebenso Folgen der Industrialisierung wie Arbeitersiedlungen, Kläranlagen und der Ausbau des öffentlichen Gesundheitsdienstes. Während in der Landwirtschaft und auch im Handwerk in der vorindustriellen Zeit Wohn- und Arbeitsstätte meist identisch waren, wurde die Sphäre des Arbeitens durch die Industrialisierung von der Sphäre des Wohnens und der Familie getrennt.

Damit änderten sich auch die Geschlechterverhältnisse. Die Männer verließen morgens bzw. zu Schichtbeginn Haushalt und Familie und machten sich auf den Weg zur ›Arbeit‹, während die Frauen für Haushaltsführung und Kinderbetreuung zuständig waren. Zwar waren auch viele Frauen aus der Arbeiterklasse in die Erwerbsarbeit einbezogen, oft aber in kleineren Betrieben oder als Bedienstete der Mittel- und Oberklasse. Frauen aus der Mittelschicht wiederum arbeiteten zunehmend im Bildungs- und Erziehungsbereich, in Büros und anderen Dienstleistungsbereichen. Das Geschlechterarrangement vom »Male Breadwinner« und »Female Homemaker«, also vom Mann, der für das Einkommen zuständig ist, und von der Frau, die für Haushalt und Familie zuständig ist, konnte sich nur dort entwickeln, wo der Mann genügend Einkommen verdiente, um die Familie zu ernähren. In der immer größer werdenden Gruppe der Industriearbeiter war das Einkommen der Ehefrauen unverzichtbar (vgl. Klinger 2012).

In den USA entwickelten sich bereits Ende des 19. Jahrhunderts mit dem Taylorismus und der Idee des »Scientific Managements« Konzepte, wie in den neuen Fabriken effizienter gearbeitet werden konnte. Frederick W. Taylor führte Zeit- und Bewegungsstudien durch, um die Arbeitsprozesse in der Fabrik zu reorganisieren und zu optimieren und dadurch die Arbeitsproduktivität zu erhöhen. In der nach Taylors Konzept der »wissenschaftlichen Betriebsführung« organisierten Fabrik waren Hand- und Kopfarbeit getrennte Prozesse und getrennte Abteilungen. Die Ingenieure planten – möglichst auf der Grundlage eigener Messungen – die optimalen Arbeitsprozesse, die von den angelernten Arbeitnehmern umgesetzt wurden. Der Produktionsprozess wurde in kleinteilige Arbeitsschritte zerlegt, die dann standardisiert und routiniert erledigt werden sollten. Mit Akkordlohn sollte sichergestellt werden, dass die Arbeiter ihr Arbeitstempo nicht verlangsamten (vgl. Ruiner/Wilkesmann 2016, 47–55).

Henry Ford knüpfte an solche Überlegungen zur rationalen Arbeitsorganisation an und installierte ab 1913 in seinen Automobilwerken in Detroit motorgetriebene Montagebänder, um die Produktionskapazitäten zu erhöhen. Mit der Kombination aus Fließband, Normierung der Arbeitsprozesse und Standardisierung der Produkte gelang ihm mit dem berühmt gewordenen Model T der Einstieg in die Massenproduktion von Automobilen. Hohe Stückzahlen ermöglichten einerseits Preissenkungen, und da Ford andererseits die Löhne erhöhte, konnten erstmals Arbeiter einer Autofabrik die Autos, die sie produzierten, auch selbst kaufen. Das führte wiederum zu einer starken Steigerung der Nachfrage. Davor waren Automobile teure Luxusprodukte, die sich nur wenige leisten konnten. Für die Kombination aus kostengünstiger Massenproduktion standardisierter Konsumgüter, vergleichsweise hohen Löhnen für die Arbeiter und Massenkonsum setzte sich schon bald der Begriff Fordismus durch (vgl. Schmidt 2017). In der tayloristisch-fordistischen Fabrik dominierte die Einfacharbeit, also »schnell erlernbare, hochstandardisierte Tätigkeiten« (Abel/Ittermann 2017, 109), für die keine besonderen Qualifikationen erforderlich waren.

Fords Ideen, der im Übrigen ein überzeugter Antisemit war und auch entsprechende Schriften verfasst hat, wurden weit über die USA hinaus in vielen sich industrialisierenden Ländern und auch in Deutschland aufgegriffen. Während des Nationalsozialismus gab es durchaus erste Versuche, Fords Konzepte auch in Deutschland umzusetzen. Während des Krieges wurden dann Millionen von Zwangsarbeiterinnen und Zwangsarbeitern in der Kriegswirtschaft, aber auch in zivilen Produktionsstätten in Deutschland eingesetzt. Nach dem Zweiten Weltkrieg setzten sich Massenproduktion und Massenkonsum standardisierter Konsumgüter in allen westlichen Industrieländern durch. Flankiert wurde diese fordistische Kombination aus Massenproduktion und Massenkonsum durch eine Expansion des Wohlfahrtsstaates, die in den USA bereits in den 1930er Jahren mit den Sozialprogrammen des »New Deals« unter Präsident Roosevelt begonnen hatte. Auch in der 1949 gegründeten Bundesrepublik Deutschland leistete die industrielle Massenproduktion einen zunehmenden Beitrag zur Wohlstandsproduktion. Die Rentenreform von 1957, die die Höhe der Renten an die Lohnentwicklung koppelte, die Einführung des Bundessozialhilfegesetzes 1962 und die erfolgreiche Kampagne der Gewerkschaften für Arbeitszeitreduzierung und arbeitsfreie Samstage (unter dem Motto »Samstags gehört Vati mir«) sind Beispiele für den Ausbau des Wohlfahrtsstaates im Nachkriegsdeutschland (West).

Der französische Ökonom Fourastié hat die 30 Jahre nach dem Zweiten Weltkrieg als die »Trente glorieuses«, also als die 30 glorreichen Jahre bezeichnet (Fourastié 1979). Im Rückblick waren es jedenfalls die 30 Jahre, in denen auf westliche Länder wie die USA, Frankreich, Großbritannien und Deutschland die Bezeichnung »Industriegesellschaft« am ehesten zutrifft. 1965 war in Deutschland der Anteil der Beschäftigten im primären Sektor auf elf Prozent gesunken, 49 % der Beschäftigten arbeiteten jetzt im Produktionsbereich und 40 Prozent im Dienstleistungssektor (Statistisches Bundesamt 2022c). Das jährliche Wirtschaftswachstum war hoch und die Gewerkschaften handelten Lohnerhöhungen aus, die die Arbeitnehmerinnen und Arbeitnehmer und ihre Familien am Wohlstand teilhaben ließen. Es herrschte Vollbeschäftigung, und die Nachfrage nach Arbeitskräften überstieg das Angebot, so dass die Bundesrepublik bereits Mitte der 1950er Jahre mit der Anwerbung von Arbeitern aus dem Ausland begann.

Aus heutiger Perspektive erscheinen die »30 glorreichen Jahre« gelegentlich im Rückblick als Musterfall eines Kapitalismus oder einer sozialen Marktwirtschaft, die alle am gesellschaftlichen Wohlstand teilhaben lässt. Die Löhne stiegen mit dem Wirtschaftswachstum, Industriearbeiter waren durch Tarifverträge, das Arbeitsrecht, umfassende Sozialversicherungen und starke Gewerkschaften vor den Risiken des Wirtschaftslebens wie Krankheit oder Arbeitslosigkeit geschützt und am Ende einer Berufskarriere, die oft bei einem einzigen Arbeitgeber verbracht wurde, wartete eine Rente, die auch weiterhin Teilhabe am Massenkonsum ermöglichte. Die weitaus meisten männlichen Arbeitnehmer waren in unbefristeten sozialversicherungspflichtigen Vollzeitstellen beschäftigt, so dass dieses Modell als »Normalarbeitsverhältnis« (Flecker 2017, 78–81) betrachtet wurde. Dabei wird dann gerne ausgeblendet, dass dieses Modell nur Männern zur Verfügung stand. Frauen arbeiteten zwar zunehmend auch in der Industrie, dann aber meist in Teilzeitjobs, deutlich weniger abgesichert und schlechter bezahlt. Die Hausarbeit, die Kindererziehung und die Care-Arbeit, die von den Frauen übernommen wurde, blieben unbezahlt und ohne Rentenansprüche.

Mitte der 1960er Jahre begann die Krise des Bergbaus mit ersten Zechenschließungen. Die Krise der Stahlindustrie folgte. Die Geschichte des Steinkohlebergbaus in Deutschland endete 2018 mit der Schließung des letzten Bergwerks. Das Ende der langanhaltenden Prosperitätsphase der Nachkriegszeit wird meist mit der Ölpreiskrise Mitte der 1970er Jahre verbunden. Die Arbeitslosigkeit stieg in Deutschland 1975 auf knapp fünf Prozent, 1985 auf über neun Prozent und erreichte 2005 mit 13 Prozent ihren bisherigen Höchststand (vgl. Huninik/Schröder 2019, 256). Damit einher ging ein Umstrukturierungsprozess der Wirtschaft in Deutschland und anderen westlichen Industrieländern, der meist mit dem Begriff der Dienstleistungsgesellschaft beschrieben wurde. Auf der anderen Seite prägten umfangreiche Deindustrialisierungsprozesse diese Umstrukturierung. 1985 arbeiteten bereits 57 Prozent der Beschäftigten im Dienstleistungssektor, nur noch 38 Prozent im Produktionsbereich und knapp fünf Prozent in der Landwirtschaft. Der Verlust von industriellen Arbeitsplätzen in klassischen Zentren der Industrialisierung wie England, Deutschland und den USA ging dabei Hand in Hand mit einer zunehmenden Industrialisierung asiatischer und anderer Länder, die Stahl und Kohle zu weitaus günstigeren Preisen auf dem Weltmarkt anbieten konnten.

Der Zusammenbruch der Industrie in der DDR nach der Vereinigung 1990 verstärke diesen Trend zur Deindustrialisierung weiter: In den ostdeutschen Bundesländern gingen zwischen 1994 und 2009 rund 850.000 Arbeitsplätze in der Industrie verloren (vgl. Raphael 2019, 425), die Arbeitslosigkeit lag im Osten zeitweilig über 20 Prozent. Im Jahr 2015 entfielen bundesweit 74 Prozent der Beschäftigten auf den tertiären Sektor, gerade noch knapp 25 Prozent auf den Produktionsbereich und weniger als zwei Prozent auf die Landwirtschaft (Statistisches Bundesamt 2022c).

Der Strukturwandel führte in Deutschland zu einer Arbeitswelt »jenseits von Kohle und Stahl« (vgl. Raphael 2019). Darüber hinaus gehörten die Textilindustrie und der Schiffbau in Deutschland zu den besonders stark betroffenen Branchen, während andere Industriezweige wie die Automobilindustrie aus »profunden Umstrukturierungsprozessen […] gestärkt hervorgingen« (Raphael 2019, 47). Ganze Kohorten von Industriearbeitern wurden vorzeitig in Rente geschickt. Für die sich durchsetzende Dienstleistungsgesellschaft waren nicht mehr der Industriearbeiter am Fließband und der Bergmann die Leitbilder, sondern die Angestellten in ihren Büros. Technologische Innovationsschübe fanden zunehmend im Bereich der Mikroelektronik und der Informations- und Kommunikationstechnologie statt. Ab den 1980er Jahren zogen Computer in die Büros und computergestützte Automatisierungs- und Steuerungstechnologien in die Fabriken ein.

Bei der Organisation der Arbeit in den Betrieben kam es zu widersprüchlichen Verläufen. Einerseits wurden auch in den Büros tayloristische Rationalisierungsschritte wie etwa eine weitreichende Arbeitsteilung und Dequalifizierung durch standardisierte Routinetätigkeiten (z. B. in den Schreibbüros) eingeführt. Andererseits wurden in der Automobilindustrie aus Nordeuropa und Japan neue Formen der Gruppenarbeit und des »Lean Managements« übernommen, die eine Abkehr von der tayloristischen Arbeitsorganisation bedeuteten. Industriebetriebe setzten jetzt zunehmend auf flexiblere Produktionsverfahren und auf qualifizierte Fachkräfte, die eigenverantwortlich an der Verbesserung der Produktionsprozesse mitarbeiten sollten. Vor allem einfache Routinetätigkeiten für angelernte Arbeiter waren von der Deindustrialisierung betroffen, zumal solche Tätigkeiten zunehmend durch Mikroelektronik, Informationstechnologie und automatisierte Steuerungs- und Fertigungstechniken ersetzt oder in Ländern mit niedrigeren Arbeitslöhnen verlagert werden konnten. Qualifizierte Ausbildung und Fort- und Weiterbildungen wurden immer wichtiger bis hin zum Leitbild des lebenslangen Lernens.

Bildung und Wissen nahmen in allen Sektoren der Wirtschaft an Bedeutung zu, so dass zunehmend der Begriff der Dienstleistungsgesellschaft durch den Ausdruck Wissensgesellschaft ersetzt wurde. Das lag zum einen an der Technisierung und Digitalisierung der Arbeit (sowohl in der Landwirtschaft als auch in der Industrie und im Dienstleistungsbereich), zum anderen aber auch an dem zunehmenden Innovationsdruck, ständig neue Güter und Dienstleistungen zu entwickeln, der die frühere Massenproduktion langlebiger Konsumgüter ergänzt, teilweise auch schon abgelöst hat. Dieser Innovationsdruck betraf nicht nur die Produktion, sondern auch »Produktdesign, Vermarktung und Vertrieb« (Reckwitz 2019, 155), und erforderte hochqualifizierte, meist akademisch ausgebildete Wissensarbeiter bzw. Wissensarbeiterinnen. Auf der anderen Seite stieg im Dienstleistungssektor aber auch die Nachfrage nach einfachen Dienstleistungen, für die keine besondere Qualifikation erforderlich ist, wie etwa im Tourismus, in der Gastronomie, in der Hauswirtschaft, bei den Lieferdiensten oder in Pflege und Betreuung. IT-Spezialisten und Reinigungspersonal zählen beide zu den Dienstleistungsberufen, markieren aber zwei entgegengesetzte Pole: Auf der einen Seite die hochqualifizierte und auch gut bezahlte Wissensökonomie und auf der anderen Seite geringqualifizierte und meist schlecht bezahlte und oftmals prekäre Jobs im Bereich einfacher Dienstleistungen (vgl. Reckwitz 2019, 157). Insgesamt haben sich die »Arbeitsmarktchancen der abnehmenden Zahl geringqualifizierter Personen in den vergangenen Jahrzehnten dramatisch verschlechtert« (Erlinghagen/Hank 2018, 192).

Die absolute Zahl der Erwerbstätigen in Deutschland ist von 22,5 Millionen im Jahr 1955 auf knapp 45 Millionen im Jahr 2021 angestiegen. Das lag zum einen an der Vereinigung und dem Beitritt der ostdeutschen Länder im Jahr 1990, wodurch die Bevölkerung um 16 Millionen Menschen anwuchs, ferner am Bevölkerungswachstum durch die geburtenstarken Jahrgänge in den 1960er Jahren, v. a. aber an der zunehmenden Erwerbstätigkeit von Frauen. In der DDR war die Erwerbsquote von Frauen seit den 1950er Jahren kontinuierlich angestiegen. In Westdeutschland begann dieser Prozess erst in den 1980er Jahren, und auch heute noch liegt die Frauenerwerbsquote in den ostdeutschen Bundesländern höher als in den westdeutschen Ländern (vgl. Erlinghagen/Hank 2018, 194–197). Während sich der prozentuale Anteil der Beschäftigten im produzierenden Gewerbe in diesem Zeitraum in etwa halbiert hat, ist die absolute Zahl der Beschäftigten im produzierenden

Gewerbe von 10,6 Millionen im Jahr 1955 auf gut 13 Millionen Mitte der 1960er Jahre – dem Höhepunkt der Industrialisierung – angestiegen und liegt 2021 bei etwa 10,7 Millionen. Der Anteil der Beschäftigten im tertiären Sektor hat sich von 1955 bis 2021 mehr als verdoppelt. In absoluten Zahlen bedeutet dies mehr als eine Vervierfachung von knapp acht Millionen auf mehr als 33 Millionen Beschäftigte. Im primären Sektor, also in Land- und Forstwirtschaft und Fischerei, fanden Mitte der 1950er Jahre noch über vier Millionen Menschen Arbeit. Im Jahr 2021 arbeiteten weniger als 600.000 Menschen im primären Sektor (Statistisches Bundesamt 2022c). Die Arbeitslosenquote ging bis zum Jahr 2021 trotz Bankenkrise 2008 und trotz Covid-19-Pandemie auf weniger als sechs Prozent zurück.

3.3.3 Arbeiten 4.0: Digitalisierung, Dezentralisierung, Entgrenzung

Digitalisierung bezeichnet zunächst einmal die Umwandlung analoger Informationen in digitale Informationen. Wenn etwa eine Musikband ein Musikstück performt, entstehen dabei Töne und Klänge, die bei einer digitalen Aufnahme in einer Audiodatei gespeichert werden. Solche digitalen Audiodateien – z.B. eine MP3-Datei – können auf einem geeigneten Gerät, das digitale Informationen lesen und mit Hilfe von Algorithmen weiterverarbeiten kann, wiederum in Töne und Klänge umgewandelt werden. Heutzutage reicht dafür ein gängiges Smartphone mit Kopfhörer aus. Mit dem Internet steht ein globales Netzwerk zur Verfügung, mit dem Audiodateien – aber natürlich auch alle anderen digitalen Informationen – sehr einfach weltweit weitergegeben werden können (in unserem Beispiel etwa über entsprechende Streamingplattformen oder aber auch über Social Media-Plattformen wie YouTube oder TikTok). Vor der Digitalisierung musste in der Musikindustrie sehr viel technischer Aufwand betrieben werden, um eine Musikperformance analog zu speichern und daraus über mehrere Zwischenschritte eine analoge Schallplatte zu produzieren, die dann wiederum über analoge Vertriebssysteme wie Schallplattengeschäfte verkauft wurde. Die Produktion analoger Vinylschallplatten in entsprechenden Fabriken beschränkt sich heute auf einen kleinen, wenn auch in den letzten Jahren wieder anwachsenden Nischenmarkt, während der weitaus größte Teil des Musikkonsums heute digital über Streamingplattformen stattfindet.

Schon dieses einfache Beispiel zeigt, welch umfassenden Einfluss die Digitalisierung sowohl auf unserem Alltag als auch auf die Arbeitswelt hat. Kommuniziert wird privat und beruflich über E-Mail, Social Media und – seit Corona – über Videoplattformen. Im Büro werden Briefe und andere Texte digital gespeichert und versendet, digitale Akten geführt und digital Waren und Dienstleistungen bestellt. In der Industrie werden digitale Entwürfe von digitalen Fertigungsanlagen umgesetzt, die dabei von digitalen Steuerungsgeräten überwacht und gesteuert werden. Für die Kreativ- und Kulturbranche erweist sich das Internet als »digitale Kulturmaschine« (Reckwitz 2020a, 233), über die Texte, Bilder, Töne, Klänge, Videos und nicht zuletzt auch Computerspiele zirkulieren. Aber auch weit darüber hinaus verändert die Digitalisierung die Arbeitswelt: »LKW-Fahrer/innen verwenden Bordcomputer, nutzen Routenplanungssysteme bzw. werden über solche gesteuert und überwacht; Kellner/innen bonieren die Bestellungen der Gäste und schicken sie von ihren mobilen Geräten in die Küche, mobile Altenpfleger/innen dokumentieren ihren Einsatz auf mobilen Geräten – ganz zu schweigen von Ärztinnen und Krankenpflegern mit ihrer vielfältigen Medizintechnik« (Flecker 2017, 198). Psychosoziale Berufe nutzen Online-Beratung und App-gestützte Therapieformate (vgl. Schmid/Vogt 2021). An Schulen und Hochschulen haben sich Lehrende und Studierende an digitale Lehre und digitale Lernformate gewöhnt. Und selbst in der öffentlichen Verwaltung werden immer mehr Dienstleistungen digital angeboten, wenn es etwa darum geht, einen Ausweis zu verlängern oder sich umzumelden. Globale Technologieunternehmen wie Apple, Microsoft oder Google gehören im »Digitalen Kapitalismus« (Staab 2019) zu den umsatzstärksten Unternehmen weltweit, ohne deren Produkte und Dienstleistungen die moderne Lebens- und Arbeitswelt kaum vorstellbar sind.

In der Hochphase der Industriegesellschaft galt die klassische Großfabrik als ideale Organisationsform, um Massenartikel in großer Stückzahl kostengünstig zu produzieren. Alle Arbeitsabläufe waren stark arbeitsteilig organisiert und wurden über abgestufte Hierarchieebenen gesteuert und kontrolliert. Solche Formen der Arbeitsorganisation sind keineswegs verschwunden, passen aber kaum noch zu flexiblen Produktionsverfahren, die mit permanenten Innovationen zeitnah auf sich verändernde Kundenpräferenzen reagieren wollen. Erst recht nicht passen solch zentralisierte Formen der Arbeitsorganisation zu modernen Dienstleistungen und kreativen Arbeitsprozessen. Dezentralisierung ist nicht einfach eine Folge der Digitalisierung (es gab sie auch schon vor der Digitalisierung), wird aber durch die Digitalisierung sicher verstärkt. Der Begriff Dezentralisierung beschreibt die »Verlagerung von Kompetenzen nach unten [...], also die Verlagerung von oberen auf untere Hierarchieebenen, letztlich auf die ausführende Stelle« (Minnsen 2019, 51). Unternehmen können sich in mehr oder weniger selbstständige, untereinander aber vernetzte Teilorganisationen aufteilen, die jeweils eigene Aufgaben bearbeiten und dafür auch verantwortlich sind. Als besonderer Fall von Dezentralisierung können transnationale Produktionsnetzwerke betrachtet werden, bei denen bspw. die wissensbasierten Arbeitsprozesse wie Entwicklung, Entwurf und Planung in westlichen postindustriellen Ökonomien stattfindet, die Produktion aber in Fabriken in Asien mit niedrigeren Lohnkosten, während Marketing und Vertrieb der Endprodukte – z. B. Smartphones – dann wieder von Dienstleistungsunternehmen in den westlichen Wissensgesellschaften verantwortet werden. Digitale Kommunikation ermöglicht die Abstimmung und Steuerung innerhalb solcher transnationaler Produktionsnetzwerke.

Eine andere Form von Dezentralisierung ist innerhalb vieler Unternehmen zu beobachten, wenn etwa Gruppen- oder Projektarbeit eingeführt werden. Projektarbeit zeichnet sich dadurch aus, dass in einem begrenzten Zeitraum Lösungen für komplexe Fragestellungen gefunden werden sollen und dabei Fachkräfte aus unterschiedlichen Abteilungen zusammenarbeiten. Projektgruppen werden dann quer zu den üblichen Hierarchien eingerichtet und mit einem eigenen Budget und einem eigenen Projektmanagement ausgestattet.

Auch Outsourcing – also die Auslagerung eines Teils der Produktionskette auf Zulieferer oder andere Unternehmen – kann als Dezentralisierung betrachtet werden. Die Ausgründung von Start-Up-Unternehmen oder die Kooperation mit Start-Ups für besonders innovative Projekte, die in den üblichen Unternehmensstrukturen kaum realisierbar erscheinen, sind ebenfalls Formen der Dezentralisierung. Dabei ist keineswegs ausgemacht, dass sich die gesamte Arbeitswelt dezentralisiert. Funder (2017) beschreibt Dezentralisierung und Zentralisierung als zwei Richtungen eines Pendels, das mal in die eine, dann aber auch wieder in die andere Richtung schwingt. Auf die Spitze getrieben wird die Dezentralisierung in der Gig-Ökonomie, in der jeder Auftrag an Subunternehmer bzw. Selbstständige vergeben wird und das Gig-Unternehmen (wie z. B. Uber oder Airbnb) nur noch die Plattform betreibt, über die die einzelnen »Gigs« vermittelt werden. Mit Crowdworking oder Clickworking werden kleinere und eher schlecht bezahlte, meist internet- oder smartphonebasierte Jobs bezeichnet, die wiederum über entsprechende Plattformen vermittelt werden. Beim Cloud Computing oder Cloudworking arbeiten IT-Fachkräfte über Clouds an gemeinsamen Projekten, ohne notwendigerweise beim gleichen Unternehmen beschäftigt zu sein.

Je dezentraler Unternehmen oder Wertschöpfungsketten organisiert sind, umso eher verwischen die Grenzen zwischen Arbeitsplatz und Lebenswelt und zwischen Beruf und Freizeit. Solche Entgrenzungsprozesse können unterschiedliche Formen annehmen. Während in der Fabrik und im klassischen Büro die für die Arbeit erforderlichen Geräte und Arbeitsmittel – Computer, Produktionsanlagen, Sicherheitskleidung – vom Arbeitgeber gestellt werden, wird von den Ridern im Lieferservice, von den Uber- Fahrerinnen und auch von manchen Paketzustellern erwartet, dass sie ihre privaten Fahrräder, Autos und Smartphones für die Arbeit benutzen. Klassische Arbeitszeiten wie der Acht-Stunden-Tag oder die 40-Stunden-Woche mit arbeitsfreiem Wochenende gibt es in der Gig-Ökonomie nicht, und von Freiberuflerinnen und Freelancern, die in der Softwarebranche mehr oder weniger gut vergütete Einzelaufträge abarbeiten, wird erwartet, dass sie vereinbarte Abgabetermine einhalten. Wie sie das schaffen, bleibt ihnen überlassen.

Auch die räumliche Grenze zwischen Arbeit und Wohnen diffundiert, wenn die Erwerbsarbeit in das häusliche Arbeitszimmer oder gar an den Küchentisch verlagert wird. Das mobile Arbeiten im »Homeoffice« gehört seit der Corona-Pandemie zu den gängigen Arbeitsmodellen für viele Arbeitnehmer und Arbeitnehmerinnen und auch für Lehrende und Studierende an Schulen und Hochschulen. Coworking-Spaces sind flexible Räumlichkeiten, die als Arbeitsraum und darüber hinaus auch als Sozial- und Kommunikationsraum genutzt werden können (vgl. Ruiner/Wilkesmann 2016, 96 ff.).

Aus der Perspektive der Beschäftigten sind mit solchen Dezentralisierungsprozessen Vor- und Nachteile verbunden. Einerseits kann Dezentralisierung mehr Freiräume wie etwa autonome Gestaltung der Arbeitszeit und des Arbeitsplatzes bedeuten. Mobiles Arbeiten ermöglicht neue Kombinationen von Beruf und Privatleben, die je nach konkreter Lebenssituation eher be- oder entlastend erlebt werden können. Im Vergleich zur tayloristisch durchgetakteten Fließbandarbeit des Industriezeitalters sind die Gestaltungs- und Entscheidungsmöglichkeiten in dezentralen Arbeitsstrukturen der postindustriellen Ökonomie immens. Auf der anderen Seite dringt die Arbeit zeitlich und räumlich immer mehr in das private Leben, wenn etwa zu allen Tageszeiten Erreichbarkeit per E-Mail erwartet wird und über Videoplattformen Meetings ins Wohnzimmer verlagert werden. Die Kontrolle über die Erbringung der Arbeitsleistung, die in der tayloristischen Fabrik durch das Fließband und durch horizontale Hierarchieketten ausgeübt wurde, wird in dezentralisierten Arbeitswelten zunehmen in die Beschäftigten selbst verlagert. An die Stelle der Fremdkontrolle rückt Selbstkontrolle. Das Diktat der Fabrikuhr und des Fließbandtaktes wird ersetzt durch Zielvorgaben, für deren Umsetzung dann den Arbeitskräften einerseits subjektive Gestaltungsmöglichkeiten zugestanden werden, die andererseits aber auch erwartet werden. In der Arbeitssoziologie werden solche Prozesse als Subjektivierung der Arbeit bezeichnet (vgl. z. B. Minssen 2019, 103 ff.).

Wer seine Fähigkeiten dauerhaft selbst vermarkten muss, sich immer wieder Aufträge suchen muss, die dann womöglich aus dem häuslichen Arbeitszimmer heraus abgearbeitet werden, wird in gewisser Weise zu einem Unternehmer, der mit dem immer neuen Verkauf seiner Arbeitskraft beschäftigt ist, der seine Lebensführung daran ausrichten muss und sich dabei vom klassischen Arbeitnehmer mit einem dauerhaften sozialversicherungspflichtigen Job deutlich unterscheidet. Solche »Arbeitskraftunternehmer« finden sich in der IT- oder in der Kreativbranche, aber auch in der Weiterbildung, im Medienbereich oder in der Werbung, sind aber in Bezug auf den gesamten Arbeitsmarkt eher Ausnahme als Regel (vgl. Minssen 2019, 121–127; Ruiner/Wilkesmann 2016, 120 f.).

Die vielfältige Ausdifferenzierung der Beschäftigungsverhältnisse, die unter dem Stichwort »Arbeit 4.0« diskutiert wird, ist immer auch mit der Befürchtung verbunden, dass unterschiedliche Formen atypischer Beschäftigungsverhältnisse die sozialversicherungspflichtigen »Normalarbeitsverhältnisse« allmählich verdrängen würden. Merkmale atypischer Beschäftigungsverhältnisse sind dabei Befristungen, Teilzeitbeschäftigungen mit weniger als 20 Stunden pro Woche, Jobs bei Leiharbeitsfirmen, geringfügige Beschäftigungen oder Scheinselbstständigkeit. Im Vergleich mit den 1990er Jahren haben solche atypischen Beschäftigungsverhältnisse zwar zugenommen, der weitaus größte Teil der Beschäftigten arbeitet aber weiterhin – und trotz aller Diskussionen über Arbeit 4.0 – in vergleichsweise ›normalen‹ Beschäftigungsverhältnissen (vgl. z. B. Huinink/Schröder 2019, 251 f.).

3.3.4 Arbeitslosigkeit und Fachkräftemangel: Geht der Gesellschaft die Arbeit aus?

Digitalisierung, Industrie 4.0 und Arbeit 4.0 wurden nicht nur für die Zunahme atypischer Beschäftigungsverhältnisse verantwortlich gemacht, sondern gelegentlich sogar mit dem Ende der Arbeitsgesellschaft gleichgesetzt. Wenn Roboter immer mehr Arbeitsprozesse übernehmen, digitale Fertigungsanlagen die manuelle Arbeit am Fließband ersetzen und Künstliche Intelligenz (KI) dafür sorgt, dass auch steuernde Tätigkeiten zunehmend von Computern und anderen Maschinen erfolgreich umgesetzt werden können, dann hätte das zur Folge, dass massiv Arbeitsplätze verloren gingen. Derzeit zeigt sich allerdings eher ein zunehmender Fachkräftemangel in gleich mehreren Teilbereichen des Arbeitsmarkts: Im Gesundheitssystem fehlt medizinisches und pflegerisches Personal, in Kindertagesstätten fehlen Erzieherinnen und Erzieher, Handwerkerbetriebe sind schwer zu finden und meist ausgebucht und Ausbildungsplätze können in vielen Branchen nicht besetzt werden.

Eine 2013 veröffentlichte und seither oft zitierte Studie zum amerikanischen Arbeitsmarkt kam zu dem Ergebnis, dass in den nächsten zehn bis 20 Jahren fast jeder zweite Arbeitsplatz in den USA wegfallen und durch Computer und andere digitale Technologien ersetzt werden könnte (vgl. Frey/Osborne 2013). Als besonders anfällig für diese Form der Ersetzbarkeit erwiesen sich Jobs mit niedrigen Löhnen und niedriger Qualifikation, während Jobs, bei denen kreative und soziale Fähigkeiten gefragt sind, als weniger gefährdet betrachtet wurden. Aktuelle Berechnungen zum Substituierbarkeitspotential von Arbeitsplätzen in Deutschland gehen davon aus, dass etwa ein Drittel der sozialversicherungspflichtigen Beschäftigten in Deutschland in Berufen mit einem hohen Substituierbarkeitspotential arbeiten (vgl. Dengler/Matthes 2021). Das Substituierbarkeitspotential ist mit der Weiterentwicklung digitaler Technologien in den letzten Jahren weiter angestiegen und hängt auch in Deutschland mit dem Qualifikationsniveau zusammen, wobei nicht mehr nur Helferberufe, sondern zunehmend auch Berufe auf Facharbeiter-, Meister- und Bachelorniveau als substituierbar gelten.

Nun bedeutet Substituierbarkeit noch lange nicht, dass in einem Beruf auch tatsächlich Menschen durch Computer und andere digitale Technologien ersetzt werden. Ob tatsächlich ein Arbeitsplatz automatisiert wird, hängt nicht nur von der technischen Realisierbarkeit, sondern z.B. auch von Wirtschaftlichkeitsüberlegungen oder von der Kundenreaktion ab. Wenn einzelne Tätigkeiten automatisiert werden, verändern sich Berufsbilder. Hinzu kommt, dass auch in der Vergangenheit technologische Entwicklungen zwar einerseits zu Arbeitsplatzverlusten geführt haben, diese Verluste aber meist durch neu entstehende Arbeitsplätze mit einem höheren Qualifikationsniveau mehr als kompensiert wurden.

Ittermann und Niehaus haben 2018 die Diskussion über die Auswirkungen der Digitalisierung auf insbesondere industrielle Arbeitsplätze zu vier sehr unterschiedlichen Szenarien zusammengefasst. Im ersten von ihnen Positivszenario genannten Modell gehen sie von »Beschäftigungsgewinnen, höherwertigen Tätigkeiten und Qualifikationen sowie einer erweiterten Selbstbestimmung in der Arbeit im Zuge der Digitalisierung« (Ittermann/Niehaus 2018, 39) aus. Auch die Einfacharbeit, also geringqualifizierte Tätigkeiten, haben im Positivszenario eine Zukunft, etwa in nur schwer standardisierbaren Produktionsprozessen. Gefährliche und belastende Tätigkeiten werden automatisiert, in Kombination mit modernen Technologien wie etwa Datenbrillen entstehen aber neue Bedarfe für einfache Tätigkeiten. Im zweiten Szenario – dem Negativszenario – kommt es hingegen zu »einer umfassenden Ersetzung, Entwertung, Entrechtlichung und Entstofflichung von Industriearbeit« (Ittermann/Niehaus 2018, 43) sowie zu weitreichenden Jobverlusten und einer Zunahme prekärer und atypischer Beschäftigungsverhältnisse. Je niedriger die Qualifikation, umso höher ist in diesem Szenario das Risiko, dass Jobs automatisiert werden. Das dritte Szenario arbeitet mit der Polarisierungsthese, der zufolge v.a. Jobs mit mittlerem Qualifikationsniveau durch digitale Technik substituiert werden und verloren gehen, während höher Qualifizierte für die Entwicklung, Programmierung und Steuerung der Produktionsanlagen gebraucht werden. Einfache Tätigkeiten mit niedriger Qualifikation werden in diesem Szenario nicht substituiert, sondern allenfalls noch schlechter bezahlt, so dass sich eine Automatisierung unter Wirtschaftlichkeitsaspekten nicht lohnt. Das vierte Szenario ist das Entgrenzungsszenario. Der eigentliche Produktionsprozess wird weitgehend automatisiert, daneben entstehen aber in großem Umfang neue Jobs auf unterschiedlichen Qualifikationsstufen (Clickwork für die Einfacharbeit, digitale Entwicklungsarbeit für höher Qualifizierte), die aber immer weniger klassischen Beschäftigungsverhältnissen mit festem Arbeitsplatz und festen Arbeitszeiten gleichen und eine »Erosion von betriebsförmiger und abhängiger Beschäftigung« (Ittermann/Niehaus 2018, 52) bedeuten.

Bei all diesen Szenarien sind die Auswirkungen des demographischen Wandels noch nicht mitberücksichtigt, durch den sich das Angebot an Arbeitskräften in den kommenden Jahren verringern wird. Die geburtenstarken Jahrgänge der 1950er und 1960er Jahre gehen in Rente, und die neu auf dem Arbeitsmarkt hinzukommenden Jahrgänge umfassen jeweils deutlich weniger Menschen. Gleichzeitig werden nach wie vor im Care-Bereich Tätigkeiten, die früher von Frauen unentgeltlich durchgeführt wurden, in kostenpflichtige Leistungen im wachsenden Bildungs-, Sozial- und Gesundheitssektor (z. B. in der Kinderbetreuung oder in der Altenpflege) umgewandelt. Wie sich diese Kombination aus sozialem, technologischem und demographischem Wandel auf die Arbeitswelt auswirken wird, ist derzeit kaum seriös prognostizierbar.

Weiterführende Literatur

Aulenbacher, B., Lutz, H. & Schwiter, K. (Hrsg.) (2021): Gute Sorge ohne gute Arbeit? Live-in-Care in Deutschland, Österreich und der Schweiz. Weinheim: Beltz.
Flecker, J. (2017): Arbeit und Beschäftigung. Eine soziologische Einführung. Wien: facultas.
Ruiner, C. & Wilkesmann, M. (2016): Arbeits- und Industriesoziologie. Paderborn: Fink.

Weiterführende Quellen

BMAS – Bundesministerium für Arbeit und Soziales (2021c): Aktualisierte BMAS-Prognose »Digitalisierte Arbeitswelt«. Forschungsbericht 526/3. Berlin: BMAS.
Dengler, K. & Matthes, B. (2021): Folgen des technologischen Wandels für den Arbeitsmarkt: Auch komplexere Tätigkeiten könnten zunehmend automatisiert werden. IAB-Kurzbericht 13.

3.4 Konsum 4.0, Freizeit und Erlebniswelten

3.4.1 Konsum 4.0, Freizeit und Erlebniswelten

»Karaoke im Kaufhaus

Corona hat den Einzelhandel stärker getroffen als andere Branchen. Die fetten Jahre waren aber schon vorher vorbei. Die Frankfurter Zeil dürfte sich bald sehr verändern.

Allmählich kehrt das Leben in die Stadt zurück, die Straßencafés sind geöffnet, zum Einkaufen muss sich niemand mehr anmelden oder seine Adresse angeben. Nach 15 zähen Monaten mit wochenlangen Lockdowns, die viele stationäre Händler an den Rand oder um ihre Existenz gebracht haben, dürfen die Geschäfte wieder unter nahezu normalen Umständen verkaufen.

Frankfurt kann das gut gebrauchen. Wichtige Gruppen […] fehlen seit der Corona-Krise: die Angestellten aus den Bürotürmen, die internationalen Besucher aus den Messehallen, nicht zuletzt die kaufkräftigen Touristen aus China mit ihrem Hang zu Luxus und Marken, die nicht nur an der Goethestraße für glänzende Geschäfte sorgten.

Dabei war schon vorher nicht mehr alles gut. Vor allem in der Textilbranche, die über Jahre davon profitierte, dass die Konsumenten hierzulande von Jahr zu Jahr mehr Geld in der Börse hatten. Einkaufen in der Stadt gehörte am Wochenende dazu, mit Shopping verbrachte man einen wichtigen Teil seiner Freizeit. An Samstagen wurde es auf der Zeil voll. […] Doch schon vor Corona meldeten Passantenzähler […] zurückgehende Besucherzahlen. Immer mehr Verbraucher kaufen Hosen und Schuhe im Internet. Andere stellen fest, dass sie gar nicht mehr so viel brauchen – oder dass es ein Secondhand-T-Shirt tut. ›Wir erleben schon länger eine Entwicklung weg von der Konsum-, hin zu einer Erlebnisgesellschaft‹, sagt Dirk Wichner, Deutschland-Chef für den Einzelhandel beim Makler Jones Lang LaSalle. ›Wir werden den Textilhandel in Zukunft anders erleben.‹

Anders heißt: kleiner, mit reduzierter Fläche. Ein drei- bis viergeschossiges Modehaus mit je einer Etage für sie und ihn und die Kinder, das werde niemand mehr mieten, sagt der Handelsfachmann. ›Die Textiler werden sich aus der großen Fläche zurückziehen.‹ […] Das städtische Planungsdezernat strebt einen neuen Rahmenplan für die Zeil an. Und die Hessische Landesregierung hat ein Förderprogramm angekündigt, um dem Sterben der Innenstädte entgegenzuwirken. 40 Millionen Euro sind für das Programm bis 2023 vorgesehen.

Wie auch immer die Pläne aussehen, für Wichner steht fest: ›Einkaufen als Erlebnis muss wieder Spaß machen.‹ Das Einkaufszentrum MyZeil der Hamburger Managementgesellschaft ECE macht schon einmal vor, wohin die Reise gehen könnte. Als Shoptainment-Center bezeichnen die Hamburger Betreiber neuerdings ihr Haus an der Zeil. Hundert Millionen Euro wurden in den Komplettumbau der Immobilie investiert. […] Unter dem Dach gibt es jetzt Kinosäle, die Astor Filmlounge. Eine komplette Etage, das Foodtopia, ist mit unterschiedlichen Gastronomie-Konzepten belegt. Demnächst wird die Frankfurter Melody GmbH in einer der oberen Etagen eine Karaoke-Bar eröffnen. Hier sollen sich auch Firmenkunden nach Feierabend amüsieren. Der Anteil der Textilverkäufer liegt nur noch bei 40 Prozent« (Kirchhoff 2021, 28).

Das Beispiel des stationären Einzelhandels aus Frankfurt verweist auf Entwicklungen im Freizeit- und Konsumsektor, die in vielen Ländern zu beobachten sind. Es scheint so zu sein, dass die modernen Varianten des Kapitalismus für breite Teile der Bevölkerung einen Lebensstil ermöglichen, der Berufsarbeit zwar nicht zur Nebensache werden lässt, aber rein quantitativ schwindet ihr Anteil an der Gesamtlebenszeit deutlich. Die verbleibende Restzeit besteht aus einer Kombination von Nichterwerbsarbeit und freier Zeit, deren konkrete Ausgestaltung vom jeweiligen Lebenslauf, der (sozioökonomischen) Lebenslage und Lebensführung, dem Geschlecht, den sozialstrukturellen Kontexten (Alter, Bildungs- und Familienstand, Beruf, Einkommen) und persönlichen Präferenzen geprägt ist.

Unter die sog. Obligationszeit fallen diejenigen Tätigkeiten, die jenseits der festgelegten Berufsarbeit von anderen Abhängigkeiten, Verpflichtungen und sozialen Zwängen (beruflich, familiär, sozial, gesellschaftlich) geprägt sind (vgl. Opaschowski 1976, 107). Hierzu gehören mehrheitlich die Haus- und Erziehungsarbeit, die Betreuung der Angehörigen, Pflegetätigkeiten sowie die vielfältigen Formen der Sicherung des Alltages und der Versorgung wie das Einkaufen, die Gartenarbeit, Behördengänge, Instandhaltungsarbeiten sowie familiäre und soziale Verpflichtungen (vgl. Opaschowski 1994, 30).

Hiervon unterscheidend versteht man unter Freizeit in klassischer Abgrenzung zum Normalarbeitsverhältnis nur

»jenen Teil der menschlichen Lebenszeit, der frei ist für disponible und selbstbestimmte Tätigkeiten. Dieser umfasst Zeitaufwendungen für zwanglose Muße wie z. B. Lesen (Zeitungen, Zeitschriften, Romane), Radio oder Musik hören oder im Internet surfen, aber auch Nichtstun, Faulenzen und Zeitvertreib, Ruhe haben, Zeit für sich selber nehmen, sich pflegen und einfach wohlfühlen, für sozial orientierte Beschäftigungen wie z. B. Kontakte, Gespräche und gemeinsame Unternehmungen, Spiele, Gruppenaktivitäten, Teilnahme an Veranstaltungen in den Bereichen Sport, Unterhaltung, Vergnügen, Kultur, Bildung und Politik, Tätigsein in Bürgerinitiativen und Ausüben von sozialem Engagement sowie für spielerische Arbeiten wie z. B. freiwillige Leistungsvergleiche im Sport- und Hobbybereich und Do-it-Yourself-Tätigkeiten mit Arbeitscharakter« (Brockhaus 2021, o. S.).

Ob bestimmte Tätigkeiten als Arbeit oder Freizeit klassifiziert werden, unterliegt der subjektiven Bewertung und damit der »Autonomie über Zeit« (Carius,/Gernig 2010, 7, 33 ff.) sowie dem »persönlichen Arrangement« (Prahl 2002, 12), wie es z. B. am Stellenwert der Heimarbeit, des Kochens oder der Weiterbildung zu erkennen ist (vgl. Immerfall/Wasner 2011, 13 ff.). Seit 1948 zählen Freizeit und Urlaub zu den allgemeinen Menschenrechten der Menschenrechtsdeklaration der Vereinten Nationen (Artikel 24).

Unstrittig ist, dass die freie Zeit durch Wohlstandssteigerung, effiziente Massenproduktion, einer Reduktion der Wochenarbeitszeiten sowie einer Steigerung der Lebenserwartung und Rentenzeiten schichtübergreifend in den letzten zwei Jahrhunderten deutlich zugenommen hat. Freizeit ist in (west-)europäischen Gesellschaften in beträchtlichem Ausmaß materielle (Sachgüter, bspw. privater PKW) und immaterielle (Dienstleistungen, bspw. Beratung, Muße) Konsumzeit und hat dazu geführt, dass die Moderne auch als Erlebnis- oder Spaßgesellschaft bezeichnet wird. Es hat sich eine eigenständige Freizeitindustrie mit entsprechenden Marktanteilen und Beschäftigungsquoten ausgebildet. Neben Shopping, Fernsehen, Sport, Reisen und sonstigen Varianten der Unterhaltung (Besuch von Vergnügungs- und Freizeitparks, Kinos, Konzerten) sind es insbesondere auch die mit der Digitalisierung einhergehenden Formen der Freizeitgestaltung, des Shoppingtainments und des Onlinehandels.

Das Beispiel aus Frankfurt deutet diesen Wandel in einigen Facetten an, doch tatsächlich gehen die aktuellen Entwicklungen weit darüber hinaus. Zu nennen wären hier insbesondere der Multi-Channel-Vertrieb, digitale Einkauf-Apps und Selbstscanner-Systeme, codierte Geschäftszugänge sowie die Ergänzung von Informationen, Bildern oder Videos mit computergenerierten Zusatzinformationen oder virtuellen Objekten (Augmented Reality).

Vor diesem Hintergrund lohnt ein historischer Rückblick, der die wichtigsten Phasen des sozialen Wandels des Freizeit- und Konsumverhaltens in Westeuropa rekonstruiert.

3.4.2 Mittelalter und Frühe Neuzeit: Feiertage, Geselligkeit und höfische Festkultur

Das europäische Mittelalter kannte keinen eigenständigen Begriff von Freizeit. Die Gesellschaft war eingebunden in ein starres Ständesystem, das von einer religiösen Ordnung legitimiert jedem seine sozialen Rollen zuwies. Die Wirtschaft war agrarisch geprägt und die Menschen versorgten sich überwiegend selbst (Subsistenzwirtschaft). Das Verhältnis von Hausarbeit und Nichtarbeit wurde durch den Lauf der Jahreszeiten und der Dauer des Tageslichts bestimmt. Kaufleute und Händler orientierten sich in den Städten an den Marktzeiten und der jeweiligen Auftragslage.

Dieser Arbeitsrhythmus wurde ergänzt durch rituell festgelegte Sonn- und Festtage, die sich in der Summe auf jährlich rund 150 bis 190 Tage aufaddierten (vgl. Prahl 2015, 9; Wöhler 2011, 220). Auf Deutschland bezogen war damit rein rechnerisch die Arbeitszeit, trotz ihrer unterschiedlichen Verteilung, nicht höher als Mitte des 20. Jahrhunderts, wenn auch die Lebensbedingungen deutlich schlechter waren. Schätzungen gehen für das Hochmittelalter von einer durchschnittlichen Arbeitszeit von rund 45 Stunden in der Woche aus (vgl. Tokarski/Schmitz-Scherer 1985, 23, 29). Eine zeitliche und qualitative Gegenüberstellung von Freizeit und Arbeitszeit gab es nicht. Beide Phasen gingen zeitlich und räumlich (Hauswirtschaft) ineinander über. Die freie Zeit diente der körperlichen Regeneration, der religiösen Glaubensführung (Beten, Kirchgänge, kirchliche Rituale) und nicht der individuellen Gestaltung und Selbstverwirklichung.

Dennoch wurde Zeit ständespezifisch unterschiedlich genutzt. Adel und Klerus waren von der traditionellen Arbeit in Landwirtschaft und Handel befreit. Sie nutzten die Lebenszeit, um ihre Herrschaft zu sichern. Sie führten Kriege und demonstrierten

»ihre Überlegenheit durch Prunk, Konsum und Mußeveranstaltungen wie Musik- und Theateraufführungen, Festspiele, Jagden oder Wettkämpfe. Auf der anderen Seite der Gesellschaftshierarchie entwickelten Handwerker und Angehörige der Unterschichten eigene Formen der Mußedemonstration, wie z. B. Ballspiele, volkstümliche Gesänge oder Sportveranstaltungen« (Prahl 2015, 9).

Hinzu kamen eine Vielzahl von Karten-, Würfel- und Brettspiele, die in geselliger Runde in Gasthäusern, Spinnstuben und Zunfthäusern sehr beliebt waren (vgl. Dülmen 2005, 127; Gilomen 2005, 26).

Im Gegensatz zur Antike war die freie Zeit der Elite keine Phase der Muße, die der auf das Gemeinwesen ausgerichteten Charakterbildung und schöpferischen Kreativität diente, sondern Adelsarbeit. Hierunter wurde insbesondere die Verwaltung und die Erweiterung des Vermögens, die Pflege von Netzwerken sowie die Wahrnehmung repräsentativer Aufgaben verstanden (vgl. Lambrecht 2006, 17 ff.). Wettkämpfe, Jagden, Hochzeiten und Vergnügungsveranstaltungen stellten eine besondere Form von Statusarbeit zur Repräsentation, (kulturellen) Selbstinszenierung, sozialen Abgrenzung und Positionsverbesserung dar (vgl. Weidner 2003; Timm 1968, 49). So konnte bereits eine Hochzeit im 16. Jahrhundert über sieben Tage dauern und Kosten von weit über 100.000 Taler verursachen. Neben einem Feuerwerk, Tanz- und Fechtveranstaltungen wurden zur Verköstigung auf einer einzigen Veranstaltung u. a. 113 Hirsche, 98 wilde Schweine, 2229 Hasen, 470 Fasanen, 577 Spanferkel, 5960 große Forellen und vieles andere mehr aufgetischt (vgl. Lambrecht 2006, 15). Adelsarbeit und demonstrativer Konsum gingen in vielen Fällen mit massiver Verschuldung einher. Darüber hinaus ist spätestens seit Ende des 16. Jahrhunderts eine Veralltäglichung des Konsums (vgl. Burke 2012, 217) bei den wohlhabenden Schichten, insbesondere den Kaufleuten, Händlern und einigen Handwerkern zu beobachten. Es stieg der Bedarf nach dekorativen Elementen, edlen Stoffen und Gewürzen, Mobiliar, exklusivem Porzellan, Schmuck und Kunst bis zu verzierten Fassaden und dem Bau repräsentativer Villen (vgl. Kleinschmid 2008, 64 ff.).

Mit Loslösung des Menschen von sakral-natürlichen Zeitrhythmen und der Einführung der mechanischen Zeit im 16. und 17. Jahrhundert vergab der Mensch erstmals Zeit an sich selbst. Diese »konnte [...] für verschiedene Zwecke genutzt und eingesetzt werden. Neben der weiterhin existierenden kirchlichen Zeit existiert[e] fortan eine staatlich-politische Zeit, eine Zeit der Händler und Handwerker, eine Zeit der Städte, eine Zeit der Arbeiter etc.« (Wöhler 2011, 220). Das einfache, männliche Volk amüsierte sich in korporativen Gemeinschaften wie der Schützengesellschaft, Zunftrunden, Handwerkerumzügen oder geselligen Zusammenkünften in den Gasthäusern und Herbergen (vgl. Münch 1998, 354 ff.). Hinzu kamen Veranstaltungen auf Jahrmärkten (Puppenspiel, Seiltanz, Fechten), die insbesondere in den größeren Städten zu festen Terminen und mehrfach im Jahr stattfanden.

Ab Ende des 17. Jahrhunderts erweiterte der Wandel der Produktionsweisen in den Manufakturen das Angebotsspektrum der Waren. Von Massenproduktion kann allerdings noch nicht gesprochen werden. Es konnten zwar bereits größere Stückzahlen produziert werden, aber die Nachfrage blieb zunächst auf eine bestimmte, eher wohlhabende Bevölkerungsgruppe beschränkt (vgl. Brewer 1997, 63). Burke spricht in diesem Zusammenhang von einer »Entdeckung der Dinge« spätestens mit

Beginn der Spätrenaissance (vgl. Burke 2012, 230). Diese zunehmende Öffnung bzw. Durchdringung des Luxuskonsums jenseits von Stand und Klasse (Trickle-down-Effekt) deutet Michael North als Prozess fortschreitender »Kommerzialisierung der Kultur« (vgl. North 2003) und Wolfgang Reinhard als »Geburt der Konsumgesellschaft« (vgl. Reinhard 2004, 467; Schama 1988).

Bis zur Mitte des 18. Jahrhunderts differenzierte sich der Zweig der Unterhaltung, insbesondere in den größeren Städten, immer weiter aus. Neue Angebote wie das Wandertheater, Tierpräsentationen, erste mechanische Automaten, Wissenschaftsshows und Ballonflüge zogen eine größere Bevölkerungsschicht an und gehörten fast ganzjährig zum Vergnügungsprogramm (vgl. Rosseaux 2005, 453 ff.). Dieser kommerzielle Charakter führte wiederum dazu, dass sich die Unterhaltungsformate den Zeitrhythmen von Erwerbsarbeit und Nichtarbeit anpassten und mehrheitlich in den Abendstunden sowie an Sonn- und Feiertagen nach entsprechender Konzessionserteilung angeboten wurden.

3.4.3 Industrialisierung und Moderne: Volksvergnügen, Warenhäuser und Kommerzialisierung

Unser heutiges Verständnis von Freizeit als disponible und selbstbestimmte Lebenszeit ist ein Produkt der Aufklärung des ausgehenden 18. Jahrhunderts und geprägt durch die Auflösung starrer Ständestrukturen, den Wandel der Heimarbeit zur Fabrikarbeit sowie einer zunehmenden staatlichen Regulierung von Berufsarbeit und Freizeit. »Zum Ende der frühen Neuzeit waren Arbeit und Freizeit in ein verträgliches Verhältnis gebracht: Fleiß und Müßiggang hatten ihre vorgeschriebenen Zeiten und Orte« (Münch 1998, 385; vgl. Thompson 2007). Zeitgleich kann auch eine volkstümliche Öffnung für viele soziale Schichten beobachtet werden. Unterhaltung und Vergnügen entwickelten sich zu einer »individuell konsumierbaren Dienstleistung [...] für deren Inanspruchnahme lediglich zwei Voraussetzungen erforderlich waren, die nicht mehr von den Strukturen der ständischen Gesellschaft abhingen: die Verfügung über ausreichend Geld und Zeit« (Rosseaux 2007, 322).

Aus der »freyzeyt« des späten Mittelalters, die den Marktfrieden für die zum Markt Reisenden sicherte (vgl. Opaschowski 1970, 144), hatte sich ein pädagogisch geprägtes Verständnis des Zeitvertreibs entwickelt, das insbesondere in den Ferien die freie, aber auch sinnvolle Beschäftigung in den Vordergrund stellte (vgl. Fröbel 1823, 236; Sanders 1865, 1724). Aus diesem Grundverständnis heraus entwickelte sich bis zum zweiten Drittel des 20. Jahrhunderts eine eigenständige Pädagogik der Freizeit, die die »Qualität einer freien Lebenszeit« (Opaschkowski 2003, 16; vgl. Ders. 1996) zu ihrem Thema machte. Von nun an mussten »wir lernen, auch nicht zu arbeiten« (vgl. Nahrstedt 1982). Die mit der klassischen Industriegesellschaft ebenfalls einhergehende Verlagerung zur Lohnarbeit bei gleichzeitiger (räumlicher) Trennung von Wohn- und Erwerbsort führte zudem zu einer neuen Form von Zeitdisziplin, die unser traditionelles Verständnis der Trennung, Entgegensetzung und Komplementarität von Arbeitszeit, definierten Arbeitsabläufen und disponibler Freizeit geprägt hat (vgl. Nahrstedt 2001; Lüdtke 1982; 1975).

Das 19. Jahrhundert der Industrialisierung ist eine Epoche der Geschichte, in der »für einen Großteil der Menschen die Willkür der überlangen Arbeitszeiten« (Rinderspacher 2020, 135) vorherrschte und in der wohl noch nie »von so vielen Menschen so viel gearbeitet« (Spode 2001, 33) wurde. In der Folge stieg aber auch die Nachfrage nach Zerstreuung und Vergnügen durch immer vielfältigere Angebote (Kneipen, Vereine, Casinos, Jahrmärkte, Wettkämpfe). Es waren insbesondere die Sozialreformer wie William Booth (Heilsarmee) oder Lorenz Werthmann (Caritas), die auf die mit einer Erweiterung der freien Zeit zu beobachtenden Gefährdungen des Lebenswandels (Alkoholsucht, Kriminalität, sexuelle Freizügigkeit) für die Arbeiterschaft aufmerksam machten (vgl. Gnewekow/Hermsen 1993).

Zugleich zeichnete sich eine Entwicklung ab, die mit einer immer engeren Verknüpfung von Freizeit und privatem Konsum, d. h. einem vermehrten »Kauf von auf dem Markt angebotenen Waren und Dienstleistungen« (Belwe 2009, 2) einherging. Bis zum letzten Drittel des 19. Jahrhunderts hatten sich nicht nur die Arbeits- und Lebensbedingungen der Menschen verbessert, sondern auch die Transportmöglichkeiten für Waren sowie die Anzahl der Geschäfte und Läden, die ein immer vielfältigeres Warenangebot präsentierten (vgl. Matz 2018, 59). Kleinschmidt spricht in diesem Zusammenhang von einer Entwicklung, die als Übergang von einer »exklusiven« zu einer »inklusiven« Konsumgesellschaft beschrieben werden kann (vgl. Kleinschmidt 2021, 32 ff.).

Maßgeblich befördert wurde diese Entwicklung durch den Ausbau des Sozialstaates und seiner Reformgesetzgebung. Die sich bereits seit den 1830er Jahren in England und später auch in anderen Teilen Europas durchsetzenden Fabrikgesetze zum Schutz der Arbeiterschaft regulierten und garantierten unternehmensübergreifend sowohl die Berufsarbeitszeit als auch die Urlaubszeiten, Sozialversicherungsleistungen und Mindestlöhne. In der Folge verbesserten sich die familiären Lebensbedingungen und auch das Lohnniveau.

Der erhöhten Nachfrage nach Verbrauchsgütern wie Lebens- und Genussmittel, Seife und Kleidung folgte das Bedürfnis, den bürgerlichen Lebens- und Einrichtungsstil zu imitieren bzw. in Teilen hieran zu partizipieren. Es waren nicht mehr nur die Fürsten, Kaufleute, Händler und Handwerker, die sich in der zweiten Hälfte des 19. Jahrhunderts Villen und Stadtwohnungen komfortabel und repräsentativ einrichteten, sondern durch die erweiterte Produktion von Kleidung, Mobiliar und gehobenen Konsumgütern waren diese auch für den Angestellten und Verwaltungsbeamten ein erreichbares Ziel. Zeitgleich entwickelte sich bis Mitte des 19. Jahrhunderts ein eigenständiges Markt- und Werbesegment des privaten Konsums heraus, das nicht mehr nur die »feinen Leute« des wohlhabenden Wirtschafts- und Bildungsbürgertum mit ihrem Streben nach Repräsentation, Prestige und demonstrativem Konsum im Blick hatte (vgl. Veblen 2007). Es wurde immer mehr Werbung in Zeitungen, Zeitschriften, auf Litfaßsäulen (ab 1855) und in Schaufenstern platziert (vgl. Jäckel 2011, 121 ff.).

1837 eröffnete in Manchester das Kaufhaus The Bazaar, 1852 in Frankreich das erste Großwarenhaus Bon Marché (vgl. Stihler 1998, 78). Mit zeitlicher Verzögerung folgten in Deutschland größere Einzelhandelsgeschäfte bzw. Konfektionshäuser wie Karstadt (1881), Hermann und Oscar Tietz (1882) und Althoff im Jahr 1885 (vgl. Banken u. a. 2021). Im ersten Drittel des 20. Jahrhunderts entwickelten sich diese zu großen Warenhäuser, den sog. »Kathedralen des Konsums«, die auch als Vorboten der Moderne bezeichnet werden (vgl. Trentmann 2018, 256 ff.; Haupt 2003, 65 ff.). In der ersten Hälfte des 20. Jahrhunderts setzte sich dann endgültig der kommerzielle Massenkonsum durch. Es waren insbesondere die Entwicklungen in den Vereinigten Staaten, wo dieser Trend bereits zu Beginn der 1930er und 1940er Jahre deutlich erkennbar war. Kriegsbedingt folgte Westeuropa erst gegen Ende des Zweiten Weltkriegs und Osteuropa sogar erst ab den 1970er Jahren (vgl. König 2000, 108 ff.; Kaelble 1997, 169).

In Deutschland verbesserte das sog. Wirtschaftswunder die Lebensbedingungen nochmals massiv. Die Nachfrage nach Arbeitskräften war hoch, die Arbeitsproduktivität und damit auch die Gewinne wuchsen rasant. Dies zeigte sich auch im Zuwachs der Reallöhne. In den 1950er und 1960er Jahren stiegen diese im Durchschnitt um rund fünf Prozent jährlich, bei gleichzeitiger Senkung der Wochenarbeitszeit und einem Anstieg der arbeitsfreien Tage (Urlaubszeiten). Elektrische Haushaltsgeräte wie Waschmaschine und Fernseher (langlebige Gebrauchsgüter), Urlaub und selbst das kleine Reihenhaus im ländlichen Raum waren mit Unterstützung von Bankkrediten und einer zunehmenden (Teil-)Erwerbstätigkeit von Frauen in verhältnismäßig kurzer Zeit realisierbar und beförderten eine Entwicklung, die wir heute als Globalisierung des Konsums bezeichnen.

Trotz aller Tendenzen zur Pluralisierung der Lebensstile und Wohlstandssteigerung für breite Bevölkerungsschichten bleibt Konsum aber auch weiterhin ein Mittel zur Selbstdarstellung und sozialen Distinktion (vgl. Jäckel 2008). Im Unterschied zum 19. Jahrhundert steht nun allerdings weniger der Besitz oder Nicht-Besitz von Konsumgütern im Vordergrund. Es sind die feinen Unterschiede (vgl. Bourdieu 1982) wie z. B. »die Qualität der Kleidung und Möbelstücke und die Art sie zu benutzen, [die] Rückschlüsse auf die soziale Stellung zulassen« (Haupt 2004, 310).

Zusammenfassend wird deutlich, dass Freizeit und Konsum also keineswegs eine Erscheinung der industriellen Gesellschaft des 20. Jahrhunderts sind. Stattdessen ist der Übergang vom Mittelalter zur Moderne im Kontext einer sich ausprägenden Erlebnis- und Konsumgesellschaft als ein langer Übergangsprozess zu deuten, indem »Spiel und Fest Schritt um Schritt säkularisiert, pazifiziert, technisiert, kommerzialisiert und bürokratisiert« (Spode 2001, 36) wurden. Die Freizeit ist kein Produkt der Moderne, sondern ein Produkt der Neuorganisation von Arbeit und Zeit in der Moderne.

Freizeit hatte man sich durch Erwerbsarbeit verdient und diese galt es zu genießen. Im Vordergrund stand das Bestreben nach sozialer Zerstreuung, Erholung und Abwechslung. Je nach wirtschaftlichem und gesellschaftlichem Hintergrund wurde Freizeit aktiv gestaltet und diente der Geselligkeit, Selbstentfaltung, Selbstinszenierung, Tugendhaftigkeit (Handarbeit), Unterhaltung (Kino, Zirkus, Tanz) und der körperlichen Ertüchtigung und Zerstreuung (Urlaube, Ausflüge). Bänziger spricht für den Zeitraum von 1840 bis 1940 von einer erlebnisorientierten Subjektkultur, die eine »Ästhetisierung des Alltagslebens durch die Orientierung an Glück, Spaß und Genuss« (Bänziger 2020, 17) favorisierte.

Ab Mitte des 20. Jahrhunderts kam es zur Erweiterung des privaten Freizeitbereichs sowie zu einer wachsenden Kommerzialisierung, Professionalisierung (Freizeit als Dienstleistungssegment), Ausdifferenzierung und Pluralisierung. Es entwickelte sich ein eigenständiges Element der Freizeitindustrie, der Dienstleistungsangebote und der Konsumgüterproduktion, kombiniert mit der Nutzung neuer Medien wie Zeitungen, Illustrierte, Radio und Fernsehen, die alle Altersgruppen, Lebens- und Konsumstile bedienten.

Damit sind die wichtigsten Merkmale zur Entstehung von Konsumgesellschaften, unabhängig von der jeweiligen Staatsform, benannt: Vielfalt eines standardisierten Warensortiments bei gleichzeitig vorliegender Bedürfnisstruktur nach neuen Produkten (Bereitschaft Mehrarbeit, steigende Nachfrage, Fremdversorgung statt Selbstversorgung) (vgl. Vries 2008); allgemeine Zugänglichkeit breiter Bevölkerungsschichten, »Demokratisierung des Konsums« (vgl. Grazia 1997); Vorhandensein von Printmedien, die Angebote verbreiten und Bedürfnisse, Assoziationen und Bedeutungen (bspw. Lebensgefühl) erzeugen; disponible Freizeit zur schöpferischen Gestaltung sowie die Entstehung eines eigenständigen Marktes von Produzenten und Konsumenten mit entsprechenden Dienstleistungen (Warenhäuser, Vertrieb, Einzelhandel) und Organisationen (Verbraucherzentralen, Supermärkte, Marktforschung), die dieses Segment exklusiv bedienen (vgl. Brewer 1997, 52 ff.; Kaelble 1997).

> **Konsumgesellschaften und Massenkonsumgesellschaften**
>
> *Konsumgesellschaften* zeichnen sich nun dadurch aus, dass sie ein ausgewähltes Warensortiment für bestimmte soziale Schichten im Kontext ihrer sozialen Rollen (Repräsentation, Selbstdarstellung, Prestige) zur Verfügung stellen (vgl. Haupt 2003, 26 f., Prinz 2003). Massenkonsumgesellschaften sind durch serielle Massenfertigung von Waren zu verhältnismäßig günstigen Preisen bei meist hoher Qualität für breite Bevölkerungsschichten mit entsprechender Nachfrage gekennzeichnet (vgl. Matz 2018, 167). Von zentraler Bedeutung für die Dynamik des Massenkonsums ist seit den 1970er Jahren zudem die Einführung der Selbstbedienung und ihrer neuen Betriebsformen wie Supermärkte, Discounter, Baumärkte und Elektrogeschäfte (vgl. Spiekermann 1997) sowie des modernen Online-Handels. Kennzeichnend ist auch eine vollständige Durchdringung aller wirtschaftlichen, sozialen und kulturellen Lebensbereiche. In einer Gesellschaft des Massenkonsums werden »zahlreiche gesellschaftliche Zwecke und Funktionen über die Versorgung mit den elementaren Gütern und Dienstleistungen zum Lebensunterhalt hinaus im Modus des Konsums geregelt« (Welskopp 2021, 83).

3.4.4 Empirische Trends: Freizeitgestaltung und Konsumgewohnheiten

Nimmt man das Verhältnis von Arbeit und Freizeit nach dem Zweiten Weltkrieg in Deutschland in den Blick, so kann hinsichtlich der zu leistenden Berufsarbeitszeiten von einem »Fortschrittsmodell« gesprochen werden. Nach Bausinger ist trotz branchenspezifischer Unterschiede von folgenden Mittelwerten der wöchentlichen Arbeitszeit seit Mitte des 19. Jahrhunderts auszugehen: 1850 lag die durchschnittliche wöchentliche Arbeitszeit bei 85 Stunden, 1870 waren es 78 Stunden, 1890 nur noch 66. Im Jahr 1910 waren es 59 und 1940 noch 49. Diese Reduzierung setzte sich weiter fort. 1960 waren es durchschnittlich 46 und 1975 noch 40,5 Stunden (vgl. Haupt 2009; Bausinger 1981; Ders. 1979, 46). Zeitgleich wurde auch die Urlaubszeit von durchschnittlich zwei Wochen in den 1950er Jahren auf drei Wochen ab dem Jahr 1960 erhöht (vgl. Schneider 1984, 88). Hinzu kam eine Begrenzung der Lebensarbeitszeit ab 1916 auf 65 statt 70 Jahre. An diesen durchschnittlichen Eckdaten hat sich seit 1991 bis heute nicht viel verändert. Bezogen auf die Gruppe der Vollzeiterwerbstätigen lag die Wochenarbeitszeit im Durchschnitt bei 41,4 Stunden (1991) und 2019 bei 41 Stunden. Das durchschnittliche Renteneintrittsalter hat sich im gleichen Zeitraum von 63,2 (1990) auf 64,3 Jahre (2019) erhöht.

Die Reduzierung der Arbeitszeiten ging in den westeuropäischen Ländern seit den 1950er Jahren einher mit einem rasanten Anstieg der Reallöhne bei gleichzeitig zunehmender Mitarbeit von Frauen. Befördert wurde diese Entwicklung zudem durch neue technologische Entwicklungen und einer erheblichen Ausweitung des Warenangebotes. In der Summe trugen diese und andere Faktoren dazu bei, dass es bei Beibehaltung sozialer Unterschiede schichtübergreifend in nur wenigen Jahren zu erheblichen Steigerungen des Lebensstandards gekommen ist (vgl. Haupt 2003, 140f.).

Vor diesem Hintergrund kommt Prahl in seinem Grundlagenwerk zur Soziologie der Freizeit bereits im Jahr 2002 zu dem Ergebnis, dass der demographische und sozialstrukturelle Wandel in Deutschland und anderen westeuropäischen Ländern dazu geführt hat, »dass Menschen heute weniger als die Hälfte ihrer Lebenszeit mit Erwerbsarbeit zubringen (müssen) und dass nur noch zwei Fünftel der Bevölkerung (2002 rund 38,7 Millionen Erwerbstätige) einen bezahlten Job ausüben, während die anderen drei Fünftel nicht erwerbstätig sind« (Prahl, 2002, 12). Dieser empirische Trend hat sich trotz demographischer und sozialstruktureller Wandlungsprozesse der letzten zwei Jahrzehnte (2021 rund 45,1 Millionen Erwerbstätige) zugunsten von mehr Vollzeiterwerbstätigen verbessert, aber nicht grundsätzlich verändert.

Zugleich sagen diese Zahlen allerdings relativ wenig zum Verhältnis von Freizeit, Obligationszeit (Hausarbeit, Care-Arbeit) und Berufsarbeit (Vollzeit/Teilzeit) aus. Es sind immer noch die Frauen, die in beträchtlichem Ausmaß Hausarbeit, Kinderbetreuung, familiäre Unterstützung, Altenbetreuung und häusliche Pflege sowie die soziale Kontakt- und Freundschaftspflege (Gender Care Gap) übernehmen (vgl. Beckmann 2020). Nicht hinreichend differenziert wird auch zwischen einzelnen Berufsgruppen, altersbezogenen Lebenslagen und realen Arbeitsbedingungen.

Trotz dieser empirischen Ungenauigkeiten kann aber auch hier ein eindeutiger Trend der letzten zwei Jahrzehnte festgestellt werden. Im Durchschnitt hat jeder Deutsche (Stand 2014) rund vier Stunden Freizeit pro Werktag, bei Familien sind es weniger als drei und bei Ruheständlerinnen und Ruheständlern mehr als fünf Stunden (vgl. Stiftung für Zukunftsfragen 2014, 2). Studien aus den Vereinigten Staaten belegen weiterhin, dass bei einem Anstieg der Freizeit auf zwei Stunden pro Tag die Zufriedenheit mit dem eigenen Leben grundsätzlich steigt. Eine Erhöhung des täglichen Freizeitvolumens führt aber nicht grundsätzlich zu einem weiteren Anstieg der Zufriedenheit. Bei einer Annäherung an rund vier Stunden Freizeit pro Tag sinken die Zufriedenheits- und Glückswerte sogar (vgl. Sharif u. a. 2018). Dieser

Befund dürfte wenig überraschen, ist doch unser westeuropäisches Verständnis von Freizeitgestaltung eng gekoppelt an sinnvermittelnden und produktiven Tätigkeiten. Hinzu kommt eine hohe Identifikation mit der Berufsarbeit, die neben dem gesellschaftlichen Status auch soziale Wertschätzung, Sozialkontakte und das Gefühl des Gebrauchtwerdens vermittelt.

Nimmt man die konkreten Formen der Freizeitgestaltung in Deutschland in den Blick, so wird aus dem jährlich erstellten Freizeit-Monitor 2021 der Stiftung für Zukunftsfragen deutlich, dass erwartungsgemäß die Nutzung des Internets (von je 100 Befragten wenigstens einmal pro Woche) altersübergreifend den vordersten Rang belegt. Corona hat diesen Effekt nochmals verstärkt, aber auch in den Jahren zuvor wurde in der Freizeit das Internet vielfältig genutzt und belegte die vordersten Ränge. Es folgen das Fernsehen, die Computernutzung, Musik hören und E-Mail-korrespondenzen. Beliebt sind aber durchaus auch das Spazieren gehen (Platz 17), der Aufenthalt in der Natur (Platz 18) sowie etwas für die Gesundheit zu tun (Platz 19). Dominierend bleiben allerdings innerhäusliche Tätigkeiten, die sich durch eine gewisse körperliche Inaktivität auszeichnen (vgl. Stiftung für Zukunftsfragen 2022; 2021, o. S.). Auch hier wirkte Corona zwar verstärkend, aber der Trend zur Priorisierung und Kombination neuer und traditioneller Medien (Streamen, Onlinespiele, Laptop, Onlineshopping) im innerhäuslichen Bereich war auch in den Jahren zuvor bereits prägend.

Die Nutzung von Telefon und das Zeitunglesen sind weiterhin rückläufig. Besonders geschätzt werden erwartungsgemäß soziale Kontakte zu Freundinnen und Freunden und der Familie, die Beziehungspflege mit der Partnerin bzw. dem Partner, das Musikhören, Aufenthalte in der Natur (Gartenarbeit) und sportliche Aktivitäten. Darüber hinaus lassen sich geschlechtsspezifische Unterschiede identifizieren. Während Männer den Besuch von Spielhallen, Fitnessstudios, Kneipen, Kirchen oder Sportveranstaltungen bevorzugen, favorisieren Frauen das Telefonieren, Buch lesen, Einkaufsbummel oder Handarbeiten.

Weiterhin ist zu berücksichtigen, dass nicht alle Formen konkreter Freizeitgestaltung durchgängig mit Freude und Spaß verbunden werden. Glücksgefühle bereiten insbesondere die Pflege von Sozialkontakten sowie Aufenthalte in der Natur, Unternehmungen, die Pflege von Hobbys und spontane Unternehmungen, obwohl diese Tätigkeiten im Vergleich zur Nutzung neuer Medienformate deutlich seltener praktiziert werden. Demgegenüber wird die Nutzung von Internet, Fernsehen, Computer und Handy ambivalent beurteilt. Lediglich das Musik hören wird vermehrt mit Spaß und Freude verbunden (vgl. Stiftung für Zukunftsfragen 2021, o. S.).

Im Langzeitvergleich von 1986 bis 2021 konnte eine abnehmende Zufriedenheit der Bürgerinnen und Bürger hinsichtlich der Nutzung von Freizeitaktivitäten festgestellt werden.

> »Wurden vor 35 Jahren noch zwei Drittel aller ausgeübten Freizeitbeschäftigungen von einer jeweiligen Mehrheit mit Spaß assoziiert, sind es aktuell nur noch gut ein Drittel aller Aktivitäten. Erhöht hat sich der Spaßfaktor bei lediglich sechs Freizeitaktivitäten, am stärksten bei Beschäftigungen mit Tieren (+25 PP) [PP steht für Prozentpunkte], Buch lesen (+28 PP) sowie dem Besuch von Konzerten (+35 PP). Innerhalb einer Generation ist vielen

der Spaß am Theaterbesuch (-44 PP), Tanzen gehen (-42PP) sowie Sport treiben (-40PP) verloren gegangen« (Stiftung für Zukunftsfragen 2021, o. S.).

Das Institut für Zukunftsfragen kommt zu dem Ergebnis, dass eine Vielzahl von Freizeitbeschäftigungen »aus Gewohnheit, Pflichtgefühl oder Langeweile ausgeübt [werden], wodurch die Freude, der Erlebnischarakter, die Zufriedenheit und das Wohlgefühl verloren gehen. Für Aktivitäten mit einem hohen Spaßfaktor nehmen sich viele Bürger zudem zu wenig (Frei-)Zeit« (Stiftung für Zukunftsfragen 2021, o. S.). Es scheint so zu sein, dass zumindest in Deutschland und vergleichbaren Ländern Westeuropas das Ausmaß an täglicher Freizeit einen Wert erreicht hat, der den und die Einzelnen aus einer freizeitpädagogischen Sichtweise mit der Herausforderung konfrontiert, diese Zeit persönlich befriedigend zu nutzen. In diesem Zusammenhang stellt sich dann auch die Frage, welche finanziellen Ressourcen, Erziehungskompetenzen und sozialen Netzwerke zur Nutzung zur Verfügung stehen.

Aus volkswirtschaftlicher Sicht ist hervorzuheben, dass der Freizeitmarkt einen der bedeutendsten Wirtschaftsfaktoren in vielen Ländern der Welt darstellt. Vor dem Hintergrund der Vielzahl der Freizeitangebote und Aktivitäten in den Bereichen Kultur, Gastronomie, Unterhaltung, Tourismus, Sport, Mediennutzung, Hobbys und Konsum sind seriöse Zahlen zu Umsatz und Beschäftigungszahlen kaum mehr zu ermitteln. Die Überschneidungsbereiche sind zu groß und eine klare Trennung zwischen öffentlichen und privaten Ausgaben ist ebenfalls kaum möglich. Unstrittig ist, dass die Ausgaben pro Jahr bei vielen hundert Milliarden Euro allein in Deutschland liegen und auch die Zahl der Beschäftigten in die Millionen geht (vgl. Prahl 2002, 16 f.). Die COVID-19-Pandemie und ihre Folgen haben anschaulich vor Augen geführt, wie eng der Freizeitmarkt sowohl national als auch global die Wirtschaftsentwicklung und damit auch das Bruttosozialprodukt eines Landes bestimmen.

Welche Bedeutung der an Freizeit gekoppelte Konsum in Deutschland bis heute (vor Corona) hat, kann – trotz der methodischen Probleme – in Ansätzen an den Konsumausgaben der privaten Haushalte in Deutschland für Freizeit, Unterhaltung und Kultur der letzten Jahrzehnte aufgezeigt werden: Im Jahr 2020 betrug die Höhe der Konsumausgaben der deutschen Privathaushalte in diesem Segment insgesamt 161 Milliarden Euro. Nimmt man ein Zeitfenster von 30 Jahren in den Blick, so ist festzuhalten, dass seit 1991 ein kontinuierlicher Anstieg der Konsumausgaben beobachtet werden kann. Lagen die Ausgaben im Jahr 1991 noch bei rund 80 Milliarden Euro, so betrugen sie 2001 bereits annähernd 117 Milliarden Euro und 2011 waren es bereits über 136 Milliarden. Im direkten Vergleich 2000 (114 Milliarden) zu 2020 sind damit die Ausgaben in den letzten 20 Jahren um rund 41 Prozent gestiegen (vgl. Statista 2021a, 3).

Zugleich kann seit 1850 bis zum Jahr 2000 ein kontinuierlicher Rückgang des Anteils der Ausgaben der privaten Haushalte für Nahrungsmittel, Getränke und Tabakwaren an den Konsumausgaben von ehemals 61 Prozent auf 14,6 Prozent beobachtet werden. Dieser Wert ist in den letzten 20 Jahren weitestgehend stabil geblieben. Im Jahr 2020 waren es 15,5 Prozent. Zugenommen haben insbesondere Ausgaben in den Bereichen Wohnung und Energieversorgung, aber auch Verkehr und Nachrichtenübermittlung. Weitestgehend stabil geblieben ist der Bereich Freizeit, Kultur und Unterhaltung, der zwischen 1970 und 2020 einen Anteil zwischen neun und elf Prozent der gesamten Konsumausgaben ausmachte. Hierbei ist allerdings zu berücksichtigen, dass eine eindeutige Zuordnung der Ausgaben zu den jeweiligen Kategorien methodisch schwierig ist und insbesondere im Jahr 2020 krisenbedingt ein deutlicher Rückgang der Gesamtausgaben der privaten Konsumausgaben um rund fünf Prozent zu beobachten war. Unmittelbar vor der Krise 2019 gab der durchschnittliche private Haushalt monatlich 2574 Euro für den privaten Konsum aus. Freizeit, Unterhaltung und Kultur schlugen hierbei mit monatlich rund 283 Euro zu buche, das sind elf Prozent der Gesamtausgaben.

Grundsätzlich kann als Trend hinsichtlich der Verteilung der Verwendungszwecke für Konsumausgaben in privaten Haushalten festgehalten werden, dass es in den letzten 50 Jahren neben den erhöhten Aufwendungen für Wohnung und Energie zunehmend sowohl zu einer Verlagerung des privaten Konsums von den Verbrauchsgütern zu langlebigen, zum Teil auch hochwertigen (v. a. technischen) Gebrauchsgütern (Autos, Innenausstattung) gekommen ist und eine stetige Steigerung der Ausgaben für Freizeitaktivitäten beobachtet werden kann (vgl. Statista 2021b, 3). Konzentriert man sich auf die allgemeinen Entwicklungen im Einzelhandel mit seinen rund 339.000 Unternehmen (2019), wie sie u. a. am Fallbeispiel in Frankfurt angesprochen wurden (▶ Kap. 3.4.1), so lassen sich auch hier eindeutige Trendentwicklungen erkennen. Generell werden etwa ein Drittel der privaten Konsumausgaben über den Einzelhandel getätigt. Der Nettoumsatz ist seit 2002 (427 Milliarden) kontinuierlich auf inzwischen 644 Milliarden Euro (2019) gestiegen.

Zugleich wird allerdings auch ein Wandel deutlich, der nicht nur zu hohen Markt- und Machtkonzentrationen von Handelsketten, Discountern und dem filialisierten Fachhandel geführt hat, sondern auch der Bereich E-Commerce verzeichnet deutliche Umsatzsteigerungen. In 2019 lagen diese bei rund 59 Milliarden Euro (Umsatzanteil vom Einzelhandel 13 Prozent) und 2020 Corona bedingt bereits bei 72 Milliarden Euro. Diese Form des Konsums wird vorrangig von einer Bevölkerungsgruppe genutzt, die zwischen 20 und 59 Jahre alt ist. Erwartungsgemäß gehen diese Entwicklungen zu Lasten kleinerer mittelständischer Einzelhandelsgeschäfte, die nochmals verstärkt durch die Corona-Pandemie betroffen wurden. Diese Tendenzen haben zur Folge, dass für alle Einzelhandelsunternehmen das Marketing und die Kundenbindung an Bedeutung gewonnen haben.

Schaut man sich einzelne Warengruppen an, so lassen sich kontinuierliche Umsatzsteigerungen insbesondere beim Verkauf von Lebensmittel, Bekleidung, Textilien und Schuhen, Möbeln und Haushaltsgeräten beobachten. Trotz dieser generellen Steigerung der Umsätze hat die Anzahl der Beschäftigten im Einzelhandel nur moderat zugenommen. Waren 2004 noch rund 2,7 Millionen Menschen im Einzelhandel tätig, sind es 2019 rund 3,1 Millionen. Weiterhin lassen sich allerdings auch erhebliche Veränderungen hinsichtlich des Umfanges der Beschäftigung beobachten. Die Anzahl der sozialversicherungspflichtigen Vollzeitbeschäftigungen hat sich im gleichen Zeitraum von 1,27 Millionen auf 1,17 Millionen reduziert. Demgegenüber erhöhte sich die Teilzeitbeschäftigung von 635 Tausend in 2004 auf rund 1,132 Millionen. Zu einer erheblichen Veränderung der Anzahl der Vollbeschäftigten kam es insbesondere seit 2012. Innerhalb nur eines Jahres sank die Zahl von 1,283 Millionen (2012) auf 1,155 Millionen (2013) mit entsprechend positiven Verschiebungen zugunsten der Teilzeitbeschäftigten, wenn auch nicht im gleichen Ausmaß. Seit Jahren konstant ist auch das Verhältnis der Beschäftigung von Männern mit rund einem Drittel und Frauen mit rund zwei Drittel aller Beschäftigten. Darüber hinaus sind im Einzelhandel immer noch deutliche Gehaltunterschiede zwischen Männern und Frauen (Gender Pay Gap) erkennbar (Zahlen entnommen aus Statista 2021c).

3.4.5 Erlebniskonsum 4.0: Hybrides Shopping, Prosuming und neue Geschäftsmodelle

Westeuropäische Freizeit- und Konsumgesellschaften zeichnen sich dadurch aus, dass ein Großteil der Bevölkerung aufgrund seines Wohlstandes einen Konsum praktiziert, der deutlich über die Befriedigung von Grundbedürfnissen hinausgeht (vgl. Schrage 2009). In diesen Gesellschaften werden neben Dienstleistungen und einer entsprechenden Infrastruktur (Logistik, Technologie, Verkehr) industriell hergestellte Lebensmittel und Waren aller Art dauerhaft und für alle erreichbar (stationär, online) zur Verfügung gestellt. Hinzu kommt ein Bestand an disponibler Zeit, um diese Infrastrukturen (bspw. Mobilität), Dienstleistungen (bspw. Medien) und Produkte entsprechend den eigenen Bedürfnissen und ökonomischen Voraussetzungen zu nutzen (vgl. Wallaschkowski 2019; König 2008, 28).

> **Die vierte industrielle Revolution**
>
> Die Begrifflichkeiten Freizeit und Konsum 4.0 stehen dann für eine gesellschaftliche Entwicklung, die vielfach auch als vierte industrielle Revolution bezeichnet wird. Sie verweist auf neue Formen der Nutzung digitaler Technologien, informationstechnikbasierter Vernetzung, den Einsatz Künstlicher Intelligenz sowie die Flexibilisierung von Abläufen in Produktion, Handel, Logistik und Konsum (vgl. UBA 2018a, 9).

Die vorausgehenden drei Revolutionen waren geprägt durch einen Prozess der beginnenden Industriegesellschaft (Dampfmaschine, Eisenbahn) im Übergang zum 19. Jahrhundert (mechanische Revolution 1760–1840), gefolgt von der Ära Elektrizität, der Einführung der Fließbandproduktion und Entstehung des Sozialstaates im späten 19. Jahrhundert sowie der Computerisierung und Konsolidierung des Wohlfahrtsstaates ab den 1960er Jahren (vgl. Wallaschkowski/Niehuis 2017). Die Ära des 21. Jahrhunderts ist gekennzeichnet durch einen Wandel von Produktion und Lebensweise, der durch neue Medien, einer Verschmelzung und Vernetzung von (digitaler) Technologie, Daten, virtuellen Realitäten sowie den Einsatz Künstlicher Intelligenz bestimmt ist. Industrie, Handel, Arbeit, Bildung, Freizeit und Konsum 4.0 verbinden aber nicht nur neue Technologien und Produktionsweisen, sondern auch eine Neuausrichtung der Kunden-, Produzenten- und Dienstleistungsbeziehung bei gleichzeitig sich vollziehendem grundsätzlichen Wandel des

Käuferverhaltens (vgl. Deckert/Wohllebe 2021). Insbesondere im Freizeitmarkt müssen sich die Anbieter

> »als Agenten für die Vermittlung von Lebensqualität verstehen. In der Freizeit suchen die Menschen einen Ausgleich, sie wollen kompensieren, manchmal auch vergessen. Sie wollen sich belohnen, sie wollen soziale Kontakte, sie wollen sich und ihre Umwelt erleben. Sie wollen auch ernst genommen werden mit ihren Bedürfnissen und sie haben Ansprüche – insbesondere die ältere, erfahrene Generation. Der Kunde auf dem Freizeitmarkt ist kein einfacher Konsument, er ist immer öfter auch ein anspruchsvoller Genießer« (Opaschowski u. a. 2006, 283 f.).

Durch die enge Verknüpfung von Freizeit, Konsum und Technologie ist die Lebenswelt des Verbrauchers und der Verbraucherin räumlich geprägt durch eine verstärkte Verhäuslichung, Individualisierung und Hybridisierung, ergänzt allerdings zugleich mit einer wachsenden Mobilität hinsichtlich des Einsatzes digitaler Medien (Smartphone). Moderne Konsumenten organisieren ihre Freizeit ohne festen Ort und feste Öffnungszeiten »mit Tablet und Smartphone und Sprachassistenten im Wohnzimmer, erwarten eine entsprechende Infrastruktur dazu und von den Anbietern die Kompetenz, Interaktion zu ermöglichen« (Freericks 2019, 38). In sachlich normativer Hinsicht dominiert eine mit Konsum und Freizeit verknüpfte Erlebnis- und Spaßorientierung, die zugleich in Teilbereichen verknüpft wird mit gesundheitlichen und ökologischen Aspekten wie Fitness, Verträglichkeit und Nachhaltigkeit (wertgebundener Konsum). In einer informationstechnikbasierten Massenkonsumgesellschaft haben Produktinformationen zu jeder Tages- und Nachtzeit über digitale Quellen (virtuelle Schaufenster, Kundenbewertungen, Vergleichsportale) zugänglich zu sein. Es werden Preise und Alternativen vor Ort über Smartphone verglichen (Webrooming) und der Kaufprozess erfolgt in vielen Fällen online (PayPal, Apple Pay, Mobile Wallet).

Die Produkte müssen den persönlichen Bedürfnislagen und Profilen entsprechen und bei Bedarf modular gestaltbar und individuell anpassungsfähig sein. Aus Sicht der Anbieter hat dies zur Folge, dass bereits im Vorfeld auch die Erzeugung von Wünschen und Bedürfnissen durch personalisierte Werbebotschaften und Marketing auf das individuelle Kaufverhalten hin ausgerichtet wird (Big Data, Algorithmen, Tracking). Auch der Erhalt des Produktes soll diese Ansprüche erfüllen. Entweder wird eine Direktverfügbarkeit (E-Books, Lizenzen, Streaming) erwartet oder aber eine zeitnahe Lieferung vor Ort bzw. eine Bereitstellung in der nächstgelegenen Filiale. Je nach Warengruppe haben die Anbieter sehr unterschiedliche Möglichkeiten diese Erwartungen zu erfüllen. Im technologischen Bereich lassen sich Prozesse des digitalen Transfers oftmals leichter umsetzen als bei anderen Produkten wie z. B. bei Lebensmittel (Lieferservice durch Supermärkte, Pick-up).

Nimmt man den Prozess des Kaufens bzw. der Nutzung von Dienstleistungen im Kontext von Freizeit und Konsum näher in den Blick, so wird im Bereich des Marketings und Vertriebs auf die Zyklen des Kaufprozesses, die sog. Customer Journey (Kundenreise) oder auch Buyer's Journey, Bezug genommen. Hierunter versteht man den Weg, den ein Kunde oder eine Kundin beschreitet, bis er oder sie sich für den Kauf eines Produktes oder die Inanspruchnahme einer Dienstleistung entscheidet. Auf diesem Weg, der sehr unterschiedlich verlaufen kann, kommt der Kunde oder die Kundin mit diversen Berührungspunkten (Touchpoints) in Kontakt,

3.4 Konsum 4.0, Freizeit und Erlebniswelten

die mit einem Produkt verbunden sind. Dies können Werbeprospekte, Inserate oder eine persönliche Beratung sein, aber auch onlinebasierte Werbebanner, Blogs, Social Media Plattformen oder Kundenbewertungen. Die Qualität dieser Touchpoints ist entscheidend, sowohl für den Kaufentschluss als auch die Zufriedenheit und Kundenbindung. Es ist gerade die Vielschichtigkeit der Kontaktpunkte, die letztlich dazu beiträgt, dass das Produkt bzw. die Marke an Bekanntheit gewinnt, die Reputation des Unternehmens gestärkt und die Servicequalität verbessert wird. Gestärkt werden aber nicht nur die Möglichkeiten des Verkaufs, sondern auch die Effizienz des Unternehmens. Kennt man die wichtigsten Touchpoints, können Marketingmaßnahmen gezielter und kosteneffizienter platziert werden.

Grundsätzlich werden drei Zyklen unterschieden, die Vorkaufphase, die Transaktions- und Kaufphase sowie die Nachkaufphase (vgl. Kuenen 2018). Phase 1, die Vorkaufphase, ist geprägt durch Prozesse der Bedürfnisentstehung bzw. des Vorliegens eines Bedarfs. Es folgt der Prozess der Informationssuche und der Bewertung bzw. des Vergleichs der Angebote. Da Bedürfnisse durch Werbung erst einmal geweckt werden müssen, nutzen die Anbieter eine Vielzahl von Instrumenten, um Aufmerksamkeiten potentieller Konsumentinnen und Konsumenten zu erzeugen. Klassische Formen von Anzeigen, Inseraten, Werbebanner und Resultate von Suchmaschinen werden den neuen Technologien angepasst. Genutzt werden hierbei u. a. auch Nutzerprofile, die entsprechend der jeweiligen Interessen und Präferenzen aus der Vergangenheit eine Auswahl der in Frage kommender Produkte ermöglichen.

Bei der Informationssuche und Bewertung können Algorithmen dazu beitragen, passende Alternativprodukte und Bewertungen sowie Erfahrungen und Berichte von Käuferinnen und Käufern zur Verfügung zu stellen. In diesem Kontext ist der Konsument nicht nur auf die Angebote des Anbieters angewiesen, sondern er wird selbst zum Prosumer, der auf digitalen Plattformen Produkte und Dienstleistungen bewirbt, testet und Empfehlungen ausspricht (Influencer, YouTube). Hinzu kommen die vielfältigen Verkaufsportale im Internet, auf denen Verbraucher zum Weiterverkäufer oder Verleiher (Costumer-to-Customer-Kommunikation) von Gebrauchsgütern aus dem Unterhaltungs-, Sport- und Kulturbereich (Eintritts- und Konzertkarten) oder aber zum Vermieter von Ferienwohnungen (Airbnb) und Dienstleister (Uber) werden. Besonders beliebt ist auch der Einsatz von Social-Media-Plattformen, über deren Botschaften nicht nur persönliche Events, Veranstaltungen und Treffen organisiert, sondern auch Aufrufe zur Beeinflussung von Freizeitverhalten und Konsum (Stichwort ethischer Konsum) verbreitet werden.

Neue Nutzungsoptionen ergeben sich auch durch den Einsatz digitaler bzw. virtueller Realitäten. Mit Hilfe von Datenbrillen und sonstigem Equipment können insbesondere im Bereich Tourismus Hotels, Landschaften, Strände, Unterwassererlebnisse und vieles andere mehr vorgeführt (Virtual Reality) und damit der Wunsch nach einem Besuch der Destination geweckt werden. Unter Augmented Reality wird hierbei die digitale Bereitstellung ergänzender Informationen zum Produkt verstanden. Mixed Reality bezieht sich auf die dreidimensionale Bereitstellung von virtuellen Elementen (z. B. Wohneinrichtungen) und Virtual Reality auf die Schaffung neuer Realitäten (Shopping Malls, Filmwelten, Entertainments,

Spiele), die von der physischen Realität oftmals kaum noch zu unterscheiden sind (vgl. UBA 2018a, 58 f.).

Phase 2, die Kaufphase, setzt sich zusammen aus Kaufentscheidung und Kaufabschluss. Onlinebuchungen, Bestellungen, Warenbereitstellungen vor Ort sowie die Bezahlung sind bereits in vielen Branchensegmenten vollständig digitalisiert. Erwartet wird hier ein schneller, sicherer und zuverlässiger Verkaufsabschluss, ohne viel Papierkram und lästige Prüfverfahren der Bonität. PayPal, Klarna, Amazon Pay und Apple Pay sowie der vielfältige Einsatz von Kreditkarten und sonstigen Abbuchungsverfahren haben sich bereits seit Jahren etabliert. Erwartet wird auch, dass Kaufvorgänge räumlich und zeitlich unabhängig vollzogen werden können. Der mobile Verkauf (M-Commerce) über Smartphone, Tablets und Smartwatches ergänzt hierbei den noch überwiegend praktizierten Kauf über den stationären Internetzugang (vgl. UBA 2018a, 18). Werden Produkte regelmäßig bezogen wie z. B. bestimmte Lebensmitteln und Gebrauchsartikeln wie Druckerpatronen etc. kann auch eine Direktbestellung über Dash Buttons, Abonnements oder aber über ein vollautomatisches Bestellen erfolgen (vgl. Stieninger u. a. 2019). Der Bestellvorgang wird in diesen Fällen über Sensoren oder durch entsprechende zeitliche Voreinstellungen automatisiert ausgelöst (Smart Services mittels Smart Products). Ergänzend hierzu erlauben Smart Speakers, Apps oder SmartTV durch vorherige Erfassung der Kundendaten ebenfalls einen deutlich verkürzten Bestellvorgang.

Ausbaufähig ist in der Praxis sicherlich noch Phase 3, die Nachkaufphase. In diesem Zyklus werden die Produkte zur Verfügung gestellt und die Konsumentin kann sein erworbenes Gut bzw. ihre Dienstleistung nutzen. Bei digitalen Produkten ist dies unmittelbar nach Abschluss des Bezahlvorgangs möglich (E-Books, Streaming, Onlinespiele, Downloads etc.). Bei physischen Gütern sind weiterhin der normale Versandhandel oder die Bereitstellung vor Ort (Click & Connect, Reserve & Collect) die gängigsten Verfahren, aber auch hier wird an einer deutlichen Beschleunigung der Zustellung gearbeitet. Das sog. Instant Shopping soll in den nächsten Jahren durch den Einsatz selbstfahrender Lieferwagen, intelligenter Drohnen und sonstigen Leichtfluggeräten den Zeitraum bis zur Verfügbarkeit des Produktes (Instant Delivery) verkürzen.

Das Beispiel der Transformation klassischer Geschäftsmodelle in Frankfurt (▶ Kap. 3.4.1) macht deutlich, dass der stationäre Handel dem zunehmenden Wettbewerbs- und Kostendruck durchaus etwas entgegenzusetzen hat, zumal die meisten Umsätze immer noch im stationären Markt gemacht werden. Neben einer Kombination und Integration von Online- und Offlineoptionen bleibt der Erlebniseinkauf (Experiental Retail) das wichtigste Differenzierungskriterium für den stationären Handel (vgl. Knoppe/Wild 2018; Schröder/Lich 2017). An diesen physischen Orten können alle Sinne (sensorische, kognitive, affektive, physische) der Kundinnen und Kunden aktiviert sowie emotionale Erlebnisse und soziale Bindungen erzeugt werden (vgl. Weinberg/Gröppel 1988). Nicht der Kauf steht aus Kundensicht im Vordergrund, sondern die Befriedigung unterschiedlicher Bedürfnisse. Die Center sind multifunktional ausgerichtet und bieten neben Shopping auch Entertainment, Gastronomie und eine Vielzahl von Dienstleistungen (Wellness, Reparaturservice, Schneidereien, Kinderbetreuung, Schulungen) an (vgl. Freericks u. a. 2010, 229 ff.). Hier wird eine Wohlfühlatmosphäre für die ganze Familie geschaffen. Dieses Alleinstellungsmerkmal wird bleiben und gerade im Kontext einer zunehmenden Vermischung von Freizeit und Berufsarbeit an Bedeutung gewinnen.

Weiterführende Literatur

Freericks, R. & Brinkmann, D. (Hrsg.) (2015): Handbuch Freizeitsoziologie. Wiesbaden: Springer.

Kleinschmidt, C. & Logemann, J. (Hrsg.) (2021): Konsum im 19. und 20. Jahrhundert. Berlin, Boston: De Gruyter.

König, W. (2008): Kleine Geschichte der Konsumgesellschaft. Konsum als Lebensform der Moderne. Stuttgart: Steiner.

Weiterführende Quellen

Bardt, H. & Grömling, M. (2021): Privater Konsum in Deutschland. Die Auswirkungen der Corona-Pandemie im Spiegel früherer Konjunkturkrisen. Vierteljahresschrift zur empirischen Wirtschaftsforschung, 48 (2), 3–22.

4 Weltwirtschaft, Megacities und Migration

4.1 Wachstum, Internationalisierung und Wohlstandsmehrung

4.1.1 Grundlagen des Wirtschaftens: Märkte, Zahlungsmittel und staatliche Regulierung

»Verkaufsschlager Mauer: 50 Jahre nach dem Bau ist die Berliner Mauer nicht nur Geschichte, sondern auch nostalgisches Handelsgut. Erste Souvenirs holten die Mauerspechte. ›Artikelzustand: gebraucht‹, heißt es in der Beschreibung auf eBay. […] Der zu verkaufende Gegenstand hat einiges erlebt, weist Kratzer und Krater auf. […] 3,60 mal 1,20 Meter rund 2,8 Tonnen schwer. Zum Sofortkauf-Preis von 4.500 Euro. Solche Segmente sind auch heute noch […] gar nicht so selten zu bekommen. Bis 1990 stand das Mauerteil […] am Potsdamer Platz. So steht es in der Artikelbeschreibung. Am 30. Mai zwischen sechs und zwölf Uhr wurde es dort abgeholt. ›Verlängerte Ladezeit (Abbruch) an Staatsgrenze‹, verzeichnet ein Transportschein, als Entladestelle ›Lagerplatz‹ und als Transportgut ›Mauerteile‹ mit dem Hinweis ›L-Teile‹. […] [Nach der Wende] entwickelte sich ein schwunghafter Handel mit Mauerbrocken. Besonders begehrt waren Teile mit Graffiti-Resten – wohl auch, weil ein Stück Mauer sonst aussieht wie irgendein Zementklumpen. Selbstverfasste Zertifikate beteuerten die Echtheit der Stücke. Böse Zungen behaupten dennoch, aus den seit 1989 als Mauerstücke verkauften Betonbröseln ließe sich eine Grenzmauer um die ganze wiedervereinte Bundesrepublik bauen. […] Mauersegmente sind im Hauptquartier des US-Geheimdienstes CIA in Langley (Virginia) verbaut, andere stehen in Museen wie dem Haus der Geschichte in Bonn, dem Imperial War Museum in London und dem Friedensmuseum in Caen (Normandie) oder in Parks wie den Vatikanischen Gärten in Rom oder dem Englischen Garten in München. Viele Mauerstücke auf dem Souvenirmarkt sind zwar echt, wurden aber erst nachträglich bemalt. Auf dem weitaus größten Teil der 43 Kilometer Mauer zwischen West- und Ostberlin sowie der 112 Kilometer Grenze zwischen den Westsektoren und dem DDR-Bezirk Potsdam hatte sich nie ein Sprayer ausgetobt. […] Auch das jetzt bei eBay verkaufte Mauersegment ist auf einer Seite besprüht. ›Dieses Angebot wurde vom Verkäufer beendet, da der Artikel nicht mehr verfügbar ist‹, steht inzwischen über der Seite. Die Transaktion lief über eine eBay-Verkaufsagentin; wer verkauft und wer gekauft hat, wird nicht verraten« (Vensky 2012).

Sozialwissenschaftlerinnen und Sozialwissenschaftler sind keine Ökonominnen und Ökonomen und sie sollen es auch nicht werden. Dennoch lässt sich nicht bestreiten, dass die Wirtschaft wichtige Funktionen für die Gesellschaft übernimmt. Sie ist zuständig für die »soziale Organisation der Herstellung und Verteilung von Gütern und Dienstleistungen zum Zwecke der Befriedigung materieller Bedürfnisse« (Beckert 2020, 618) und prägt somit entscheidend die politische und kulturelle Entwicklung von Gesellschaften sowie die jeweilige Lebenslage ihrer Bevölkerung. Ein gutes Beispiel ist die bis in die 1990er Jahre vorherrschende Spaltung der Großmächte zwischen kommunistischen und kapitalistischen Staaten.

Im historischen Rückblick lassen sich vier Kernelemente des (kapitalistischen) Wirtschaftens identifizieren, die den gesellschaftlichen Wandel geprägt haben. Hierzu zählen die Ausbildung von Märkten, die Akzeptanz von Geld als Zahlungsmittel, die Entstehung von (Lohn-)Arbeitsbeziehungen sowie die Ausbildung staatlicher Steuerungs- und Interventionsmechanismen.

Gütermarkt: Konsumgüter als materielle Güter

Das Beispiel der Mauerspechte verweist auf eine Funktion des Wirtschaftens, die von freien Konsum- und Gütermärkten geprägt ist. In diesem Idealmodell sind Transaktionen für alle Akteure transparent und zugänglich. Auf einem solchen Markt regulieren sich Angebot und Nachfrage eigenständig und es stellt sich in der Folge ein Marktgleichgewicht ein, das durch eine allgemeine Akzeptanz eines Tausch- bzw. Zahlungsmittels (bspw. Geld) reguliert wird. Im konkreten Fall haben politische Veränderungen dazu beigetragen, dass ein neues Produkt (Mauerreste) auf dem Markt angeboten wurde. Dieses Produkt hat zwar keinen materiellen, aber einen symbolisch kulturellen Wert. Durch das Zusammenwirken von Angebot und Nachfrage bildet sich ein Marktpreis, zu dem sich die Mauerfragmente in Geldeinheiten als Gegenwert bestimmen lassen. Hinzu kommt, dass dieses Gut nicht unbegrenzt zur Verfügung steht. Die Berliner Mauer ist endlich und erst recht die mit Graffiti besprühten Teile. Begrenzte Produktionsressourcen, d. h. die Verknappung des Angebots, führen dazu, dass Strategien an den Tag gelegt werden, um mit mehr oder weniger legalen Mitteln die (Re-)Produktion der Ware sicherzustellen. Schließlich sollen auch weiterhin die begehrten Mauerreste angeboten und die Nachfrage befriedigt werden. Je rarer das Gut, umso höher der Preis.

Weiterhin wird vorausgesetzt, dass der Staat oder sonstige Akteure nicht in den Wettbewerb eingreifen und die Marktbeteiligten Grundprinzipien freien Wirtschaftens (vollständige Konkurrenz) akzeptieren. Wer über ausreichende Geldmengen verfügt, kann sich große Teile der Berliner Mauer leisten. Der Markt ist dann der Raum (physisch, virtuell), auf dem sich Kaufende und Verkaufende treffen. In modernen Gesellschaften gibt es eine Vielzahl dieser Art von Konsumgütermärkten. Hierzu gehören Wochenmärkte und Kaufhäuser ebenso wie Teleshopping und Internetplattformen.

Zugleich wird jedoch schon an diesem einfachen Beispiel deutlich, dass es in der Praxis zu Problemen kommen kann, die reguliert werden müssen. So zeigt der weitere Verlauf des Geschehens, dass es vor dem Hintergrund der Knappheit von

Mauerresten zu einem Nachfrageüberhang mit entsprechender Preissteigerung kommt. Die Anbieter werden ›kreativ‹, um den Nachfragebedarf zu decken. Das Angebot wird durch die Produktion von Fälschungen erweitert. Mauerreste werden entweder nachträglich bemalt oder aber es werden Produkte angeboten, die lediglich wie Reste der Berliner Mauer aussehen. Um die Nachfrage und damit auch das Vertrauen der Käuferinnen und Käufer aufrechtzuerhalten, werden selbst geschaffene Zertifikate kreiert, die die Echtheit der Ware bestätigen sollen. Je nach Entwicklung des Marktpreises werden solche Zertifikate allerdings zunehmend von den Konsumentinnen und Konsumenten hinterfragt, da es sich um nicht überprüfbare Selbsterklärungen handelt. Dem Käufer ist sehr wohl bewusst, dass eine Verkäuferin vorrangig an Profitmaximierung interessiert ist und sich weniger der Wahrheit und Moral verpflichtet fühlt. Zugleich ist allerdings auch die Verkäuferin im Interesse einer langfristigen Sicherung ihres Unternehmens daran interessiert, dass Rahmenbedingungen geschaffen werden, die Vertrauen, Qualität und Sicherheit gewährleisten. Nur die Echtheitsgarantie bietet die Gewähr für einen hohen Verkaufspreis.

Je nach Verhalten der Konsumentinnen und Konsumenten kann es zur Einführung von allgemein anerkannten Verfahren und Regelungen kommen, die z. B. bestimmte Qualitätsstandards festlegen (Gründung einer unabhängigen Prüfstelle mit Siegelvergabe). Neben dieser Selbstregulierung zur Vertrauensbildung können auch staatliche Interventionen (Gesetze, Sanktionen) dazu führen, dass Qualitätsstandards und Nachweispflichten eingehalten werden. Eine solche Intervention durch Dritte wird insbesondere dann immer wichtiger, wenn Mauerreste zunehmend als Gut zur Wertanlage erworben werden. Mit dem Kauf geht nun die (spekulative) Erwartung einher, dass das Gut im Laufe der Zeit eine Wertsteigerung erfährt. Dies setzt allerdings voraus, dass es sich auch weiterhin um ein rares Gut bei hoher Nachfrage handelt. Insofern besteht auch hier ein besonderes Interesse daran, dass die Echtheit auf der Basis anerkannter Standards belegt ist.

Dienstleistungsmarkt: Dienstleistungen als immaterielle Güter

Auf diesem Markt werden im Gegensatz zu den Sachleistungen (Waren) vorrangig immaterielle Güter getauscht. Zu diesen zählen z. B. Beratungsleistungen, Formen ärztlicher Versorgung, Produkte des Finanz- und Versicherungswesens sowie Unterhaltungs- und Informationsdienstleistungen. Die Besonderheit besteht darin, dass das Produkt mehr oder weniger ausgeprägt erst durch den Interaktionsprozess zwischen Anbieter und Nachfrager geschaffen wird. Versicherungsverträge (Unfall-, Lebens- oder Krankenversicherung) werden auf die persönliche Lebenssituation und ggf. auch die spezifischen geographischen Gegebenheiten (Gebäudeversicherung, Elementarschadenversicherung) zugeschnitten und sichern ein (individuelles) Gefährdungsrisiko ab.

> **Was sind Dienstleistungen?**
>
> Was genau unter Dienstleistungen zu verstehen ist, wird kontrovers diskutiert. Zu den typischen Merkmalen gehören die Nichtstofflichkeit bzw. Immaterialität. Dienstleistungen sind zudem nicht transportfähig, nicht lagerfähig und nur schwer formalisierbar (Heterogenität des Gutes). Produktion und Verbrauch fallen i. d. R. zusammen. Im Gastronomiegewerbe gibt es Servicekräfte, die die Gäste am Tisch bedienen; im Friseurladen werden Kundinnen und Kunden die Haare geschnitten; in der öffentlichen Verwaltung werden bestimmte Leistungen zur Infrastruktursicherung (Bauamt, Ordnungsamt) bereitgestellt, in Unternehmen werden technische Dienstleistungen angeboten; in der Forschung werden wissensbasierte Expertisen erstellt.

Die Besonderheiten von Dienstleistungen als Wirtschaftsgut werden insbesondere im Bereich der personenbezogenen Leistungen deutlich. In den Berufsfeldern der Sozialen Arbeit, in der Pflege und Gesundheitsversorgung, der Alten- und Behindertenhilfe, der Psychotherapie aber auch im Bildungswesen werden eine Vielzahl von Produkten erst durch die unmittelbare Interaktion erzeugt. Eine Schulung oder die Medikation des Arztes sind nur dann wirksam, wenn die Nachfragerin aktiv am Herstellungsprozess beteiligt ist. Dieser Prozess der Koproduktion ist darüber hinaus geprägt von einer Vielzahl externer Einflussfaktoren (soziales Umfeld), auf die weder der Anbieter noch die Kundin einen unmittelbaren Einfluss haben. Erschwerend kommt hinzu, dass soziale Dienstleistungen latent vorgehalten werden müssen. Die Folge sind hohe Kosten, unsichere und oftmals auch nicht kostendeckende Erträge.

Faktormärkte: Boden und Arbeit – Kapital und Finanzwesen

Auf dem Faktormarkt I versorgen sich Unternehmen mit Rohstoffen, Gerätschaften, Bauteilen und sonstigen Produktionsfaktoren. Der bekannteste Faktormarkt ist der Arbeitsmarkt. Ein weiterer Markt ist der Immobilienmarkt. Der Rohstoffmarkt wiederum liefert die notwendigen Ausgangsmaterialien zur Weiterverarbeitung.

Für die wirtschaftliche Entwicklung ist entscheidend, dass nicht alle Produktionsmittel im Vorfeld in das Eigentum der Produzentinnen übergehen müssen. Auf einem Faktormarkt können auch Verfügungsrechte erworben werden. Hierunter fallen z. B. die Anmietung von Gebäuden oder die Vergabe von Nutzungsansprüchen auf Urheber- und Patentrechte.

Auf dem Faktormarkt II werden Kredite beschafft und/oder Finanzinstrumente (Aktien, Wertpapiere) gehandelt. Im Alltag vertraut sind insbesondere Bankkredite, die oftmals bei größeren Anschaffungen in Anspruch genommen werden. Abstrakt formuliert tritt hier die Bank als Anbieter von Geld (Gläubiger) auf und die Konsumenten (Schuldner) nehmen dieses Geld gegen Vorlage bestimmter Sicherheiten (Einkommen, Vermögen, Sachwerte) in Anspruch. Für diese Leistung sind Zinsen zu zahlen. Auf diese Weise sind Schuldner in der Lage Transaktionen vorzunehmen. Der Gläubiger wiederum vergrößert sein Geldvermögen durch Zinseinnahmen. Darüber hinaus gibt es auch Finanzmarktgeschäfte ohne direkten Bezug zu Gütertransaktionen, z. B. der Geldhandel zwischen Banken oder der Wertpapierhandel durch Aktien. Auf dem Geldmarkt werden eher kurzfristige Wertpapiere und Kredite gehandelt. Er dient überwiegend zur Überbrückung von Zahlungsengpässen. Auf dem Devisenmarkt werden Währungen getauscht; auf dem Kapitalmarkt mittel- und langfristige Kredite an Unternehmen, staatliche Institutionen und Privatpersonen vergeben.

Geld als Wachstumsfaktor: Zahlungsmittel – Recheneinheit – Wertaufbewahrung

Die Umstellung von der Naturalwirtschaft zur Geldwirtschaft hat viele Effizienzvorteile. Nimmt man die Funktionen des Geldes in den Blick, so handelt es sich *erstens* um ein Zahlungsmittel, auf das sich Gesellschaftsmitglieder kollektiv verständigt haben. Durch diesen Konsens lassen sich Transaktionen des Kaufs und Verkaufs effizient organisieren. In einer traditionellen Tauschgesellschaft sind die Akteure darauf angewiesen, dass Käufer und Verkäuferinnen situativ Konsens über beide Tauschgüter herstellen. Diese Variante ist aufwändig und rein statistisch ist es unwahrscheinlich, dass zeitnah eine Transaktion zustande kommt. Zudem müssen beide Tauschgüter über einen (einheitlichen) Wert verfügen, der kollektiv geteilt wird. Dies ist deshalb von Bedeutung, da das getauschte Gut nicht ausschließlich für den Eigenbedarf erworben wird, sondern oftmals wieder gegen ein weiteres Gut eingetauscht werden soll. Erschwerend kommt hinzu, dass sich die meisten Tauschgüter nicht teilen lassen. Diese müssen daher einen vergleichbaren Wert haben, um überhaupt in Frage zu kommen. Vor diesem Hintergrund ist nachvollziehbar, dass mit zunehmender Arbeitsteilung bei gleichzeitiger Spezialisierung und Vielfalt der Produkte eine Gesellschaft ohne Geld kaum noch funktionsfähig ist. Mittels der Einführung von Geld kann die Transaktion von Kauf und Verkauf aufgespalten werden. Tauschvorgänge können durch die Einführung eines Zahlungsmittels zeitnah, personenunabhängig, aber zugleich individuell und interessengeleitet vollzogen werden.

Geld ist *zweitens* eine Recheneinheit. Durch eine festgelegte Norm (Werteinheit mit derselben Bezugsgröße) lässt sich ein Wert, ein Preis für das jeweilige Tauschgut festlegen. Es gibt einen einheitlichen Kurs, an dem sich der Wert von Tauschgütern ermitteln lässt. Ein Auto ist mehr wert als ein Fernseher und so könnte man mittels des Geldes ausrechnen, wie viele Fernseher geliefert werden müssen, um das Auto als Gegenleistung zu erhalten. Da allerdings der Käufer oder die Käuferin gar kein Interesse an mehreren Fernsehern hat, reicht es aus, dass die Transaktion über ein Wertäquivalent, eben ein Zahlungsmittel erfolgt. Der Käufer oder die Käuferin kann sich nun überlegen, welche Güter er oder sie ergänzend zu dem benötigten Fernseher in einem bestimmten Zeitraum, auf der Basis des zur Verfügung stehenden Geldbestandes, erwirbt.

Geld hat *drittens* eine Wertaufbewahrungsfunktion. Es wird gespart, gehortet oder auf Konten deponiert. Geld ist nicht verderblich, kann leicht gelagert werden und verliert auch mittelfristig nicht an Wert. Die Akteure können sich darauf verlassen, dass sie dieses Zahlungsmittel auch noch in einigen Monaten für den Erwerb von Waren einsetzen können. In der Regel sind es der Staat und das Bankensystem, die die Gewährleistung für eine bestimmte Stabilität auf Zeit sicherstellen.

Wie bereits festgestellt muss sich eine Gesellschaft darauf verständigen, was als Zahlungsmittel anzusehen ist. Die moderne Gesellschaft hat sich bisher auf Papiergeld und gemünztes Geld geeinigt. Diese sind hinsichtlich ihres Sachwertes als gering einzustufen. Zumindest kann man sagen, dass der reale Sachwert in den meisten Fällen deutlich unter dem Tauschwert liegt. Dies war im historischen Rückblick nicht immer so. In den Anfängen verfügte das Geld i.d.R. über einen hohen Sachwert. So wurde bereits im 3. Jahrtausend v.Chr. von den Sumerern das Naturprodukt Gerste, aber auch Silber zum Bezahlen genutzt. Darüber hinaus wurden in anderen Zeiten und Kulturen Kaurimuscheln, Teeziegel, Salzbarren, Steinscheiben, Federn, Fische und Vieh, Häute und Federn, Mandeln und Kokosnüsse (Naturalgeld), Bronzebeile und Äxte (Gerätegeld) oder Edelmetalle wie Gold und Silber (Warengeld) als Zahlungsmittel verwendet (vgl. Vaupel/Kaul 2016, 20 ff.). Eine Besonderheit des Geldes besteht weiterhin darin, dass die Geldmenge variabel ist, und zwar unabhängig davon, ob neue Geldscheine gedruckt werden. Durch die Vergabe von Krediten steigt das Geldangebot und damit auch die Möglichkeit Transaktionen von Kauf und Verkauf zu vollziehen. Soll z.B. das Konsumverhalten gefördert werden, werden die Zinsen gesenkt. Ein geringer Zinssatz motiviert dazu Anschaffungen auf Kredit zu tätigen.

Interessenausgleich zur Konfliktbewältigung: Güterproduktion, Lohnarbeit und staatliche Steuerung

Neben Markt und Geld ist als dritte Komponente modernen Wirtschaftens das Verhältnis von Erwerbsbedingungen und Güterproduktion in den Blick zu nehmen. Im Vordergrund steht hier der Übergang von einer landwirtschaftlich geprägten Subsistenzwirtschaft zur industriell dominierten Lohnarbeit. Diese ist geprägt von einer räumlichen und zeitlichen Trennung zwischen Haus (Privatheit, Familie) und Produktionsstätte (Arbeit, Beschäftigte) bei gleichzeitiger Ausrichtung der Produktions- und Arbeitsbedingungen an Standards von Rationalität und Gewinnmaximierung. In der frühen Industrialisierung war dieser Übergang geprägt von einer Vielzahl sozialer Verwerfungen, menschenunwürdiger Arbeitsbedingungen, Armut und sozialer Ausbeutung. Nimmt man die letzten 200 Jahre aus westeuropäischer Perspektive in den Blick, so lässt sich allerdings auch nicht bestreiten, dass gerade eine auf Lohnarbeit basierende Form der Beschäftigung ein wichtiges Element für die Dynamik kapitalistischen Wirtschaftens dargestellt hat. Für große Teile der industrialisierten Welt, so der Historiker Jürgen Kocka, haben sich die Arbeits- und Lebensbedingungen verbessert. Verdienste sind gestiegen, Arbeitszeiten wurden reduziert und Instrumente sozialer Absicherung zum Schutz vor Krankheit, Altersarmut und betrieblich bedingten Unfallfolgen eingeführt. Hinzu kommt, dass die moderne Erwerbsarbeit auch einen normativen Eigenwert jenseits einer zwangsweisen Verpflichtung zur Sicherung des Überlebens darstellt. Erwerbsarbeit ist in industrialisierten Gesellschaften europäischen Zuschnitts zu einem sinnstiftenden Element der Identitätsfindung, der Persönlichkeitsbildung, Statusverortung und Selbstverwirklichung geworden (vgl. Kocka 2017, 105).

Auch aus unternehmerischer Sicht hat der Übergang zur vertraglich vereinbarten Lohnarbeit keineswegs zu Einbußen der Produktivität geführt. Im Gegenteil: Durch die Verbesserung der Arbeitsbedingungen und einer Steigerung der Lebensqualität bei gleichzeitiger Nutzung technologischer Innovationen konnte der Wertschöpfungsprozess gesteigert, die Innovationsfähigkeit verbessert und die Produktivität erhöht werden. Bei allen auch weiterhin anzutreffenden sozialen Verwerfungen ist festzuhalten, dass mit der Einführung der vertraglich basierten Lohnarbeit ein konfliktregulierendes Element des Interessenausgleichs geschaffen wurde.

Staat als (wirtschafts-)politisches Steuerungsorgan

Die Schaffung freier Märkte sowie die Umstellung von der Natural- zur Geldwirtschaft haben sich als wichtige Katalysatoren für die Ausbildung einer effizienten Wirtschaftsform erwiesen. Zugleich wird allerdings auch deutlich, dass es sich bei diesem freien Spiel der Kräfte um einen Idealtypus handelt, der in Reinform nur selten anzutreffen ist. Märkte sind keineswegs für alle in gleicher Weise zugänglich. Die Wettbewerbsbedingungen sind oftmals ungleich verteilt mit der Folge, dass die Güterproduktion entscheidend von der Verfügbarkeit über ökonomisches Kapital und von polypolistischen Angebotsstrukturen geprägt ist. So können z. B. bestimmte Güter nur mit hohem Produktionsaufwand hergestellt werden. Diese Aufwendungen müssen Unternehmen als Vorleistung einbringen mit der Folge, dass oftmals nur Großkonzerne in der Lage sind bestimmte Güter (Autos, Flugzeuge, Krankenhäuser) anzubieten. Sie verfügen damit über eine bestimmte Marktmacht und haben unmittelbar Einfluss auf Art und Preis der Güter (Software, Verbrennungsmotoren). Umgekehrt kann ein verschärfter Wettbewerb dazu führen, dass die Qualität der Produkte sinkt. Um im Preiskampf mitzuhalten, wird billig produziert, oftmals zu Lasten der Sicherheit der Verbraucherinnen und Verbraucher oder aber unter mangelnder Berücksichtigung ökologischer Folgeschäden. Investitionsvorhaben werden gestrichen, die Kosten der Grundlagenforschung gekürzt und Produktionsstätten ins Ausland verlagert (Textilindustrie, Pharmabranche). Es kann zu Formen von Ausbeutung (Kinderarbeit, fehlende soziale Absicherung) kommen, die nicht nur gegen moralische Grundsätze (Menschenrechte) verstoßen, sondern auch den sozialen Frieden des Gemeinwesens (Streiks, Aufstände, Revolutionen) gefährden. Hinzu kommt, dass nicht alles, was grundsätzlich käuflich ist, auch dem freien Markt überlassen werden kann (medizinische Versorgung, Bildung). So wäre es z. B. ethisch fragwürdig, wenn der Handel mit Spenderorganen marktwirtschaftlichen Prinzipien folgen würde. Neben Märkten, Zahlungsmitteln und (Lohn-)Arbeit bedarf es daher externer Kontroll- und Steuerungsorgane, die regulierend eingreifen. Seit jeher war daher der Staat bzw. das politische System ein wichtiges Korrektiv, um durch gesetzliche Maßnahmen (Subventionen, Verhinderung von Kartellbildung, Bankenregulierung) Formen von Machtmissbrauch und wirtschaftlichen Fehlentwicklungen zu verhindern.

Im Folgenden werden wir im Rahmen eines historischen Rückblicks und unter Rekurs auf die vier Leitkategorien Markt, Geld, Beschäftigung und Wirtschaftspolitik den Wandel gesellschaftlichen Wirtschaften beschreiben.

4.1.2 Europäische Wirtschaftsgeschichte: Handel, Territorialstaaten und Kolonialismus

Das Mittelalter: Lehen, Kaufleute und Handelsmessen

Das wirtschaftliche Geschehen des europäischen Hochmittelalters zwischen dem 10. und 13. Jahrhundert wurde durch Agrar- und Subsistenzwirtschaft geprägt. Über 80 Prozent der Bevölkerung lebten von der Land- und Hauswirtschaft. Körperlich zehrende Handarbeit mit einer täglichen Arbeitszeit von 14 bis 16 Stunden an sechs Tagen in der Woche bestimmte den Alltag. In politischer Hinsicht war die Gesellschaft feudalistisch, d.h. nach Ständen organisiert, die sich in vier Hauptgruppen aufgliederten. Zum ersten Stand gehörten die Kleriker (Gruppe der Geistlichen), gefolgt von den Mitgliedern des Adels, dem Stadtbürgertum und den (freien) Bauern. Mit dieser Stände-Ordnung waren bestimmte Verfügungsrechte verbunden, die insbesondere im Lehenswesen (Vergabe von Nutzungsrechten) und der Grundherrschaft (Besitzrechte von Grund und der dort lebenden Menschen) ihren Ausdruck fanden. Beim Lehen handelte es sich um ein System der personen- und sachrechtlichen Abhängigkeit. Grundherren und Adelige konnten Land, Ämter, Schutz- und Treuerechte verleihen und im Gegenzug Fron- und Kriegsdienste sowie Naturalabgaben einfordern. Zu den zu leistenden Abgaben gehörten neben den Naturalleistungen aus der landwirtschaftlichen Produktion auch Zins und Pacht, Kriegsdienst, Straßen- und Wegebau, die Bereitstellung von Zugvieh und Geschirr sowie kirchliche und sonstige öffentliche Steuern (vgl. Lütge 1967, 47). Nach heutigem Verständnis kann von einer beträchtlichen Wertschöpfung zugunsten der oberen und zu Lasten der unteren Stände gesprochen werden. Zugleich beinhaltete die Leib- und Grundherrschaft auch ein Schutz-Treue-Element, dessen Stellenwert allerdings nicht überschätzt werden sollte. Es handelte sich lediglich um eine bescheidene Form der sozialen Absicherung, die ihren Ausdruck in einer Schutz- und Beistandsverpflichtung der Grundherren gegenüber ihren Hörigen fand. Dies schloss auch den Schutz vor Vertreibung von den zugewiesenen Landgütern (Schollenbindung) mit ein (vgl. Pernold 2010, 409 f.; Rösener 1989, 1740).

Seit dem 12. Jahrhundert ist eine allmähliche Lockerung der Grundherrschaft zu beobachten. Durch die Überlassung von Boden gegen Erbzins sowie durch die Möglichkeit des Freikaufs von Frondiensten konnten die Arbeitsbereitschaft der Bauern gestärkt und die Geldeinnahmen der Grundherren erhöht werden. Dies änderte jedoch nichts daran, dass der Bauer weiterhin der grundherrlichen Gerichtsbarkeit unterworfen war. Machtmissbrauch und Ausbeutung prägten den Alltag der großen Masse der Bevölkerung (vgl. Pirenne 2009, 88). Der Lebensstandard der Bauern blieb niedrig. Hunger und Entbehrungen waren an der Tagesordnung (vgl. Rösener 1993, 87). Neben dem feudalistisch geprägten Abgabensystem an Kirche, Fürstentümer oder Grafschaften beförderten auch Zölle und Marktabgaben sowie die Monopolstellung zur gewerblichen Nutzung von Wasserkraft und Forstwirtschaft den Wohlstand der oberen Stände. Mit deren Reichtum stieg sowohl der Bedarf nach Luxusgütern als auch nach qualifizierten Handwerkern zum Bau, Ausbau und zur Sicherung der Anwesen (Burgen, Festungen, Klöster und Abteien).

Die Phase zwischen dem 11. und 13. Jahrhundert kann als Epoche des Wirtschaftswachstums, der Bevölkerungszunahme und der Produktivitätssteigerung in Landwirtschaft und Handwerk gedeutet werden. Klimatisch wird von einer mittelalterlichen Wärmeperiode ausgegangen, die zu einer deutlichen Steigerung der Erträge führte. Hinzu kamen technische Neuerungen (Einführung der Nockenwelle) sowie eine zunehmende Verbreitung von Wasser- und Windmühlen (vgl. Gilomen 2014, 63 ff.).

In den Bereichen *Handel, Bank- und Kreditwesen* differenzierten sich die Aufgabenfelder weiter aus. Handelsgesellschaften und Genossenschaften wurden gegründet, deren Transaktionen spezielle Berufsgruppen wie Rechtsanwälte, Notare und Transporteure erforderten. Darüber hinaus wurden mit Beginn des 12. Jahrhunderts in der Grafschaft Champagne die ersten *Messen als Zentren zur Pflege von Fernhandelsbeziehungen* auf Initiative der in den Regionen herrschenden Grafen und Fürsten ausgerichtet. Diese Handelsmessen fanden sechsmal im Jahr über eine Dauer von 40 bis 50 Tagen jeweils wechselnd in den Städten Lagny, Bar-sur-Aube, Provins und Troyes statt. Gehandelt wurden u. a. Tuch und Wolle, Leder, Gewürze und Luxusgüter (vgl. Gilomen 2014, 88). Neben der europäischen Messeregion der Champagne sind noch die Regionen zwischen Winchester und Boston (Süden und Osten Englands), in Flandern zwischen Lille und Brügge und im niederrheinischen Raum die Städte Aachen, Duisburg, Köln und Utrecht hervorzuheben (vgl. Fuhrmann 2017, 327).

Im Unterschied zu den in vielen Städten üblichen (Jahr-)Märkten wurden die neuen Messeaktivitäten ab Mitte des 12. Jahrhunderts durch eine wirtschaftspolitische Förderung der regierenden Territorialherren unterstützt. Den Händlern wurden eine Vielzahl von Privilegien (Reduzierung bzw. Freistellung von Marktzöllen, Bereitstellung von Unterkünften, Gewährung von Rechtssicherheit) zugestanden. Darüber hinaus wurde eine aufwendige städtische Infrastruktur geschaffen. Messetermine wurden aufeinander abgestimmt, Lager und Quartiere gebaut sowie die Versorgung und Sicherheit der Kaufleute bei Anreise, Aufenthalt und Abreise garantiert. Es gab eine eigene Gerichtsbarkeit, eine stabile Währung und eine Vielzahl von Berufsgruppen (Notare, Rechtsanwälte, Schriftsetzer) und Institutionen (Kreditinstitute, Transportunternehmen), die für einen ordnungsgemäßen Ablauf sorgten (vgl. Irsigler 1996, 12 f.).

Im Vergleich konnten durch An- und Verkauf von Waren deutlich höhere Gewinne erzielt werden als durch Handwerk oder Landwirtschaft. Hinzu kam eine wachsende kulturelle und politische Bedeutung, insbesondere für die inzwischen sesshaft gewordenen Kaufleute während des 13. und 14. Jahrhunderts.

> »In vielen europäischen Städten bildete die kaufmännische Oberschicht, die große Reichtümer angehäuft hatte, die herrschende Schicht, das Patriziat, das auf die Geschicke der Stadt entscheidenden Einfluss nahm. Obwohl diese Kaufleute und Unternehmer nur einen unbedeutenden Teil der städtischen Bevölkerung ausmachten, verfügten sie in der Stadt über die gesamte Macht. Sie stellten die Stadträte, betrieben eine für sie vorteilhafte Steu-

erpolitik und hielten Gericht und örtliche Gesetzgebung in ihren Händen« (Gurjewitsch 2004, 285).

Andere Branchensegmente wie der *Bergbau, die Eisenproduktion und die Forstwirtschaft* schufen die Grundlage für ein stabiles Münzwesen (Gold, Silber), die Versorgung mit Eisenerz, Kupfer, Zinn und Blei zur Weiterverarbeitung sowie zur Versorgung mit Energie und Baumaterialien. Auf dieser Basis kam es zu einer weiteren Spezialisierung der Handwerksberufe, deren gesellschaftliches Ansehen allerdings nur langsam, u. a. durch die Organisation in Zünften seit dem 12. Jahrhundert, an Bedeutung gewann. Mit fortschreitender Urbanisierung kam es zudem zu einer Erweiterung des Binnenhandels und einer steigenden Nachfrage nach Waren und Dienstleistungen. Metallverarbeitung, Textilproduktion, das Baugewerbe sowie der Schiffs- und Bergbau gehörten zu den Wachstumsbranchen jener Zeit.

Mit der Erweiterung der Handelsaktivitäten ging auch eine Anpassung der Geldwirtschaft einher. Es kam zur Prägung größerer Silbermünzen (Venedig 1193/94), um auf diese Weise einerseits an der Wertäquivalenz von Ware und Geldpreis festzuhalten und auf der anderen Seite die Menge der zu transportierenden Geldmenge zu verringern. Mitte des 13. Jahrhunderts kam es mit Ausweitung des internationalen Handels zu einer verstärkten Prägung von Goldmünzen (Genua und Florenz 1252, Venedig 1284). Durch die Gründung von Kaufmannsgilden, Compagnien und der Hanse (Organisation niederdeutscher Fernkaufleute und Städte) konnten nun die Kaufleute von zentralen Standorten aus ihre Geschäfte abwickeln. Aus dem wandernden Kaufmann wurde der *sesshafte Händler*, der von seinem Hauptsitz in Venedig, London, Brügge oder Köln seine Dependancen koordinierte. Geschäfte beruhten immer häufiger auf schriftlichen Verträgen, die die Vertragspartner zu unterschiedlichen Tätigkeiten verpflichteten und variable Zahlungsvollzüge definierten. In Italien waren es insbesondere die familiären Verbünde von Herrscherhäusern, die sich zu Kompanien (Handelsgesellschaften) zusammenschlossen. Hierzu gehörten z. B. die Peruzzis, Bardis und Medicis aus Florenz, oder die Fieschis, Grimaldis und Lomellinis aus Genua (vgl. Körner 1993, 43).

Neben neuen Formen der Kreditvergabe wurden immer häufiger Anteilsscheine vergeben, Teilhaberverträge geschlossen sowie Wechselbriefe und Schuldscheine ausgestellt. Diese notariell beglaubigten Dokumente bestätigten eine empfangene oder kreditierte Summe und konnten in anderen Ländern gegen die dort geltende Währung eingetauscht werden. Alternativ wurden mit Wechselbriefen als bargeldlosem Zahlungsmittel auch Waren gekauft und verkauft. Seit Ende des 12. Jahrhunderts waren auch Überweisungen zwischen Banken möglich und es wurde zwischen Bankgeld und Buchgeld unterschieden. Auf diese Weise wurde ein zeitlicher Freiraum zwischen Warenerwerb, Verkauf und Zahlung geschaffen, der nicht nur das Wirtschaftswachstum beförderte, sondern auch das verfügbare Handelskapital erhöhte (vgl. Fuhrmann 2017, 32 ff., 301 ff.).

Zusammenfassend kann für das Hochmittelalter festgehalten werden, dass zu den bedeutendsten Faktoren erster Formen kapitalistischen Wirtschaftens insbesondere der Übergang vom reisenden zum residierenden Fernkaufmann hervorzuheben ist, »der auf längere Sicht zu einer Trennung zwischen kaufmännischer Tätigkeit und Transportwesen führte und die Herausbildung eines neuen Typs der Fernhandelsgesellschaft mit einem Hauptsitz und korrespondierenden Filialen in den verschiedenen Handelszentren bedingte« (Gilomen 2014, 91). Hinzu kamen technische Verbesserungen in der Hochseeschifffahrt (genauere Seekarten, Modernisierung des Kompasses), die zu einer Verkürzung und besseren Auslastung im Seeverkehr beitrugen, sowie eine Liberalisierung des Wucherverbots der katholischen Kirche, die nun bestimmte Formen der Kapitalverzinsung schon aus wirtschaftlichem und machtpolitischem Eigeninteresse zuließ. Vor dem Hintergrund der Gemeinnützlichkeit kaufmännischen Handelns im Sinne einer Versorgung der Bevölkerung mit Gütern, der Gemeinwohlorientierung der Kaufleute im Kontext von Wohltätigkeit und Mäzenatentum wurde nun der internationale Handel theologisch als eine »von Gott gewollte Notwendigkeit [gedeutet]. Er wird Teil der Vorsehung, wie gleichzeitig der Kaufmann der von der Vorsehung gesandte Wohltäter wird, der durch seine Tätigkeit eine Stütze der Gesellschaft ist« (Goff 2009, 89).

Merkantilismus und Industriezeitalter: Handelskapitalismus, Fabrikwesen und Kolonialismus

Im Vergleich zu China oder dem islamischen Reich kann das mittelalterliche Europa bis zum ausgehenden 13. Jahrhundert als rückständig bezeichnet werden. Die Wissenschaft war geprägt durch die dogmatische Lehre des katholischen Glaubens und einer sich hieraus ableitenden weltlichen Ordnung der Stände. Lebensstandard und durchschnittliches Einkommen lagen deutlich unter denjenigen anderer Hochkulturen (vgl. Niemann 2009, 1).

Die konkreten Zusammenhänge, die in den folgenden Jahrhunderten zu einer Umkehrung der Verhältnisse führten, sind in der Literatur umstritten. Konsens besteht darüber, dass ein komplexes Zusammenspiel von wirtschaftlichen, (militärisch-)technologischen und politischen Veränderungen zu einer Ökonomisierung und Rationalisierung der Ressourcenverwertung (Arbeitsteilung, Mechanisierung, Verwaltungsbürokratisierung) beitrug (vgl. Wendt 2016, 31). Handelshemmnisse wurden überwunden und neue Märkte erschlossen. Befördert wurde diese Entwicklung durch ein Bevölkerungs- und Städtewachstum sowie wettbewerblich miteinander konkurrierenden Nationalstaaten (Imperialismus).

Einzelne dieser Entwicklungen können bereits mit Beginn des Spätmittelalters ab dem 14. und 15. Jahrhundert beobachtet werden. Die Entdeckungsfahrten des Christoph Columbus (1451–1506) im Jahr 1493 und Vasco da Gamas (1469–1524) um das Kap der Guten Hoffnung (1499/1502) beförderten eine *Ausdehnung der Fernhandelsbeziehungen*. Es wurden neue Handelswege und Rohstoffvorkommen erschlossen, neue Gebiete besiedelt und neue Kulturräume zur Ausbeutung und Versklavung erobert. Die transkulturellen Verflechtungen mit Amerika, Asien und Afrika nahmen zu. Berechnungen des britischen Ökonomen Angus Maddison (1926–2010) gehen davon aus, dass sich das Bruttoinlandsprodukt Europas durch den Fernhandel vervierfachte (vgl. Rössner 2017a, 2). Damit einher ging eine, wenn auch nach Berufsgruppen unterschiedliche Steigerung der Realeinkommen. Trotz dieser beträchtlichen Steigerung des Volumens des internationalen Fernhandels in der Neuzeit wurde der wirtschaftliche Aufschwung Europas mehrheitlich geprägt durch die Ausweitung der Handelsbeziehungen innerhalb Europas (West- und Osteuropa).

Mit der *Entstehung von Territorialstaaten* seit dem 15. Jahrhundert kam es darüber hinaus zur Ausbildung eigenständiger Volkswirtschaften. Die Staaten konkurrierten um die attraktivsten Kolonien und Rohstoffvorkommen. Es waren insbesondere die Niederlande, die zwischen 1500 und 1800 zur reichsten Volkswirtschaft in Europa aufstiegen. Das Pro-Kopf-Einkommen war um 1700 doppelt so hoch wie das der Bürgerinnen und Bürger in den angrenzenden europäischen Staaten, trotz eines generell zu beobachtenden Anstiegs der Einkommensverhältnisse (vgl. Rössner 2017b, 202). Als Ursache für das niederländische Wirtschaftswachstum wird die staatlicherseits gewährte Durchlässigkeit und relative Freiheit der Marktstrukturen, der Anstieg der landwirtschaftlichen Produktivität sowie eine zunehmende Verlagerung von Berufsgruppen auf den nichtlandwirtschaftlichen Bereich angesehen. Eigentumsrechte und die freie Berufswahl wurden garantiert und eine arbeitsteilig organisierte Wirtschaft unterstützt (vgl. Rössner 2017a, 4). Diese, durch eine aktive Wirtschaftspolitik gestalteten Rahmenbedingungen boten Anreize für Eigeninitiative und profitbasiertes Erwerbsstreben. Hinzu kamen *technologische und wissenschaftliche Fortschritte* in den Bereichen Ackerbau, Schiffsbau, Militär-(Artillerie) und Transportwesen. Auf dieser Grundlage konnte ein breites Angebot international gehandelter Luxus- und Konsumgüter bereitgestellt werden.

Verstärkend kam ein hoher *Grad der Verstädterung* hinzu, der bereits im 12. Jahrhundert in Teilen Oberitaliens (Venedig, Genua, Pisa) seinen Anfang nahm. Ähnliche Entwicklungen konnten in Flandern (Brügge, Antwerpen, Gent) und den Hansestädten (Lübeck, Hamburg, Rostock) beobachtet werden. Mit der Zunahme der städtischen Bevölkerung veränderten sich auch die ökonomischen Grundlagen des (Berufs-)Erwerbs, der städtischen Versorgung und des Konsums. An die Stelle der traditionellen Haus- und Landwirtschaft traten (Fern-)Handel, Märkte für Luxusgüter und Zwischenhandel, internationale Messen sowie neue institutionelle Formen zur Regulierung von Kreditbeziehungen (Leihhäuser, Notare als Finanzvermittler, Banken). Darüber hinaus wurde das freie Unternehmertum zu Lasten des Zunftwesens gestärkt. Es entwickelte sich eine eigenständige »Ökonomie der Städte« (vgl. Stapelfeld 2006, 32), die durch die Erweiterung des Überseehandels und der Gründung von Handelskompanien als Vorformen von Aktiengesellschaften wie z. B. der Levante-Kompanie (1581), der Vereenigde Oost-Indische Compagnie VOC (1602) und der Holländisch-Westindischen Kompanie WIC (1621) den internationalen Warenaustausch mit Rohstoffen und Gütern noch beförderten.

Im Bereich des *Kredit- und Finanzwesens* ist eine Institutionalisierung von rechtlich legitimierten Banken, so z. B. 1401 in Barcelona, 1408 in Genua, 1462 in Perugia und 1587 in Venedig zu beobachten. Die Ausweitung der Aufgaben im Kreditgeschäft führten 1609 zur Gründung der Amsterdamer Wisselbank, 1619 zur Eröffnung der Hamburger Bank sowie 1694 zur ersten, als Aktiengesellschaft gegründeten Notenbank, der Bank of England (vgl. Pohl/Jachmich 1993, 17 ff.). Erste Börsen lassen sich bereits im 14. Jahrhundert in den italienischen Städten Pisa, Genua, Venedig und Florenz nachweisen. Es folgten eine Vielzahl weiterer, z. B. in Brügge (1409), Antwerpen (1460) und Amsterdam (1530), London (1554), Köln (1566), Berlin (1716) und 1772 in New York (vgl. Braudel 1986, 99). An die Stelle des einfachen Schuldscheins, der einen Zahlungsaufschub zwischen konkreten Personen regelte, waren bereits seit dem 12. Jahrhundert frühe Formen des Wechsels getreten, aus denen sich im Spätmittelalter komplexe Rechtskonstruktionen der vorrangig unter Kaufleuten praktizierten Übertragbarkeit von Verbindlichkeiten ergaben (vgl. Denzel/Löhnig 2021).

Technische Innovationen, insbesondere im Bergbau und dem Metallgewerbe, haben dazu beigetragen, dass eine Vielzahl neuer Abbaugebiete innerhalb Europas erschlossen wurden. Größere Mengen an Roheisen konnten durch neue und weiter in die Tiefe gehende Stollen- und Schachtkonstruktionen sowie verbesserte Verfahren zum Abpumpen von Grubenwasser und zur Gewinnung von Kupfer und Eisen durch Hochofenbetriebe gewonnen werden. Gesteigert wurden auch die Abbaumengen von Silber, Erz, Kohle und sonstigen Rohstoffen (vgl. Niemann 2009 50 f.). So stieg z. B. die englische Kohleproduktion

> »im 16. und 17. Jahrhundert von 200.000 t auf 3.000.000 t jährlich an. Damit wurde nicht nur der durch die Holzverknappung drohende Energieengpass der englischen Wirtschaft behoben, sondern es entstanden darüber hinaus erhebliche Kopplungseffekte für andere Bereiche des englischen Gewerbes wie den Eisenbergbau und die Eisenverhüttung. Beim Regierungsantritt von Charles I. (1625) gab es bereits 100 Gebläsehochöfen in England, die jährlich 25.000 t produzierten« (Niemann 2009, 53).

Der Übergang ins Zeitalter der industriellen Revolution des 18. Jahrhunderts ist geprägt durch steigende Geburtenraten, einer erheblichen Verbesserung der Einkommens- und Ernährungslage, einem Anstieg der Agrarproduktion, einem Rückgang der Sterblichkeitsrate sowie einer nochmaligen Steigerung der Produktivität (vgl. Niemann 2006, 67). Die Kennzeichen dieser Entwicklung »bestanden in der Verlagerung der Produktionsfaktoren (Kapital und Arbeit) vom primären zum sekundären oder tertiären Sektor [H. i. O.], in der zunehmenden Bedeutung der Investitionsgüter gegenüber den Konsumgütern und der Massenproduktion gegenüber dem Luxusgewerbe sowie in der Verlagerung der Produktionsstätten vom Lande in die Stadt« (Niemann 2006, 68).

Es war insbesondere England, das bereits in der frühen Neuzeit des 18. Jahrhunderts zu den führenden Wirtschaftsländern Europas zählte. Durch eine Steigerung der landwirtschaftlichen Produktivität war es gelungen, eine Vielzahl von Arbeitskräften freizusetzen, die insbesondere in den Kohle- und Eisenbergwerken tätig wurden. Hinzu kamen gut funktionierende Verwaltungsstrukturen, eine rechtsstaatliche Sicherung von Eigentumsrechten sowie eine im europäischen Vergleich deutlich früher erfolgende Auflösung des Zunftwesens mit der Folge, dass qualifizierte Handwerker und Fachkräfte zur Verfügung standen (vgl. Dülmen v. 2005, 90 ff.). Hinzu kamen eine fortschreitende Urbanisierung, die Auflösung feudaler Ständestrukturen, eine zunehmende Technisierung bei räumlicher und zeitlicher Trennung von Erwerbsarbeit, Familie und Freizeit, ein rasanter Ausbau der Kommunikationsverbindungen (Telefon, Telegraf) und Transportwege (Eisenbahn, Dampfschiffe).

> »Während bisher eher Güter des Luxusbedarfs über weite Strecken transportiert wurden, weil sie entweder im Absatzgebiet keine Konkurrenzprodukte hatten (etwa Gewürze oder Gold) oder weil ihr Stückwert so hoch waren, dass die Transportkosten tragbar blieben (etwa mechanische Uhren), begann man nun, Güter des täglichen Bedarfs wie Getreide um

die Welt zu transportieren. Der Außenhandel von Ländern hatte damit erstmals direkte Auswirkungen auf die Lebensverhältnisse der einfachen Leute« (Wolf 2014, 11 f.).

Im Bereich des *Währungs- und Finanzsystems* lassen sich in ähnlicher Weise Formen einer zunehmenden Internationalisierung und Vernetzung bei gleichzeitiger staatlicher Regulierung aufzeigen. Banknoten ersetzten als gesetzliche Zahlungsmittel zunehmend die bisher üblichen Silber- und Goldwährungen. Durch die Einführung des Goldstandards wurde sichergestellt, dass die Banken über Sicherungsreserven verfügten und der Währungsordnung eine entsprechende Golddeckung gegenüberstand. Hinzu kam, dass die geldausgebenden Notenbanken einer staatlichen Kontrolle unterlagen. Banken wurden zu Kapitalgebern zur Förderung von unternehmerischen Investitionen, zur Finanzierung von Infrastrukturmaßnahmen in den Bereichen Straßen-, Kanal- und Eisenbahnbau sowie zur Vergabe von Staatsanleihen zur Deckung von Haushaltslücken oder zur Finanzierung von Großprojekten. Der Ausbau des Sparkassenwesens ermöglichte es der Bevölkerung zudem Sparguthaben anzulegen, Zahlungsgeschäfte abzuwickeln und Privatkredite in Anspruch zu nehmen (vgl. Pohl 1993).

Länderübergreifend ist festzuhalten, dass bis zum Ende des 19. Jahrhunderts die globale wirtschaftliche Entwicklung entscheidend von Europa bestimmt wurde.

> »Dies gilt gleichermaßen für die Produktion wie für den Handel. Auf Großbritannien entfielen 1800 erst 4,3 % der gesamten Industrieproduktion in der Welt, 1830 bereits 9,5 % und 1860 19,9 %. Europa insgesamt stellte 1830 ⅓ der gesamten Weltindustrieproduktion her, und es konnte seinen Anteil in den folgenden Jahrzehnten ständig steigern: 1860 waren es schon über 50 % und 1900 bereits 62 %« (Niemann 2009, 93).

Kritisch ist hervorzuheben, dass insbesondere das 19. Jahrhundert und auch noch die erste Hälfte des 20. Jahrhunderts als ein Zeitalter des Imperialismus, der Kolonialisierung und Enteignung, der Willkürherrschaft und der gewaltsamen Unterdrückung von Staaten, der Sklavenhaltung und der ökonomischen Ausbeutung zu kennzeichnen ist (vgl. Williams 2021). Gerade durch die enge Verknüpfung von staatlicher Macht (Gesetze, Subventionen, Zölle, Importbeschränkungen) und Kapital der Unternehmer, Industriellen und Handelskonsortien konnte es zu einem westeuropäisch geprägten Modell der Industrienationen kommen, das auf Lohnarbeit und verbrieften Rechten und Pflichten beruhte. Die in Europa zu beobachtenden Prozesse der Technisierung, der Erweiterung von Verkehrsinfrastrukturen bei gleichzeitiger drastischer Reduktion der Transaktionskosten sowie die Mobilisierung der Arbeiterschaft zur Stärkung ihrer Rechte haben nach Beckert zu einer globalen Verlagerung des Anbaus, der Verarbeitung und des Vertriebs z. B. von Baumwolle und ihrer Endprodukte in die ärmsten Regionen der Welt beigetragen. Hier konnten Produktionsbedingungen erzwungen werden, die der Logik des Kapitalismus nach Profitmaximierung entsprachen. Ähnliche Entwicklungen lassen sich bei der Tabakherstellung und dem Zuckerrohranbau in den eroberten und neu erschlossenen Kolonien nachweisen (vgl. Beckert 2019, 391).

4.1.3 Globalisierung und Weltwirtschaft: Entgrenzung, Vernetzung und Verdichtung

Die erste Weltwirtschaftskrise 1857 bis 1859

Am 24. August 1857 trat der Präsident der in Cincinnati ansässigen Bank Ohio Life Insurance and Trust Company, Charles Stetson, vor die Presse: »Ich habe die unangenehme Pflicht Ihnen mitzuteilen, dass die Bank ihre Zahlungen ausgesetzt hat. Dieses Ereignis ist darauf zurückzuführen, dass aktuell einige Schuldner nicht in der Lage sind, ihre Kredite zurückzuzahlen. Zugleich ist zu betonen, dass das Grundkapital des Unternehmens in Höhe von 2 Millionen US-Dollar gesichert und solide ist. Die möglicherweise auftretenden Verluste beziehen sich ausschließlich auf verpfändete Wertpapiere, die mit den oben genannten Krediten in Zusammenhang stehen« (übersetzt aus Spiegelman 1948, 253).

Trotz dieser beschwichtigenden Worte kam es in nur wenigen Stunden zu einem Flächenbrand von Panikverkäufen und Kursverlusten auf dem Aktienmarkt. Einlagen wurden abgehoben, Banknoten in Edelmetalle getauscht und Aktien im großen Stil veräußert. Der Vertrauensverlust, den die Ohio Life Insurance and Trust Company verursachte, war gewaltig. Innerhalb von 24 Stunden mussten in New York 32 von 33 Banken ihre Schalter schließen (vgl. Rosenberg 1974, 121). In den folgenden Wochen erhöhte sich in New York die Zahl auf 62 von insgesamt 63 Banken (Evans 1859, 63). Am Ende der Krise 1859 gab es allein in den USA nach aktuellen Schätzungen über 6000 Konkurse. Vergleichbare Zahlen nennt auch David Morier Evans, der in seiner Studie von 1859 zu dem Ergebnis kommt, dass allein in den USA und Kanada der Rezession bis zum Ende des Jahres 5123 Unternehmen mit Gesamtverbindlichkeiten von 291 Millionen Dollar zum Opfer fielen (vgl. Evans 1859, 34). Landesweit mussten 1415 Banken ihre Barzahlungen einstellen (Rosenberg 1974, 121; Zöttl 2023). Im Durchschnitt konnte auf den Aktienmärkten ein Wertverlust von 66 Prozent ermittelt werden. Kapitalvermögen in Höhe von geschätzt 300 Millionen Dollar waren vernichtet (vgl. Roth 2009, 249).

Sucht man nach den Gründen für die Entstehung der Krise, die als Western Blizzard in die Geschichte einging, so wird deutlich, dass es sich um ein komplexes Zusammenspiel zwischen Entwicklungen in der Landwirtschaft, dem Transportwesen, dem Börsenhandel und den neuen Kommunikationstechnologien handelte. Vorausgegangen waren in den Jahren 1849 bis 1856 als Folge der Erschließung neuer Gold- und Silbervorkommen in Kalifornien, Australien und Mexiko eine Ausweitung der Geldmenge und des Kreditvolumens sowie eine Expansion von Gründungen im Bankwesen und den Aktiengesellschaften. Hinzu kamen ein rasanter Ausbau des Transportwesens, die Ausweitung der (Überland-)Telegrafie sowie ein beträchtliches Wirtschaftswachstum (vgl. Roth 2009, 247). Zugleich basierte die Vielzahl der Unternehmensgründungen, vor dem Hintergrund der Renditeerwartungen, zu erheblichen Teilen auf Krediten, oftmals ohne genaue Bonitätsprüfung (vgl. Schmidt 2009).

Veränderungen von Angebot und Nachfrage in der *landwirtschaftlichen Produktion* hatten dazu beigetragen, dass nach dem Krimkrieg (1853–1856) die russischen Bauern verstärkt ihr Getreide auf dem europäischen Markt anboten. Dies wiederum hatte zur Folge, dass die amerikanischen Farmer ihre Getreideernte nicht mehr in den entsprechenden Mengen und zu akzeptablen Preisen auf dem europäischen Markt absetzen konnten. Die Weltmarktpreise für Getreide fielen von 2,19 Dollar pro Büschel auf 80 Cent (vgl. König 2017, 22). Durch den Einbruch des Exports kam es zu einem beträchtlichen Handelsbilanzdefizit. Öffentliche und private Investitionsvorhaben wurden zurückgestellt, Farmer konnten ihren Schuldverpflichtungen nicht mehr nachkommen und im Transport- und Verkehrswesen fehlten die Aufträge (vgl. Hiller 2008). Erschwerend kam hinzu, dass auch die Einwanderungszahlen in den USA deutlich zurückgingen. Dies wiederum hatte zur Folge, dass die Grundstücks- und Immobilienpreise mangels Nachfrage drastisch an Wert verloren.

Im Bereich des *Verkehrswesens* war es in den Jahren zuvor zu einer enormen Ausdehnung des Eisenbahnbaus gekommen. »Zwischen 1848 und 1855 verdreifachte sich die Länge des europäischen und nordamerikanischen Eisenbahnnetzes: von 26.014 auf 71.519 Kilometer. Entlang der Strecken wuchsen Städte: Milwaukee, Detroit, Cleveland. Cincinnati, eben noch ein Dorf, mauserte sich zu einer Stadt mit 115.000 Einwohnern« (Zöttl 2023). Von dieser Entwicklung profitierte der Handel durch eine Reduzierung der Transportkosten und erheblichen Zeitgewinnen. Auch die Zulieferindustrie, insbesondere der Kohlebergbau, die Eisen- und Stahlindustrie mit ihren Hüttenwerken und der Maschinenbau boomten. Mit Einbruch der Rezession kam es zu einem massenhaften Verkauf von Eisenbahnaktien. Es fielen nicht nur die Aktienkurse, sondern den Eisenbahngesellschaften fehlte bei gleichzeitigem Rückgang der Auftragslage das nötige Kapital. Sie verloren ihre Kreditwürdigkeit. In kurzer Zeit mussten 14 große Eisenbahngesellschaften Konkurs anmelden.

Um den *Banken- und Kreditsektor* New Yorks in dieser Krise mit neuen Goldreserven zu versorgen, wurde der Schaufelraddampfer SS Central America mit drei Tonnen Gold aus den Minen Kaliforniens beladen. Das Schiff sank während eines Hurrikans am 12. September 1857 vor der Küste von South Carolina und riss 426 Menschen mit in den Tod (vgl. Schmidt 2009). In der Folge stürmten am 13. Oktober 1857 über 20.000 Bürgerinnen und Bürger New Yorks die Banken der Stadt und forderten vergeblich die Auszahlung ihrer Spargutgaben. »Allein zwischen dem 25. und dem 29. September 1857 brachen in vier Bundesstaaten 185 Banken zusammen« (Plumpe 2017, 59; Evans 1859, 34). Die Telegrafie trug dazu bei, dass sich diese Nachricht in Windeseile über alle Kontinente verbreitete und damit einen Dominoeffekt von Panikverkäufen ausgelöst wurde.

In einigen Veröffentlichungen wird für den entstandenen Flächenbrand der Jahre 1857 bis 1859 ein Bankangestellter der Ohio Life Insurance verantwortlich gemacht, Edwin C. Ludlow. Dieser hatte große Summen des Bankvermögens in Agrar- und Eisenbahnaktien investiert. In waghalsigen Spekulationen investierte Ludlow über fünf Millionen Dollar in Aktiengeschäfte, dessen Geld er sich bei anderen Banken leihen musste, da der eigene Barbestand der Ohio Life nicht ausreichte. Hierbei überschritt er das Grundkapital der Bank in Höhe von zwei Millionen Dollar um das 2,5-fache mit der Folge, dass bei einem Kurssturz unmittelbar die Zahlungsunfähigkeit folgen musste. Neuere Studien belegen zwar, dass Ludlow eigenmächtig beträchtliche Summen in Agrar- und Eisenbahngeschäfte investierte. Ob er allerdings in betrügerischer Absicht zur persönlichen Bereicherung agiert hat, bleibt strittig (vgl. Calomiris/Schweikart 2009, 817f.). Zu vermuten ist eher, dass der seit Jahren zu beobachtende Boom von Wirtschaft und Finanzwesen zu riskanten Transaktionsgeschäften verführte und damit die Ohio Life Insurance and Trust Company spätestens seit 1855 in Zahlungsschwierigkeiten geriet. Ludlow wurde die schwierige Aufgabe übertragen, die Zahlungsfähigkeit der Bank weiterhin zu gewährleisten mit der Folge, dass er, durchaus in Teilbereichen mit Wissen des Managements, fragwürdige und immer riskantere Finanztransaktionen abschloss (vgl. Riddiough/Thompson 2018). Die Parallelen zur Finanzkrise 2007 bis 2009 liegen auf der Hand.

Unstrittig ist, dass die Krise mit einigen Monaten Verzögerung auch in den anderen europäischen und außereuropäischen Ländern (Brasilien, Argentinien, Uruguay) spürbar wurde. Der Zerfall der Preise von Getreide und Baumwolle brachte viele Handelshäuser und Kaufleute in Schwierigkeiten. Vor dem Hintergrund der hohen Gewinnerwartungen hatten diese in großen Mengen Waren geordert und über Kredite finanziert. In Deutschland, insbesondere in Hamburg, stagnierte nun der Absatz von Handels- und Kolonialwaren. Mangels Nachfrage waren die Lager im Hamburger Hafen überfüllt (vgl. Hiller 2008). Schätzungen gehen davon aus, dass Handelswaren im Gesamtwert von 500 Millionen Mark unverkäuflich in den Speichern vergammelten (vgl. Uchatius 2007). Hierzu gehörten u. a. Kaffee, Zucker, Getreide und Stoffe. Erschwerend kam hinzu, dass die Handelshäuser auf ihren Wechseln sitzen blieben, da die Schuldner ihren Zahlungsverpflichtungen nicht mehr nachkommen konnten (vgl. Seils 2009). Zugleich stiegen die Zinsen mit der Folge, dass zusätzliche Kredite zur Zwischenfinanzierung keine Option waren. Allein in der Zeit »vom 2. bis 5. Dezember 1857 stellten 100 Handelshäuser ihre Zahlungen ein« (Plumpe 2017, 61). Hierzu gehörten auch berühmte Handelsunternehmen wie Uhlberg & Craniér und die Firma Chr. Matth. Schröder & Co. (vgl. Ahrens 1986, 50ff.).

So schnell wie die Krise begann, so schnell war sie auch wieder eingedämmt. Durch Silberanleihen des österreichischen Staates, die bei der Hamburger Bank als Sicherheit hinterlegt wurden, konnte das Vertrauen der Kundinnen und Kunden zurückgewonnen werden. Darüber hinaus beförderte die weltweit weiter fortschreitende Industrialisierung sowohl die Produktion als auch die Nachfrage mit der Folge, dass es vielen Unternehmen gelang, mit einer gewissen Zeitverzögerung ihren Zahlungsverpflichtungen wieder nachzukommen und profitabel zu wirtschaften. Positiv formuliert hatte die Krise zu einer gewissen Marktbereinigung beigetragen und den Nationalstaaten verdeutlicht, dass bestimmte Mechanismen zur Regulierung des Banken- und Finanzsektors sowie zur Unternehmensförderung zwingend erforderlich waren.

Globalisierung – Was ist gemeint?

Auch wenn in der Literatur von der ersten Weltwirtschaftskrise die Rede ist, so fällt es auf den ersten Blick schwer deutlich zu machen, worin denn die Unterschiede zu den reichs- und stadtübergreifenden Fernhandelsbeziehungen der frühen Hochkulturen, des Mittelalters und der Neuzeit liegen. Auch in diesen Epochen gab es bereits ein weit verzweigtes Netz von Handelskontakten zum Güteraustausch, die hochgradig mit der damals bekannten Welt in nah und fern vernetzt waren. Dennoch scheint sich die zeitgenössische Wahrnehmung verändert zu haben. So kommt der damalige Chefredakteur (Ressort Volkswirtschaft) der National-Zeitung und spätere Abgeordnete des Preußischen Abgeordnetenhauses Otto Michaelis (1826–1890) zu dem Ergebnis:

> »Die Krise von 1857 unterscheidet sich von allen ihren Vorgängerinnen dadurch, dass sie ganz allgemein auftrat, während die früheren nur einzelne Nationen betrafen und auf die übrigen lediglich schwächere oder stärkere Rückwirkungen [aus]übten. [...] in allen den lokalen Motiven, welche einen ziemlich gleichzeitigen Ausbruch verursachten, liegt ein gemeinsamer Zug, ein welthistorischer Zusammenhang. In der Historie der Weltwirtschaft [...] müssen wir diese allgemeinen Ursachen aufsuchen, bei allen Nationen die Fäden verfolgen, welche sich zu dem grossen Netze verstrickten« (Michaelis 1873, 240f.).

Was Michaelis als welthistorischen Zusammenhang deutet, wird alltagssprachlich als Globalisierung bezeichnet. Zu den entscheidenden Aspekten gehören ein hoher Grad weltumspannender Ausdehnung, eine massive Häufung, Verdichtung und Beschleunigung der Transaktionen sowie eine vielschichtige Vernetzung und gegenseitige Abhängigkeit bei gleichzeitiger Entkopplung von nationalstaatlichen Bindungen. Es gibt kaum noch einen Bereich gesellschaftlichen Lebens, der keine transnationalen oder weltumspannenden Bezüge aufweist. Selbst Aufgaben familiärer Erziehung sind geprägt durch Herausforderungen, die die grenzüberschreitende Digitalisierung sowie die Homogenisierung internationaler Bildungs- und Ausbildungsstandards mit sich bringen.

Zu dieser Entwicklung haben insbesondere Veränderungen der Kommunikations- und Informationstechnologie beigetragen. Ereignisse geschehen gleichzeitig oder mit nur geringen Zeitdifferenzen. Aktuelle Beispiele sind der Börsenhandel, die Verbreitung von Nachrichten in den sozialen Medien, die globalen Vernetzungsmöglichkeiten über das Internet und anderen Plattformen in Freizeit und Beruf. Als Folge dieser Entwicklungen steigt die Interaktionsdichte. In wirtschaftlicher Hinsicht konkretisiert sich dies z.B. in der Senkung von Transport- und Kommunikationskosten, im ungehinderten und grenzüberschreitenden Verkehr von Gütern, Dienstleistungen, Kapital, Wissen und Fachkräften, im Ausbau der internationalen Handelsbeziehungen, in einer grenzüberschreitenden Verlagerung der Industrieproduktion sowie in einer Erweiterung und Institutionalisierung von multinationalen/transnationalen Konzernen.

Vor diesem Hintergrund wird die Globalisierung als ein unabgeschlossener und sich fortsetzender Prozess

> »der technisch-ökonomisch beförderten Ausbreitung von Sachverhalten und Gütern über immer mehr Gebiete der Erde [gedeutet]. Globalisierung wird vor allem als Ausdruck des Marktprinzips verstanden und namentlich mit den Folgen der Kommunikationstechnologien auf die Entfaltung der Finanz- und Gütermärkte assoziiert. Möglich wurde die weltumspannende Wirkung von Marktmechanismen infolge technischer Innovationen und des Zugangs von immer mehr Menschen zu den Instrumenten, die Kommunikation und Interaktion in ungeahnter Schnelligkeit über alle Räume hinweg möglich machen« (Kühnhardt 2017, 22).

Bei der Globalisierung des Wirtschaftssystems handelt es sich dann um einen dynamischen Prozess,

> »der die wirtschaftliche Vernetzung der Welt durch den zunehmenden Austausch von Gütern, Dienstleistungen, Kapital und Arbeitskräften vorantreibt, die wirtschaftliche Bedeutung nationaler Grenzen verringert und den internationalen Wettbewerb immer weiter intensiviert, sodass durch das Zusammenwachsen aller wichtigen Teilmärkte die Möglichkeiten internationaler Arbeitsteilung immer intensiver genutzt werden« (Koch 2022, 11).

Empirie der Globalisierung – Güter, Investitionen und Dienstleistungen

Bisher wurde unterstellt, dass es hinreichende empirische Indizien dafür gibt, dass es sich bei der Globalisierung um einen Prozess handelt, der alle gesellschaftlichen Teilbereiche überlagert, wenn auch nicht gänzlich durchdringt. Für das wirtschaftliche Geschehen scheint dies seit Mitte des letzten Jahrhunderts selbstverständlich zu sein. Auf den ersten Blick überzeugen auch die empirischen Befunde, die wir aufgrund der sich ständig ändernden Zahlen hier nur in ihrer Gesamttendenz skizzieren. So hat z. B. der grenzüberschreitende Warenhandel seit 1950 im statistischen Durchschnitt kontinuierlich zugenommen und seit Beginn der 1990er Jahre im Verhältnis zu den Jahrzehnten zuvor in besonders exponierter Weise. Auch das Verhältnis von Weltwarenproduktion und Export belegt einen im Vergleich verstärkten Anstieg (vgl. WTO 2020). Die Zahl transnationaler bzw. multinationaler Unternehmen, gemeint sind Wirtschaftsorganisationen, die über eigene Produktions- und Vertriebszentralen in mehreren Ländern verfügen und weltweite Strategien entwickeln, wächst kontinuierlich auf inzwischen über 80.000 Konzerne mit mehr als 900.000 Tochtergesellschaften und weltweit ca. 77 Millionen Beschäftigen (vgl. UNCTAD 2009, XXI). Bei den internationalen Direktinvestitionen kann ebenfalls in den letzten 30 Jahren ein deutlicher Anstieg beobachtet werden. Aktuellen Schätzungen zufolge gehen über 80 Prozent des Welthandels auf multinationale Konzerne zurück (vgl. UNCTAD 2013, XXII). Zu den größten Global Player gehören der Ölkonzern Royal Dutch Shell, die Autohersteller Toyota und Volkswagen sowie das Technologie und Finanzunternehmen General Electric und die Brauerei Anheuser-Busch.

Eine deutliche Verlagerung und Beschleunigung kann auch auf den Kapital- und Finanzmärkten beobachtet werden. Die neuen Informationstechnologien tragen dazu bei, dass pro Tag enorme Kapitalsummen auf den Aktienmärkten gehandelt werden. Der durchschnittliche Tagesumsatz im Devisenhandel lag im April 2013 bei über fünf Milliarden Dollar (vgl. Langhans/Prochnow 2016, 11). Nimmt man den Zeitraum von 1970 bis Ende der 1990er Jahre in den Blick, so

> »erhöhte sich der Wert der internationalen Bankgeschäfte (Konsumentenkredite, Geschäftskredite usw.) exponentiell von 6 % des Welt-BIP im Jahr 1972 auf fast 40 % Ende der 1990er Jahre. [...] Insgesamt erhöhten sich die Auslandsvermögen sowie die internationalen Direkt- und Portfolioinvestitionen von 1970 bis zur Mitte der 2000er Jahre von 20 % auf 140 % des BIP und verzeichneten somit eine wesentlich stärkere und schnellere Entwicklung als der internationale Handel, der im gleichen Zeitraum von rd. 30 % auf 50 % des Welt-BIP stieg« (Huwart/Verdier 2014, 60).

Selbst bei den hier sehr selektiv ausgewählten Daten handelt es sich bereits um beeindruckende Zahlen, die allerdings in den Gesamtkontext des wirtschaftlichen Geschehens einzuordnen und nach geographischen Schwerpunktregionen zu systematisieren sind. Dann wird deutlich, dass multinational oder transnational mit weltweit oder global nicht allzu viel zu tun hat. Die Unternehmensaktivitäten sind zwar länderübergreifend ausgerichtet und insofern international, sie fokussieren sich allerdings auf sehr begrenzte Regionen der Welt wie Europa, Asien und Nordamerika (OECD-Länder). Schwellen- und Entwicklungsländer profitieren von der Transnationalität eher weniger. Ordnet man die weltweiten Importe und Exporte in den Kategorien Güter, Direktinvestitionen und Dienstleistungen einzelnen Ländern zu, so wird in der Summe deutlich, dass »derzeit etwa vier Fünftel der wichtigsten Globalisierungsaktivitäten auf 25 Länder und damit nur etwa 12 % aller Länder (von insgesamt ca. 210) und knapp 90 % auf nur 20 % aller Länder […] [fallen]« (Koch 2017, 10).

Weiterhin ist die Anzahl der Unternehmen, die direkte internationale Beziehungen pflegen, in Relation zu setzen zur Gesamtzahl der Unternehmen. Im Rahmen einer Studie zur Globalisierung der Wirtschaft im Auftrag der OECD kommen Huwart und Verdier zu dem Ergebnis, dass dieser Anteil bei durchschnittlich 20 Prozent liegt (vgl. Huwart/Verdier 2014, 4, 65). Überschätzt wird auch die Bedeutung und die Macht großer multinationaler Unternehmen (MNU) am weltweiten Handel. Nach einer Studie der United Nations Conference on Trade and Development aus dem Jahr 2013 werden von den 100 größten MNU 9,3 Prozent aller ausländischen Direktinvestitionen und ca. 21 Prozent des weltweiten Umsatzes realisiert (vgl. UNCTAD 2013, 23). Zwar kann auch hier ein kontinuierlicher Anstieg der letzten Jahrzehnte beobachtet werden, aber die Bedeutung kleinerer mittelständiger Unternehmen ist am Gesamtvolumen deutlich höher zu werten.

Darüber hinaus ist zu berücksichtigen, dass es erhebliche branchen- (bspw. Digital Economy) und regionalspezifische Unterschiede in der Entwicklung gibt (vgl. UNCTAD 2017). Vergleicht man das Wachstum der letzten Jahrzehnte miteinander, so wird deutlich, dass der Anteil ausländischer Direktinvestitionen (FDI, Foreign Direct Investment) seit 2008 ein anämisches Wachstum aufweist. Bereinigt um Schwankungen, die durch einmalige Faktoren wie Steuerreformen, Megadeals und volatile Finanzströme verursacht wurden, betrug das durchschnittliche Wachstum in diesem Jahrzehnt nur noch ein Prozent pro Jahr, verglichen mit acht Prozent in den Jahren 2000 bis 2007 und mit mehr als 20 Prozent vor 2000 (vgl. UNCTAD 2019, 5). Fasst man die empirischen Befunde in ihrer Gesamtausrichtung zusammen, so lassen sich folgende Trends und Auswirkungen einer (wirtschaftlichen) Globalisierung identifizieren:

- Die empirischen Daten bestätigen übereinstimmend, dass sich das transnationale Wirtschaftsgeschehen vorrangig auf den Waren- und Finanzhandel konzentriert und auf bestimmte geographische Räume, den sog. OECD-Ländern, fokussiert. Der Dienstleistungssektor ist in Relation deutlich unterrepräsentiert. Besondere Steigerungsraten lassen sich lediglich in bestimmten Branchensegmenten (Transport-, Versicherungswesen, internationale Kommunikations- und Informationsnetze, Datenmanagement, Forschung) erkennen, die zum Teil eng an den

Warenhandel gekoppelt sind. Diese Entwicklung ist erwartbar, da viele Produkte des Dienstleistungssektors entweder aus immateriellen Gütern bestehen oder stark regional und nationalstaatlich geprägt sind (Bildung, Gesundheit, öffentlicher Nahverkehr, Energie).
- Die ökonomisch bedingte Arbeitsmigration hat in den letzten Jahrzehnten deutlich zugenommen, beschränkt sich hier allerdings vorrangig auf Wanderungsbewegungen in die Industrieländer.
- Trotz der regionalen Konzentration der Außenhandelsbeziehungen auf die Industrieländer kann generell festgestellt werden, dass auch die aufstrebenden Volkswirtschaften der meisten Schwellen- und Entwicklungsländer von der ökonomischen Internationalisierung in vielerlei Hinsicht profitiert haben. So kann z. B. insbesondere der Handel zwischen den asiatischen Ländern deutliche Zuwachsraten verzeichnen. Die Verlagerung der Produktionsstätten ins Ausland hat trotz der weiterhin zu kritisierenden Arbeitsbedingungen und Umweltbelastungen in der Gesamttendenz zur Verbesserung der Lebenslagen, der Bildungs- und Ausbildungsbedingungen beigetragen. Zugleich ist allerdings auch festzuhalten, dass der generelle Trend des globalen Wirtschaftswachstums mit erheblichen sozialen Verwerfungen und erwerbsmäßiger Ausbeutung einhergeht, die sich auf ganze Kontinente (Afrika) oder große Regionen (Länder Mittel- und Südamerikas, Teile des Ostblocks, Westasien) der Welt beziehen.
- Weiterhin belegen politikwissenschaftliche Analysen, dass zwar die Ströme von Waren, Kapital, Technologien, Dienstleistungen und Arbeitskräften weitestgehend entkoppelt von nationalstaatlichen Grenzen verlaufen, d. h. allerdings nicht, dass nationale Regierungen und deren transnationale Verbünde an Bedeutung verlieren. Das Gegenteil ist der Fall. Internationale Organisationen (Welthandelsorganisation, Europäische Union), überstaatliche Rechtsordnungen und transnationale Akteure (Greenpeace, Amnesty International) definieren Standards des Wirtschaftsgeschehens in Bereichen der Produktion, Erwerbsarbeit, des Transportwesens und vieles andere mehr (Internetregulierung, Menschenrechtspolitik), an denen sich Unternehmen und nationale Regierungen schon aus Gründen wirtschaftlichen Eigeninteresses zu orientieren haben (Bernauer u. a. 2018, 489 ff.).

4.1.4 Ungelöste Probleme: Verteilungsgerechtigkeit und Externalisierung

Die weltweite Ausdehnung marktwirtschaftlicher Strukturen scheint trotz aller Kritik alternativlos zu sein. Spätestens seit der deutschen Wiedervereinigung 1990 und dem Zerfall der planwirtschaftlich organisierten Ostblockstaaten fehlt ein realistisches Gegenmodell. Der grenzüberschreitende Kapitalismus, dessen Grundsätze auf der Sicherung individueller Eigentumsrechte, freien Märkten und Preisen, Wettbewerb, Profitorientierung, Investitions- und Innovationsbereitschaft sowie einem freien Kredit- und Finanzwesen beruht, hat sich in unterschiedlichsten Varianten durchgesetzt.

Auch im historischen Rekurs sind die Belege kapitalistischen Wirtschaftens als »Erfolgsmodell zur Wohlstandsmehrung« breiter Schichten der Bevölkerung in der Gesamtschau bestechend einleuchtend. Deutlich wird aber auch, dass »der Kapitalismus aus sich heraus wenig Widerstand gegen inhumane Verwendung enthält, aber unter rechtlich-politischer Beschränkung und Steuerung dazu fähig ist« (Kocka 2017, 59). Diese Aussage wird auch empirisch bestätigt. So lässt sich zeigen, dass kapitalistische Formen des Wirtschaftens im Kontext einer sich industrialisierenden Weltgesellschaft bei gleichzeitiger politischer Regulierung zu einer kontinuierlichen Steigerung und Differenzierung der Konsumgütermenge sowie zu einer im Durchschnitt stetig steigenden Wohlstandsmehrung bei gleichzeitiger Zunahme des Energie- und Ressourcenverbrauchs führen. Je nach politischer Entwicklung geht mit diesen Dynamiken i. d. R. eine Stärkung individueller Freiheitsrechte, mehr Rechtssicherheit sowie eine Verbesserung der Lebensbedingungen einher. Diese Steigerungen des Lebensstandards haben zur Vertrauensbildung in politische Strukturen sowie zur Konfliktregulierung beigetragen (vgl. Hesse/Teupe 2019, 213 ff.).

Zugleich nahmen allerdings auch die sozialen Unterschiede stetig zu. In allen kapitalistischen Gesellschaften steigen die Einkommen und Vermögen der wenigen Reichen prozentual gegenüber den abhängig Beschäftigten und sonstigen Erwerbstätigen deutlich stärker an und es stellt sich die Frage, ob diese Einkommens- und Vermögensunterschiede gerechtfertigt sind. Die Befürworterinnen und Befürworter einer freien Marktwirtschaft weisen darauf hin, dass eine kapitalistische Wirtschaftsform soziale Ungleichheiten zwingend voraussetzen. Freiheit und Ungleichheit korrelieren miteinander und bilden den Nährboden zur Aktivierung der Antriebskräfte wirtschaftlichen und risikobehafteten Handelns.

Demgegenüber weisen die Kritikerinnen und Kritiker darauf hin, dass sich in den letzten zwei Jahrhunderten erst durch die Intervention des Staates und durch die Ausbildung eines regulierenden Wohlfahrtsstaates eine breite soziale Akzeptanz für (moderate) Formen sozialer Ungleichheit herausgebildet haben. Ursächlich hierfür sind Arbeitskämpfe, Arbeiterbewegungen und Tarifverhandlungen, Einflüsse von Gewerkschaften, Parteien, Verbänden und Protestbewegungen sowie die Interventionsmacht des Staates. Es sind gerade die vielfaltigen sozialen Probleme und Verwerfungen, die die Eigendynamik des Kapitalismus in seine Schranken gewiesen haben. Zugleich hat sich dieser aber auch als anpassungsfähig und flexibel erwiesen und lebt insofern »von seiner sozialen, kulturellen und politischen Einbettung, so sehr er sie auch gleichzeitig bedroht und zersetzt« (Kocka 2017, 128).

Soziale Ungleichheit und Verteilungsgerechtigkeit – national und transnational

Die Einbettung kapitalistischen Wirtschaftens basiert in den meisten westeuropäischen Staaten auf Sozialstaatsprinzipien, die sich in Deutschland in den Artikeln 20 Abs. 1 und 28 Abs. 1 des Grundgesetzes konkretisieren. Demnach versteht sich die Bundesrepublik Deutschland als ein demokratischer und sozialer Bundes- und Rechtsstaat. Da sich aus diesen beiden Artikeln des Grundgesetzes keine konkreten

Rechtsansprüche ableiten lassen, werden die Prinzipien des Rechts- und Sozialstaates in Einzelgesetzen näher konkretisiert. Auf der Ebene der sozialen Sicherung bezieht sich dies z. B. auf Formen des Schutzes des und der Einzelnen bei Krankheit, auf die Absicherung im Alter, den Schutz vor Invalidität und Arbeitslosigkeit sowie die Sicherung des Existenzminimums. Das Grundprinzip sozialer Gerechtigkeit konkretisiert sich auf der Ebene des Rechtsstaates, z. B. im Arbeitsrecht, im Mietrecht sowie in den Verbrauchergesetzen. Darüber hinaus auch in Leistungsgesetzen, die der Umverteilung und Daseinsvorsorge dienen.

Faktisch basieren diese und vergleichbare Gesetze auf normativ-kulturellen Konsensen, die durch die marktwirtschaftliche Wirtschaftsform aus sich heraus nicht erbracht werden können. Einigkeit besteht darüber, dass es bei Verteilungsunterschieden nicht darum geht, eine generelle Einkommens- und Vermögensgleichheit, geschweige denn eine Gleichheit in der Verteilung von Gütern, Lebenschancen und Lebensverhältnisse zu erreichen. Dieses Modell hätte sozialistische Züge und hat sich empirisch als nicht tragfähig erwiesen. Im Vordergrund steht daher auf nationaler Ebene auch nicht die Abschaffung der Ungleichheit, sondern die Klärung der Frage, wie gerechtfertigt, also wie wirtschaftlich und sozial fair Formen von Ungleichheit sind. Die Aufgabe des Sozialstaates ist es dann, »alle illegitimen Ungleichheitsursachen, mögen sie in der Natur, in der sozialen Herkunft oder den Verteilungsergebnissen des Marktes wirksam werden, durch kompensatorische Transferzahlungen zu neutralisieren« (Kersting 2011, 262).

Auf der Ebene der Verteilungsergebnisse des Marktes und der Transferzahlungen konkretisieren sich die aktuellen Debatten z. B. in Fragen der Einkommensungleichheit zwischen Managerinnen, Managern und Normalverdienern, in der Anerkennung von Mindestrenten bei entsprechender Erwerbstätigkeit oder in den vielfältigen Formen staatlicher Unterstützung von Bevölkerungsgruppen, die bei der Erfüllung wichtiger gesellschaftlicher Aufgaben wie z. B. der Kindererziehung gesellschaftserhaltende Aufgaben jenseits von Markt und Staat erbringen. Konsens besteht auch darüber, dass einer erbrachten und anerkannten Leistung eine angemessene, i. d. R. finanzielle Gegenleistung gegenüberstehen soll. Kann die Wirtschaft selbst diese Gegenleistung nicht oder nicht in vollem Umfange erbringen, dann haben Leistungen des (Wohlfahrts-)Staates dieses Äquivalent zu schaffen (Mutterschutz, Elternzeit). Diese Prinzipien von Leistungs- und Verteilungsgerechtigkeit orientieren sich allerdings weiterhin an normativen Kriterien wirtschaftlicher Leistung. Wer im Bereich der Erwerbstätigkeit viel leistet und eine hohe Verantwortung mit entsprechenden Risiken trägt, so die vielfach vertretene Auffassung, soll auch mehr verdienen. Wer eine lange Ausbildung absolviert, darf auch als Berufseinsteigerin oder Berufseinsteiger und in der Folge gegenüber dem ungelernten Erwerbstätigen ein höheres Einkommen erzielen. Wer viele Jahre erwerbstätig war, soll im Alter nicht auf Almosen angewiesen sein. Wer erkrankt, soll unabhängig von Geschlecht, Herkunft, Alter, Religion und Einkommen die gleiche gesundheitliche Versorgung erhalten. Wer im Schul- und Bildungssystem über besondere Fähigkeiten verfügt, wird über die Notengebung in besonderer Weise einer sozialen Gruppierung in Abgrenzung zu anderen zugeordnet. An diesen wenigen Beispielen wird deutlich, dass es in vielen Ländern eine hohe soziale Akzeptanz hinsichtlich des Prinzips sozialer Ungleichheit gibt. Dies ändert jedoch nichts daran, dass die Frage nach den Kriterien, die soziale Ungleichheit und soziale Ausgleichsleistungen rechtfertigen sollen, eines ständigen Diskurses bedürfen.

Ein anderer Aspekt wird als *Ökonomisierung der Lebenswelten* bezeichnet. Damit ist gemeint, dass immer mehr Bereiche des Lebens Kriterien der Vermarktlichung, d. h. dem Wettbewerbs- und Profitprinzip unterworfen werden. Soziale Dienstleistungen müssen sich rechnen. So unterliegen z. B. Krankenhäuser, Alten- und Pflegeheime sowie Einrichtungen der Kinder- und Jugendhilfe zunehmend strengen Kriterien der Effektivität und Effizienz. Ein anderer Fall zeigt sich im Bereich der wissenschaftlichen Grundlagenforschung in der Pharma-Industrie. Diese orientiert sich an einer zu erwartenden Nachfrage mit der Folge, dass sich Impfstoff- und Medikamentenentwicklungen rechnen müssen. Vorsorge, so die Autoren Kaube und Müller-Jung am Beispiel der Sars-Epidemie, »ist ein lausiges Geschäftsmodell, wenn es um steigende Margen und Aktienkurse geht« (Kaube/Müller-Jung 2020, o. S.).

Diese Durchdringung des Profitprinzips in vielen Lebensbereichen wird kontrovers diskutiert. Soziologinnen und Soziologen weisen darauf hin, dass es insbesondere im Bereich der sozialen Dienstleistungserbringung zu einer Umkehr von Primär- und Sekundärziel kommt. Ein Krankenhaus ist der Wiederherstellung der Gesundheit verpflichtet und hat im Kern nach der Devise »Koste es, was es wolle! Der genesende Mensch steht im Mittelpunkt.« zu verfahren. Auf sekundärer Ebene sind dann auch die Kosten von Relevanz, bei denen ein möglichst optimales Verhältnis von Kosten und Nutzen zu erbringen ist. Die Umkehrung der Systemlogik in Richtung Profitmaximierung hat Folgen. Krankenhäuser schließen bei Minderung der Versorgungsqualität der Bevölkerung, finanziell attraktive Operationen werden ohne genaue Prüfung des medizinischen Bedarfs durchgeführt (Rosinenpickmentalität), Pauschalen befördern die Frühentlassung von Patientinnen und Patienten und aus Kostengründen wird am Personal und der Infrastrukturausstattung gespart. Auch hier war die Corona-Pandemie ein mahnendes Beispiel mit fatalen Folgen für die in Italien, Spanien und den Vereinigten Staaten erkrankten Menschen und die dort tätigen Fachkräfte.

Ähnliche Entwicklungen der Vermarktlichung lassen sich in Arbeitsfeldern der Sozialen Arbeit, in öffentlichen Verwaltungen, in Bildungs-, Erziehungs- und Freizeiteinrichtungen und vielen anderen Branchensegmenten beobachten. Versorgungsqualität wird zunehmend zu einem käuflichen Gut. Wer es sich leisten kann, wählt als Selbstzahler die Privatstation eines Krankenhauses mit entsprechenden Zusatzleistungen. Beziehende hoher Lohngruppen schicken ihre Kinder auf Privatschulen und Internate. Damit schlägt soziale Ungleichheit auf Formen der Grundversorgung durch, die eigentlich allen Menschen in gleicher Form zur Verfügung zu stellen sind.

Auf der Ebene des transnationalen bzw. globalen Kapitalismus, also jenseits der regulativen und intervenierenden Kräfte eines Nationalstaates, stellen sich in diesem Kontext noch grundsätzlichere Fragen. Nimmt man die Einkommens- und Vermögensentwicklung in den Blick, so fallen rein statistisch auch hier erst einmal die positiven Entwicklungen der letzten Jahrzehnte auf. Betrachtet man z. B. die durchschnittliche Armutsentwicklung weltweit, so hat die kapitalistische Wirtschaftsweise dazu beigetragen, dass die Not und Ungleichheit gemindert wurde.

OECD-Studien und auch die Studien der Vereinten Nationen belegen, dass trotz weiterhin wachsender Bevölkerung und regional sehr unterschiedlicher Entwicklungen die Armutsquote zwischen 1990 und 2011 im Durchschnitt deutlich zurückgegangen ist, obwohl auch hier die weltweite Einkommens- und Vermögensungleichzeit zwischen einzelnen Staaten und Bevölkerungsgruppen zugenommen hat (vgl. Huwart/Verdier 2014, 84). Zugleich ist allerdings zu berücksichtigen, dass diese Entwicklungen regional sehr unterschiedlich verlaufen und der durchschnittliche Trend durch die unterschiedliche Verteilung der Bevölkerung zu verzerrenden Schlüssen führen kann. In den asiatischen Ländern mit einem sehr hohen Bevölkerungsanteil, insbesondere in China und Indien, lassen sich durchaus erhebliche Einkommenszuwächse beobachten, auf dem afrikanischen Kontinent sehen diese Entwicklungen, trotz eines grundsätzlich positiven Trends, anders aus (vgl. Vereinte Nationen 2015, 15). Tendenziell abgenommen hat auch die durchschnittliche Analphabetisierungsrate sowie die Säuglingssterblichkeit. Auch die allgemeine Lebenserwartung verzeichnet weltweit eine Zunahme.

Ähnlich wie zu Zeiten der Industrialisierung des 19. Jahrhunderts wird allerdings gerade auf globaler Ebene deutlich, mit welcher Schonungslosigkeit eine staatlicherseits nicht mehr zu regulierende kapitalistische Wirtschaftsform agiert. Die Beispiele hierzu sind vielfältig und werden im Folgenden nur mit einigen Schlagworten benannt. Nimmt man die Standortfrage in den Blick so ist es seit vielen Jahren gängige Praxis, dass im Pharmasektor zur Senkung der Herstellungskosten die Produktionsstätten von Grundchemikalien nach China, Indien und Taiwan verlegt werden. Dies hat wiederum zur Folge, dass es zu Lieferengpässen in der Versorgung mit Medikamenten und zum Teil auch zu deutlichen Qualitätsverlusten kommt. Ähnliche Entwicklungen des Outsourcings lassen sich in der Textil- und Automobilindustrie sowie der Elektronikbranche und vielen anderen güterproduzierenden Sektoren beobachten. Diese gezielte Form der Verlagerung von Produktionsstätten führt zu einer Vermehrung der prekären, d.h. staatlicherseits unregulierten Arbeitsverhältnisse mit entsprechenden Folgen für die dort Beschäftigten hinsichtlich Arbeitsbedingungen und sozialer Absicherung. Zwar schafft eine Verlagerung von Produktionsstätten in die Schwellen- und Entwicklungsländer regional neue Arbeitsplätze und führt auch statistisch zu einer Minderung der Einkommens- und Vermögensunterschiede. Unberücksichtigt bleiben allerdings die von europäischen normativen Standards erheblich abweichenden Arbeits- und Lebensbedingungen.

Externalisierung

Der Wohlstand westeuropäischer Prägung wird von einer »Externalisierung« geprägt (vgl. Lessenich 2015). Kapitalistische Wettbewerbsorientierung und westlicher Lebensstil führen in anderen Teilen der Welt zur Entrechtung und Entwürdigung. Während sich moderne Industriestaaten auf nationaler Ebene von normativen Idealen der Gerechtigkeit, Menschenwürde und Verteilungsgerechtigkeit leiten lassen, führen die Konsumbedürfnisse genau jener Länder auf globaler Ebene diese Prinzipien ad absurdum. Um den eigenen Lebensstandard

> zu halten und stetig zu steigern, wird in Kauf genommen, dass die sich hieraus ergebenden negativen Effekte (sozial, gesundheitlich, ökologisch) externalisiert werden. Es herrscht nach Lessenich eine »nach uns die Sintflut Mentalität«, die in deutlichem Widerspruch steht zum propagierten normativen Konsens im Inland.

Die Beispiele hierzu sind vielfältig. Weil Verbrennungsmotoren die Luft der Städte verschmutzen und die Gesundheit gefährden, wird massiv auf Elektromobilität umgestellt. Mit welchen sozialen und ökologischen Folgen der steigende Bedarf nach Kobalt als Rohstoff für die Herstellung von wieder aufladbaren Lithium-Ionen-Batterien für Elektroautos, Smartphones, Handys, Laptops und E-Bikes z. B. in der Demokratischen Republik Kongo einhergeht, interessiert kaum. Plastikmüll wird in großen Mengen nach Malaysia, Indonesien, Vietnam und in die Osteuropastaaten wie Bulgarien, Rumänien und Slowenien exportiert. Der propagierte Lebensstil nach gesunder Ernährung steigert die Nachfrage nach möglichst frischen und exotischen Früchten. Erdbeeren ab Februar, Avocados ganzjährig als neues Superfood zu günstigen Preisen aus Mexiko, Frühkartoffel aus Ägypten, Tomaten ganzjährig und Flugmangos nur noch naturgereift. Hinzu kommen Soja aus Argentinien und Brasilien als Futter für die Tierhaltung in Europa, den USA und China, Palmöl aus Indonesien und Malaysia für die Herstellung von Lebensmitteln, Kosmetika und Kraftstoffen sowie Garnelen aus Thailand. All dies verbraucht enorme Mengen an Wasser und landwirtschaftlicher Nutzfläche mit meist verheerenden Folgen für die dort lebende Bevölkerung.

Ähnliche Beispiele lassen sich in der Massenproduktion der Spielwaren-, Elektronik- und Textilindustrie aufzeigen. So verlangt z. B. der westeuropäische Lifestyle nach ständig neuen Kollektionen (Fast Fashion) zu immer günstigeren Preisen nach dem Motto »Geiz ist geil!«. Auch hier werden die Folgen des Produktionsprozesses (Einsatz von Chemie, Wasser, Niedriglohn) in Billiglohnländer wie die Türkei, China, Indien, Indonesien, Bangladesch und Pakistan externalisiert. All dies hat erhebliche Folgen in den Bereichen Beschäftigung (Arbeitsmigration, Wanderarbeit, Ausbeutung, Kinderarbeit), Ressourcenabbau (Gewinnung von Rohstoffen, Umsiedlungen) und Ökologie (Chemikalieneinsatz, Abholzung, Luftverschmutzung). »Externalisierung heißt in diesem Sinne: Ausbeutung fremder Ressourcen, Abwälzung von Kosten auf Außenstehende, Aneignung der Gewinne im Innern, Beförderung des eigenen Aufstiegs bei Hinderung (bis hin zur Verhinderung) des Fortschreitens anderer« (Lessenich 2018, 24 f.).

All dies sind bekannte Probleme, mit denen schon die Industrialisierung des 19. Jahrhunderts in Europa zu kämpfen hatte. Bis heute haben die unterschiedlichen Varianten des Kapitalismus aus sich heraus keine regulativen Mechanismen anzubieten. Das steuernde Element des Sozialstaates, das sich historisch in den Nationalstaaten Europas bewährt hat, versagt auf transnationaler Ebene.

Mangels der Möglichkeit zur Etablierung und Durchsetzung sozialstaatlicher Maßnahmen zur Regulierung sozialer Ungleichheiten versuchen internationale Regierungs- und Nichtregierungsorganisationen wie z. B. die Vereinten Nationen, die Internationale Arbeitsorganisation (ILO) oder die internationale Frauenbewegung (IWSA) gegen Menschenrechtsverletzungen gegen unfaire Arbeitsbedingungen und Korruption vorzugehen. Hierbei finden sie auf staatlicher Ebene durchaus Gehör. So wurde z. B. auf der Ebene der UN-Mitgliedstaaten im September 2015 in New York die Agenda 2030 beschlossen. Zu deren Zielsetzungen gehörten u. a. die Verbesserung der Arbeitsbedingungen und Bildungsmöglichkeiten sowie der Abbau von Armut und Ungleichheit. Internationale Organisationen versuchen zudem auf das Wirtschaftsgeschehen selbst Einfluss auszuüben, um z. B. das Kaufverhalten zu verändern. Da nicht nur Preise, sondern auch Werthaltungen und Qualität das Konsumverhalten bestimmen, wird auf besondere Eigenschaften des Produkts verwiesen wie faire Bezahlung, keine Kinderarbeit, soziale Absicherung der Beschäftigten, Einhaltung nachvollziehbarer und kontrollierter sozialer und ökologischer Standards. Mittels Gütesiegeln und Zertifikaten soll so der Konsument oder die Konsumentin zum Kauf des Produktes motiviert werden.

Trotz des bestehenden Machtgefälles gegenüber Staaten und Großkonzernen und unzureichender Sanktionsmöglichkeiten bei Nichtbeachtung können diese zivilgesellschaftlichen Initiativen durchaus Erfolge verbuchen. So haben z. B. multinationale Konzerne im Rahmen ihrer Corporate Identity ein Interesse daran, sich als sozial und ökologisch verantwortungsvoll darzustellen. Ähnliche Bestrebungen sind auch auf der Ebene der transnationalen Politik erkennbar. Bezug nehmend auf das genannte Beispiel zum Abbau von Kobalt hat der internationale Druck bereits zu Konsequenzen geführt. In einer neuen EU-Verordnung über Konfliktmineralien wurden mit Wirkung vom 1. Januar 2021 verbindliche Sorgfaltspflichten für Importeure von Zinn, Tantal, Wolfram und Gold festgelegt. Beim Abbau von Kobalt strebt Mercedes-Benz die Einführung einer Blockchain-Technologie ein. Diese ermöglicht es, die Produktionskette eines jeden Fahrzeuges in der Kobaltgewinnung und Verarbeitung im Detail nachzuvollziehen. Auf diese Weise soll nicht nur die CO_2-Neutralität der Produktionskette für alle transparent nachgewiesen werden, sondern auch sichergestellt werden, dass sowohl der Abbau des Rohstoffes als auch die Weiterverarbeitung unter streng kontrollierten Bedingungen unter Zugrundelegung sozialer und ökologischer Standards erfolgt (vgl. Langfeldt 2020, 31). Im Gesetz über die unternehmerischen Sorgfaltspflichten in Lieferketten wurde dieser Schutz von Menschen und Umwelt in der globalen Wirtschaft 2021 in Deutschland kollektiv bindend geregelt.

Weiterführende Literatur

Beckert, S. (2019): King Cotton. Eine Geschichte des globalen Kapitalismus. München: Beck.
Kocka, J. (2017): Geschichte des Kapitalismus. München: Beck.
Niemann, H.-W. (2009): Europäische Wirtschaftsgeschichte. Vom Mittelalter bis heute. Darmstadt: WB.

Weiterführende Quellen

Vereinte Nationen (2022): World Economic Situation and Prospects as of Mid-2022. New York.

4.2 Urbanisierung, soziale Ungleichheit und ökologische Nachhaltigkeit

4.2.1 Global Cities und Megastädte: Aktuelle Entwicklungen im Überblick

Beispiel 1: Global City Frankfurt/Main

»[…] im April dieses Jahres enthüllte der OB [Oberbürgermeister] an der A5 ein neues Hinweisschild auf die Europastadt Frankfurt am Main. Wichtiger als das Schild, sind aber diverse Institutionen, die sich in der Stadt angesiedelt haben – z. B. die Europäische Zentralbank oder der ›EIOPA – Europäische Aufsichtsbehörde für das Versicherungswesen und die betriebliche Altersversorgung‹ – […]. In den vergangenen Jahren hat Frankfurt einiges getan, um sich als globales Wirtschaftszentrum zu etablieren. Hochhäuser wurden hochgezogen, die Infrastruktur ausgebaut, Arbeitsplätze wurden geschaffen. Immer mehr unternehmensorientierte Dienstleister wie Anwälte, Designbüros, Finanzberater und hochspezialisierte Beratungsunternehmen kamen in die Stadt. […] Im Gegensatz zum Beinamen ›Europastadt‹ muss eine Stadt gewisse Kriterien erfüllen, damit sie sich ›Global City‹ nennen kann, weiß die Professorin für Geographische Stadtforschung am Institut für Humangeographie Heeg. ›Eine Global City ist ein Komplex aus verschiedenen Dienstleistungen.‹ Frankfurt ist im Vergleich zu anderen Metropolen ziemlich klein – das betrifft sowohl die Dichte an transnationalen Unternehmen als auch den Ausbau öffentlicher Verkehrsmittel. ›New York, London oder Tokio spielen in der ersten Liga‹, sagt Heeg. Frankfurt oder Paris sind Global Cities zweiter Liga […]. Frankfurt spielt zwar nicht in der ersten Liga, doch auch hier gibt es schon Stadtteile, die sich fast ausschließlich auf die Bedürfnisse der Wirtschaftselite fokussieren. Besonders sichtbar ist das […] im Westend – dort finden sich diverse Dienstleister wie Hotels und Restaurants im Hochpreissegment. […] Kommen mehr Banken nach Frankfurt, werden auch die Randbezirke aufgewertet. ›Man muss bedenken, dass mehr als 50 Prozent der Haushalte weniger als 2000 Euro verdienen‹, sagt Heeg. Für die Professorin stellt sich die Frage, wo die Menschen dann noch hinziehen sollen. Wenn alle raus aus der Stadt ziehen müssen, sei unklar, wie gering bezahlte Jobs überhaupt noch besetzt werden könnten. ›Die Geringverdiener sind die Verlierer.‹« (Kuchler 2016)

Beispiel 2: Megacity Jing-Jin-Ji

»Megacity Cluster zielen darauf ab, einzelne Städte in urbane Regionen zu integrieren, die durch bessere Verkehrsinfrastruktur und Konnektivität untereinander die nächste Phase der Urbanisierung und des Wirtschaftswachstums von China einläuten sollen. Im Zuge dessen sollen 19 dieser Megacity Cluster entstehen. Die bekanntesten drei City Cluster sind die Beijing-Tianjin-Hebei Region

(Jing-Jin-Ji), das Yangtze River Delta (YRD) mit Shanghai als Hauptwachstumstreiber und das Pearl River Delta (PRD) mit Guangzhou und Shenzhen im Zentrum [...] Jing-Jin-Ji soll als Megacity Cluster zukünftig die zwei autonomen Städte Peking und Tianjin, sowie 11 Verwaltungseinheiten in der umliegenden Provinz Hebei umfassen. Der Name Jing-Jin-Ji setzt sich aus Teilen der Namen von Beijing, Tianjin und dem historischen Namen der Hebei Provinz (Ji) zusammen. Die Fläche von Jing-Jin-Ji erstreckt sich über 216.000 km², oder ca. 2,3 % der chinesischen Landfläche und hat eine Bevölkerung von 110 Millionen Menschen, was 7,23 % der chinesischen Bevölkerung entspricht [...]. Peking [soll] als Hauptstadt Chinas weiterhin das Zentrum von Politik, Kultur und Technologieentwicklung bleiben, während die Hafenstadt Tianjin zum Produktions- und Handelszentrum wird und sich die kommunale Verwaltung und hochwertige Produktion in Hebei ansiedeln sollen. [...] Während in Tongzhou die Verwaltungsabteilungen des neuen City Clusters beherbergt sein werden, soll sich die neue errichtete Xiong'an New Area zum innovativen Zentrum Nordchinas entwickeln. [...] Die neue Stadt liegt ca. 100 km südwestlich von Peking und die Region war bisher vor allem von verarbeitender Industrie geprägt [...] Im Zuge der wirtschaftlichen Neuausrichtung der Region soll die zu errichtende neue Stadt Xiong'an sich zu einer Smart City mit knapp sieben Millionen Einwohnern entwickeln, die in erster Linie Standort für High-Tech Firmen und Einrichtungen werden soll, die bevorzugt in den Bereichen Big Data, künstliche Intelligenz, Finanzen und Biotechnologie tätig sind« (Achten 2016).

Frankfurt und Jing-Jin-Ji verweisen auf Phänomene weltweiter Verstädterung, die von einer globalisierten Ökonomie, einer multinationalen Vernetzung von Handel und Dienstleistungen sowie einem Wachstum der Weltbevölkerung geprägt sind. In Global Cities bündeln sich Hauptsitze multi- und transnationaler Unternehmen, politischer Institutionen wie der Weltbank und die Vereinten Nationen sowie Nichtregierungsorganisationen wie Amnesty International oder Greenpeace. Deren Sitze agieren als globale Steuerungs- und Kommandozentren. Hervorragend ausgebaute digitale Infrastrukturen sowie eine unkomplizierte Anbindung an internationale Flug- und Seehäfen sind weitere wichtige Standortfaktoren von Global Cities (vgl. Kulke 2017, 285 f.; Friedmann 1986).

In den von der Unternehmensberatung Kearney veröffentlichten Rankings werden jährlich die einflussreichsten Metropolregionen anhand der Dimensionen Wirtschaftsaktivitäten, Humankapital, Informationsaustausch, Kulturangebot und politisches Engagement ermittelt. Neben New York, London und Paris (Plätze 1–3) gehörten 2021 u. a. Berlin (Platz 13), Brüssel (Platz 16) und Amsterdam (Platz 22) dazu (vgl. Kearney 2021, 7). Gesondert werden zudem Städte mit besonderem Entwicklungspotenzial anhand der Dimensionen Lebensqualität, Ökonomie, Innovation und Governance erfasst. Zu diesen Metropolen zählen München und Abu Dhabi, aber auch Dublin und Stockholm.

In Abgrenzung zur Kategorie der Global Cities, deren Fokus auf der Analyse und räumlichen Konzentration internationaler Investitions- und Handlungstätigkeiten liegt (vgl. Sassen 1991, 39), wird die Entwicklung von Megastädten wie Delhi, Shanghai oder São Paulo von einer zunehmenden Bevölkerungskonzentration, einer wachsenden Flächeninanspruchnahme und Machtakkumulationen unterschiedlicher Gruppierungen geprägt. Megacities weisen einen Verlust an Regier- und Steuerbarkeit bei gleichzeitiger Zunahme von Informalität, Korruption und Kriminalität auf (vgl. Hoerning 2016, 327; 2012). Ihre Einwohnerzahlen überschreiten die zehn Millionengrenze und ihre Bevölkerungsdichte übersteigt 2000 Einwohner/km² (vgl. Vereinte Nationen 2016).

In sozialstruktureller Hinsicht handelt es sich bei Megacities um Sozialräume, in denen es zu Verdichtungen unterschiedlicher Kulturen, Milieus und Lebensstile bei gleichzeitiger massiver Ungleichheit (Wohnbedingungen, Erwerbsarbeit, Gesundheitsversorgung, Ernährungsprobleme, Zugang zu Bildungseinrichtungen), sozialräumlicher Segregation, Segmentation und Polarisierung kommt (vgl. Castells 2017, 493 f.). Megacities weisen eine plurizentrische Stadtstruktur auf, d. h., es gibt mehrere, zum Teil weitestgehend isoliert voneinander bestehende Zentren und Bezirke mit ausgeprägten Infrastrukturdefiziten (vgl. Prell 2020, 86). Die Siedlungsgebiete sind geprägt durch ungleiche Zugänge zu Versorgungsleistungen (Wasserver- und Abwasserentsorgung, Energie, Nahverkehr, Gesundheit, Bildung) und Umweltproblemen (Luftverschmutzung, Bodenverseuchung, Probleme der Müllentsorgung und Bebauung, Verkehrs- und Lärmbelastung).

Große Städte sind aber nicht nur »Orte, an denen soziale Ungleichheit und ressourcenintensive Lebens- und Konsumstile offenbar werden, [sie sind auch] Kristallisationspunkte des sozialen, wirtschaftlichen, kulturellen und politischen Fortschritts« (Siedentop 2015, 12). Schätzungen gehen davon aus, dass Städte bzw. städtische Strukturen rund 70 Prozent der weltweiten Wirtschaftsleistung produzieren (vgl. Wenisch 2015, 3). Aktuelle Prognosen kommen zu dem Ergebnis, dass im Jahr 2050 vermutlich mehr als zwei Drittel der Menschheit, das sind über 6,5 Milliarden Menschen, in großen Städten leben. 2018 waren es bereits 55 Prozent (vgl. Vereinte Nationen 2019, 1).

> **Stadt**
>
> Doch was ist unter einer Stadt als übergeordnete Kategorie eigentlich zu verstehen? Städte, so die gängige Definition, verkörpern eine bestimmte Siedlungsform der Sesshaftwerdung, die geprägt ist durch eine Verdichtung in den Bereichen Bevölkerung, Bebauung, Wohnen und Arbeitsplätze. Hinzu kommen Arbeitsteilung und Spezialisierung (Berufsgruppen) sowie eine an gesellschaftlichen Funktionen ausgerichtete Differenzierung und Hierarchisierung. Die zeigt sich u. a. in den Sozialsystemen von Politik (Sitze von Parlamenten/Ministerien), Religion (Priesterschaft, Kirche), Wirtschaft (überregionaler Handel, Ansiedelung von Industriebranchen), Wissenschaft und Bildung (Bibliotheken, Forschungseinrichtungen, Schulen und Universitäten), Verwaltung, Bauwesen und Kultur (Museen, Theater) sowie in einer sozialräumlichen Gliederung der Bewohnerinnen und Bewohner nach sozialen, ethnischen und ökonomischen Unterschieden. Darüber hinaus weisen Städte eine gewisse Zentralität und einen Bedeutungsüberschuss für das Umland auf. Damit ist gemeint, dass sich ihre Wirkung nicht auf das unmittelbare räumliche Gebiet selbst beschränkt (vgl.

> Fassmann 2009, 42). Offen bleibt, wie hoch der Grad der Verdichtung sein muss, ob diese Merkmale global Gültigkeit haben und ob diese Kategorien auch im historischen Rekurs für sehr unterschiedliche Formationen des Städtischen in sehr unterschiedlichen Kulturen angemessen sind.

Versucht man sich dem Gegenstand aus einer soziologischen Perspektive zu nähern, so wird deutlich, wie eng Versuche der begrifflichen Präzisierung an den jeweiligen Gesellschaftstypus seiner Zeit gekoppelt sind. Städte in Industriegesellschaften sind geprägt durch eine gewisse soziale Distanz und Anonymität, das Erwerbseinkommen wird mehrheitlich durch nicht-landwirtschaftliche Arbeit erwirtschaftet. Einkaufsstätten und Supermärkte sichern den Bedarf der Bevölkerung, die Industrieproduktion bedient vorrangig die auswärtige Nachfrage, es existiert eine gut ausgebaute Verkehrsinfrastruktur, Wohn- und Arbeitsstätten sind getrennt, die Haushalte sind auf die Kernfamilie begrenzt, es existiert eine rationale, am Konsum ausgerichtete Lebenseinstellung bei gleichzeitiger Heterogenität der Lebensstile, technologische und soziale Innovationen treten gehäuft auf und es kann »eine hohe soziale Mobilität – vertikal und horizontal – der Berufs- und Bildungspositionen zwischen den Generationen« (Hillmann 2007, 851) beobachtet werden. Einen allgemeingültigen Stadtbegriff, »der für alle Zeiten, Kulturen und Regionen gilt, […] [bleibt] Fiktion und [kann] […] daher immer nur sehr oberflächlich sein« (Fassmann 2009, 42). Im Folgenden greifen wir den Gedanken auf und werden die wichtigsten Epochen europäischer Stadtgeschichte ab Beginn des europäischen Mittelalters skizzieren.

4.2.2 Geschichte der europäischen Stadt: Vom Mittelalter bis zur modernen Großstadt

Von den Bischofsstädten zu den absolutistischen Residenzstädten

Der Übergang von der Antike zum Mittelalter markierte das Ende städtischer Lebensformen in Mitteleuropa (vgl. Plessow 2013, 12). Der Wegfall wichtiger Handelsbeziehungen, Plünderungen und Wanderungsbewegungen führten zu einem erheblichen Rückgang der städtischen Bevölkerung in den ehemaligen römischen Kolonien. Erst zu Beginn des Frühmittelalters im 9. Jahrhundert n. Chr. nahm die Bedeutung von Städten wieder zu. Exemplarisch seien hier Florenz, Venedig und Genua genannt, die sich zu wirtschaftlich, kulturell und politisch bedeutenden Metropolen entwickelten (vgl. Häußermann/Siebel 2020, 799 ff.).

Neben einer steigenden Bedeutung des (Fern-)Handels waren es insbesondere auch die Macht und der Reichtum der Kirche, die Einfluss auf den Neuanfang der Stadtentwicklung ausübten. Bischofssitze (bspw. Münster, Paderborn, Hamburg), zum Teil unter Anbindung an ortsansässige Klöster und Abteien, bildeten eine wichtige Voraussetzung für eine nachhaltige Stadtentwicklung. Befestigte Städte boten Kaufleuten einen hinreichenden Schutz zum Ausbau ihrer Handelsbeziehungen. Zentren wie Köln, Mainz und Maastricht nutzten ihre für den Handel und das Gewerbe günstige Lage und wuchsen zu wichtigen Handelszentren heran (vgl. Groten 2013). Der Ausbau von Binnenhäfen in Gent an der Schelde oder Dinant an der Maas sicherten einen florierenden Fernhandel. Zu den bedeutendsten Handelszentren im 10. Jahrhundert gehörten auch Städte wie London, Antwerpen, Lüttich und Brügge. Urbane Zentren wie Sigtuna (heutiges Stockholm) oder das an der Ostküste Jütlands gelegene Schleswig entwickelten sich zu führenden Handelsplätzen des Nordens. Mit zunehmendem Bevölkerungswachstum setzte Mitte des 11. Jahrhunderts ein weiterer Gründungsboom ein. In der Nähe von Burgen, Kirchen und Klöstern ließen sich immer mehr Kaufleute, Händler und Handelsreisende nieder. Vielen Städten wurde das Markt-, Befestigungs- und Münzrecht sowie das Zollprivileg (bspw. um 900 n. Chr. in Bremen und Hildesheim) übertragen (vgl. Plessow 2013, 22). Es kam zur Gründung heute noch bedeutender Städte wie Leipzig, Lübeck und Berlin.

Schätzungen gehen davon aus, dass zwischen 900 und 1500 in Deutschland etwa 4000 Städte neu entstanden sind (vgl. Hilsch 2017, 187; Stoob 1985, 151). Die Mehrzahl dieser Siedlungen hatte zwischen 1000 und 2000 Einwohnerinnen und Einwohner (vgl. Scholkmann 2016). Ballungszentren wie Köln, Würzburg oder Erfurt mit einer Einwohnerzahl von 40.000 und mehr mit eigener Stadtmauer waren selten, aber bereits in ganz Europa anzutreffen. Zu Beginn des 13. Jahrhunderts hatte Paris bereits über 100.000 bis zu 200.000 Einwohnerinnen und Einwohner, Mailand und Florenz geschätzte 100.000, London rund 50.000 bis 100.000, Gent ca. 60.000 und Lübeck, Braunschweig, Magdeburg und Nürnberg über 20.000 (vgl. Plessow 2013, 113).

Die zunehmenden Selbstverwaltungsrechte beförderten nicht nur den Güteraustausch, sondern auch die Ansiedlung von weiteren Berufs- und Handwerksgruppen. Aus ursprünglichen Handels- oder Herrschaftssitzen wurden durch Zuwanderung und Wohlstandsmehrung Bürgerstädte. Es bildete sich eine neue Wirtschafts- und Verwaltungselite, die im Übergang zum 13. Jahrhundert verstärkt politische Mitspracherechte einforderte. Reiche Kaufleute und Händler zählten nun, neben den stadtadligen Ministerialen, zu ratsfähigen Familien (Patriziat), die ihren politischen Einfluss geltend machen konnten. Gleiches gilt für Vertreter der Zünfte, die seit dem 12. Jahrhundert zur Ausübung ihres Gewerbes als Leineweber, Gerber, Schmied, Bäcker, Tischler oder Metzger einer entsprechenden ständischen Körperschaft angehörten (vgl. Häußermann/Siebel 1987, 95). Ihre wirtschaftliche und militärische Autonomie sicherten sich die Städte Mitte des 13. Jahrhunderts zunehmend durch eine Beteiligung an Städtebünden (1254 Rheinischer Städtebund von Mainz, Worms, Speyer u.a., Deutsche Hanse).

Zusammenfassend kann festgehalten werden, dass sich die europäisch-christliche Stadt des Mittelalters von Stadtformen früherer Epochen dadurch unterschied, »dass sich in ihr eine weithin unabhängige, als Verband organisierte Stadt-›Gemeinde‹ gebildet [hat], für die nicht nur der gewerbliche Charakter, die Befestigung und der Markt, sondern darüber hinaus zumindest zum Teil selbst gesetztes und gefundenes Recht (›Autonomie‹) sowie selbst bestimmte Verwaltungseinrichtungen (›Autokephalie‹) kennzeichnend gewesen sind« (Plessow 2013, 135). Im Unterschied zur Antike mit ihren Stadtstaaten und zentralistisch geprägten Trabantenstädten des römischen Imperiums handelte es sich bei mittelalterlichen Städten um Festungs-, Bischofs-, Königs- und/oder Handelsstädte.

Trotz des beachtlichen Wachstums einzelner Städte lebten weiterhin mehr als 90 Prozent der Menschen in Kleinstädten mit weniger als 2000 Einwohnern (vgl. Ennen 1987, 228). Deren wirtschaftliche und politische Bedeutung blieb auf das nahe Umland beschränkt. Dies mindert allerdings nicht die Bedeutung von Kleinstädten. Das Gegenteil ist der Fall. »Die Stadt als zentraler Ort fungierte als kultischer Mittelpunkt, übernahm Verwaltungsaufgaben für das Umland und war zugleich Produktions- und Konsumptionszentrum« (Hirschmann 2009, 47). Insgesamt lag der Anteil der Stadtbevölkerung bei ca. 25 Prozent (vgl. Hilsch 2017, 187).

Mit Ausbruch der Pest im 14. Jahrhundert nahm die Bevölkerungszahl in den Städten im Durchschnitt um mehr als ein Drittel ab. In einigen Städten sogar um mehr als die Hälfte. Schätzungen gehen davon aus, dass von den rund 80 Millionen Menschen, die im 14. Jahrhundert in Europa lebten, etwa 15 Millionen der Epidemie zum Opfer fielen (vgl. Vocelka 2017, 58). Hinzu kamen die Auswirkungen des Dreißigjährigen Krieges von 1618 bis 1648. Lebten zu Beginn des Krieges in Deutschland (heutiges Deutschland und Österreich) zwischen 15 und 17 Millionen Menschen, so waren es um 1650 nur noch zehn bis 13 Millionen. Die Gesamtzahl der durch den Krieg und seinen Folgen verstorbenen Menschen wird auf rund sechs Millionen geschätzt (vgl. Schmidt 2018, 620 f.). Von beiden Katastrophen haben sich die deutschen Städte nur langsam erholt. Im Vergleich zum Mittelalter gingen zwischen 1450 und 1800 die Städtegründungen deutlich zurück. Kam es im 13. Jahrhundert noch zu über 200 Neugründungen pro Jahrzehnt, waren es Mitte des 15. Jahrhunderts nur noch rund zehn pro Jahrzehnt (vgl. Schilling/Ehrenpreis 2015, 2). Dieser Rückgang war allerdings nicht nur auf die Pest, Kriege, Missernten und einer weiterhin hohen Sterblichkeitsrate zurückzuführen. Als weiterer Faktor kam ein gewisser Sättigungsgrad der Stadtentwicklung mit mehr als 10.000 Einwohnerinnen und Einwohnern hinzu.

Vor dem Hintergrund des stetig steigenden Bevölkerungswachstums stieg der Anteil der in der Stadt lebenden Bevölkerung in Deutschland trotz allem kontinuierlich an. Lag der Anteil der städtischen Gesamtbevölkerung (Städte über 10.000 Menschen) um 1500 noch bei drei Prozent (445.000 Menschen), betrug er um 1800 bereits 5,4 Prozent (1,7 Millionen). Rechnet man auch die vielen Klein- und Mittelstädte hinzu, so lebte bereits jeder vierte Deutsche in einer Stadt, das sind sieben Millionen Menschen (vgl. Schilling/Ehrenpreis 2015, 4, 7).

In der Gesamtschau kann die Epoche der frühen Neuzeit als Prozess fortschreitender Urbanisierung bei gleichzeitiger Differenzierung (geographisch, kulturell) und Funktionalisierung (ökonomisch, politisch) charakterisiert werden. Sie wurde maßgeblich geprägt durch die Ausbildung von Territorialstaaten und fand ihren Ausdruck in neuen Stadttypen, die im Gegensatz zum Mittelalter nicht mehr vorrangig auf ökonomische Entwicklungen basierten. Idealtypisch werden in der Literatur Bergstädte (Goslar, Zellerfeld), u.a. auch zum Abbau von Erz und Kohle, Exulantenstädte (Altona, Homburg) zur Aufnahme von Glaubensflüchtlingen, Festungs- und Garnisonsstädte (Rendsburg, Neu-Breisach) zur politischen und wirtschaftlichen Sicherung und Residenzstädte (Karlsruhe, Wolfenbüttel, Versailles) als Symbole absolutistischer Staatsauffassung voneinander unterschieden (vgl. Heineberg 2017, 223 ff.).

Mit Beginn der Renaissance zwischen dem 16. und 17. Jahrhundert kam es zu einer Rückbesinnung und Wiederbelebung der antiken Traditionen in Kunst und Kultur. Sofern es zu Stadtneugründungen kam, wurden diese von den Landesherren sorgfältig, meist nach streng geometrischen Grund- und Aufrissen geplant. Die Bildung von fürstlichen Territorialstaaten trug dazu bei, dass die Großstädte ihre exklusive Schutzfunktion vor Überfällen und Raubzügen verloren. Fortschritte in der Waffentechnik verstärkten diesen Trend, da die Befestigungsmauern keinen ausreichenden Schutz mehr vor Artillerieangriffen boten und ein Ausbau der Befestigungsanlagen aus Kostengründen nicht zu bewältigen war. Die Metropolen der Renaissance dienten sowohl der politisch-symbolischen Repräsentation staatlicher Macht als auch der ästhetisch-kulturellen Inszenierung von Kunst, Gartenbau und Architektur. Exemplarisch sind hier die Berliner Schlösser, die kurfürstliche Residenz Mannheim, das Nymphenburger Schloss München sowie die Schlösser Pillnitz und Moritzburg in Dresden zu nennen (vgl. Rosseaux 2006, 94).

Trotz der regionalen Unterschiede in Verteilung und Entwicklung lässt sich die Stadtentwicklung der frühen Neuzeit in Deutschland wie folgt zusammenfassen:

> »Anders als im Mittelalter und weiten Teilen des 16. Jahrhunderts waren die Städte nach 1650 kaum noch Motoren der ›Modernisierung‹: Sie waren den politischen und gesellschaftlichen, ja zu einem großen Teil selbst den wirtschaftlichen Wandlungen und Innovationen ausgesetzt oder doch eher passiv daran beteiligt. [...] anders als [...] vor 1500, als die Städte agierten, nicht reagierten: beim Aufbau innerstädtischer Regierungs- und Verwaltungsorgane, eines funktionsfähigen Rechtsganges, rationaler Ordnung und entsprechender Institutionen für Handel und Gewerbe; bei der Kranken-, Armen- und Altenfürsorge, bei den Erziehungs- und Bildungsanstalten, im kirchlichen und religiösen Leben« (Schilling/Ehrenpreis 2015, 38).

Die Staatsbildung sicherte den deutschen Städten den Ausbau bürokratischer Verwaltungsstrukturen, Rechtsgarantien, Stadtautonomie und militärischen Schutz durch staatliche Armeen.

Von der Arbeitersiedlung zur verstädterten Gesellschaft

Mitte des 18. Jahrhunderts kam es in Großbritannien und verzögert auch im restlichen Europa zu einem radikalen Wandel der Produktionsbedingungen und einem gravierenden Bevölkerungswachstum (zwischen 1871 und 1914 in Deutschland von 41 auf 65 Millionen). Die Mechanisierung im Fabrikwesen und der Landwirtschaft sowie die Verwissenschaftlichung in Medizin und Forschung wurden begleitet von einem Prozess der Urbanisierung, der in Ausmaß und Tempo als historisch einzigartig zu bezeichnen ist. Aus Städten, deren bauliche Strukturen noch stark vom Spätmittelalter mit Altstadt und Stadtmauer geprägt waren, entwickelten sich Bergbau- und Fabrikstädte sowie neue Handelsmetropolen. So stieg z.B. zwischen 1870/71 und 1910 die Einwohnerzahl in Hamburg von 290.000 auf über 930.000 und die Einwohnerschaft Leipzigs versechsfachte sich von 107.000 auf über 670.000. Die Anzahl der Großstädte (mehr als 100.000 Einwohner) stieg von acht auf 48 bei einer gleichzeitigen Bevölkerungszunahme von 40 Millionen auf ca. 65 Millionen (vgl. Lenger 2004, 264). Insgesamt stieg im Deutschen Reich der Prozentsatz von Menschen, die in einer Stadt mit über 100.000 Einwohnern wohnten von fünf auf über 20 Prozent. Damit lebte im ausgehenden 19. Jahrhundert bereits jeder und jede fünfte Deutsche in einer Großstadt (vgl. Schott 2017, 16f.).

Hinzu kamen industrielle Siedlungsagglomerationen wie Manchester, Birmingham oder das Ruhrgebiet, die geprägt waren von einer eher planlosen Durchmischung von Wohnquartieren und Industrierevieren. Vor den mittelalterlichen Toren wurden Fabriken, Industrieanlagen und Arbeitersiedlungen errichtet, mit entsprechenden sozialen und ökologischen Folgen. Einkommensschwache Haushalte lebten in dicht bebauten Arbeiter- und Werksiedlungen, Innenstadtquartieren und Mietshäusern. Gutsituierte Teile der städtischen Bevölkerung zogen an den Rand der Städte. Villensiedlungen mit Gärten, Parks und Grünanlagen gehörten zu den bevorzugten Bezirken der Industriellen und Wohlhabenden. Nach heutigen Maßstäben können die Lebens- und Arbeitsbedingungen der Fabrikarbeiterinnen und Fabrikarbeiter als menschenunwürdig bezeichnet werden. Armut, Verelendung, (familiäre) Gewalt, schlechte medizinische Versorgung, Sucht, Prostitution und Kriminalität sowie eine massive Luftverschmutzung prägten neben den unmenschlichen Arbeitsbedingungen den Alltag.

Der enorme Anstieg der städtischen Bevölkerung zwischen 1850 und 1900 musste in den Großstädten auch logistisch bewältigt werden. Der Ausbau des innerstädtischen Verkehrsnetzes (U-Bahn 1879 in London, elektrische Straßenbahn 1881 in Berlin), die Anlage von Straßenpflasterungen und Bürgersteigen, die Einführung der Straßenbeleuchtung, der Ausbau der Kanalisation und Energieversorgung sowie die Ausweitung öffentlicher Einrichtungen (Ämter, Schulen, Krankenhäuser) und des Einzelhandels trugen dazu bei, dass es trotz der enormen Zuwachsraten nicht zum völligen Zusammenbruch des öffentlichen Lebens kam. Aus Bürgerstädten waren bis zum ausgehenden 19. Jahrhundert Einwohnerstädte geworden (vgl. Häußermann 2012).

Durch den Einfluss der Sozialreformerinnen und Sozialreformer sowie einer Stärkung der Gewerkschaften verbesserten sich im ausgehenden 19. Jahrhundert die Lebensbedingungen für die Fabrikarbeiterinnen und Fabrikarbeiter. Die Unternehmer erkannten nicht nur ihre soziale Verantwortung, sondern auch den ökonomischen Nutzen, den zufriedene und gut ausgebildete Beschäftigte darstellten. Die Ansprüche nach einer stärkeren Vereinbarkeit von Familie und Beruf nahmen zu. Krupp gründete 1906 die Krupp-Arbeiterwohnsiedlung Margarethenhöhe in Essen, zwischen 1907 und 1915 entstand in Brieske bei Senftenberg (Brandenburg) die Werkssiedlung und Gartenstadt Marga und in Dresden Hellerau wurden 1909 die Dresdner Werkstätten für Handwerkskunst gegründet (vgl. Schäfers 2010, 68). Bereits im Übergang zum 20. Jahrhundert bildeten sich durch die Erschließung des Umlandes die ersten Vorstädte, in denen die Menschen in kleinen einheitlich gebauten Reihenhaussiedlungen mit Hausgärten wohnten. Diese Entwicklung wurde befördert durch eine zunehmende Steigerung des Lebensstandards bei gleichzeitiger Reduzierung der wöchentlichen Arbeitszeiten. Darüber hinaus beförderten die Anfang der 1920er Jahre gegründeten gemeinnützigen Wohnungsbaugenossenschaften den Ausbau von bezahlbaren Mietwohnungen.

Die Auswirkungen des Zweiten Weltkrieges mit seinen massiven Zerstörungen trugen dazu bei, dass der deutsche Wiederaufbau in den 1950er Jahren beschleunigt und nach stark funktionalen ökonomischen Gesichtspunkten erfolgte. Zugleich musste für die Vielzahl der benötigten Arbeitskräfte und annähernd acht Millionen Vertriebenen Wohnraum geschaffen werden. Hinzu kamen über 2,5 Millionen Menschen, die aus der Deutschen Demokratischen Republik in die Bundesrepublik zogen. Die Nachkriegsjahre waren vor diesem Hintergrund geprägt durch eine massive Förderung der Wohnungsbaupolitik bei gleichzeitiger Vernachlässigung städtebaupolitischer Gesichtspunkte (vgl. Heineberg 2017, 244).

Das Wirtschaftswachstum der 1950er Jahre führte insbesondere in den Bereichen Bergbau, Fahrzeugindustrie, Stahl- und Chemieproduktion, Maschinenbau und Elektroindustrie zu erheblichen Produktivitätssteigerungen und Vollbeschäftigung, aber auch zu neuen Formen der Beeinträchtigung der Lebensqualität in den Ballungsgebieten (Lärm, Luftverschmutzung). Hinzu kam eine zunehmende Motorisierung mit dem Ergebnis, dass bis in die 1970er Jahre eine Schwerpunktsetzung auf »eine durchgehend an das Auto angepasste und nach funktionalen Prinzipien gegliederte moderne Stadt« (Schott 2017, 17) erfolgte. Aus industriell verschmutzten und überbevölkerten Wohnstädten waren bis zu Beginn der 1970er Jahre kulturell verarmte und nach getaner Erwerbsarbeit verwaiste Pendlerstädte geworden. Erst die Erhöhung der Rohölpreise sowie die sich daran anschließenden Fahrverbote (1973/74) beförderten in der deutschen Bevölkerung einen (ökologischen) Bewusstseinswandel. Neue stadtplanerische Konzepte sowie eine stärkere Beteiligung der Bürgerinnen und Bürger beförderten einen Ausgleich unterschiedlicher Interessen im Kontext von Arbeit, Familie, Freizeit, Bildung und Stadtplanung.

Das Engagement der sozialen Bewegungen sowie der Wandel zur Dienstleistungsgesellschaft führten in den 1980er Jahren zu einem Umdenken in der Stadt- und Verkehrsplanung. In den Vordergrund rückten Konzepte zur Reurbanisierung und zur Verbesserung der Lebens- und Wohnqualität in den Stadtquartieren. In den Zentren wurden Fassaden nach historischen Vorbildern saniert, Fußgängerzonen und Einkaufspassagen geschaffen, verkehrsberuhigte Zonen angelegt sowie der unterirdische öffentliche Nahverkehr erweitert. Die verkehrsberuhigten Kernstädte wurden wieder »wohnlicher und gastlicher« (Schott 2014, 339). In den Wohngebieten wurden Altbauwohnungen saniert, Spielplätze geschaffen und Begrünungsmaßnahmen durchgeführt. Der durch die Wiedervereinigung Deutschlands (1990) initiierte Prozess der Anpassung der Lebens- und Arbeitsbedingungen in den neuen Bundesländern führte zu einer erweiterten Ausrichtung stadtplanerischer Gesichtspunkte an die Bedürfnisse einzelner Bevölkerungsgruppen bei gleichzeitiger Sanierung von Wohneinheiten und Industrieflächen. Die Verabschiedung des Aktionsprogramms Agenda 21 der Vereinten Nationen von Rio de Janeiro (1992) verstärkte das (kommunal-)politische Bewusstsein für eine nachhaltige Entwicklung und Stadtpolitik (Lokale Agenda 21) und führte zu diversen Zusammenschlüssen von Kommunen und Städten (1994 Aalborg-Charta, 1996 Lissaboner Erklärung, 2004 Aalborg+10 Konferenz).

1999 wurde das bis heute fortgeschriebene Bund-Länder-Programm »Soziale Stadt« zur Stabilisierung und Aufwertung städtebaulich, wirtschaftlich und sozial benachteiligter und strukturschwacher Stadt- und Ortsteile verabschiedet, das neben

Maßnahmen zur lokalen Infrastruktur- und Wohnumfeldverbesserung auch die Stadtentwicklung (Quartiersmanagement) und die Integrationsförderung unterschiedlicher sozialer und ethnischer Gruppen in den Blick nahm. Gefördert wurden auch die Bereiche Schule, Bildung und Qualifizierung sowie die Handlungsfelder Gesundheit, Umwelt und Verkehr. Ergänzt wurde dieses Programm durch die Verabschiedung (2007) und Aktualisierung (2020) der Leipzig-Charta für eine nachhaltige und am Gemeinwohl orientierte europäische Stadt. National unterstützt wurden die Leitideen zudem durch den Investitionspakt »Soziale Integration im Quartier« des Bundesministeriums für Umwelt, Naturschutz, Bau und Reaktorsicherheit.

Begleitet wurde die Neuausrichtung der Stadtentwicklung von einem Prozess des demographischen Wandels, der als eine Entwicklung hin zur Reurbanisierung beschrieben werden kann. Immer mehr Menschen zogen wieder in die Städte oder das unmittelbar angrenzende Wohnumfeld. Darüber hinaus kam es zu einer stärkeren Vernetzung zwischen Stadt und Umland, die sowohl durch den modernen Ausbau der Verkehrsinfrastruktur als auch den Prozess fortschreitender Digitalisierung und medialen Vernetzung, insbesondere durch die Corona-Pandemie, befördert wurde (Suburbanisierung).

4.2.3 Sozialraum und soziale Ungleichheit: Segregation, Gentrifizierung und Exklusion

Beispiel 3: Favelas

»Der Wunderhafen von Rio de Janeiro liegt auf dem Asfalto, dem Asphalt – das ist ein Synonym für die Stadt. Außer dem Asfalto gibt es in Rio noch die Favelas, die Armenviertel. Die befinden sich [...] auf den Hügeln der Metropole und sind quasi außerstädtische Gebiete. Auch in der Hafenregion gibt es einen Hügel mit einer Favela. [...] Stadtentwickler Alberto Silva hat die Aufgabe, den alten und den modernisierten Hafen, die bisherigen und die neuen Bewohner irgendwie zusammenzubringen. ›Drei Viertel der Gebäude sind denkmalgeschützt. Unsere Aufgabe wird sein, alte Häuser zu restaurieren und neue Wohnkomplexe zu errichten. Die allermeisten Bewohner der Hafenregion sind Geringverdiener. Sie sollen hier wohnen bleiben und von den neuen Arbeitsmöglichkeiten im Viertel profitieren. [...] Das ist unsere Strategie, um Gentrifizierung zu vermeiden.‹ [...]

Maurício Hora wurde in der Favela Morro da Providência geboren, es ist die Favela, die zum Hafengebiet gehört. [...] Maurício ist vor einigen Jahren mit seiner Familie nach unten gezogen, auf den Asphalt – und damit sozial aufgestiegen. Anders als Cosme Felippsen, ein großer, kräftiger 27-Jähriger, der ein rotes T-Shirt mit der Aufschrift Turismo na Providência trägt. Cosme lebt und arbeitet in der Favela, er ist Touristenführer und zeigt Interessierten sein Viertel. Doch groß ist die Nachfrage zurzeit nicht, denn die Favelas von Rio gelten wieder als gefährlich. Die vor acht Jahren begonnene Befriedung steckt fest, der Krieg zwischen Polizei und Drogenhändlern tobt vielerorts fast so heftig wie früher. [...] Lachende Kinder rennen vorbei, die Atmosphäre in der Favela wirkt dörflich

– und schon im nächsten Moment bedrohlich. Ein junger Mann mit einem lässig umgehängten Gewehr sitzt am Straßenrand, vielleicht ist er ein Wachposten der Drogenmafia? Cosme Felippsen begrüßt ein paar finster dreinblickende Jugendliche. Meine Neffen, raunt er beim Weitergehen, sie sind Dealer. […] ›Die Menschen aus den Favelas haben in dieser Stadt am wenigsten Zugang zu Gesundheitsversorgung, Bildung und Kultur. Die Regierung glaubt, dass wir nur eins brauchen: Polizei. Aber in Wahrheit benötigen wir Schulen, Kindergärten, Kanalisation, öffentliche Verkehrsmittel und Bürgerbeteiligung!‹« (Eglau 2016)

Sozialraum und Segregation: Zwischen Integration und sozialer Benachteiligung

Das Beispiel aus Rio de Janeiro steht exemplarisch für eine Entwicklung, die mit der Entstehung von Städten eng verbunden ist. Städte sind durch das Zusammentreffen von sehr unterschiedlichen sozialen Gruppen geprägt, die sich fremd sind und aus sehr unterschiedlichen Regionen stammen. Sie unterscheiden sich hinsichtlich ethnischer und religiöser Herkunft, Geschlecht, Alter und Schichtzugehörigkeit. Der Prototyp des Städters, so Häußermann/Siebel, ist der Fremde. Dynamik, Produktivität und Konflikträchtigkeit städtischen Zusammenlebens hängen von dieser physischen Nähe bei gleichzeitiger sozialer Distanz ab (vgl. Häußermann/Siebel 2001, 68). Es gehört zum Wesensmerkmal der Siedlungsform Stadt, dass die Heterogenität, Unterschiedlichkeit, Interessen- und Kompetenzvielfalt der Stadtbewohnerinnen und Stadtbewohner ihren Ausdruck auch in Formen sozialräumlicher Verteilung und Bündelung erfährt. Im historischen Rückblick konkretisierte sich die mittelalterliche Ständeordnung z. B. in der Zugehörigkeit zu Berufsgruppen, Religionsgemeinschaften und sozialen Ständen (Klerus, Adel, ratsfähige Bürger, Berufsstände, Bauern). Diese soziale Ordnung fand ihren Niederschlag in einer sozialräumlichen Verdichtung im Stadtgebiet. Das in Zünften organisierte Handwerk lebte und arbeitete in ausgewiesenen Bezirken, die heute noch in Straßennamen wie der Bäckergasse, der Fleischergasse oder der Böttchergasse wiederzuerkennen sind (vgl. Schäfers 2010, 41). Daneben gab es Wohnviertel für Kaufleute und vorrangig im Zentrum der mittelalterlichen Stadt angesiedelte Viertel, in denen die politische und religiöse Elite residierte.

In der jüngeren Geschichte fanden Prozesse der räumlichen Sortierung von Teilen der Bevölkerung ihren Ausdruck in einer Separierung nach nationaler oder ethnischer Zugehörigkeit und/oder nach ihrer sozialen Lage (Einkommen, Bildungsstand). Dieser Prozess der räumlichen Entmischung konkretisierte sich z. B. in Gastarbeiter- und Arbeitersiedlungen, in Bezirken mit vorrangig schwarzer oder asiatischer Bevölkerung (China Town, Harlem in New York), den Banlieues in Frankreich, den Elendssiedlungen (Villas) in Argentinien, aber auch in den Nobelvierteln und geschützten Wohnsiedlungen des gehobenen Mittelstandes.

> **Segregation**
>
> Segregation verweist wertneutral auf eine räumliche Konzentration einer sozialen Gruppe, die sich durch eine Bündelung bestimmter Merkmale (Herkunft, Einkommen, Hautfarbe, Bildungsstand, Gebräuche) auszeichnet und deren Verbreitung in anderen sozialen Räumen als unterrepräsentiert gilt. Ob mit einer sozialräumlichen Bündelung Formen der Desintegration und sozialen Benachteiligung einhergehen, ist eine empirische Frage.

Idealtypisch werden folgende Segregationsformen unterschieden.

Soziale Segregation

Die soziale Segregation bezieht sich auf die räumliche Trennung von sozialen Gruppen, die auf Unterschiede im Kontext von Bildung, Erwerbsarbeit, Beruf und Einkommen zurückzuführen ist. Aus diesen Unterschieden ergeben sich typische Muster von Milieuzugehörigkeit, Ressourcenausstattung und Lebensstil. Empirisch lässt sich zeigen, dass

> »sowohl die reichsten als auch die ärmsten Bevölkerungsgruppen am stärksten segregiert leben, während die mittleren Einkommensgruppen am wenigsten räumlich separiert wohnen. Dieses [...] U-förmige Verteilungsmuster der sozialen Segregation lässt sich sowohl in den Städten der USA als auch in Europa aufzeigen und erweist sich als zeitlich sehr stabil [...]« (Farwick 2012, 384 f.).

Zu den benachteiligten Bevölkerungsgruppen zählen Arbeitslose, von Armut betroffene Haushalte, ältere Menschen und ausländische Bevölkerungsanteile. Die europäischen Stadtbezirke sind in diesen Fällen geprägt von Großwohnanlagen und Altbauquartieren, in den Schwellen- und Entwicklungsländern von Slumsiedlungen, Favelas oder Townships. Diese Bezirke zeichnen sich durch eine enge Kopplung von prekärer Einkommenslage, einem beschränkten Angebot bezahlbarer Wohnungen sowie unzureichenden Erwerbs- und Ausbildungsmöglichkeiten aus. Es kommt generationsübergreifend zu einer Verfestigung von Armutslagen durch Arbeitslosigkeit, Drogen- und Suchtmittelkonsum, Kriminalität und Gewalt. Diese Dynamik wird verstärkt durch vielfältige Formen der infrastrukturellen Vernachlässigung in den Bereichen Verkehrsanbindung, Energie- und Wasserversorgung, einer reduzierten Angebotsvielfalt von Waren und Dienstleistungen sowie einer Minderausstattung mit Kindergärten, Schulen, Ausbildungsstätten und Freizeiteinrichtungen. In den wohlhabend separierten Zonen gilt genau das Gegenteil.

Ethnische Segregation

Im Gegensatz zur sozialen Segregation, die sich stark an ökonomischen Kriterien der Ungleichverteilung orientiert, bezieht sich die ethnische Segregation auf Dimensionen der Zugehörigkeit nach nationaler Herkunft, Ethnie, Migrationshintergrund oder normativ-religiöser Ausrichtung (bspw. konservativ-muslimische Türkeistämmige). Unterstellt wird hierbei vielfach, dass es sich um eine homogene Gruppe handelt, die im Quartier ihre eigenen Parallelgesellschaften gründen. Diese These konnte empirisch nicht bestätigt werden (vgl. Dangschat 2016). Wichtiger ist dagegen die Bedeutung dieser Quartiere für Neuankömmlinge als unterstützender ›Brückenkopf‹, um in der ersten Zeit einen Prozess des Ankommens, der Integration und des sozialen Aufstiegs vollziehen zu können. Darüber hinaus ist zu beachten, dass die quartiersbezogene Zuordnung nach der Meldeadresse nichts darüber aussagt, welche quartiersübergreifenden Bewegungsmuster und Kontakte im Kontext von Erwerbsarbeit, Freizeit, Familie, Freundschaften und Bekanntschaften gepflegt werden. Empirisch erfasst wird häufig nur die Schlafbevölkerung, aber nicht deren sozialräumlich viel relevanteren Sozialisations- und Lernmuster, Sozialbeziehungen und Alltagsroutinen (vgl. Dangschat/Alisch 2012, 32).

Demographische Segregation

Diese Form der Segregation legt den Schwerpunkt auf räumliche Differenzierungen der Bevölkerung nach Altersgruppen, Haushaltstypen oder Lebensphasen. In vielen ländlichen Regionen ist eine Landflucht junger Menschen in die Städte bei gleichzeitigem Verbleib der älteren Bevölkerung zu beobachten. Hierbei kommt es zu Verlagerungen des Güter- und Dienstleistungsangebots bei gleichzeitiger Verschlechterung der infrastrukturellen Versorgung, insbesondere in den Bereichen des Gesundheitswesens und der Versorgung mit Lebensmitteln des täglichen Bedarfs. Hinzu kommen marktbedingte Veränderungen im Immobiliensektor (Verfall der Preise, Lehrstände) sowie eine Verschlechterung der Verkehrsinfrastruktur (Abbau Nahverkehrssysteme). Diese sich gegenseitig verstärkenden Prozesse können dazu beitragen, dass sich Regionen zu sog. »strukturschwachen Gebieten« entwickeln.

Zugleich lassen sich allerdings auch gegenläufige Entwicklungen beobachten. Die Zunahme von Bevölkerungsanteilen im Rentenalter führt zu neuen Formen sozialräumlicher Differenzierung. Diese treten nicht nur als wohlhabende und konsumfreudige Akteure in Erscheinung, sondern sie lassen sich auch gezielt in Bezirken und Regionen nieder, die für eine hohe Lebensqualität stehen. Besonders bekannt geworden sind hier die sog. Sun-Cities (Rentnerstädte) in den Bundesstaaten Florida und Kalifornien seit Mitte der 1960er Jahre. Seit Beginn der 1970er Jahre nimmt auch die Anzahl der geschlossenen Wohnkomplexe und Wohnanlagen deutlich zu.

Typologisch übergreifend ist zu beachten, dass die Zugehörigkeit zu einer ethnischen oder religiösen Gruppe und eine gewisse Homogenität hinsichtlich Haushaltseinkommen, Ausbildungsstand und Zugangschancen zum Arbeitsmarkt allein noch keinen Automatismus der Solidarität, der Zusammengehörigkeit und gemeinsamen Identität bewirkt. Oftmals ist das Gegenteil der Fall. Je vergleichbarer die Lebenslagen und Benachteiligungen, um so konfliktträchtiger können die Auseinandersetzungen um die wenigen Ressourcen sein. Dies zeigt sich z.B. an Konflikten zwischen Deutschen und Ausländerinnen und Ausländern, die innerhalb eines Bezirks in vergleichbaren prekären Lebenslagen in Hochhaussiedlungen leben. Formen ausländerfeindlichen Verhaltens bilden sich gerade in diesen Konstellationen verstärkt aus. Von entscheidender Bedeutung ist auch, ob es sich um eine freiwillige oder überwiegend unfreiwillig erfolgte Segregation handelt. »Nicht die bloße Tatsache der Segregation ist [...] das Problem, sondern die Art ihres Zustandekommens« (Häußermann/Siebel 2001, 75).

Sozialraum und Gentrifikation: Zwischen Aufwertung und Verdrängung

Gentrifizierung

Gentrifizierung beschreibt einen Prozess des sozioökonomischen Strukturwandels städtischer Wohngebiete als Folge einer Aufwertung und Attraktivitätssteigerung der Gebäude- und Infrastruktur. Konkret geht es erstens um Verbesserungen der Gebäudesanierung und der Neubauerrichtung sowie der Förderung von Maßnahmen zur Wohnumfeld- und Infrastrukturverbesserung (Nahverkehr, Grünanlagen), zweitens um die soziale Aufwertung durch den Zuzug von statushöheren Bevölkerungsanteilen wie z.B. Besserverdienenden und Akademikerinnen und Akademikern, drittens um eine funktionale Aufwertung und Erweiterung der Angebotsstrukturen im Konsum-, Güter- und Dienstleistungsbereich und viertens um eine symbolische Aufwertung des Stadtteils, die z.B. durch eine positive Medienpräsenz und eine hohe Akzeptanz der Bewohnerinnen und Besucher zum Ausdruck kommt (vgl. Krajewski 2006, 80).

Diese Aufwertung geht einher mit einer Steigerung der Wertigkeit von Immobilien sowie einer Investitionsbereitschaft von Investoren. In der Folge kommt es oftmals zu einem Prozess der Verdrängung der dort lebenden Bevölkerung mit geringeren Einkommen zugunsten zahlungskräftiger Mieter und Eigentümerinnen (vgl. Glatter/Mießner 2022a). Dieser Prozess der ökonomiebedingten Verdrängung wurde bereits zu Beginn der 1960er Jahre in amerikanischen und englischen Städten beobachtet und von Ruth Glass näher erforscht. Am Beispiel des Stadtteils Islington hat Glass auf einen Prozess der Übernahme von ehemaligen Arbeiterwohngebieten durch die Mittelschicht hingewiesen und den Begriff der Gentrifizierung eingeführt (vgl. Glass 1964, 18). Entscheidend ist, dass sich durch die Verdrängung von Bewohnerinnen und Bewohnern mit niedrigerem Sozialstatus die gesamte bisherige Sozialstruktur der dort lebenden Bevölkerung in kurzer Zeit verändert.

Dies heißt jedoch nicht zwangsläufig, dass diese Veränderungen ausschließlich nachteilige Auswirkungen haben. Sofern die Sanierung der Bestandsimmobilien, die Neubauprojekte und die Neugestaltungsmaßnahmen nicht vorrangig dem freien Markt der Immobilienwirtschaft, den Spekulanten und Investoren überlassen werden, kann eine kommunal gesteuerte Stadtentwicklungspolitik zu positiven Effekten in den Bereichen Wohnraumverbesserung, Versorgung mit Gütern und Dienstleistungen, Arbeits- und Ausbildungsperspektiven sowie einer neuen Diversität der Wohnbevölkerungsstruktur beitragen. Vielfach ist auch ein Rückgang der Kriminalität und des Drogenkonsums zu beobachten (vgl. Eckardt 2018; Bröcker 2013).

Kritikerinnen und Kritiker weisen allerdings zu Recht darauf hin, dass Prozesse der Gentrifizierung mittel- und langfristig immer zu Formen der Verdrängung einkommensschwacher Schichten führen. So konnten z. B. Lees, Slater und Wyly auf der Basis von Fallstudien in den Städten Barnsbury (London) und Park Slope in Brooklyn (New York) belegen, dass Gentrifizierung mehrheitlich als Speerspitze einer marktwirtschaftlichen Stadtentwicklung anzusehen ist. Hierbei lassen sich für Europa drei Entwicklungsdynamiken beobachten: In den 1960er und 1970er Jahren zeigten sich in einer ersten Welle Prozesse der Verneureichung städtischer Gebiete in größeren Metropolen wie New York und London. In einer zweiten Welle zu Beginn der 1980er Jahre wurden von diesen Entwicklungen auch nicht-globale Städte, also traditionelle Großstädte mit vorrangig regionaler Bedeutung, erfasst. Durch einen zunehmenden Abbau wohlfahrtsstaatlicher Leistungen, einer Reduzierung von Maßnahmen der sozialen Förderung sowie einer Stärkung des tertiären Dienstleistungssektors nahm das Interesse zur Sanierung, Modernisierung und zum Neubau von Luxuswohnungen in Innenstadtquartieren deutlich zu. Es folgten eine Vielzahl von Investitionsprojekten, die zu einer Erhöhung der Mieten führten. In einer dritten Welle kam es seit Mitte der 1990er Jahre zu einer Verstärkung dieser Entwicklung. Durch die zunehmende Konkurrenz der Städte untereinander und den sich hieraus ergebenden Strategien zur Förderung von Handel und Dienstleistungen bei gleichzeitiger Sanierung der Innenstadtbereiche beförderte die Kommunalpolitik den Gentrifizierungsprozess (vgl. Glatter/Mießner 2022b; Lee u. a. 2007).

In diesem Zusammenhang kommt verstärkend hinzu, dass es sich bei den Akteuren der Immobilien- und Investmentbranche um international tätige Großkonzerne mit entsprechender Marktmacht handelt. Diese Global Player verfügen über ein enormes ökonomisches und soziales Kapital (Netzwerke). Zudem bringen deren Beschäftigte die notwendige Kaufkraft mit, um durch ihre Nachfrage den Prozess der Gentrifizierung zu verstärken. Vom Typus her handelt es sich um junge, gut ausgebildete Fachkräfte ohne Kinder und enge soziale Bindungen. Diese Klientel legt Wert auf eine hohe Lebens- und Wohnqualität mit Fokus auf Innenstadtbezirke, eine räumliche Nähe zur Arbeitsstätte, ein reiches Angebot an Einkaufsmöglichkeiten, eine exklusive Gesundheitsversorgung sowie auf ein anspruchsvolles und leicht erreichbares Kultur- und Freizeitangebot.

Sozialraum und Exklusion: Ausgrenzung und Entkopplung

Beispiel 4: Lima (Peru)

»Die einen nennen sie die ›Mauer der Schande‹. Für andere ist sie einfach ein Schutz vor Unsicherheit und Kriminalität. Auf jeden Fall sorgt der drei Meter hohe und zehn Kilometer lange Festungswall in Lima [...] für viel Gesprächsstoff, trennt er doch eines der reichsten Viertel der Metropole von einem der ärmsten Stadtteile der peruanischen Hauptstadt. Wenn man aus der Luft auf den Hügel mit dem Namen San Francisco schaut, liegt rechts unten von der Mauer der Nobelvorort Las Casuarinas mit Villen und Apartmenthochhäusern. Links unten vom Trennungswall liegen Ansammlungen von Holz- und Wellblechhütten

> ohne befestigte Wege, fließend Wasser oder Toiletten. [...] Auf der einen Seite kosten die Unterkünfte manchmal bis zu drei Millionen Dollar, auf der anderen Seite belaufen sich die Kosten für Wellblech, Holz und Baumaterial selten auf über 300 Dollar. [...] Gebaut hat die Mauer [...] die Gemeindeverwaltung – auf Bitten der Anwohner des Reichenvororts. [...] Aber beide Seiten – das ist das absurdeste – brauchen einander. Die einen suchen Gärtner, Kindermädchen und Chauffeure – die anderen händeringend einen Job. [...] im Rahmen mehrerer Kunstprojekte haben Kinder auf dem armen Teil des Hügels angefangen, die Mauer mit Bildern zu bemalen – nach dem Motto: Wie wäre es, wenn wir diese Mauer einfach verschwinden lassen, indem wir einen Himmel auf sie zeichnen? [...] Und so wird das Grau des Betons nach und nach abgelöst durch Kinderzeichnungen, aus denen der Wunsch nach Bäumen, Blumen, Platz zum Spielen und grün spricht« (Ehring 2015).

Der Fall Lima verweist auf Formen des Ausschlusses und Entkoppelns von sozialen Zugangs- und Teilhabemöglichkeiten einzelner Bevölkerungsgruppen aus verschiedenen Zusammenhängen gesellschaftlichen Lebens. Dieser Prozess der Exklusion findet ökonomisch seinen Ausdruck in einer Trennung von Arm und Reich. Er konkretisiert sich aber noch viel entscheidender in unterschiedlichen Möglichkeiten des Zugangs zu konkreten Leistungsbereichen einer Gesellschaft. Hierzu gehören z.B. die Schulerziehung, der Rechtsschutz, eine stabile Familienbildung, der Zugang zu Ausbildung und formeller Erwerbsarbeit, zu Leistungen des Gesundheitssystems oder zu Freizeit- und Kultureinrichtungen. Es bedarf schon besonderer Anstrengungen, um als Bevölkerungsgruppe von den Medien und der Gesellschaft wahrgenommen zu werden. Im konkreten Fall sind es noch nicht einmal die sozialen Missstände und menschenunwürdigen Lebensbedingungen, die öffentliche Aufmerksamkeit erzeugen. Erst mittels der Kunst entsteht hier so etwas wie öffentliche Resonanz. Ob die Aktion der Kinder aus San Francisco langfristig Auswirkungen auf den Wandel der Lebensbedingungen der Bewohnerinnen und Bewohner haben wird, darf bezweifelt werden.

Im Kontext einer stadtsoziologischen Forschung fällt auf, dass es mit zunehmender Polarisierung sozialer Teilhabemöglichkeiten zu verschärften Formen sozialer Ausschließung einzelner Bevölkerungsgruppen kommt. In besonderer Weise betroffen sind Menschen, die in zum Teil illegal errichteten Wohnsiedlungen an den Rändern der Städte leben (vgl. Burchardt u.a. 2014). Diese Elendsviertel haben länderspezifisch sehr unterschiedliche Namen: In Peru werden sie als barriadas bezeichnet, in Venezuela ranchos, in Brasilien favelas, in der Türkei Gecekondu, in französischsprachigen Ländern bidonvilles, in Südafrika townships und im Mittleren Osten ishish (vgl. Benevolo 2007, 1025). Für eine Vielzahl der in diesen Bezirken lebenden Menschen lässt sich ein Kompaktsachverhalt des Ausschlusses aus vielen Teilbereichen der Gesellschaft beobachten, mit entsprechenden Folgen für die Verlaufsbiographien der Betroffenen. Man könnte hier von einem Hauptmann von Köpenick-Effekt sprechen: Ohne Arbeit keine Papiere, ohne Papiere keine Arbeit. Menschen dieser sozialen Gruppierung haben weitestgehend keine Chance aus eigenen Kräften und mittels rechtlich legitimer Mittel Wiederanknüpfungsmöglichkeiten an gesellschaftliche Funktionsbereiche (Erziehung, Bildung, Arbeit, Recht) herzustellen. Im Exklusionsbereich sind Teilhabechancen marginalisiert. »Keine Ausbildung, keine Arbeit, kein Einkommen, keine regulären Ehen, Kinder ohne registrierte Geburt, ohne Ausweis, ohne Zugang zu an sich vorgesehenen Anspruchsberechtigungen, keine Teilhabe an Politik, kein Zugang zur Rechtsberatung, zur Polizei oder zu Gerichten« (Luhmann 1996b, 227 f.).

Je nach Leistungsfähigkeit des Staates können diese Exklusionen durch Formen wohlfahrtsstaatlicher Inklusionsvermittlung (bspw. Ausbildung, Erwerbsarbeit, gesundheitliche Versorgung) gemildert oder im Einzelfall verhindert werden. Diese Formen sozialpolitischer Steuerung scheitern jedoch vielfach an den örtlichen Gegebenheiten und den komplexen Problemlagen. Konkret zeigt sich dies im europäischen Kontext an Gruppierungen, die als »unterversorgt« gelten und damit zu den sog. Randgruppen zählen. Hierunter fallen Jugendliche in Qualifizierungsmaßnahmen, Langzeitarbeitslose, Wohnungslose, Migrantinnen und Migranten, ethnische Minderheiten, Pensionärinnen und Pensionäre und andere nichterwerbstätige Gruppierungen wie z. B. chronisch Kranke oder Menschen mit Behinderung, aber auch Alleinerziehende und sog. Multiproblemfamilien.

Im Vergleich zu den amerikanischen, französischen oder lateinamerikanischen Ländern lassen sich zwar auch in Deutschland benachteiligte Stadtbezirke mit einer Ballung bestimmter Problemlagen identifizieren, diese manifestieren sich allerdings (noch) nicht in vergleichbaren Ghettoisierungsformen. In Deutschland, so der Soziologe Heinz Bude, »ist es nicht das öffentliche Getto, sondern es sind die privaten vier Wände, wohin sich die Exkludierten zurückziehen« (Bude 2008, 259 f.). Der Prozess der Exklusion zeigt sich nicht nur in einer räumlichen Separierung, sondern auch in Formen der Auflösung sozialer Bindungen, der Vereinzelung und Vereinsamung sowie der Abkopplung von Menschen mit geringerer beruflicher Qualifikation (vgl. Kronauer 2000; 2020, 197).

4.2.4 Nachhaltige Stadtentwicklung: Ökonomie, Ökologie und urbane Sicherheit

Alle zwei Jahre laden die Vereinten Nationen zum World Urban Forum ein, das 2018 in Kuala Lumpur (Malaysia) und 2020 in Abu Dhabi stattfand. Bezug genommen wurde auf diesen Foren u. a. auf die New Urban Agenda (NUA), die im Rahmen der alle 20 Jahre stattfindenden Konferenz der Vereinten Nationen über Wohnungswesen und nachhaltige Stadtentwicklung (Habitat III) 2016 in Quito (Ecuador) verabschiedet wurde. Hierin haben sich die Mitgliedsstaaten dazu bekannt, Städte nachhaltiger zu gestalten. Empfohlen wurden Maßnahmen zur Schaffung menschenwürdiger Arbeitsbedingungen und bezahlbarem Wohnraum, zur Modernisierung der öffentlichen Verkehrsinfrastruktur und Dienstleistungen, zur Verbesserung der räumlichen Integration von Stadtbezirken und Umland, zum Schutz der Menschenrechte (Vermeidung von Zwangsräumungen, Ausbeutung und Diskriminierung), zur Inklusion und Partizipation von in Armut lebenden oder behinderten Menschen sowie zur Bewältigung ökologischer Herausforderungen.

Stadtökonomie: Wohnen und Wohnpolitik

Wohnen

Nach modernem Verständnis ist Wohnen definiert als eine »Verbindung von Wohnunterkunft, Zuhause, unmittelbarem Wohnumfeld und Nachbarschaft« (WHO 2004). Sofern dies gelingt, können Wohnungen und Häuser wichtige Ausgangspunkte zur Erschließung und Nutzung des Quartiers bzw. Sozialraums sein. Es kommt zum Aufbau von Nachbarschaften mit sozialen Beziehungs- und Unterstützungsnetzwerken sowie zu einer Art Heimatverbundenheit.

Wohnqualität und das Bestreben Wohneigentum zu erwerben haben in allen industrialisierten Gesellschaften einen hohen Stellenwert. Hierfür werden beträchtliche finanzielle Mittel eingesetzt, da Art und Weise des Wohnens analog zur Erwerbsarbeit auch eine wichtige symbolische Funktion zugeschrieben wird. Die Art des Wohnens, die sozialräumliche Verortung des Wohnstandortes, die land- und städtebaulichen Qualitäten sowie Wohnform und Wohnraumgestaltung sind bedeutende Lebensstilindikatoren zur sozialen Statusverortung und Selbstinszenierung.

Zu den seit Jahrzehnten prägenden Charakteristika modernen Wohnens gehören eine strenge Trennung von Wohnen und Erwerbsarbeit, Privatheit und Öffentlichkeit (vgl. Gleichmann 2000; 1976). Sozialstrukturelle Veränderungen und der Wandel des Rollenverständnisses der Geschlechter haben zudem zu einer Pluralisierung der Lebens- und Haushaltsformen in Abgrenzung und Ergänzung zum traditionellen Modell der Kernfamilie beigetragen mit entsprechenden Folgen für den Immobiliensektor (vgl. Hannemann 2014). Wohnformen und Wohnbedürfnisse veränderten sich. Um diese Entwicklungen nicht allein dem Markt zu überlassen, wurden Angebot und Nachfrage bis weit in die 1990er Jahre in vielen Ländern der industrialisierten Welt durch eine staatlich regulierte Wohnungspolitik ergänzt. Es wurden eine Vielzahl von Wohnformen geschaffen, die den unterschiedlichen Interessen der Stadtbevölkerung gerecht zu werden versuchten. Zu nennen wären hier z.B. mehrstöckige Mietskasernen mit Etagenwohnungen, die Reihenhaussiedlungen in den städtischen Peripherien, traditionelle Vorstadtsiedlungen in den USA (Suburbs), Wohnblocks und Großwohnsiedlungen bis hin zu Zwischen- und Trabantenstädten.

Die aktuellen Entwicklungen westeuropäischer Metropolen sind geprägt durch eine wachsende Nachfrage nach Stadtwohnungen (Reurbanisierung), einer zunehmenden Vermarktlichung des Immobiliensektors bei gleichzeitigem Rückgang von Sozialwohnungen, einer weiteren Individualisierung und Technisierung des Wohnens sowie einer deutlich engeren Kopplung von Arbeiten und Wohnen (vgl. Kaltenbrunner/Waltersbacher 2014). Im globalen Kontext kommt noch eine enorme Zuwanderung bei gleichzeitiger Überforderung der kommunalen Politik hinzu. Dies führt in den Entwicklungs- und Schwellenländern zur Errichtung von Barackenstädten, Squattersiedlungen ohne Baugenehmigung und Slumbildung. Analog zur Entwicklung der Industrialisierung in Europa des 19. Jahrhunderts bieten die Metropolen für Zuwanderinnen und Zuwanderer aber immer noch bessere Lebens- und Arbeitsbedingungen als auf dem Land. Diese »nachholende Modernisierung« in den Megastädten ist geprägt durch eine massive Kapitalisierung aller Lebensbereiche mit entsprechenden sozialen Polarisierungen durch Verarmung, Ausbeutung und Umweltzerstörung auf engstem Raum (vgl. Blasius 2017).

Trotz allem, so die Ergebnisse einer dreißigjährigen Langzeitstudie von Perlman zur Entwicklung der Favelas in Rio de Janeiro, sind die Fortschritte staatlicher Maßnahmen, ebenfalls analog zur europäischen Stadtentwicklung, empirisch nachweisbar. Die in den letzten drei Jahrzehnten erfolgten Maßnahmen in den Bereichen Wohnungsbau, Infrastrukturförderung, dem Ausbau der städtischen Versorgungsstrukturen sowie die Verbesserung des Zugangs zu Bildungs- und Ausbildungsmöglichkeiten haben die Lebensbedingungen der dort lebenden Bevölkerung nachhaltig verbessert. Zugleich gilt aber auch, dass die grundsätzlich bestehenden sozioökonomischen Unterschiede zwischen den Schichten und die sich hieraus ergebenden Formen der Diskriminierung und Benachteiligung im Kontext von Bildung, Herkunft, Wohnadresse und Erwerbstätigkeit bestehen bleiben (vgl. Perlman 2014).

Stadtökonomie: Formelle und informelle Erwerbsarbeit

Die traditionelle Unterscheidung von Stadt-Land-Gegensätzen ist in modernen Gesellschaften obsolet. Natürlich gibt es weiterhin sozialstrukturelle und sozioökonomische Unterschiede, aber Städte sind nicht mehr staatenprägend. Sie sind keine unabhängigen Variablen und nicht mehr ursächlich für gesamtgesellschaftliche Entwicklungen. Städte und Metropolen bleiben allerdings besondere Orte, sie sind als »Katalysator, Filter oder Kompressor gesellschaftlicher Entwicklungen« (Häußermann/Siebel 2004, 100) anzusehen. In Ballungsräumen konkretisierte sich der Übergang zur Dienstleistungsgesellschaft (Tertiärisierung) und hier wurden die Auswirkungen eines globalisierten Kapitalismus durch eine Bündelung von Unternehmensdienstleistern, Verkehrsinfrastrukturen und Technologiebranchen in besonderer Weise spürbar.

Hinsichtlich des aktuellen Wandels der Erwerbsarbeit ist insbesondere die fortschreitende Digitalisierung hervorzuheben, die umfangreiche Veränderungen im Bereich der Produktionssysteme und der Arbeitsorganisation mit sich bringt. In vielen Branchen sind die Beschäftigungsstrukturen dynamischer, mobiler, flexibler und unsteter geworden. Berufsbilder und Tätigkeitsprofile haben sich verändert. Kontinuierliche Qualifizierungsanforderungen bei gleichzeitig hoher Mobilität und Einsatzbereitschaft führen zu neuen Dynamiken am Arbeitsmarkt (Postfordismus). Branchenübergreifend sind eine zunehmende Entgrenzung von Erwerbsarbeit zu beobachten, ein Ausbau befristeter Arbeitsverhältnisse oder Teilzeitbeschäftigungen, eine fortschreitende Automatisierung ganzer Berufszweige durch innovative Technologien sowie eine Ausweitung atypischer und prekärer Beschäftigungsverhältnisse mit Schwerpunkt im Niedriglohnsektor. Kritikerinnen und Kritiker weisen darauf hin, dass durch diesen Wandel eine abnehmende Nachfrage nach Arbeitskräften insbesondere im produzierenden Gewerbe zu erwarten ist. Hinzu kommen ein möglicher Wegfall von Arbeitsplätzen durch Automatisierung sowie eine Steigerung der Einkommens- und Lohnungleichheit. Für bestimmte Risikogruppen (Geringqualifizierte) könnte die Arbeitsmarktintegration zunehmend zum Problem werden.

Nimmt man die aktuellen Veränderungen der Erwerbsarbeit in Europa in den Blick, so lässt sich länderübergreifend festhalten, dass ein leichter Anstieg der Erwerbstätigkeit, insbesondere von Teilzeitbeschäftigungen und geringfügig Beschäftigten, zu beobachten ist. Förderlich waren in diesem Zusammenhang eine positive Konjunkturentwicklung sowie eine verhaltene Steigerung der Reallöhne. Weiterhin ist vor dem Hintergrund der demographischen Entwicklung eine zunehmende Überalterung der Erwerbsbevölkerung bei gleichzeitiger höherer Erwerbsneigung sowie eine Anhebung der Regelaltersgrenze zu beobachten. Hinzu kommt eine zunehmende Erwerbsbeteiligung von Frauen sowie eine rückläufige Arbeitszeit je Erwerbstätigen. Darüber hinaus ist eine Ausweitung informeller Beschäftigungsverhältnisse, insbesondere in den Bereichen der Alten- und Krankenpflege, im hauswirtschaftlichen Bereich und im Bauwesen, festzustellen.

Nimmt man die Schwellen- und Entwicklungsländer in den Blick so verlaufen die Veränderungen in den Metropolen uneinheitlich. Je nach Wirtschaftskraft des Landes, des jeweiligen Technisierungs- und Automatisierungsgrades, der Anbindung an den globalen Welthandel sowie der sozioökonomischen und politischen Strukturen sind die Entwicklungen entweder mit westeuropäischen Dynamiken vergleichbar (bspw. Singapur), oder aber es handelt sich um eher frühindustrielle Formen, die den europäischen Bedingungen des 19. Jahrhunderts entsprechen. Unstrittig ist, dass in den Entwicklungs- und Schwellenländern die informelle Ökonomie ein wichtiges Wirtschaftssegment bildet. Hierzu zählen z. B. die Vielzahl legaler und illegaler haushaltsnaher Dienstleistungstätigkeiten sowie die heterogenen Strukturen einer informellen Wirtschaft in den Peripherien der Megacities. Zur informellen Ökonomie gehören u. a. die vielen kleinen Läden, Cafés, Minitaxis, Töpfereien, Schuh- und Scheibenputzer, Gemüsehändler, Garküchen und Müllsammler, die ein wichtiges Versorgungselement für niedrige Einkommensklassen bilden. Darüber hinaus erzielen die Betreiberinnen und Betreiber ein relativ sicheres Grundeinkommen, das sowohl den Lebensunterhalt für die Kernfamilie als auch der unterversorgten, älteren (Familien-)Angehörigen sicherstellt.

Die informelle Ökonomie bleibt ein wichtiges Element zur Versorgung und Erwerbsbeteiligung sowie zur Stabilisierung des sozialen Friedens. Nach einer Studie der International Labor Organization arbeiten in Afrika über 85 Prozent der Beschäftigten im informellen Sektor. In Asien, im Pazifikraum und den arabischen Staaten sind es über 68 Prozent, auf dem amerikanischen Kontinent 40 Prozent. In Europa und Zentralasien sind es immer noch über 25 Prozent. Zugleich gilt aber auch, dass Menschen, die in ländlichen Gebieten leben, einem doppelt so hohen Risiko ausgesetzt sind, in der informellen Wirtschaft arbeiten zu müssen. In städtischen Umfeldern ist das Risiko um die Hälfte reduziert. Weiterhin ist zu beachten, dass aus einer Tätigkeit im informellen Sektor nicht zwangsläufig Armut folgt. Sie kann aber Ursache oder Folge einer informellen Beschäftigung sein. Generell gilt, dass eine informelle Beschäftigung immer mit einem geringeren Sozialschutz, einem Mangel an menschenwürdigen Arbeitsbedingungen und fehlenden Arbeitsrechten einhergeht (vgl. ILO 2018).

Ökologie der Stadt: Smart Cities – die Stadt der Zukunft?

Während die Soziologie in Anlehnung an Robert E. Park (1864–1944) den Fokus auf die sozialen Lebensbedingungen der Menschen in und den Beziehungen zwischen Stadt und Gesellschaft (vgl. Weiland 2015, 181) richtet, steht bei der Stadtökologie die Biosphäre Stadt als belebte Natur für Tiere und Pflanzen, als Geosphäre (unbelebte Natur) im Kontext von Stadtklima und Luftqualität, als Pedosphäre hinsichtlich Bodenbeschaffenheit und Bodenbelastung sowie als Anthroposphäre im Zusammenhang mit der aktiven Gestaltung des Ökosystems Stadt mittels Stadtplanung und Stadtentwicklung im Vordergrund (vgl. Endlicher 2013).

Die in Quito (Habitat III) verabschiedeten Grundsätze führten in Europa zu einer verstärkten Berücksichtigung ökologischer Gesichtspunkte bei der Planung und Sanierung von Städten und Neubaugebieten. In den Vordergrund rückten und rücken bis heute ein ressourcenschonender Energieverbrauch, der Ausbau ökologisch sinnvoller Verkehrsinfrastrukturen, eine standortgemäße und den Interessen von Naturschutz, der Luftreinhaltung und den Freizeitinteressen angemessene Bepflanzung, die Berücksichtigung spezifischer Klimabedingungen durch eine entsprechende Raumplanung (Licht, Temperatur, Wind, Luftfeuchte), die Schaffung von Naherholungszonen (Parks, Seen, Teiche), die Reduzierung der Emissionsbelastungen durch Gewerbe, Industrie und Verkehr, die Optimierung der Wasserkreisläufe, die Minderung der Lärmbelastung, die Erhaltung historischer Stadtelemente, die architektonische Ausrichtung von Neubauten unter Beachtung der spezifischen Lebensbedingungen für Tier- und Pflanzenarten sowie eine Form der Bebauungsplanung, die stressmindernde, psychisch-emotionale und ästhetische Bedürfnisse befriedigt.

Die moderne Vision der Smart Cities als zukünftiges Modell einer innovativen Stadtentwicklung hat sich in diesem Zusammenhang zum Ziel gesetzt, Städte mittels Technologie vernetzter, ökologischer und sozial inklusiver zu gestalten. Smart Cities sind »Orte, an welchen Informationstechnologie mit Infrastruktur, Architektur, Alltagsgegenständen und sogar unserem Körper verbunden wird, um dadurch soziale, ökonomische und ökologische Probleme anzugehen« (übersetzt nach Townsend 2014, 15; vgl. Portmann/Finger 2015, 472). Konkret übernehmen z. B. Apps die Wohnraumregulierung und Verkehrsmittel werden auf Abruf zur Verfügung gestellt. Ergänzend kommen stadtökologische Gestaltungselemente hinzu. Zu nennen wären hier die Begrünung von Hausfassaden, Super Trees, die Dachterrassenbepflanzung, das Urban Gardening sowie architektonische Modelle zur Umsetzung einer Forest City. Die Kernidee von Smart Cities beruht auf der Vorstellung, dass die zukünftigen Metropolen zu intelligenten Lebensräumen mit sich selbst steuernden Systemen werden. Die südkoreanische Planstadt Songdo City (vgl. Löw/Stollmann 2018) und Masdar City in den Arabischen Emiraten verkörpern bekannte Modellprojekte dieser Zukunftsstädte.

Ob sich die hohen Erwartungen erfüllen, muss sich erst noch zeigen. Kritisch ist zu hinterfragen, ob sich Probleme sozialer Ungleichverteilung und des Zusammenlebens in Ballungszonen durch Hochtechnologien lösen lassen. Zu erwarten ist eher, dass Smart Cities zu einer Lebenswelt für privilegierte Mittel- und Oberschichten werden, ganz unabhängig von der Frage, ob die Erwartungen erfüllt und von der Mehrzahl der Menschen als erstrebenswert geteilt werden.

Urbane Sicherheit: Public Spaces, Gated Communities und soziale Brennpunkte

Spätestens seit den Terroranschlägen im September 2001 in New York und den folgenden Anschlagsserien in Paris, Nizza, Berlin und Las Vegas gelten Metropolen als Orte, die gezielt für Terror- und Gewaltakte ausgewählt werden. Inzwischen ist es zur Selbstverständlichkeit geworden, dass man sich vor Reiseantritt über Gefahrenquellen einer Metropole informiert. Innere Sicherheit im urbanen Raum ist zu einem wichtigen Gut geworden, sowohl für die dort lebenden Menschen als auch für die Wirtschaftsentwicklung und den Tourismus. Die Bewahrung des öffentlichen Raums als Orte der Begegnung und des zwanglosen Miteinanders haben hohe Priorität. Öffentliche Räume sind allgemein zugängliche Orte der Begegnung, der Darbietung von Kunst und Kultur, der Vergnügungen und Freizeitgestaltung, der geschichtlichen Verbundenheit, Vielfalt und Identität (vgl. Klamt 2012). Sie bilden die Voraussetzung für Freiheit, Lebensqualität und Wohlstand, sowohl in den Ballungsgebieten als auch im ländlichen Raum (vgl. Deutscher Bundestag 2018).

Urban Public Spaces: Stadtplätze, Promenaden und Erholungslandschaften

Zu den klassischen Urban Public Places zählen Märkte, Parks, Flaniermeilen, (Einkaufs-)Passagen, Seen und Spielplätze, aber auch Bahnhöfe und U-Bahnen. Darüber hinaus ist die Vielzahl kulturprägender Orte wie Museen, Denkmäler und historische Gebäude zu erwähnen.

Für kommunalpolitisch Verantwortliche steht die Frage im Vordergrund, ob die Akteure diese Räume als sicher empfinden. Sekundär ist der Tatbestand, ob diese Orte real, also objektiv sicher oder unsicher sind. Es ist das Gefühl der Verunsicherung, das das konkrete Nutzerverhalten und die Aufenthaltsqualität bestimmt und nicht die objektive Faktenlage. Politik und Ordnungsorgane sind daher daran interessiert, dass dem Verlangen nach innerer Sicherheit und Vermeidung von Kriminalität Rechnung getragen wird und damit Ängste und Verunsicherungen gar nicht erst auftreten. Auslöser für Verunsicherungsempfinden gibt es viele und sie lassen sich auf ein Bündel von Ursachen zurückführen. Zu nennen sind hier sozialstrukturelle Ursachen wie z. B. die Alterung der Bevölkerung, deren Menschen schon lebensphasenbedingt ängstlicher sind. Hinzu kommen politische und wirtschaftliche Faktoren wie die Veränderung der Beschäftigungsstrukturen (existentielle Verunsicherung und Segregation), die Erosion des Wohlfahrtsstaates (soziale Abstiegsängste) und die Dynamik von Marktbedingungen (Steigerung des Angebots von Sicherheitstechnologie). Auch eine Professionalisierung der Arbeit der Sicherheitsorgane sowie der Aufklärungsquoten können den Eindruck erzeugen, dass alles schlimmer geworden ist. Weitere Faktoren sind eine Pluralisierung der Lebensstile (Erosion traditioneller Milieus und Normvorstellungen) sowie die Zunahme von Migrationsbewegungen (vgl. Siebel/Wehrheim 2003, 10).

Zur Herstellung von innerer Sicherheit werden in analytischer Hinsicht rechtliche (Gesetze), organisatorische (Polizei, Ordnungsorgane, Sicherheitsdienste), technische (Kameras, Scanner) und symbolisch-materielle (Zäune, Mauern, Möblierung) Strategien voneinander unterschieden (vgl. Wehrheim 2018; 2004). Länderübergreifend werden Maßnahmen im Bereich des Ausbaus der technischen Überwachungs- und Identifikationsmethoden (Videoüberwachung, Körper- und Gesichtsidentifizierung, Bewegungsprofile) sowie eine verstärkte Präsenz von Polizei, Zivilstreifen und (privaten) Sicherheitsdiensten erprobt. Ergänzend wird auf eine gute Ausleuchtung der öffentlichen Räume, eine architektonisch ansprechende Bauanordnung und Raumaufteilung (übersichtlich, einsehbar, leichte Orientierung, Fluchtmöglichkeiten), die Schaffung eines ästhetisch ansprechenden Raumambientes von »Ruhe und Ordnung« (gepflegt, sauber, regelmäßig modernisiert) sowie auf einen sozial kontrollierten Zugang (Ausschluss von Bettlern, Obdachlosen, Straßenhändlerinnen) geachtet. Der Ausbau und die Kontrolle digitaler Infra- und Kommunikationsstrukturen, die Verminderung der Bedrohung durch Kraftfahrzeuge sowie die verschärfte Kontrolle von Zugängen zu Großveranstaltungen (Personen- und Taschenkontrollen, elektronische Kontrollsysteme) sollen das Sicherheitsempfinden nochmals erhöhen.

Wissenschaftlich strittig ist, welche Maßnahmen welche Wirkungen erzeugen. Empirische Studien deuten darauf hin, dass der Ausbau der Videoüberwachungen die Häufigkeit von Auto- und Fahrraddiebstählen reduzieren kann. Ein positiver Einfluss auf Taschendiebstähle und Gewaltdelikte konnte nicht nachgewiesen werden. Im Bereich der Gewaltkriminalität haben sich Strategien zur Verbesserung der Beleuchtung sowie eine generelle stärkere Präsenz von Polizei und Sicherheitsdiensten als wirksam herausgestellt (vgl. Wehrheim 2012, 103). Neben den hohen Personalkosten kommt in diesem Zusammenhang erschwerend hinzu, dass es bei Gewaltkriminalität, Prostitution und Drogenhandel verstärkt zu räumlichen Verlagerungen, aber faktisch nicht zu einer quantitativen, sondern nur regionalen Reduzierung der Delikte kommt (vgl. Eifler 2009; Kury 2009).

Gated Communities: Lifestyle, Prestige und Security Zone

Gated Communities sind geschlossene und gesicherte Wohnanlagen, die von einer gehobenen oder wohlhabenden Bevölkerungsschicht in Abgrenzung zur restlichen (Wohn-)Bevölkerung als separiertes Wohnquartier oder isolierte Siedlung bewohnt werden. In Südafrika spricht man von Security Villages, in Spanischamerika von barrios cerrados und in Brasilien von condomínios fechados. Meist handelt es sich um kleinere separierte Wohneinheiten mit einer überschaubaren Anzahl von Häusern, Villen und luxuriösen Eigentumswohnungen in Mehrparteienhäusern. Es gibt allerdings auch größere Siedlungskomplexe mit mehreren 10.000 bis zu 100.000 Einwohnerinnen und Einwohnern und vollständiger eigener Infrastruktur (Supermärkte, Kindergärten, Schulen, Krankenhäuser, Arztpraxen, Kultur- und Freizeiteinrichtungen). In Gated Communities ist der Zugang beschränkt und wird durch spezielle Zufahrten mit Pförtnerinnen und Pförtnern sowie Security, Schranken und Videokameras kontrolliert. Das Areal selbst ist durch Sicherheitszäune, Mauern oder sonstige Umgrenzungen geschützt. Wächterinnen und Wächter patrouillieren auf dem Gelände und in einer Zentrale werden Bilder der überall montierten Kameras überwacht (vgl. Jürgens/Gnad 2000, 199).

Gated Communities sind das Ergebnis eines gestiegenen Sicherheitsbedürfnisses der Bevölkerung. Eine der ersten Gated Communities, Llewellyn Park, wurde bereits 1857 in New Jersey gegründet und existiert bis heute mit Immobilienpreisen zwischen 500.000 bis über drei Millionen Dollar. Auch in Europa des 19. Jahrhunderts gab es bereits privatwirtschaftlich organisierte Villensiedlungen in Berlin, Paris und London, die als »Vorläufer und Vorbild der US-amerikanischen gated communities interpretiert werden [können]« (Glasze 2003, 286). Wie hoch aktuell der Anteil der in Gated Communities in den Vereinigten Staaten lebenden Bevölkerung ist, wird kontrovers diskutiert und nicht systematisch erfasst. »Basierend auf Angaben des U.S. Census Bureau soll die Zahl der Wohneinheiten in gated communities von 2001 bis 2009 um 53 % auf mehr als zehn Millionen angestiegen sein (New York Times 29.03.2012)« (Hahn 2014, 193). Leider liegen bis heute keine aktuelleren Zahlen vor, was auch darauf zurückzuführen ist, dass die Übergänge zwischen geschlossenen, halböffentlichen und öffentlich zugänglichen Wohnanlagen fließend sind.

Gated Communities florieren insbesondere in denjenigen Ländern, in denen die sozialen Ungleichheiten groß, die wohlfahrtsstaatlichen Strukturen nur unzureichend vorhanden sind, die wirtschaftliche Entwicklung starken Schwankungen unterliegt und nur ausgewählte Gruppen von konjunkturellen Entwicklungen profitieren.

Soziale Brennpunkte: Stadterneuerung und Kriminalprävention

Quartiere und Wohnbezirke sind nicht nur unauffällige Orte des Lebensalltags, sondern sie können auch als soziale Brennpunkte in besonderer Weise in Erscheinung treten. Hierbei handelt es sich um

> »Wohngebiete, in denen Faktoren, die die Lebensbedingungen ihrer Bewohner und insbesondere die Entwicklungschancen von Kindern und Jugendlichen negativ bestimmen, gehäuft auftreten. [...] Mit der Bezeichnung ›Sozialer Brennpunkt‹ soll ein einheitlicher Arbeitsbegriff entwickelt werden, der Stadtteile unterschiedlicher Entwicklungsphasen zusammenfasst, die eine einheitliche negative Entwicklungstendenz aufweisen« (Deutscher Städtetag 1979, 12,14).

Das Bund-Länder-Programm »Soziale Stadt« aus dem Jahr 1999 (▶ Kap. 4.2.2) spricht von Stadtteilen mit besonderem Entwicklungsbedarf und das Baugesetzbuch von

> »durch soziale Missstände benachteiligten Ortsteilen oder anderen Teilen des Gemeindegebiets, in denen ein besonderer Entwicklungsbedarf besteht. Soziale Missstände liegen insbesondere vor, wenn ein Gebiet auf Grund der Zusammensetzung und wirtschaftlichen Situation der darin lebenden und arbeitenden Menschen erheblich benachteiligt ist. Ein besonderer Entwicklungsbedarf liegt insbesondere vor, wenn es sich um benachteiligte innerstädtische oder innenstadtnah gelegene Gebiete oder verdichtete Wohn- und Mischgebiete handelt, in denen es einer aufeinander abgestimmten Bündelung von investiven und sonstigen Maßnahmen bedarf« (BauGB § 171 e Abs. 2).

Im Kontext der Debatte um sichere Wohnquartiere zeichnen sich benachteiligte Stadtbezirke durch eine überdurchschnittliche Häufung von Kriminalitätsdelikten (Drogen, Diebstahl, Raub) aus. Zu den gefährlicheren deutschen Metropolen gehören nach der polizeilichen Kriminalstatistik Frankfurt am Main, Köln, Berlin und Düsseldorf. Zugleich zeigt sich in der Gesamtschau allerdings auch, dass die deutschen Großstädte hinsichtlich der erfassten Gewalt- und Drogenkriminalität nur geringfügig über dem allgemeinen deutschen Landesdurchschnitt liegen. Trotz allem gilt, dass generell Raubdelikte, Vergewaltigungen und Formen der Körperverletzung in größeren Städten (über 100.000 Einwohnerinnen und Einwohner) über dem Landesdurchschnitt liegen. Deutlich bemerkenswerter ist allerdings der generell in Deutschland sowie in den meisten anderen hochentwickelten Ländern zu beobachtende Trend einer kontinuierlichen Abnahme von Gewaltkriminalität und zwar insbesondere in den Metropolregionen (vgl. Häfele 2020; Oberwittler 2018). Für andere Deliktarten wie z. B. Sachbeschädigung, Wohnungseinbrüche und Diebstähle lässt sich dies nicht sagen. Hier liegen erhebliche regionalspezifische Unterschiede vor. Für die in spezifischen Bezirken und Sozialräumen wohnenden Menschen sind die oben genannten statistischen Befunde von eher geringer Bedeutung. Ihr Alltag wird von den konkreten Lebensumständen vor Ort geprägt.

Aus stadtplanerischer und kommunalpolitischer Sicht stehen die konkreten Ursachen für bestimmte Formen kriminellen Handelns im Vordergrund. So lassen sich z. B. aus der Analyse der Häufigkeit bestimmter Deliktarten im Sozialraum wohngebietsbezogene Maßnahmen zur Prävention und Bekämpfung ergreifen. Studien des Architekten und Städteplaners Oscar Newman (1935–2004) aus den 1970er Jahren konnten belegen, dass die Wohnumgebung als städtebauliches Konzept zur Vorbeugung von Kriminalität beitragen kann. Wenn die Bewohnerinnen und Bewohner einen persönlichen Bezug zu ihrem Wohnumfeld herstellen, dann übernehmen sie auch Verantwortung. Eine übersichtliche Bauweise kann ergänzend dazu beitragen, dass das öffentliche Wohnumfeld mit Spielplätzen und Grünflächen sicherer wird. Positiv wirkt sich auch ein gutes Image aus. Durch attraktive Einkaufsstraßen und ästhetisch ansprechende Gebäude, eine nutzerfreundliche Anbindung zu Einrichtungen wie Polizei und Ordnungsorgane sowie durch die Förderung ehrenamtlicher Teilhabe kann eine Sozialraumbindung erzeugt werden. In der Folge steigen auch Lebensqualität und Sicherheitsgefühl (vgl. Kober 2012).

In den Empfehlungen und Leitlinien des CPTED-Modells (Crime Prevention Through Environmental Design) wurden die Kerngedanken Newmans ergänzt durch Ausstattungsmerkmale, die eine Wächterfunktion übernehmen. Hierzu gehören die Videoüberwachung an Gebäuden und in Straßenbahnen, Bussen und Bahnhöfen, die Präsenz von Wachdiensten, Alarmanlagen, Notrufsäulen, eine gute Ausleuchtung der Häuser, Straßen und Freiflächen, Sicherheitsschlösser an Fenster und Türen sowie eine gute Einsehbarkeit öffentlicher Räume und Nebenstraßen (vgl. Schubert 2016, 55). Darüber hinaus werden zur Prävention auch sozialstrukturelle Aspekte berücksichtigt. Es ist bekannt, dass Kontextfaktoren wie soziale Benachteiligung, Ausgrenzung und Diskriminierung bestimmte Verhaltensmuster abweichenden Verhaltens verstärken. Aus diesem Grund wird bei Neubauprojekten oder Sanierungsmaßnahmen auf eine heterogene Zusammensetzung der Bevölkerung geachtet (vgl. Harlander/Kuhn 2020). Hierbei werden sowohl sozialstrukturelle (Geschlechterverteilung, Altersstruktur, Familienstand, Ausländeranteil, Bildungsstand) als auch sozioökonomische (Standortfaktoren, Erwerbsstatus, Arbeitslosenquote, Einkommen) Faktoren berücksichtigt.

> **Weiterführende Literatur**
>
>
>
> Breckner, I., Göschel, A. & Matthiesen U. (Hrsg.) (2020): Stadtsoziologie und Stadtentwicklung. Handbuch für Wissenschaft und Praxis. Baden-Baden: Nomos.
> Eckardt, F. (Hrsg.) (2012): Handbuch Stadtsoziologie. Wiesbaden: Springer.
> Häußermann, H. & Siebel, W. (2004): Stadtsoziologie. Eine Einführung. Frankfurt, New York: Campus.
> Prell, U. (2020): Die Stadt. Eine Einführung für die Sozialwissenschaften. Opladen, Toronto: Budrich.
>
> **Weiterführende Quellen**
>
> UBA – Umweltbundesamt (Hrsg.) (2018b): Urbaner Umweltschutz. Die strategische Forschungsagenda des Umweltbundesamtes. Dessau-Roßlau.

4.3 Migration, Integration und Postmigrationsgesellschaften

4.3.1 Von der Migration zum Migrationshintergrund – ein Überblick

Den Daten des Mikrozensus von 2021 zufolge haben rund 27 Prozent der Menschen in Deutschland einen »Migrationshintergrund« (Statistisches Bundesamt 2022d, 65). In der Altersgruppe der 20- bis 25-Jährigen liegt der Anteil der Menschen mit »Migrationshintergrund« mit rund 33 Prozent noch etwas höher.

Stellen wir uns ein Seminar zur Einführung in die Soziologie vor. Im Seminar sind 30 Studierende eingeschrieben. Den Auswertungen des Mikrozensus zufolge haben demnach – statistisch betrachtet – zehn davon einen Migrationshintergrund. Vielleicht gehören die folgenden Studierenden dazu:

- Amira T. ist in Deutschland geboren und lebt bei ihrer Mutter, die 1997 im Rahmen des Familiennachzugs aus Marokko zu ihrem Mann nach Deutschland gezogen war. Die Ehe wurde 2008 geschieden.
- Dmitrij K. ist 2003 mit seinen Eltern im Alter von zwei Jahren als jüdischer Kontingentflüchtling aus der Russischen Föderation nach Deutschland eingewandert.
- Eric L. hat einen dänischen Vater und eine belgische Mutter. Die beiden haben sich in Brüssel kennengelernt, wo auch Eric geboren wurde. Zwei Jahre nach

Erics Geburt zog die junge Familie wegen eines Jobangebots für Erics Vater nach Deutschland.
- Kateryna S. ist im Osten der Ukraine aufgewachsen und hat dort auch schon zwei Semester studiert, musste ihre Heimat aber im Frühjahr 2022 wenige Wochen nach dem Beginn des Krieges verlassen.
- Kerim Y. und seine Eltern sind in Deutschland geboren und aufgewachsen. Sein vor drei Jahren verstorbener Großvater war in den 1970er Jahren als Arbeitsmigrant aus der Türkei nach Deutschland gekommen.
- Leon M. ist in Polen geboren. Nach dem Tod seiner Mutter kam er als Fünfjähriger zu seinem Vater nach Deutschland, wo er ein Jahr später eingeschult wurde. Zwischen 15 und 16 Jahren lebte er ein Jahr bei seinen Großeltern in Polen, danach wieder bei seinem Vater in Deutschland.
- Linh M. ist die Tochter eines vietnamesischen Flüchtlings, der 1980 als Kind auf einem überfüllten Boot Vietnam verlassen hatte und in der Bundesrepublik aufgenommen worden war.
- Nadja W. ist in Deutschland geboren. Ihre Eltern kamen 1995 als Spätaussiedler aus Kasachstan nach Deutschland.
- Sena A. ist in Deutschland geboren und aufgewachsen. Zwischen acht und elf Jahren lebte sie bei einer Tante in der Türkei. Ihre Großeltern kamen in den 1960er Jahren nach Deutschland, sind aber im Rentenalter wieder zurück in die Türkei gezogen.
- Yassin F. ist 2015 im Alter von 16 Jahren vor dem Krieg aus Syrien geflüchtet. Über Ägypten, das Mittelmeer und Italien kam er 2016 als unbegleiteter Minderjähriger nach Deutschland.

Ein Teil dieser Studierenden ist in Deutschland geboren, ein Teil in anderen Ländern. Die meisten (aber nicht alle) haben die deutsche Staatsbürgerschaft. Zur Kategorie »Studierende mit Migrationshintergrund« werden diese unterschiedlichen Menschen durch eine Definition des Statistischen Bundesamtes, das seit 2005 differenziert zwischen Menschen mit und ohne Migrationshintergrund. Laut Statistischem Bundesamt hat eine Person »dann einen Migrationshintergrund, wenn sie selbst oder mindestens ein Elternteil nicht mit deutscher Staatsangehörigkeit geboren ist« (Statistisches Bundesamt 2022d, 22). Diese Definition macht in unserem Beispiel Kerim Y. zu einem Menschen mit Migrationshintergrund, obwohl Kerim Deutscher ist und weder er noch seine Eltern je migriert sind. Auch Nadja W. aus unserem fiktiven Seminar ist nie migriert, gilt aber für das Statistische Bundesamt als Deutsche mit Migrationshintergrund. Von den gut 22 Millionen Menschen in Deutschland mit Migrationshintergrund (im Sinne des Statistischen Bundesamtes) sind 63 Prozent selbst migriert, 37 Prozent sind nicht selbst migriert, sondern Kinder oder Enkel von Migrantinnen und Migranten (die sog. zweite oder dritte Generation). 53 Prozent der Menschen mit Migrationshintergrund haben die deutsche Staatsbürgerschaft und sind Deutsche, 47 Prozent sind Ausländerinnen und Ausländer.

Vor dem Jahr 2005 kannten das Statistische Bundesamt und auch die meisten sozialwissenschaftlichen Untersuchungen nur die Differenzierung zwischen Deutschen und Ausländerinnen und Ausländern. Erst seit dem Jahr 2000 erhalten die in

Deutschland geborenen Kinder von Ausländerinnen und Ausländern bei der Geburt die deutsche Staatsbürgerschaft, wenn ein Elternteil seit acht Jahren rechtmäßig in Deutschland lebt und eine unbefristete Aufenthaltsgenehmigung hat. Bis zum Jahr 2000 blieben die in Deutschland geborenen Kinder von Ausländern Ausländer. Deutsche Staatsbürgerinnen und Staatsbürger konnten sie erst nach 15 Jahren Aufenthalt in Deutschland und nur durch einen langwierigen Einbürgerungsprozess werden. Dadurch war die Gruppe der Kinder und Enkel von Einwanderinnen und Einwanderern, die keine deutschen Staatsbürgerschaft hatten und so z. B. auch vom Wahlrecht ausgeschlossen waren, immer weiter angewachsen.

Nach der Reform des Staatsbürgerschaftsrechts wuchs die Zahl der Deutschen, deren Eltern und Großeltern eingewandert waren. In der Bevölkerungsstatistik war diese Gruppe aber entlang der Differenzierung Deutsche/Ausländer nicht abbildbar. Das galt auch für die Gruppe der Spätaussiedlerinnen und Spätaussiedler, die seit dem Zusammenbruch der Sowjetunion in großer Zahl aus dem Osten nach Deutschland kamen und die mit der Anerkennung als Spätaussiedlerinnen und Spätaussiedler die deutsche Staatsbürgerschaft erhielten (und somit auch nicht mehr in der Bevölkerungsstatistik erkennbar waren). Bereits vor der Klassifizierung durch das Statistische Bundesamt wurde der Begriff »Migrationshintergrund« vereinzelt benutzt, um Menschen, die in der zweiten oder dritten Generation in Deutschland lebten, nicht als Ausländerinnen und Ausländer zu bezeichnen und um auf Benachteiligungen und Diskriminierungen z. B. im Bildungssystem oder auf dem Arbeitsmarkt aufmerksam zu machen.

Inzwischen wird über den Begriff »Migrationshintergrund« durchaus kritisch diskutiert. Durch diese Klassifizierung wird eine Minderheit konstruiert und von den Deutschen ohne Migrationshintergrund abgegrenzt, die kaum etwas – nicht einmal Migrationserfahrungen – gemeinsam hat, in der öffentlichen Diskussion aber primär mit Defiziten, besonderer Kriminalitätsbelastung und anderen Stigmata in Verbindung gebracht wird (vgl. El-Mafaalani 2017; Will 2016; Treibel 2015, 18 ff.). Eine allgemeingültige Definition für Migration oder gar Migrationshintergrund gibt es nicht.

> **Migration**
>
> In der klassischen Migrationsforschung werden unter Migration »solche Bewegungen von Personen und Personengruppen im Raum [...] verstanden, die einen dauerhaften Wohnortwechsel [...] bedingen« (Han 2016, 6). Als dauerhaft gilt ein Wohnortwechsel nach den Statistik-Richtlinien der Vereinten Nationen ab einer Dauer von einem Jahr.

Neuere Definitionsversuche berücksichtigen auch Migrationsformen, bei denen »Menschen ihren Lebensmittelpunkt verlagern oder zum alten Lebensmittelpunkt ein neuer hinzukommt« (Treibel 2008, 295). Die Migration von Frauen aus Osteuropa, die in Deutschland Pflegebedürftige in ihrer Wohnung betreuen und dort auch wohnen (vgl. Aulenbacher/Lutz/Schwiter 2021) und von den Vermittlungsagenturen nach einigen Monaten ausgetauscht werden, ist bei der ersten Definition ausgeschlossen, bei der zweiten Definition aber eingeschlossen. Im Glossar der International Organization for Migration (IOM) – einer Unterorganisation der Vereinten Nationen – wird unterschieden zwischen »short-term migrant« (mehr als drei Monate, aber weniger als ein Jahr) und »long-term migrant« (mehr als ein Jahr), wobei Urlaubsreisen, Verwandtschaftsbesuche, Pilgerfahrten und Geschäftsreisen jeweils ausgeschlossen sind (vgl. Sironi/Bauloz 2019). Auch hierbei sind die Grenzen allerdings fließend, wenn etwa auf ein Praktikum bei der ausländischen Niederlassung einer Firma ein längerfristiges Jobangebot folgt. Und wer vor Krieg und Verfolgung flieht, nutzt Verwandtschaftsnetzwerke, bei denen im Jahr davor vielleicht noch ein Urlaub verbracht wurde.

Binnenmigration bezieht sich auf Migration innerhalb eines Staates, etwa vom Land in die Städte (oder umgekehrt) oder von strukturschwachen Regionen in Zentren mit einem großen Angebot an Arbeitsplätzen. Internationale Migration findet über Staatsgrenzen hinweg statt. Ein besonderer Fall ist hierbei die Migration von Ost- nach Westdeutschland, die vor 1990 als internationale Migration und danach dann als Binnenmigration galt. Aktuellen Studien zur Binnenmigration zufolge zeichnet sich inzwischen in Deutschland ein eher ausgeglichenes Wanderungsverhalten zwischen ost- und westdeutschen Bundesländern ab und auch ländliche Regionen zählen nun zu den Wanderungsgewinnern (vgl. Beck u. a. 2022). Der Begriff der Binnenmigration wird auch verwendet, um Wanderungen zwischen den EU-Mitgliedsländern zu beschreiben, die die Außengrenzen der EU nicht tangieren. Bei der Binnen- wie bei der internationalen Migration werden Zuwanderung und Abwanderung gegenübergestellt. Die Differenz der beiden Größen wird als Nettomigration oder als Migrationssaldo bezeichnet.

Eine weitere Differenzierung bezieht sich auf die Unterscheidung zwischen freiwilliger Migration und zwangsweiser Migration durch Vertreibung, Verfolgung, Gewalt oder Krieg. Arbeitsmigration wird i. d. R. als freiwillige Migration, Flucht vor Verfolgung hingegen als erzwungene Migration betrachtet. Aber auch für die Begriffe Flucht, Flüchtling oder Geflüchtete gibt es keine allgemeinverbindliche Definition.

Flucht, Flüchtling oder Geflüchtete

Am bedeutsamsten ist die völkerrechtlich verbindliche Definition aus der Genfer Flüchtlingskonvention, die 1951 verabschiedet wurde, 1954 in Kraft trat und 1967 durch ein Protokoll erweitert wurde. Danach gilt jede Person als Flüchtling, die »aus der begründeten Furcht vor Verfolgung wegen ihrer Rasse, Religion, Nationalität, Zugehörigkeit zu einer bestimmten sozialen Gruppe oder wegen ihrer politischen Überzeugung sich außerhalb des Landes befindet, dessen Staatsangehörigkeit sie besitzt, und den Schutz dieses Landes nicht in Anspruch nehmen kann oder wegen dieser Befürchtungen nicht in Anspruch nehmen will« (UNHCR 2015, 6).

Als Asylsuchende werden Menschen bezeichnet, die einen Antrag auf die Gewährung von Asyl gestellt haben, über den aber noch nicht entschieden wurde. Zu der

Frage, wer Anspruch auf Asyl hat, gibt es keine internationalen Abkommen oder Verträge, sondern lediglich unterschiedliche nationale Regelungen. Die IOM zählt neben Flüchtlingen und Asylsuchenden noch Binnenvertriebene (»internally displaced persons«) zu den Unterformen erzwungener Migration. Binnenvertriebene sind gemäß IOM-Glossar Menschen, die wegen Konflikten, Gewalt, Menschenrechtsverletzungen oder Natur- oder menschengemachten Katastrophen keinen Zugang zu ihrer gewohnten Lebensumgebung haben und deshalb ihre Herkunftsregionen, nicht aber das Staatsgebiet verlassen haben (vgl. Sironi/Bauloz 2019). Diskussionen um weitere Ursachen erzwungener Migration wie z. B. die Klimakrise sind seit Jahren erfolglos geblieben (vgl. Paul 2020). Während nationale und internationale Statistiken Daten meist strikt getrennt nach freiwilliger und erzwungener Migration präsentieren, gibt es berechtigte Zweifel daran, ob sich diese strikte Kategorisierung bei den Migrationsgründen durchhalten lässt. So zerstören Kriege auch Arbeitsplätze, und umgekehrt können Konflikte um knappe Ressourcen zu Gewaltausbrüchen gegen bestimmte soziale Gruppen führen. Faist schlägt deshalb vor, eher von einem »Kontinuum von freiwillig bis erzwungen« (Faist 2020a, 10) auszugehen.

Die International Organization for Migration schätzt für das Jahr 2020 die Zahl der internationalen Migrantinnen und Migranten, die ihr Herkunftsland verlassen haben, weltweit auf 281 Millionen Menschen. Das entspricht 3,6 Prozent der Weltbevölkerung. Die Zahl der Menschen, die ihr Herkunftsland verlassen, steigt seit Jahren an und lag im Jahr 2000 noch gut 100 Millionen niedriger (vgl. McAuliffe/Triandafyllidou 2021, 10). Die Gesamtzahl der Arbeitsmigrantinnen und -migranten weltweit wird von der IOM auf 169 Millionen geschätzt, die Gesamtzahl der Flüchtlinge auf 26,4 Millionen. Nicht in der Zahl der internationalen Migrantinnen und Migranten enthalten sind geschätzte 55 Millionen Binnenvertriebene.

Bei der Frage nach den Gründen, warum Menschen migrieren, orientierte sich die Migrationsforschung lange Zeit an theoretischen Modellen, die zwischen sog. Push- und Pullfaktoren differenzierten. Ereignisse und Zustände im Herkunftsland wie z. B. Arbeitslosigkeit, Wirtschaftskrisen oder Krieg gelten in solchen Modellen als Push-Faktoren, die Menschen aus ihren Herkunftsländern heraustreiben können. Freie Arbeitsplätze, höhere Löhne oder politische Stabilität und Frieden sind umgekehrt Sogfaktoren (Pullfaktoren) auf Seiten potenzieller Ankunftsländer, die Menschen zu einer Einwanderung motivieren können (vgl. etwa Han 2016, 12). In den 1990er Jahren wurden Push-Pull-Konzepte dann als reduktionistisch und deterministisch kritisiert. Inzwischen dominieren komplexere Modelle, die zwischen eher strukturellen Ursachen der Migration (Root Causes) wie Armut und Arbeitslosigkeit und Treibern der Migration (Drivers), die konkrete Migrationsentscheidungen beeinflussen und vorantreiben, differenzieren. Solche Treiber können dann wiederum auf der Mikro-, der Meso- und der Makroebene verortet werden (vgl. Aksakal 2020).

Individuelle Ressourcen, Informationen und Erwartungen beeinflussen etwa Migrationsentscheidungen auf der Mikroebene. Auf der Mesoebene spielen Migrationsnetzwerke eine besondere Bedeutung. Wenn etwa bereits Familienangehörige im Einwanderungsland leben, die Informationen und Kontakte vermitteln können, kann das die Kosten und Risiken der Migration erheblich verringern. Migrationsnetzwerke können auch erklären, warum es zu Kettenmigrationen kommt, bei denen ganze Familien oder Verwandtschaftssysteme nacheinander in die gleiche Region und in die gleichen Segmente des Arbeitsmarktes migrieren. Auf der Makroebene sind z. B. unterschiedliche Arbeitsmärkte oder allgemeiner globale wirtschaftliche Ungleichheiten zwischen unterschiedlichen Regionen bedeutsam.

Von Migrationssystemen wird gesprochen, wenn über einen längeren Zeitraum aus einer bestimmten Auswanderungsregion Migration in eine bestimmte Einwanderungsregion stattfindet und sich diese Art der Migration über Feedback bzw. über Netzwerke konsolidiert. Integrierte Erklärungsansätze verbinden die Untersuchung unterschiedlicher Migrationstreiber auf verschiedenen Analyseebenen z. B. zu einem »push-pull plus«-Modell (vgl. Van Hear/Bakewell/Long 2018). Czaika und Reinprecht (2020) haben im Rahmen umfangreicher Literaturstudien 24 maßgebliche »driver« (die sich auch noch wechselseitig beeinflussen können) herausdestilliert und auf neun unterschiedlichen Dimensionen (Demographie, Ökonomie, Umwelt, menschliche Entwicklung, Individuum, Politische Institutionen, Sicherheit, Sozio-Kulturelles und Supranationales) zusammengefasst. Mit solchen multifaktoriellen Modellen sind dann detaillierte Untersuchungen konkreter Migrationsereignisse möglich, die allerdings den Wunsch nach einfachen Erklärungen und Handlungsanleitungen zur Steuerung der Migration kaum bedienen können.

4.3.2 Eckpunkte der Migrationsgeschichte in Deutschland seit 1945

Die unterschiedlichen Migrationsursachen und die unterschiedlichen Formen der Migration haben auch in der deutschen Geschichte ihre Spuren hinterlassen und die Zusammensetzung der Bevölkerung in Deutschland verändert, wie der folgende kurze Überblick zu Eckpunkten der vielschichtigen Migrationsgeschichte in Deutschland seit dem Ende des Zweiten Weltkriegs zeigt. Im Rückblick werden dabei unterschiedliche Migrationssysteme erkennbar, die mit je spezifischen Migrationsregimen verknüpft sind. Ein Migrationsregime ist ein »Geflecht von Normen, Regeln, Konstruktionen, Wissensbeständen und Handlungen institutioneller Akteure« (Oltmer 2018, 246). So unterschieden sich etwa die Regelungen und die institutionellen Akteure, die sich rund um die Arbeitsmigration der 1960er Jahre entwickelt haben, von den gesetzlichen Vorschriften, Verfahren und Organisationen rund um die Aufnahme von Flüchtlingen.

Auch vor dem Zweiten Weltkrieg hat es in Deutschland Migration gegeben, und zwar sowohl Auswanderung z. B. im 18. Jahrhundert ins Russische Zarenreich und im 19. Jahrhundert in die Vereinigten Staaten von Amerika als auch Einwanderung etwa von Polen ins Ruhrgebiet während der Industrialisierung. Während des Nationalsozialismus wurden Millionen Zwangsarbeiterinnen und Zwangsarbeiter v. a. aus dem Osten Europas, aber auch aus anderen Ländern, ins Reichsgebiet verschleppt. Nach dem Ende des Zweiten Weltkriegs 1945 waren große Teile Deutschlands und Europas zerbombt, zerstört und vom Krieg gezeichnet. Auf dem Gebiet des zerfallenden Deutschen Reichs fanden die Alliierten mehr als zehn Millionen Displaced Persons (vgl. Jocobmeyer 1985, 42). Dazu gehörten v. a. befreite

Zwangsarbeiter, Überlebende der Vernichtungslager und Kriegsgefangene. Die meisten, aber nicht alle dieser Displaced Persons konnten in den ersten Jahren nach Kriegsende repatriiert werden.

Bereits vor Kriegsende flüchteten viele Deutsche vor der vom Osten vorrückenden Roten Armee Richtung Westen. In den von der Roten Armee befreiten Regionen Ost- und Mitteleuropas kam es zu sog. »wilden Vertreibungen« deutscher Minderheiten. Nach dem Krieg folgten in Polen, in der damaligen Tschechoslowakei, in der damaligen Sowjetunion, in Ungarn und in Rumänien staatlich angeordnete Vertreibungen. Zwischen 1944 und 1950 kamen ca. zwölf Millionen Flüchtlinge und Vertriebene in die vier Besatzungszonen – ca. acht Millionen nach Westdeutschland in das Gebiet der 1949 gegründeten Bundesrepublik Deutschland und ca. 4,5 Millionen nach Ostdeutschland in das Gebiet der im selben Jahr gegründeten Deutschen Demokratischen Republik (vgl. Plamper 2019, 66 ff.). In der DDR machten die dort »Umsiedler« genannten Menschen fast ein Viertel der Bevölkerung aus. Diese 12,5 Millionen Menschen kamen in Städte, in denen viele Häuser zerbombt und der Wohnraum für alle knapp war. In den ersten Jahren gab es vielfältige materielle und auch kulturelle Konfliktlinien zwischen der alten Bevölkerung und den Zwangsmigrantinnen und -migranten aus dem Osten. Der bald einsetzende Wirtschaftsaufschwung bot schließlich allen die Möglichkeit zur Teilhabe am wachsenden Wohlstand, und heute gilt die Integration der Flüchtlinge und Vertriebenen in den 1950er Jahren allgemein als Erfolgsgeschichte.

1961 wurde die Mauer in Berlin gebaut und die Ausreise aus der DDR in die Bundesrepublik nahezu unmöglich gemacht. Damit versiegte ein stetiger Zustrom von gut qualifizierten Arbeitskräften aus Ostdeutschland. Zwischen der Gründung der beiden deutschen Staaten 1949 und dem Bau der Mauer 1961 waren mehr als drei Millionen Menschen von der DDR in die Bundesrepublik und mehr als 500.000 von der Bundesrepublik in die DDR migriert (vgl. Oltmer 2015, 54).

Das Wirtschaftswachstum der 1950er und 1960er Jahre führte dazu, dass die Zahl der freien Stellen das Angebot an Arbeitskräften bald überstieg. Bereits im Dezember 1955 wurde mit Italien ein erstes Anwerbeabkommen geschlossen. In den 1960er Jahren folgten weitere Abkommen mit Spanien, Griechenland, der Türkei, Portugal, Jugoslawien, Marokko und Tunesien. In den Anwerbeländern wurden Büros eröffnet, in denen sich Arbeitsuchende eintragen konnten, die dann – nach erfolgreicher Gesundheitsprüfung – in Sonderzügen in die Bundesrepublik gebracht wurden, um dort z. B. in den Bergwerken und Hochöfen des Ruhrgebiets oder in den expandierenden Automobilfabriken zu arbeiten. »Gastarbeiter« nannte man die angeworbenen Arbeitsmigrantinnen und Arbeitsmigranten, und damit verbunden war die Vorstellung, dass sie die Bundesrepublik und ihre Arbeitsplätze nach ein paar Jahren auch wieder verlassen würden. Die Wirtschaftskrise von 1973 veranlasste die Politik, die Anwerbung ausländischer Arbeitskräfte zu beenden und einen Anwerbestopp zu erlassen.

Zwischen 1955 und 1973 waren insgesamt 14 Millionen Arbeitsmigrantinnen und Arbeitsmigranten in die Bundesrepublik gekommen, von denen auch elf Millionen wieder in ihre Herkunftsländer zurückkehrten (vgl. Oltmer 2012, 11). Nur rund drei Millionen blieben in Deutschland. Nach dem Anwerbestopp ging die Zahl ausländischer Arbeitnehmerinnen und Arbeitnehmer in der Bundesrepublik zurück. Im gleichen Zeitraum stieg aber die Zahl der Ausländerinnen und Ausländer, die in der Bundesrepublik lebten, von 3,97 Millionen auf 4,9 Millionen an (vgl. Oltmer 2012, 12). Das lag v. a. am Familiennachzug. Viele ausländische Arbeitnehmerinnen und Arbeitnehmer standen nach dem Anwerbestopp vor der Wahl, entweder in ihre Herkunftsländer zurückzukehren, dauerhaft getrennt von ihren Familien in Deutschland leben zu müssen oder ihre Familien aus den Herkunftsländern nachziehen zu lassen. Wegen des besonderen Schutzes von Ehe und Familie im deutschen Grundgesetz konnte die Politik zwar die Anwerbung weiterer Arbeitnehmerinnen und Arbeitnehmer aus dem Ausland beenden, den Familiennachzug aber nur regulieren und mit Bedingungen verknüpfen, aber nicht stoppen. Auch die Zahlung von Rückkehrprämien in den 1980er Jahren hatte nur begrenzten Erfolg.

Innerhalb der Europäischen Gemeinschaft (der heutigen Europäischen Union) galt ab 1968 das Prinzip der Arbeitnehmerfreizügigkeit. Arbeitskräfte aus der Europäischen Gemeinschaft/Europäischen Union können sich seither (von Übergangsfristen bei den diversen EU-Erweiterungsrunden abgesehen) ihren Arbeitsplatz innerhalb des Staatenverbundes frei aussuchen und sich mit ihren Familien in allen Mitgliedsländern niederlassen.

Auch in der DDR hatte es seit den 1970er Jahren in geringem Umfang ausländische Arbeitnehmerinnen und Arbeitnehmer gegeben, die aus anderen sozialistischen Staaten Mittel- und Osteuropas sowie aus Vietnam, Mosambik, Kuba und Angola stammten und über zwischenstaatliche Abkommen für eng begrenzte Zeiträume aufgenommen wurden. Insgesamt wird die Zahl der Vertragsarbeiter genannten Arbeitsmigranten, die zwischen 1971 und 1989 in die DDR einreisten, zwischen 150.000 und 200.000 geschätzt (vgl. Plamper 2019, 126 ff.). 1989, im Jahr vor dem Beitritt der ostdeutschen Bundesländer zur Bundesrepublik, lag der Ausländeranteil an der Wohnbevölkerung in der DDR (ohne sowjetische Armeeangehörige) bei gut einem Prozent, in der Bundesrepublik hingegen bei rund acht Prozent.

Der Fall der Mauer, der Zusammenbruch der Sowjetunion und das Ende des »Eisernen Vorhangs«, der Ost- und Westeuropa seit der Nachkriegszeit getrennt und Migration von Ost- nach Westeuropa erheblich eingeschränkt hatte, veränderten auch die Regeln für die Ost-West-Migration in Europa. In der Sowjetunion war ebenso wie in den sozialistischen Bruderstaaten Mittel- und Osteuropas die Ausreise in den Westen verboten. Das schränkte auch die Auswanderungsmöglichkeiten der deutschen Minderheiten, die trotz der Vertreibungen vor und nach dem Ende des Zweiten Weltkriegs immer noch in vielen Ländern Mittel- und Osteuropas sowie der Sowjetunion lebten, massiv ein. Vor allem aus Polen und Rumänien waren seit 1950 jedes Jahr mehrere Zehntausende sog. Aussiedlerinnen und Aussiedler in die Bundesrepublik ausgewandert. Ab 1988 stiegen diese Zahlen stark an und erreichten 1990 mit fast 400.000 ihren Höhepunkt. Seit 1990 kommen die meisten Aussiedlerinnen und Aussiedler (die jetzt zunehmend Spätaussiedlerinnen und Spätaussiedler genannt wurden) aus der Sowjetunion bzw. ihren Nachfolgestaaten. Allein zwischen 1990 und 2000 kamen 2,1 Millionen (Spät-)Aussiedlerinnen und Aussiedler in die Bundesrepublik, 80 Prozent davon aus der Sowjetunion und ihren

Nachfolgestaaten. Insgesamt beläuft sich deren Zahl seit 1950 auf mehr als 4,5 Millionen (vgl. Worbs u. a. 2013, 28).

Aussiedler und Spätaussiedler gelten als »deutsche Volkszugehörige« und haben – falls die mehrfach geänderten Anerkennungskriterien erfüllt werden – Anspruch auf die deutsche Staatsbürgerschaft mit allen damit verbundenen Rechten. Das führte in den 1990er Jahren zu Konflikten, wenn etwa seit drei Generationen hier lebende Türken mit Spätaussiedlern um Wohnungen und Arbeitsplätze konkurrierten. Andererseits fühlten sich viele (Spät-)Aussiedler, die in der Sowjetunion als Deutsche diskriminiert worden waren, jetzt in Deutschland als »Russen« ausgegrenzt.

Zur »postsowjetischen Migration in Deutschland« (Panagiotidis 2021) gehört auch die Aufnahme von ca. 220.000 ehemaligen Sowjetbürgerinnen und -bürgern jüdischer Herkunft in Deutschland. Den Anfang dazu machte die letzte Regierung der DDR, die beschloss, verfolgten jüdischen Bürgern Aufenthalt zu gewähren. Nach der Vereinigung wurde der Rechtsstatus des Kontingentflüchtlings und der humanitären Hilfsaktion auf jüdische Zuwanderinnen und Zuwanderer aus der Sowjetunion angewandt. Ein Teil dieser jüdischen Kontingentflüchtlinge nahm in der Folge Kontakt zu den Jüdischen Gemeinden in Deutschland auf, für die dieser Zustrom einen großen Umbruch bedeutete.

Eine andere Form der Zuwanderung ist seit der Gründung der Bundesrepublik mit dem Asylrecht verbunden. Das Grundgesetz der Bundesrepublik von 1949 enthielt in Artikel 16 die Formulierung »Politisch Verfolgte genießen Asylrecht«. 1951 unterzeichnete die Bundesrepublik die Genfer Flüchtlingskonvention und 1967 auch das Protokoll über die Rechtsstellung von Flüchtlingen, das die ursprünglichen zeitlichen und geographischen Beschränkungen der Genfer Konvention aufhob. Die Konvention legt fest, wer als Flüchtling gilt, welche Rechte Flüchtlinge haben und verbietet z. B. in Artikel 33 die Ausweisung in Länder, in denen das Leben oder die Freiheit eines Flüchtlings wegen »Rasse, Religion, Staatsangehörigkeit, seiner Zugehörigkeit zu einer bestimmten sozialen Gruppe oder wegen seiner politischen Überzeugung bedroht sein würde« (UNHCR 2015, 25).

Bis in die 1970er Jahre kamen Flüchtlinge, die einen Antrag auf Anerkennung als Asylbewerberinnen und -bewerber in der Bundesrepublik stellten, meist aus osteuropäischen Ländern, die zum Einflussbereich der Sowjetunion gehörten. 1956 nach der Niederschlagung des Aufstandes in Ungarn und 1969 im Jahr nach dem Einmarsch von Truppen des Warschauer Paktes in der Tschechoslowakei stiegen die Zahlen der Asylbewerberinnen und -bewerber jeweils auf über 10.000 an (vgl. BAMF 2022, 9). Ab der zweiten Hälfte der 1970er Jahre kamen immer mehr Flüchtlinge aus außereuropäischen Krisenregionen nach Deutschland.

In der Folge eines Militärputsches in der Türkei stieg die Zahl der Asylbewerber im Jahr 1980 erstmals auf mehr als 100.000 an. Anfang der 1990er Jahre waren es dann u. a. Migrantinnen und Migranten aus dem zerfallenden Jugoslawien und aus Rumänien, die Asyl beantragten. 1992 lag die Zahl der jährlichen Asylanträge bei über 400.000. 1993 schränkte der Bundestag das Asylrecht im Grundgesetz durch das Konzept der sicheren Drittstaaten ein, demzufolge ein Asylantrag bereits im ersten sicheren Drittstaat, in den ein Flüchtling bei seiner Flucht eingereist war, gestellt werden muss. Dieses Prinzip wurde innerhalb der Europäischen Union durch die sog. Dublin-Verordnungen verstärkt, deren zufolge Flüchtlinge innerhalb der EU ihren Antrag auf die Anerkennung als Flüchtling im ersten EU-Land stellen müssen, das sie betreten.

In den folgenden Jahren ging die Zahl der Flüchtlinge, die in Deutschland Asyl beantragten, stark zurück, während immer mehr Flüchtlinge in den Ländern an der europäischen Außengrenze wie etwa Griechenland, Italien und Spanien aufgenommen wurden. 2015 kamen dann immer mehr Menschen aus Syrien, Afghanistan und dem Irak nach Europa, was zur Überfüllung der Aufnahmelager an der EU-Außengrenze führte und die Zahl der Flüchtlinge, die trotz der – offenkundig nicht funktionierenden – Dublin-Verordnung Deutschland erreichten, so stark ansteigen ließ, dass die Behörden mit der Registrierung der Asylanträge und der Versorgung der ankommenden Menschen überfordert waren. Insgesamt wurden in den beiden Jahren 2015 und 2016 mehr als eine Million Asylanträge in Deutschland gestellt. In den Folgejahren ging die Zahl der Asylanträge dann wieder deutlich zurück (vgl. Grote 2018). Mehrere Zehntausende der Flüchtlinge der Jahre 2015/16 waren unbegleitete Minderjährige, für die die Kinderrechtskonvention der Vereinten Nationen gilt und für die in Deutschland die Jugendämter und die Kinder- und Jugendhilfe zuständig sind (vgl. Tangermann/Hoffmeyer-Zlotnik 2018; Brinks/Dittmann/Müller 2017).

Am Ende des Asylverfahrens steht inzwischen nur noch in wenigen Fällen die Anerkennung als politisch Verfolgte im Sinne des Grundgesetzes (2021 waren das weniger als ein Prozent aller Entscheidungen), weit häufiger aber die Anerkennung als Flüchtling im Sinne der Genfer Konvention (2021 knapp 21 Prozent) oder aber auch die Gewährung von »subsidiärem Schutz« wegen drohender Todesstrafe, Folter oder Gewalt im Rahmen eines internationalen oder innerstaatlichen bewaffneten Konfliktes (2021: gut 15 Prozent). Dann gibt es noch die Möglichkeit, dass der Asylantrag zwar abgelehnt wird, die Abschiebung aber verboten oder ausgesetzt wird. Die »Gesamtschutzquote« lag 2021 bei rund 40 Prozent (vgl. BAMF 2022, 39). Unbekannt ist, wie viele zur Ausreise verpflichtete Ausländerinnen und Ausländer sich ohne gültige Aufenthaltserlaubnis in Deutschland aufhalten.

Seit dem Beginn des Ukrainekrieges im Februar 2022 haben mehrere Millionen ukrainische Kriegsflüchtlinge ihre Heimat verlassen (vgl. Düvell/Lapshyna 2022). Mehrere hunderttausend Menschen sind nach Deutschland eingereist. Da die EU im März 2022 erstmals die sog. »Massenzustromrichtlinie« aktiviert hat, können Flüchtlinge aus der Ukraine innerhalb der EU ohne Asylantrag befristete Aufenthaltstitel erhalten.

Im Zuge der Internationalisierung der Wissenschaft und der Hochschulen steigen seit Jahren auch die Zahlen ausländischer Studierender an Universitäten und Hochschulen in Deutschland. So waren im Wintersemester 2018/19 knapp 400.000 ausländische Studierende an deutschen Universitäten und Hochschulen eingeschrieben (Statistisches Bundesamt/WZB/BiB 2021, 113). Darunter fallen allerdings auch viele Studierende, die in Deutschland geboren wurden und hier zur Schule gegangen sind, deren Eltern oder Großeltern aber nach Deutschland migriert sind und die auch in der zweiten und dritten Generation keine deutsche Staatsbürgerschaft haben. Die amtliche Statistik nutzt zur genaueren Differenzierung die Begriffe »Bildungsinländer« (die ihre Hochschulzugangsberechtigung in Deutschland erworben haben) und »Bildungsausländer« (die über eine im Ausland erworbene Hochschulzugangsberechtigung verfügen). Man kann also Ausländerin und gleichzeitig Bildungsinländerin sein. Der größte Teil der Bildungsinländer ohne deutschen Pass hat die türkische Staatsangehörigkeit. Bildungsausländer kommen zum Studieren nach Deutschland und werden auch als internationale Studierende bezeichnet. Im Wintersemester 2018/19 studierten rund 300.000 internationale Studierende in Deutschland, was etwas mehr als zehn Prozent aller Studierenden ausmacht.

Der seit einigen Jahren von immer mehr Branchen beklagte Fachkräftemangel führt wiederum zur verstärkten Anwerbung qualifizierter Arbeitskräfte aus dem Ausland. Neben der IT-Branche leidet v. a. das Gesundheitssystem seit Jahren unter einem Mangel an qualifizierten Fachkräften. Der Sachverständigenrat für Integration und Migration schätzt, dass allein im Jahr 2019 knapp 15.000 Pflegefachkräfte und rund 6.500 Ärztinnen und Ärzte aus dem Ausland nach Deutschland migriert sind (vgl. SVR 2022, 21). Eine besondere Form der Arbeitsmigration im Gesundheitsbereich stellt die 24-Stunden-Betreuung von Pflegebedürftigen im eigenen Haushalt dar, die von sog. »Live-ins« aus Mittel- und Osteuropa getragen wird und die bereits als »dritte Säule – neben der ambulanten und stationären Pflege – des Pflegesystems« bezeichnet wird (vgl. Leiber/Rossow 2022, 35). Einer Studie aus dem Jahr 2017 zufolge arbeiten und leben in etwa 163.000 Pflegehaushalten in Deutschland Frauen aus dem Ausland (vgl. Hielscher u. a. 2017, 95) in mehr oder weniger informellen Beschäftigungsverhältnissen, die kaum mit dem Arbeits- und Sozialrecht vereinbar sind und inzwischen von mindestens 400 Agenturen vermittelt werden (vgl. Benazha u. a. 2021, 24).

Neben Zuwanderung nach Deutschland gab es in all diesen Jahren auch Abwanderung. Sowohl Deutsche wandern aus Deutschland aus – in den letzten Jahren bevorzugt in die Schweiz, nach Österreich und in die USA – als auch Ausländerinnen und Ausländer, die in ihre Herkunftsländer zurückkehren oder in andere Zielländer weitermigrieren. Der Zuwanderungssaldo – also die Differenz zwischen Einwanderung und Auswanderung – war zwischen 2010 und 2020 stets positiv; insgesamt zogen in diesem Zeitraum rund 4,8 Millionen mehr Menschen nach Deutschland ein, als aus Deutschland wegzogen (vgl. BMI/BAMF 2021, 42). Der Migrationssaldo ist neben der Fertilität – der Geburtenzahl – und der Mortalität – der Zahl der Sterbefälle – einer der Faktoren, die die Bevölkerungsgröße und -entwicklung bestimmen. Die Zahl der Todesfälle liegt in Deutschland seit den 1970er Jahren über der Zahl der Geburten. Wegen des positiven Migrationssaldos kam es in den letzten Jahren allerdings nicht zu dem von manchen erwarteten Bevölkerungsrückgang, sondern zu einem moderaten Bevölkerungswachstum.

Insgesamt zeigt sich, dass Migration in die Bundesrepublik eine lange Geschichte mit vielen Facetten hat. Es geht also nicht um die Frage, ob es Einwanderung nach Deutschland gibt oder gegeben hat, sondern vielmehr um die Auswirkungen der verschiedenen Formen der Migration auf die Migrierenden, auf Herkunfts- und Aufnahmeländer sowie um die Frage, wie das vielschichtige Migrationsgeschehen gesteuert wird.

4.3.3 Politische Steuerung, Religion und Rassismus

Die politische Steuerung der Migration auf globaler wie auf nationaler Ebene erweist sich seit Jahrzehnten als schwierig. Auf der Ebene der Vereinten Nationen waren die Einrichtung des »United Nations High Commissioner for Refugees« (UNHCR) und die Genfer Flüchtlingskonvention von 1951 sowie das »Protokoll über die Rechtsstellung der Flüchtlinge« von 1967 zentrale Entscheidungen, die die Rechtsstellung von Flüchtlingen in vielen Ländern geprägt und humanitäre Hilfsaktionen ermöglicht haben. Gleichzeitig gelingt es den Institutionen der Vereinten Nationen wie der Vollversammlung und dem Sicherheitsrat der Vereinten Nationen seit Jahrzehnten meist nicht, internationale Krisen so zu entschärfen, dass Flucht und Migration vermieden werden können. Wie der historische Rekurs gezeigt hat (▶ Kap. 4.3.2), schwanken z. B. Aufnahmeländer wie Deutschland seit den 1960er Jahren zwischen Anwerbung von Migrantinnen und Migranten und Abschottung gegen Migration oder zumindest gegen bestimmte Formen von Migration. Erste zuwanderungspolitische Festlegungen waren bereits mit der Gründung der Bundesrepublik Deutschland erfolgt. Das sich aus dem Grundgesetz ableitende Asylrecht schuf die Basis für die Aufnahme von Zwangsmigrantinnen und -migranten, sofern sie als politisch Verfolgte anerkannt wurden. Die Einbeziehung von Flüchtlingen und Vertriebenen »deutscher Volkszugehörigkeit« in Artikel 116 des Grundgesetzes ist bis heute die Grundlage für die Aufnahme von (Spät-)Aussiedlerinnen und Aussiedlern.

Die Anwerbung ausländischer Arbeitskräfte und der Abschluss von Anwerbeabkommen in den 1950er und 1960er Jahren hatte durchaus die gewünschten Folgen: Millionen ausländische Arbeitskräfte kamen nach Deutschland und nahmen die Arbeitsplätze ein, für die keine deutschen Arbeitnehmerinnen und Arbeitnehmer zu finden waren. Der größte Teil von ihnen verließ Deutschland auch wieder. Drei Millionen ausländische Arbeitskräfte blieben aber in Deutschland, »verlagerten schließlich ihren Lebensmittelpunkt in die Bundesrepublik und zogen ihre Familien nach. Dieser Prozess wurde durch den Anwerbestopp von 1973 beschleunigt, der die Fluktuation zwischen Herkunftsländern und Zuwanderungsland beendete« (Bade 2007, 32). Dieses »Hinübergleiten in einen echten Einwanderungsprozess« (Bade 2007, 33) wurde für viele Jahre weder von den meisten Migrantinnen und Migranten noch von der Aufnahmegesellschaft wahrgenommen. Migrantinnen und Migranten verschoben die Rückkehr immer wieder und die Bundesrepublik hielt kontrafaktisch an dem Diktum fest, kein Einwanderungsland zu sein. Zugleich stieg über den Familiennachzug die Zahl der Migrantinnen und Migranten weiter an und der Rechtsstatus der Arbeitsmigrantinnen und -migranten verfestigte sich mit der Dauer des Aufenthalts weiter.

Die Migrationspolitik der folgenden Jahre war durchaus widersprüchlich: 1978 wurde der erste Ausländerbeauftragte der Bundesregierung ernannt, der ein Memorandum zur Integration vorlegte. In den 1980er Jahren wurde zeitweilig eine Rückkehrprämie gezahlt, die aber die Zahl der Rückkehrerinnen und Rückkehrer nur unwesentlich erhöhte. Gleichzeitig stieg die Zahl der Asylbewerberinnen und -bewerber. 1990 wurde mit einem neuen Ausländergesetz die Einbürgerung erleichtert. Die inzwischen heranwachsende zweite Generation, also die meist in

Deutschland geborenen Kinder der ursprünglichen Zuwanderinnen und Zuwanderer, behielten wegen des an die Abstammung gekoppelten deutschen Staatsbürgerschaftsrechts (»ius sanguinis«) den Status als Ausländerinnen und Ausländer.

Anfang der 1990er Jahre häuften sich dann gewalttätige Übergriffe gegen Ausländerinnen und Ausländer. In mehreren Städten wurden Wohnheime für Asylbewerber und -bewerberinnen angegriffen. 1992 wurde in Rostock ein von ehemaligen DDR-Vertragsarbeiterinnen und -arbeitern bewohntes Wohnheim und eine Aufnahmeeinrichtung für Asylbewerberinnen und -bewerber unter dem Beifall mehrerer Tausend Zuschauerinnen und Zuschauer angezündet und belagert. In Mölln und Solingen starben türkische Familien bei Brandanschlägen auf ihre Wohnhäuser.

1993 wurde mit dem sog. »Asylkompromiss« das Grundrecht auf Asyl durch das Konzept der sicheren Drittstaaten deutlich eingeschränkt. Die politischen Steuerungsversuche der Zwangsmigration und der Aufnahme von Flüchtlingen verlagerten sich zunehmend von der Ebene des Nationalstaates auf die Ebene der EU. Mit den Dublin-Verordnungen I bis III wurde das Konzept der sicheren Drittstaaten EU-weit umgesetzt. Das System kam schließlich im Sommer 2015 an seine Grenzen, als die Aufnahmelager v. a. in Italien und Griechenland überfüllt waren und über die Balkanroute und das Mittelmeer immer mehr Menschen nach Deutschland kamen.

Während die 1980er und 1990er Jahre in der Migrationswissenschaft häufig als Phase der »versäumten Integrationschancen« bezeichnet werden, setzte zu Beginn des 21. Jahrhunderts eine neue Dynamik einer »nachholenden Integrationspolitik« (so z. B. Bade 2007) ein. Im Jahr 2000 kam es zu einer grundlegenden Reform des Staatsbürgerschaftsrechts, seit der die in Deutschland geborenen Kinder von Ausländerinnen und Ausländern mit rechtlich abgesichertem Aufenthaltstitel sowohl die Staatsbürgerschaft ihrer Eltern als auch die deutsche Staatsbürgerschaft erhalten konnten. Zunächst galt eine Optionspflicht, der zufolge sich diese Kinder vor dem 23. Lebensjahr für eine der beiden Staatsbürgerschaften entscheiden mussten. 2014 wurde diese Optionspflicht für in Deutschland aufgewachsene Kinder abgeschafft. Ein Einbürgerungsantrag kann seit dem Jahr 2000 nach acht und nicht erst nach 15 Jahren gestellt werden. Erstmals wurde mit der »Green Card« dann auch wieder um ausländische Fachkräfte – aus dem IT-Bereich – geworben. Eine unabhängige Sachverständigenkommission erarbeitete Vorschläge für ein Zuwanderungsgesetz, das dann auch 2005 verabschiedet wurde.

2001 wurden erstmals die Ergebnisse einer von der Organisation für wirtschaftliche Zusammenarbeit (OECD) durchgeführten ländervergleichenden Studie (Programm for International Student Assessment, abgekürzt »PISA«) zu den Lese- und Mathematikkompetenzen 15-jähriger Schülerinnen und Schüler veröffentlicht. Deutschland schnitt dabei nur mittelmäßig ab und lag bei manchen Kategorien sogar im hinteren Mittelfeld. Vor allem offenbarte die PISA-Studie, dass Kinder aus ärmeren Familien und Kinder aus Migrantenfamilien deutlich schlechtere Ergebnisse erzielten als Kinder aus der deutschen Mittelschicht. Der »PISA-Schock« wurde weitgehend als Indiz für eine mangelhafte Integration der zweiten und dritten Generation der Zuwanderer in das deutsche Bildungssystem wahrgenommen. Integration, bislang meist als Bringschuld der Zuwanderinnen und Zuwanderer thematisiert, rückte auf der politischen Agenda immer höher. 2006 fand schließlich der erste einer ganzen Reihe sog. »Integrationsgipfel« im Bundeskanzleramt in Berlin statt.

Etwa seit der Jahrhundertwende wird die Frage der Religionszugehörigkeit der Migrantinnen und Migranten stärker thematisiert. Das ist sicher auch, aber nicht nur mit den Terroranschlägen vom 11. September 2001 und dem Erstarken eines islamischen Fundamentalismus (vgl. Ceylan/Kiefer 2022) zu erklären. In mehreren europäischen Ländern und auch in Deutschland kam es zu islamistischen Anschlägen wie etwa 2016 auf den Berliner Weihnachtsmarkt. In der Debatte über Migration wird der Begriff des islamischen Fundamentalismus eher unscharf verwendet und erstreckt sich je nach Kontext von religiös begründeten Gewalttaten über Kleidervorschriften und patriarchale Strukturen bis hin zu dem allgemeinen Vorwurf der Ablehnung der Moderne und der Prinzipien von Menschenrechten und Aufklärung.

Der Studie »Muslimisches Leben in Deutschland 2020« zufolge leben 2019 rund 5,5 Millionen muslimische Religionsangehörige in Deutschland (vgl. Pfündel/Stichs/Tanis 2021, 9). Das entspricht etwa 6,5 Prozent der Gesamtbevölkerung und rund einem Viertel der Menschen mit Migrationshintergrund. Knapp die Hälfte von ihnen hat die deutsche Staatsbürgerschaft. Obgleich die meisten der Befragten sich als »stark oder eher gläubig« bezeichnen, werden religiöse Regeln und Pflichten »sehr unterschiedlich eingehalten« (Pfündel/Stichs/Tanis 2021, 9). Insgesamt zeigt die Studie eine große Bandbreite muslimischen Lebens in Deutschland, was angesichts der Varianz der Herkunftsländer, der Zuwanderungsgenerationen und Aufenthaltsjahre (von der ersten Generation der Arbeitsmigrantinnen und -migranten der 1960er Jahre über die hier geborenen Kinder und Enkel bis zu erst vor kurzem eingewanderten Flüchtlingen aus Syrien, Afghanistan und Nordafrika) auch nicht überraschen kann.

Muslime als einheitliche soziale Gruppe zu betrachten ist offensichtlich wenig sinnvoll. Deutschkenntnisse und Bildungsniveau variieren mit der Zuwanderungsgeneration und der Aufenthaltsdauer. Soziale Abgrenzungstendenzen sind in der Studie nicht zu erkennen. Andere Studien weisen darauf hin, dass muslimische Religiosität auch eine Ressource bei der Eingliederung in die Mehrheitsgesellschaft sein kann (vgl. el Menouar 2017). Und je dominanter die Debatte über den Islam in der Öffentlichkeit geführt wird, umso mehr können muslimische Jugendliche angeregt werden, muslimisch-religiöses Kapital in die Entwicklung und Darstellung ihrer Identität einzubauen (vgl. Foroutan 2017) und so zur Entstehung muslimischer Jugendkulturen beizutragen (vgl. Ottersbach 2017).

Neben der Differenzierung zwischen Deutschen und Ausländerinnen und Ausländern, zwischen Menschen ohne und mit Migrationshintergrund oder zwischen anerkannten, geduldeten oder abgelehnten Asylbewerberinnen eröffnet die Abgrenzung zu muslimischen Türken, Syrern, Afghanen oder Nordafrikanern ein weiteres Einfallstor für Diskriminierungen vielfältiger Art. Scherr versteht unter Diskriminierung die »soziale Konstruktion und Verwendung von Unterscheidungen zwischen Personenkategorien und imaginären Gruppen, die mit Vorstellungen über Ähnlichkeit und Fremdheit, Zugehörigkeit und Nicht-Zugehörigkeit sowie über angemessene Positionen im Gefüge der sozialen Ungleichheiten verbunden sind« (Scherr 2017, 39). Inzwischen sind Diskriminierungserfahrungen von Menschen mit Migrationshintergrund – und insbesondere von Muslimen – gut belegt (zu Diskriminierung bei der Arbeitsplatzsuche vgl. z.B. Koopmans/Veit/Yemane 2018). Diskriminierung ist wiederum eng mit Vorurteilen verbunden. Vorurteile können Diskriminierung begründen und legitimieren, Vorurteile können aber auch Folgen von Diskriminierung sein. Vorurteile gegenüber Muslimen und gegenüber Asylbewerberinnen und -bewerbern werden seit Jahren bei entsprechenden Studien beobachtet (vgl. Zick 2017). Seit 2014 demonstrieren in Dresden und anderen Städten in Deutschland Menschen gegen die »Islamisierung des Abendlandes«. Wie schnell Vorurteile und Diskriminierung in Rassismus und Gewalt umschlagen können, zeigen die bereits erwähnten Anschläge gegen Asylbewerberunterkünfte und Wohnungen von muslimischen Zuwandererfamilien seit den 1990er Jahren. Zwischen 2000 und 2007 ermordeten die Mitglieder einer Gruppe mit dem Namen »Nationalsozialistischer Untergrund« neun Migranten aus offen rassistischen Motiven. 2020 erschoss ein 43 Jahre alter Täter in Hanau innerhalb von wenigen Minuten ebenfalls neun Männer und Frauen, die er wegen ihres – vermuteten – Migrationshintergrundes ausgewählt hatte.

Vorurteile, Diskriminierung und auch offener und gewalttätiger Rassismus gegenüber Migrantinnen und Migranten und insbesondere gegenüber muslimischen sind nicht zu übersehen, dominieren aber andererseits die inzwischen 60-jährige Zuwanderungsgeschichte nach Deutschland nicht. Das Integrationsklima in Deutschland wird Studien zufolge nach wie vor sowohl von Menschen mit als auch von Menschen ohne Migrationshintergrund überwiegend positiv eingeschätzt. Auch das Vertrauen von Zuwanderinnen und Zuwanderern in die Demokratie in Deutschland, in die Regierung sowie in andere Institutionen ist weiterhin hoch (vgl. SVR 2020).

4.3.4 Assimilation, Integration und die Postmigrationsgesellschaft

Die ersten migrationssoziologischen Studien und Theorien wurden Anfang und Mitte des 20. Jahrhunderts in traditionellen Einwanderungsländern wie den USA, Israel oder Australien entwickelt und thematisierten die Beziehungen zwischen Migrantinnen und Migranten und Aufnahmegesellschaft meist in Form von prozesshaften Stufenmodellen. Migrantinnen und Migranten, die ihre Herkunftsgesellschaften verlassen hatten, mussten diesen Stufenmodellen zufolge in den Aufnahmegesellschaften erleben, dass ihre in der Heimat erlernten Fähigkeiten wenig bedeuteten und ihnen untere Positionen in der sozialen Hierarchie der Aufnahmegesellschaften – z.B. auf den Arbeitsmärkten oder bei der Wohnungssuche – zugewiesen wurden. Der Wettbewerb um bessere Positionen wurde dann mehr oder weniger konflikthaft ausgetragen und führte entweder zu anhaltender Segregation, ethnischer Arbeitsteilung und ethnischer Schichtung, Diskriminierung und Marginalisierung der Migrantinnen und Migranten oder zur Überwindung dieser Differenzierung durch Assimilation an die Mehrheitsgesellschaft. Frühe Migrationsforscher waren sich einig, dass sich dieser Prozess bis zum Verschwinden der Unterschiede zwischen Aufnahmegesellschaft und Zugewanderten über mehrere

Generationen erstreckt (zur Übersicht zu klassischen Migrationstheorien vgl. z. B. Treibel 2011; Han 2010).

In Deutschland hat insbesondere Esser den Assimilationsbegriff aufgegriffen und gegen Kritiker und eine verkürzte Lesart verteidigt (vgl. Esser 2004; 2000, 285 ff.). Esser betrachtet individuelle Assimilation als »Inklusion in bereits bestehende soziale Systeme« der Aufnahmegesellschaft. Dabei geht es um

> »die Kulturation als die Übernahme von Wissen, Fertigkeiten und kulturellen ›Modellen‹, speziell auch die sprachliche Sozialisation; die Platzierung als die Übernahme von Rechten und die Einnahme von Positionen in (relevanten) Bereichen des jeweiligen sozialen Systems, etwa in Bildung und Arbeitsmarkt; die Interaktion als die Aufnahme von sozialen Beziehungen und die Inklusion in (zentrale) Netzwerke; und schließlich die Identifikation als die Übernahme gewisser ›Loyalitäten‹ zum jeweiligen sozialen System« (Esser 2004, 46).

Alternativen zur so definierten individuellen Assimilation als Form der Sozialintegration in die Aufnahmegesellschaft sind die multiple Inklusion in die Aufnahmegesellschaft und die eigene ethnische Gruppe oder Herkunftsgesellschaft (die sich Esser nur für Diplomaten, Akademiker oder Künstler vorstellen kann), die Inklusion nur in die eigene ethnische Gruppe oder Herkunftsgesellschaft (aber nicht in die Systeme der Aufnahmegesellschaft) oder die Marginalisierung und Exklusion sowohl aus Herkunftsgesellschaft, eigener ethnischer Gruppe als auch aus den Systemen der Aufnahmegesellschaft. Fragen des Lebensstils, der kulturellen Präferenzen oder der religiösen Überzeugungen bleiben bei dieser Betrachtung außen vor und fügen sich ein in Pluralisierungs- und Individualisierungsprozesse moderner Gesellschaften. Trotz solcher Differenzierungen wurde der Assimilationsbegriff weitgehend gleichgesetzt mit einer erzwungenen Anpassung der Migrantinnen und Migranten an die Mehrheitsgesellschaft und der Aufgabe migrantischer Identitäten, so dass der Begriff der Assimilation heute aus der Migrationssoziologie weitgehend verschwunden ist und durch den Begriff der Integration ersetzt wurde.

Allerdings wird auch der Integrationsbegriff sehr unterschiedlich verstanden. In der Alltagssprache und in der politischen Auseinandersetzung ähnelt der Begriff der Integration schnell Vorstellungen einer erzwungenen Anpassung und Identitätsaufgabe. Für die Soziologie ist Integration ein Grundbegriff, über den keineswegs Einigkeit besteht. Die meisten Migrationssoziologinnen und -soziologen würden aber wohl folgendem Verständnis von Migration zustimmen:

> »Der Grad der gesellschaftlichen Integration von Migranten gibt – soziologisch gesehen – im Kern Antwort auf die Frage, in welchem Ausmaß es diesen gelingt, an den für die Lebensführung bedeutsamen gesellschaftlichen Bereichen teilzunehmen, also Zugang zu Arbeit, Erziehung und Ausbildung, Wohnung, Gesundheit, Recht, Politik, Massenmedien und Religion zu finden. Die moderne Gesellschaft mutet allen Individuen – nicht nur Migranten – zu, dies eigenständig und in Ausrichtung an den in den verschiedenen Bereichen jeweils gültigen Anforderungen zu realisieren. Integration bezeichnet daher eine Problemstellung, mit der unterschiedslos alle Menschen konfrontiert sind. Dabei ist kein Individuum auf Dauer in die Gesellschaft als solche integriert« (Bommes 2007, 3).

Dimensionen einer so verstandenen Integration sind dann wiederum die Kultur (und da ganz besonders die Sprachkompetenz), der sozioökonomische Status (Bildungsabschluss, Erwerbsbeteiligung), der rechtliche und politische Status (in Form von Aufenthaltstiteln oder der Staatsbürgerschaft), die Beziehungen, Freundschaften und Partnerschaften sowie die Identifikation mit dem Aufnahmeland (vgl. Treibel 2015, 40).

Integration ist einerseits seit 20 Jahren der breit akzeptierte Gradmesser für die mehr oder weniger erfolgreiche Zuwanderung und ebenso lang besteht auch weitgehend Konsens darüber, dass gelingende Integration Leistungen sowohl von Seiten der Zugewanderten als auch von Seiten der Aufnahmegesellschaft erfordert. Andererseits wird in den letzten Jahren auch dieser Begriff nicht nur wegen seiner vielfältigen politischen Verwendung kritisiert. Dem Integrationsbegriff liegt die traditionelle Vorstellung von Migration von Land A in Land B zugrunde, in dem sich Zugewanderte dann zunächst integrieren müssen, um im Vergleich zu den Einheimischen gleichwertige Positionen in den zentralen Lebensbereichen erlangen zu können.

Seit mehreren Jahren stellen Migrationsforscherinnen und -forscher diesem traditionellen und statischen Bild von Migration Konzepte transnationaler oder hybrider Migration gegenüber. Durch über Jahrzehnte relativ stabile Migrationssysteme sind inzwischen transnationale Räume – etwa zwischen Deutschland und der Türkei oder zwischen Deutschland und Polen oder zwischen Mexiko und den USA – entstanden, die die Migrantinnen und Migranten z. B. für Pendelmigration zu nutzen wissen (vgl. Faist 2020b). Hohe Geldtransferleistungen in die Heimatländer – 2019 weltweit insgesamt über 700 Milliarden Dollar – weisen ebenfalls auf den transnationalen Charakter der Migration hin (vgl. McAuliffe/Triandafyllidou 2021, 3). Noch einen Schritt weiter gehen Konzepte einer »postmigrantischen Gesellschaft« (vgl. Foroutan 2019). Die postmigrantische Gesellschaft geht nicht etwa davon aus, dass die Migration an ihr Ende gekommen ist, sondern sie denkt Gesellschaft konsequent von der stattgefundenen Migration her. 60 Jahre Migration haben nicht nur die Migrantinnen und Migranten verändert, sondern auch die Aufnahmegesellschaften, die zu Einwanderungsgesellschaften geworden sind. Treibel weist darauf hin, dass Einwanderung und die diverser gewordenen Gesellschaften auch für die Alteingesessenen erneute Integrationsanforderungen mit sich bringen (vgl. Treibel 2015).

Die westlichen liberalen Demokratien haben den Zugewanderten gleiche Rechte versprochen, wenn sie sich auf die Anforderungen der Integration einlassen. In den postmigrantischen Gesellschaften werden neue Formen der Anerkennung und Teilhabe ausgehandelt. In postmigrantischen Gesellschaften »geht es nicht mehr darum, ob ein Land sich als Einwanderungsland beschreibt, sondern wie das Einwanderungsland gestaltet wird« (Foroutan 2019, 223). Dabei löst sich die binäre Codierung zwischen Inländern und Ausländern oder zwischen Einheimischen und Zugewanderten, wie bereits aus der Vielschichtigkeit der Migrationsgeschichte in Deutschland exemplarisch deutlich geworden sein sollte, zunehmend auf – worauf dann auch die mehr als ein Viertel in Deutschland lebenden Menschen mit Migrationshintergrund verweisen.

> **Weiterführende Literatur**
>
> Faist, T. (Hrsg.) (2020b): Soziologie der Migration. Eine Systematische Einführung. Unter Mitarbeit von Başak Bilecen, Kerstin Schmidt und Christian Ulbricht. Berlin, Boston: De Gruyter.
> Foroutan, N. (2019): Die postmigrantische Gesellschaft. Ein Versprechen der pluralen Demokratie. Bielefeld: transcript.
> Hoesch, K. (2018): Migration und Integration. Wiesbaden: Springer.
>
> **Weiterführende Quellen**
>
> BMI – Bundesministerium des Innern und für Heimat & BAMF – Bundesamt für Migration und Flüchtlinge (2022): Migrationsbericht der Bundesregierung. Migrationsbericht 2021. Berlin: BMI.
> McAuliffe, M. & Triandafyllidou, A. (Hrsg.) (2021): World Migration Report 2022. International Organization for Migration (IOM): Genf.
> Pfündel, K., Stichs, A. & Tanis, K. (2021): Muslimisches Leben in Deutschland 2020. Studie im Auftrag der Deutschen Islam-Konferenz. Stand 04/2021. Nürnberg: Bundesamt für Migration und Flüchtlinge (Forschungsbericht/BAMF, 38).

4.4 Globale Ungleichheiten, Entwicklung und Postkolonialismus

4.4.1 Soziale Lagen, Weltgesellschaft und Nationalstaaten

Wir wissen aus den Massenmedien, dass Armut, Reichtum und die Chancen auf ein gutes Leben in den verschiedenen Regionen der Welt sehr ungleich verteilt sind. Stellen wir uns zum Einstieg in dieses Kapitel vier junge Mädchen vor, die in unterschiedlichen Teilen der Welt und in unterschiedlichen sozialen Lagen geboren wurden.

Rahima lebt mit ihrer Familie im Nordosten Afghanistans in einem Dorf auf 2.000 Meter Höhe. Rahimas Familie lebt von Subsistenzwirtschaft. Längst nicht jeden Tag reicht das Essen für Rahima und ihre sieben Geschwister aus, um satt zu werden. Das Krankenhaus in der nächstgelegenen Stadt ist nur stundenweise geöffnet und bietet nur wenige Behandlungsmöglichkeiten. Medikamente werden von Hilfsorganisationen gestellt. Im Sommer fehlt es wegen der Dürre oft an Trinkwasser und an Wasser für die Landwirtschaft. Die Winter hingegen werden sehr kalt. Der Weg in die Schule im Nachbardorf ist weit und im Winter oft nicht zu schaffen. Nach der Grundschule hat Rahima keine Möglichkeit mehr zur Schule zu gehen, da die Taliban die Schulen für Mädchen ab der Sekundarstufe geschlossen haben.

Leonie wohnt mit ihrem Bruder Paul und ihrer Mutter in Hannover in einer Zwei-Zimmer-Wohnung. Seit sich ihre Eltern getrennt haben, lebt die Familie von Arbeitslosengeld II. Da Leonies Vater keinen Unterhalt zahlt, hat ihre Mutter Unterhaltsvorschuss beim Jugendamt beantragt. Leonie hat einen Platz in der Kindertagesstätte im Stadtteil und Paul geht in die Grundschule. Leonies Mutter würde gerne halbtags arbeiten, aber mit den zwei Kindern ist es nicht einfach, eine passende Stelle zu finden. Nach der Hauptschule hatte sie eine Ausbildung zur Floristin begonnen, aber nicht abgeschlossen. Als sie 18 war, kam Paul zur Welt und zwei Jahre später Leonie. Da alles teurer geworden ist, geht die Familie regelmäßig zur Tafel. Vor einer Woche hat Leonies Mutter den Kinderbasar entdeckt, und Leonie freut sich über die neuen Spielsachen.

Emely lebt mit ihrer Mutter und deren neuen Freund in einer Vorstadtsiedlung in Salinas in Kalifornien. Ihre Mutter arbeitet als Kindermädchen und Haushaltshelferin in der Familie eines Immobilienmaklers und der Freund der Mutter hat einen Job auf den riesigen Gemüseplantagen im Umland. Mit den beiden Einkünften kommt die Familie einigermaßen zurecht, und es bleibt sogar noch etwas Geld übrig, mit dem Emelys Mutter ihre Eltern und Geschwister unterstützt. Emely wird demnächst in der Elementary School in ihrem Stadtteil eingeschult. Geboren wurden Emely und ihre Mutter in Guatemala. Vor vier Jahren reisten sie zusammen mit Emelys Vater illegal in die USA ein. Verwandte halfen ihnen bei der Suche nach Wohnung, Job und einer gefälschten Sozialversicherungskarte. Emelys Vater wurde ein Jahr nach der Einreise bei einer Razzia festgenommen und abgeschoben. Der neue Freund von Emelys Mutter ist Mexikaner und lebt schon seit über 15 Jahren ohne legale Papiere in Kalifornien.

Nthabiseng und ihre Eltern leben in Johannesburg in Südafrika. Nthabisengs Vater ist Informatiker und arbeitet als Abteilungsleiter für IT-Sicherheit bei einer internationalen Beratungsfirma. Ihre Mutter ist Psychologin und hat eine Halbtagsstelle in einer Klinik und eine private Praxis. Montags bis freitags geht Nthabiseng in eine private Vorschule, und ihre Eltern besprechen mit ihr bereits, auf welche Grundschule sie nächstes Jahr wechseln soll. Aber vielleicht kommt alles auch ganz anders: Nthabisengs Vater liegt ein attraktives Jobangebot aus London vor, und ihre Eltern diskutieren jeden Abend, ob er das Angebot annehmen soll.

Rahima, Leonie, Emely und Nthabiseng leben in unterschiedlichen Regionen der Welt und in unterschiedlichen Staaten: in Afghanistan, Deutschland, in den USA und Südafrika. Rahima, Leonie und Nthabiseng besitzen die Staatsbürgerschaft des Landes, in dem sie leben, Emely hingegen nicht. Während es Nthabisengs Familie finanziell gut zu gehen scheint, ist das bei den anderen drei Mädchen anders.

Einer oft zitierten Definition Hradils zufolge spricht man dann von sozialer Ungleichheit, »wenn Menschen aufgrund ihrer Stellung in sozialen Beziehungsgefügen von den ›wertvollen Gütern‹ einer Gesellschaft regelmäßig mehr als andere erhalten« (Hradil 2001, 30). Auf Rahima, Leonie, Emely und Nthabiseng trifft dies sicherlich zu: ihre jeweilige »Stellung in sozialen Beziehungsgefügen« unterscheidet sich deutlich voneinander, und mit wertvollen Gütern wie z. B. Essen, Trinkwasser, Einkommen, Bildung oder medizinischer Behandlung sind sie höchst unterschiedlich ausgestattet. Unklar ist, auf welche Gesellschaft sich der Vergleich, der in Hradils Definition angesprochen wird, bezieht. Denkt man hier an die afghanische

Gesellschaft, an die deutsche, die amerikanische, die guatemaltekische oder die südafrikanische Gesellschaft, so ergeben sich jeweils nationale Verteilungen wertvoller Güter. Denkt man hingegen an die Weltgesellschaft und analysiert soziale Ungleichheit im Weltmaßstab, ergeben sich ganz andere Relationen.

Leonies Familie würde in Deutschland wahrscheinlich als armutsgefährdet gelten. In den reichen Industrieländern des globalen Nordens und Westens werden in der Armutsdiskussion v. a. Konzepte relativer Armut genutzt (vgl. etwa Goebel/Krause 2018). Als arm oder armutsgefährdet gilt dann meist, wer weniger als 60 Prozent des Medians des Nettoäquivalenzeinkommens des jeweiligen Landes zur Verfügung hat (▶ Kap. 1.4.3). Zur Berechnung des Nettoäquivalenzeinkommens werden auf Haushaltsebene alle Nettoeinkommen zusammengezählt und durch die – gewichtete – Zahl der Personen im Haushalt dividiert. Die Gewichtung orientiert sich meist an einer Skala der OECD (Organisation für wirtschaftliche Zusammenarbeit und Entwicklung), der zufolge die erste Person ab 14 Jahren im Haushalt mit dem Faktor 1 multipliziert wird, jede weitere ab 14 Jahren mit dem Faktor 0,5 und alle unter 14 Jahren alten Haushaltsangehörigen mit dem Faktor 0,3. Mit diesem Vorgehen versucht man, Unterschiede zwischen verschiedenen Haushaltsformen auszugleichen. Sowohl diese Gewichtungsfaktoren als auch die Schwelle der Armutsgefährdung – 60 Prozent oder 50 Prozent oder ein anderer Prozentwert – sind Festlegungen, über die man mit vielen Argumenten streiten kann. Gegenwärtig wird dieses Berechnungsmodell in vielen Armutsstudien in Europa und in anderen Ländern verwendet, und auch die Armuts- und Reichtumsberichte der Bundesregierung orientieren sich an diesem Verfahren (BMAS 2021). Wer weniger als 60 Prozent des Medians des so ermittelten Nettoäquivalenzeinkommens verdient oder über Sozialleistungen erhält, gilt dann als armutsgefährdet. Anders gesagt: Relative Armut in reichen Ländern wie Deutschland bedeutet, deutlich weniger Geld zur Verfügung zu haben und sich deutlich weniger leisten zu können als die Mehrzahl der Menschen, die im gleichen Land leben.

Für Rahima und ihre Familie sind solche Diskussionen weniger bedeutsam. Nicht immer reicht das Essen aus, um satt zu werden und im Sommer ist Trinkwasser knapp. Schon vor der Machtübernahme der Taliban 2021 gab es Hunger in Afghanistan, und seither hat sich die Situation weiter verschärft. Das Welternährungsprogramm der Vereinten Nationen geht davon aus, dass weltweit über 820 Millionen Menschen nicht genügend zu essen haben (World Food Programme 2019). Solche Formen von Armut werden von einem relativen Armutsbegriff nicht erfasst, so dass stattdessen von absoluter Armut gesprochen wird, bei der die physische Existenz nicht gesichert ist. Der Weltbank zufolge ist extrem arm, wer weniger als 2,15 Dollar am Tag – um Kaufkraftunterschiede zwischen den Ländern bereinigt – zur Verfügung hat. Diese Schwelle gilt seit 2022; in den Jahren davor lag der Weltbank-Grenzwert für extreme Armut bei 1,90 Dollar am Tag. 2,15 Dollar am Tag bedeuten rund 65 Dollar im Monat und damit einen Wert, bei dem man sich zumindest aus einer europäischen Perspektive nicht vorstellen kann, wie damit das Überleben gesichert werden kann.

Der Nutzen der Subsistenzwirtschaft (vgl. Schultz 2016), also einer Landwirtschaft zur Selbstversorgung, ist mit den monetären Indikatoren der Weltbank ohnehin nicht gut abbildbar. Lange Zeit wurde Subsistenzwirtschaft als rückständig betrachtet, aber Subsistenzwirtschaft und die Einbindung in informelle Ökonomien sichern möglicherweise mehr Familien das Überleben als Löhne unterhalb oder um 2,15 Dollar am Tag. Während Leonie in Deutschland bei allen Problemen, die mit relativer Armut verbunden sind, von einem ausdifferenzierten Wohlfahrtsstaat unterstützt wird und Zugang zum Gesundheits- und Bildungssystem hat, gibt es in Rahimas Umgebung nur rudimentäre Gesundheitseinrichtungen und der Besuch von weiterführenden Schulen und Hochschulen ist Mädchen und Frauen in Afghanistan verboten. Längst nicht alle Staaten können oder wollen allen ihren Staatsbürgerinnen und Staatsbürgern einigermaßen vergleichbare Lebens- und Bildungschancen bieten. Viele Staaten haben schlicht zu wenig Geld dafür, und in manchen Staaten gehört es zur Politik der jeweiligen Regierung, ganze Gruppen von Menschen von wertvollen Gütern im Sinne Hradils auszuschließen.

Bei Emely in Kalifornien sieht die finanzielle Situation viel besser aus. Ihre Mutter und deren Freund haben beide Jobs und verdienen ein Haushaltseinkommen, das zumindest über der absoluten Armutsgrenze und vielleicht auch über der relativen Armutsgrenze in Kalifornien bzw. in den USA und mit Sicherheit über der relativen Armutsgrenze in Guatemala liegt. In ihrem Wohnort in Kalifornien gibt ein ausgebautes Bildungs- und Gesundheitssystem, und Emelys Einschulung steht kurz bevor. Ob Emely und ihre Mutter krankenversichert sind, ist ungewiss. Das größte Problem für Emelys Familie ist aber der ungesicherte Aufenthaltsstatus, da sie illegal eingereist sind und nicht über eine Aufenthaltsgenehmigung verfügen. Die in der Ungleichheitsforschung meist dominierende nationalstaatliche Perspektive hat große Schwierigkeiten, die Lebenslage von illegal eingewanderten Migrantinnen und Migranten abzubilden. Emelys Mutter würde wahrscheinlich einer Sozialforscherin oder einem Statistiker auch eher aus dem Weg zu gehen versuchen.

Nthabiseng und ihrer Familie in Südafrika geht es finanziell von allen vier hier vorgestellten Mädchen am besten. Dabei haben Nthabisengs Großeltern noch unter dem System der Apartheid gelebt, in dem Südafrika von der weißen Minderheit beherrscht war und zahlreiche rassistische Gesetze der schwarzen Mehrheit der Bevölkerung ihre Bürgerrechte vorenthielten und vorschrieben, wo sie wohnen und arbeiten durften. Die extreme soziale Ungleichheit zwischen Schwarzen und Weißen in Südafrika war ein Kernelement der Apartheitspolitik, und auch nach dem Ende der Apartheid und der Wahl des ersten schwarzen Präsidenten 1994 änderte sich diese Form sozialer Ungleichheit nur sehr langsam. Nthabiseng wächst heute unter ganz anderen Umständen auf als ihre Großeltern und auch noch ihre Eltern. Gleichzeitig leben noch immer viele schwarze Familien in Siedlungen ohne fließendes Wasser und Elektrizität. Als 2021 im zweiten Jahr der Corona-Pandemie Impfstoffe gegen das Coronavirus plötzlich zu den wertvollen Gütern in der Weltgesellschaft gehörten, sicherten sich die reichen Industriestaaten des Nordens und des Westens zunächst die verfügbaren Impfstoffmengen, so dass Länder wie Südafrika und erst recht die deutlich ärmeren anderen Länder Afrikas und des globalen Südens warten mussten, bis auch sie einen Anteil von diesem wertvollen Gut erhalten konnten.

4.4.2 Ungleichheit zwischen Staaten, innerhalb von Staaten und in der Weltgesellschaft

Internationale Organisationen wie die Weltbank oder die Vereinten Nationen erheben seit Jahren Daten, mit denen sich soziale Ungleichheiten zwischen den Staaten und innerhalb von Staaten abbilden lassen. Dazu liegen inzwischen unterschiedliche Indikatoren vor.

> **Bruttonationaleinkommen (BNE)**
>
> Ein erster Indikator, mit dem Wirtschaftsleistung und Wohlstand zwischen Ländern verglichen werden können, ist z. B. das Bruttonationaleinkommen (BNE). Teilt man das BNE durch die Bevölkerungszahl, erhält man das BNE je Einwohnerin und Einwohner. Um diese Zahlen international vergleichen zu können, werden die Daten dann entsprechend der jeweiligen Preise in kaufkraftbereinigte Dollar umgerechnet. Den Daten der Vereinten Nationen zufolge lag das kaufkraftbereinigte Pro-Kopf-BNE im Jahr 2021 etwa in Luxembourg bei 84.649 Dollar, in den USA bei 64.765 Dollar, in Deutschland bei 54.534 Dollar, in China bei 17.504 Dollar, in Südafrika bei 12.948 Dollar, in Guatemala bei 8.723 Dollar und in Afghanistan bei 1.824 Dollar.

Vergleicht man demnach mit Deutschland und Afghanistan zwei Länder aus unserem Beispiel, so zeigt sich, dass das kaufkraftbereinigte BNE pro Kopf in Deutschland fast um den Faktor 30 über dem in Afghanistan liegt (vgl. UNDP 2022, 272 ff.).

Dieser Vergleich zwischen Ländern arbeitet mit Durchschnittswerten und berücksichtigt nicht, wie sich die Einkommen innerhalb eines Landes verteilen. Ein Indikator, der für die vergleichende Analyse der Einkommensungleichheit innerhalb eines Landes häufig verwendet wird, ist der Gini-Koeffizient (vgl. Gächter/Littig 2016).

> **Gini-Koeffizient**
>
> Der Gini-Koeffizient schwankt zwischen 0 und 100, wobei ein Wert von 0 völlige Einkommensgleichheit bedeuten würde (alle verdienen gleich viel), und ein Wert von 100 für maximale Einkommensungleichheit steht (ein Mensch verdient alles, alle anderen verdienen nichts). Extremwerte nahe 0 oder nahe 100 kommen in der Realität nicht vor.

In einem skandinavischen Land wie Norwegen liegt der Gini-Koeffizient für 2021 dem Bericht der Vereinten Nationen zufolge bei 27,7, in Deutschland bei 31,7, in Luxembourg bei 34,2, in China bei 38,2, in den USA bei 41,5, in Guatemala bei 48,3 und in Südafrika bei 63,0 (vgl. UNDP 2022, 281 ff.). Für Afghanistan liegen keine Daten zum Gini-Koeffizienten vor. Die Einkommensungleichheit in den einzelnen Ländern unterscheidet sich demnach erheblich und ist in den europäischen Wohlfahrtsstaaten Norwegen, Luxembourg und Deutschland deutlich niedriger als etwa in den USA.

Weltweit am höchsten ist der Gini-Koeffizient in Südafrika, worin die Folgen der Apartheid auch noch nach Jahrzehnten zu erkennen sind: Eine kleine weiße Minderheit teilte Einkommen und Vermögen unter sich auf, während der großen schwarzen Mehrheit der Aufstieg aus extremer Armut verwehrt wurde. Am Beispiel Südafrika wird deutlich, wie problematisch die alleinige Betrachtung von Durchschnittsindikatoren wie dem BNE ist, da hier die Einkommensunterschiede nivelliert werden. Bei der Interpretation des Gini-Koeffizienten gilt es – wie bei anderen hier verwendeten Maßzahlen auch – immer darauf zu achten, was dieser Koeffizient tatsächlich aussagt. Informationen zu Armut oder Reichtum lassen sich aus dem Gini-Koeffizienten nicht herauslesen. In einem Staat, in dem alle Menschen sehr arm sind, wäre dieser Indikator ebenso niedrig wie in einem Land, in dem alle Menschen sehr reich sind. Der Gini-Koeffizient sagt lediglich etwas über die Spreizung der Einkommen innerhalb einer Gesellschaft oder Region aus.

Will man Armut im Weltmaßstab ländervergleichend analysieren, wird meist auf den schon erwähnten Weltbank-Indikator der extremen Armut zurückgegriffen, der seit 2022 bei kaufkraftbereinigten 2,15 Dollar am Tag liegt. Aktuelle Daten zur globalen Armut finden sich auf der »Powerty and Inequality Platform« der Weltbank im Internet (https://pip.worldbank.org). Aus dem Bericht der Weltbank (vgl. World Bank 2022a, 10 ff.) ergibt sich für Deutschland eine Quote von 0,0 Prozent für extreme Armut, für China von 0,1 Prozent (was zwei Millionen Menschen entspricht), für die USA von 1,0 Prozent (3,3 Millionen), für Guatemala von 9,5 Prozent (1,5 Millionen) und für Südafrika von 20,5 Prozent (11,2 Millionen). Für Afghanistan liegen wiederum keine Daten vor. Hohe Armutsraten finden sich in afrikanischen Staaten wie etwa der Demokratischen Republik Kongo mit 69,7 Prozent (48,1 Millionen) oder Nigeria mit 30,9 Prozent (60,5 Millionen). In Indien liegt die Armutsrate bei zehn Prozent, was wegen der Größe des Landes eine absolute Zahl von 136,8 Millionen Menschen bedeutet. Am Beispiel Indiens zeigt sich auch, dass sich Armut territorial nicht gleich über einen Staat verteilt. In den städtischen Regionen in Indien liegt die Armutsquote bei 6,4 Prozent, in den ländlichen Regionen hingegen mit 11,9 Prozent deutlich höher.

Weltweit lag die Armutsrate 2019 bei 8,4 Prozent. Das bedeutet, dass weltweit fast 650 Millionen Menschen mit weniger als 2,15 Dollar am Tag (kaufkraftbereinigt) auskommen müssen. Dabei gilt diese Zahl als Erfolg, da sie belegt, dass die globale Armut in den letzten drei Jahrzehnten kontinuierlich zurückgegangen ist. Im Jahr 1990 lag die Armutsrate noch bei 37,8 Prozent weltweit. Bei der damals niedrigeren Weltbevölkerung bedeutete das fast zwei Milliarden Menschen, die mit weniger als 2,15 Dollar am Tag (kaufkraftbereinigt) auskommen mussten. Der Rückgang der absoluten Armut ist allerdings v. a. auf die bevölkerungsreichen Länder China und Indien zurückzuführen, während etwa in Afrika die absolute Zahl der Menschen in extremer Armut in diesem Zeitraum sogar angestiegen ist (alle Daten nach World Bank 2022a, 10 ff.). Für 2020 und 2021 rechnet die Weltbank wegen der wirtschaftlichen Auswirkungen der Corona-Pandemie erstmals seit Jahrzehnten wieder mit steigenden Armutszahlen (vgl. World Bank 2022b, 2).

Seit Jahrzehnten wird zwischen Ökonomen, Soziologinnen und anderen Sozialwissenschaftlern darüber diskutiert, dass sich Armut und Wohlstand nicht nur in monetären Indikatoren niederschlagen. Die Weltbank berechnet deshalb seit Jahren den Human Development Index (HDI), in den neben dem bereits vorgestellten Pro-Kopf-Bruttonationaleinkommen auch Daten zur Gesundheit (operationalisiert über die Lebenserwartung bei der Geburt) und zur Bildung (durchschnittliche Anzahl der Jahre im Bildungssystem) einfließen. Um noch einmal auf die Länder aus dem Eingangsbeispiel zurückzukommen: Die Lebenserwartung lag bei der Berechnung des HDI 2021 für Deutschland bei 80,6 Jahren, für die USA bei 77,2 Jahren, für Guatemala bei 69,2 Jahren, für Südafrika bei 62,3 Jahren und für Afghanistan bei 62 Jahren (vgl. UNDP 2022, 272 ff.). In Deutschland besuchen Jungen und junge Männer im Durchschnitt 14,3 Jahre und Mädchen und junge Frauen 13,8 Jahre das Bildungssystem, in den USA Jungen 13,6 Jahre und Mädchen 13,7 Jahre, in Südafrika Jungen 12,2 Jahre und Mädchen 9,7 Jahre, in Guatemala Jungen 6,2 Jahre und Mädchen 5,2 Jahre und in Afghanistan Jungen 3,4 Jahre und Mädchen 2,3 Jahre (vgl. UNDP 2022, 286 ff.). In der HDI-Rangliste liegen Deutschland auf Platz 9, die USA auf Platz 21, Südafrika auf Platz 109, Guatemala auf Platz 135 und Afghanistan auf Platz 180 von 191 Ländern. Inzwischen berechnet die Weltbank auch einen auf Ungleichheiten zwischen den Geschlechtern und einen um Umweltbelastungen angepassten HDI. Der CO_2-Ausstoß wird pro Einwohner und Einwohnerin für die USA mit 14,2 Tonnen, für Deutschland mit 7,7 Tonnen, für Südafrika mit 7,6 Tonnen, für Guatemala mit 1,1 Tonnen und für Afghanistan mit 0,3 Tonnen angegeben.

Auch die verschiedenen Variationen des HDI vergleichen auf der Ebene der Nationalstaaten aggregierte Daten miteinander und berücksichtigen Unterschiede innerhalb der einzelnen Nationalstaaten nicht. Der Gini-Koeffizient eines Landes ermöglicht Aussagen zur Einkommensungleichheit in diesem Land. Vergleicht man Gini-Koeffizienten mehrerer Länder miteinander, kann man Unterschiede zwischen der sozialen Ungleichheit in diesen Ländern analysieren und diskutieren, dass z.B. die soziale Ungleichheit in Deutschland niedriger ist als in den USA und Südafrika von allen Ländern die höchste soziale Ungleichheit aufweist. Die globale Ungleichheit lässt sich damit aber nur sehr bedingt beschreiben.

Zur Analyse der globalen Ungleichheit hat der frühere Weltbank-Ökonom Milanović mehrere Verfahren vorgeschlagen. Zunächst hat Milanović aus den jeweiligen nationalen Daten zum durchschnittlichen Pro-Kopf-Einkommen den globalen Gini-Koeffizienten für die Zeit von 1952 bis 2011 berechnet. Mit diesem Verfahren (bei dem Luxembourg so viel zählt wie China) ergibt sich ein Anstieg der globalen Ungleichheit bis zum Jahr 2000 und danach ein Absinken auf etwa einen Gini-Wert von etwa 50 (vgl. Milanović 2012, 6). Der Grund ist recht einfach: Die Durchschnittseinkommen stiegen in diesem Zeitraum in den reichen Industrieländern schneller als in den ärmeren Ländern, wodurch sich die Einkommensungleichheit im Weltmaßstab erhöhte. In einem zweiten Schritt hat Milanović die Durchschnittseinkommen mit der jeweiligen Bevölkerungszahl gewichtet. Der Wirtschaftsaufschwung Chinas und auch Indiens wirkt sich bei dieser Berechnungsvariante viel stärker aus, da diese beiden Länder die bevölkerungsreichsten Länder der Welt sind. Dadurch erhält man jetzt über die Jahre sinkende Gini-Koeffizienten, und kann nachweisen, dass die soziale Ungleichheit abgenommen hat, da v. a. in China und Indien sehr viel mehr Menschen ihr Einkommen verbessert haben als in den alten Industrieländern mit viel niedrigeren Bevölkerungszahlen.

Für eine dritte Berechnungsvariante hat Milanović nicht auf national aggregierte Daten zurückgegriffen, sondern personenbezogene Daten aus Haushaltsstudien verwendet, die allerdings erst seit Mitte der 1980er Jahre in ausreichender Menge und Qualität zur Verfügung stehen. Die Nationalstaaten spielten bei dieser Variante keine Rolle mehr, hier wurden vielmehr Daten aus Haushalten aus einer Weltgesellschaft miteinander verglichen. Die so berechneten Gini-Koeffizienten gingen zwischen 1988 und 2011 von 72,2 auf 67,0 zurück und waren somit alle höher als bei den beiden ersten Berechnungen (vgl. Lakner/Milanović 2016, 212; Milanović 2016). Die nationalen Durchschnittswerte hatten die Einkommensspreizungen in den jeweiligen Ländern nivelliert. Der Rückgang fiel zwar bescheiden aus (und war viel kleiner als bei dem zweiten Berechnungsverfahren), aber immerhin deutete sich damit erstmals seit dem Beginn der Industrialisierung eine abnehmende globale Ungleichheit an. Gleichzeitig war zwischen 1988 und 2008 die soziale Ungleichheit – gemessen über den Gini-Koeffizient – innerhalb der industrialisierten reichen Länder ebenso wie innerhalb Chinas und Indiens gestiegen. Auch in Deutschland stieg der Gini-Koeffizient ab 2000 an (vgl. Geißler 2014, 77).

In einem weiteren Schritt untersuchten Lakner und Milanović anhand der weltweiten Haushaltsdaten, welche Einkommensgruppen in diesen Jahren Zuwächse verzeichnen konnten. Dabei zeigte sich, dass v. a. in der Mitte der weltweiten Einkommensverteilung das Einkommen gestiegen war sowie bei den ganz besonders Reichen, die etwa das reichste Prozent der weitweiten Einkommensverteilung ausmachen. Zu dieser Mitte der weltweiten Einkommensverteilung gehören v. a. Menschen in Ländern wie China, Indien und Brasilien. Die Mittelschichten in den alten Industrieländern wie England, USA und Deutschland verfügen über höhere Einkommen und liegen zwischen der erstmals entstehenden Weltmittelschicht und den in Weltmaßstab reichsten fünf Prozent – und in diesen Einkommensgruppen gab es kaum Zuwächse (vgl. Milanović 2016, 33; Lakner/Milanović 2016, 216). Die weltweit ganz Reichen hatten also ihr Einkommen beträchtlich erhöht, und in China, Indien und anderen Schwellenländern war es großen Bevölkerungsgruppen erstmals gelungen, aus der Armut in mittlere Lebenslagen aufzusteigen. In den Mittelschichten und unteren Mittelschichten in den klassischen Industrieländern hingegen stagnierten die Einkommen. Chancel u. a. zeichnen diesen Trend auf anderer Datengrundlage auch für den Zeitraum von 1980 bis 2020 nach (vgl. Chancel u. a. 2022, 61). Bude interpretiert diese Daten und die unterschiedlichen Wachstumsraten der alten Industrieländer und der Schwellenländer als die »beiden großen Erzählungen der heutigen Ungleichheitsforschung, die sich als Aufstiegsgeschichte aus der Sicht des globalen Südens und als Abstiegsgeschichte aus der Sicht des globalen Nordens darstellen« (Bude 2016, 121).

Ob es indes sinnvoll ist, von einer Weltmittelschicht zu sprechen ist unklar. Die neue Weltmittelschicht verdient noch immer sehr viel weniger als die alten Mittelschichten in den klassischen Industrieländern. Milanović beziffert ihr kaufkraftbereinigtes Jahreseinkommen für das Jahr 2005 zwischen 1.000 und 2.000 Dollar und damit weit unter den Einkommen, die in den unteren Mittelschichten in den reichen Industrieländern üblich sind. Für viele Länder im globalen Norden gilt immer noch, dass auch die jeweils als relativ arm bezeichneten Bevölkerungsgruppen kaufkraftbereinigt mehr Geld zur Verfügung haben als die obere Mittelschicht in den aufstrebenden Ländern des globalen Südens.

Für 2009 hat Milanović berechnet, dass ein ungelernter Arbeiter in New York oder London kaufkraftbereinigt mehr als das Zehnfache eines ungelernten Arbeiters in Peking, Dehli oder Nairobi und etwa 1,5-mal so viel wie ein Ingenieur in diesen Städten verdient (vgl. Milanović 2011, 15). Weiß hat gezeigt, dass der Stundenlohn einer Krankenschwester in Berlin kaufkraftbereinigt höher liegt als der Stundenlohn einer Allgemeinärztin in Nairobi, Neu Delhi oder Peking (vgl. Weiß 2020). Preisunterschiede zwischen den vier Städten sind dabei bereits herausgerechnet. Die Krankenschwester in Berlin kann sich einen höheren Lebensstandard und mehr Wohlstand leisten als die Ärztin in Nairobi oder Neu-Delhi. In einer globalen Perspektive ist für das jeweilige Einkommen und die damit verbundene soziale Lage der Wohnort entscheidender als die Klassen- oder Schichtzugehörigkeit im jeweiligen Land. Da mehr als 95 Prozent der Menschen in dem Land, in dem sie geboren wurden, während des Verlaufs ihres Lebens auch wohnen bleiben (weniger als vier Prozent der Menschen migrieren, vgl. McAuliffe/Triandafyllidou 2021, 10), wird die Staatsbürgerschaft, die man meist qua Geburt und damit ohne eigenen Einfluss erwirbt, zu einer zentralen Größe, von der das künftige Einkommen und die soziale Lage abhängt.

4.4.3 Von Modernisierungstheorien zum Postkolonialismus

Ökonominnen und Ökonomen verfügen heute über umfangreiche Datensätze, mit denen sie die globale Ungleichheit gut nachzeichnen können. Damit lässt sich aber noch nicht erklären, wieso die sozialen Lagen in der Welt sich so stark unterscheiden, und schon gar nicht lassen sich aus diesen Daten Vorschläge ableiten, wie extreme Armut und globale Ungleichheit verringert werden könnten. Entwicklungshilfe und Entwicklungspolitik entstanden nach dem Ende des Zweiten Weltkriegs, und seither wird über sehr unterschiedliche Erklärungsmodelle zur Entstehung globaler Ungleichheit diskutiert.

Aus der Perspektive modernisierungstheoretischer Erklärungsansätze beginnt die Entstehung globaler Ungleichheit mit der Industrialisierung. In vorindustriellen Zeiten gab es in allen Regionen der Welt viele Arme und eine geringere Zahl an reicheren Menschen. Die Armen lebten von Subsistenzwirtschaft und mussten einen Teil ihrer Erzeugnisse an die jeweiligen Herrschenden abgeben. Die Herrschenden konnten es durchaus zu beträchtlichem Reichtum bringen, aber die große Masse der Bevölkerung lebte in Armut und war Missernten, Hungersnöten und anderen Katastrophen weitgehend schutzlos ausgeliefert. Die soziale Ungleichheit in den einzelnen Regionen und Herrschaftsgebieten war groß, aber die Unterschiede zwischen den Regionen hielten sich in Grenzen und wurden v. a. durch den Reichtum der jeweiligen Herrschenden bestimmt. Erst die Industrialisierung änderte dieses Muster grundlegend. In den sich industrialisierenden Ländern wie England, Deutschland oder Nordamerika wuchs zunächst der Reichtum der Fabrikbesitzer, während sich die soziale Lage der neu entstehenden Arbeiterklasse verschlechterte, so dass die soziale Ungleichheit zunahm. Die neue Arbeiterklasse entwickelte sich aus Teilen der ehemaligen Landbevölkerung, die ihre Subsistenzwirtschaft aufgegeben hatten und in die Städte gezogen war, um in den Fabriken zu arbeiten. Streiks, Gewerkschaften, die politische Organisation der Arbeiterklasse in Parteien und Parlamenten und schließlich staatliche Sozialpolitik führten dann aber dazu, dass auch die Einkommen der Arbeiterinnen und Arbeiter stiegen, die Armut zurückging und Mittelklassen oder Mittelschichten entstanden.

Die technologische Entwicklung erforderte mehr Bildung, mehr Schulen und Hochschulen, besser ausgebildete Arbeitskräfte und neue wissensbasierte Berufe. All diese Entwicklungen hatten zum Ergebnis, dass die soziale Ungleichheit in den industrialisierten Ländern zurückging. Je mehr die Löhne der Arbeiter in den Industriegesellschaften anstiegen, umso größer wurde der Wohlstandsabstand zu Regionen, in denen die Menschen nach wie vor von Subsistenzwirtschaft lebten, und umso größer wurde damit auch die globale Ungleichheit. Steigende Löhne führten innerhalb der industrialisierten Länder zu weniger sozialer Ungleichheit, im Verhältnis zwischen Industrieländern und Subsistenzwirtschaft betreibenden Regionen aber zu steigender globaler Ungleichheit. Die Welt teilte sich nach den Vorstellungen der Modernisierungstheorien in moderne, entwickelte Gesellschaften und traditionelle, unterentwickelte oder noch zu entwickelnde Gesellschaften auf. Der Weg zum Begriff »Entwicklungsländer« war vorgezeichnet.

Als Modernisierungstheorien im engeren Sinn werden heute primär Stadienmodelle gesellschaftlicher und wirtschaftlicher Entwicklung bezeichnet, die nach dem Zweiten Weltkrieg entstanden sind und Grundlage für entwicklungspolitische Konzepte, Organisationen und politische Aktivitäten wurden. In einem umfassenderen Verständnis sind Vorstellungen von Modernisierung und modernen Gesellschaften weit darüber hinaus in vielen sozialwissenschaftlichen Ansätzen zu finden. Modernisierung ist ein vielschichtiger und unpräziser Begriff (vgl. Korff 2016; Müller/Alleweldt 2013, 624). Modernisierungstheorien im engeren Sinne, also als Stadienmodelle der planbaren Entwicklung ganzer Gesellschaften, gelten längst als überholt. Ideen einer modernen Gesellschaft und Konzepte von Übergängen zu modernen Gesellschaften finden sich hingegen sowohl bei den soziologischen Klassikern als auch in zeitgenössischen Texten. Auf den Zweiten Weltkrieg folgte in vielen industrialisierten Staaten eine lange Phase wirtschaftlichen Wachstums, steigender Löhne und steigenden Wohlstandes, in der die soziale Ungleichheit innerhalb der jeweiligen Länder zurückging, während der Abstand zu den bald Entwicklungsländern genannten Ländern Afrikas und Asiens weiter anwuchs.

In der ehemaligen Sowjetunion und dem von der Sowjetunion dominierten Block mittel- und osteuropäischer Länder wurde eine aggressive Politik der Industrialisierung und der Zerstörung traditioneller Lebens- und Wirtschaftsformen betrieben, da man glaubte, nur über massive Industrialisierung und Produktivitätssteigerungen das von Karl Marx übernommene Ziel einer klassenlosen Gesellschaft erreichen zu können. Parallel zum beginnenden Systemwettbewerb zwischen Kapitalismus und Kommunismus sowjetischer Prägung befreiten sich viele ehemalige Kolonien von den Kolonialmächten.

In dieser Gemengelage wiesen modernisierungstheoretische Stadienmodelle den westlichen Industriegesellschaften einen Weg zum Umgang mit den ehemaligen Kolonien im Süden, die als »Dritte Welt« neben der demokratisch-kapitalistischen Welt und der kommunistischen Welt wahrgenommen wurden (und sich teilweise später dann auch in einem sog. »Block der Blockfreien« organisierten). Investitionen in Technologie sollten einen Strukturwandel in traditionellen Gesellschaften hervorrufen, Subsistenzwirtschaft durch Lohnarbeit ersetzt werden und schließlich eine Industriegesellschaft mit Massenproduktion und Massenkonsum entstehen. Die sich so über diese Prozesse herausbildende Mittelschicht würde demokratische Strukturen aufbauen, kulturellen Wandel vorantreiben und westliche Modelle der Lebensführung übernehmen. Eine zentrale Rolle kam dabei territorial abgegrenzten Staaten zu (vgl. Kößler 2016).

Aus heutiger Sicht klingt vieles an diesem Konzept wie die Fortführung des Kolonialismus mit anderen Mitteln. Das europäisch-nordamerikanische Entwicklungsmodell wurde zum universal gültigen Modell erklärt, das sich umstandslos auf andere Länder übertragen lassen sollte. Vor dieser Folie entstanden Organisationen wie die Weltbank (mit dem Titel »International Bank for Reconstruction and Development), der Internationale Währungsfond, das United Nations Development Programme (UNDP), das World Food Programme und der United Nations Children's Fund (UNICEF), aber auch die Idee und Praxis der Entwicklungshilfe und Entwicklungspolitik, für die wiederum in allen Industriestaaten eigene Ministerien und weitere Organisationen gegründet wurden (vgl. Neubert 2016). In den 1960er Jahren setzte die internationale Entwicklungspolitik massiv auf Industrialisierung und Modernisierung der Landwirtschaft, wodurch in vielen Regionen traditionelle landwirtschaftliche Strukturen und Kleinbetriebe an den Rand gedrängt wurden. In den 1970er Jahren betonte die Entwicklungspolitik dann mehr die Bekämpfung der Armut, den Ausbau von Gesundheitssystemen und die Befriedigung anderer Grundbedürfnisse. Damit reagierte die Entwicklungspolitik bereits auf die einsetzende Kritik, die u. a. aus Südamerika und der dort entwickelten Dependenztheorie kam.

Dependenz- oder Abhängigkeitstheorien

Dependenz- oder Abhängigkeitstheorien (vgl. Franke/Kumitz 2016) betonen den Zusammenhang zwischen der Lage der industrialisierten Länder und der Lage der unterentwickelten Länder, v. a. Lateinamerikas. Länder wie Chile und Argentinien waren keine traditionellen Gesellschaften, die die Entwicklungsprozesse der USA und Englands nachholen mussten, sondern die Unterentwicklung Lateinamerikas und die Vorrangstellung der USA und anderer hochentwickelter Länder sollten dependenztheoretischen Vorstellungen zufolge als zwei Seiten derselben Medaille gesehen werden. Die wirtschaftliche Abhängigkeit, die ungleichen Tauschbeziehungen und die asymmetrischen Machtverhältnisse zwischen beiden wurde als ursächlich für die anhaltende Unterentwicklung der lateinamerikanischen Länder betrachtet.

Aufbauend auf dependenztheoretischen Ansätzen entwickelten Immanuel Wallerstein (1930–2019) und andere marxistisch orientierte Wissenschaftler in den 1970er und 1980er Jahren ein umfassendes Erklärungsmodell für die ökonomischen Verflechtungen zwischen unterschiedlichen Volkswirtschaften, das als Weltsystemtheorie bekannt geworden ist (vgl. Wallerstein 2019). Im Mittelpunkt dieses Modells steht ein Drei-Zonen-Modell, demzufolge die Weltwirtschaft aus einem Zentrum (den hochentwickelten Industrieländern Europas und Nordamerikas) und einer großen Peripherie (den Ländern des globalen Südens) besteht. Zwischen diesen beiden hierarchisch und räumlich gegliederten Zonen wird als dritte Zone die Semiperipherie verortet. Die Produktionsprozesse unterscheiden sich zwischen Zentrum und Peripherie erheblich. Während im Zentrum des Weltsystems hochwertige Dienstleistungen und wissensbasierte Arbeitsprozesse dominieren, exportiert die Peripherie Vorprodukte und einfachere Güter in das Zentrum. Durch kulturelle Hegemonie und bei Bedarf auch durch militärische Macht wird das Weltsystem abgesichert. Globale Ungleichheit entsteht aus der Perspektive des Weltsystemansatzes durch die Ausplünderung der Kolonien durch die Kolonialmächte und nach dem Ende des Kolonialismus durch die zwischen Zentrum und Peripherie ungleich verteilten Produktionsprozesse. So wurde etwa die Textilproduktion in dem Moment vom Zentrum in die Peripherie verlagert, in dem sich damit kaum noch Geld verdienen ließ. Aus heutiger Sicht könnte man an die Produktion von iPhones und anderen IT-Produkten denken: Entwickelt wird die jeweils neueste Generation bei Apple in den USA. Die Produktion findet dann in China und anderen Ländern in Ostasien statt. Marketing und Vertrieb werden dann wieder von Apple selbst übernommen. Von den hohen Preisen, den die Kundinnen und Kunden am Ende zahlen, fließt der kleinste Teil dorthin, wo das iPhone zusammengebaut wird.

Der Weltsystemansatz bezog erstmals den Kolonialismus in die Analyse der Entstehung globaler Ungleichheit ein. Der Kolonialismus war in den Modernisierungstheorien der 1950er Jahre ein blinder Fleck, was umso schwerer zu verstehen ist, da der Prozess der Dekolonisierung gerade erst begonnen hatte.

Aus der Perspektive Postkolonialer Theorien sieht die Geschichte der Entstehung globaler Ungleichheit (vgl. Komlosy 2019) deutlich anders aus als aus der Sicht der Modernisierungstheorie.

Postkolonialismus

Mit der Eroberung und Besiedlung des amerikanischen Kontinents und der Plünderung der eroberten Gebiete, mit dem Sklavenhandel und der Ausbeutung versklavter Menschen in den Plantagen und mit der Kolonialisierung Afrikas, Asiens und anderer Weltregionen erbeuteten die europäischen Länder und später auch die Vereinigten Staaten von Amerika die Ressourcen, die den Prozess der Industrialisierung, der Modernisierung und der Entwicklung des kapitalistischen Wirtschaftssystems erst in Gang setzten. »Postkolonialismus basiert auf der Annahme, dass der Kolonialismus die Grundlage und den Entstehungskontext der modernen Gesellschaft darstellt und daher so tief in die Moderne eingeschrieben

> ist, dass ein Verständnis kolonialer Macht für jegliche Beschäftigung mit der Moderne unablässig ist« (Meinhof 2020, 413; vgl. auch French 2023).

Um Sklaverei, Genozide und Kolonialismus zu rechtfertigen, konstruierten die europäischen Eroberer sich als überlegene, aufgeklärte, moderne und zivilisierte weiße Menschen, und ihr Gegenüber in den Kolonien als unterlegende, rückständige, nach schwer verständlichen Traditionen lebende, schwarze oder farbige ›Wilde‹, denen letztlich das Menschsein abgesprochen wurde oder die als Angehörige einer anderen »Rasse« betrachtet wurden. Dadurch entstand Kolonialität als Machtmodell, das die Entkolonialisierung überdauert hat und auch heute noch für Diskriminierung, strukturellen Rassismus und Ausbeutung verantwortlich ist. Dieses Machtmodell der Kolonialität ist auch dann erkennbar, wenn weiße Entwicklungsfachleute schwarzen Frauen und Männern in Afrika erklären, wie sie Landwirtschaft betreiben sollen, wenn die Ökonominnen und Ökonomen aus Weltbank und Internationalem Währungsfond südamerikanischen Politikerinnen und Politikern erklären, dass sie weniger Schulden machen und Sozialausgaben kürzen und Korruption bekämpfen sollen oder wenn Kleidung zu Billiglöhnen im globalen Süden produziert wird und die Menschen im globalen Norden sich über die günstigen Preise freuen. Aus einer postkolonialen Perspektive geht es bei der Bekämpfung von globaler Armut und Ungleichheit nicht um Spenden und Entwicklungshilfe, sondern um Anerkennung der Folgen des Kolonialismus und Reparationszahlungen.

Der postkoloniale Ansatz (vgl. Castro Varela/Dhawan 2020; Boatcă 2016) ist keine geschlossene Theorie, sondern hat sich seit den 1970er Jahren zunächst in den Literaturwissenschaften entwickelt und sich dann auf Geschichtsschreibung, Soziologie und andere Wissenschaften ausgedehnt. In Deutschland hat es anders als in Großbritannien Jahre gedauert, bis postkoloniale Ideen in der Soziologie und auch in einer breiteren Öffentlichkeit diskutiert wurden. Das mag auch daran liegen, dass die koloniale Vergangenheit etwa in Großbritannien stets präsenter ist als in Deutschland. Die Anerkennung des Völkermordes an den Herero und Nama (vgl. Kößler 2020) durch die deutsche Bundesregierung und die sich anschließenden Verhandlungen über Entschädigungszahlungen haben auch in Deutschland Diskussionen über die koloniale Vergangenheit angeregt.

4.4.4   Ungleichheiten und Kontextrelationen

In der Soziologie gehört die Analyse sozialer Ungleichheit seit ihrer Entstehung zu den klassischen Arbeitsfeldern. Umso erstaunlicher ist es, dass sich der größte Teil der theoretischen und empirischen soziologischen Arbeiten zur sozialen Ungleichheit auf Ungleichheiten innerhalb von Nationalstaaten bezieht. Beck und Grande haben es als »methodologischen Nationalismus« bezeichnet, wenn unreflektiert der Nationalstaat als Untersuchungseinheit ausgewählt und dabei unhinterfragt davon ausgegangen wird, »dass sich Nation, Territorium, Gesellschaft und Kultur nahtlos ineinander fügen« (Beck/Grande 2010, 189). Weiß hat der Ungleichheitsforschung vorgeworfen, dass sie ausblendet, »dass der Nationalstaat an seinen Grenzen massive

Ungleichheiten stabilisiert« (Weiß 2016, 95). Man muss dabei nur an die Grenzen zwischen Mexiko und den USA oder zwischen spanischen Städten in Nordafrika und Marokko oder auch an das Mittelmeer als Grenze zwischen Europa und Afrika denken. Mau hat die Grenzen zwischen Nationalstaaten als »Sortiermaschinen« (so der Titel seines 2021 erschienenen Buches) bezeichnet, die höchst selektiv darüber entscheiden, wer ein Staatsgebiet betreten darf und wem dies verwehrt wird. Das wird zum Teil direkt an den Grenzen entschieden, die deshalb immer häufiger durch Mauern, Zäune und andere Spezialeinrichtungen »fortifiziert« werden, oft aber auch im Vorfeld etwa im Rahmen der Visavergabe. Während Menschen mit einer deutschen Staatsbürgerschaft in mehr als 90 Länder visafrei einreisen können, ist das für Menschen mit einer afghanischen oder pakistanischen Staatsbürgerschaft nur in sehr wenige Länder möglich. Sehr reiche Menschen können unterschiedliche Staatsbürgerschaften käuflich erwerben, woraus manche EU-Länder inzwischen ein eigenes Geschäftsmodell gemacht haben (vgl. Mau 2021b, 87 ff.)

Nun gelingt es zumindest in Westeuropa den nationalen Wohlfahrtsstaaten einigermaßen, zumindest die gröbsten Ungleichheiten auszugleichen, extreme Armut zu verhindern und medizinische Behandlung für die jeweilige Bevölkerung sicherzustellen – wobei zu unterscheiden ist, wer von diesen Ausgleichsmechanismen profitiert: Das können alle Menschen sein, die sich auf dem Territorium des jeweiligen Nationalstaates aufhalten, das können aber auch nur die eigenen Staatsangehörigen sein. Die Flüchtlingslager an den Grenzen der EU oder auch innerhalb der EU – z. B. in Griechenland – sind von diesem Ausgleich offensichtlich ausgenommen. In EU-Mitgliedsländern wie Rumänien oder Bulgarien ist der nationale Wohlfahrtsstaat schon deutlich schwächer ausgeprägt. Global betrachtet sind der europäische Wohlfahrtsstaat und seine Ausgleichsmechanismen eher ein Sonderfall. In den meisten Ländern des globalen Südens gibt es keine oder nur rudimentäre soziale Absicherung, weil das die jeweiligen Staaten entweder nicht wollen oder aber, weil sie mangels Steueraufkommen gar nicht dazu in der Lage sind.

Migration und die soziale Lage von Migrantinnen und Migranten in Flüchtlingslagern, in Sammelunterkünften oder auch in sozial segregierten Stadtteilen macht die Fragwürdigkeit einer an nationalen Grenzen orientierten Ungleichheitsforschung besonders deutlich. Der Hinweis, dass die gestiegene soziale Ungleichheit in Deutschland nicht nur, aber auch an der Aufnahme einer großen Zahl geflüchteter Menschen in den letzten Jahren liegt, ist sicher korrekt, bedeutet aber im Umkehrschluss, dass die soziale Ungleichheit in Deutschland sinken würde, wenn Flüchtlinge erst gar nicht ins Land gelassen würden. Der Preis dafür ist dann eine global steigende Ungleichheit. Solche Zusammenhänge gehen verloren, wenn Ungleichheit nicht global, sondern nur nationalstaatlich erforscht wird. Auch am oberen Ende der sozialen Leiter zeigen sich Widersprüche einer Ungleichheitsforschung rein im nationalen Rahmen. Eliten in Wirtschaft, Politik, Wissenschaft und Kultur setzen sich zunehmend transnational zusammen. Das gilt für Fußballstars, für Managerinnen, für Künstler und auch für die Wissenschaftselite, die gleich aus mehreren Ländern umworben werden.

Ein umfassendes Modell zur Analyse globaler Ungleichheiten hat Weiß vorgelegt (Weiß 2017). Weiß spricht konsequent von Ungleichheiten im Plural und betont damit die Mehrdimensionalität von Ungleichheit. Wenn etwa in Afghanistan

Mädchen keine weiterführenden Schulen besuchen dürfen, dann zeigt sich darin eine andere Dimension von Ungleichheit als beim Vergleich von Haushaltseinkommen, und wenn die Chance, eine Staatsgrenze zu überqueren, von der Staatsbürgerschaft oder auch von der Hautfarbe abhängt, werden weitere Ungleichheitsdimensionen erkennbar. Wer in Tansania zur oberen Mittelschicht gehört, hat dennoch einen deutlich schlechteren Zugang zu medizinischen Behandlungsmöglichkeiten als von relativer Armut betroffene Langzeitarbeitslose in Deutschland.

Weiß knüpft zur Analyse globaler mehrdimensionaler Ungleichheiten an den indischen Ökonomen Amartya Sen und die amerikanische Philosophin Martha Nussbaum an, die mit dem Capabilities Approach ein alternatives Modell zur Diskussion um Ungleichheit und Gerechtigkeit entwickelt haben. Sen und Nussbaum beschreiben mit Capabilities Verwirklichungschancen, die sich aus den Menschenrechten ergeben und für deren Umsetzung Ressourcen erforderlich sind. Ob diese Chancen genutzt werden, liegt aber in der Freiheit jedes Individuums. Wer aber keinen Zugang zu Schulbildung hat, hat auch nicht die Freiheit, sich zu entscheiden, ob oder wie viel Bildung individuell angeeignet werden soll. In der Verknüpfung mit der Idee der Verwirklichungschancen verändert sich auch die Frage der erforderlichen Ressourcen: Wer an AIDS erkrankt ist, benötigt andere und teurere Medikamente als gesunde Menschen, um ein gutes Lebens führen zu können. Nussbaum hat verschiedene Listen solcher Capabilities erstellt, zu denen z. B. die »Fähigkeit, bei guter Gesundheit zu sein, wozu auch die reproduktive Gesundheit, eine angemessene Ernährung und eine angemessene Unterkunft«, oder »die Fähigkeit, sich frei von einem Ort zum anderen zu bewegen, vor gewaltsamen Übergriffen sicher zu sein, sexuelle Übergriffe und häusliche Gewalt eingeschlossen« (Nussbaum 2014, 112), gehören.

Ob Ressourcen im Sinne der Verwirklichungschancen genutzt werden können, hängt Weiß zufolge von den Kontexten ab. »Erst im Zusammenspiel zwischen Personen, ihren Ressourcen und Kontexten entstehen Lebenschancen, für deren Vergleich sich die Ungleichheitssoziologie interessiert« (Weiß 2017, 145). Eine pädagogische Ausbildung in der Ukraine bietet bestimmte berufliche Chancen auf dem ukrainischen Arbeitsmarkt etwa als Lehrerin. Wenn diese Ausbildung in Deutschland aber nicht anerkannt wird, dann hat sich nicht die Ressource des Studiums verändert, sondern der Kontext, und in diesem geänderten Kontext bietet die Ressource weniger Verwirklichungschancen als im alten Kontext. In den westeuropäischen Ländern ist es der Nationalstaat und der dazugehörige Wohlfahrtsstaat, der zumindest einen Teil der Lebens- und Verwirklichungschancen absichert. Denkt man soziale Ungleichheiten global, findet sich keine solche Instanz.

Weiß differenziert dabei zwischen drei unterschiedlichen Arten von Kontexten. Territorial gebundene Kontexte umfassen etwa (natürliche) Umweltbedingungen oder die materielle und soziale Infrastruktur. Ob die Böden fruchtbar sind, Krankenhäuser gut erreichbar und die Straßen gut befahrbar sind, kann Lebenschancen umfassend beeinflussen. Territoriale Kontexte sind nicht immer klar zu unterscheiden von *sozial differenzierten* Kontexten: So kann etwa die medizinische Versorgung territorial (wie weit ist das nächste Krankenhaus entfernt?), aber auch als Aspekt sozialer Differenzierung – etwa nach der Ausgestaltung des Gesundheitssystems und den Inklusionsmöglichkeiten über Krankenversicherungen – betrachtet werden. Für Ausländerinnen und Ausländer, die sich ohne Papiere in Deutschland aufhalten, ist der Zugang zur medizinischen Versorgung territorial kein Problem (Arztpraxen gibt es in großer Zahl und über alle Kommunen in Deutschland verteilt). Fehlende Inklusion in die Organisation Krankenversicherung reduziert dennoch die Chance auf angemessene Krankenbehandlung. In Ländern ohne Krankenversicherung entscheidet die Zahlungsfähigkeit über die Inklusion in das Gesundheitssystem.

Der dritte ungleichheitsrelevante Kontext bezieht sich auf *soziale und politische Kämpfe* um Anerkennung und Anschlusschancen. Weiß listet verschiedene Formen der Nicht-Anerkennung wie Diskriminierung, soziale Schließung oder symbolische Herrschaft auf. Solche Ausschlussmechanismen liegen z. B. vor, wenn ethnischen Gruppen der Zugang zu bestimmten Arbeitsplätzen und Siedlungen verweigert wird oder wenn Bewerberinnen und Bewerber mit vermeintlich türkischen oder arabischen Namen seltener eine Einladung zum Vorstellungsgespräch bekommen als solche mit vermeintlich deutschen Namen oder wenn Menschen wegen ihres Geschlechts oder ihrer sexuellen Orientierung von ganzen Lebensbereichen ausgeschlossen werden.

Zusammenfassend wird deutlich, dass die soziale Lage in einer globalen Welt sowohl durch die Ressourcenausstattung als auch durch ungleichheitsrelevante Kontexte beeinflusst wird. Wenn einer oder mehrere dieser Kontexte Lebens- und Verwirklichungschancen behindern, kommt der sozialräumlichen Autonomie eine entscheidende Rolle zu. »Mit sozialräumlicher Autonomie wird in Anlehnung an Sens Argument zu Capabilities die Chance bezeichnet, den Kontext auf Wunsch wechseln zu können« (Weiß 2017, 129). Diese sozialräumliche Autonomie ist wiederum höchst ungleich in der globalen Welt verteilt und beschränkt oder erweitert die jeweils zur Verfügung stehenden Handlungsoptionen.

Rahima, Leonie, Emely und Nthabiseng aus unseren Eingangsbeispielen sind mit unterschiedlichen Ressourcen ausgestattet und leben in sehr unterschiedlichen Kontexten (▶ Kap. 4.4.1). Folgt man Weiß (2017), dann werden ihre künftigen Lebens- und Verwirklichungschancen entscheidend vom Zusammenspiel dieser Ressourcen und Kontexte beeinflusst. Die Aufgabe der soziologischen Ungleichheitsforschung besteht dann darin, dieses Zusammenspiel von primär hinter dem Rücken der Akteure wirksamen Kontextfaktoren, (individueller) Ressourcenausstattung und sozialräumlicher Autonomie in den Blick zu nehmen. Hierin besteht dann auch das verbindende Element zwischen einer eher nationalstaatlich oder einer eher weltgesellschaftlich ausgerichteten Perspektive.

> **Weiterführende Literatur**
>
>
>
> Fischer, K. & Grandner, M. (Hrsg.) (2019): Globale Ungleichheit. Über Zusammenhänge von Kolonialismus, Arbeitsverhältnissen und Naturverbrauch. Wien: Mandelbaum.
> Fischer, K., Hauck, G. & Boatcă, M. (Hrsg.) (2016): Handbuch Entwicklungsforschung. Wiesbaden: Springer.
> Weiß, A. (2017): Soziologie Globaler Ungleichheiten. Berlin: Suhrkamp.

Weiterführende Quellen

World Bank (2022c): »Powerty and Inequality Platform«. Online verfügbar unter: https://pip.worldbank.org, Zugriff am 11.10.2022.

Chancel, L., Piketty, T., Saez, E., Zucman, G. u. a. (2022): World Inequality Report 2022. World Inequality Lab. Online verfügbar unter: https://wir2022.wid.world/, Zugriff am 30.09.2022.

5 Aktuelle Herausforderungen angewandter Soziologie – eine Auswahl

5.1 Soziale Probleme, Sozialpolitik und soziale Dienste

Zu Beginn dieses Kapitel geben wir einige Zufallsfunde aus Nachrichtenportalen verschiedener Zeitungen im Internet wieder.

ZEIT, 12. Oktober 2021: Polizeigewerkschaften warnen Parteien vor Cannabislegalisierung

»FDP und Grüne befürworten die Legalisierung von Cannabis, die SPD hat Modellprojekte vor. Doch die Polizeigewerkschaften sehen darin große Gefahren. Die Polizeigewerkschaften haben die Sondierungsteams von SPD, Grünen und FDP vor der Legalisierung von Cannabis gewarnt. ›Es muss endlich Schluss damit sein, den Joint schönzureden‹, sagte der Bundesvorsitzende der Gewerkschaft der Polizei (GdP), Oliver Malchow, der Neuen Osnabrücker Zeitung. Es ergebe keinen Sinn, neben dem legalen, aber gefährlichen Alkohol ›die Tür für eine weitere gefährliche und oft verharmloste Droge zu öffnen‹. Gerade bei Jugendlichen könne der Konsum von Cannabis zu erheblichen Gesundheitsproblemen und sozialen Konflikten führen, sagte Malchow. Zudem würde eine Legalisierung dieser Droge den Schwarzmarkthandel nicht beseitigen.« (https://www.zeit.de/politik/deutschland/2021-10/ampel-koalition-cannabis-legalisierung-polizei-spd-gruene-fdp-sondierung-warnung?page=5, Zugriff am 30.09.2022)

Hessische/Niedersächsische Allgemeine, 28.01.2021: Cybermobbing quält auch Erwachsene

»Gerüchte, Beleidigungen, Drohungen, entwürdigende Fotos: Cybermobbing hat viele Gesichter. Doch wie gehen Betroffene damit um, wenn sie im Netz auf einmal in diese grimmige Fratze blicken? Lange Zeit wurde Cybermobbing in erster Linie mit Jugendlichen in Verbindung gebracht. Doch auch Erwachsene sind betroffen – und sollten das Problem nicht allein zu lösen versuchen. ›Wenn man ein Opfer von Cybermobbing wird, egal wie alt man ist, sollte man sich Hilfe suchen‹, rät Sebastian Seitner vom Landesmedienzentrum Baden-Württemberg. Es handele sich um ein gesellschaftliches Problem, befeuert von der Anonymität und Schnelligkeit im digitalen Raum.« (https://www.hna.de/netzwelt/multimedia/cybermobbing-quaelt-auch-erwachsene-zr-90183152.html, Zugriff am 30.09.2022)

Frankfurter Allgemeine Zeitung, 18.10.2021: Kontrollausschuss ermittelt nach Rassismus-Vorfällen in Hamburg

»Der Kontrollausschuss des Deutschen Fußball-Bundes (DFB) hat auf die rassistischen Vorfälle während des Zweitliga-Spiels zwischen dem Hamburger SV und Fortuna Düsseldorf (1:1) reagiert und wird ›Ermittlungen einleiten‹. Das erklärte der Verband in einer Mitteilung.

In der Partie im Volksparkstadion waren am Samstagabend Spieler beider Mannschaften rassistisch beleidigt worden. Betroffen war vor allem der ehemalige HSV- und aktuelle Fortuna-Profi Khaled Narey. Auch gegen Bakéry Jatta vom HSV soll es Beleidigungen gegeben haben, wie HSV-Zuschauer bestätigt hatten.« (https://www.faz.net/aktuell/sport/fussball/bundesliga/hamburger-sv-ermittlungen-nach-rassismus-vorfaellen-17590378.html, Zugriff am 30.09.2022)

Saarbrücker Zeitung, 8.1.2020: Immer mehr Menschen ohne Wohnung

»Immer mehr Deutsche werden obdachlos und sammeln sich vor allem in den Großstädten – so auch in Saarbrücken. Das stellt die Stadtverwaltung vor neue Herausforderungen. ›Der Begriff Obdachlosigkeit wird in unserem Sprachgebrauch oftmals als Sammelbegriff für unterschiedliche Lebenssituationen verwendet. Obdachlos oder wohnungslos im Sinne des Polizeirechts ist, wer unfreiwillig seine Wohnung verloren hat‹, sagt der Pressesprecher der Stadt, Thomas Blug. In diesen Fällen sei die Kommune gesetzlich verpflichtet, Hilfe zu leisten.« (https://www.saarbruecker-zeitung.de/saarland/saarbruecken/obdachlosigkeit-stellt-saarbruecken-vor-probleme_aid-48219110, Zugriff am 30.09.2022)

Die Legalisierung von Cannabis, Cybermobbing, Rassismus und Obdachlosigkeit – auf den ersten Blick ist es schwer, einen Zusammenhang zwischen diesen sehr unterschiedlichen Themen zu finden. Erst auf den zweiten Blick fällt auf, dass alle vier Phänomene in modernen Gesellschaften in den Medien als soziale Probleme diskutiert werden, für die Lösungsansätze gefunden werden müssen. Die Diskussion über eine Legalisierung von Cannabis reagiert auf das seit über 40 Jahren bestehende strafbewehrte Verbot des Besitzes oder Erwerbs von Cannabis, mit dem der Konsum von Cannabis wegen der damit verbundenen Risiken möglichst verhindert werden sollte. Über diese Risiken (wie etwa Abhängigkeit und psychische Störungen) und über die mit dem Verbot verbundenen Risiken (z. B. Schwarzmärkte und die Kriminalisierung junger Menschen) wird ebenfalls seit über 40 Jahren diskutiert. Cybermobbing verweist auf die Schattenseiten des Internets und die Risiken, die mit der alltäglichen Nutzung des Internets verbunden sind. Rassistische Diskriminierung und Ausgrenzung gibt es nicht nur, aber auch im Fußball. Obdachlosigkeit ist ein soziales Problem mit einer langen Geschichte, bei dem sich immer wieder von neuem die Frage aufdrängt, wie es sein kann, dass in einer reichen Gesellschaft

Tausende von Menschen keinen sicheren Platz zum Schlafen und Wohnen haben. Die Beispiele für soziale Probleme ließen sich ohne weiteres fortsetzen, und so enthält etwa das zweibändige »Handbuch soziale Probleme« (Albrecht/Groenemeyer 2012) in alphabetischer Sortierung Artikel zu 16 ausgewählten sozialen Problemen von A wie AIDS, Alkohol oder Armut über K wie Kriminalität und P wie Prostitution bis zu W wie Wohnungslosigkeit.

Dabei sind soziale Probleme innerhalb einer Gesellschaft durchaus umstritten, unterscheiden sich zwischen verschiedenen Gesellschaften und verändern sich über die Zeit. Zu der Frage, ob Cannabis eine gefährliche Droge ist, deren Konsum unbedingt verhindert werden muss, oder ob das Cannabisverbot mehr Probleme schafft als es löst, gibt es sehr unterschiedliche Positionen. Homosexualität bspw. wurde vor 50 Jahren in vielen westlichen Gesellschaften als soziales Problem betrachtet und in medizinischen Klassifikationssystemen als psychische Störung aufgeführt. In den meisten, aber längst nicht in allen modernen Gesellschaften hat sich diese Bewertung inzwischen vollständig verändert und nicht mehr Homosexualität, sondern Homophobie und die Diskriminierung von Menschen aufgrund ihrer sexuellen Präferenzen gilt als soziales Problem.

Die Entstehung der Soziologie als Wissenschaft ist eng verknüpft mit der Entstehung moderner Gesellschaften, mit den Ideen der Aufklärung und mit dem Prozess der Industrialisierung. Der Glaube an eine von Gott vorgegebene Ordnung der Gesellschaft wurde im Übergang von Agrar- zu Industriegesellschaften immer brüchiger, und ganz so, wie die Entdeckung der Naturgesetze zur Entwicklung der Dampfmaschine und einer maschinellen Produktionsweise führte, die die Produktionsprozesse dramatisch veränderte und die Lebensverhältnisse revolutionierte, so suchten Wissenschaften wie die entstehende Soziologie nach Erklärungen für gesellschaftliche Zustände und nach möglichst wissenschaftlich fundierten Konzepten, um soziale Missstände zu beheben oder zumindest zu verbessern. Die Soziologie war also von Anfang an zumindest auch eine Wissenschaft, die sich mit sozialen Problemen befasste und nach Erklärungen und Modellen für Verbesserungen forschte.

5.1.1 Von der Sozialen Frage zur Soziologie sozialer Probleme

In Agrargesellschaften gab man Armen ein Almosen, entwickelte aber keine Programme zur Bekämpfung von Armut (vgl. Luhmann 2005). Dass es Arme gab, schien nicht weiter erklärungsbedürftig, wurde doch jedem Menschen von Gott sein Platz in der Welt zugewiesen. In der entstehenden Industriegesellschaft waren die Lebensbedingungen der Arbeiter und ihrer Familien das soziale Problem – oder in der zeitgenössischen Formulierung: die soziale Frage, die alle anderen gesellschaftlichen Probleme dominierte, und die verschiedenen individuellen und kollektiven Akteure (Politiker, entstehende Parteien und Gewerkschaften, Unternehmer und ihre Verbände, Sozialreformer, die Kirchen, und zunehmend auch Wissenschaftler) entwickelten unterschiedliche Vorstellungen zur Lösung der sozialen Frage. Nicht nur im Deutschen Reich unter Bismarck, sondern auch in anderen sich industrialisierenden Ländern wurde neben repressiven Lösungsansätzen (z. B. in Form der Sozialistengesetze) insbesondere über neue Formen der Sozialpolitik versucht, die Lebenslage der Arbeiter und ihrer Familien zu verbessern und Antworten auf die Lebensrisiken der Industriegesellschaft zu finden (vgl. Obinger/Petersen 2019).

Nach dem Zweiten Weltkrieg schienen in den entwickelten Industriegesellschaften die soziale Frage und der Konflikt zwischen Kapital und Arbeit, wenn nicht gelöst, dann doch aber zumindest im Rahmen sozialpolitischer Programme und über Tarifverhandlungen zwischen Gewerkschaften und Arbeitgebern bearbeitbar. Ein stetiges Wirtschaftswachstum sorgte für genügend Verteilungsspielraum. An die Stelle der einen, alles andere dominierenden, sozialen Frage traten jetzt eine Vielzahl mehr oder weniger kleinerer sozialer Probleme. In den damals v. a. in Nordamerika dominierenden soziologischen Theorien wurden soziale Probleme als »signifikante Diskrepanz zwischen den Wertvorstellungen einer Gesellschaft und den konkreten Lebensbedingungen einzelner sozialer Gruppen« (Schetsche 2014, 15) erklärt. Unterschieden wurde zwischen manifesten sozialen Problemen – deren Existenz bereits bekannt und allgemein anerkannt ist – und latenten sozialen Problemen, die noch nicht hinreichend bekannt und als Problem anerkannt waren. Zu den Aufgaben einer Soziologie sozialer Probleme gehörte es, manifeste soziale Probleme durch entsprechende Sozialstatistiken, Datenerhebungen und Forschungsarbeiten zu beschreiben und auf latente soziale Probleme gleichsam als Experten hinzuweisen. Die Beschäftigung mit relevanten sozialen Problemen (in den 1950er Jahren z. B.: »Kriminalität, Delinquenz, Geistesstörungen, Rassenkonflikt, Familienzusammenbrüche, Alkoholismus, Arbeitslosigkeit, Sexualverbrechen, Korruption« (Best 2006, 21) gehörte zum Standardprogramm entsprechender Soziologiekurse.

In den 1960er und 1970er Jahren setzten sich zunächst in der amerikanischen und mit einer gewissen zeitlichen Verzögerung dann auch in der deutschen Soziologie immer stärker sozialkonstruktivistische Positionen durch. Aus einer sozialkonstruktivistischen Perspektive waren Versuche, manifeste und latente soziale Probleme objektiv zu beschreiben, zum Scheitern verurteilt. Auch vermeintlich objektive Sozialstatistiken und Forschungsdaten wurden als soziale Konstrukte dekonstruiert, die letztlich mehr über die Definitionsmacht verschiedener gesellschaftlicher Gruppen als über die soziale Wirklichkeit aussagten. So z. B. bei der Polizeilichen Kriminalstatistik (PKS): Je mehr in der Öffentlichkeit über Drogenkriminalität diskutiert wurde, umso mehr sah sich die Polizei zu Razzien auf den Drogenszenen veranlasst – wodurch dann wiederum die Zahl der Drogenkriminalität (etwa wegen des unerlaubten Besitzes von Drogen) anstieg. Als Schlüsseltext dieser sozialkonstruktivistischen Wende in der Soziologie sozialer Probleme gilt das 1977 erschienene Buch »Constructing Social Problems« von Malcolm Spector und John I. Kitsuse, in dem der Begriff »soziale Probleme« radikal umformuliert wurde: »Wir definieren soziale Problem als die Aktivitäten von Individuen und Gruppen, die im Hinblick auf angenommene Bedingungen Missstände behaupten und Forderungen stellen« (Spector/Kitsuse 1977, 75, Übersetzung nach Best 2006, 23).

Solche »claims-making activities« standen fortan im Mittelpunkt von Fallstudien, die jetzt nicht mehr soziale Probleme, sondern Problematisierungs- und Definitionsprozesse im zeitlichen Wandel untersuchten. Um auf das Cannabisbeispiel zurückzukommen: In einer solchen Perspektive geht es nicht mehr um die Frage, wie gefährlich Cannabis ›in Wirklichkeit‹ ist, sondern um die Analyse, welche Akteure sich im Diskurs um Cannabis zu welchem Zeitpunkt durchgesetzt haben. Der Erkenntnisgewinn dieser Perspektive liegt darin, dass nachvollziehbar wird, warum Cannabis in Deutschland und anderen Ländern z. B. in den 1970er Jahren verboten und rechtlich wie Heroin behandelt wurde, warum seit 20 Jahren der Besitz zum Eigenkonsum immer weniger bestraft wird und aktuell immer mehr Staaten über eine Legalisierung von Cannabis nachdenken: Es geht nicht um Veränderungen auf der stofflichen Ebene, aber bei den relevanten Akteuren aus Wissenschaft, Politik, Medien, Zivilgesellschaft und Behandlungssystemen haben sich die Bewertungen und die Machtverhältnisse verändert. Der Nachteil dieser Perspektive liegt ebenfalls auf der Hand: Über die ›objektive Situation‹ – also etwa über die Gefährlichkeit von Cannabis – ist aus einer sozialkonstruktivistischen Sicht keine Aussage möglich, da alle dazu benötigten Daten und Erklärungsansätze wiederum sozial konstruiert sind. Die radikale sozialkonstruktivistische Soziologie beobachtet nicht mehr die soziale Wirklichkeit sozialer Probleme, sondern Akteure im Problematisierungsprozess.

In den Fallstudien zur Definitionsgeschichte sozialer Probleme (vgl. z. B. in der deutschsprachigen Literatur Schetsche 2014 oder Albrecht/Groenemeyer 2012) wird zwischen unterschiedlich mit Macht und anderen Ressourcen ausgestatteten individuellen und kollektiven Akteuren und zwischen verschiedenen Stadien der Karriere sozialer Probleme differenziert. Schetsche (2014, 57 f.) schlägt etwa ein sechsstufiges Karrieremodell sozialer Probleme vor. Am Anfang steht ein sozialer Sachverhalt, der von primären Akteuren auf der nächsten Stufe als soziales Problem thematisiert wird. Solche primären Akteure können aus der Politik, dem Journalismus, der Wissenschaft, dem Bereich der sozialen Dienste oder der Zivilgesellschaft kommen. Bereits auf dieser Stufe kann die Karriere dieses Problems enden, wenn es nicht gelingt, weitere Akteure für die Problematisierung zu gewinnen. In den 1970er Jahren kamen solche weiteren Akteure v. a. aus den Massenmedien. Heute ist die Bedeutung sozialer Onlinemedien wie Twitter und Facebook bei solchen Problematisierungsversuchen kaum zu unterschätzen. Gelingt eine breite Thematisierung des zugrunde liegenden Sachverhalts als soziales Problem, geht es auf der nächsten Stufe darum, das Problem in die politische Arena zu transportieren und gleichsam eine staatliche Anerkennung des Problems zu gewinnen. Gelingt dies, wird das Problem in die zuständigen Ministerien, Referate, Verbände und sonstigen Organisationen verschoben und dort werden Konzepte zur Problemlösung oder zumindest zur Problembearbeitung entwickelt. Dabei kann es sein, dass das Problem auf dieser Stufe dann ganz anders thematisiert bzw. konstruiert wird, als es die ursprünglichen primären Akteure vorgeschlagen hatten.

Je weiter die Karriere eines Problems voranschreitet, umso größer sind die Chancen, dass die Karriere auch weitergeht: Wenn erst einmal in Referaten von Ministerien Zuständigkeiten geklärt und wissenschaftliche Expertisen in Auftrag gegeben wurden, Fachliteratur zu einem Problem veröffentlicht und vielleicht sogar Stellen zu Erforschung und Bearbeitung eines Problems geschaffen wurden, treten weitere Akteure auf, die ein Interesse an einer fortgesetzten Karriere des Problems haben. Wenn schließlich Lösungskonzepte umgesetzt werden sollen, werden Organisationen benötigt, die ganz konkret an dem Problem arbeiten sollen. Fachkräfte in diesen Organisationen werden dann betroffene Fälle identifizieren, Interventionen durchführen, darüber wiederum in der Öffentlichkeit berichten und so die weitere Problemkarriere am Laufen halten. Solche Organisationen können soziale Dienste sein, die bspw. Beratung und Behandlung anbieten (wie Suchtberatungsstellen), das kann aber auch die Polizei sein, die Cannabishändlern und -käufern nachstellt und sie an die Gerichte übergibt, die wiederum Prozesse auf der Grundlage von Gesetzen durchführt, die im Zuge der Problemkarriere verabschiedet wurden. Damit verlagert sich die »Konstruktion« sozialer Probleme von der Ebene der Medien und der Politik auf die Mikroebene des sozialen Handelns in den entsprechenden Organisationen. Dieses »Doing social problems« (Groenemeyer 2010) auf der Mikroebene schafft eine neue soziale Realität: »Wenn es eine Suchtberatungsstelle gibt, dann gibt es auch Sucht und damit die Möglichkeit, eigene und fremde Verhaltensweisen als Sucht zu interpretieren« (Groenemeyer 2010, 14). Noch einen Schritt weiter – vom »Doing social Problems« zum »Doing Problem Group« – gehen aktuelle Arbeiten, die die Konstruktion vom Problemgruppen wie etwa »Drogendealern« oder »Ultras« in den Fußballstadien, die dann regelmäßig mit sozialen Problemen in Verbindung gebracht werden, analysieren (vgl. Negnal 2019).

Seit einigen Jahren verlieren rein konstruktivistische Ansätze innerhalb der Soziologie sozialer Probleme wieder an Bedeutung (vgl. etwa Dello Buono 2015). Dazu hat sicher auch beigetragen, dass in den letzten Jahren wieder verstärkt Fragen nach Einkommensunterschieden, nach Klassen- oder Schichtzugehörigkeit und aktuellen Formen des sozialen Ausschlusses diskutiert werden (vgl. z. B. Kronauer 2010; Bude/ Willisch/Vogel 2008). Armut und prekäre Beschäftigungsverhältnisse existieren auch unabhängig von methodologischen und erkenntnistheoretischen Problemen der Messung der dahinter liegenden Konstrukte. Inzwischen scheint der Konflikt zwischen einer objektiven und einer konstruktivistischen Analyse sozialer Probleme weitgehend überwunden. Weder würden ernsthafte Soziologinnen und Soziologen behaupten, dass eine objektive Beschreibung der sozialen Wirklichkeit möglich ist, ohne auf subjektive Sinninterpretationen und soziale Konstruktionen wie z. B. Armutsgrenzen oder Suchtdiagnosen zurückzugreifen. Andererseits wird aber auch nicht ernsthaft behauptet, dass die soziologische Beschreibung der Wirklichkeit dadurch beliebig wird und beliebige soziale Probleme konstruierbar sind – eine solche Soziologie wäre keine Wissenschaft mehr. Groenemeyer zufolge haben die unterschiedlichen Varianten einer Soziologie sozialer Probleme »nichts mit methodologischen oder erkenntnistheoretischen Grundsatzfragen zu tun«, sondern beziehen sich »auf jeweils unterschiedliche Fragestellungen: einerseits geht es um die Frage nach den Bedingungen und Prozessen der gesellschaftlichen und politischen Thematisierung sozialer Probleme, [...] andererseits um die Frage nach gesellschaftlichen Ursachen, der Verbreitung und den Betroffenheiten von sozialen Problemlagen« (Groenemeyer 2012, 25).

Das hat dann allerdings dazu geführt, dass zur Analyse sozialer Probleme unterschiedliche Zugänge gewählt werden können: Im Rahmen einer Soziologie sozialer Probleme wird analysiert, welche Probleme wann, wie und von wem thematisiert werden. Die Analyse konkreter sozialer Problemlagen findet je nach Problem in den einzelnen speziellen Soziologien wie z. B. der Familiensoziologie oder der Jugendsoziologie sowie in oft interdisziplinär organisierten Zusammenhängen wie etwa der Armutsforschung, der Sucht- und Drogenforschung, der Bildungsforschung oder in Public-Health-Forschungsverbünden statt.

5.1.2 Soziale Probleme, Inklusion und Exklusion

Einen anderen theoretischen Bezugspunkt für eine verschiedene soziale Probleme verbindende Soziologie sozialer Probleme haben Scherr (2001) und Bommes und Scherr (2012) vorgeschlagen. Dazu knüpfen sie an Theorien funktional differenzierter Gesellschaften an, wie sie im deutschen Sprachraum insbesondere von Luhmann entwickelt wurden, inzwischen aber weit über die Systemtheorie Luhmanns hinaus verwendet werden. Funktional differenzierte Gesellschaften zeichnen sich dadurch aus, dass sich in ihnen spezialisierte Funktionssysteme wie das Rechtssystem, das Wirtschaftssystem, das Erziehungssystem, die Wissenschaft oder das Gesundheitssystem ausdifferenziert haben, die für ihre je spezifischen Funktionen universelle Zuständigkeit beanspruchen. Krankenbehandlung findet nur im Gesundheitssystem statt, kollektiv bindende Entscheidungen werden nur im politischen System getroffen, Zahlungen finden nur im Wirtschaftssystem statt usw. Diese Funktionssysteme prozessieren nach ihren je eigenen Regeln und Codes, die sich zwischen den einzelnen Funktionssystemen unterscheiden.

Grundsätzlich zeichnet die Funktionssysteme eine Tendenz zur Vollinklusion aus: Die allgemeine Schulpflicht legt fest, dass alle Kinder und Jugendlichen einer bestimmten Altersspanne im Erziehungssystem unterrichtet werden müssen, dem Rechtssystem kann sich prinzipiell niemand entziehen und im Gesundheitssystem besteht zumindest in Deutschland eine Versicherungspflicht. Aber, so Luhmann:

> »Die Idealisierung des Postulats einer Vollinklusion aller Menschen in die Gesellschaft täuscht über gravierende Probleme hinweg. Mit der funktionalen Differenzierung des Gesellschaftssystems ist die Regelung des Verhältnisses von Inklusion und Exklusion auf die Funktionssysteme übergegangen, und es gibt keine Zentralinstanz mehr (so gern die Politik sich in dieser Funktion sieht), die die Teilsysteme in dieser Hinsicht beaufsichtigt« (Luhmann 1998, 630).

Nicht jede Exklusion aus einem Funktionssystem führt zu sozialen Problemen. So können viele Menschen gut leben, ohne in den Leistungssport, die Kunst oder ein religiöses System inkludiert zu sein. In modernen Gesellschaften sind die Individuen geradezu dadurch charakterisiert, dass sie in einzelne Funktionssysteme und Organisationen dieser Funktionssysteme inkludiert und aus anderen exkludiert sind. So können bei einem Profi-Fußballverein sehr religiöse, die moderne Kunst verachtenden Stürmer ohne höhere Schulbildung neben religiös nicht gebundenen, stattdessen aber kunstinteressierten Verteidigern mit Abitur spielen – solange sie gute Stürmer und gute Verteidiger sind. Auch ethnische Zuschreibungen und Staatsangehörigkeiten spielen im Profifußball bei der Auswahl des Kaders keine Rolle, wohl aber gelegentlich – wie im Eingangsbeispiel gezeigt – bei Zuschauerinnen und Zuschauern, die Spielerinnen und Spieler aufgrund ethnischer Zuschreibungen rassistisch beleidigen.

Innerhalb der Funktionssysteme übernehmen es Organisationen, über Inklusion oder Exklusion zu urteilen: Die Personalabteilung innerhalb eines Unternehmens entscheidet darüber, wer auf die ausgeschriebene Stelle eingestellt wird (und wer nicht), der Prüfungsausschuss entscheidet an der Hochschule darüber, ob auf die endgültig nicht bestandene Modulprüfung die Exmatrikulation erfolgt, und in der Bankfiliale wird entschieden, ob ein Konto eröffnet und ein Kredit gewährt werden kann. Organisationen verhalten sich rational, wenn sie die Entscheidung über Inklusion oder Exklusion nach ihren für solche Fragen entwickelten Kriterien treffen, Personalbüros also die weniger geeigneten Bewerberinnen und Bewerber frühzeitig aus dem Verfahren ausschließen, Prüfungsausschüsse nach den Bestimmungen der Prüfungsordnungen verfahren, Banken Kredite und Konten nur bei vorhandener Kreditwürdigkeit (operationalisiert z. B. über einen Arbeitsvertrag) vergeben und Profi-Fußballvereine allein sportliche Gesichtspunkte berücksichtigen.

Für die Folgen solcher Exklusionen – bei der Stellenvergabe leer auszugehen, von der Hochschule exmatrikuliert zu werden, keinen Kredit und kein Konto zu erhalten, vom Fußballclub nach mehrmaligen Verletzungen und verletzungsbedingtem Leistungsabfall aussortiert zu werden – sind die jeweiligen Organisationen und Funktionssysteme blind, da sich diese Folgen außerhalb ihrer hochspezialisierten Funktion ereignen. Luhmann beschreibt die möglichen Folgen so:

»die faktische Ausschließung aus einem Funktionssystem – keine Arbeit, kein Geldeinkommen, kein Ausweis, keine stabilen Intimbeziehungen, kein Zugang zu Verträgen und zu gerichtlichem Rechtsschutz, keine Möglichkeit, politische Wahlkampagnen von Karnevalsveranstaltungen zu unterscheiden, Analphabetentum und medizinische wie auch ernährungsmäßige Unterversorgung – beschränkt das, was in anderen Systeme erreichbar ist und definiert mehr oder weniger große Teile der Bevölkerung, die dann auch wohnungsmäßig separiert und damit unsichtbar gemacht werden« (Luhmann 1998, 630 f.).

Von dieser Beschreibung Luhmanns ist der Weg zur Analyse sozialer Probleme nicht mehr weit. Dabei ist zu berücksichtigen, dass nicht immer Exklusion zu sozialen Problemen führt, sondern gelegentlich auch Inklusion: Das gilt etwa für die Inklusion in gewalttätige Familienstrukturen oder andere Gruppen. Familien sind ohnehin besondere soziale Systeme, die Individuen anders als die Funktionssysteme nicht nur als Träger einer Rolle, sondern als ganze Person inkludieren. In modernen Gesellschaften ist Familie auf Liebe – sowohl zwischen den Eltern als auch zwischen Kindern und Eltern – aufgebaut. Die Erwartungen der Individuen an ihre Familien sind durch Vollinklusion und deren emotionale Grundlagen immens und Enttäuschung ist vorprogrammiert.

Im Fall des Strafvollzugs ist die Exklusion aus nahezu allen Funktionssystemen mit der Inklusion in das »totale System« des Gefängnisses verbunden, aus dem heraus nach einer Entlassung die Inklusion in die Funktionssysteme der Gesellschaft und ihre Organisationen besonders schwerfällt. Es sind also Probleme der Inklusion und der Exklusion, die in funktional differenzierten Gesellschaften zu sozialen Problemen führen können, aber nicht müssen. Von besonderer Relevanz ist dabei der Begriff der »Lebensführung« (Scherr 2001). Die individuelle Lebensführung ist einerseits durch bisherige Inklusions- und Exklusionserfahrungen etwa in Familie und Arbeitsplatz geprägt und andererseits für künftige Inklusions- oder Exklusionsentscheidungen der Organisationen aus den Funktionssystemen relevant.

»Pointiert formuliert: Wer sich den Teilnahmebedingungen der gesellschaftlichen Teilsysteme, der Funktionssysteme, Organisationen und Familien nicht anpassen kann oder will, gerät mit hoher Wahrscheinlichkeit in eine Situation der Hilfsbedürftigkeit und wird unter Bedingungen von Wohlfahrtsstaatlichkeit zu einem Fall für die Soziale Arbeit« (Bommes/Scherr 2010, 209).

Die jeweilige Verknüpfung von Inklusions- und Exklusionserfahrungen und die individuelle Art der Lebensführung sowie deren Passung zu den kommunikativen Anforderungen der Funktionssysteme entscheiden demnach darüber, ob Individuen mehr oder weniger stark ausgeprägte und in sich wiederum unterschiedliche soziale Probleme erleben. Die Soziale Arbeit übernimmt dann die Funktion der »Inklusionsvermittlung, Exklusionsvermeidung bzw. Exklusionsverwaltung« (Bommes/Scherr 2010, 144).

5.1.3 Sozialpolitik, Soziale Arbeit und die Sozialwirtschaft

Zur Bearbeitung der sozialen Frage aus der Zeit der Industrialisierung sind in den sich industrialisierenden Gesellschaften Sozialversicherungs- und Fürsorgesysteme entstanden, die Unterstützung bei zentralen Lebensrisiken moderner Gesellschaften wie Krankheit, Alter, Arbeitsunfähigkeit, Unfall oder Arbeitslosigkeit gewährleisten. Die spezifischen Arrangements in den einzelnen Ländern wurden dabei zwischen unterschiedlichen Akteuren wie Parteien, Gewerkschaften, Ministerien und Verbänden ausgehandelt, bezogen sich aber stets auf die jeweiligen Nationalstaaten. Damit wurde der Nationalstaat zur Arena der soziapolitischen Auseinandersetzungen und gleichzeitig als Wohlfahrtsstaat zum zentralen Akteur, der soziale Absicherung – auf welchem Niveau auch immer – garantierte. Im Vergleich der jeweiligen nationalstaatlichen Arrangements finden sich Gemeinsamkeiten und Unterschiede, die zu länderübergreifenden Typologien verschiedener »Wohlfahrtsregimes« geführt haben (vgl. Manow 2019; Esping-Andersen 1990).

Nach der mehr oder weniger erfolgreichen Bearbeitung der sozialen Frage des 19. Jahrhunderts wurden im 20. und 21. Jahrhundert weitere Risiken und soziale Probleme thematisiert (und sozial konstruiert), die – je nach Verlauf des Prozesses der Problematisierung – neue oder veränderte sozialpolitische Interventionen nach sich zogen.

> **Sozialpolitik**
>
> »Sozialpolitik lässt sich dabei wie folgt definieren: Es handelt sich insbesondere um all jene öffentlich erbrachten und/oder regulierten Maßnahmen, Leistungen und Dienste, die darauf abzielen, dem Entstehen sozialer Risiken und Probleme vorzubeugen, die Lebenslage einzelner Personen oder Personengruppen zu sichern und zu verbessern, die Folgewirkungen sozialer Probleme auszugleichen und soziale Ungleichheiten zu vermindern« (Bäcker/Naegele/Bispinck 2020, 1).

Lessenich (2019) hat darauf hingewiesen, dass die Bedeutung der Sozialpolitik als »Problemlöser« nicht zu bestreiten ist, dass gleichzeitig durch sozialpolitische Entscheidungen aber auch »wiewohl in der Regel durchaus ungewollt« »neue Zwänge« geschaffen und »neue Ungleichheiten produziert« werden. Im hochkomplexen

System staatlicher Sozialpolitik führt das Ausbalancieren unterschiedlicher Erwartungen stets auch zu Enttäuschungen und Folgeproblemen, wenn etwa Leistungserhöhungen für einen Teil der Bevölkerung gleichzeitig Beitragserhöhungen für andere bedeuten.

Sozialpolitik hat sich vor diesem Hintergrund in demokratischen Gesellschaften längst zu einem der größten Politikfelder entwickelt. Ein großer Teil der jeweiligen staatlichen Einnahmen und Ausgaben wird hier verwaltet. Der Sozialstaat fungiert dabei als Umverteilungsstelle, in die alle Bürgerinnen und Bürger in Form von Sozialversicherungsabgaben und Steuern einzahlen und gleichzeitig Leistungen (z. B. Versicherungsleistungen, medizinische oder soziale Infrastrukturleistungen oder auch steuerliche Subventionen für mit der privaten Lebensführung verbundene Ausgaben) erhalten.

Seit dem Zweiten Weltkrieg sind die Sozialausgaben in den Ländern, die als ausgebaute Wohlfahrtsstaaten beschrieben werden können, kontinuierlich angestiegen und machen inzwischen »praktisch in allen entwickelten Demokratien ca. die Hälfte der gesamten Staatsausgaben« (Obinger 2019, 556) aus. Länderübergreifend können mit Blick auf das Finanzvolumen verschiedene Phasen der Entwicklung der wohlfahrtsstaatlichen Arrangements unterschieden werden. Während zwischen 1945 und der Mitte der 1970er Jahre ein umfangreicher Ausbau des Wohlfahrtsstaates zu beobachten ist (vgl. Obinger/Petersen 2019), kann die Zeit seit den 1980er Jahren durch den Begriff der »fiskalischen Stagnation« (Häusermann/Enggist/Pinggera 2019, 34) beschrieben werden.

Nach der hier verwendeten Definition von Sozialpolitik (s. o.) gehören zum Wohlfahrtsstaat nicht nur Leistungen der Sozialversicherungs- und Fürsorgesysteme, sondern auch personenbezogene Dienstleistungen, die v. a. dann relevant werden, wenn die monetären Zahlungen der Versicherungssysteme oder der Fürsorge nicht ausreichen und soziale Probleme mit Fragen der Lebensführung zusammenfallen. Das gilt z. B. für Kinder und Jugendliche, die nicht nur einen Bedarf an materieller Unterstützung haben, sondern auch Erziehung benötigen, ebenso wie für ältere Pflegebedürftige, die nicht mehr dazu in der Lage sind, im Rahmen ihrer Lebensführung Aktivitäten des täglichen Lebens wie Körperpflege, Einkaufen oder Ernährung selbstständig durchzuführen. Das gilt aber auch bspw. für Drogenabhängige oder Teilgruppen von Wohnungslosen, bei denen ohne Veränderungen in der jeweiligen Lebensführung eine Verbesserung der Lebenslage und eine Integration in den Arbeitsmarkt kaum vorstellbar ist.

Solche personenbezogenen psychosozialen Dienstleistungen werden in Wohlfahrtsstaaten über soziale Dienste organisiert. »Soziale Dienste grenzen sich von anderen erwerbsförmigen personenbezogenen Diensten insofern ab, als ihr Anlass in der Regel ein soziales Problem ist bzw. als solches angesehen und anerkannt wird« (Bäcker/Naegele/Bispinck 2020, 1090). Wiederum zeigt sich die wechselseitige Abhängigkeit von Problematisierungsprozesse und der Entwicklung spezifischer sozialer Dienste und Dienstleistungen. Solange etwa übermäßiger Alkoholkonsum als Sünde verstanden wurde, waren Priester dafür zuständig (und in der Tat wurden die ersten »Trinkerheilanstalten« genannten Einrichtungen für Menschen mit Alkoholproblemen von Pfarrern geleitet). Werden problematischer Alkoholkonsum und Alkoholabhängigkeit als soziales Problem konstruiert, wechselt die Zuständigkeit zu sozialen Diensten wie Suchtberatungsstellen, in denen vorrangig Sozialarbeiterinnen und Sozialarbeiter beschäftigt sind. Setzt sich schließlich ein Verständnis von Alkoholabhängigkeit als Krankheit durch, wird das Gesundheitssystem zuständig und Behandlung für in medizinischen Diagnosekatalogen kategorisierte »alkoholbezogene Störungen« werden in entsprechenden Fachkliniken angeboten.

Die Begriffe soziale Dienste und soziale Dienstleistungen werden oft synonym gebraucht, manchmal wird aber auch differenziert zwischen sozialen Diensten als Organisation, in der dann soziale Dienstleistungen im engeren Sinn in Form von »beratenden, begleitenden, betreuenden, erzieherischen, therapeutischen und pflegerischen Tätigkeiten« (Bäcker/Naegele/Bispinck 2020, 1089) von entsprechenden Berufsgruppen (medizinische oder psychologische Therapeuten, Sozialarbeiterinnen, Pädagogen, Pflegefachkräfte etc.) angeboten werden. Kennzeichnend für soziale Dienste und soziale Dienstleistungen ist die Ko-Produktion der Dienstleistung. Erfolgreiche Beratungen oder Behandlungen sind nur vorstellbar, wenn die zu Beratenden oder Behandelnden an der Beratung oder Behandlung mitwirken. Soziale Dienste sind das Ergebnis erfolgreicher Problematisierungsprozesse, und gleichzeitig findet in den sozialen Diensten das »Doing social Problems« (Groenemeyer 2010) als Interaktion zwischen Professionellen und Betroffenen statt. Bei diesen Interaktionen wird ausgehandelt, was medizinische, pädagogische oder sozialarbeiterische Konzepte auf der Mikroebene bedeuten.

Kennzeichnend für soziale Dienste ist darüber hinaus, dass meist zwischen Nutzerinnen und Nutzer einer Dienstleistung und Kostenträger einer Dienstleistung unterschieden werden muss und die Leistungen im Rahmen des »Sozialwirtschaftlichen Dreiecks« finanziert werden (vgl. Schneiders 2020, 36f.). Wer Leistungen eines Arztes, einer Beratungsstelle, eines Jugendamtes oder eines Pflegedienstes erhält, zahlt oft nichts oder nur einen Teil der dabei anfallenden Kosten. Die Finanzierung sozialer Dienste erfolgt i.d.R. über einen Mix aus pauschalen Zuschüssen, Spenden, einzelfallbezogenen Kostenübernahmen durch nach Sozialrecht zuständige Kostenträger und Eigenmittel. In modernen Sozialstaaten können soziale Dienstleistungen sowohl von kommerziellen, marktförmig organisierten Anbietern bereitgestellt werden (wie etwa der Großteil der Pflegedienste), als auch von staatlichen Stellen betrieben werden (wie z.B. die auf kommunaler Ebene als Teil der Stadtverwaltung agierenden Jugendämter). Von besonderem Interesse sind Non-Profitorganisationen wie z.B. in Deutschland die Wohlfahrtsverbände, die sich zwischen Markt und Staat entwickelt und etabliert haben und dabei eigene, stark normativ geprägte Handlungslogiken hervorgebracht haben. Wohlfahrtsverbände und andere Non-Profit-Organisationen bieten soziale Dienstleistungen nicht primär an, um Geld damit zu verdienen, und auch nicht, um gesetzliche Vorgaben zu erfüllen, sondern folgen dabei normativen Orientierungen (vgl. Merchel 2011). Mit dem Begriff des »Dritten Sektors« werden über die Wohlfahrtsverbände hinaus gemeinnützige Vereine, Selbsthilfegruppen und oft auch kleine lokale Initiativen bezeichnet, die mit dem unscharfen Begriff der »Zivilgesellschaft« von Markt und Staat abgegrenzt werden. Als »Welfare Mix« bezeichnet man die jeweils spezifische Zusammensetzung des Angebots an sozialen Diensten aus den Bereichen Markt, Staat und Drittem Sektor (vgl. Evers 2011).

Die enge Verbindung des Dritten Sektors und der Wohlfahrtsverbände mit normativen Zielsetzungen bedeutet andererseits nicht, dass dort Geld bedeutungslos wäre. Wohlfahrtsverbände agieren sowohl als Wertegemeinschaften als auch als Interessensvertreter ihrer Klientinnen und Klienten sowie als Dienstleistungsanbieter und Arbeitgeber, die kostendeckend arbeiten, Verträge abschließen und einhalten und Rücklagen für Investitionen bilden müssen. Die Gesamtstatistik der in der Arbeitsgemeinschaft der Freien Wohlfahrtspflege zusammengeschlossenen sechs Spitzenverbände (AWO, Caritas, Paritätischer Wohlfahrtsverband, Deutsches Rotes Kreuz, Diakonie und Zentralwohlfahrtsstelle der Juden in Deutschland) weist beeindruckende Zahlen aus: Im Jahr 2016 betrieben die Wohlfahrtsverbände mehr als 118.000 Einrichtungen mit mehr als vier Millionen Betten bzw. Plätzen und über 800.000 Vollzeit- und 1,1 Millionen Teilzeitbeschäftigten. Die Zahl der Einrichtungen und Betten/Plätze hat sich zwischen 1970 und 2016 – also in der Phase der »fiskalischen Stagnation« des Wohlfahrtsstaates – annähernd verdoppelt, die Zahl der Beschäftigten mehr als vervierfacht (vgl. BAGFW 2018, 7f.). Die wohlfahrtsstaatliche Bearbeitung sozialer Probleme über personenbezogene Dienstleistungen und soziale Dienste scheint also trotz der seit Jahrzehnten diskutierten Krise des Sozialstaates eine Wachstumsbranche zu sein.

> **Weiterführende Literatur**
>
> Albrecht, G. & Groenemeyer, A. (Hrsg.) (2012): Handbuch soziale Probleme (2., überarb. Aufl.). Wiesbaden: Springer.
> Bäcker, G., Naegele, G. & Bispinck, R. (2020): Sozialpolitik und soziale Lage in Deutschland. Ein Handbuch (6., vollst. überarb. u. erw. Aufl.). Wiesbaden: Springer.
> Bommes, M. & Scherr, A. (2012): Soziologie der sozialen Arbeit. Eine Einführung in Formen und Funktionen organisierter Hilfe (2., vollst. überarb. Aufl.). Weinheim: Beltz Juventa.
> Schetsche, M. (2014): Empirische Analyse sozialer Probleme. Das wissenssoziologische Programm (2., akt. Aufl.). Wiesbaden: Springer.
>
> **Weiterführende Quellen**
>
> Schilling, J. & Klus, S. (2022): Soziale Arbeit. Geschichte – Theorie – Profession (8. Aufl.). München: Reinhardt.

5.2 Demokratie, Populismus und Autoritarismus

5.2.1 Demokratisierung und Autokratisierung

Seit über 70 Jahren ist die Bundesrepublik Deutschland ein Staat mit einer demokratischen Verfassung, der mit vielen anderen demokratischen Staaten wie den EU-Mitgliedsländern oder den USA enge Beziehungen unterhält. Doch in den letzten Jahren mehren sich Zweifel an der Stabilität der Demokratie, wie die folgenden Beispiele zeigen.

Beispiel Deutschland

Kurz vor dem Tag der Deutschen Einheit am 3. Oktober 2022 legte der Beauftragte der Bundesregierung für Ostdeutschland unter dem Titel »Ostdeutschland. Ein neuer Blick« einen Bericht vor. Darin werden Ergebnisse einer repräsentativen Befragung zitiert, der zufolge »mit der Demokratie, so wie sie in Deutschland funktioniert« (Der Beauftragte der Bundesregierung für Ostdeutschland 2022, 92), 59 Prozent der Befragten in Westdeutschland, aber nur 39 Prozent der Befragten in Ostdeutschland zufrieden sind.

Beispiel Frankreich

Bei den Präsidentschaftswahlen 2022 kam Amtsinhaber Emmanuel Macron im ersten Wahlgang am 10. April nur auf 27,8 Prozent der Stimmen. Auf dem zweiten und dritten Platz folgten mit Marine Le Pen mit 23,2 Prozent und Jean-Luc Mélenchon mit 22 Prozent eine rechtspopulistische Politikerin und ein linkspopulistischer Politiker. Die Stichwahl am 24. April 2022 entschied dann Emmanuel Macron mit 58,5 Prozent für sich. Marine le Pen kam auf 41,4 Prozent und damit auf das beste Ergebnis, das ihre Partei Rassemblement National (früher Front National) je bei einer Präsidentschaftswahl erreicht hatte.

Beispiel Italien

Die Parlamentswahlen in Italien am 25. September 2022 hat das Rechtsbündnis aus der Partei Fratelli d'Italia, der Lega und der Forza Italia mit absoluter Mehrheit der Sitze in beiden Kammern des Parlaments gewonnen. Stärkste Kraft im Rechtsbündnis wurden die Fratelli d'Italia, deren Vorsitzende Giorgia Meloni das Amt der Ministerpräsidentin übernommen hat. Ihre Partei wird in der Presse meist als postfaschistisch, mitunter auch als rechtspopulistisch bezeichnet.

Beispiel USA

Bei der Präsidentschaftswahl am 3. November 2020 bewarb sich der 45. Präsident der Vereinigten Staaten von Amerika, Donald Trump, für die Partei der Republikaner um eine zweite Amtszeit, verlor aber gegen Joe Biden, den Kandidaten der Demokratischen Partei. Gemäß der amerikanischen Verfassung wird der Präsident nicht direkt gewählt, sondern in jedem Bundesstaat werden Wahlmänner und Wahlfrauen gewählt, die dann den Präsidenten wählen. Trump erkannte das Ergebnis der Wahl in mehreren Bundesstaaten nicht an und klagte gegen die Ergebnisse, aber alle Klagen wurden von den zuständigen Gerichten abgewiesen. In einzelnen Bundesstaaten versuchte Trump Druck auf die zuständigen Behörden auszuüben, die Wahlergebnisse zu manipulieren, und erklärte immer wieder, der Wahlsieg sei ihm gestohlen worden. Am 6. Januar 2021 kamen beide Kammern des US-Kongresses zusammen, um die Wahlergebnisse der einzelnen Bundesstaaten zu bestätigen. Die Sitzung wurde vom Vizepräsidenten Mike Pence geleitet, der Aufforderungen des Präsidenten, die Bestätigung der Wahlergebnisse zu verhindern, abgelehnt hatte. Am gleichen Tag hielt Trump bei einer Protestkundgebung vor seinen Anhängern in Washington eine Rede und forderte sie auf, zum Kapitol zu gehen. Daraufhin überrannte eine große Zahl von Demonstrierenden die Polizeiabsperrketten und stürmte das Parlamentsgebäude. Die Abgeordneten und der Vizepräsident mussten ihre Sitzung unterbrechen und von der Polizei in Sicherheit gebracht werden. Erst Stunden später hatten Sicherheitskräfte die Lage wieder unter Kontrolle und die Sitzung konnte fortgesetzt und das Ergebnis der Wahl zertifiziert werden. Auch danach weigerten sich Donald Trump und große Teile der Republikanischen Partei, den Sieg Joe Bidens anzuerkennen.

Die Beispiele aus Europa könnten mühelos fortgesetzt werden, etwa um Ungarn, wo seit 2010 mit Viktor Orban ein Ministerpräsident regiert, der schon 2014 den Aufbau eines »illiberalen Staates« ankündigte (vgl. Kim 2020) und 2022 wiedergewählt wurde, oder um Polen, dem vom Europäischen Parlament, der Europäischen Kommission und dem Europäischen Gerichtshof (EuGH) Eingriffe in die Unabhängigkeit der Justiz vorgeworfen werden.

Will man Staaten nach ihrer Regierungsform unterscheiden, so lassen sich auf der einen Seite demokratisch regierte Staaten beschreiben, in denen die gesamte Bevölkerung oder zumindest alle Staatsbürgerinnen und Staatsbürger über allgemeine, freie und geheime Wahlen die politischen Akteure in Parlamenten und Regierungen bestimmen und in denen prinzipiell auch alle in politische Ämter gewählt werden können. Meinungsfreiheit, Versammlungsfreiheit und andere Grundrechte ermöglichen und schützen die politische Partizipation. Auf der anderen Seite finden sich autokratisch regierte Staaten, in denen Einzelne oder Gruppen wie z. B. eine Partei, eine religiöse Gruppe, eine ethnische Gruppe, eine Familie oder ein charismatischer Anführer für sich erfolgreich die Regierungsmacht beanspruchen und darüber entscheiden, wer Zugang zu welchen politischen Ämtern erhält. Auch in vielen Autokratien finden regelmäßig Wahlen statt, die die Gewählten legitimieren sollen, die aber keinen Einfluss auf die Machtverteilung haben. Populistische Systeme stehen dazwischen und scheinen sich von der Idealvorstellung einer Demokratie wegzubewegen und erste Schritte in Richtung Autokratien zu machen.

Für eine globale Analyse von Demokratisierungs- und Autokratisierungstendenzen bietet sich ein Blick in ländervergleichende Indizes und Datenbanken der vergleichenden Politikforschung an. Der Transformationsindex der Bertelsmann Stiftung teilt die 137 untersuchten Staaten in »sich konsolidierende Demokratien«, »defekte Demokratien«, »stark defekte Demokratien«, »gemäßigte Autokratien« und »harte Autokratien« (Hartmann/Thiery 2022, 4) auf und enthält im Berichtsjahr 2022 erstmals »mehr autoritär als demokratisch regierte Staaten« (Hartmann/Thiery 2022, 4).

Der Liberal Democracy Index des V-DEM-Instituts an der Universität Göteborg arbeitet mit den vier Kategorien liberale Demokratie, elektorale Demokratie, elektorale Autokratie und geschlossene Autokratie. Um als elektorale Demokratie zu gelten, müssen bestimmte Standards beim Wahlrecht, bei der Durchführung von Wahlen, bei der Versammlungsfreiheit sowie der Meinungsfreiheit eingehalten werden. Liberale Demokratien zeichnen sich darüber hinaus durch bestimmte Ansprüche an Rechtsstaatlichkeit wie unabhängige Gerichte und individuelle Freiheitsrechte aus. In elektoralen Autokratien gibt es zwar Wahlen, die aber den Ansprüchen an demokratische Wahlen nicht genügen. In geschlossenen Autokratien erfolgt die Machtausübung Einzelner oder einer Gruppe von Herrschenden weitgehend ohne Einschränkungen (vgl. Boese u. a. 2022, 13). Dem V-DEM-Institut zufolge ist der Anteil der Weltbevölkerung, der in Autokratien lebt, von 49 Prozent im Jahr 2011 auf 70 Prozent im Jahr 2021 angestiegen (vgl. Boese u. a. 2022, 6). Das liegt auch, aber nicht nur an der Abstufung Indiens zu einer elektoraler Autokratie, deren Wahlen demokratischen Ansprüchen nicht genügen. Da China als geschlossene Autokratie betrachtet wird, sind die beiden bevölkerungsreichsten Länder der Welt in der Gruppe der Autokratien versammelt.

Auch der Democracy Index der Economist Group listet für die letzten fünf Jahre mehr Länder mit demokratischen Rückschritten (Autokratisierung) als mit demokratischen Fortschritten (Demokratisierung) auf (vgl. Economist Intelligence Unit 2022, 24). In diesen Index fließen neben dem Wahlrecht und der Durchführung von Wahlen auch Kriterien wie Bürgerrechte, die Funktionsfähigkeit der Regierung, politische Partizipation und die politische Kultur ein. Nur 21 Staaten erfüllen die Kriterien des Democracy Index für eine vollständige Demokratie (darunter Norwegen, Neuseeland, Taiwan und Deutschland), 53 Staaten werden als beschädigte Demokratien bezeichnet (so etwa die USA, Indien, Polen und Ungarn), 34 als hybride Regimes (bspw. Mexiko und die Türkei) und 59 als autoritäre Staaten (darunter z. B. Russland und China). Folgt man diesem Index, so leben weniger als die Hälfte der Weltbevölkerung in mehr oder weniger vollständigen oder beschädigten Demokratien und mehr als ein Drittel der Weltbevölkerung lebt in autoritär regierten Staaten (vgl. Economist Intelligence Unit 2022, 4).

Diese und ähnliche Indizes lassen sich sicherlich hinsichtlich Methodik, Indikatoren, Datenerhebung und Ergebnisdarstellung kritisieren. Dennoch zeigt sich eine klare Tendenz: Weltweit gehen die Messwerte für Demokratisierung eher zurück, während sie für Autokratisierung eher ansteigen. Schon seit einigen Jahren wird von einer neuen Welle von Autokratisierung gesprochen (vgl. etwa Lührmann/Lindberg 2019).

Auch im historischen Rückblick zeigt sich, dass Demokratie als Herrschaftsform eher die Ausnahme als die Regel darstellt. Hinzu kommt, dass sich das Verständnis von Demokratie über die Zeit mehrfach verändert hat. So kommt keine Geschichte der Demokratie (vgl. z. B. Raschke 2020 oder Bajohr 2014) ohne den Verweis auf die frühen Erfahrungen mit Demokratie in der griechischen Antike in Athen aus. An der antiken Demokratie durften allerdings nur männliche Bürger mit entsprechenden Bürgerrechten teilnehmen. Frauen, Sklaven und Fremdarbeitern war die Mitwirkung verwehrt. Die römische Republik war eher eine Aristokratie des römischen Adels als eine Volksherrschaft. Über weite Strecken der Geschichte wurden Gebiete und die darauf lebenden Menschen von Lehns- oder Feudalherren und unterschiedlichen Formen von Aristokratien und Monarchien beherrscht. Die erste moderne Demokratie entstand 1776 mit der amerikanischen Unabhängigkeitserklärung, mit der sich 13 ehemalige englische Kolonien in Nordamerika vom Mutterland lossagten. Die Verfassung der Vereinigten Staaten von Amerika von 1787 beginnt zwar mit den berühmt gewordenen Wörtern »We the people oft the United States«, aber auch diese Selbstbezeichnung ist weniger inklusiv als die Wörter vermuten lassen: Frauen, Sklaven und die indigene Bevölkerung zählten wiederum nicht dazu. Wenn man unter Demokratie die Herrschaft des Volkes versteht, kommt es offensichtlich sehr darauf an, wer zu dem jeweiligen »Volk« dazugehört und wer nicht (vgl. Salzborn 2021, 7).

In Frankreich wurde die Monarchie 1789 durch die Französische Revolution gestürzt, aber eine Demokratie konnte sich danach nicht etablieren und die Revolutionsjahre und die erste Französische Republik mündeten schließlich in die autokratische Herrschaft Napoleons. Im an Revolutionen reichen 19. Jahrhundert wechselte in Frankreich die Staatsform mehrfach, bis sich schließlich ab 1870 mit der dritten Französischen Republik Demokratie und Parlamentarismus durchsetzten. In England verlief der Übergang von einer feudalen Monarchie zu einer parlamentarischen Monarchie mit einem demokratisch gewählten Parlament eher graduell. Zunächst wurde dem Monarchen ein Beratergremium, das mit Vertretern des hohen Adels besetzt war, zur Seite gestellt. Dieses Gremium wurde dann ergänzt durch eine zweite Kammer, die sich aus Vertretern des Bürgertums und der einzelnen Grafschaften zusammensetzte. Das so entstehende Parlament erkämpfte sich immer mehr Rechte, bis schließlich die Rolle der Monarchie auf zeremonielle und rituelle Handlungen reduziert wurde. Das Wahlrecht stand zunächst nur wohlhabenden Männern zu und wurde schrittweise immer weiter ausgeweitet. Ein allgemeines Frauenwahlrecht wurde in England erst 1928 eingeführt.

In Deutschland tagte von 1848 bis 1849 in Frankfurt am Main die erste demokratisch (von volljährigen selbstständigen Männern) gewählte deutsche Nationalversammlung, die eine Verfassung in Form einer parlamentarischen Monarchie ausarbeitete. Der preußische König lehnte die ihm angetragene Kaiserkrone allerdings ab. Das Deutsche Reich wurde schließlich erst 1871 gegründet. An der Spitze stand der Kaiser, der den Reichskanzler ernannte. Der Reichstag wurde nach einem allgemeinen (Männer-)Wahlrecht gewählt und hatte Gesetzgebungskompetenzen und auch das Budgetrecht, aber Kanzler und Regierung waren nicht dem Reichstag, sondern dem Kaiser gegenüber verantwortlich. Erst nach dem verlorenen Ersten Weltkrieg und der Abdankung des Kaisers wurde 1918 die Republik ausgerufen und mit der Weimarer Verfassung eine demokratische Verfassung verabschiedet. Auch das Frauenwahlrecht wurde in Deutschland 1918 eingeführt. Die Weimarer Republik und damit die erste Demokratie in Deutschland endete mit dem Aufstieg Adolf Hitlers zum Reichskanzler und der Übertragung der Gesetzgebungskompetenz vom Parlament auf die Regierung. Nach dem Zweiten Weltkrieg und dem Ende der nationalsozialistischen Diktatur wurden 1949 zwei deutsche Staaten gegründet. Die Bundesrepublik Deutschland als liberale Demokratie und die Deutsche Demokratische Republik – anders als der Name vermuten lässt – als sozialistische Ein-Parteien-Diktatur. Die erste und gleichzeitig letzte demokratische Wahl in der DDR fand 1990 – und damit 57 Jahre nach der Machtübernahme durch die Nationalsozialisten und dem Ende der Weimarer Republik – kurz vor dem Beitritt der ostdeutschen Länder zur Bundesrepublik statt.

Im 19. und frühen 20. Jahrhundert sind in Europa Demokratisierungsprozesse erkennbar, die dann vom Nationalsozialismus brutal unterbrochen wurden. Das 19. Jahrhundert war aber auch das Jahrhundert des Imperialismus und Kolonialismus, in dem die großen Industrienationen Europas weite Teile der Welt unter sich aufteilten und zu Kolonien umwandelten. Territorien und Menschen in den Kolonien wurden der Fremdherrschaft durch ferne imperialistische europäische Mächte unterworfen. Die Dekolonialisierung, die sich bis in die 1960er Jahre hinzog, war nicht nur ein Prozess der Entstehung neuer Staaten (in Grenzen, die oft die europäischen Eroberer mit dem Lineal gezogen hatten), sondern auch ein Prozess der Herausbildung unterschiedlicher – manchmal eher demokratischer, manchmal eher autokratischer – Regierungsformen in den ehemaligen Kolonien.

Nach dem Zweiten Weltkrieg dominierte für mehrere Jahrzehnte der Ost-West-Gegensatz die Weltpolitik, in dem im Westen demokratisch verfasste Staaten mit einem kapitalistischen Wirtschaftssystem kommunistischen Diktaturen im Osten mit einer zentralstaatlich gelenkten Wirtschaft gegenüberstanden. Die Auflösung der Sowjetunion und des Blocks kommunistischer Staaten in den 1990er Jahren hat in einigen Staaten zu einer mehr oder weniger deutlichen Demokratisierung, in anderen aber auch zur Verfestigung autokratischer Strukturen geführt. Seither prägt eine Bipolarität von Demokratien und Autokratien das politische System auf der globalen Ebene (vgl. Rensmann 2022; Stichweh/Ahlers 2021).

5.2.2 Funktionale Differenzierung, politisches System und Inklusion

Aus einer stärker soziologischen Perspektive wird die Entstehung moderner Gesellschaften und der modernen Weltgesellschaft als Prozess funktionaler Differenzierung beschrieben, in deren Verlauf sich umfassende Funktionssysteme wie Wirtschaft, Wissenschaft, Religion, Recht und eben auch das politische System entwickelt und voneinander abgegrenzt haben (vgl. Stichweh 2021; Luhmann 1998, 707 ff.). Dem politischen System kommt dabei die Aufgabe zu, kollektiv bindende Entscheidungen zu treffen. Wenn es bspw. darum geht, wer wie viel Steuern zahlen soll, ob gleichgeschlechtliche Paare heiraten können und die entsprechenden Gesetze geändert werden oder wie lange es erlaubt sein soll, Strom aus Kohle zu produzieren, ist nur das politische System dazu in der Lage, solche Entscheidungen mit einer bindenden Wirkung zu treffen. Die Auslegung der entsprechenden Gesetze ist dann wiederum in funktional differenzierten Gesellschaften Aufgabe des Rechtssystems und nicht der Politik, und das politische System kann auch nicht entscheiden, ob Priester heiraten dürfen oder ob die Erde sich um die Sonne dreht oder umgekehrt – ersteres wird im Religionssystem verhandelt, letzteres im Wissenschaftssystem. Das politische System ist also nicht das zentrale System, das die anderen Systeme steuert oder dominiert, sondern ein System neben anderen, die untereinander in wechselseitigen Austauschbeziehungen und Abhängigkeiten stehen. In vormodernen, ständischen Feudalgesellschaften war das durchaus anders, und wenn der jeweilige Feudalherr die Konfession wechselte, galt das oft auch für alle Untertanen. Vor allem das im Übergang zur Neuzeit entstehende Wirtschaftssystem war darauf angewiesen, dass die Politik zwar verbindliche Regeln etwa zum Schutz des Eigentums oder zur Gültigkeit von Verträgen traf und diese auch mit Verwaltung und Polizei durchsetzte, ansonsten aber das Marktgeschehen und die Freiheit unternehmerischer Entscheidungen respektierte.

Ein wichtiger Schritt auf dem Weg zu einem politischen Funktionssystem, das in der Lage war, kollektiv bindende Entscheidungen zu treffen, war die Etablierung moderner Staaten, die die zuvor bestehenden Fürstentümer, Grafschaften und sonstigen feudalen Herrschaftsgebiete ersetzten (vgl. Mau 2021, 23 ff.). Hatten sich die vormodernen Staaten meist religiös legitimiert, trat an die Stelle der göttlichen Einsetzung des Herrscherhauses in den entstehenden Nationalstaaten die Legitimation durch die Nation oder das Volk. Wiederum waren die USA und Frankreich frühe Vorbilder für Nationalstaaten, die sich über die jeweilige Nation und das Volk definierten und legitimierten. In der Staatsrechtslehre stimmen im Nationalstaat Staatsgebiet, Staatsvolk und Staatsgewalt überein. Die durch Gewalt abgesicherte Machtausübung nach innen und nach außen wurde monopolisiert, und nur noch der souveräne Nationalstaat (und nicht die Anführer einer Miliz oder andere ›Warlords‹) war legitimiert, den Einsatz der Polizei im Inneren und nach Außen Kriege gegen anderen Nationalstaaten zu beschließen. Nationalstaaten, Nationen oder Völker umfassen jeweils eine große Anzahl von Menschen, so dass es für Einzelne unmöglich ist, alle anderen Angehörigen etwa einer Nation zu kennen oder gar eine emotionale Beziehung zu ihnen aufzubauen. Dass diese Begriffe dennoch emotional aufgeladen sind und Gemeinschaftsgefühle erzeugen können, hat Anderson mit dem Begriff der »imaginierten Gemeinschaft« zu erklären versucht (Anderson 1983).

Soziologinnen und Soziologen weisen gerne darauf hin, wie veränderlich Staaten, Völker und Nationen sind. Schließlich waren es englische Auswanderinnen und Auswanderer, die sich vom Mutterland lossagten, die Vereinigten Staaten von Amerika gründeten und irgendwann so etwas wie ein amerikanisches Nationalbewusstsein entwickelten, von dem Schwarze und Indigene noch lange ausgeschlossen blieben. Die Homogenisierung z. B. über eine Nationalsprache erfolgt oft erst nach der Nationalstaatsgründung, indem etwa im dann nationalen Bildungssystem eine vereinheitlichte Form der Landessprache unterrichtet wird. Der Buchdruck produziert wiederum in modernen Gesellschaften Bücher in der Landessprache und unterstützt somit die Vorstellung einer nationalen Gemeinschaft. Im Begriff »Volk« klingt noch die Abgrenzung zum Adel an, der im ständischen Feudalismus über dem einfachen Volk stand und über Sprach- und Nationengrenzen hinweg vernetzt war, heiratete und ständische Traditionen pflegte.

Die Inklusion in die ständische Gesellschaft war durch die Geburt vorgegeben, und der Stand, in den man hineingeboren wurde, bestimmte weitgehend über Lebenschancen und Handlungsmöglichkeiten. In funktional differenzierten Gesellschaften geht es hingegen um individuelle Inklusionen in die einzelnen Funktionssysteme und deren Organisationen und manchmal auch um Exklusionen aus Systemen und Organisationen. In den Nationalstaat wird man über die Staatsbürgerschaft inkludiert, die entweder durch Geburt oder durch ein formales, an Bedingungen geknüpftes Verfahren erworben werden kann. Dabei kann der Erwerb der Staatsbürgerschaft durch Geburt Unterschiedliches bedeuten: Nach dem Abstimmungsprinzip erwerben Neugeborene die Staatsangehörigkeit ihrer Eltern, nach dem Geburtsortsprinzip hingegen die Staatsbürgerschaft des Landes, in dem sie geboren wurden.

In vielen Funktionssystemen haben sich Formen der Inklusion entwickelt, bei denen man zwischen Berufs- oder Leistungsrollen und Publikums- oder Laienrollen differenzieren kann (vgl. Stichweh 2021, 17 ff.). So kann man in das Gesundheitssystem als Ärztin oder als Patientin und in die Kunst als Künstler oder als Ausstellungsbesucher inkludiert sein. Auch im politischen System ist Inklusion in unterschiedlichen Rollen möglich: In der Publikumsrolle beobachten Staatsbürgerinnen und Staatsbürger das politische Geschehen, sind den getroffenen kollektiv bindenden Entscheidungen unterworfen und spüren deren Auswirkungen (etwa bei Steuererhöhungen oder der Erhöhung oder Kürzung von Sozialleistungen). In der Publikumsrolle können sie an Wahlen teilnehmen, sich an öffentlichen Diskussionen zu politischen Fragen beteiligen und über soziale Bewegungen, Demonstrationen und andere Interventionen Einfluss auf Entscheidungen des politischen Systems nehmen. In demokratischen Gesellschaften sind auch die Leistungsrollen in der Politik prinzipiell für alle zugänglich. Parteimitgliedschaften stehen allen offen, und das passive Wahlrecht ermöglicht die Wahl zu Abgeordneten und Funktionsträgern auf allen Ebenen des politischen Systems.

Stichweh spricht im Zusammenhang mit der funktionalen Differenzierung von Inklusionsrevolutionen, die dazu geführt haben, dass ab der Mitte des 18. Jahrhunderts immer mehr Menschen in die Funktionssysteme inkludiert wurden (vgl. Stichweh 2021, 19). Durch die allmähliche Einführung der allgemeinen Schulpflicht wurden immer mehr Menschen in das Erziehungssystem inkludiert, und die industrielle Revolution entwurzelte Menschen aus der Subsistenzwirtschaft und inkludierte sie im Wirtschaftssystem. Die demokratischen Revolutionen des 19. und 20. Jahrhunderts können ebenfalls als Inklusionsrevolutionen verstanden werden, die die Inklusion aller sowohl in die Publikumsrolle als auch – zumindest prinzipiell – in die Leistungsrolle ermöglicht haben.

Auch autokratische Regime inkludieren alle in die Publikumsrolle, halten den Zugang zu den Leistungsrollen aber nur den Angehörigen der eigenen Gruppe (z. B. einer Partei, einer religiösen Gruppe, einer Verwandtschaftsgruppe) offen. Die Inklusion in die Publikumsrolle erfolgt nicht als Individuen, sondern bevorzugt als Kollektiv in der Form Nation oder Volk, das Führung braucht, dazu aber selbst nicht in der Lage sei und deshalb von den Funktionsrollen ferngehalten werden müsse.

5.2.3 Öffentlichkeit, Diskurs und Digitalisierung

In dieser funktionalen Betrachtung des politischen Systems bleibt allerdings unklar, wie es genau zur kollektiven Bindewirkung der im politischen System getroffenen Entscheidungen kommt. Zwar stehen in modernen Staaten zur Umsetzung einmal getroffener Entscheidungen umfangreiche Verwaltungen (wie z. B. die Finanzämter) und zur Not auch die Polizei und andere Zwangsinstitutionen zur Verfügung, aber gerade in demokratischen Gesellschaften muss die Polizei nur ausnahmsweise eingreifen, und i. d. R. werden Gesetze, die im politischen System beschlossen wurden, auch eingehalten. In demokratischen Gesellschaften fehlt die »legitimierende Kraft des Glaubens an die göttliche Berufung der herrschenden Dynastien«, an deren Stelle jetzt die »Legitimität erzeugende Kraft des rechtlich institutionalisierten Verfahrens der demokratischen Willensbildung« (Habermas 2022, 17) tritt. Damit dies gelingt, müssen Habermas zufolge zwei Bedingungen erfüllt sein: Erstens müssen alle von den Entscheidungen Betroffenen an dem Verfahren beteiligt sein. Diese Bedingung mag man durch die Inklusion aller zumindest in die Publikumsrolle und das dazugehörige Wahlrecht als erfüllt ansehen. Habermas fügt aber noch eine zweite Bedingung hinzu. Die allgemeine, freie und geheime Wahl eines Parlaments und später dort dann wiederum die freie Abstimmung über zu entscheidende Fragen reichen alleine nicht aus, um hinreichend Legitimität zu erzeugen. Das hängt vielmehr ab vom »mehr oder weniger diskursiven Charakter vorangehender Beratungen« (Habermas 2022, 18).

Im Konzept der deliberativen Demokratie kommt es auf den Diskurs und somit auf die Gründe an, die im Diskurs vorgebracht werden, und nicht nur auf das formale Verfahren der demokratischen Abstimmung. Solche Diskurse finden in den Parlamenten, aber auch in der Privatsphäre der Staatsbürgerinnen und Staatsbürger statt. Eine besondere Bedeutung kommt Habermas zufolge dabei der Öffentlichkeit zu, einer Sphäre, die sich im Übergang zur Moderne zwischen der Zivilgesellschaft und dem politischen System entwickelt hat und in der Diskurse über die ebenfalls neu entstandenen Massenmedien – zunächst Buchdruck und Zeitungen, dann Fernsehen und Hörfunk und inzwischen zunehmend Social Media und Internetplattformen – ausgetragen wird. Im öffentlichen Diskurs werden unterschiedliche Interessen, Positionen, Gründe und Argumente vorgebracht, und alle Teilnehmenden sind dem »eigentümlich zwanglosen Zwang des besseren Arguments« (Habermas 1995, 47) ausgesetzt. Im öffentlichen Diskurs wird vermittelt zwischen den privaten Ansichten der Staatsbürgerinnen und Staatsbürger und den Debatten und Abstimmungen, die die Träger von Leistungsrollen im politischen System in Parlamenten und Ausschüssen führen. Im öffentlichen Diskurs werden keine Entscheidungen getroffen, aber im medial vermittelten Dissens unterschiedlicher Positionen wird »ein Plural von öffentlichen Meinungen« (Habermas 2022, 19) generiert. Gerade die Widersprüchlichkeit der unterschiedlichen Meinungen erhöht dabei die Chance, im Streit der Meinungen zu besseren Entscheidungen und Problemlösungen zu kommen, die dann auch von den Bürgerinnen und Bürgern akzeptiert werden können, deren Positionen sich am Ende nicht durchsetzen konnten.

Damit die Öffentlichkeit ihren Beitrag zum Zustandekommen legitimer und kollektiv bindender Entscheidungen leisten kann, sind allerdings mehrere strukturelle Voraussetzungen zu beachten. Dazu gehört einerseits »eine im Großen und Ganzen liberale politische Kultur« (Habermas 2022, 25), in der sich die Staatsbürgerinnen und Staatsbürger wechselseitig als gleichberechtigt anerkennen und sich im Diskurs als politische Gegnerinnen und Gegner und nicht als Feinde gegenübertreten. Eine weitere Voraussetzung ist ein Mindestmaß an sozialer Gleichheit und ein sozialstaatliches Abfedern der Ungleichheit, die mit dem kapitalistischen Wirtschaftssystem verbunden ist. Wenn gesellschaftliche Lagen entstehen, in denen Menschen sich dauerhaft wirtschaftlich benachteiligt und im politischen System nicht mehr vertreten fühlen, dann schwindet deren Bereitschaft, sich an Wahlen und an den öffentlichen Diskursen zu beteiligen, und dann leidet auch die kollektive Bindewirkung der im politischen System getroffenen Entscheidungen. Oder »radikalisierte Nichtwählergruppen« (Habermas 2022, 37) beteiligen sich an Wahlen und Diskursen, aber nicht mit dem Ziel, zu besseren Lösungen zu kommen, sondern um grundsätzlichen Dissens mit dem pluralistischen politischen System auszudrücken.

Der sozialstaatliche Ausgleich gehörte zum Programm der nationalen Wohlfahrtsstaaten, die sich in den europäischen und nordamerikanischen Demokratien im 20. Jahrhundert entwickelt hatten. Dazu waren einerseits ein dauerhaftes Wirtschaftswachstum erforderlich, zweitens umfangreiche Regulierungsmöglichkeiten der nationalen Wirtschaft durch das politische System und drittens ein Konsens darüber, dass Teile dieses Wachstums zur Umverteilung innerhalb der »imaginierten Gemeinschaft« des nationalen Wohlfahrtsstaates verwendet werden sollten. Diese Voraussetzungen sind heute fraglich: Die Wachstumsraten der 1970er Jahre sind unerreichbar und waren außerdem auch mit erheblichen ökologischen Nebenwirkungen verbunden. Das globalisierte Wirtschaftssystem entzieht sich weitgehend nationalstaatlichen Regulierungsversuchen, wie etwa die erfolglosen Ansätze einer Mindestbesteuerung multinationaler Konzerne zeigen. Und seit den 1990er Jahren nimmt die soziale Ungleichheit in den westlichen Demokratien eher zu als ab.

Öffentliche Diskurse als Grundelement einer deliberativen Demokratie sind auf die Massenmedien angewiesen, da sich nur über die Massenmedien Reichweiten ergeben, mit denen eine hinreichend große Zahl potenzieller Wählerinnen und Wähler erreicht werden. Im 19. Jahrhundert waren Bücher und Zeitungen die meistgenutzten Massenmedien, im 20. Jahrhundert kamen zunächst der Hörfunk, dann das Fernsehen und schließlich das Internet dazu. Habermas hat nachgezeichnet, wie sich die Mediennutzung verändert hat: Während Bücher, Fernsehen und Radio sich einigermaßen behaupten, hat die Bedeutung der Tageszeitungen seit der umfassenden Nutzung des Internets abgenommen. Vor allem bei Jugendlichen und jüngeren Erwachsenen spielen Tageszeitungen kaum noch eine Rolle, während politische Informationen nach wie vor aus dem Radio, dem Fernsehen und mit stark zunehmender Bedeutung aus dem Internet bezogen werden (vgl. Habermas 2022, 45 ff.).

Die Social-Media-Plattformen, über die eine zunehmende Zahl von Nutzerinnen und Nutzern politische Informationen beziehen, unterscheiden sich von klassischen Massenmedien in mehrfacher Hinsicht. Klassische Massenmedien waren durch eine Asymmetrie zwischen Sendern und Empfängern geprägt: Wenige Sender standen sehr vielen Empfängern gegenüber. Auf Social-Media-Plattformen ist diese Differenzierung aufgehoben, da jeder gelichzeitig senden und empfangen kann. Damit einher gehen der Verlust der professionellen Rollen des Journalismus und der Redaktionen, die aus der Flut der Geschehnisse auswählten, welche Nachrichten gedruckt oder gesendet wurden und wie diese Meldungen aufbereitet wurden. In den Anfangsjahren des Internets gab es große Hoffnungen auf eine gleichberechtigte und ungefilterte Partizipation aller am öffentlichen Diskurs. Längst ist diese Hoffnung einer weitgehenden Ernüchterung gewichen. Die IT-Konzerne, die hinter den Plattformen stehen, sind gigantische kapitalistische Unternehmen, die Geld mit Werbung und dem Sammeln von Daten (vgl. Zuboff 2018) verdienen. Habermas vermutet, dass vom Erfolg der Plattformen und den von Tageszeitungen auf die

Plattformen umgelenkten Werbeeinnahmen ein Anpassungsdruck auf Zeitungen ausgeht, der auch dort für mehr Unterhaltungs- und Konsumangebote und weniger politische Informationen und Diskurse sorgt. Auf den Social-Media-Plattformen selbst bilden sich über Postings, Leserkommentare, »Likes« und Follower »selbsttragende Echoräume« (Habermas 2022, 56) und Blasen, die sich zu Halböffentlichkeiten verdichten. In diesen Halböffentlichkeiten sind öffentliche Diskurse und Verständigungsprozesse, auf die die Demokratie angewiesen ist, nicht mehr möglich. Statt Verständigung über Fakten und mögliche Argumentationen kommt es Habermas zufolge zur Verbreitung von »Fake News«, Vorwürfen gegen die etablierten Medien und Verschwörungstheorien. Der drohende »Zerfall der politischen Öffentlichkeit« kann schließlich dazu führen, dass »politische Systeme von innen zerbröseln« (Habermas 2022, 99).

5.2.4 Populismus und Autoritarismus

Demokratien sind offensichtlich kein Automatismus, sondern fragile Gebilde, deren Funktionieren von anspruchsvollen Voraussetzungen abhängt. Betrachtet man als Ausgangspunkt der Entwicklung demokratischer Herrschaftsformen den Prozess der funktionalen Differenzierung und damit verbunden die Ablösung ständisch-feudaler Herrschaftsformen durch ein politisches System, dessen Aufgabe die gesellschaftliche Produktion kollektiv bindender Entscheidungen ist, dann zeigt sich, dass ein solches politisches System grundsätzlich kompatibel zu unterschiedlichen Herrschaftsformen ist. Das politische System, das sich im Prozess der funktionalen Differenzierung entwickelt, hat keine intrinsische Präferenz für die Demokratie, sondern ist auch als Autokratie, Monarchie oder andere Regierungsform vorstellbar, solange die Aufgabe – die Produktion kollektiv bindender Entscheidungen – erfüllt wird (vgl. Stichweh/Ahlers 2021, 209).

Auch Autokratien sind mit dem andauernden Prozess der funktionalen Differenzierung konfrontiert und auf andere Funktionssysteme wie etwa die Wissenschaft oder die Wirtschaft angewiesen. Autokratien fällt es aber wesentlich schwerer als Demokratien, die Autonomie der anderen Funktionssysteme zu respektieren. Vielmehr sind sie permanent in Versuchung, in die Funktion anderer Funktionssysteme einzugreifen. Die Justiz wird ihrer Funktion beraubt, Entscheidungen des politischen Systems juristisch zu überprüfen, und stattdessen dafür genutzt, Opposition zu unterdrücken. Die Wissenschaft soll einerseits anwendbare Erkenntnisse hervorbringen, die sich in technologische Innovationen umsetzen lassen. Andererseits wird die autonome Kommunikation in der Wissenschaft als bedrohlich erlebt und unterdrückt. Von der Wirtschaft werden möglichst hohe Wachstumsraten erwartet, gleichzeitig aber wird aus der Politik direkt in das Marktgeschehen eingegriffen. Eliten aus anderen Funktionssystemen gelten in Autokratien als Konkurrenten, die bekämpft werden müssen (vgl. Stichweh/Ahlers 2021, 214). Nun wäre es verlockend, aus diesen Schwierigkeiten autokratischer Regimes mit funktionaler Differenzierung und autonomen Teilsystemen eine Art evolutionären Vorteil der Demokratie abzuleiten. Die jetzt schon Jahrzehnte anhaltende Erfolgsgeschichte des chinesischen Modells und der Anstieg der Zahl autokratisch regierter Staaten weisen in eine andere Richtung.

Anscheinend können sich demokratisch regierte Staaten schrittweise in autoritäre Herrschaftsformen transformieren. Aktuell sind es v. a. populistische Politikformen, die sich in vielen etablierten Demokratien als Alternative zum bestehenden politischen System verstehen und damit durchaus erfolgreich sind. Der Populismusbegriff ist umstritten, dient er doch auch in der politischen Auseinandersetzung als Vorwurf an den politischen Gegner und die Gegnerin. Zudem will auf den ersten Blick nicht einleuchten, was falsch daran sein soll, wenn sich Parteien in demokratischen Staaten auf das Volk berufen.

> **Populismus**
>
> Mudde und Rovira Kaltwasser definieren Populismus als »dünne Ideologie, nach der die Gesellschaft letztlich in zwei homogene Lager gespalten ist, ›das anständige Volk‹ und ›die korrupte Elite‹, und Politik ein Ausdruck der volonté général (Gemeinwillen) des Volkes sein sollte« (Mudde/Rovira Kaltwasser 2019, 25). Als »dünne« Ideologie bezeichnen sie den Populismus, weil er sich immer mit anderen Ideologien verbinden muss, da der Populismus allein – außer der direkten Bezugnahme auf das Volk – kaum klar umrissene Vorstellungen und Inhalte enthält. Rechtspopulistinnen und Rechtspopulisten schließen an nationalistische Ideologien an, Linkspopulistinnen und Linkspopulisten an sozialistische Vorstellungen und Kapitalismuskritik. Populistinnen und Populisten suchen die direkte Kommunikation mit den Gruppen der Bevölkerung, die sie als ›Volk‹ begreifen, und versuchen sich deshalb aller zwischengeschalteten Instanzen zu entledigen. Die Medien werden als »Lügenpresse« und die anderen Parteien als »Systemparteien« geschmäht. Social-Media-Kanäle bieten die Möglichkeit der direkten, nicht über Medien vermittelten Kommunikation.

In den letzten Jahren sind in vielen demokratisch regierten Staaten populistische Parteien entstanden, die sich an Wahlen beteiligt und um Mehrheiten gekämpft haben. Wenn diese Parteien an die Macht kamen, haben sie meist versucht, das politische System hin zu einem populistischen Autoritarismus umzugestalten und sich dadurch dauerhafte Macht zu sichern (vgl. Zürn 2022, 109).

> **Illiberale Demokratie**
>
> Als »illiberale Demokratie« werden Herrschaftsformen bezeichnet, die Demokratie auf Wahlen reduzieren, dabei aber weder die institutionellen Voraussetzungen freier und gleicher Wahlen noch Grundrechte wie z. B. Minderheitenschutz gewährleisten, gleichzeitig liberale Freiheitsrechte kritisieren und einschränken und sich dennoch »als irgendwie demokratisch« (Frankenberg/Heitmeyer 2022a, 29) bezeichnen.

Populismus und Illiberalismus sind nicht trennscharf vom Autoritarismus zu unterscheiden, der sich auf eine nicht ganz einfache Art auf den Begriff der Autorität bezieht. Nicht die Anerkennung der Autorität eines anderen macht den Kern des Autoritarismus aus – das gehört auch zum demokratischen Rechtsstaat, in dem kollektiv bindende Entscheidungen nach öffentlichem Diskurs in einem verfassungsgemäßen Verfahren getroffen werden und dann Legitimität beanspruchen können. »Autorität wird autoritär, wenn Willfährigkeit aufgenötigt, Unterwerfung durch Täuschung bewirkt, Gehorsam durch Drohungen oder handgreifliche Gewalt erzwungen wird« (Frankenberg/Heitmeyer 2022a, 32). Autoritarismus beschreibt asymmetrische Beziehungen zwischen Herrschenden und Beherrschten, die nicht auf Übereinkunft, Diskurs und Inklusion, sondern primär auf Macht und Gewalt beruhen. Autoritäre Regime erheben einen umfassenden Machtanspruch, akzeptieren keine ernsthafte Opposition und lehnen eine pluralistische Vorstellung von Gesellschaft ab. Vielmehr wird – wie im Populismus – ein homogenes Volk imaginiert (Zürn 2022, 92 ff.). Frankenberg und Heitmeyer bezeichnen Totalitarismus und Terror als Steigerungsformen des Autoritarismus. »Im Terror, der alle und alles erfassenden, jede Form der Selbstkritik und Opposition erdrosselnden sozialen Kontrolle und Unterwerfung, zeigen Regime besonders drastisch und deutlich ihr totalitäres Gesicht« (Frankenberg/Heitmeyer 2022a, 33).

Vor allem technokratische Formen des Autoritarismus, in denen Expertinnen und Technokraten eine zentrale Bedeutung zukommt, scheinen aktuell erfolgreich und auf dem Vormarsch zu sein. Das bekannteste Beispiel für einen solchen technokratischen Autoritarismus ist China, das eine hochgradig autoritäre Herrschaftsform mit wirtschaftlicher Öffnung und weitgehender Autonomie für das Wirtschaftssystem verbunden hat und damit phasenweise enorm hohe Wachstumsraten erreichen konnte. Wirtschaftlicher Erfolg im kapitalistischen Weltsystem, die Sicherung des absoluten Machtanspruchs der Kommunistischen Partei Chinas, die brutale Unterdrückung der Opposition und die Installierung eines digitalen Überwachungssystems gingen dabei Hand in Hand (vgl. Zürn 2022, 105 ff.). Die absolute Armut in Chinas ging dramatisch zurück, und inzwischen lebt in China in den wirtschaftlichen Zentren eine Mittelklasse, die mit dem autoritären System durchaus zufrieden zu sein scheint. Die Vorstellung, dass wirtschaftlicher Erfolg mehr oder weniger automatisch auch zu Demokratisierung führt, wurde im Fall China eindrucksvoll widerlegt.

Autoritäre und autokratische Bestrebungen und Regime sind offensichtlich in sehr unterschiedlichen Formen vorzufinden. In der Literatur finden sich zahlreiche Hinweise auf Faktoren, die den Aufstieg autoritärer Parteien und Systeme begünstigen. Immer wieder genannt werden die Zunahme sozialer Ungleichheit und der Rückgang der Fähigkeit demokratischer Wohlfahrtsstaaten zum sozialen Ausgleich, Entpolitisierungstendenzen in demokratischen Gesellschaften durch vermeintlich alternativlose und in diesem Sinn postdemokratische Entscheidungen, die mit einem Verzicht auf politischen Diskurs einhergehen, Krisen wie der Klimawandel, die globale Migration und die Corona-Pandemie, die mit Wohlfahrtsverlusten im Nationalstaat verbunden werden, sowie der von Habermas skizzierte Zerfall oder Strukturwandel der politischen Öffentlichkeit. Stichweh und Ahlers beschreiben auch Faktoren, die Demokratisierungsprozesse und die Widerstandskraft der Demokratie begünstigen. Dazu gehört – wie auch schon in der Vergangenheit – wirtschaftliches Wachstum, technologischer Fortschritt und möglichst inklusive Bildung sowie die weltweit zunehmende Partizipation und Gleichstellung von Frauen (vgl. Stichweh/Ahlers 2021, 237).

Der Angriffskrieg der autokratischen Russischen Föderation auf die sich demokratisierende Ukraine fügt dieser Skizze eine erste militärische Auseinandersetzung zwischen autokratischen und demokratischen Staaten hinzu. Die Lagerbildung, die sich seit Kriegsbeginn in der Weltpolitik zeigt, folgt weitgehend dieser Differenzierungslinie.

Weiterführende Literatur

Ahlers, A. L., Krichewsky, D., Moser, E & Stichweh, R. (Hrsg.) (2021): Democratic and Authoritarian Political Systems in 21st Century World Society. Bielefeld: transcript.
Frankenberg, G. & Heitmeyer, W. (Hrsg.) (2022b): Treiber des Autoritären. Pfade von Entwicklungen zu Beginn des 21. Jahrhunderts. Frankfurt, New York: Campus.
Habermas, J. (2022): Ein neuer Strukturwandel der Öffentlichkeit und die deliberative Politik. Berlin: Suhrkamp.

Weiterführende Quellen

Boese, V. A., Alizada, N., Lundstedt, M., Morrison, K., Natsika, N., Sato, Y., Tai, H. & Lindberg, S. I. (2022): Autocratization Changing Nature? Democracy Report 2022. Gothenburg: Varieties of Democracy Institute (V-Dem). Aktuelle Daten unter www.v-dem.net.
Hartmann, H. & Thiery, P. (2022): Globale Ergebnisse BTI 2022. Gütersloh: Bertelsmann Stiftung 2022. Aktuelle Daten unter: www.bti-project.org.

5.3 Corona-Krise, Risikopolitik und Verschwörungstheorien

5.3.1 Seuchen, Pandemien und ihr gesellschaftlicher Umgang

Mutter aller Pandemien: Die Spanische Grippe und ihr Erbe

»Wenn es einen Menschen gibt, der eine langjährige und besonders enge Beziehung zum Erreger der Spanischen Grippe eingegangen ist, dann dürfte das Jeffery Taubenberger sein. Der amerikanische Mediziner leitet die Abteilung für ›Viral Pathogenesis and Evolution‹ am Nationalen Institut für Allergien und Infektionskrankheiten in Bethesda. Hier erforscht er mit seinen Mitarbeitern unter anderem das Potential der Grippeviren zur Pandemie und sucht nach einem

> universell wirkenden Impfstoff. [...] Die Influenza hat Taubenberger Mitte der
> 1990er Jahre in ihren Bann gezogen, als er [...] versuchte, einen praktischen
> Nutzen aus dem legendären Museumsarchiv zu ziehen. Dort lagerten damals
> Millionen von Gewebeproben, teils noch aus Zeiten des Amerikanischen Bür-
> gerkrieges. [...] Im Jahr 1997 legten Taubenberger, Reid und Kollegen in Science
> die ersten viralen Sequenzen der Spanischen Grippe vor. 2005 präsentierten sie
> dann ihre Rekonstruktion des kompletten Erbguts. [...] Nach einem milden Start
> im Frühjahr 1918 hatte diese Grippe im Herbst dramatische Ausmaße ange-
> nommen. Über die Ursachen ließ sich lange Zeit nur spekulieren, heute sind
> molekularbiologische Details wie Gensequenzen und Proteinstrukturen ent-
> schlüsselt. Diese helfen Wissenschaftlern wie Taubenberger beim Verständnis
> einer Pandemie, die vor hundert Jahren Abermillionen Menschen tötete. [...]
> Jedes Jahr infizieren sich Millionen von Menschen mit Influenza, Hundert-
> tausende sterben nach wie vor an den Folgen. Auch weil viele die Grippe ge-
> meinhin unterschätzen und deshalb auf eine saisonale Schutzimpfung verzich-
> ten.
> Die Erreger gehören zur Familie der Orthomyxoviridae und werden in die
> Klassen A, B, C, D eingeordnet. Vor allem die aggressiven Vertreter der A-Gruppe
> sind gefürchtet, sie können die unterschiedlichsten Wirbeltierarten infizieren,
> darunter Schweine, Katzen und Vögel. [...] Vögel gelten als Quelle sämtlicher
> Influenza-A-Viren. Ob das die Vogelgrippe zur potenziell gefährlichsten Form
> macht, lässt sich trotzdem nicht sagen. Letzten Endes sind alle Wirtstiere und
> Infektionswege miteinander verknüpft. Zu Zeiten, in denen Pferde unverzicht-
> bare Last- und Zugtiere waren und auch in Städten üblich, dienten sie wohl oft
> als Überträger« (Kastilan 2022, 61).

Hochansteckende Infektionskrankheiten, die sich epidemisch oder pandemisch ausbreiten, sind so alt wie die Geschichte der Menschheit selbst. Es ist insbesondere die historische Epidemiologie, die sich mit den Ursachen, der Verbreitung und der Bekämpfung von Infektionserkrankungen beschäftigt und hierbei die jeweiligen sozialen, kulturellen, politischen, religiösen und wirtschaftlichen Rahmenbedingungen mit in den Blick nimmt (vgl. Heidel 2020). Um den Fokus unserer Thematik von ebenfalls überregional häufig vorkommenden Erkrankungen (Krebs, Herz-Kreislauf) abzugrenzen, bedarf es im Vorfeld einer begrifflichen Präzisierung.

Unter einer Seuche werden sich schnell ausbreitende Infektionskrankheiten verstanden, die aufgrund der Schwere ihrer Verläufe eine Gefahr für die Allgemeinheit darstellen können und durch bestimmte Strategien des öffentlichen Gesundheitswesens bekämpft werden (vgl. Brockhaus 2022a). Zu diesen Erkrankungen gehören aktuell u. a. die Tuberkulose, Influenzainfektionen, Malaria und Ebola. Die nur noch selten verwendete Bezeichnung als Seuche wird meist in einem historischen Kontext gebraucht, ist aber in der heutigen Medizin nicht mehr gebräuchlich (vgl. Jütte 2013, 21).

Um die unterschiedlichen Formen der Ausprägung hochinfektiöser Krankheiten hinsichtlich ihrer medizinischen Ursachen sowie geographischen und quantitativen Verbreitung präziser fassen zu können, werden Endemien, Epidemien und Pandemien voneinander unterschieden.

> **Endemie, Epidemie und Pandemie**
>
> Eine Endemie liegt vor, wenn die Krankheit lediglich in einer bestimmten Region bzw. bei einer spezifischen Bevölkerungsgruppe gehäuft auftritt (bspw. Malaria). Von einer Epidemie ist zu sprechen, wenn die Bevölkerungsgruppe eines Landes oder mehrerer Staaten betroffen ist (bspw. Dengue, Cholera, Typhus). Das Auftreten von Epidemien ist zeitlich und räumlich begrenzt. Bei einer Pandemie handelt es sich i.d.R. um eine neue Form der Infektion, die sich weltweit ausbreitet, Kontinente überschreitet und eine hohe Erkrankungs- (Morbidität) und Sterbehäufigkeit (Mortalität) aufweist (Influenza, SARS-Coronavirus). Von der Ansteckung betroffen sind alle Bevölkerungsgruppen, auch wenn sich die Krankheitsverläufe unterschiedlich entwickeln können.

Im 19. Jahrhundert sind insbesondere die Russische Grippe (1889–1895) sowie diverse Cholera-, Pocken- und Pestpandemien zu nennen. Im 20. Jahrhundert waren es die Spanische Grippe (1918–1920), die Asiatische Grippe (1957) und die Hongkong-Grippe (1968) sowie AIDS (Acquired Immune Deficiency) ab 1980. Zu den ersten Pandemien des 21. Jahrhunderts gehörten die SARS-Pandemie (2002/2003), die Schweinegrippe (2009/2010) und seit 2019 die COVID-19-Pandemie.

Zu den bekanntesten und auch gut erforschten Pandemien des Mittelalters zählte die Pest (Yersinia pestis), die nach Schätzungen in der Zeit von 1346 bis 1353 zwischen 25 und 200 Millionen Menschenleben gefordert hat (vgl. Vogel/Schaub 2021, 5). Rund ein Drittel der Bevölkerung Europas sollen, trotz gravierender länderspezifischer und regionaler Unterschiede, dieser Pandemie zum Opfer gefallen sein. Wie hoch die tatsächliche Zahl ist, wird kontrovers diskutiert (vgl. Wetzel 2022; Izdebski u.a. 2022). Weitestgehend Einigkeit besteht darin, dass die durchschnittliche Sterblichkeitsquote bei mindestens fünfundzwanzig Prozent lag und damit jeder vierte in Europa lebende Mensch (Gesamtbevölkerung etwa 75 bis 80 Millionen) an der Pest verstarb (vgl. Reinhardt 2021, 11f., 37). Der Schwarze Tod im Mittelalter gehörte damit zu den schlimmsten Pandemien, die die Menschheit jemals erlebt hat. Der Krankheitsverlauf war immer ähnlich. Die Menschen bekamen Fieber, starke Schmerzen und nach einigen Tagen bildeten sich Beulen am ganzen Körper, die der Krankheit auch den Namen Beulenpest gaben. Wenige Tage später trat der Tod ein. Auch Nutz- und Haustiere waren von der Seuche betroffen und verstarben in großer Zahl (vgl. Captivating History 2021, 88; Vasold 2008, 49f.).

Vor dem Hintergrund des damals vorherrschenden Weltbildes und mangels medizinischer Kenntnisse wurden die Ursachen der Erkrankung entweder der ungünstigen Konstellation der Gestirne, einem strafenden Gott, schlechten Winden, verschmutztem Wasser oder einer bestimmten sozialen Gruppe (Juden als »Brunnen- und Flussvergifter«) zugeschrieben (vgl. Bergdolt 2017, 31ff., 58ff.; Leven 2005). Entsprechend wurden diese Gruppierungen verfolgt, ihre Wohnviertel niedergebrannt und eine große Zahl, insbesondere Juden, ermordet (vgl. Winkle 2021, 451). Da die Ursache der Krankheit nicht bekannt war, wurden eine Vielzahl von Maßnahmen zur Heilung oder Linderung erprobt, die allerdings überwiegend erfolglos blieben. Zu den bekanntesten Mitteln gehörte der Aderlass, Brechmittel und

Einläufe. Zum Schutz vor Ansteckung wurden Tücher, Masken, verbrennende Hölzer und Kräuter sowie Essig- und Rosenwasseressenzen zum Versprühen eingesetzt (vgl. Leven 1997). Besonders bekannt geworden sind Nasenmasken der sog. Pest-Ärzte, die mit Duftstoffen gefüllt waren, um so sowohl der Ansteckung als auch den Verwesungsgerüchen vorzubeugen (vgl. Vogel/Schaub 2021, 7). Ihre Verwendung in der Zeit des Mittelalters ist allerdings umstritten und konnte bisher nur für die Zeit nach 1600 in Teilen Frankreichs und in Italien nachgewiesen werden (vgl. Ruisinger 2019). Um die weitere Ausbreitung der Krankheit zu verhindern, wurden die Häuser von Erkrankten mit einem Kreuz markiert. Viele der Bewohnerinnen und Bewohner wurden in Zwangsunterkünften außerhalb der Stadt gebracht und ihrem Schicksal überlassen. Aus Angst vor Ansteckung brachen selbst die engsten Angehörigen den Kontakt ab, Geistliche verweigerten den Beistand (vgl. Reinhardt 2021, 47; Bulst 2005, 147).

Da trotz aller Maßnahmen die massenhafte Ausbreitung nicht unter Kontrolle zu bringen war, wurden Gesetze zur Quarantäne erlassen. Betroffen war hierbei insbesondere der Handel, der entscheidend zur Verbreitung der Pest beigetragen hat (vgl. Gutberlet 2021). Schiffen wurde der Einlauf in die Häfen verweigert. Zum Schutz vor Ansteckung mussten die Schiffbesatzungen 30 bis 40 Tage auf See oder angrenzenden unbewohnten Inseln verbringen. »So entstand aus dem italienischen Wort isola (Insel) der Terminus technicus »isolieren«. [Auch die] heute noch übliche Paßkontrolle an den Grenzen hatte ihren Ursprung im Pestbrief, der besagte, dass der Herkunftsort des Reisenden pestfrei sei« (Winkle 2021, 456).

1894 gelang es dem Schweizer Arzt und Schüler Louis Pasteurs, Alexandre Yersin (1863–1943), nachzuweisen, dass es sich bei der Pest um eine bakterielle Erkrankung handelt, die durch Nagetiere (Ratten) über Flöhe und nach dem Tod der Ratte durch Wirtswechsel dann auf den Menschen übertragen wird (vgl. Jacobsen 2012, 11 ff.). Als weiterer Überträger, der eine wichtige Rolle für die Verbreitung der Krankheit eingenommen hat, kommt auch der Menschenfloh (Pulex irritans) in Betracht (vgl. Jankrift 2019, 28; Keller 2019).

Neben der Beulenpest gibt es noch die ebenfalls meist tödlich verlaufende, mittels Tröpfcheninfektion übertragbare Lungenpest und eine milder verlaufende Variante, die abortive Pest. Dank des Einsatzes von Antibiotika und der Verbesserung der hygienischen Lebensbedingungen erkranken heutzutage (2010 bis 2015) nur noch knapp über 3200 Menschen (gemeldete Fälle) an den diversen Pestformen. 584 Personen starben im genannten Zeitraum daran (vgl. WHO 2017).

Zu den verheerendsten Pandemien des 20. Jahrhunderts zählte die Spanische Grippe von 1918 bis 1920, der erst in den letzten drei Jahrzehnten eine verstärkte Aufmerksamkeit geschenkt wurde. An dieser viralen Infektionskrankheit bzw. an ihren bakteriellen Sekundärerkrankungen starben nach groben Schätzungen zwischen 20 und 100 Millionen Menschen. Die Influenzapandemie forderte damit deutlich mehr Opfer als der Erste Weltkrieg (1914–1918), in dem etwa 17 Millionen Menschen ihr Leben verloren. Die genaue Zahl ist schwer zu ermitteln, da viele Todesfälle und ihre Ursachen nicht hinreichend dokumentiert sind. Insbesondere für Asien, Afrika und Osteuropa liegen nur unzureichende Gesundheitsstatistiken vor (vgl. Michels 2010, 2). Schätzungen gehen davon aus, dass im Deutschen Reich im Jahr 1918 zwischen 260.000 und 300.000 Menschen an der Spanischen Grippe verstarben, das ist jede 250. Einwohnerin bzw. jeder 250. Einwohner (vgl. Förtsch/ Rösel 2021, 8; Kellerhoff 2020). In Europa verstarben insgesamt 2,3 Millionen Menschen an der Grippe (vgl. Vasold 2009a, 152).

Bei der Spanischen Grippe handelte es sich um eine akute Virusinfektion, die in erster Linie durch Tröpfchen- oder Kontaktinfektion übertragen wurde. Zu den klassischen Symptomen gehörten Fieber, Husten, Kopf- und Gliederschmerzen, Schüttelfrost und Luftnot. Hinzu kamen Folgeerkrankungen wie Herzmuskelentzündungen oder bakterielle Lungeninfektionen, die oftmals die eigentliche Todesursache darstellten. Ihren Namen verdankt die Spanische Grippe u. a. Veröffentlichungen in der Madrider Zeitung »El Sol« vom 22. Mai 1918, die mangels Zensur wahrheitsgemäß und frühzeitig über die neue Erkrankungsform informierte (vgl. Vázquez-Espinosa u. a. 2020, 298). Ergänzend ist eine Meldung der Nachrichtenagentur Reuters zu nennen, die am 27. Mai 1918 von der Erkrankung des spanischen Königs Alfons XIII. berichtete (vgl. Müller 2020, 16). Mit der Herkunft der Krankheit hatte dies allerdings nichts zu tun. Forschungen konnten belegen, dass die Spanische Grippe erstmalig bei Soldaten in Kansas (Vereinigte Staaten) ausgebrochen ist. Indexpatient soll nach derzeitigem Kenntnisstand (Ursprungshypothese) der Geflügelzüchter und Koch Albert Gitchell vom Army-Stützpunkt Camp Funston in der Nähe von Fort Riley (Haskell County, Kansas) gewesen sein (vgl. Spinney 2021, 49; Salfellner 2020, 47; Crosby 2003, 17 ff.).

Zur schnellen Verbreitung der Influenza haben auch die historischen Umstände beigetragen. Insbesondere in der ersten Welle Anfang 1918 haben die kriegsbedingten US-Truppentransporte und Ausbildungslager die Verbreitung des Virus nach Europa befördert. Hinzu kamen in der zweiten Welle ab Herbst 1918 die beengten Verhältnisse in den Militär- und Gefangenenlagern, die schwierigen hygienischen Verhältnisse und ganz entscheidend ein unzureichend medizinisches Wissen. Im Vergleich zu heute gab es weder eine (beatmende) Intensivmedizin noch ein vernetzt agierendes System der medizinischen Forschung und Entwicklung zur Impfstoff- und Antibiotikaentwicklung, um die hohe Mortalitätsrate zu senken.

Schaut man sich die Sterblichkeitsdiagramme der Spanischen Grippe an so fällt auf, dass insbesondere jüngere Menschen zwischen 20 und 40 Jahren erkrankten und starben (vgl. Morens/Taubenberger 2018). Verantwortlich hierfür war nicht etwa die kriegsbedingt schlechte Versorgungslage, sondern eine Überreaktion des Immunsystems, das sich im Verlauf der Krankheit gegen die eigenen Körperzellen richtete und damit zum Tod führte. Immungeschwächte Menschen hatten eine grundsätzlich höhere Überlebenschance als gesunde und kräftige Personen (vgl. Michels 2010, 17 ff.).

Da die Spanische Grippe medial und politisch nur eine geringe öffentliche Aufmerksamkeit erfuhr, griff man lediglich in einzelnen Ländern und auch hier nur auf kommunaler Ebene auf uns heute bekannte Maßnahmen zur Vermeidung von Neuinfektionen wie Gazemasken im öffentlichen Nahverkehr (vgl. Honigsbaum 2021, 59), die Desinfektion von Straßen und öffentlichen Gebäuden, Schul- und Gaststättenschließungen sowie einem Verbot von öffentlichen Versammlungen und kulturellen Veranstaltungen zurück (vgl. Martini u. a. 2019, 65; Hatchett/Mecher/ Lipsitch 2007).

Im internationalen Vergleich hatten die asiatischen (26 bis 36 Millionen) und afrikanischen Länder (2,3 Millionen) mehr als die Hälfte aller Todesfälle zu beklagen (vgl. Gutberlet 2021, 274). Allein auf dem indischen Subkontinent verstarben etwa 17 bis 18 Millionen Menschen an der Spanischen Grippe (vgl. Rengeling 2017, 53; Vasold 2009b, 84 ff.). Es wird vermutet, dass eine mangelnde Grundimmunität sowie eine im Vergleich noch schlechtere medizinische Versorgung und Informationslage zu diesen hohen Mortalitätsraten beigetragen haben (vgl. Michels 2010, 26 ff.).

5.3.2 Corona-Krise, fachliche Expertise und Risikopolitik

Zu Beginn eine kurze Chronologie der COVID-19-Pandemie: Nach derzeitigem Kenntnisstand ist der Ursprung des Virus SARS-CoV-2 (severe acute respiratory syndrome coronavirus type 2/Schweres-akutes-Atemwegssyndrom-Coronavirus Typ 2) auf einem Markt in der chinesischen Hauptstadt Wuhan zu suchen. Unklar sind bisher die Herkunft und die Übertragungswege. Es wird vermutet, dass als Haupt- sowie auch als Zwischenwirte Säugetiere und Vögel in Frage kommen. Im konkreten Fall werden als Hauptwirte Fledermäuse und als Nebenwirte Schuppentiere, aber auch Haustiere, Marderhunde und asiatische Zibetkatzen diskutiert (vgl. Merlot 2021). Unstrittig ist die tierische Herkunft des Virus. Mit hoher Wahrscheinlichkeit ist der Ursprung der Übertragung vom Tier auf den Menschen auf dem Huanan Großhandelsmarkt für Fische und Meeresfrüchte zu suchen (vgl. Fangerau/Labisch 2020, 23). Indexpatientin soll eine Meeresfrüchtehändlerin gewesen sein, die am 10. Dezember 2019 erste Symptome aufwies (vgl. Worobey 2021). Trotz ernstzunehmender Hinweise auf eine gefährliche und sich schnell verbreitende Lungenkrankheit meldete die chinesische Regierung die aufgetretenen Fälle erst am 31. Dezember 2019 offiziell bei der Weltgesundheitsorganisation (WHO). Der erste Todesfall wurde am 9. Januar 2020 registriert. Ab Mitte Januar 2020 traten Infektionen in Thailand, Japan, den USA und Europa auf. In Deutschland wurde der erste Fall am 27. Januar 2020 im Landkreis Starnberg gemeldet. Aufgrund der schnellen Ausbreitung rief der WHO-Generaldirektor Dr. Tedros Adhanom Ghebreyesus am 30. Januar 2020 eine »gesundheitliche Notlage von internationaler Tragweite« aus (WHO 2020a).

In der Folge erhielt das Virus den offiziellen Namen Sars-CoV-2. Der erste europäische Todesfall wurde in Frankreich am 15. Februar 2020 und in Deutschland Anfang März 2020 registriert. Mitte Februar 2020 riegelte Italien einzelne Städte im Norden zur Eindämmung der Infektion ab. Deutschland führte Ende Februar 2020 Maßnahmen zur Beschränkung von Großveranstaltungen ein. In den folgenden Monaten wurden in allen europäischen Ländern größere Sport und Kulturveranstaltungen abgesagt, Schulen, Kitas und Landesgrenzen geschlossen, Sperrzonen verhängt sowie nationale Notstände ausgerufen. Am 11. März 2020 erklärte die WHO offiziell, dass es sich bei der Infektion um eine weltweite Pandemie handelt (vgl. WHO 2020b). Am 18. März 2020 wendete sich die Kanzlerin in einer Fernsehansprache an die deutsche Bevölkerung und mahnte zu Solidarität, Disziplin und Kontaktreduzierung. Seitens der Europäischen Union wurde ein Einreisestopp verhängt und im Rahmen eines Rückholprogramms mussten vom Auswärtigen Amt rund 240.000 Deutsche aus dem Ausland wieder nach Deutschland gebracht werden.

Trotz all dieser Bemühungen konnte die Ausbreitung des Virus nicht mehr verhindert werden. In den meisten Ländern wurden daher die Ausgangs- und Kontaktbeschränkungen drastisch verschärft. Um sich auch im privaten und öffentlichen Bereich vor Ansteckung zu schützen, griffen mangels ausreichend vorhandener Mund-Nasen-Schutzmasken viele Menschen zur Nähmaschine, stellten Stoffmasken her oder beschafften sich diese über soziale Netzwerke und später auch im Handel. Die Begriffe Lockdown, Homeoffice, Masken- und Testpflicht etablierten sich im deutschen Sprachgebrauch.

Ab März 2020 wurden in vielen Ländern milliardenschwere Konjunkturpakete zur Unterstützung der Wirtschaft verabschiedet, Unternehmen wie die Lufthansa mussten vor der Pleite gerettet und die Mehrwertsteuer zeitweise reduziert werden. Weiterhin wurden Reisewarnungen ausgesprochen, Corona-Schutzverordnungen mit entsprechenden Kontaktbeschränkungen erlassen, Warn-Apps zur besseren Nachverfolgung von Infektionsketten entwickelt, Teststationen errichtet, Quarantänevorschriften und Bußgeldkataloge erlassen, Sperrstunden verhängt und eine Maskenpflicht eingeführt. In Krankenhäusern gab es Notfallpläne für die Versorgung von Covid-19-Patientinnen und -Patienten. Es wurden Bonuszahlungen für Pflegekräfte versprochen, neue Infektionsschutzgesetze erlassen, Schulferienzeiten verlängert und Pharmafirmen wie BioNTech, Pfizer, Moderna, AstraZeneca und andere arbeiteten mit Hochdruck an neuen Impfstoffen. Neben umfassenden Programmen zur Wirtschaftsförderung wurden auch Sozialleistungen wie Kurzarbeiter-, Eltern- und Arbeitslosengeld deutlich ausgebaut.

Ab Dezember 2020 begannen die ersten Impfungen von neu zugelassenen Impfstoffen mit Schwerpunkten in den Pflegeeinrichtungen, dem Personal im Gesundheitswesen, den über 80-Jährigen sowie für Risikogruppen. Ab Januar 2021 nahmen die ersten Impfzentren ihren Betrieb auf. Im Dezember 2021 folgten dann einrichtungsbezogene Impfpflichten.

Zum Monatsende März 2020 waren nach Angaben der WHO weltweit über 1,2 Millionen Menschen infiziert und mehr als 73.000 Tote mit oder durch Covid-19 zu beklagen. In Deutschland sind bis zu diesem Zeitpunkt nach Angaben des Robert Koch-Instituts 61.913 Personen infiziert und 583 Menschen (31.03.2020) verstorben. Drei Jahre später, nach insgesamt fünf Infektionswellen und diese begleitenden Lockdown-Maßnahmen, lag die Zahl der Infizierten am 15. April 2023 weltweit bei über 762 Millionen, annähernd sieben Millionen Menschen verstarben. In Deutschland waren es über 38 Millionen Infizierte und 171.411 Todesfälle (https://covid19.who.int).

Es liegt auf der Hand, dass eine Pandemie für moderne Gesellschaften eine vorrangig virologische, epidemiologische, medizinische und politische Herausforderung darstellt. Die besondere Schwierigkeit bestand aus wissenschaftlicher Sicht darin, dass die für Entscheidungen relevanten Wissensbestände (Art des Virus, Infektionswege, Erkrankungsmuster, ökonomische und soziale Folgen von Maßnahmen) erst einmal generiert und in Verlaufsmodellen auf der Basis gewisser Grundannahmen simuliert werden mussten. Trotz fehlender gesicherter Daten und solider

Erfahrungswerte mussten im Zustand von Nichtwissen und Unsicherheit Gefahren und Risiken abgewogen und zeitnah verbindliche Entscheidungen im Interesse einer Wiederherstellung von Sicherheit für die Zukunft (Risikopolitik) getroffen werden (vgl. Reckwitz 2020b, 243). »So viel Wissen über unser Nichtwissen und über den Zwang, unter Unsicherheit handeln zu müssen, gab es noch nie« (Habermas 2020b). Hinzu kam die Globalität der Krise, die ein koordiniertes und aufeinander abgestimmtes Handeln (Grenzschließung, Impfnachweise, Impfstoffe) erforderlich machte und damit zugleich die Komplexität des Entscheidens und der möglichen Folgen potenzierte.

Konsens bestand zumindest auf nationaler Ebene darin, dass es sich bei der Pandemie um eine gemeinsame Herausforderung handelte und es ressort- und disziplinübergreifend zu sachlich angemessenen und konsensfähigen Beschlüssen kommen musste. Aus diesem Grund wurden in vielen europäischen Ländern Expertinnen- bzw. Expertenräte gebildet, die sich in Deutschland auf Bundesebene vorrangig aus Vertreterinnen und Vertreter der Virologie, der Medizin, des Ethikrates und der Gesundheitsämter zusammensetzten. Auf länderspezifischer Ebene gehörte der bekannte Soziologe Armin Nassehi seit April 2020 dem Expertenrat »Corona« der nordrheinwestfälischen Landesregierung an, der sich u. a. aus Vertreterinnen und Vertretern der Medizin, Rechtswissenschaft, Wirtschaftswissenschaft, Philosophie, Psychologie, Soziologie und Sozialarbeit rekrutierte (vgl. https://www.land.nrw/expertenrat-corona). Das Ziel bestand darin, auf interdisziplinärer Ebene fachliche Expertisen zu erstellen, um vorhandenes Wissen zu bündeln, einzuordnen und zu bewerten. Hierbei wurde gezielt ein ganzheitlicher Ansatz verfolgt, der neben den epidemiologischen Entwicklungen auch die wirtschaftlichen und sozialen Aspekte mit in den Blick nahm. Am 11. April 2020 legte dieser Expertenrat NRW eine erste Stellungnahme vor, die die bisher getroffenen freiheitseinschränkenden Maßnahmen, die wirtschaftlichen Hilfen zur Kompensation von Einnahmeausfällen sowie die sozialpolitischen Maßnahmen (Kurzarbeitergeld, öffentliche Zuschüsse) zur Bewältigung der Corona-Krise in ihren Empfehlungen befürwortete (vgl. Expertenrat NRW 2020). Bis Juni 2021 folgten weitere fünf Stellungnahmen.

Steuerungspraktisch bestand der Sinn und Zweck dieser Expertenräte und sonstigen Gremien darin, die politischen Akteure in ihrer Entscheidungsfindung zu unterstützen, um so zu möglichst rationalen und konsensfähigen Beschlüssen zu kommen bei gleichzeitiger hoher Akzeptanz in der Bevölkerung. Hierbei übernahmen in der Vermittlung die traditionellen Massenmedien eine wichtige Funktion.

Hinzu kamen aus Sicht einer angewandten Soziologie Beiträge in öffentlichen Foren, an denen sich Interessierte mit ihren Kommentaren beteiligen konnten. Zu nennen wäre hier insbesondere der Podcast »Soziologische Perspektiven auf die Corona-Krise« des Wissenschaftszentrums Berlin für Sozialforschung und der Ludwig-Maximilians-Universität München. Ergänzend seien in diesem Zusammenhang Essays und Feuilletonbeiträge in den Printmedien (vgl. Stichweh 2020b; Holzer 2020), Forschungsförderungen (vgl. DFG 2022) sowie Veröffentlichungen in Buchverlagen, Fachzeitschriften und institutionellen Arbeitsberichten zu nennen (vgl. Habermas 2021b; Volkmer/Werner 2020; Krumpal 2020).

Wir wollen an dieser Stelle die Thematik des Stellenwertes einzelner Disziplinen nicht weiter vertiefen, sondern die getroffenen Maßnahmen aus einer gesundheits-, wirtschafts- und familienpolitischen Perspektive einordnen.

Unstrittig ist, dass in einer solchen Krise nur die Politik in Kombination mit dem Rechtssystem verbindliche Entscheidungen zur Handlungssteuerung unter weiterhin bestehender Unsicherheit treffen konnte. Absoluten Vorrang hatte der Schutz des individuellen Lebens und die Aufrechterhaltung der medizinischen Versorgungsstrukturen. Wirtschaft, öffentliches Leben und individuelle Freiheiten mussten sich diesen Prämissen unterordnen (Wissens-Macht-Komplex nach Münch 2022, 72). Auf der Basis wissenschaftlichen Wissens und normativ-ideologischer Prämissen prägte sich eine Prioritäten- und Rangfolgeskala heraus, die zwischen systemrelevanten (Gesundheit, Wissenschaft, Politik, Wirtschaft) und weniger systemrelevanten Bereichen (Kunst, Sport, Religion) der Gesellschaft und ihrer Institutionen und Berufsgruppen unterschied (vgl. Kaldewey 2022, 27; Stichweh 2022).

Im bundesdeutschen Rekurs kann aus gesundheitspolitischer Sicht nach über drei Jahren Pandemie durchaus ein positives Fazit gezogen werden. Trotz unterschiedlicher Variationen in der Umsetzung von Lockdown-Maßnahmen und vielfältigen nationalen/kommunalen Egoismen sowie parteipolitischen Interessengegensätzen ist festzuhalten, dass sich die Strategien zur Kontaktbeschränkung, zu Ausgangsverboten, zur Schließung von Einrichtungen und stationärem Einzelhandel sowie zur Reduzierung des öffentlichen und kulturellen Lebens auf ein notwendiges Mindestmaß bewährt haben (vgl. Gerlinger 2020). Die von Virologinnen und Medizinern befürchtete Überlastung des Gesundheitssystems konnte verhindert werden. Zugleich ist allerdings darauf hinzuweisen, dass gerade der parteipolitisch geprägte Dissens zwischen dem Bund und den Ländern erheblich zum Ausbruch einer zweiten Infektionswelle beigetragen hat. Von »Mitte Oktober an bis zum Abflauen im Juni 2021 starben rund 80.000 Menschen in Deutschland […]. Allein in der Weihnachtswoche 2020 starben fast 5900 Menschen« (Bredow/Hackenbroch 2022, 102). In der Folge konnten nur die Zulassung von Impfstoffen und Impfkampagnen ab Januar 2021 in Kombination mit dem Ausbau der Testkapazitäten sowie einem jahreszeitlich bedingten Rückgang der Pandemie in den Sommermonaten dazu beitragen, dass zumindest das Ansteckungsrisiko reduziert und schwere Krankheitsverläufe weitgehend verhindert wurden.

Weniger erfolgreich war der Versuch, auch die massenhafte Verbreitung des Virus zu unterbinden. Hier stießen demokratische Gesellschaften an rechtliche und kulturelle Grenzen mit der Folge, dass das Gesundheitssystem und damit auch die Betroffenen noch über viele Jahre mit den Folgen von Long COVID beschäftigt sein werden. Diesbezüglich konnte sowohl medizinisch als auch hinsichtlich der politischen und öffentlichen Wahrnehmung kein hinreichendes Problembewusstsein entwickelt werden, obwohl nach Schätzungen der WHO jeder zehnte Covid-19-Patient bzw. jede zehnte Patientin betroffen ist (vgl. Rajan u. a. 2021). Während die Vermeidung des Todes als öffentliche Aufgabe, die fast jedes Handeln rechtfertigen konnte, wahrgenommen wurde, blieb Long COVID ein individuelles Schicksal ohne Lobby.

Im Bereich der Wirtschaft und sozialen Sicherung haben sich ein funktionierender Wohlfahrtsstaat und eine robuste Volkswirtschaft bewährt. Im Vordergrund der Corona-Hilfen der Bundesregierung stand das Bemühen, die Wirtschaft zu stabilisieren und die finanziellen Lasten für Unternehmen, Beschäftigte, Selbstständige, Freiberuflerinnen und Freiberufler zu mindern. Es galt Insolvenzen zu vermeiden und Beschäftigungsverhältnisse und Einkommen zu sichern. Zur Liquiditäts- und Arbeitsplatzsicherung wurden sowohl rückzahlbare (Kredite, Bürgschaften, Beteiligungen) als auch nichtrückzahlbare (Sofort- und Überbrückungshilfen, Härtefall- und Ausfallhilfen, Kurzarbeitergeld) Hilfen bereitgestellt. Es wurden Kinderboni ausgezahlt und Mehrwertsteuersenkungen beschlossen. Nach Berechnungen des Instituts der Deutschen Wirtschaft kann für die Bundesrepublik festgehalten werden, dass es bis Dezember 2021 in Relation zum Vorkrisenjahr 2019 einen Wertschöpfungsausfall in Höhe von rund 350 Milliarden Euro und Konsumeinbußen in Höhe von ca. 270 Milliarden Euro gegeben hat. Zeitgleich wurden Investitionen in Höhe von rund 60 Milliarden Euro nicht getätigt.

Trotz Russland-Ukraine-Krieg, wirtschaftlichen Sanktionen, hohen Rohstoffpreisen am Weltmarkt, Lieferengpässen und einer hohen Inflation zeigt sich allerdings auch, dass es zu aufholenden Effekten kommt, die zumindest langfristig zu einer Stabilisierung der Wirtschaftslage beitragen könnten. Homeoffice, Kurzarbeitergeld und eine weiterhin gute (weltwirtschaftliche) Auftragslage haben dazu beigetragen, dass die Arbeitslosigkeit nicht wesentlich gestiegen ist. Die meisten Arbeitsplätze blieben erhalten, lediglich die Arbeitszeiten wurden flexibilisiert. Im Bereich der Langzeitarbeitslosigkeit ist demgegenüber zu beobachten, dass eine Integration von Langzeitarbeitslosen in den Arbeitsmarkt durch die Krise nochmals erschwert worden ist. Auch die finanziellen Unternehmenseinbußen blieben, trotz gravierender Branchenunterschiede, erst einmal moderat. Die diversen Konjunkturprogramme des Bundes haben insbesondere im Bereich der personenbezogenen Dienstleistungen und des Einzelhandels dazu beigetragen, dass eine Welle der Insolvenzen ausgeblieben ist. Der Rückgang der Konsumausgaben während der Krise hat zu einem Anstieg des Sparvermögens der Konsumentinnen und Konsumenten geführt. Es wurde erwartet, dass Anschaffungen mit Verzögerung getätigt und damit auch die Konsumausgaben in den folgenden Jahren eine Steigerung (Gastronomie, Tourismus, Elektronik) erfahren werden (vgl. Grömling/Hentze/Schäfer 2022).

Erheblich negativ beeinflusst wurde dieser bis Mitte des Jahres 2022 zu beobachtende Trend durch die kriegsbedingt erheblich gestiegenen Energiekosten bei gleichzeitig deutlich steigender Inflation und wachsenden Kreditzinsen. Kaufkraftentzug, erhöhtes Sparverhalten bei sinkenden Konsumausgaben sind die Folge. Expertinnen und Experten konnten zum Zeitpunkt der Publikationserstellung eine bevorstehende wirtschaftliche Rezession nicht mehr ausschließen. Insgesamt ist zu vermuten, dass die wirtschaftliche Konsolidierung als auch die Stabilisierung der Neuverschuldung der öffentlichen Haushalte viele Jahre in Anspruch nehmen wird. Es sind aktuell eher die neuen Krisen, die einer schnellen Anpassungsentwicklung auf Vorkrisenniveau in 2022 entgegenstehen (vgl. Wollmershäuser u. a. 2022).

In besonderer Weise belastet wurde das Intimsystem Familie. Die Schließung von Schulen und Kitas, Homeschooling, Social Distancing, wenig Freizeitmöglichkeiten sowie die Verlagerung der Erwerbstätigkeit ins Homeoffice haben zu einer räumlichen und personellen Neuverteilung von Kinderbetreuung und Förderung, Bildung und Erziehung geführt. Den sich hieraus ergebenden milieuspezifischen und psychosozialen Belastungen und Überforderungen wurde politisch wenig Beachtung geschenkt. Dies überrascht, zumal gerade in diesem Segment hinreichendes wissenschaftliches Wissen über mögliche Folgen aus den Bereichen der Entwicklungspsychologie, der Sozialisations-, Kindheits- und Jugendforschung sowie der Familiensoziologie und Gesundheitsforschung vorlag. Man hätte es besser wissen können.

Die aktuellen Befunde sind daher auch wenig überraschend. Soziale Nähe auf Dauer ist konfliktsensibel mit der Folge, dass Formen familiärer Spannungen und Gewalt zugenommen haben. Familien mit eingeschränkten sozialen (Netzwerke), ökonomischen (Geld, Wohnung, Ausstattung) und kulturellen (Bildung, Einstellungen) Ressourcen (Familien mit Migrationshintergrund, Alleinerziehende, sozial benachteiligte Familien) sowie prekären Arbeits- und Wohnverhältnissen wurden mit den Erziehungs-, Betreuungs- und Bildungsaufgaben überfordert (vgl. z.B. Goldin 2022). Im Bereich der kindlichen Entwicklung kam es zu Entwicklungsverzögerungen und im Bildungsbereich zu einer noch stärkeren sozialen Benachteiligung, als es ohnehin bereits unter institutionellen Normalbedingungen der Fall ist. Besonders betroffen waren Kinder unter 14 Jahre. Die Ergebnisse des DAK-Kinder- und Jugendreports 2022 (Erhebungszeitraum 2019 bis 2021) zeigen, dass es im Bereich der psychischen Entwicklung vermehrt zu Angststörungen, Leistungsdruck und Vereinsamung gekommen ist. Darüber hinaus wurden Bewegungsmangel, Essstörungen, emotionale Beeinträchtigungen und Depressionen diagnostiziert. Bei Kindern im Vorschulalter konnten Defizite im sprachlichen, motorischen und sozial-emotionalen Bereich beobachtet werden (vgl. Witte/Zeitler/Hasemann 2022). Zu ähnlichen Ergebnissen, trotz leichter Verbesserungen im Jahr 2021, kommt auch die COPSY-Längsschnittstudie des Universitätsklinikums Hamburg-Eppendorf (vgl. Ravens-Sieberer u.a. 2022). Erwartungsgemäß stieg auch der Medienkonsum (vgl. mpfs 2021a).

Familienpolitisch konnte diesen Entwicklungen wenig entgegengesetzt werden. Die verabschiedeten Maßnahmen zur finanziellen Unterstützung (Kinderbonus, Sofortzuschlag), die Erhöhung der Kinderkrankentage, der Ausbau von Beratungs-, Unterstützungs- und Informationsangeboten sowie Bewegungskampagnen in Zusammenarbeit mit dem Deutschen Sportbund waren hilfreich, konnten die Belastungen allerdings nicht kompensieren.

Nimmt man resümierend die hier angesprochenen Schwerpunktbereiche Wirtschaft, soziale Sicherung und Familie in den Blick, so wird deutlich, dass die vielfältigen Corona-Hilfen schicht- und einkommensspezifisch kompensierend gewirkt haben, sich zugleich allerdings bestehende soziale Ungleichheiten an den jeweiligen Rändern verschärften (vgl. Böhme 2022; Butterwege 2022). Hinsichtlich ihrer Lebensführung war die große Gruppe der Mittelschichtangehörigen allerdings in der Lage, aus der Corona-Krise konstruktive Lernerfahrungen zu generieren. Finanzielle und familiäre Herausforderungen haben, dank ausreichend vorhandener Ressourcen (ökonomisch, sozial, kulturell), eher zu »konstruktiven Praktiken der Reorganisation des Alltags« (Großkopf/Schimank 2022, 111) geführt. Dies gilt übrigens auch für die Mehrzahl der Kinder und Jugendlichen (vgl. Lemm 2022).

5.3.3 Querdenkende, Verschwörungstheorien und Aluhüte

Der digitale Duden versteht unter einer Querdenkerin oder einem Querdenker eine Person, »die eigenständig und originell denkt und deren Ideen und Ansichten oft nicht verstanden oder akzeptiert werden« (https://www.duden.de/rechtschreibung/Querdenker). Zu den Merkmalen jener Querdenkenden gehören unkonventionelle Vorstellungen und Denkweisen, die diese oftmals zu Einzelkämpfern, Individualistinnen, Nonkonformistinnen, Außenseitern und Sonderlingen machen. Zu nennen wären hier z. B. historische Persönlichkeiten wie Nikolaus Kopernikus (1473–1543), Charles Darwin (1809–1882) oder Marie Curie (1867–1934).

Im Kontext der Corona-Krise und der Querdenken-Bewegung ist dieser soziale Typus alltagssprachlich allerdings eher negativ besetzt. Als Querdenkende werden jene Personengruppen bezeichnet, die sich durch eine abwehrend kritische Haltung gegenüber bestimmten Formen wissenschaftlich anerkannten Wissens auszeichnen. Diesem Wissen werden höchst selektiv Wissensformen gegenübergestellt, die sich aus einer Vielzahl von anderen (esoterischen) Quellen, Auffassungen und Meinungen in den sozialen Medien zusammensetzen. Gerade weil das wissenschaftliche Wissen im Kontext der Corona-Krise unvollständig, vorläufig und stets revidierbar ist, wird Bezug genommen auf »Gewissheiten«, die Sicherheit, Halt, Alltagsorientierung und Verbindlichkeit liefern.

> »Wie wissenschaftliche Theorien auch liefern Verschwörungstheorien somit Antworten auf Erkenntnisfragen und ermöglichen ein ›Verständnis der Welt‹. Sie erklären einerseits bereits Geschehenes und erlauben andererseits Vorhersagen über die Zukunft. Ob diese Grundannahmen sinnvoll sind und somit zutreffendes Wissen über die Welt generiert wird, ist für die Vergabe des Etiketts ›Theorie‹ nicht von Belang, denn dieses bezieht sich nur auf den formalen Prozess der Welterklärung« (Butter 2021, 6).

Vor diesem Hintergrund ist es angemessen und sinnvoll, von Verschwörungstheorien (Conspiracy Theories) zu sprechen und nicht etwa von Ideologien, Mythen oder Erzählungen. Diese Formen der Unterscheidung sind in anderssprachigen Ländern nicht gebräuchlich. Ob eine Verschwörungstheorie wahr oder falsch ist, bleibt eine offene Frage und unterliegt zur Klärung wissenschaftlich empirischer Standards der Beweisführung (vgl. Coady 2014; Anton u. a. 2013; Anton 2011). Als Ideologie ist sie allerdings immer fragwürdig (vgl. Fuchs 2022, 21 ff.).

Sozialstrukturell betrachtet handelt es sich bei der Querdenken-Bewegung um heterogene Gruppierungen unterschiedlichster Herkunft, Interessen und Mentalitäten, die in Demonstrationen, Kundgebungen und Autokorsos ihre Entfremdung und ihren Unmut über die Corona-Maßnahmen zum Ausdruck bringen. Gemeinsam ist ihnen die Ablehnung gegen (politische) Obrigkeiten, Institutionen des politischen Systems, ihrer Entscheidungsträger sowie der traditionellen Massenmedien. Zu den Querdenkenden gehören freiheitsliebende Bürger und Impfgegnerinnen ebenso wie Esoteriker, Staatsskeptikerinnen, Verschwörungstheoretikerinnen, Rechtsextremisten und Reichsbürger. Mehrheitlich vereinen sich hier Altersgruppen zwischen 30 und 60 Jahren, die als durchaus gebildete Angehörige der Mittelschicht gelten. Die Mehrzahl von ihnen ist transnational vernetzt und koordiniert die Aktivitäten möglichst länderübergreifend (vgl. Nachtwey/Schäfer/Frei 2020, 3, 51; Nachtwey/Frei/Schäfer 2021).

Durch ihre sich jeglichem Diskurs entziehenden Theorien präsentieren und inszenieren sich Querdenkende als (elitäre) Minderheit, als Misstrauensgemeinschaft (vgl. Reichardt 2021), die über eine hohe Widerstandskraft verfügt. Zum Teil nutzen sie ihr äußeres Erscheinungsbild (Aluhüte, Kostüme, Masken), um ihre Haltung visuell und medienwirksam zu inszenieren. Im Fokus steht immer der Widerstand gegen etabliertes Wissen und der machtgestützten Institutionen, die dieses Wissen repräsentieren. Diesbezüglich definieren sich Querdenkende als privilegiert und selbstaufopfernd, die missionierend zur Rettung der Welt tätig sind. »Hier findet sich das genuin romantische Motiv der mutigen, heldenhaft-standfesten Widerstandskämpfer:innen, die bereit sind, Opfer zu bringen« (Nachtwey/Schäfer/Frei 2020, 60 f.; vgl. auch Amlinger/Nachtwey 2022).

Die Verschwörungstheorien dienen dazu, auf die subtilen und geheimen Absprachen des gesellschaftlichen Establishments aus Wirtschaft, Politik und Wissenschaft aufmerksam zu machen und diese aufzudecken. Alles wurde geplant, die Mehrheit geschickt getäuscht und die Fäden im Hintergrund von einem konspirativen Netzwerk der Machthabenden gesponnen (vgl. Barkun 2003, 3 f.). »Verschwörungstheorien gehen davon aus, dass nichts zufällig geschieht, das nichts so ist, wie es scheint, und dass alles miteinander verknüpft ist« (COMPACT 2020, 4; vgl. Amadeu Antonio Stiftung 2021). Als Weltanschauung entziehen sich die Inhalte i. d. R. einer empirischen Evidenz und einem wissenschaftlichen Diskurs. Verschwörungstheorien weisen eine »Immunität gegen Widerspruch und Widerlegung« (Butter u. a. 2020, 8) auf, da alle Gegenargumente unter Macht- und Manipulationsverdacht stehen.

Im Interesse einer breiten Vermittlung des Gedankenguts Querdenkender ist es sinnvoll, wenn Verschwörungstheorien leicht verständlich (unterkomplex) sind und der oder die Schuldige gleich mitgeliefert wird. Die Personifizierung, d. h. die eindeutige Benennung des vermeintlichen Verschwörers (bspw. Bill Gates), ist zur kollektiven Identitätsstiftung und Gemeinschaftsbildung hilfreich, da dies eine konkrete Zuschreibung von Gut und Böse ermöglicht. Auf diese Weise können Verschwörungstheorien durch ihre Rigidität und »Unantastbarkeit« zu Formen der Radikalisierung und Gewaltbereitschaft (Anschläge gegen Personen und Institutionen) führen. Darüber hinaus können soziale Medien durch ihre selektive Auswahl und Priorisierung dazu beitragen, dass sich nicht nur die Kontaktnetze zu Gleichgesinnten über Blogs, Kommentare und Beiträge erweitern, sondern auch die Auffassungen durch ständige Bestätigung verhärten. In Abgrenzung zu Fake News, bei denen es sich um bewusste Falschmeldungen handelt, sind Querdenkende davon überzeugt, dass es sich bei ihren Theorien um absolute Wahrheiten handelt.

Zusammenfassend kann festgehalten werden, dass im historischen Rekurs das Querdenkertum seit der Frühen Neuzeit quantitativ deutlich abgenommen hat (vgl. Stiftung Dalheim 2020; Butter 2018, 16). Das Phänomen hat durch Corona an stärkerer Sichtbarkeit gewonnen und stieß medial auf höhere Aufmerksamkeit und öffentliche Sensibilität. Man darf jedoch, »stärkere Sichtbarkeit nicht mit zunehmender Popularität verwechseln« (Butter 2021, 10). Querdenkende bleiben insbesondere in Deutschland ein gesellschaftliches Randphänomen (vgl. Butter 2022).

Weiterführende Literatur

Butter, M. (2018): »Nichts ist, wie es scheint«. Über Verschwörungstheorien. Frankfurt a. M.: Suhrkamp.
Fangerau, H. & Labisch, A. (2020): Pest und Corona. Pandemien in Geschichte, Gegenwart und Zukunft. Freiburg: Herder.
Gutberlet, B. I. (2021): Heimsuchung. Seuchen und Pandemien – vom Schrecken zum Fortschritt. München: Europa Verlag.
Volkmer, M. & Werner, K. (Hrsg.) (2020): Die Corona-Gesellschaft. Analysen zur Lage und Perspektiven für die Zukunft. Bielefeld: transcript.

Weiterführende Quellen

PwC – PricewaterhouseCoopers (Hrsg.) (2021): Ein neues Gesundheitsbewusstsein für Deutschland? Leben mit der Pandemie. Frankfurt a. M.

5.4 Anthropozän, Fridays for Future und globale Klimapolitik

5.4.1 Natur, Umwelt und Gesellschaft

»Mitten in der Pandemie fliegen der Politik die Millionen Menschenleben um die Ohren, die das Verfeuern fossiler Brennstoffe gekostet hat. [...] In den vergangenen Tagen hat es dazu frisches Anschauungsmaterial aus [...] der Public-Health-Forschung gegeben. Im Kern ging es um eine gesundheitliche Neubewertung der Luftschadstoffe, vor allem der besonders schädlichen Feinstaubemissionen, die bei der Verbrennung fossiler Brennstoffe – also Kohle, Öl und Erdgas – freigesetzt werden.

Loretta Mickley von der Harvard-Universität hat mit Epidemiologen und Umweltmedizinern aus London, Birmingham und Leicester die Opfer der Luftverschmutzung für das Jahr 2018 auf Basis von Messdaten ermittelt, die zu Land, in der Luft und mit Hilfe von Satellitensensoren im Weltall zusammengetragen worden waren. [...] Mit dem neuen Modell ›Geos-Chem‹ werden die Schadstoffquellen [...] erfasst [...], um die schädliche Wirkung [...] von Feinstaub insbesondere auf Herz, Lunge, Gefäße und Gehirn [zu ermitteln]. Kurz gesagt: Die Zahl der Opfer ist noch viel gewaltiger als bislang angenommen. Schätzungsweise 8,7 Millionen Menschen waren im Jahr vor Beginn der Covid-19-Krise vorzeitig an den Folgen der fossilen Brennstoffemissionen gestorben. Viermal so viel, [...], wie die offizielle Pandemie-Sterbebilanz für das Jahr 2020 ausweist. Jeder fünfte Todesfall weltweit stand demnach im Zusammenhang mit der Kohle-, Gas- und Ölverbrennung. [...]

In einer fast gleichzeitig publizierten Untersuchung von 35 Forschungsinstitutionen aus aller Welt im ›Lancet Planetary Health‹ wird die Bedeutung des Klimaziels Gesundheit ebenfalls fett unterstrichen. Diesmal rechnete man von hintenherum und versuchte mit Modellen zu ermitteln, was die Einhaltung der Pariser Klimaziele – die Begrenzung der Erderwärmung auf deutlich unter zwei Grad – für die Gesundheit in neun Staaten [...] bringen würde. [...]

Das Ergebnis ist überall gleich. Auf der medizinischen Habenseite einer ambitionierten Klimapolitik stehen Millionengewinne an Lebenszeit und Lebensqualität. Konkret für Deutschland: 16.000 vorzeitige Todesfälle jährlich könnten schätzungsweise im Jahr 2040 vermieden werden, die bisher auf das Konto der Luftverschmutzung gehen, sowie zusätzlich 144.000 Todesfälle würden verhindert, wenn sich die Menschen je zur Hälfte als Gelegenheitsfleischesser und Vegetarier ernähren sollten, und noch mal 6.000 gerettete Leben pro Jahr, sollten künftig – wie in dem Klimamodell angepeilt – drei Viertel der Mobilität zu Fuß oder mit dem Rad realisiert werden. Zusammen würden also, sollte die Bundesregierung bis dahin ihre Emissionsziele bis zum Jahr 2030 von 55 auf 65 Prozent erhöhen und damit dem ehrgeizigen Ideal einer Maximalerwärmung von 1,5 Grad folgen, mehr als doppelt so viele vorzeitige Todesfälle verhindert werden, wie durch die Corona-Pandemie bisher ums Leben gekommen sind.

Ein starkes Argument für den Gesundheitsschutz in der Klimakrise, sollte man meinen. Doch die Krisenvergleiche hinken natürlich. Wie weit beides auseinanderliegt, die Naturkatastrophe der Pandemie hier und die selbstverschuldete, jahrzehntelange Erosion der atmosphärischen Lebensgrundlagen dort, macht eine bemerkenswerte Studie des Berliner Klimaforschungsinstituts MCC deutlich. Mit Big-Data-Technologie hat man sämtliche Bundestagsreden von 1949 bis ins Jahr 2019 ausgewertet und nach Hinweisen zu Klimaschutzbemühungen gesucht.

Fazit: Obwohl spätestens seit der ersten Weltklimakonferenz im Jahr 1979 die Bedrohung bekannt war, galt im Bundestag die klima- und gesundheitsschädlichste Form der Stromgewinnung durch Kohleverfeuerung bis Mitte der 2000er Jahre fast ausnahmslos als politisch opportun. Von ›Brückentechnologie‹ war die Rede, das Gleiche galt danach für Erdgas. Um Gesundheitsverluste ging es damals so wenig wie in der jüngeren Vor-Corona-Zeit« (Müller-Jung 2021, 9).

Der Artikel aus der Frankfurter Allgemeinen Zeitung vom Februar 2021 steht exemplarisch für einen komplexen Zusammenhang von Natur, Umwelt und Gesellschaft, der bis heute in Philosophie, Geschichte und Soziologie kontrovers diskutiert wird. Bevor wir näher auf die Rolle der sozialen Bewegungen am Beispiel der Fridays-for-Future-Bewegung und der globalen Klimapolitik eingehen, lohnt ein Blick auf den Gesamtkontext in dem wir uns in den Sozialwissenschaften bewegen.

Natur kommt aus dem Lateinischen und bedeutet so viel wie Geburt oder natürliche Beschaffenheit. Aus einer eher naturalistisch rationalen Sichtweise ist Natur als eine physikalisch biologische Gegebenheit zu verstehen, die auf der Erde eine Vielfalt von Lebensformen ermöglicht, reproduziert und neu hervorbringt. Es gibt aus diesem Blickwinkel keinen expliziten Bezug der Natur zur menschlichen Existenz, sondern Natur steht für das, was »von selbst da ist und sich selbst reproduziert«

(Brockhaus 2022b). Natur existiert »ohne menschlichen Willen und ohne menschliches Zutun von sich aus« (Gloy 1995, 23). Entwicklungsgeschichtlich musste sich die Gattung Homo sapiens, wie alle anderen Lebewesen auch, mit den sich ständig verändernden Gesetzmäßigkeiten natürlicher Evolution auseinandersetzen.

Im Unterschied zu den uns bekannten Lebensformen verfügt der Mensch allerdings aufgrund seiner kognitiven Möglichkeiten über die Fähigkeit, diese Kontextbedingungen durch sein (sinnhaftes) Handeln und damit eben nicht nur instinkthaftes Verhalten zu planen, zu gestalten, zu bewerten und zu verändern (Kultur). Die Geschichte der Menschheit als Jäger und Sammler über ihre spätere Sesshaftwerdung bis hin zur Industrialisierung, aber auch ihrer wissenschaftlichen, technischen, kulturellen und religiösen Entwicklung, liefert eine Vielzahl von Beispielen für diesen Prozess einer auf Entscheidungen, Zielen und Bewertungen basierenden Gestaltungs- und Deutungskraft (Ackerbau, Viehzucht, Schöpfungsmythen) des Lebensraums. Auf diese Art und Weise wird Natur Teil der Gesellschaft und steht ihr nicht nur gegenüber.

Wir verzichten an dieser Stelle auf eine differenzierte Darstellung konkurrierender soziologischer Auffassungen über das Verhältnis von Natur und Gesellschaft (vgl. Brand/Kropp 2004; Lorenz 2020) und beschränken uns auf eine eher analytische Unterscheidung der Funktionen der Natur im Kontext menschlichen Überlebens und kulturellen Zusammenlebens. In der Literatur werden vier Funktionen unterschieden: Die Natur liefert erstens eine physikalische Existenzgrundlage (Sauerstoff, Schwerkraft), um Leben zu ermöglichen. Sie weist zweitens eine Versorgungs- und Nutzungsfunktion auf, indem Ressourcen (Rohstoffe, Wasser, Wärme) für das Überleben und zur Reproduktion bereitgestellt werden. Darüber hinaus existieren drittens Bedingungen eines aufeinander abgestimmten und sich gegenseitig ergänzenden Miteinanders, auch als Regulierungsfunktion bezeichnet. So existiert z.B. jede Lebensform (Mikroorganismen, Aasfresser, Pflanzen) in bestimmten Lebensräumen oder ökologischen Nischen und bildet wiederum eine wichtige Grundlage für das Überleben anderer Arten (Nahrung, Wasserreinigung, Bodenbeschaffung). Es greift ein ›Rad ins andere‹. Auf diese Weise entsteht ein ökologisches System des Gleichgewichts von Stabilität, Kontinuität und evolutivem Wandel. Die vierte Dimension wird als Kulturfunktion bezeichnet und ist geprägt durch sinnhafte Deutungen, Symbole und Naturbilder (vgl. Brand/Reusswig 2020, 868 f.).

Dies ist der Punkt an dem der Begriff der (natürlichen) Umwelt von besonderer Relevanz ist. Die Kategorie bezieht sich nicht auf das, was von selbst da ist, sondern auf das, was durch die Interaktion zwischen Menschen und Natur geschaffen, angeeignet und sozial konstruiert wird. Unter einer natürlichen Umwelt wird aus dieser Perspektive

> »der Lebensraum einer Population samt den Ressourcen und Senken [verstanden], die sie sich darin verfügbar macht. Umwelt bedeutet in diesem Sinne die Gesamtheit der stofflichen raum-zeitlichen Lebensbedingungen der betreffenden Population. […] Unter Senken versteht man diejenigen Orte der Umweltmedien, die jene Stoffe aufnehmen, die als Output aus der Gesellschaft in die Umwelt zurückfließen, in die Umweltmedien Luft (Abgase, Strahlung), Wasser (Abwässer) und Boden (Abfälle), hierüber auch organismisch in

den Stoffwechsel von Pflanzen und Tieren sowie in die Stoffströme der Geosphäre« (Huber 2011, 26).

Wenn man sich an dieser Unterscheidung orientiert, wird deutlich, dass es moderne Massengesellschaften fast ausschließlich mit natürlichen Umwelten zu tun haben. Unberührte Naturräume sind auf der Erde kaum noch anzutreffen.

Das als Einstieg gewählte Fallbeispiel bezieht sich auf die natürliche Umwelt und macht deutlich, dass das Umweltverständnis hochindustrialisierter Gesellschaften entscheidend davon geprägt ist, welches (naturwissenschaftliche) Wissen aus diesem kulturellen Kontext heraus wie generiert und problematisiert wird (Erwartungen, Wahrnehmungen, Methoden, Interpretationen) und in welcher Form es dann gelingt, dieses (selektive) Wissen auf unterschiedlichen Ebenen (politisch, medial, wirtschaftlich) zum Gegenstand des Diskurses zu machen. Schon der Stellenwert des naturwissenschaftlichen Wissens, das in hochindustrialisierten Gesellschaften des globalen Nordens zur Erklärung und Orientierung herangezogen und als Realität akzeptiert wird, sagt mehr über die kulturellen Gegebenheiten dieser Gesellschaften aus als über den Zustand der Natur. Bereits der Vergleich mit traditionellen Stammesgesellschaften macht deutlich, dass auch ganz andere Formen der Naturdeutung (religiös, künstlerisch) möglich sind und sich hieraus auch andere Formen der Umweltaneignung und Problembeschreibung ergeben.

Zusammenfassend wird deutlich, dass gesellschaftliche Naturverständnisse auf einer engen Interaktions- und Deutungsbeziehung basieren und geprägt sind von normativ kulturellen Formungen und (umstrittenen) Expertisen, Problembewertungen und Problemlösungen (vgl. Kropp/Sonnberger 2021, 12 ff.; Büttner/Laux 2021). Dies heißt allerdings nicht, dass wissenschaftliches Wissen gänzlich sozial konstruiert ist und uns keine wichtigen Informationen über das liefern kann, was ›objektiv‹ da ist. Richtig ist aber auch, dass dieses Wissen selektiv und unvollständig ist. Die Komplexität der Gegenstandsbereiche überfordert Gesellschaften insbesondere dann, wenn es um konkrete und konsensabhängige politische und wirtschaftliche Entscheidungen geht, die zudem auch noch mittel- und langfristige (soziale) Konsequenzen haben. So ist z. B. der grundsätzliche Anstieg der jährlichen Durchschnittstemperatur in den letzten Jahrzehnten wissenschaftlich hinreichend bewiesen und ›objektiv‹ nicht mehr zu bestreiten, aber welche Schlüsse lassen sich hieraus für die Gegenwart und Zukunft ziehen? Ist das Überleben der Menschheit bedroht? Welche Risiken sind mit den jeweiligen Problemwahrnehmungen, Problembewertungen und Problemlösungen verbunden? Welche Maßnahmen können in welchem Zeitraum diesen Anstieg vermindern und welche Folgen ergeben sich hieraus für unterschiedliche Bereiche und Regionen von Gesellschaften und ihren sozialen Gruppierungen? Welche Rolle spielt der technologische und wissenschaftliche Fortschritt?

Umweltsoziologie

All dies sind Fragen, die von der Umweltsoziologie aufgegriffen und näher in den Blick genommen werden. Ihr Forschungsfokus liegt auf den »sozial produzierten ökologischen Problemen und den gesellschaftlichen Reaktionen auf ökologische

Probleme« (Diekmann/Preisendörfer 2001, 19; vgl. Diekmann/Jaeger 1996). Zu den wichtigsten Gegenstandsbereichen gehören u. a. Forschungsthemen über den Stellenwert soziologischer Theorien, Umweltbewusstsein und Umweltethik, Umweltbewegung und Umweltpolitik, ökologische Leitbilder und Strategiedebatten sowie über das Handeln und Managen von Gesetzgebung, Regierung, Behörden, Unternehmen, Interessenverbänden, NGOs und privaten Haushalten (vgl. Huber 2014, 567; Brand 2014).

5.4.2 Anthropozän, Ökologie und Nachhaltigkeit

Vor Beginn des Ukraine-Krieges im Februar 2022 zählte der Klimawandel zu den prägenden Diskursen in Wirtschaft, Politik und Zivilgesellschaft. Die Befunde der Klimaforschung aus den letzten Jahrzehnten sind in der Summe eindeutig: Zu beobachten ist nicht nur ein Abschmelzen der Polkappen und ein Anstieg des Meeresspiegels, sondern auch eine Zunahme von Extremwetterlagen, regional ausgeprägtem Wassermangel mit entsprechenden Ernteausfällen und ein Verlust der Artenvielfalt und Lebensräume (Biodiversität). Prognostisch ist zu erwarten, dass bestimmte Regionen unbewohnbar werden und sich hieraus in der Folge eine Vielzahl ökologischer, wirtschaftlicher, politischer (Umweltkonflikte) und humanitärer Krisen (Umweltflüchtlinge) ergeben (vgl. Ibrahim/Rödder 2022; Reusswig 2011). Im Gegensatz zu den Jahrtausenden zuvor sind diese Effekte nicht auf allgemein natürliche Schwankungen oder regional begrenzte Aktivitäten einzelner Gesellschaften zurückzuführen. Stattdessen handelt es sich um einen globalen Prozess des Wandels natürlicher Umweltbedingungen, der durch eine Bündelung unterschiedlicher Faktoren eine schwer zu regulierende und wissenschaftlich kaum noch zu prognostizierende Eigendynamik klimatischer Veränderungen aufweist.

Anthropozän

Der Klimaforscher und Nobelpreisträger P. J. Crutzen und der Biologe Eugene Stoermer haben in diesem Zusammenhang von einer neuen geochronologischen Epoche des Anthropozäns gesprochen (vgl. Crutzen 2002; Crutzen/Stoermer 2000). Damit ist gemeint, dass das aktuelle Zeitalter des Holozäns (Nacheiszeitalter) durch eine erdgeschichtliche Epoche abgelöst wird, in der »die Auswirkungen menschlicher Lebensformen und Technologien nicht auf lokale Eingriffe in der Natur beschränkt bleiben, sondern als unbeabsichtigte Folgen menschlicher Aktivitäten bis in die geologischen Sedimente der Erde hinein im globalen Maßstab nachweisbar sind« (Adloff/Nickel, 2020, 7; vgl. Crutzen 2011).

Umweltzerstörungen hat es zwar im historischen Rückblick auf vielfältige Art und Weise auf vielen Kontinenten und in allen Kulturen der Welt gegeben (vgl. Radkau 2011), man denke nur an die Zerstörung der Wälder zur Nutzung von Holz als Bau- und Brennstoff sowie zur Gewinnung von Ackerflächen in Antike (vgl. Thommen

2009), Mittelalter und Frühe Neuzeit, aber die Folgen blieben gesellschaftlich und damit auch lokal begrenzt (vgl. Schubert 2022; Bayerl/Troitzsch 1998).

Die Epoche des Anthropozäns ist demgegenüber gekennzeichnet durch eine Selbstgefährdung der Lebens- und Überlebensbedingungen der gesamten Menschheit (vgl. Lorenz 2013). Diese wird hervorgerufen durch eine Bündelung sich kumulativ verstärkender, nicht intendierter Effekte (Temperaturanstieg, Anstieg Meeresspiegel), die sich weder auf einzelne (kollektive) Akteure, Unternehmen, Industriebranchen oder politisches Versagen zurückführen lassen, noch zeigen sie sich regional dort, wo die eigentlichen Verursachenden zu lokalisieren sind. Hochindustrialisierte Gesellschaften des reicheren Nordens und ihre in Relation deutlich niedrigere Bevölkerungszahl haben geringere Konsequenzen zu tragen als Gesellschaften des zum Teil dichter besiedelten und auch wirtschaftlich ärmeren Südens. Der Anstieg des Meeresspiegels gefährdet z.B. die Überlebensbedingungen der Menschen auf den Malediven deutlich stärker als die Bewohnerinnen und Bewohner an den europäischen Küsten. Eine Erhöhung der Durchschnittstemperatur führt in Westeuropa ggf. zu wärmeren Sommern und einer Veränderung der Anbaumethoden (Auswahl von Nutzpflanzen) in der Landwirtschaft, in anderen Regionen allerdings zu extremer Dürre, Ernteausfällen und Hungersnöten.

Ganz unabhängig von der Frage, ob die kategoriale Bezeichnung einer neuen erdgeschichtlichen Epoche analytisch hilfreich ist, wird deutlich, dass die Autoren durch ihren Beitrag auf eine besondere mediale und wissenschaftliche Resonanz gestoßen sind. Aus einem neutralen Klimaverständnis von Messdaten und Modellrechnungen hat sich ein Verständnis von Risiken und bevorstehenden Herausforderungen möglicher Folgen entwickelt. »Im Anthropozän zu leben, bedeutet vor allem, sich darüber im Klaren zu sein, dass alles, was der Mensch tut, auf ihn selbst zurückwirkt, da er der Erde nicht gegenübersteht, sondern als Bestandteil der Erde anzusehen ist« (Schroer 2022, 42).

Nimm man vor diesem Hintergrund den Wandel des Umweltdiskurses in Deutschland in den Blick, so lässt sich seit den 1970er Jahren in hochindustrialisierten Ländern eine Akzentverlagerung beobachten. Die Leitbilder und Strategien der Ökologiebewegung (Greenpeace, Robin Wood) der 1970er und beginnenden 1980er Jahre waren, u.a. vor dem Hintergrund der öffentlichen Rezeption der 1972 veröffentlichten Studie des Club of Rome zur Zukunft der Weltwirtschaft (Grenzen des Wachstums) durch das Massachusetts Institute of Technology (vgl. Döring 2022; Seefried 2022; Meadows u.a. 1972) und der sonntäglichen Fahrverbote 1973, geprägt von einer fundamentalistischen Kritik am Wachstumsideal des Industriekapitalismus bei gleichzeitiger öffentlicher und institutioneller Etablierung, Professionalisierung und Verwissenschaftlichung des Umweltschutzbestrebens (vgl. Opp 1996). 1983 wurde die erst drei Jahre zuvor gegründete Partei Die Grünen zum ersten Mal mit 5,6 Prozent in den Bundestag gewählt. 2021 erhielten sie 14,8 Prozent. Das wesentliche Merkmal der Umweltbewegung der 1970er Jahre war die Herausforderung des industriellen Establishments durch die Propagierung von Ausstiegs-Szenarien und einer Ablehnung der Nutzung der Kernenergie (»Atomkraft? Nein, danke!«). »Das Industrieestablishment reagierte auf die Militärdienst-, Konsum-, Wachstums- und Fortschrittsverweigerer seinerseits mit einer unbeholfenen Verweigerungshaltung. Sie betrieb ein rigides Festhalte-Szenario und setzte auf Business as usual« (Huber 2011, 125).

Spätestens mit dem Reaktorunfall in Tschernobyl 1986 und den Beschlüssen der UN-Konferenz für Umwelt und Entwicklung in Rio de Janeiro 1992 über nachhaltige Entwicklung (Sustainable Development) etablierten sich Umweltbewusstsein und Umweltmanagement auch institutionell in Unternehmen und Behörden, aber auch im Konsumverhalten privater Haushalte. Die Umweltdiskurse der späten 1980er und der 1990er Jahre wurden geprägt durch die Hoffnung, dass eine ökologische, reflexive Modernisierung (vgl. Beck u.a. 1996) mittels technologischer Entwicklungen und wissenschaftlicher Expertisen, Risikoanalysen und Innovationen entscheidende Beiträge sowohl zur Bewältigung des Konflikts zwischen Ökonomie und Ökologie, zur Schadensbegrenzung (Technikfolgenabschätzung) als auch zur Steigerung von Umweltproduktivität und Arbeitsproduktivität liefern werden (vgl. Huber 2011, 148ff.).

Hiervon zu unterscheiden ist die aktuelle Debatte über eine nachhaltige Entwicklung ab den 2000er Jahren. Bis etwa Mitte der 1990er Jahre war das Thema Nachhaltigkeit vorrangig im wissenschaftlichen Kontext präsent, verlagerte sich dann aber zunehmend in Richtung eines politisch und medial-öffentlich geführten Diskurses. Interessant ist hierbei die Akzentverlagerung von einer polarisierend ausgerichteten Kritik und Ablehnung industriekapitalistischer Strukturen der Ökologiedebatte der 1970er Jahre in Richtung einer diskursorientierten Inklusion von Umweltthemen in die gesellschaftlichen Teilbereiche von Wirtschaft, Politik, Medien, Recht, Gesundheit und Wissenschaft zu Beginn des neuen Jahrtausends. Die (natürliche) Umwelt wurde und wird bis heute zunehmend zu einem Bestandteil der Gesellschaft bzw. des gesellschaftlichen Diskurses und damit auch des politischen, wirtschaftlichen und wissenschaftlichen Handelns (vgl. Stehr/Machin 2019). Vereinfacht könnte man bei aller Konflikthaftigkeit der Aushandlungsprozesse von einem kooperativ-integrativen Umgang der Umweltproblematik sprechen, in Abgrenzung zu einer ablehnend-konfrontativen Haltung der 1970er und beginnenden 1980er Jahre (vgl. Neckel 2018; Brand 2018).

Das moderne (normative) Leitbild der Nachhaltigkeit ist global und zukunftsorientiert darauf ausgerichtet, »Gesellschaft und Wirtschaft so zu gestalten, dass die Lebenssituation der heutigen Generation verbessert wird und gleichzeitig die Lebenschancen künftiger Generationen zumindest nicht gefährdet werden, dass also wesentliche soziale, wirtschaftliche und natürliche Grundlagen erhalten bleiben« (Grunwald/Kopfmüller 2022, 11). Als Leitbild gesamtgesellschaftlicher Entwicklung verknüpft es wirtschaftliche (Wachstum), ökologische (Erhalt und Sicherung der Ökosysteme) sowie soziale und kulturelle (Gerechtigkeit, Fairness) Interessen miteinander (vgl. Huber 2011, 155). Aus einer systemtheoretischen Sichtweise, die die Selbstbezüglichkeit der gesellschaftlichen Teilsysteme in den Fokus nimmt,

> »stellt sich die Sachlage so dar, dass funktionale Differenzierung – einschließlich einer gesellschaftlich dominanten kapitalistischen Wirtschaft – sowie eine auf Wirtschaftswachstum getrimmte kulturelle Fortschrittsidee [freie Marktwirtschaft] und ein auf Inklusion ausgerichteter Umgang mit sozialer Ungleichheit [Wohlstand für alle] auf ökologische Desintegration [Externalisierung gesellschaftlicher Kosten von Umweltbelastungen] hinauslaufen« (Schimank 2016, 79).

Dies wiederum hat zur Folge, dass das zunehmende Bestreben einer Reintegration der Ökologie in die Gesellschaft die Politik mit enormen Gestaltungs- und Regulierungserwartungen konfrontiert, denen strukturell »Limitationen politischer Gestaltung« (Schimank 2019, 252) gegenüberstehen.

Der Nachhaltigkeitsdiskurs setzt dieser auf (systemischen) Eigeninteressen basierenden Dynamik ein Modell von Rücksichtnahme, Verantwortung und interessenabwägender Abstimmung entgegen. Man könnte auch von einer gegenseitigen Win-win-Strategie der Re-Integration der Ökologie bei gleichzeitiger Beibehaltung von Wirtschaftswachstum, Wohlstandsmehrung und demokratischen Freiheiten sprechen. Es sind dann die aktuell viel diskutierten Aspekte des branchenspezifischen Umweltmanagements, der umweltpolitischen Maßnahmen, der sozialen Bewegungen und Bürgerinitiativen, des umweltschonenden und tierschützenden Konsums, der nachhaltigen Produktion, der massenmedialen Inszenierung sowie der wissenschaftlichen Forschung, Aufklärung und Technikentwicklung, die in der Summe zu einer Bewältigung der Umwelt- und Klimaprobleme im Interesse der Erhaltung der Lebensbedingungen zukünftiger Generationen beitragen sollen.

Kritisch sei in diesem Zusammenhang erwähnt, dass diese Ansätze geprägt sind von einer Fokussierung auf Entwicklungen hochindustrialisierter Gesellschaften. Es ist fraglich, ob dieses kulturelle Selbstverständnis von Wachstum, (technologischer) Innovation und sozialer Gerechtigkeit nicht zugleich auch von der Voraussetzung ausgehen muss, dass es vor dem Hintergrund des Bevölkerungswachstums auch weiterhin ein erhebliches soziales Gefälle zwischen dem reicheren globalen Norden und einem ärmeren globalen Süden geben muss (vgl. Gore 2020). Kontrovers diskutiert wird auch, ob die für einen solchen Wandel notwendigen Zeiträume ausreichend sind und nicht stattdessen wissenschaftlich und politisch über eine »große gesellschaftliche Transformation« nachzudenken ist, die bisherige Fortschrittsideen in Frage stellt (vgl. Brand 2021; Schneidewind 2019).

Erschwerend kommt hinzu, dass das normative Leitbild der Nachhaltigkeit hinsichtlich des politischen Entscheidens und konkreten Handelns keine verbindlichen Kriterien und Instrumente bereitstellt, wann etwas als nachhaltig einzustufen ist. Anhand welcher Kriterien zur Nachhaltigkeit soll z. B. der aktuell wieder diskutierte Ausbau von Atomkraftwerken bzw. die Verlängerung der Atomenergienutzung konsensfähig festgemacht werden? Gutachten und Expertisen helfen hier nur wenig, da je nach Auswahl der Kriterien sehr unterschiedliche Befunde möglich sind. So kann man durchaus zu der Auffassung kommen, dass Kernenergie in Relation zu anderen Energieformen nicht nur sicher, sondern auch mit extrem niedrigen Emissionen und einem sehr niedrigen Land- und Ressourcenbedarf verbunden ist. Man kann aber auch zu dem Ergebnis kommen, dass im Falle eines Störfalls, auch wenn er in Relation ggf. seltener auftritt, massive überregionale Umweltgefährdungen auftreten. Die Nuklearkatastrophe von Fukushima 2011 und die Gefährdung der Kernreaktoren im Ukraine-Krieg 2022 haben gezeigt, wie schnell solche Risikoeinschätzungen ad absurdum geführt werden und neue Faktenlagen die bisher geltenden Kriterien zur Sicherheitsbeurteilung in Frage stellen. Hinzu kommen die ungeklärten Probleme der Endlagerung, die sich hieraus ergebenden Belastungen für zukünftige Generationen sowie die hohen Bau- und Entsorgungskosten. Schon am Kriterium der Wirtschaftlichkeit scheiden sich die Geister, da

Haftungsfreistellungen, eine vergesellschaftete Endlagerung sowie Staatszuschüsse eine erhebliche Externalisierung der realen Kosten zu Lasten der Volkswirtschaft darstellen.

Diese Gesichtspunkte können wir hier nicht näher vertiefen. Stattdessen nehmen wir im Folgenden Bezug auf die Rolle sozialer Bewegungen und die strategische Ausrichtung einer globalen Klimapolitik.

5.4.3 Soziale Bewegungen und Fridays for Future

Soziale Bewegungen

Soziale Bewegungen (bspw. Frauen-, Arbeiter- oder Ökologiebewegung) haben die Aufgabe, Themen in die Gesellschaft zu transportieren. Durch ihre medienwirksamen inszenierten Aktionen regen sie als Teil der Zivilgesellschaft den öffentlichen Diskurs an, um sozialen Wandel zu initiieren. Als Mittel wählen sie die Form des Protests, der sich u. a. in Demonstrationen, Kundgebungen, Streiks und sonstigen Aktionen (Unterschriftensammlungen, Flugblätter) konkretisiert. Als soziale Gruppierung sind sie hinsichtlich ihrer Ziele geeint und entschieden in ihren Forderungen. Soziale Bewegungen zeichnen sich durch eine gewisse Kompromisslosigkeit, Rigidität und thematische Einseitigkeit (Unterkomplexität) aus, die neben sachlichen Argumenten (Wissenschaft) insbesondere durch normative Ansprüche gerechtfertigt wird (Lebensqualität, Verantwortung).

Wichtig ist zu betonen, dass hier der Fokus auf den Funktionen sozialer Bewegungen liegt und nicht auf die jeweils vertretenen Inhalte. Auch rechtspopulistische Bewegungen sind zivilgesellschaftliche Meinungsäußerungen und Teil des demokratischen Diskurses offener Gesellschaften (vgl. Beyer/Schnabel 2017, 13 ff.; Rammstedt 1978, 191 ff.).

Vor diesem Hintergrund sind soziale Bewegungen wertneutral als soziale Gebilde anzusehen, die »aus miteinander vernetzten Personen, Gruppen und Organisationen [bestehen], die – mehr oder weniger gestützt auf kollektive Identitätsgefühle – mit gemeinsamen Aktionen Protest ausdrücken, um soziale bzw. politische Verhältnisse zu verändern oder um anstehenden Veränderungen entgegenzuwirken« (Rucht/Neidhardt 2020, 839; vgl. Rucht 2015). Um diesen Veränderungen Nachdruck zu verleihen und eine entsprechende Breitenwirkung zu erzielen, sind soziale Bewegungen auf mediale Aufmerksamkeit angewiesen. Zu den weiteren Merkmalen gehört, dass sie i. d. R. durch charismatische Persönlichkeiten vertreten werden. Greta Thunberg, als Initiatorin und weltweit bekannte Repräsentantin der Fridays-for-Future-Bewegung (FFF), hat diese Rolle wirkungsvoll übernommen. Sie steht für eine junge Generation, die selbstbestimmt, kompromisslos, medienwirksam und politisch motiviert die Interessen der nachfolgenden Generationen vertritt. Sie begeistert ihre Mitmenschen, weckt Vertrauen und verkörpert durch ihre Jugendlichkeit und ungewollt auch durch ihre Einschränkungen (Asperger-Syndrom) eine (moralische) Unschuld, die ihr mediales Bild von Ehrlichkeit und Aufopferungsbereitschaft für das Weltklima und damit für das Überleben der Menschheit unterstreicht (vgl. Brand/Welzer 2019, 323). Eine ähnliche Rolle hat Luisa Neubauer in Deutschland übernommen.

Durch ihre Initiativen, die Hundertausende von überwiegend jungen Menschen weltweit mobilisieren, geraten Regierungen, Wirtschaft und Gesellschaft unter Handlungs- und Legitimationsdruck. Politiker, Wirtschaftsvertreterinnen, Gewerkschaften und Interessengruppen sehen sich veranlasst, durch Klimakonferenzen, Klimaaktionspläne und gesetzliche Reformen auf diese an sie herangetragenen Erwartungen zu reagieren. Hierbei kommt es den sozialen Bewegungen durchaus entgegen, dass sich immer auch Gegnerinnen und Gegner des Protests formieren, die mit ähnlichen Mitteln Gegendemonstrationen organisieren. Diese sprechen z. B. von einer Klimahysterie, sie kritisieren die staatliche Regulierungswut und weisen auf die sozialen Folgen hin, die mit einer radikalen Klimapolitik einhergehen (Arbeitsplatzverluste, Wohlstandsminderung). Protest und Gegenprotest verbindet der Drang nach öffentlicher Aufmerksamkeit und gesellschaftlicher Veränderung.

Um ihre (globalen) Ziele erreichen zu können, müssen sich soziale Bewegungen aber auch organisieren. Neue Kommunikationsformen wie die sozialen Medien erleichtern es FFF ihre Anhänger zu mobilisieren, nationale und regionale Aktivitäten zu koordinieren, ihre Botschaften zu verbreiten und als politische Aktivistinnen und Aktivisten einer neuen Generation in Erscheinung zu treten (vgl. Goldenbaum/Thompson 2020). Diese Stärke der (informellen) Spontanität, Improvisation und Orientierung an individuellen (moralischen) Motiven geht einher mit einer geringen Ausdifferenzierung (Hierarchie, Macht) und formalen Institutionalisierung. FFF ist keine auf formalen Mitgliedschaften beruhende Organisation, sondern eine diffuse soziale Gruppierung, der es an Geld, Macht und sozialstruktureller Repräsentanz (Fokus Schülerinnen und Schüler, Studierende) mangelt. Hiermit teilt FFF ein Strukturproblem, das für alle sozialen Bewegungen prägend ist. Diese verfügen zwar über ein hohes Mobilisierungspotenzial, das aber nur schwer auf Dauer zu stellen ist. Hinzu kommt ihre thematische Einseitigkeit. Die Zielsetzungen von FFF sind überschaubar und fokussieren sich auf die Einhaltung der Beschlüsse des Pariser Abkommens aus dem Jahr 2015, in dem sich 197 Staaten auf eine Beschränkung der Erderwärmung auf 1,5 Grad Celsius geeinigt haben. Konkret geht es bezogen auf Deutschland bei FFF um den Kohleausstieg, eine vollständige Umstellung auf erneuerbare Energien sowie um die Einführung einer CO_2-Steuer.

Diese thematisch leicht verständliche und konsensfähige Fokussierung erleichtert die Mobilisierung und Identifizierung von Gleichgesinnten. Erschwert wird hierdurch aber zugleich die Anschlussfähigkeit an einen repräsentativen Querschnitt der Bevölkerung. Bei aller sachlichen Wertschätzung von FFF, ihren international vernetzten Aktivitäten und bisherigen Erfolgen bleibt die Beteiligung, auch die der jungen Menschen, quantitativ ein Minderheitenphänomen (vgl. Rucht/Rink 2020; Rucht 2019). Ihre thematische Unterkomplexität bei gleichzeitiger Rigorosität in der thematischen Ausrichtung erschwert bzw. verhindert geradezu eine Beteiligung an politischen Entscheidungsprozessen, die auf demokratische Legitimation von Mehrheiten angewiesen ist. Die Geschichte von Bündnis 90/Die Grünen in Deutschland ist ein gutes Beispiel für einen zu leistenden Transformationsprozess zur Volkspartei, mit allen sich hieraus ergebenden Konsequenzen zu Kompromisslösungen, Hierarchiebildung, innerparteilichen Machtkämpfen, thematischen Öffnung, Koalitionsbildung und Mehrheitsorientierung. Soziale Bewegungen »eignen sich mehr zum Anstoßen oder Blockieren als zum Steuern und Durchsetzen sozialen Wandels« (Rucht/Neidhardt 2020, 841).

Zusammenfassend kann festgehalten werden, dass der Erfolg von FFF auf viele Faktoren zurückzuführen ist. Zunächst konnte die soziale Bewegung von einer Thematik profitieren, die bereits seit mehreren Jahrzehnten national wie international diskutiert wurde und sich institutionell etabliert hatte. Darüber hinaus nimmt FFF auf Zielsetzungen Bezug, die bereits politisch beschlossen wurden (Pariser Abkommen 2015) und durch wissenschaftliche Expertisen gestützt werden (vgl. Laux 2021). Im Vordergrund der Kritik von FFF steht die schleppende und inkonsequente Umsetzung. Dies zusammengenommen bietet eine solide Basis, um auf hohe soziale und institutionelle Akzeptanz zu stoßen und erfolgreich Teilnehmende zu mobilisieren. Die Ausrichtung auf junge und gebildete Menschen, die ihre Rolle in der Gesellschaft erst noch finden müssen, bei gleichzeitiger Kombination mit attraktiven und rechtlich eher unbedenklichen Formen des Protests (Schulstreiks), einer soliden Unterstützung von renommierten und in der Öffentlichkeit bekannten Wissenschaftlerinnen und Wissenschaftlern sowie einer professionellen Nutzung neuer Medien für ihre eigenen Interessen hat die internationale Vernetzung und fachlich soziale Wertschätzung befördert. Unterstützt wurde diese öffentliche Resonanz durch ein überwiegend wohlwollend eingestelltes Medieninteresse (vgl. Sommer u. a. 2020; 2019; Rucht/Sommer 2019).

Die Corona-Pandemie hat aber auch gezeigt, dass eine solche thematische Fokussierung schnell zum Problem werden kann. Die Schließung der Schulen und die Verlagerung des öffentlichen Interesses auf Themen der Gesundheitsgefährdung hat nicht nur zu einer Reduzierung der Kampagnen, sondern auch zu einer Minderung des öffentlichen und massenmedialen Interesses geführt. Der Ukraine-Krieg hat der Entwicklung durch eine engere Anbindung an die Friedensthematik bei gleichzeitiger Steigerung der Energieversorgungsproblematik nochmals einen gewissen konjunkturellen Aufschwung verliehen. Zugleich stellt dies aber auch eine Gefährdung dar. Je dynamischer und entschlossener die politischen Systeme der Energieproblematik beggenet, je beschleunigter eine Kurswende in der Klimapolitik erfolgt und je größer die Solidarität und Identifikation der Bevölkerung mit den politischen Strategien und Maßnahmen ist, umso schwieriger wird das Mobilisierungspotenzial für FFF. Dies gilt übrigens auch für Maßnahmen, die den Zielsetzungen von FFF eklatant zuwiderlaufen (bspw. Laufzeitverlängerung Kernkraftwerke). Es bleibt abzuwarten, ob es FFF gelingt, ihren prominenten Status zu erhalten.

5.4.4 Klimapolitik, Weltklimagipfel und internationale Beziehungen

Die Ursachen und Auswirkungen des Klimawandels sind ein globales Phänomen und daher lassen sich die Strategien zum Klimaschutz auch nur global regulieren. Nationalstaatliche Alleingänge mögen innovative Konzepte erproben, eine gewisse

Vorbildfunktion einnehmen und regional beachtliche Erfolge erzielen; sie tragen aber nur begrenzt zur Lösung des Klimawandels bei. Da wir an dieser Stelle nicht ausführlich auf die vielen nationalen und internationalen globalen und lokalen Maßnahmen der letzten Jahrzehnte zur Umweltpolitik im Allgemeinen und der Klimapolitik im Besonderen (vgl. Edenhofer/Jakob 2019) eingehen können, beschränken wir uns im Folgenden auf eine Skizzierung der wichtigsten Ergebnisse der Weltklimagipfel von Kyoto 2005, dem Pariser Abkommen 2015 sowie der Weltklimakonferenz in Glasgow 2021.

Die ersten Weltklimakonferenzen fanden 1979 und 1990 in Genf statt. Als wichtigste Resultate sind hier die Anregung zur Gründung des Weltklimarats (IPCC) im Jahr 1988 sowie die Initiierung einer von den Vereinten Nationen 1992 ins Leben gerufenen Rahmenklimakonvention (United Nations Framework Convention on Climate, UNFCCC) zu nennen, die auf dem Erdgipfel 1992 in Rio de Janeiro vorbereitet wurde. Zwei Jahre später trat die erste UN-Klimarahmenkonvention in Kraft. In dieser verpflichteten sich 154 Staaten auf freiwilliger Basis zu einer Verringerung der Treibhausgasemissionen auf den Stand des Jahres 1990. 1997 wurde das sog. Kyoto-Protokoll verabschiedet, dessen Ratifizierung 2005 erfolgte. Hierin erklärten sich 191 Industrieländer rechtsverbindlich dazu bereit, den Ausstoß klimagefährdender Treibhausgase zu verringern. Zu den wichtigsten Beschlüssen zählte die Reduzierung der Menge des Ausstoßes schädlicher Treibhausgase um fünf Prozent unter das Niveau von 1990. Zwischen den Ländern des globalen Nordens und globalen Südens wurden die konkreten Aufgabenschwerpunkte unter Berücksichtigung der jeweiligen politischen und wirtschaftlichen Verhältnisse differenziert ausgestaltet. Um eine gewisse Flexibilität zu ermöglichen, wurde vereinbart, dass Mittels Emissionszertifikaten, die Emissionsreduktionen (Klimaschutzprojekte) belegen und auf dem Markt gehandelt werden, die Gesamtbilanz länder- und unternehmensspezifisch ausgeglichen werden kann. Das Kyoto-Protokoll wurde von den USA nicht ratifiziert. Für Kanada, Indien und China gab es Ausnahmeregelungen mit der Folge, dass diese Staaten keinen Minderungsverpflichtungen nachkommen mussten. Hinzu kamen das Problem der Kontrolle und der qualitativen Bewertung der Emissionszertifikate. Die Verlängerung des Kyoto-Protokolls für den Zeitraum 2012 bis 2020 wurde von den USA, Kanada, Russland, China und Indien nicht mehr ratifiziert.

Im Jahr 2015 kam es zur Verabschiedung des Pariser Klimaabkommens. Mit Inkrafttreten 2016 verpflichteten sich 195 Staaten völkerrechtlich verbindlich, die Erderwärmung nach 2020 auf maximal 2 Grad Celsius zu begrenzen. Angestrebt wurde zwar eine Begrenzung auf 1,5 Grad Celsius, aber auf eine rechtsbindende Entscheidung konnte man sich nicht verständigen. Langfristig soll, so die weitergehenden Beschlüsse, ab Mitte der zweiten Jahrhunderthälfte Klimaneutralität (Gleichgewicht Ausstoß zu Aufnahme von Klimagasen) erreicht werden. Vereinbart wurde auch, dass notwendige Maßnahmen zur Bekämpfung aktueller Folgen des Klimawandels unternommen werden. Jede Nation bzw. jeder Staatenverbund hat hierzu sog. Nationally Determined Contributions vorzulegen, in denen entsprechende Maßnahmen zu konkretisieren sind. Diese werden alle fünf Jahre überprüft und angepasst. Eine Gesamtüberprüfung (Global Stocktage) erfolgt 2023. Im Vergleich zu Kyoto orientierte sich das Pariser Abkommen stark an der sog. Agenda

2030 aus dem Jahr 2015, in der seitens der Vereinten Nationen 17 Nachhaltigkeitsziele (Sustainable Development Goals) für eine soziale, wirtschaftlich und ökologisch nachhaltige Entwicklung (u.a. keine Armut, bezahlbare und saubere Energie, Leben unter Wasser) festgelegt wurden.

Auf der 26. Weltklimakonferenz 2021 in Glasgow verständigten sich fast 200 Staaten auf einen sog. Klimapakt. Erstmalig wurde hierin ein Passus zum Abbau aus der Kohlenutzung und zum Ende der fossilen Energien aufgenommen. Auf einen Ausstieg aus der Kohle konnte man sich nach Intervention von China und Indien nicht einigen. Darüber hinaus verpflichteten sich die teilnehmenden Staaten auf das Ziel, die Erderwärmung im Vergleich zum vorindustriellen Zeitalter bis auf 1,5 Grad Celsius zu beschränken. Es wurde zudem deutlich, dass die bisher von den jeweiligen Ländern vor dem Hintergrund der Beschlüsse von Paris eingeleiteten Maßnahmen nicht ausreichen werden. Um das Ziel dennoch erreichen zu können, wird eine Minderung des Ausstoßes klimaschädlicher Treibhausgabe bis 2030 um 45 Prozent angestrebt. Die Länder wurden verpflichtet, ihre jeweiligen Klimaschutzpläne zu überarbeiten bzw. zu verschärfen. Darüber hinaus wurde ein Fonds zur technischen Unterstützung armer Länder eingerichtet, um auf aktuelle Folgen des Klimawandels (Dürre, Überschwemmungen, Umsiedelungen) reagieren zu können. Dieser Fonds steht nicht zur Erstattung von Schäden und Verlusten zur Verfügung. Auf konkrete Summen im Rahmen der Einrichtung des Fonds konnte man sich ebenfalls nicht verständigen.

Besondere Fortschritte konnten auch auf der 27. Weltklimakonferenz im November 2022 in Sharm El-Sheikh nicht erreicht werden. Es blieb bei allgemeinen Absichtserklärungen, mehrheitlich ohne verbindlichen Charakter. »Weder wurde der Ausstieg aus der fossilen Ära festgeklopft, noch wurden substanziell ehrgeizigere Klimaziele zugesagt oder das Ende der billionenschweren klimaschädlichen Subventionen« (Müller-Jung 2022).

In der Gesamtbilanz fällt das Resümee der bisherigen Weltklimakonferenzen geteilt aus. Im 6. Bericht des Weltklimarates IPCC 2022 mit dem Schwerpunkt Klimafolgen und Klimaanpassung wird nochmals auf die Dramatik der Folgen des Klimawandels für die Ökosysteme, die biologische Vielfalt und die Gefährdung für Mensch und Gesellschaft hingewiesen. Gefordert wird mehr politische Entschlossenheit und eine konsequentere Umsetzung der verabschiedeten Beschlüsse bei gleichzeitiger Fixierung und Einhaltung länderspezifisch definierter Ziele und Prioritäten sowie eine angemessene finanzielle Ressourcenausstattung und eine wissenschaftlich fundierte Qualitätssicherung (vgl. IPCC 2022; Simonis 2017a).

Obwohl Umwelt- und Klimapolitik eher Gegenstand der Politikwissenschaften im Kontext der Analyse internationaler Beziehungen sind (vgl. Lederer 2017), dürfte auch unter Rekurs auf sozialwissenschaftliche Forschungsbefunde (Stichwort Global Governance) die bisherige Entwicklung eher skeptisch beurteilt werden. Provokativ formuliert hat der Ukraine-Krieg sicherlich mehr Dynamik in der Umwelt-, Klima- und Energiepolitik initiiert als alle Weltklimagipfel der Vergangenheit zusammen. Trotz der Partizipation von NGOs und zivilgesellschaftlichen Akteuren (Vereine, Verbände, Initiativen) an den Weltklimakonferenzen setzen sich die eigentlichen Entscheidungsträger weiterhin aus staatlichen, regelsetzenden Akteuren zusammen, die »als einzige mit der Souveränität und Legitimität zur Setzung von

Völkerrecht und bindender internationaler Abkommen ausgestattet sind« (Otto 2017, 260). Deren Systemlogiken sind geprägt von kurzfristigem politischen Machterhalt, nationalstaatlichen Eigeninteressen (wirtschaftlich, kulturell), zwischenstaatlichen Konkurrenzbeziehungen und Profilierungen (parteipolitisch, individuell). Hinzu kommt, dass die überstaatlichen Institutionen über ein Vollzugsdefizit verfügen, d.h., dass bei Verstößen kaum Zwangsinstrumente zur Durchsetzung von Beschlüssen zur Verfügung stehen (vgl. Mayntz 2009). Es spricht schon aus systemrationalen Gründen wenig dafür, dass man sich auf langfristige, politisch unpopuläre, kostenintensive und die Gesellschaft radikal verändernde Maßnahmen in der Klimapolitik verständigt. Stattdessen ist eher zu erwarten, dass es existenzieller Krisen, Ausnahmesituationen und akuter Selbstgefährdungen bedarf, um grundlegende Veränderungen zu initiieren (vgl. Nassehi 2022; Kuhn 2020).

Variante 2 gäbe eher den Kritikerinnen und Kritikern recht, die zwar nicht von einer Panikmache sprechen, aber eher auf die Unsicherheit der Prognosen und Katastrophenszenarien verweisen und die Chance in einem moderaten, technologie- und innovationsbasierten Transformationsprozess sehen. Wenn sich der Klimawandel nicht mehr aufhalten lässt und auch die Möglichkeiten der Reduzierung der Emissionen begrenzt sind, sollte verstärkt in die Anpassung an den Klimawandel investiert werden. »Anpassung, so das Argument, erforder[t] keine ausgeklügelte Kooperation zwischen Europa, USA, China, Indien, Russland und Japan [...]. Anpassung kann lokales Wissen aktivieren [...] und kann sich – so die Vermutung – auf leistungsfähige Märkte verlassen« (Edenhofer 2022, 9).

Weiterführende Literatur

Beyer, H. & Schnabel, A. (2017): Theorien Sozialer Bewegungen. Eine Einführung. Frankfurt, New York: Campus.
Grunwald, A. & Kopfmüller, J. (2022): Nachhaltigkeit (3. Aufl.). Frankfurt, New York: Campus.
Haunss, S. & Sommer, M. (Hrsg.) (2020): Fridays for Future – Die Jugend gegen den Klimawandel. Bielefeld: transcript.
Ibrahim, Y. & Rödder, S. (Hrsg.) (2022): Schlüsselwerke der sozialwissenschaftlichen Klimaforschung. Bielefeld: transcript.
Simonis, G. (Hrsg.) (2017b): Handbuch Globale Klimapolitik. Leiden: Schöningh.

Weiterführende Quellen

Deutscher Wetterdienst (2022): Klimastatusbericht Deutschland Jahr 2021. DWD, Geschäftsbereich Klima und Umwelt. Offenbach.

Stichwortverzeichnis

A

Abweichung/en   16, 42, 58, 97
Alltag   24, 42, 58, 59, 85, 86, 88, 101, 102, 125, 133, 156, 179, 180, 264, 265
Alter   14, 15, 17–19, 21, 22, 29, 30, 131–138, 140–144
Altersarmut   136, 143, 219
Anthropozän   341, 342
Arbeitslosigkeit   23, 67, 72, 109, 137, 188, 189, 194, 236, 252, 270, 333
Arbeitsmarkt   15, 22, 64, 65, 72, 109, 110, 129, 142, 183, 194–196, 217, 259, 260
Arbeitsproduktivität   134, 187, 203, 343
Arbeitszeit   34, 82, 92, 185, 188, 193, 196, 199, 201–205, 333
Armut   47, 48, 71–75, 86, 89, 124, 134, 219, 237, 238, 240, 252, 285, 286, 288, 289, 291–293, 295–297, 302, 305
Ausbildung   14, 22–26, 30, 36, 37, 40, 41, 108, 109
Autokratie   313–316, 321–324
Autokratisierung   311, 313, 314
Autoritarismus   321–323
Autorität   323

B

Behinderung   77, 97–113
Bevölkerungsentwicklung   66, 140, 141
Bevölkerungswachstum   89, 138, 139, 190, 246, 247, 276, 344
Bildungsstand   153, 154
Bildungswesen   32, 36, 217

C

Corona-Krise   329, 331–335
Corona-Pandemie   19, 38, 109, 113–117, 129, 131, 141, 155, 156, 158, 183, 207, 208, 237, 286, 323, 326, 329, 331, 332, 347
Cyberkriminalität   155–158
Cybermobbing   161, 162, 301

D

Demographischer Wandel   137, 141
Demokratie   175, 176, 282, 313–316, 319–324
Demokratisierung   175, 311, 313, 314, 316, 323
Digitale Medien   160, 161, 163, 166, 174–177, 180, 210
Digitalisierung   147, 148, 154, 163, 182, 190–192, 194, 195, 259, 318
Diskriminierung   65, 76, 77, 104, 259, 265, 268, 279, 280, 295, 298, 301, 302
Disziplinierung   32, 75
Diversität   97, 254

E

Empowerment   101–104
Ernährung   83, 88–91, 239, 285
Erwerbsarbeit   15, 16, 24, 26, 28, 33, 35, 36, 49, 50, 55, 56, 99, 127, 135, 141–143, 168, 183–185, 193, 203, 205, 258–260
Erziehung   23, 32–38, 50, 51, 55–58, 231, 306
Existenzsicherung   47, 134
Exklusion   75, 83, 110, 151, 250, 255–257, 281, 306–308
Externalisierung   234, 238, 239, 343, 345

F

Familienformen   40, 41, 46, 47, 51–54, 61
Finanzwesen   217, 225, 227, 230, 234
Freizeitbereich   177, 203
Freizeitindustrie   199, 204
Fridays for Future Bewegung   338, 345–347

G

Generationen   20, 21, 46, 60, 141, 143, 177, 178, 244, 279, 281, 343–345

Gentechnologie   52, 83
Gesundheitsförderung   123, 126, 127
Gesundheitspolitik   122, 127
Gesundheitssystem   90, 113, 115–117, 119–122, 127–129, 194, 297, 298, 306, 332
Gewaltkriminalität   43, 263, 265
Gini-Koeffizient   68, 71, 287–290
Gleichberechtigung   102, 108
Global Cities   241, 242
Globale Ungleichheit   289–292, 294, 296
Globalisierung   76, 228, 230–233

H

Handelsmessen   221, 222
Hausgemeinschaft   47, 48, 50, 51, 92, 98, 99

I

Industrialisierung   30, 33, 35, 49, 50, 66, 89, 99, 118, 119, 122, 129, 134, 139, 140, 185–187, 189, 191, 201, 202, 219, 230, 291–294, 302, 308
Industriegesellschaft   14, 15, 21, 24, 26, 47, 67, 117, 118, 147–149, 183, 188, 192, 201, 209, 244, 293, 302, 303
Informationstechnologie   27, 59, 60, 147, 165, 183, 189, 190, 231, 232, 261
Inklusion   75, 101, 104, 106–110, 151, 257, 281, 297, 298, 306–308, 316–318, 343
Integration   23, 42, 75, 80, 98, 103, 104, 109, 110, 142, 177, 180, 250, 251, 253, 272, 276–282, 333

J

Jugend   14, 15, 18–20, 25, 29, 30, 34–44, 91, 125, 132, 159–163, 306, 334

K

Kapitalismus   68, 69, 149, 188, 192, 198, 224, 227, 234, 235, 237, 239, 259, 322
Kernfamilie   36, 39, 46, 47, 50, 52–54, 244, 258
Kindheit   14, 15, 18, 21, 29–39, 41, 44, 57, 125, 132
Kirche   50, 70, 186, 244
Klassengesellschaft   67, 69, 75
Klassenmodell   75, 76
Kohorte   18–21, 136
Kolonialismus   221, 224, 227, 292–295

Konsumgesellschaft   201–204, 209, 210
Konsumverhalten   58, 60, 156, 199, 240, 343
Krankheit   48, 58, 81, 97–99, 106, 107, 115–120, 122, 124–126, 128, 133, 139, 310, 325–328, 332
Kultur   71, 76, 80, 85, 86, 105, 116, 141, 146, 150, 151, 168, 177, 191, 201, 207, 208, 224, 242, 243, 247, 262, 281, 332, 339, 340, 343

L

Landwirtschaft   47, 66, 185–187, 189, 221, 222, 225, 228, 229, 247, 285, 293, 295
Lebenslauf   15–19, 21, 22, 24–29, 35, 52, 71, 125, 132, 135
Lebenslaufforschung   18, 19, 21, 132
Lebensphasen   29, 30, 37, 39, 53, 131–133, 135, 138, 140, 141, 144, 145

M

Massenkonsum   68, 69, 188, 203, 204, 293
Massenmedien   86, 149, 164, 165, 170–172, 175, 177–179, 319, 320, 331, 335
Medienkompetenz   152, 154, 163, 176
Mediennutzung   43, 159–161, 163, 175, 178, 320
Migration   139, 140, 266–271, 273, 274, 276–282, 296
Migrationsforschung   268, 270, 280, 282
Migrationshintergrund   74, 77, 107, 108, 140, 252, 266–268, 279, 280, 282, 334
Milieu   66, 70, 71, 85, 153, 154, 243, 252

N

Nachhaltige Entwicklung   249, 343, 349
Nachhaltigkeit   90, 210, 341, 343, 344, 349
Netzwerkgesellschaft   147, 148
Normierung   105, 187

O

Öffentlichkeit   83, 85–87, 145, 172, 174–176, 258, 279, 303, 305, 318–321, 323
Ökologie   239, 240, 248, 249, 257, 261, 340–345
Ökonomie   26, 75, 76, 146, 148, 149, 151, 183, 192, 193, 242, 257–261, 286, 343

P

Pädagogik   33, 37, 38, 57, 103, 111, 201
Pandemie   324–327, 330
Partizipation   37, 103, 106, 148, 154, 170, 175, 176, 257, 313, 314, 320, 324
Persönlichkeit   36, 39, 41, 58, 59, 82, 85, 92, 162, 220
Pluralität   41, 47, 176
Populismus   321–323
Postkolonialismus   291, 294, 295
Postmigrationsgesellschaft   280, 282
Prävention   117, 126, 155, 157, 158, 264, 265
Produktionsprozesse   182, 183, 187, 190, 195, 196, 294, 302
Produktionsweisen   200, 209, 302

Q

Querdenkende   335, 336

R

Rassismus   76, 77, 277, 280, 295, 301
Rollenverständnis   54, 258
Rollenverteilung   47–50, 55, 57, 60

S

Scheidung   23, 48, 52, 53, 56, 60
Schönheitsideal   82, 91, 92
Schulbildung   34, 38, 297, 306
Segregation   108, 243, 250–254, 280
Selbstbestimmung   86, 102–106, 127, 144, 195, 302
Selbstbild   84, 92
Sexualität   23, 24, 39, 88, 160, 162, 302
Singularisierung   90, 136
Soziale Arbeit   308–310
Soziale Bewegungen   93, 151, 318, 345–347
Soziale Kontrolle   33, 59, 75, 87, 148, 227, 323
Soziale Netzwerke   59, 107, 147, 148, 162, 330
Soziale Probleme   301–309, 311
Soziale Ungleichheit   25, 61, 63–70, 72, 74–77, 125, 126, 235–237, 239, 240, 243, 250, 284–287, 289–292, 295–298, 308, 320, 323, 334, 343
Sozialisation   30, 36–38, 40, 41, 54, 57–59, 71, 85, 153, 154, 162, 163, 177, 179, 253, 281, 334
Sozialpolitik   68, 134, 187, 292, 303, 308, 309
Sozialraum   126, 154, 178, 250–255, 258, 265, 298
Sozialstaat   75, 111, 116, 183, 202, 209, 235, 236, 239, 309–311, 319, 320
Sozialstruktur   64–66, 75, 77, 154, 205, 243, 254, 258, 259, 262, 266, 335
Sozialwirtschaft   308, 310
Soziologie   19, 23, 63–65, 116, 131, 151, 194, 205, 261, 281, 295, 297, 302–306, 331, 334, 338–340
Stadtentwicklung   244, 246, 247, 250, 254, 255, 257, 259, 261
Subsistenzwirtschaft   185, 199, 219, 221, 285, 286, 291–293, 318

U

Umweltprobleme   243, 343
Ungleichheitsforschung   68, 70–72, 77, 151, 286, 290, 295, 296, 298

V

Verschwörungstheorien   115, 321, 335, 336

W

Wirtschaftsleistung   243, 287
Wirtschaftssystem   67, 71, 116, 117, 134, 232, 294, 306, 316–320, 323
Wohlfahrtsstaat   15, 34, 38, 64, 68, 105, 183, 188, 209, 235, 262, 286, 288, 296, 297, 308, 309, 311, 320, 323, 332
Wohlstand   22, 26, 36, 49, 50, 56, 57, 64, 65, 68, 75, 92, 105, 138, 188, 198, 203, 209, 222, 235, 238, 245, 272, 287, 289, 291, 292, 343, 344, 346
Wohnverhältnisse   34, 48, 49, 89, 99, 105, 119, 134, 334

Literatur

Abel, J. & Ittermann, P. (2017): Einfacharbeit. In: H. Hirsch-Kreinsen & H. Minssen (Hrsg.), Lexikon der Arbeits- und Industriesoziologie (2. Aufl.) (S. 109–112). Baden-Baden: Nomos.
Abels, H. (2008): Lebensphasen. Eine Einführung. Wiesbaden: VS Verlag.
Abels, H., Honig, M.-S., Saake, I. & Weymann, A. (2008): Lebensphasen. Eine Einführung. Wiesbaden: Springer.
Achten, P. G. (2016): China plant Megacity für 130 Millionen Einwohner. Infosperber. Online verfügbar unter: https://www.infosperber.ch/Politik/China-plant-Megacity-fur-130-Millionen-Einwohner, Zugriff am 30.09.2022.
Adloff, F. & Neckel, S. (2020): Einleitung: Gesellschaftstheorie im Anthropozän. In: F. Adolff & S. Neckel (Hrsg.), Gesellschaftstheorie im Anthropozän (S. 7–19). Frankfurt, New York: Campus.
Adolf, M. & Stehr, N. (2010): Die Macht der neuen Öffentlichkeit. Vorgänge, 192 (4), 4–15.
Ahlers, A. L., Krichewsky, D., Moser, E & Stichweh, R. (Hrsg.) (2021): Democratic and Authoritarian Political Systems in 21st Century World Society. Bielefeld: transcript.
Ahrbeck, B. (2017): Der Umgang mit Behinderung. Besonderheit und Vielfalt, Gleichheit und Differenz (3. Aufl.). Stuttgart: Kohlhammer.
Ahrbeck, B., Fickler-Stang, U., Lehmann, R. & Weiland, K. (2021): Anfangserfahrungen mit der Entwicklung der inklusiven Schule in Berlin – eine exploratorische Studie im Rahmen von Schulversuchen. Senatsverwaltung für Bildung, Jugend und Familie. Münster: Waxmann.
Ahrens, G. (1986): Krisenmanagement 1857 – Staat und Kaufmannschaft in Hamburg während der ersten Weltwirtschaftskrise. Hamburg: Verlag Verein für Hamburgische Geschichte.
Aksakal, M. (2020): Warum verlassen Menschen ihre Lebensorte? Ein Überblick über Ansätze zur Erklärung der Initiierung von Wanderung. In: T. Faist (Hrsg.), Soziologie der Migration (S. 97–124). Berlin: De Gruyter.
Aktion Mensch e. V. (2019): Inklusionsbarometer Arbeit. Ein Instrument zur Messung von Fortschritten bei der Inklusion von Menschen mit Behinderung auf dem deutschen Arbeitsmarkt (7. Jahrgang). Bonn.
Aktion Mensch e. V. (2020): Inklusionsbarometer Arbeit. Ein Instrument zur Messung von Fortschritten bei der Inklusion von Menschen mit Behinderung auf dem deutschen Arbeitsmarkt (8. Jahrgang). Bonn.
Aktion Mensch e. V. (2021): Inklusionsbarometer Arbeit. Ein Instrument zur Messung von Fortschritten bei der Inklusion von Menschen mit Behinderung auf dem deutschen Arbeitsmarkt (9. Jahrgang). Bonn.
Albrecht, G. (2010): Jugend: Recht und Kriminalität. In: H.-H. Krüger & C. Grunert (Hrsg.), Handbuch der Kindheits- und Jugendforschung (2. Aufl.) (S. 831–904). Wiesbaden: VS Verlag.
Albrecht, G. & Groenemeyer, A. (Hrsg.) (2012): Handbuch soziale Probleme (2., überarb. Aufl.). Wiesbaden: Springer.
Albrecht, H.-J. (2016): Der Rückgang der Jugendkriminalität setzt sich fort. Recht der Jugend und des Bildungswesens, 64 (4), 395–413.
Amadeu Antonio Stiftung (Hrsg.) (2021): Down the Rabbit Hole. Verschwörungsideologien: Basiswissen und Handlungsstrategien. Berlin.

Amann, A. (2014): Sozialgerontologie: ein multiparadigmatisches Forschungsprogramm? In: A. Amann & F. Kolland (Hrsg.), Das erzwungene Paradies des Alters? Weitere Fragen an eine kritische Gerontologie (2. Aufl.) (S. 29–50). Wiesbaden: Springer.
Amlinger, C. & Nachwey, O. (2022): Gekränkte Freiheit. Aspekte des libertären Autoritarismus. Berlin: Suhrkamp.
Anderson, B. (1983): Imagined Communities. Reflections on the Origin and Spread of Nationalism. London: Verso.
Andresen, S., Wilmes, J. & Möller, R. (2019): Children'sWorlds+. Eine Studie zu den Bedarfen von Kindern und Jugendlichen in Deutschland. Gütersloh: Bertelsmann.
Anger, S., Trahms, A. & Westermeier, C. (2018): Erwerbstätigkeit nach dem Übergang in Altersrente: Soziale Motive überwiegen, aber auch Geld ist wichtig. IAB-Kurzbericht 24, 1–12.
Antes, P. & Ceylan, R. (Hrsg.) (2017): Muslime in Deutschland. Wiesbaden: Springer.
Anton, A. (2011): Unwirkliche Wirklichkeiten. Zur Wissenssoziologie von Verschwörungstheorien. Berlin: Logos.
Anton, A., Schetschke, M. & Walter, M. K. (Hrsg.) (2013): Konspiration: Soziologie des Verschwörungsdenkens. Wiesbaden: Springer.
Appel, M. & Schreiber, C. (2015): Leben in einer digitalen Welt: Wissenschaftliche Befundlage und problematische Fehlschlüsse. Psychologische Rundschau, 66 (2), 119–123.
Aries, P. (2014): Geschichte der Kindheit (18. Aufl.). München: dtv.
Arnett, J. J. (2000): Emerging Adulthood: A Theory of Development from the Late Teens through the Twenties. American Psychologist, 55 (5), 469–480.
Aulenbacher, B., Dammayr, M. & Riegraf, B. (2018): Care und Care Work. In: F. Böhle, G. Wachtler & G. G. Voß (Hrsg.), Handbuch Arbeitssoziologie. Band 2: Akteure und Institutionen (2. Aufl.) (S. 747–766). Wiesbaden: Springer.
Aulenbacher, B., Lutz, H. & Schwiter, K. (Hrsg.) (2021): Gute Sorge ohne gute Arbeit? Live-in-Care in Deutschland, Österreich und der Schweiz. Weinheim: Beltz.
Autor:innengruppe Bildungsberichterstattung (Hrsg.) (2014): Bildung in Deutschland 2014. Ein indikatorengestützter Bericht mit einer Analyse zur Bildung von Menschen mit Behinderungen. Bielefeld: Bertelsmann.
Autor:innengruppe Bildungsberichterstattung (2022): Bildung in Deutschland 2022: Ein indikatorengestützter Bericht mit einer Analyse zum Bildungspersonal. Bielefeld: wbv Media.
Baacke, D., Sander, U. & Vollbrecht, R. (1990): Lebenswelten sind Medienwelten. Opladen: Leske & Budrich.
Baader, M. S. (2014): Die reflexive Kindheit. In: M. S. Baader, F. Eßer & W. Schröer (Hrsg.), Kindheiten in der Moderne. Eine Geschichte der Sorge (S. 414–455). Frankfurt, New York: Campus.
Baader, M. S., Eßer, F. & Schröer, W. (Hrsg.) (2014): Kindheiten in der Moderne. Eine Geschichte der Sorge. Frankfurt, New York: Campus.
Bäcker, G., Naegele, G. & Bispinck, R. (2020): Sozialpolitik und soziale Lage in Deutschland. Ein Handbuch (6., vollst. überarb. u. erw. Aufl.). Wiesbaden: Springer.
Backes, G. & Clemens, W. (2013): Lebensphase Alter. Eine Einführung in die sozialwissenschaftliche Alternsforschung (4., überarb. u. erw. Aufl.). Weinheim: Beltz Juventa.
Bade, K. J. (2000): Europa in Bewegung. Migration vom späten 18. Jahrhundert bis zur Gegenwart. München: Beck.
Bade, K. J. (2007): Integration: versäumte Chancen und nachholende Politik. APuZ, (22/23), 32–38.
Bade, K. J. & Bommes, M. (Hrsg.) (2004): Migration – Integration – Bildung. Grundfragen und Problembereiche (IMIS-Beiträge, 23). Institut für Migrationsforschung und Interkulturelle Studien (IMIS). Osnabrück.
Baecker, D. (2010): Die vierte Gewalt. Vorgänge, 192 (4), 16–22.
Baecker, D. (2017): Digitale Revolution. In: Staatslexikon. Erster Band: ABC-Waffen – Ehrenamt (8. Aufl.) (S. 1397–1402). Freiburg, Basel, Wien: Herder.
BAGFW – Bundesarbeitsgemeinschaft der Freien Wohlfahrtspflege e. V. (Hrsg.) (2018): Gesamtstatistik 2016: Einrichtungen und Dienste der Freien Wohlfahrtspflege. Berlin.
Bajohr, S. (2014): Kleine Weltgeschichte des demokratischen Zeitalters. Wiesbaden: Springer.

BAMF – Bundesamt für Migration und Flüchtlinge (2022): Das Bundesamt in Zahlen 2021 – Asyl. Bundesamt für Migration und Flüchtlinge. Nürnberg.

Bank-Mikkelsen, N. E. (2005): Das Normalisierungsprinzip – Betrachtungen aus Dänemark. In: Ders. (Hrsg.), Das Normalisierungsprinzip. Ein Lesebuch zu Geschichte und Gegenwart eines Reformkonzepts (S. 50–61). Marburg: Lebenshilfe-Verlag.

Banken, R., Kleinschmidt, C. & Logemann, J. (2021): Absatz und Reklame: Die Anfänge von modernem Einzelhandel und die Werbung bis zum Ersten Weltkrieg. In: C. Kleinschmidt & J. Logemann (Hrsg.), Konsum im 19. und 20. Jahrhundert (S. 191–207). Berlin, Boston: De Gruyter.

Banner, T. (2020): »Starlink-Satelliten« von SpaceX: Das steckt hinter dem Projekt von Elon Musk. Online verfügbar unter: https://www.fr.de/wissen/starlink-satelliten-spacex-elon-musk-projekt-internet-weltall-falcon-9-13699873.html, Zugriff am 30.09.2022.

Bänziger, P.-P. (2020): Die Moderne als Erlebnis. Eine Geschichte der Konsum- und Arbeitsgesellschaft 1840–1940. Göttingen: Wallstein.

Bardt, H. & Grömling, M. (2021): Privater Konsum in Deutschland. Die Auswirkungen der Corona-Pandemie im Spiegel früherer Konjunkturkrisen. Vierteljahresschrift zur empirischen Wirtschaftsforschung, 48 (2), 3–22.

Barkun, M. (2003): A Culture of Conspiracy. Apocalyptic Visions in Contemporary America. Berkeley-Los Angeles.

Barth, B., Flaig, B. B., Schäuble, N. & Tautscher, M. (Hrsg.) (2018): Praxis der Sinus-Milieus. Gegenwart und Zukunft eines modernen Gesellschafts- und Zielgruppenmodells. Wiesbaden: Springer.

Baur, N. (Hrsg.) (2009): Handbuch Soziologie. Online-Ausgabe. Wiesbaden: Springer.

Bausinger, H. (1979): Arbeit und Freizeit. Funkkolleg Geschichte, Studienbegleitbrief 2, 43–86.

Bausinger, H. (1981): Arbeit und Freizeit. In: A. Nitschke & P. Schmoock (Hrsg.), Grundkurs Geschichte. Der Mensch in elementaren Situationen (S. 93–135). Weinheim, Basel: Beltz.

Bayerl, G. & Troitzsch, U. (1998): Quellentexte zur Geschichte der Umwelt von der Antike bis heute. Zürich: Muster-Schmidt.

Beck, K. (2014): Kommunikationsforschung/Medienwirkungsforschung. In: J. Schröter (Hrsg.), Handbuch Medienwissenschaft (S. 453–460). Stuttgart, Weimar: Metzler.

Beck, U. (1986): Risikogesellschaft. Auf dem Weg in eine andere Moderne. Frankfurt a.M.: Suhrkamp.

Beck, U., Giddens, A. & Lash, S. (1996): Reflexive Modernisierung. Eine Kontroverse. Frankfurt a.M.: Suhrkamp.

Beck, U. & Grande, E. (2010): Jenseits des methodologischen Nationalismus: Außereuropäische und europäische Variationen der Zweiten Moderne. Soziale Welt, 61 (3/4), 187–216.

Beckert, S. (2019): King Cotton. Eine Geschichte des globalen Kapitalismus. München: Beck.

Beckert, S. (2020): Wirtschaft und Arbeit. In: H. Joas & S. Mau (Hrsg.), Lehrbuch der Soziologie (4. Aufl.) (S. 617–657). Frankfurt a.M.: Campus.

Beckmann, S. (2020): Geschlecht. In: S. Schinkel, F. Hösel, S.-M. Köhler, A. König, E. Schilling, J. Schreiber, R. Soremski & M. Zschach (Hrsg.), Zeit im Lebensverlauf. Ein Glossar (S. 155–160). Bielefeld: transcript.

Beisch, N. & Koch, W. (2021): 25 Jahre ARD/ZDF-Onlinestudie: Unterwegsnutzung steigt wieder und Streaming/Mediatheken sind weiterhin Treiber des medialen Internets. Media Perspektiven, (10), 486–503.

Beisch, N. & Schäfer, C. (2020): Internetnutzung mit großer Dynamik: Medien, Kommunikation, Social Media, Ergebnisse der ARD/ZDF-Onlinestudie 2020. Media Perspektiven, 24 (9), 462–481.

Belwe, K. (2009): Editorial: Konsumkultur. APuZ, 32/33, 2.

Benazha, A. V., Leiblfinger, M., Prieler, V. & Steiner, J. (2021): Live-in-Care im Ländervergleich. In: B. Aulenbacher, H. Lutz & K. Schwiter (Hrsg.), Gute Sorge ohne gute Arbeit? Live-in-Care in Deutschland, Österreich und der Schweiz (S. 20–45). Weinheim: Beltz.

Benevolo, L. (2007): Die Geschichte der Stadt (9. Aufl.). Frankfurt, New York: Campus.

Bergdolt, K. (2017): Die Pest. Geschichte des Schwarzen Todes (3. Aufl.). München: Beck.

Berger, P. A. & Sopp, P. (Hrsg.) (1995): Sozialstruktur und Lebenslauf. Opladen: Leske & Budrich.

Bernauer, T., Jahn, D., Kuhn, P. M. & Walter, S. (2018): Einführung in die Politikwissenschaft (4. Aufl.). Baden-Baden: Nomos.
Best, J. (2006): Amerikanische Soziologie und die Erforschung sozialer Probleme. Soziale Probleme, 17 (1), 20–33.
Bette, K.-H. (1987): Wo ist der Körper? In: D. Baecker, J. Markowitz, R. Stichweh, H. Tyrell, H. Willke (Hrsg.), Theorie als Passion. Niklas Luhmann zum 60. Geburtstag (S. 600–628). Frankfurt a. M.: Suhrkamp.
Beyer, H. & Schnabel, A. (2017): Theorien Sozialer Bewegungen. Eine Einführung. Frankfurt, New York: Campus.
BiB – Bundesinstitut für Bevölkerungsforschung (2021): Fakten zur demografischen Entwicklung Deutschlands 2010–2020. Bericht des Bundesinstituts für Bevölkerungsforschung.
Biddle, L., Hintermeier, M., Mohsenpour, A., Sand, M. & Bozorgmehr, K. (2021): Monitoring der Gesundheit von Geflüchteten: Integrative Ansätze mit Surveys und Routinedaten. Journal of Health Monitoring, 6 (1), 7–28.
Bielefeldt, H. (2009): Zum Innovationspotenzial der UN-Behindertenrechtskonvention (3. Aufl.). Berlin: Deutsches Institut für Menschenrechte.
Biewer, G., Schütz, S. (2022): Inklusion. In: I. Hedderich, G. Biewer, J. Hollenweger & R. Markowetz (Hrsg.), Handbuch Inklusion und Sonderpädagogik (2. Aufl.) (S. 126–130). Bad Heilbrunn: Klinkhardt.
Bilz, L., Lenz, K. & Melzer, W. (2022): Gewalt in Familie und Schule. In: H.-H. Krüger, C. Grunert & K. Ludwig (Hrsg.), Handbuch Kindheits- und Jugendforschung (Band 1) (3. Aufl.) (S. 1239–1280). Wiesbaden: Springer.
Birke, P. & Bluhm, F. (2021): »Strike is something that happens to the permanent workers«: Der Kampf um den Alltag bei Amazon. In: N. Mayer-Ahuja & O. Nachtwey (Hrsg.), Verkannte Leistungsträger:innen. Berichte aus der Klassengesellschaft (S. 327–347). Berlin: Suhrkamp.
Birkner, T. (2012): Das Selbstgespräch der Zeit. Die Geschichte des Journalismus in Deutschland 1605–1914. Köln: Halem.
Birkner, T. (2020): Geschichte des Journalismus. In: J. Krone & T. Pellegrini (Hrsg.), Handbuch Medienökonomie (S. 1099–1112). Wiesbaden: Springer.
Bitkom (Hrsg.) (2021): Vertrauen und Sicherheit in der digitalen Welt. Berlin.
Bitkom (Hrsg.) (2021a): Wirtschaftsschutz 2021. Berlin.
BKA – Bundeskriminalamt (2019): Cybercrime. Bundeslagebild 2018. Wiesbaden.
BKA – Bundeskriminalamt (2020a): Cybercrime. Bundeslagebild 2019. Wiesbaden.
BKA – Bundeskriminalamt (2020b): Sonderauswertung Cybercrime in Zeiten der Corona-Pandemie. Wiesbaden.
BKA – Bundeskriminalamt (2022): Cybercrime. Bundeslagebild 2021. Wiesbaden.
Blasius, J. (2017): Wohnen. In: L. Kühnhardt & T. Mayer (Hrsg.), Bonner Enzyklopädie der Globalität (Band 1) (S. 811–821). Wiesbaden: Springer.
BMAS – Bundesministerium für Arbeit und Soziales (2016): Zweiter Teilhabebericht der Bundesregierung über die Lebenslagen von Menschen mit Beeinträchtigungen. Teilhabe – Beeinträchtigung – Behinderung. ISG Institut für Sozialforschung und Gesellschaftspolitik GmbH. Berlin.
BMAS – Bundesministerium für Arbeit und Soziales (2017): Weißbuch Arbeiten 4.0. Berlin.
BMAS – Bundesministerium für Arbeit und Soziales (Hrsg.) (2021a): Lebenslagen in Deutschland. Der Sechste Armuts- und Reichtumsbericht der Bundesregierung. Berlin.
BMAS – Bundesministerium für Arbeit und Soziales (2021b): Dritter Teilhabebericht der Bundesregierung über die Lebenslagen von Menschen mit Beeinträchtigungen. Teilhabe – Beeinträchtigung – Behinderung 2021. Prognos AG. Berlin.
BMAS – Bundesministerium für Arbeit und Soziales (2021c): Aktualisierte BMAS-Prognose »Digitalisierte Arbeitswelt«. Forschungsbericht 526/3. Berlin.
BMFSFJ – Bundesministerium für Familie, Senioren, Frauen und Jugend (Hrsg.) (2002): Vierter Altenbericht: Risiken, Lebensqualität und Versorgung Hochaltriger – unter besonderer Berücksichtigung demenzieller Erkrankungen. Berlin.

BMFSFJ – Bundesministerium für Familie, Senioren, Frauen und Jugend (Hrsg.) (2005): Fünfter Altenbericht: Potenziale des Alters in Wirtschaft und Gesellschaft. Der Beitrag älterer Menschen zum Zusammenhalt der Generationen. Berlin.

BMFSFJ – Bundesministerium für Familie, Senioren, Frauen und Jugend (Hrsg.) (2010): Sechster Altenbericht: Altersbilder in der Gesellschaft. Berlin.

BMFSFJ – Bundesministerium für Familie, Senioren, Frauen und Jugend (2013): 14. Kinder- und Jugendbericht. Bericht über die Lebenssituation junger Menschen und die Leistungen der Kinder- und Jugendhilfe in Deutschland: Berlin.

BMFSFJ – Bundesministerium für Familie, Senioren, Frauen und Jugend (2020): Familie heute. Daten. Fakten. Trends. Familienreport 2020: Berlin.

BMFSFJ – Bundesministerium für Familie, Senioren, Frauen und Jugend (Hrsg.) (2021a): Neunter Familienbericht. Eltern sein in Deutschland – Ansprüche, Anforderungen und Angebote bei wachsender Vielfalt. Berlin.

BMFSFJ – Bundesministerium für Familie, Senioren, Frauen und Jugend (Hrsg.) (2021b): Familie heute. Daten. Fakten. Trends, Familienreport 2020 (2. Aufl.). Berlin.

BMFuS – Bundesministerium für Familien und Senioren (Hrsg.) (1993): Erster Altenbericht. Die Lebenssituation älterer Menschen in Deutschland. Bonn.

BMG – Bundesministerium für Gesundheit (Hrsg.) (2021): Siebter Pflegebericht. Bericht der Bundesregierung über die Entwicklung der Pflegeversicherung und den Stand der pflegerischen Versorgung in der Bundesrepublik Deutschland. Berichtszeitraum: 2016–2019. Berlin.

BMI – Bundesministerium des Inneren und für Heimat & BAMF – Bundesamt für Migration und Flüchtlinge (2022): Migrationsbericht der Bundesregierung. Migrationsbericht 2021. Berlin: BMI.

Boatcă, M. (2016): Postkolonialismus und Dekolonialität. In: K. Fischer, G. Hauck & M. Boatcă (Hrsg.), Handbuch Entwicklungsforschung (S. 113–123). Wiesbaden: Springer.

Boese, V. A., Alizada, N., Lundstedt, M., Morrison, K., Natsika, N., Sato, Y., Tai, H. & Lindberg, S. I. (2022): Autocratization Changing Nature? Democracy Report 2022. Gothenburg: Varieties of Democracy Institute (V-Dem).

Böhme, R. (2022): Soziale Auswirkungen der Corona-Pandemie. In: C. Bonora, Kruse, M. S. Meyerhuber, A. Quaas, S. Ritter & F. Tils (Hrsg.), Sozialwissenschaftliche Perspektiven auf die Corona-Pandemie (S. 86–100). Bremen: Universität Bremen, Institut für Politikwissenschaft.

Böhn, A. & Seidler, A. (2014): Mediengeschichte. Eine Einführung (2. Aufl.). Tübingen: Narr.

Böhnke, P., Dittmann, J. & Goebel, J. (Hrsg.) (2018): Handbuch Armut. Ursachen, Trends, Maßnahmen. Opladen, Toronto: Budrich.

Bommes, M. (2007): Integration – gesellschaftliches Risiko und politisches Symbol. APuZ, (22/23), 3–5.

Bommes, M. & Scherr, A. (2012): Soziologie der sozialen Arbeit. Eine Einführung in Formen und Funktionen organisierter Hilfe (2., vollst. überarb. Aufl.). Weinheim: Beltz Juventa.

Bonfadelli, H. & Friemel, T. N. (2017): Medienwirkungsforschung (6. Aufl.). Konstanz, München: UVK.

Bopp, M. & Mackenbach, J. P. (2019): Vor dem Tod sind alle ungleich: 30 Jahre Forschung zu Mortalitätsunterschieden nach Sozialstatus im europäischen Ländervergleich. Zeitschrift für Gerontologie und Geriatrie, 52 (2), 122–129.

Borkenhagen, A. (2011): Plastische Chirurgie: Warum Menschen ihren Körper tunen. Der Spiegel. Online verfügbar unter: http://www.spiegel.de/wissenschaft/medizin/plastische-chirurgie-warum-menschen-ihren-koerper-tunen-a-737233.html, Zugriff am 30.09.2022.

Born, C. & Krüger, H. (Hrsg.) (2001): Individualisierung und Verflechtung. Geschlecht und Generation im deutschen Lebenslaufregime. Weinheim: Juventa.

Bösch, F. (2019): Mediengeschichte. Vom asiatischen Buchdruck zum Fernsehen (2. Aufl.). Frankfurt a. M.: Campus.

Bourdieu, P. (1982): Die feinen Unterschiede. Kritik der gesellschaftlichen Urteilskraft. Frankfurt a. M.: Suhrkamp.

Bourdieu, P. (1983): Ökonomisches Kapital, kulturelles Kapital, soziales Kapital. In: R. Kreckel (Hrsg.), Soziale Ungleichheiten (S. 183–198). Göttingen: Schwartz.

Brake, A & Büchner, P. (2022): Kinder und Familie. In: H.-H. Krüger, C. Grunder & K. Ludwig (Hrsg.), Handbuch Kindheits- und Jugendforschung (Band 3) (3. Aufl.) (S. 657–687). Wiesbaden: Springer.
Bramberger, A., Kronberger, S. & Oberlechner, M. (Hrsg.) (2017): Bildung – Intersektionalität – Geschlecht. Innsbruck: StudienVerlag.
Brand, K.-W. (2014): Umweltsoziologie. Entwicklungslinien, Basiskonzepte und Erklärungsmodelle. Weinheim, Basel: Beltz.
Brand, K.-W. (2017): Zum historischen Wandel gesellschaftlicher Naturverhältnisse in der kapitalistischen Moderne. In: H. Laux & A. Henkel (Hrsg.), Die Erde, der Mensch und das Soziale. Zur Transformation gesellschaftlicher Naturverhältnisse im Anthropozän (S. 91–122). Bielefeld: transcript.
Brand, K.-W. (2021): »Große Transformation« oder »Nachhaltige Nicht-Nachhaltigkeit«? Leviathan, 49 (2), 189–214.
Brand, K.-W. & Kropp, C. (2004): Naturverständnisse in der Soziologie. In: D. Rink & M. Wächter (Hrsg.), Naturverständnisse in der Nachhaltigkeitsforschung (S. 103–139). Frankfurt, New York: Campus.
Brand, S. & Reusswig, F. (2020): Umwelt. In: H. Joas & S. Mau (Hrsg.), Lehrbuch der Soziologie (4. Aufl.) (S. 865–899). Frankfurt a. M.: Campus.
Brand, U. & Welzer, H. (2019): Alltag und Situation. Soziokulturelle Dimensionen sozialökologischer Transformation. In: K. Dörre, H. Rosa, K. Becker, S. Bode & B. Seyd (Hrsg.), Große Transformation? Zur Zukunft moderner Gesellschaften. Sonderband Berliner Journal für Soziologie (S. 313–332). Wiesbaden: Springer.
Braudel, F. (1986): Sozialgeschichte des 15.–18. Jahrhunderts. Der Handel. München: Kindler.
Breckner, I., Göschel, A. & Matthiesen U. (Hrsg.) (2020): Stadtsoziologie und Stadtentwicklung. Handbuch für Wissenschaft und Praxis. Baden-Baden: Nomos.
Bredow v. R. & Hackenbroch, V. (2022): Waffen gegen das Virus. Der Spiegel, 20, 100–104.
Brewer, J. (1997): Was können wir aus der Geschichte der frühen Neuzeit für die moderne Konsumgeschichte lernen? In: H. Siegrist, H. Kaelble & J. Kocka (Hrsg.), Europäische Konsumgeschichte. Zur Gesellschafts- und Kulturgeschichte des Konsums (18. bis 20. Jahrhundert) (S. 51–74). Frankfurt, New York: Campus.
Brillat-Savarin, J. A. (2021): Physiologie des Geschmacks oder über das höhere Tafelvergnügen (11. Aufl.). Berlin: Insel.
Brinks, S., Dittmann, E. & Müller, H. (Hrsg.) (2017): Handbuch unbegleitete minderjährige Flüchtlinge. Internationale Gesellschaft für erzieherische Hilfen. Regensburg: Walhalla Fachverlag.
Bröcker, K. (2013): Metropolen im Wandel. Darmstadt: Büchner.
Brockhaus (2021): Freizeit. Brockhaus Enzyklopädie Online. Online verfügbar unter: https://brockhaus.de/ecs/permalink/95C3F63C6709DB87232C82B8A6709C4B.pdf, Zugriff am 30.09.2022.
Brockhaus (2022a): Seuche. Brockhaus Enzyklopädie. Online verfügbar unter: http://brockhaus.de/ecs/enzy/article/seuche, Zugriff am 30.09.2022.
Brockhaus (2022b): Natur. Brockhaus Enzyklopädie. Online verfügbar unter: https://brockhaus.de/ecs/permalink/FF6DEF0487A532E894046E22EC720C6A.pdf, Zugriff am 30.09.2022.
Bronner, K. & Paulus, S. (2017): Intersektionalität: Geschichte, Theorie und Praxis. Eine Einführung für das Studium der Sozialen Arbeit und der Erziehungswissenschaft. Unter Mitarbeit von Anna Bouwmeester, Fabienne Friedli und Ming Steinhauer. Opladen, Toronto: Budrich.
Bründel, H. & Hurrelmann, K. (2017): Kindheit heute. Lebenswelten der jungen Generation. Weinheim, Basel: Beltz.
BSI – Bundesamt für Sicherheit in der Informationstechnik (2022): Die Lage der IT-Sicherheit in Deutschland 2022. Bonn.
Büchel, M. & Hirsch, P. (2020): Internetkriminalität. Phänomene – Ermittlungshilfen – Prävention (2. Aufl.). Heidelberg: Müller.
Büchner, P. (2010): Kindheit und Familie. In: H.-H. Krüger & C. Grunert (Hrsg.), Handbuch der Kindheits- und Jugendforschung (2. Aufl.) (S. 519–541). Wiesbaden: VS Verlag.

Bude, H. (2008): Das Phänomen der Exklusion. In: H. Bude & A. Willisch (Hrsg.), Exklusion. Die Debatte über die »Überflüssigen« (S. 246–260). Frankfurt a. M.: Suhrkamp.

Bude, H. (2016): Globale Klassenverhältnisse. In: H. Bude & P. Staab (Hrsg.), Kapitalismus und Ungleichheit. Die neuen Verwerfungen (S. 115–136). Frankfurt, New York: Campus.

Bude, H., Willisch, A. & Vogel, B. (Hrsg.) (2008): Exklusion. Die Debatte über die »Überflüssigen«. Frankfurt a. M.: Suhrkamp.

Bühler-Niederberger, D. (2020): Lebensphase Kindheit. Theoretische Ansätze, Akteure und Handlungsräume (2. Aufl.). Weinheim, Basel: Beltz Juventa.

Bühler-Niederberger, D. (2022): Geschichte der Kindheit. In: H.-H. Krüger, C. Grunert & K. Ludwig (Hrsg.), Handbuch Kindheits- und Jugendforschung (Band 1) (3. Aufl.) (S. 467–495). Wiesbaden: Springer.

Bühler-Niederberger, D. & Sünker, H. (2014): Die proletarische Kindheit. In: M. S. Baader, F. Eßer & W. Schröer (Hrsg.), Kindheiten in der Moderne. Eine Geschichte der Sorge (S. 72–96). Frankfurt, New York: Campus.

Bullinger, M. (2000): Lebensqualität – Aktueller Stand und neuere Entwicklungen der internationalen Lebensqualitätsforschung. In: U. Ravens-Sieberer & A. Cieza (Hrsg.), Lebensqualität und Gesundheitsökonomie in der Medizin. Konzepte – Methoden – Anwendungen (S. 13–24). München: Ecomed.

Bulst, N. (2005): Der ›Schwarze Tod‹ im 14. Jahrhundert. In: M. Meier (Hrsg.), Pest – Die Geschichte eines Menschheitstraumas (S. 142–161). Stuttgart: Klett-Cotta.

Bündnis gegen Cybermobbing e. V. (2017): Cyberlife II. Spannungsfeld zwischen Faszination und Gefahr. Cybermobbing bei Schülerinnen und Schülern. Karlsruhe.

Burchardt, H.-J., Kaltmeier, O. & Öhlschläger, R. (Hrsg.) (2014): Urbane (T)Räume: Städte zwischen Kultur, Kommerz und Konflikt. Baden-Baden: Nomos.

Burguiére, A. & Lebrun, F. (2005): Die Vielfalt der Familienmodelle in Europa. In: A. Burguiére, C. Klapisch-Zuber, M. Segalen & F. Zonabend (Hrsg.), Geschichte der Familie – Neuzeit (S. 13–118). Essen: Magnus.

Buringh, E. & Zanden, J. L. v. (2009): Charting the »Rise of the West«: Manuscripts and Printed Books in Europe. A Long-Term Perspective from the Sixth through Eighteenth Centuries. Online verfügbar unter: http://citeseerx.ist.psu.edu/viewdoc/download?doi=10.1.1.553.9220&rep=rep1&type=pdf, Zugriff am 30.09.2022.

Burkart, G. (2008): Familiensoziologie. Konstanz: UVK.

Burke, P. (2012): Die europäische Renaissance (2. Aufl.). Nördlingen: Beck.

Burzan, N. (2011): Soziale Ungleichheit. Eine Einführung in die zentralen Theorien (4. Aufl.). Wiesbaden: VS Verlag.

Busse, H. (2014): Die Geschichte des Körpers. Vortrag Haus kirchlicher Dienste der Ev.-luth. Landeskirche Hannover. Online verfügbar unter: https://www.kirchliche-dienste.de/dam files/default/haus_kirchlicher_dienste/arbeitsfelder/maenner/Studientage/2014/Die-Geschichte-des-K-rpers---Vortrag-Henning-Busse-5cc88dee421a20d7c1e080259aa4a456.pdf, Zugriff am 30.09.2022.

Busse, S. (2017): Moderne Kindheit – Kindheit in der (Spät-)Moderne. In: S. Busse & K. Beer (Hrsg.), Modernes Leben – Leben in der Moderne (S. 157–179). Wiesbaden: VS Verlag.

Butter, M. (2018): »Nichts ist, wie es scheint«. Über Verschwörungstheorien. Frankfurt a. M.: Berlin.

Butter, M. (2021): Verschwörungstheorien: Eine Einführung. APuZ, 71 (35/36), 4–11.

Butter, M. (2022): Eine gute Ausgangsposition. Verschwörungstheorien als Herausforderung für die Demokratie. In: F. W. Steinmeier (Hrsg.), Zur Zukunft der Demokratie. 36 Perspektiven (S. 141–148). München: Siedler.

Butter, M., Caumann, U., Grewe, S., Großmann, J. & Kuber, J. (2020): Verschwörungsdenken in Geschichte und Gegenwart. Zur Einführung. In: Akademie der Diözese Rottenburg-Stuttgart (Hrsg.), Von Hinterzimmern und geheimen Machenschaften. Verschwörungstheorien in Geschichte und Gegenwart, 3 (S. 5–24). Stuttgart.

Butterwegge, C. (2018): Armut (3., akt. Aufl.). Köln: PapyRossa.

Butterwege, C. (2022): Die polarisierende Pandemie. Deutschland nach Corona. Weinheim, Basel: Beltz Juventa.

Büttner, S. & Laux, T. (Hrsg.) (2021): Umstrittene Expertise. Zur Wissensproblematik der Politik. Sonderband 38. Baden-Baden: Nomos.

Calmbach, M., Flaig, B., Edwards, J., Möller-Slawinski, H., Borchard, I. & Schleer, C. (2020): SINUS-Jugendstudie 2020. Lebenswelten von Jugendlichen im Alter von 14 bis 17 Jahren in Deutschland. Bundeszentrale für politische Bildung: Bonn.

Calomiris, C. W. & Schweikart, L. (2009): The Panic of 1857: Origins, Transmission, and Containment. The Journal of Economic History, 51 (4), 807–834.

Captivating History (Hrsg.) (2021): Der Schwarze Tod. Polen.

Carius, F. & Gernig, B. (2010): Freizeitwissenschaft? Konzeption – Entwicklungsstand – weltweiter Vergleich (2. Aufl.). Aachen: Shaker.

Castells, M. (2005): Die Internet-Galaxie. Internet, Wirtschaft und Gesellschaft. Wiesbaden: VS Verlag.

Castells, M. (2017): Der Aufstieg der Netzwerkgesellschaft. Das Informationszeitalter – Wirtschaft – Gesellschaft – Kultur (Band 1) (2. Aufl.). Wiesbaden: Springer.

Castro Varela, M. & Dhawan, N. (2020): Postkoloniale Theorie. Eine kritische Einführung (3. Aufl.). Bielefeld: transcript.

Chancel, L., Piketty, T., Saez, E., Zucmann, G. u. a. (2022): World Inequality Report. 2022 World Inequality Lab. Online verfügbar unter: https://wir2022.wid.world/, Zugriff am 30.09.2022.

Coady, D. (2014): Gerüchte, Verschwörungstheorien und Propaganda. In: A. Anton, M. Schetsche & M. K. Walter (Hrsg.), Konspiration: Soziologie des Verschwörungsdenkens (S. 277–299). Wiesbaden: Springer.

COMPACT (2020): Leitfaden Verschwörungstheorien. Netzwerk Europäische Zusammenarbeit auf dem Gebiet der Wissenschaft und Technologie COST. Bonn.

Couldry, N. & Hepp, A. (2021): Datafizierung. Wie digitale Medien und ihre Infrastrukturen unsere Praktiken, unser Wissen und unsere soziale Welt verändern. Mittelweg, 36 (1), 85–101.

Cremer, G. (2017): Armut in Deutschland. Wer ist arm? Was läuft schief? Wie können wir handeln? (2., durchges. Aufl.). München: Beck.

CRI – Capgemini Research Institute (Hrsg.) (2020): The Great Digital Divide: Why Bringing the Digitally Excluded Online Should Be a Global Priority. Online verfügbar unter: https://www.capgemini.com/wp-content/uploads/2020/05/Report-%E2%80%93-Digital-Divide_Web.pdf, Zugriff am 30.09.2022.

Crosby, A. W. (2003): America's Forgotten Pandemic. The Influenza of 1918 (2. Aufl.). Cambridge: Cambridge University Press.

Crutzen, P. J. (2002): The Geology of Mankind. Nature, (415), 23.

Crutzen, P. J. (2011): Die Geologie der Menschheit. In: Edition Unseld (Hrsg.), Das Raumschiff Erde hat keinen Notausgang. Energie und Politik im Anthropozän (S. 7–10). Berlin: Suhrkamp.

Crutzen, P. J. & Stoermer, E. F. (2000): »The Anthropocene«. IGBP Newsletter, 41, 17–18.

Crivellari, F. & Sandl, M. (2000): Die Medialität der Geschichte. Forschungsstand und Perspektiven einer interdisziplinären Zusammenarbeit von Geschichts- und Medienwissenschaften. Historische Zeitschrift, 277 (3), 619–654.

Czaika, M. & Reinprecht, C. (2020): Drivers of Migration: A Synthesis of Knowledge. International Migration Institute (IMI) (Working Papers, Paper 163).

Dangschat, J. S. (2016): Residentielle Segregation nach Nationalität – ein Diskurs voller Widersprüche. Österreichische Zeitschrift für Soziologie, 41 (2), 81–101.

Dangschat, J. S. & Alisch, M. (2012): Perspektiven der soziologischen Segregationsforschung. In: M. May & M. Alisch (Hrsg.), Formen sozialräumlicher Segregation (S. 23–50). Opladen u.a.: Budrich.

Danyel, J. (2012): Zeitgeschichte der Informationsgesellschaft. Zeithistorische Forschungen/Studies in Contemporary History, 9 (2), 186–211.

Deckert, R. & Wohllebe, A. (2021): Digitalisierung und Einzelhandel. Taktiken und Technologien, Praxisbeispiel und Herausforderungen. Wiesbaden: Springer.

Deckert-Peaceman, H., Dietrich, C. & Stenger, U. (2010): Einführung in die Kindheitsforschung. Darmstadt: Wissenschaftliche Buchgesellschaft.

Degele, N. (2022): Schönheit und Attraktivität. In: R. Gugutzer, G. Klein & M. Meuser (Hrsg.), Handbuch Körpersoziologie. Band 1: Grundbegriffe und theoretische Perspektiven (2. Aufl.) (S. 147–150). Wiesbaden: Springer.

Dello Buono, R. A. (2015): Presidential Address: Reimagining Social Problems: Moving Beyond Social Constructionism. Soc Probl, 62 (3), 331–342.

Demant, M & Andresen, S. (2022): Sexuelle Gewalt in der Familie. In: J. Ecarius & A. Schierbaum (Hrsg.), Handbuch Familie. Band I: Gesellschaft, Familienbeziehungen und differente Felder (2. Aufl.) (S. 725–740). Wiesbaden: Springer.

Dengler, K. & Matthes, B. (2021): Folgen des technologischen Wandels für den Arbeitsmarkt: Auch komplexere Tätigkeiten könnten zunehmend automatisiert werden. IAB-Kurzbericht 13.

Denzel, M. A. & Löhnig, M. (2021): Wechsel. Enzyklopädie der Neuzeit Online, Im Auftrag des Kulturwissenschaftlichen Instituts Essen und in Verbindung mit den Fachherausgebern hrsg. von Friedrich Jaeger. Metzler und Poeschel. Online verfügbar unter: http://dx.doi.org/10.1163/2352-0248_edn_COM_378490, Zugriff am 30.09.2022.

Der Beauftragte der Bundesregierung für Ostdeutschland (2022): Bericht 2022. Ostdeutschland. Ein neuer Blick. Berlin.

Deuse, J., Weisner, K., Busch, F. & Achenbach, M. (2018): Gestaltung sozio-technischer Arbeitssysteme für Industrie 4.0. In: H. Hirsch-Kreinsen, P. Ittermann & J. Niehaus (Hrsg.), Digitalisierung industrieller Arbeit. Die Vision Industrie 4.0 und ihre sozialen Herausforderungen (2. Aufl.) (S. 195–213). Baden-Baden: Nomos.

Deutsche Forschungsgemeinschaft (2022): Das DFG-Fördergeschehen im Kontext der Covid-19-Pandemie. Bonn.

Deutsche Rentenversicherung Bund (Hrsg.) (2020): Rentenversicherung in Zeitreihen. Berlin.

Deutscher Bundestag (2018): Unterrichtung durch die Bundesregierung Rahmenprogramm der Bundesregierung »Forschung für die zivile Sicherheit 2018–2023«. Drucksache 19/2910 19. Wahlperiode 21.06.2018.

Deutscher Kinderschutzbund Bundesverband (Hrsg.) (2017): BLIKK-Medien. Bewältigung, Lernverhalten, Intelligenz, Kompetenz, Kommunikation. Kinder und Jugendliche im Umgang mit elektronischen Medien.

Deutscher Städtetag (1979): Hinweise zur Arbeit in sozialen Brennpunkten. DST-Beiträge zur Sozialpolitik, (10). Köln.

Deutscher Wetterdienst (2022): Klimastatusbericht Deutschland Jahr 2021. DWD, Geschäftsbereich Klima und Umwelt. Offenbach.

DGÄPC – Deutsche Gesellschaft für Ästhetisch-Plastische Chirurgie (2015): DGÄPC-Magazin. Zahlen, Fakten und Trends in der Ästhetisch-Plastischen Chirurgie 2015. Berlin.

DGÄPC – Deutsche Gesellschaft für Ästhetisch-Plastische Chirurgie (2020): DGÄPC-Magazin. Zahlen, Fakten und Trends in der Ästhetisch-Plastischen Chirurgie 2019–2020. Berlin.

DGÄPC – Deutsche Gesellschaft für Ästhetisch-Plastische Chirurgie (2021): DGÄPC-Magazin. Zahlen, Fakten und Trends in der Ästhetisch-Plastischen Chirurgie 2020–2021. Berlin.

Diabaté, S. (2015): Mutterleitbilder heute: Zwischen Autonomie und Aufopferung. Bevölkerungsforschung Aktuell, 36 (3), 2–8.

Die Medienanstalten (Hrsg.) (2022): Medienvielfaltsmonitor 2022-I – Anteile der Medienangebote und Medienkonzerne am Meinungsmarkt der Medien in Deutschland. Berlin.

Diekmann, A. & Jaeger, C. C. (1996): Aufgaben und Perspektiven der Umweltsoziologie. In: A. Diekmann & C. C. Jaeger (Hrsg.), Umweltsoziologie. Sonderheft Kölner Zeitschrift für Soziologie und Sozialpsychologie (S. 11–27). Opladen: Westdeutscher Verlag.

Diekmann, A. & Preisendörfer, P. (2001): Umweltsoziologie. Eine Einführung. Reinbek: Rowohlt.

Dilger, E. (2008): Die Fitnessbewegung in Deutschland. Wurzeln, Einflüsse und Entwicklungen. Schorndorf: Hofmann.

Dimitriou, M. (2019): Der postmoderne Körper im Wandel: Sport, Fitness und Wellness zwischen Gesundheitsorientierung, performativem Zwang und Optimierungslogik. In: M. Dimitriou & S. Ring-Dimitriou (Hrsg)., Der Körper der Postmoderne. Zwischen Entkörperlichung und Körperwahn (S. 63–92). Wiesbaden: Springer.

Dittmann, J. & Goebel, J. (2018): Armutskonzepte. In: P. Böhnke, J. Dittmann & J. Goebel (Hrsg.), Handbuch Armut. Ursachen, Trends, Maßnahmen (S. 21–35). Opladen, Toronto: Budrich.
Doblhammer, G., Kreft, D. & Reinke, C. (2021) Regional Characteristics of the Second Wave of SARS-CoV-2 Infections and COVID-19 Deaths in Germany. International Journal of Environmental Research and Public Health 2021, 18.
Doose, S. (2022): Arbeit. In: I. Hedderich, G. Biewer, J. Hollenweger & R. Markowetz (Hrsg.), Handbuch Inklusion und Sonderpädagogik (2. Aufl.) (S. 462–467). Bad Heilbrunn: Klinkhardt.
Döring, N. (2010): Sozialkontakte online: Identitäten, Beziehungen, Gemeinschaften. In: W. Schweiger & K. Beck (Hrsg.), Handbuch online-Kommunikation (S. 159–183). Wiesbaden: VS Verlag.
Döring, T. (2022): 50 Jahre »Grenzen des Wachstums«. Von der Wachstums- zur Post-Wachstumsökonomie? APuZ, 3/4, 18–23.
Dörre, K., Sauer, D. & Wittke, V. (Hrsg.) (2012): Kapitalismustheorie und Arbeit. Neue Ansätze soziologischer Kritik. Frankfurt, New York: Campus.
Dreißigacker A. (2016): Befragung zu Sicherheit und Kriminalität. Kernbefunde der Dunkelfeldstudie 2015 des Landeskriminalamtes Schleswig-Holstein. Hannover: Kriminologisches Forschungsinstitut Niedersachsen e. V. KFN in Zusammenarbeit mit Ministerium für Inneres und Bundesangelegenheiten des Landes Schleswig-Holstein.
Dreißigacker, A., Skarczinski, B. v. & Wollinger, G. R. (2020a): Cyberangriffe gegen Unternehmen: Erste Ergebnisse einer repräsentativen Unternehmensbefragung in Deutschland. In: C. Grafl, M., Stempkowski, K. Beclin & I. Haider (Hrsg.), »Sag, wie hast du's mit der Kriminologie? Neue Kriminologische Schriften (Band 118) (S. 933–952). Mönchengladbach: Godesberg.
Dreißigacker, A., Skarczinski, v. B. & Wollinger, G. R. (2020b): Cyberangriffe gegen Unternehmen in Deutschland. Ergebnisse einer Folgebefragung 2020. Forschungsbericht Nr. 162. Kriminologisches Forschungsinstitut Niedersachsen. Hannover.
Dreißigacker, A., Skarczinski, v. B. & Wollinger, G. R. (2021): Cyberangriffe gegen Unternehmen. Projektabschlussbericht. Kriminologisches Forschungsinstitut Niedersachsen. Hannover.
Droste, H. (2011): »Einige Wiener briefe wollen noch publicieren«. Die Geschriebene Zeitung als öffentliches Nachrichtenmedium. In: V. Bauer & H. Böning (Hrsg.), Die Entstehung des Zeitungswesens im 17. Jahrhundert: Ein neues Medium und seine Folgen für das Kommunikationssystem der Frühen Neuzeit (S. 1–22). Bremen: edition lumiére.
DSSV – Arbeitgeberverband deutscher Fitness- und Gesundheits-Anlagen (2020): Eckdaten der deutschen Fitness-Wirtschaft 2020. Hamburg.
Duerr, H. P. (1988): Der Mythos vom Zivilisationsprozess. Band 1. Nacktheit und Scham. Frankfurt: Suhrkamp.
Dülmen, R. v. (2005): Kultur und Alltag in der Frühen Neuzeit. Dorf und Stadt (3. Aufl.). München: Beck.
Dunkel, W. & Weihrich, M. (2021): Anspruchsvoll, belastend, systemrelevant – und weiblich: Professionelle Sorgearbeit in der stationären Altenpflege. In: N. Mayer-Ahuja & O. Nachtwey (Hrsg.), Verkannte Leistungsträger:innen. Berichte aus der Klassengesellschaft (S. 93–115). Berlin: Suhrkamp.
Düvell, F. & Lapshyna, I. (2022): The Russian Invasion of Ukraine: Scope, Patterns and Future Development of Displacement. Short Analysis. IMIS Working Paper 14. Institut für Migrationsforschung und Interkulturelle Studien (IMIS der Universität Osnabrück).
Ecarius, J. & Schierbaum, A. (Hrsg.) (2022): Handbuch Familie. Gesellschaft, Familienbeziehungen und differente Felder (Band 1 und 2) (2. Aufl.). Wiesbaden: Springer.
Eckardt, F. (Hrsg.) (2012): Handbuch Stadtsoziologie. Wiesbaden: Springer.
Eckardt, F. (2018): Gentrifizierung. Forschung und Politik zu städtischen Verdrängungsprozessen. Wiesbaden: Springer.
Economist Intelligence Unit (2022): Democracy Index 2021. The China Challenge. London: EIU.
Edenhofer, O. (2022): Die nächste Generation zahlt den Preis. FAZ, 176, 9.

Edenhofer, O. & Jakob, M. (2019): Klimapolitik. Ziele, Konflikte, Lösungen. München: Beck.
Eglau, V. (2016): Ganz oben, ganz unten. Perspektiven auf Rio de Janeiro. Deutschlandfunk, Beitrag vom 24.07.2016. Online verfügbar unter: http://www.deutschlandfunkkultur.de/perspektiven-auf-rio-de-janeiro-ganz-oben-ganz-unten.1076.de.html?dram:article_id=361 029, Zugriff am 30.09.2022.
Ehmer, J. (1993): Die Geschichte der Familie: Wandel der Ideale – Vielfalt der Wirklichkeit. In: E. Vavra (Hrsg.), Familie – Ideal und Realität (S. 5–21). Horn: Berger.
Ehmer, J. (2008): Das Alter in Geschichte und Geschichtswissenschaft. In: U. M. Staudinger & H. Häfner (Hrsg.), Was ist Alter(n)? Neue Antworten auf eine scheinbar einfache Frage (S. 149–172). Berlin: Springer (Schriften der Mathematisch-naturwissenschaftlichen Klasse der Heidelberger Akademie der Wissenschaften, 18).
Ehring, K. (2015): Wie eine Mauer in Lima Arme und Reiche trennt. DER WESTEN, 26.05.2015. Online verfügbar unter: https://www.derwesten.de/panorama/wie-eine-mauer-in-lima-arme-und-reiche-trennt-id11409065.html, Zugriff am 30.09.2022.
Eifler, S. (2009): Soziale Kontrolle im öffentlichen Raum. In: H.-J. Lange, H. P. Ohly & J. Reichertz (Hrsg.), Auf der Suche nach der neuen Sicherheit. Fakten, Theorien und Folgen (2. Aufl.) (S. 269–280). Wiesbaden: VS Verlag.
El Bcheraoui, C., Weishaar, H., Pozo-Martin, F. & Hanefeld, J. (2020): Assessing COVID-19 through the Lens of Health Systems' Preparedness: Time for a Change. Globalization and Health, 16 (1), 112.
El-Mafaalani, A. (2017): Diskriminierung von Menschen mit Migrationshintergrund. In: A. Scherr, A. El-Mafaalani & G. Yüksel (Hrsg.), Handbuch Diskriminierung (S. 465–478). Wiesbaden: Springer.
el-Menouar, Y. (2017): Muslimische Religiosität: Problem oder Ressource? In: P. Antes & R. Ceylan (Hrsg.), Muslime in Deutschland (S. 225–264). Wiesbaden: Springer.
Emmerich, M. & Hormel, U. (2013): Heterogenität – Diversity – Intersektionalität. Zur Logik sozialer Unterscheidungen in pädagogischen Semantiken der Differenz. Wiesbaden: Springer.
Emrich, E. (1992): Bodybuilding aus Athletensicht. Analysen, Interpretationen und Assoziationen. Witten: Verlag Steinberg Gerd May.
Endlicher, W. (2013): Stadtökologie. In: H. A. Mieg & C. Heyl (Hrsg.), Stadt. Ein interdisziplinäres Handbuch (S. 97–119). Stuttgart, Weimar: Metzler.
Engel, G. L. (1977): The Need for a New Medical Model: A Challenge for Biomedicine. Science, New Series, 196 (4286), 129–136.
Engels, F. (2017): Die Lage der arbeitenden Klasse in England (4. Aufl.). Edition Holzinger. CreateSpace Independent Publishing Platform.
Ennen, E. (1987): Die europäische Stadt des Mittelalters (4. Aufl.). Göttingen: Vandenhoeck.
Erlinghagen, M. & Hank, K. (2018): Neue Sozialstrukturanalyse. Ein Kompass für Studienanfänger (2. Aufl.). Paderborn: Fink.
Ernst & Young GmbH (2021): Datenklau: Virtuelle Gefahr – reale Schäden – Eine Befragung von über 500 deutschen Unternehmen zur aktuellen Lage. München.
Esping-Andersen, G. (1990): The Three Worlds of Welfare Capitalism. Cambridge: Polity Press.
Esping-Andersen, G. (1998): Die drei Welten des Wohlfahrtskapitalismus. Zur Politischen Ökonomie des Wohlfahrtsstaates. In: S. Lessenich & I. Ostner (Hrsg.), Welten des Wohlfahrtskapitalismus. Der Sozialstaat in vergleichender Perspektive (S. 19–56). Frankfurt a. M.: Campus.
Eßer, F. (2014): Die verwissenschaftlichte Kindheit. In: M. S. Baader, F. Eßer & W. Schröer (Hrsg.), Kindheiten in der Moderne. Eine Geschichte der Sorge (S. 124–153). Frankfurt, New York: Campus.
Esser, H. (2000): Soziologie. Spezielle Grundlagen. Band 2: Die Konstruktion der Gesellschaft. Frankfurt a. M.: Campus.
Esser, H. (2004): Welche Alternativen zur ›Assimilation‹ gibt es eigentlich? In: K. J. Bade & M. Bommes (Hrsg.), Migration – Integration – Bildung. Grundfragen und Problembereiche (IMIS-Beiträge, 23) (S. 41–59). Osnabrück: Institut für Migrationsforschung und Interkulturelle Studien (IMIS).

Evans, D. M. (1859): The History of the Commercial Crisis, 1857–58 and the Stock Exchange Panic of 1859. London: Groombridge.
Evers, A. (2011): Wohlfahrtsmix im Bereich Sozialer Dienste. In: Ders. (Hrsg.), Handbuch Soziale Dienste (S. 265–283). Wiesbaden: VS Verlag.
Expertenrat Corona NRW (2020): Weg in eine verantwortungsvolle Normalität. Online verfügbar unter: https://land.nrw/weg-eine-verantwortungsvolle-normalitaet-expertenrat-corona-legt-erste-Stellungsnahme-vor, Zugriff am 30.09.2022.
Fach, E.-M., Rosenbach, F. & Richter, M. (2016): Mortalitätsentwicklung und Gesundheitsbewegungen in Europa: Eine historische Perspektive. In: Y. Niephaus, M. Kreyenfeld & R. Sackmann (Hrsg.), Handbuch Bevölkerungssoziologie (S. 529–552). Wiesbaden: Springer.
Faist, T. (2020a): Annäherungen an eine Soziologie der Migration. In: Ders. (Hrsg.), Soziologie der Migration. Eine Systematische Einführung (S. 3–34). Berlin, Boston: De Gruyter.
Faist, T. (Hrsg.) (2020b): Soziologie der Migration. Eine Systematische Einführung. Berlin, Bosten: De Gruyter.
Fandrey, W. (1990): Krüppel, Idioten, Irre. Zur Sozialgeschichte behinderter Menschen in Deutschland. Stuttgart: Silberburg.
Fangerau, H. & Labisch, A. (2020): Pest und Corona. Pandemien in Geschichte, Gegenwart und Zukunft. Freiburg: Herder.
Farwick, A. (2012): Segregation. In: F. Eckardt (Hrsg.), Handbuch Stadtsoziologie (S. 381–419). Wiesbaden: Springer.
Fassmann, H. (2009): Stadtgeographie I (2. Aufl.). Braunschweig: Westermann.
Faulstich, W. (1998): Medien zwischen Herrschaft und Revolte. Die Medienkultur der frühen Neuzeit (1400–1700). Göttingen: Vandenhoeck & Ruprecht.
Faulstich, W. (2004): Medienwandel im Industrie- und Massenzeitalter (1830–1900). Göttingen: Vandenhoeck & Ruprecht.
FAZ – Frankfurter Allgemeine Zeitung (2020): Problematische Mediennutzung. FAZ, 293, 7.
Feierabend, S., Glöckler, S., Kheredmand, H. & Rathgeb, T. (2021): Jugend, Information, Medien. Ergebnisse der JIM-Studie 2020. In: Media Perspektiven, 26 (1), 17–32.
Felder, M. & Schneiders, K. (2016): Inklusion kontrovers. Herausforderungen für die Soziale Arbeit. Schwalbach: Wochenschau Verlag.
Feldhaus, M. & Logemann, N. (2014): Digitale Medien im Spannungsfeld zwischen Familien und Erwerbsarbeit. In: R. Nave-Herz (Hrsg.), Familiensoziologie (S. 71–79). Oldenbourg: De Gruyter.
Fend, H. (2005): Entwicklungspsychologie des Jugendalters. Ein Lehrbuch für pädagogische und psychologische Berufe (Nachdruck der 3., durchges. Aufl. 2003). Wiesbaden: VS Verlag.
Finsterbusch, S. & Heeg, T. (2020): Der moderne Verbrecher. FAZ, 297, 18.
Fischer, K. & Grandner, M. (Hrsg.) (2019): Globale Ungleichheit. Über Zusammenhänge von Kolonialismus, Arbeitsverhältnissen und Naturverbrauch. Wien: Mandelbaum.
Fischer, K., Hauck, G. & Boatcă, M. (Hrsg.) (2016): Handbuch Entwicklungsforschung. Wiesbaden: Springer.
Fittkau & Maaß Consulting (2015): Wearables: Nutzer und Nutzungspläne – Smartwatches, Fitness-Armbänder und Datenbrillen aus Nutzersicht. Online verfügbar unter: https://expydoc.com/download/9342342, Zugriff am 30.09.2022.
Flecker, J. (2017): Arbeit und Beschäftigung. Eine soziologische Einführung. Wien: facultas.
Foroutan, N. (2017): Religiöses Kapital als Element muslimischer Identitätsperformanzen. In: P. Antes & R. Ceylan (Hrsg.), Muslime in Deutschland (S. 265–278). Wiesbaden: Springer.
Foroutan, N. (2019): Die postmigrantische Gesellschaft. Ein Versprechen der pluralen Demokratie. Bielefeld: transcript.
Förtsch, M. & Rösel, F. (2021): Die Spanische Grippe forderte 2018 in Deutschland 260.000 Tote. ifo Dresden berichtet, 28 (3), 6–9.
Fossier, R. (2011): Das Leben im Mittelalter (6. Aufl.). München, Zürich: Piper.
Fourastié, J. (1979): Les trente glorieuses: ou, La Révolution invisible de 1946 à 1975. Paris: Fayard.
Franke, E. (2018): Anders leben – anders sterben. Gespräche mit Menschen mit geistiger Behinderung über Sterben, Tod und Trauer (2. Aufl.). Berlin: Springer.

Franke, Y. & Kumitz, D. (2016): Entwicklung und Dependenz. In: K. Fischer, G. Hauck & M. Boatcă (Hrsg.), Handbuch Entwicklungsforschung (S. 41–53). Wiesbaden: Springer.
Frankenberg, G. & Heitmeyer, W. (2022a): Autoritäre Entwicklungen. Bedrohungen pluralistischer Gesellschaften und moderner Demokratien in Zeiten der Krisen. In: G. Frankenberg & W. Heitmeyer (Hrsg.), Treiber des Autoritären. Pfade von Entwicklungen zu Beginn des 21. Jahrhunderts (S. 15–86). Frankfurt, New York: Campus.
Frankenberg, G. & Heitmeyer, W. (Hrsg.) (2022b): Treiber des Autoritären. Pfade von Entwicklungen zu Beginn des 21. Jahrhunderts. Frankfurt, New York: Campus.
Franz, D. & Beck, I. (2022): Normalisierung. In: I. Hedderich, G. Biewer, J. Hollenweger & R. Markowetz (Hrsg.), Handbuch Inklusion und Sonderpädagogik (2. Aufl.) (S. 104–110). Bad Heilbrunn: Klinkhardt.
Freericks, R. (2019): Freizeitgesellschaft 4.0. In: R. Freericks & D. Brinkmann (Hrsg.), Digitale Freizeit 4.0. Analysen – Perspektiven – Projekt. 5. Bremer Freizeitkongress (S. 31–46). Bremen: Institut für Freizeitwissenschaft und Kulturarbeit e. V. an der Hochschule Bremen.
Freericks, R. & Brinkmann, D. (Hrsg.) (2015): Handbuch Freizeitsoziologie. Wiesbaden: Springer.
Freericks, R., Hartmann, R. & Stecker, B. (2010): Freizeitwissenschaft. Handbuch für Pädagogik und nachhaltige Entwicklung. München: Oldenbourg.
Frehe, H. (1993): Weg von der Straße – raus aus der Stadt. Zur historischen Entwicklung der Diskriminierung behinderter Menschen. Selbsthilfe, Zeitschrift der Bundesarbeitsgemeinschaft Hilfe für Behinderte, (1), 26–28.
French, H. W. (2023): Afrika und die Entstehung der modernen Welt. Eine Globalgeschichte. Stuttgart: Klett-Cotta.
Frey, C. B. & Osborne, M. A. (2013): The Future of Employment: How Susceptible Are Jobs to Computerisation? Oxford: Oxford Martin School.
Friedmann, F. (1986): The World City Hypothesis. Development and Change, 17 (1), 69–83.
Friedrichs, H. & Sander, U. (2010): Peers und Medien – die Bedeutung von Medien für den Kommunikations- und Sozialisationsprozess im Kontext von Peerbeziehungen. In: M. Harring, O. Böhm-Kasper, C. Rohlfs & C. Palentien (Hrsg.), Freundschaften, Cliquen und Jugendkulturen. Peers als Bildungs- und Sozialisationsinstanzen (S. 283–307). Wiesbaden: VS Verlag.
Fröbel, F. (1823): Fortgesetzte Nachricht von der allgemeinen deutschen Erziehungsanstalt in Keilhau. In: Zimmermann, H. (Hrsg.) (1914), Fröbels kleiner Schriften zur Pädagogik (S. 218–255). Leipzig: Köhler.
Frohne, B., Nuckel, I. & Büttner, J. U. (2010): Ausgegrenzt und abgeschoben? Das Leben körperlich und geistig beeinträchtigter Menschen im Mittelalter. Jahrbuch für historische Bildungsforschung, (16), 141–168.
Fromm, K. (2010): Nase gut, alles gut. Der Spiegel. Online verfügbar unter: http://www.spiegel.de/einestages/anfaenge-der-schoenheitschirurgie-a-948840.html, Zugriff am 30.09.2022.
Frommeld, D. (2020): Die riskante Quantifizierung des Selbst. Vermessung, Optimierung und Ermächtigung im Zeitalter der (digitalen) Personenwaage. In: O. Römer, C. Boehncke & M. Holzinger (Hrsg.), Soziologische Phantasie und kosmopolitisches Gemeinwesen. Perspektiven einer Weiterführung der Soziologie Ulrich Becks. Soziale Welt – Sonderband 24 (S. 366–405). Baden-Baden: Nomos.
Fuchs, C. (2022): Verschwörungstheorien in der Pandemie. Wie über Covid-19 im Internet kommuniziert wird. München: UVK.
Fuhrmann, B. (2017): Deutschland im Mittelalter. Wirtschaft – Gesellschaft – Umwelt. Darmstadt: WB.
Fuhs, B. (2007): Zur Geschichte der Familie. In: J. Ecarius (Hrsg.), Handbuch Familie (S. 17–35). Wiesbaden: VS Verlag.
Fuhs, B. (2010): Kindheit – mediatisierte Freizeitkultur. In: H.-H. Krüger & C. Grunert (Hrsg.), Handbuch der Kindheits- und Jugendforschung (2. Aufl.) (S. 711–726). Wiesbaden: VS Verlag.
Funder, M. (2017): Dezentralisierung. In: H. Hirsch-Kreinsen & H. Minssen (Hrsg.), Lexikon der Arbeits- und Industriesoziologie (2. Aufl.) (S. 98–102). Baden-Baden: Nomos.

Gächter, A. & Littig, B. (2016): Wie ungleich ist die Welt? In: K. Fischer, G. Hauck & M. Boatcă (Hrsg.), Handbuch Entwicklungsforschung (S. 181–193). Wiesbaden: Springer.
Gamisch, M. (2021): Digitaler Kapitalismus? Baden-Baden: Nomos.
Ganguin, S. & Sander, U. (2008): Identitätskonstruktionen in digitalen Welten. In: U. Sander, F. v. Gross & K. U. Hugger (Hrsg.), Handbuch Medienpädagogik (S. 422–427). Wiesbaden: VS Verlag.
Geissler, B. (2018): Haushaltsarbeit und Haushaltsdienstleistungen. In: F. Böhle, G. Wachtler & G. G. Voß (Hrsg.), Handbuch Arbeitssoziologie. Band 2: Akteure und Institutionen (2. Aufl.) (S. 767–799). Wiesbaden: Springer.
Geißler, R. (2014a): Bildungsexpansion und Bildungschancen. Bundeszentrale für politische Bildung (Hrsg.), Sozialer Wandel in Deutschland, 324 (4), 54–63.
Geißler, R. (2014b): Die Sozialstruktur Deutschlands (7., grundl. überarb. Aufl.). Wiesbaden: Springer.
Gerlinger, T. (2020): Variationen der Pandemiebekämpfung. Staatliche Handlungsstrategien gegen Covid-19. APuZ, 70 (46/47), 15–21.
Gerlinger, T. & Rosenbrock, R. (2020): Gesundheitspolitik. In: O. Razum & P. Kolip (Hrsg.), Handbuch Gesundheitswissenschaften (7., überarb. Aufl.) (S. 954–998). Weinheim, Basel: Beltz Juventa.
Gert, B. M., Mensink, M., Haftenberger, C., Lage, B., Brettschneider, A.-K., Lehmann, F., Frank, M., Heide, K., Moosburger, R., Patelakis, E. & Perlitz, H. (2020): EsKiMo II – Die Ernährungsstudie als KiGGS-Modul. Robert Koch-Institut. Berlin.
Gestrich, A. (2008): Sozialgeschichte der Familie in der Neuzeit. In: N. F. Schneider (Hrsg.), Lehrbuch Moderne Familiensoziologie (S. 79–97). Opladen: Budrich.
Gestrich, A., Krause, J.-U. & Mitterauer, M. (2003): Geschichte der Familie. Stuttgart: Kröner.
Gestrich, J. (2013): Geschichte der Familie im 19. und 20. Jahrhundert (3. Aufl.). München: Oldenbourg.
Giebeler, C., Rademacher, C. & Schulze, E. (Hrsg.) (2013): Intersektionen von race, class, gender, body. Theoretische Zugänge und qualitative Forschungen in Handlungsfeldern der Sozialen Arbeit. Opladen u. a.: Budrich.
Gilman, S. L. (2006): Glamour und Schönheit. In: L. Hausten & P. Stegmann (Hrsg.), Schönheit. Vorstellungen in Kunst, Medien und Alltagskultur (S. 177–195). Göttingen: Wallstein.
Gilomen, H.-J. (2005): Freizeitgestaltung vom Spätmittelalter bis zum Ancien Régime. Einleitung. In: H.-J. Gilomen, B. Schumacher & L. Tissot (Hrsg.), Freizeit und Vergnügen vom 14. bis zum 20. Jahrhundert (S. 25–31). Zürich: Chronos.
Gilomen, H.-J. (2014): Wirtschaftsgeschichte des Mittelalters. München: Beck.
Glass, R. (1964): London: Aspects of Change. London: MacGibbon & Kee.
Glasze, G. (2003): Bewachte Wohnkomplexe und »die europäische Stadt« – eine Einführung. Geographica Helvetica, 58 (4), 286–292.
Glatter, J. & Mießner, M. (2022a): Aktuelle Debatten in der deutschsprachigen Gentrifizierungsforschung. In: J. Glatter & M. Mießner (Hrsg.), Gentrifizierung und Verdrängung. Aktuelle theoretische, methodische und politische Herausforderungen (S. 9–31). Bielefeld: transcript.
Glatter, J. & Mießner, M. (2022b): Gentrifizierung und ihre Erforschung im deutschsprachigen Raum. Historische Entwicklungen. In: J. Glatter & M. Mießner (Hrsg.), Gentrifizierung und Verdrängung. Aktuelle theoretische, methodische und politische Herausforderungen (S. 33–54). Bielefeld: transcript.
Gleichmann, P. R. (1976): Wandel der Wohnverhältnisse. Verhäuslichung der Vitalfunktionen, Verstädterung und siedlungsräumliche Gestaltungsmacht. Zeitschrift für Soziologie, 5 (4), 319–329.
Gleichmann, P. R. (2000): Wohnen. In: H. Häußermann (Hrsg.), Großstadt. Soziologische Stichworte (S. 272–281). Opladen: Leske & Budrich.
Gloy, K. (1995): Das Verständnis der Natur. Band I: Die Geschichte des wissenschaftlichen Denkens. München: Beck.
Gnewekow, D. & Hermsen, T. (1993): Die Geschichte der Heilsarmee. Das Abenteuer der Seelenrettung. Eine sozialgeschichtliche Darstellung. Opladen: Leske & Budrich.

Goebel, J. & Krause, P. (2018): Quantitative Messung von Armut. In: P. Böhnke, J. Dittmann & J. Goebel (Hrsg.), Handbuch Armut. Ursachen, Trends, Maßnahmen (S. 56–68). Opladen, Toronto: Budrich.

Goetz, H.-W. (2009): Debilis: Vorstellungen von menschlicher Gebrechlichkeit im frühen Mittelalter. In: C. Nolte (Hrsg.), Homo Debilis: Behinderte – Kranke – Versehrte in der Gesellschaft des Mittelalters (S. 21–55). Korb: Didymos.

Goff, J. L. (2009): Kaufleute und Bankiers im Mittelalter (2. Aufl.). Berlin: Wagenbach.

Goldenbaum, M. & Thompson, C. S. (2020): Fridays for Future im Spiegel der Medienöffentlichkeit. In: S. Haunss & M. Sommer (Hrsg.), Fridays for Future – Die Jugend gegen den Klimawandel (S. 182–203). Bielefeld: transcript.

Goldin, C. (2022): Understanding the Economic Impact of Covid-19 on Women. Brookings Papers on Economic Activity, Washington, S. 65–110.

Goody, J. (2002): Geschichte der Familie. München: Beck.

Gore, T. (2020): Confronting Carbon Inequality, Oxfam Media Briefing, 21. September 2020.

Graf, S. (2013): Leistungsfähig, attraktiv, erfolgreich, jung und gesund: Der fitte Körper in postfordistischen Verhältnissen. Body Politics, 1 (1), 139–157.

Grazia, V. de (1997): Amerikanisierung und wechselnde Leitbilder der Konsum-Moderne (consumer-modernity) in Europa. In: H. Siegrist, H. Kaelble & J. Kocka (Hrsg.), Europäische Konsumgeschichte. Zur Gesellschafts- und Kulturgeschichte des Konsums (18. bis 20. Jahrhundert) (S. 109–137). Frankfurt, New York: Campus.

Griese, H. M. (2016): Die soziologische Perspektive: Peers und ihre Bedeutung für die gesellschaftliche (Des-?)Integration. In: S.-M. Köhler, H.-H. Krüger & N. Pfaff (Hrsg.), Handbuch Peerforschung (S. 55–73). Opladen u. a.: Budrich.

Groenemeyer, A. (2010): Doing Social Problems – Doing Social Control. Mikroanalysen der Konstruktion sozialer Probleme in institutionellen Kontexten – Ein Forschungsprogramm. In: Ders. (Hrsg.), Doing social problems. Mikroanalysen der Konstruktion sozialer Probleme und sozialer Kontrolle in institutionellen Kontexten (S. 13–54). Wiesbaden: VS Verlag.

Groenemeyer, A. (2012): Soziologie sozialer Probleme – Fragestellungen, Konzepte und theoretische Perspektiven. In: G. Albrecht & A. Groenemeyer (Hrsg.), Handbuch soziale Probleme. Band 1 (2., überarb. Aufl.) (S. 17–116). Wiesbaden: Springer.

Grömling, M., Hentze, T. & Schäfer, H. (2022): Wirtschaftliche Auswirkungen der Corona-Pandemie in Deutschland: Eine ökonomische Bilanz nach zwei Jahren. IW-Trends – Vierteljahresschrift zur empirischen Wirtschaftsforschung, 49 (1), 41–72.

Großkopf, A. & Schimank, U. (2022): Corona und die Lebensführung der Mittelschichten – ambivalente Effekte. In: C. Bonora, M. Kruse, S. Meyerhuber, A. Quaas, S. Ritter & F. Tils (Hrsg.), Sozialwissenschaftliche Perspektiven auf die Corona-Pandemie (S. 101–111). Bremen: Universität Bremen, Institut für Politikwissenschaft.

Grote, J. (2018): Die veränderte Fluchtmigration in den Jahren 2014 bis 2016: Reaktionen und Maßnahmen in Deutschland. Fokusstudie der deutschen nationalen Kontaktstelle für das Europäische Migrationsnetzwerk (EMN). Working Paper 79 des Forschungszentrums des Bundesamtes. Nürnberg.

Grote, U., Arvand, M., Brinkwirth, S., Brunke, M., Buchholz, U., Eckmanns, T. u. a. (2021): Maßnahmen zur Bewältigung der COVID-19-Pandemie in Deutschland: nichtpharmakologische und pharmakologische Ansätze. Bundesgesundheitsblatt, Gesundheitsforschung, Gesundheitsschutz, 64 (4), 435–445.

Groten, M. (2013): Die deutsche Stadt im Mittelalter. Stuttgart: Reclam.

Gugutzer, R. (2006): Der body turn in der Soziologie. Eine programmatische Einführung. In: Ders. (Hrsg.), Body turn: Perspektiven der Soziologie des Körpers und des Sports (S. 9–53). Bielefeld: transcript.

Gugutzer, R., Klein, G. & Meuser, M. (Hrsg.) (2022a): Handbuch Körpersoziologie 1: Grundbegriffe und theoretische Perspektiven (2. Aufl.). Wiesbaden: Springer.

Gugutzer, R., Klein, G. & Meuser, M. (Hrsg.) (2022b): Handbuch Körpersoziologie 2: Forschungsfelder und methodische Zugänge (2. Aufl.). Wiesbaden: Springer.

Gutberlet, B. I. (2021): Heimsuchung. Seuchen und Pandemien – vom Schrecken zum Fortschritt. München: Europa Verlag.

Grunwald, A. & Kopfmüller, J. (2022): Nachhaltigkeit (3. Aufl.). Frankfurt, New York: Campus.
Gurjewitsch, A. J. (2004): Der Kaufmann. In: J. L. Goff (Hrsg.), Der Mensch im Mittelalter (S. 268–311). Essen: Magnus.
gut.org (Hrsg.) (2017): Bridging the Digital Gender Gap. Berlin: Ruksaldruck.
Habermas, J. (1958): Soziologische Notizen zum Verhältnis von Arbeit und Freizeit. In: H. Giesecke (Hrsg.) (1968), Freizeit- und Konsumerziehung (S. 105–122). Göttingen: Vandenhoeck & Ruprecht.
Habermas, J. (1990): Strukturwandel der Öffentlichkeit. Untersuchungen zu einer Kategorie der bürgerlichen Gesellschaft. Frankfurt a. M.: Suhrkamp.
Habermas, J. (1995): Theorie des kommunikativen Handelns. Frankfurt a. M.: Suhrkamp.
Habermas, J. (2020a): Moralischer Universalismus in Zeiten politischer Regression. Leviathan, 48 (1), 7–28.
Habermas, J. (2020b): Jürgen Habermas über Corona: »So viel Wissen über unser Nichtwissen gab es noch nie«. Interview von Markus Schwering, Frankfurter Rundschau vom 07.04.2020, aktualisiert am 10.04.2020. Online verfügbar unter: https://www.fr.de/kultur/gesellschaft/juergen-habermas-coronavirus-krise-covid19-interview-13642491.html, Zugriff am 30.09.2022.
Habermas, J. (2021a): Überlegungen und Hypothesen zu einem erneuten Strukturwandel der politischen Öffentlichkeit. In: M. Seeliger & S. Sevignani (Hrsg.), Ein neuer Strukturwandel der Öffentlichkeit? Sonderband Leviathan 37 (S. 470–500). Baden-Baden: Nomos.
Habermas, J. (2021b): Corona und der Schutz des Lebens. Zur Grundrechtsdebatte in der pandemischen Ausnahmesituation. Blätter für deutsche und internationale Politik, 9, 65–78.
Habermas, J. (2022): Ein neuer Strukturwandel der Öffentlichkeit und die deliberative Politik. Berlin: Suhrkamp.
Häfele, J. (2020): Urbane Gewaltphänomene. In: I. Breckner, A. Göschel & U. Matthiesen (Hrsg.), Stadtsoziologie und Stadtentwicklung. Handbuch für Wissenschaft und Praxis (S. 415–428). Baden-Baden. Nomos.
Hahmann, J., Baresel K., Blum, M. & Rackow K. (Hrsg.) (2021): Gerontologie gestern, heute und morgen. Multigenerationale Perspektiven auf das Alter(n). Wiesbaden: Springer.
Hahn, B. (2014): Die US-amerikanische Stadt im Wandel. Berlin, Heidelberg: Springer.
Han, P. (2016): Soziologie der Migration. Erklärungsmodelle, Fakten, politische Konsequenzen, Perspektiven (4., unv. Aufl.). Stuttgart: Lucius & Lucius.
Hank, K., Schulz-Nieswandt, F., Wagner, M. & Zank, S. (Hrsg.) (2019): Alternsforschung. Handbuch für Wissenschaft und Praxis. Baden-Baden: Nomos.
Hannemann, C. (2014): Zum Wandel des Wohnens. APuZ, 64 (12), 36–45.
Hansen, C. (2022): Inklusive Schulentwicklung. In: I. Hedderich, G. Biewer, J. Hollenweger & R. Markowetz (Hrsg.), Handbuch Inklusion und Sonderpädagogik (2. Aufl.) (S. 199–204). Bad Heilbrunn: Klinkhardt.
Hark, S. & Villa, P.-I. (2018): Unterscheiden und herrschen. Ein Essay zu den ambivalenten Verflechtungen von Rassismus, Sexismus und Feminismus in der Gegenwart (2. Aufl.). Bielefeld: transcript.
Harlander, T. & Kuhn, G. (2020): Soziale Mischung und heterogenes Wohnen in Quartier, Haus und Stadt. In: I. Breckner, A. Göschel & U. Matthiesen (Hrsg.), Stadtsoziologie und Stadtentwicklung. Handbuch für Wissenschaft und Praxis (S. 233–244). Baden-Baden: Nomos.
Hartmann, H. & Thiery, P. (2022): Globale Ergebnisse BTI 2022. Gütersloh: Bertelsmann Stiftung.
Haunss, S. & Sommer, M. (Hrsg.) (2020): Fridays for Future – Die Jugend gegen den Klimawandel. Bielefeld: transcript.
Häusermann, S., Enggist, M. & Pinggera, M. (2019): Sozialpolitik in Hard Times. In: H. Obinger & M. Schmidt (Hrsg.), Handbuch Sozialpolitik (S. 33–54). Wiesbaden, Heidelberg: Springer.
Häusler, A. (2017): AfD, Pegida & Co. In: P. Antes & R. Ceylan (Hrsg.), Muslime in Deutschland (S. 59–74). Wiesbaden: Springer.

Hatchett, R. J., Mecher, C. E. & Lipsitch, M. (2007): Public Health Interventions and Epidemic Intensity during the 1918 Influenza Pandemic. Proceedings of the National Academy of Sciences of the United States of America, 104 (18), 7582–7587.

Haupt, H.-G. (2003): Konsum und Handel. Europa im 19. und 20. Jahrhundert. Göttingen: Vandenhoeck & Ruprecht.

Haupt, H.-G. (2004): Der Konsument. In: U. Frevert & H.-G. Haupt (Hrsg.), Der Mensch im 20. Jahrhundert (S. 301–323). Essen: Magnus.

Haupt, H.-G. (2009): Der Konsum von Arbeitern und Angestellten. In: H.-G. Haupt & C. Torp (Hrsg.), Die Konsumgesellschaft in Deutschland 1890–1990 (S. 145–153). Frankfurt a. M.: Campus.

Häußermann, H. (2012): Verstädterung. Online verfügbar unter: http://www.bpb.de/kurzknapp/zahlen-und-fakten/globalisierung/52705/verstaedterung/, Zugriff am 30.09.2022.

Häußermann, H. & Siebel, W. (1987): Neue Urbanität. Frankfurt a. M.: Suhrkamp.

Häußermann, H. & Siebel, W. (2001): Integration und Segregation – Überlegungen zu einer alten Debatte. Deutsche Zeitschrift für Kommunikationswissenschaften, 40 (1), 68–79.

Häußermann, H. & Siebel, W. (2004): Stadtsoziologie. Eine Einführung. Frankfurt, New York: Campus.

Häußermann, H. & Siebel, W. (2020): Städte, Gemeinden und Urbanisierung. In: H. Joas & S. Mau (Hrsg.), Lehrbuch der Soziologie (4. Aufl.) (S. 789–829). Frankfurt a. M.: Campus.

Haverkamp, F. (2018): Gesundheitliche Ungleichheit und neue Morbidität. In: E.-U. Huster, J. Boeckh & H. Mogge-Grotjahn (Hrsg.), Handbuch Armut und soziale Ausgrenzung (3., akt. u. erw. Aufl.) (S. 479–502). Wiesbaden: Springer.

Hedderich, I., Biewer, G., Hollenweger, J. & Markowetz, R. (Hrsg.) (2022): Handbuch Inklusion und Sonderpädagogik (2. Aufl.). Bad Heilbrunn: Klinkhardt.

Hehlmann, T., Schmidt-Semisch, H. & Schorb, F. (2018): Soziologie der Gesundheit. München: UVK (UTB).

Heidel, C-P. (2020): Seuchengeschichte. Möglichkeiten und Grenzen zur Bewertung des gesellschaftlichen und politischen Umgangs mit aktuellen Pandemiegeschehen. CC BY-NC-ND 4.0.

Heimlich, U. (2022): Integration. In: I. Hedderich, G. Biewer, J. Hollenweger & R. Markowetz (Hrsg.), Handbuch Inklusion und Sonderpädagogik (2. Aufl.) (S. 121–125). Bad Heilbrunn: Klinkhardt.

Heineberg, H. (2017): Stadtgeographie (5. Aufl.). Paderborn: Schöningh.

Heinz, W. R., Huinink, J. & Weymann, A. (Hrsg.) (2009): The Life Course Reader. Individuals and Societies across Time. Frankfurt a. M.: Campus.

Heinz, W. R. & Sackmann, R. (2020): Der Lebenslauf. In: H. Joas & M. Steffen (Hrsg.), Lehrbuch der Soziologie (4., vollst. überarb. u. erw. Aufl.) (S. 243–274). Frankfurt a. M.: Campus.

Heinze, R. G., Naegele, G. & Schneiders, K. (2011): Wirtschaftliche Potentiale des Alters. Stuttgart: Kohlhammer.

Heinze, R. G. & Schneiders, K. (2019): Sozioökonomische Potenziale des Alters. In: K. Hank, F. Schulz-Nieswandt, M. Wagner & S. Zank (Hrsg.), Alternsforschung. Handbuch für Wissenschaft und Praxis (S. 197–221). Baden-Baden: Nomos.

Hellberg, F. & Zürn, L. (2016): Disability History: Behinderung in der Geschichte – ein Längsschnitt. Geschichte betrifft uns, (5), 1–3.

Hellrung, C. (2017): Inklusion von Kindern mit Behinderungen als sozialrechtlicher Anspruch. Wiesbaden: Springer.

Helsper, W. (2022): Familie und Schule. In: A. Schierbaum & J. Ecarius (Hrsg.), Handbuch Familie. Band II: Erziehung, Bildung und pädagogische Arbeitsfelder (S. 309–328). Wiesbaden: Springer.

Hermsen, T. (1997): Kunstförderung zwischen Passion und Kommerz: Vom bürgerlichen Mäzen zum Sponsor der Moderne. Frankfurt, New York: Campus.

Herriger, N. (2009): Empowerment in der Arbeit mit Menschen mit Behinderung – Eine kritische Reflexion. Online verfügbar unter: https://docplayer.org/20926792-Empowerment-in-der-arbeit-mit-menschen-mit-behinderung-eine-kritische-reflexion.html, Zugriff am 30.09.2022.

Hesse, J.-O. & Teupe, S. (2019): Wirtschaftsgeschichte (2. Aufl.). Frankfurt, New York: Campus.
Hielscher, V., Kirchen-Peters, S. & Nock, L. (2017): Pflege in den eigenen vier Wänden. Zeitaufwand und Kosten: Pflegebedürftige und ihre Angehörigen geben Auskunft. Unter Mitarbeit von Max Ischebeck. Düsseldorf: Hans-Böckler-Stiftung (Study, Nr. 363).
Hiller, C. v. (2008): Die erste Weltwirtschaftskrise. FAZ.NET, 01.07.2008.
Hillmann, K.-H. (2007): Wörterbuch der Soziologie (5. Aufl.). Stuttgart: Kröner.
Hilsch, P. (2017): Das Mittelalter – die Epoche (4. Aufl.). Konstanz, München: UVK.
Hinz, A. (2000): Sonderpädagogik im Rahmen von Pädagogik der Vielfalt und Inclusive Education. Überlegungen zu neuen paradigmatischen Orientierungen. In: F. Albrecht, A. Hinz & V. Moser (Hrsg.), Perspektiven der Sonderpädagogik. Disziplin- und professionsbezogene Standortbestimmung (S. 124–140). Neuwied, Kriftel, Berlin: Luchterhand.
Hirschfelder, G. (2005): Europäische Esskultur. Eine Geschichte der Ernährung von der Steinzeit bis heute. Frankfurt, New York: Campus.
Hirschfelder, G. (2018): Facetten einer Ernährungsglobalgeschichte. Esskultur als Resultat historischer Prozesse. APuZ, 68 (1–3), 4–12.
Hirsch-Kreinsen, H., Ittermann, P. & Niehaus, J. (Hrsg.) (2018): Digitalisierung industrieller Arbeit. Die Vision Industrie 4.0 und ihre sozialen Herausforderungen (2. Aufl.). Baden-Baden: Nomos.
Hirsch-Kreinsen, H. & Minssen, H. (Hrsg.) (2017): Lexikon der Arbeits- und Industriesoziologie (2. Aufl.). Baden-Baden: Nomos.
Hirschmann, F. G. (2009): Die Stadt im Mittelalter. München: Oldenbourg.
Hoebel, J., Michalski, N., Wachtler, B., Diercke, M., Neuhauser, H., Wieler, L.H. & Hövener, C. (2021): Socioeconomic Differences in the Risk of Infection during the Second SARS-CoV-2 Wave in Germany. Deutsches Ärzteblatt Online.
Hoerning, J. (2012): Megastädte. In: F. Eckardt (Hrsg.), Handbuch Stadtsoziologie (S. 231–262). Wiesbaden: Springer.
Hoerning, J. (2016): »Megastädte« zwischen Begriff und Wirklichkeit. Über Raum, Planung und Alltag in großen Städten. Bielefeld: transcript.
Hoesch, K. (2018): Migration und Integration. Wiesbaden: Springer.
Hoffmann, N. F. (2022): Peergroups im Kindes- und Jugendalter. In: H.-H. Krüger, C. Grunert & K. Ludwig (Hrsg.), Handbuch Kindheits- und Jugendforschung (Band 1) (3. Aufl.) (S. 895–924). Wiesbaden: Springer.
Hohendorf, G., Rotzoll, M., Richter, P., Eckart, W. & Mundt, C. (2002): Die Opfer der nationalsozialistischen »Euthanasie-Aktion T4«. Nervenarzt, 73 (11), 1065–1074.
Hohfeld, R. & Strobel, M. (2012): Öffentlichkeit im Wandel. Neue Herausforderungen für die Kommunikationswissenschaft. In: N. Springer, J. Raabe, H. Haas & W. Eichhorn (Hrsg.), Medien und Journalismus im 21. Jahrhundert (S. 75–99). Konstanz, München: UVK.
Hölig, S. & Loosen, W. (2018): Das Publikum des Journalismus. Nachrichtenrezeption, Einstellungen und aktive Beteiligung. In: C. Nuernbergk & C. Neuberger (Hrsg.), Journalismus im Internet. Profession – Partizipation – Technisierung (2. Aufl.) (S. 209–240). Wiesbaden: Springer.
Holzer, B. (2020): Wir Hamster. Das Hamstern von Nudeln und Klopapier zeigt, wie gefährlich Rationalität sein kann. Frankfurter Allgemeine Sonntagszeitung, (12), 56.
Homberg, M. (2022): Digitale Unabhängigkeit. Indiens Weg ins Computerzeitalter – eine international Geschichte, Göttingen: Wallstein.
Honig, M.-S. (2016): Kindheiten. In: A. Scherr (Hrsg.), Soziologische Basics. Eine Einführung für pädagogische und soziale Berufe (3. Aufl.) (S. 169–174). Wiesbaden: Springer.
Honigsbaum, M. (2021): Das Jahrhundert der Pandemien. Eine Geschichte der Ansteckung von der Spanischen Grippe bis Covid-19. München: Piper.
Höpflinger, F. (2012): Bevölkerungssoziologie. Eine Einführung in demographische Prozesse und bevölkerungssoziologische Ansätze (2., überarb. Aufl.). Weinheim: Beltz.
Hornstein, W. (1966): Jugend in ihrer Zeit. Geschichte und Lebensformen des jungen Menschen in der europäischen Welt. Hamburg: Schröder.
Hoyer, T. (2015): Sozialgeschichte der Erziehung. Von der Antike bis in die Moderne. Darmstadt: WBG.

Hradil, S. (2001): Soziale Ungleichheit in Deutschland (8. Aufl.). Opladen: Leske & Budrich.
Hradil, S. (2006): Die Sozialstruktur Deutschlands im internationalen Vergleich (2. Aufl.). Wiesbaden: VS Verlag.
Huber, J. (2011): Allgemeine Umweltsoziologie (2. Aufl.). Wiesbaden: Springer.
Huber, J. (2014): Umweltsoziologie. In: G. Endruweit, G. Trommsdorff & N. Burzan (Hrsg.), Wörterbuch der Soziologie (3. Aufl.) (S. 567–571). Konstanz, München: UVK.
Huerkamp, C. (1985): Der Aufstieg der Ärzte im 19. Jahrhundert. Vom gelehrten Stand zum professionellen Experten: Das Beispiel Preußen. Göttingen: Vandenhoeck & Ruprecht.
Huf, H.-C. (2013): Die Geschichte der Schönheit. München: Heyne.
Huinink, J. & Schröder, T. (2019): Sozialstruktur Deutschlands (3. Aufl.). München: UVK.
Hülsen-Esch, A. v. (2020): Die Kunst vom Altern – Altersbilder in der Kunst. In: C. Woopen, A. Janhsen, M. Mertz & A. Genske (Hrsg.), Alternde Gesellschaft im Wandel. Zur Gestaltung einer Gesellschaft des langen Lebens (S. 77–99). Berlin: Springer.
Hülsen-Esch, A. v., Seidler, M. & Tagsold, C. (2014): Methoden der Alter(n)sforschung. Disziplinäre Positionen und transdisziplinäre Perspektiven. Bielefeld: transcript.
Hurrelmann, K. & Quenzel, G. (2016): Lebensphase Jugend. Eine Einführung in die sozialwissenschaftliche Jugendforschung (13., überarb. Aufl.). Weinheim, Basel: Beltz.
Huwart, J. & Verdier, L. (2014): Die Globalisierung der Wirtschaft: Ursprünge und Auswirkungen. OECD Insights. Paris: OECD Publishing.
Ibrahim, Y. & Rödder, S. (Hrsg.) (2022): Schlüsselwerke der sozialwissenschaftlichen Klimaforschung. Bielefeld: transcript.
IHRSA – International Health Racquet and Sportsclub Association (2020): Global Report 2020. Boston.
IKK classik (2021): Gesundheit in Zahlen 2021. Nr. 5. Hamburg: brand eins.
ILO – International Labour Office (2018): Women and Men in the Informal Economy: a Statistical Picture (3. Aufl.). Genf.
Imhof, K. (2000): Öffentlichkeit und Skandal. In: B. Neumann & S. Müller-Doohm (Hrsg.), Medien- und Kommunikationssoziologie (S. 55–68). Weinheim, München: Juventa.
Immerfall, S. & Wasner, B. (2011): Freizeit. Opladen, Farmington Hills: Budrich.
Infratest Sozialforschung, Sinus & Becker, H. (1991): Die Älteren. Zur Lebenssituation der 55- bis 70-jährigen. Bonn: Dietz.
IPCC Deutsche Koordinierungsstelle (2022): Sechster IPCC-Sachstandsbericht, Beitrag von Arbeitsgruppe II: Folgen, Anpassung und Verwundbarkeit – Hauptaussagen aus der Zusammenfassung für die politische Entscheidungsfindung. Bonn.
Irsigler, F. (1996): Jahrmärkte und Messesysteme im westlichen Reichsgebiet bis ca. 1250. In: P. Johanek & H. Stoob (Hrsg.), Europäische Messen und Märktesysteme in Mittelalter und Neuzeit (S. 1–33). Köln u. a.: Böhlau.
Irsigler, F. (2009): Mitleid und seine Grenzen: Zum Umgang der mittelalterlichen Gesellschaft mit armen und kranken Menschen. In: C. Nolte (Hrsg.), Homo Debilis: Behinderte – Kranke – Versehrte in der Gesellschaft des Mittelalters (S. 165–181). Korb: Didymos.
ISAPS – International Society of Aestetic Plastic Surgery (2022): ISAPS International Survey on Aesthetic/Cosmetic Procedures 2021. West Lebanon.
Ittermann, P. & Niehaus, J. (2018): Industrie 4.0 und Wandel von Industriearbeit – revisited. Forschungsstand und Trendbestimmungen. In: H. Hirsch-Kreinsen, P. Ittermann & J. Niehaus (Hrsg.), Digitalisierung industrieller Arbeit. Die Vision Industrie 4.0 und ihre sozialen Herausforderungen (2. Aufl.) (S. 33–60). Baden-Baden: Nomos.
ITU – International Telecommunication Union (2020): Measuring Digital Development. Facts and figures 2020. Genf.
ITU – International Telecommunication Union (2021a): Digital Trends in Europe 2021. ICT Trends and Developments in Europa, 2017–2019. Genf.
ITU – International Telecommunication Union (2021b): Measuring Digital Development. Facts and Figures 2021. Genf.
Izdebski, A. u. a. (2022): Palaeoecological Data Indicates Land-Use Changes across Europe Linked to Spatial Heterogeneity in Mortality during the Black Death Pandemic. Nature Ecology & Evolution, 5, 297–306.

Jäckel, M. (2005): Medien und Macht. In: Ders. (Hrsg.), Mediensoziologie. Grundfragen und Forschungsfelder (S. 295–317). Wiesbaden: VS Verlag.

Jäckel, M. (2008): Konsum und Gesellschaft. In: H. Willems (Hrsg.), Lehr(er)buch Soziologie. Für die pädagogischen und soziologischen Studiengänge (Band 1) (S. 375–399). Wiesbaden: Springer.

Jäckel, M. (2010): Mediensoziologie. In: G. Kneer & M. Schroer (Hrsg.), Handbuch Spezielle Soziologie (S. 277–294). Wiesbaden: VS Verlag.

Jäckel, M. (2011): Einführung in die Konsumsoziologie. Fragestellungen – Kontroversen – Beispieltexte (4. Aufl.). Wiesbaden: Springer.

Jacobmeyer, W. (1985): Vom Zwangsarbeiter zum heimatlosen Ausländer. Die Displaced Persons in Westdeutschland 1945–1951. Göttingen: Vandenhoeck & Ruprecht.

Jacobsen, H. (2018): Strukturwandel der Arbeit im Tertiarisierungsprozess. In: F. Böhle, G. Wachtler & G. G. Voß (Hrsg.), Handbuch Arbeitssoziologie. Band 1: Arbeit, Strukturen und Prozesse (2. Aufl.) (S. 233–262). Wiesbaden: Springer.

Jacobsen, J. (2012): Schatten des Todes. Die Geschichte der Seuchen. Darmstadt, Mainz: Philipp von Zabern.

Jael, B., Lilian, S., Waller, G., Külling, C., Willemse, I. & Süss, D. (2020): JAMES – Jugend, Aktivitäten, Medien – Erhebung Schweiz. Zürich: Zürcher Hochschule für angewandte Wissenschaften.

Jankrift, K. P. (2019): Vom Pesthauch zu Yersinia pestis. Eine Geißel der Menschheit im Wandel der Zeit. In: LWL-Museum für Archäologie & Westfälisches Landesmuseum Herne (Hrsg.), Pest! Eine Spurensuche (S. 21–29). Darmstadt: WB.

Jürgens, U. & Gnad, M. (2000): Gated Communities in Südafrika – Untersuchungen im Großraum Johannesburg. Erdkunde, 54 (3), 198–207.

Jütte, R. (2013): Krankheit und Gesundheit in der Frühen Neuzeit. Stuttgart: Kohlhammer.

Kaelble, H. (1997): Europäische Besonderheiten des Massenkonsums 1950–1990. In: H. Siegrist, H. Kaelble & J. Kocka (Hrsg.), Europäische Konsumgeschichte. Zur Gesellschafts- und Kulturgeschichte des Konsums (18. bis 20. Jahrhundert) (S. 169–203). Frankfurt, New York: Campus.

Kaldewey, D. (2022): Was bedeutet Systemrelevanz in Zeiten der Pandemie? Berliner Journal für Soziologie, 32 (1), 7–33.

Kaltenbrunner, R. & Waltersbacher, M. (2014): Wohnsituation in Deutschland. APuZ, 64, 3–12.

Kastilan, S. (2018): Mutter aller Pandemien: Die Spanische Grippe und ihr Erbe. FAZ, 9, 61.

Kaube, J. (2014): Spieglein an der Wand. FAZ vom 01.06.2014. Online verfügbar unter: http://www.faz.net/aktuell/wissen/medizin-ernaehrung/soziale-systeme-schoenheitschirurgie-und-massenmedien-12956406.html, Zugriff am 30.09.2022.

Kaube, J. & Müller-Jung, J. (2020): Wie der Staat die Pharma-Industrie regulieren sollte. FAZ.NET, 11.03.2020.

Kaufmann, F.-X. (1995): Zukunft der Familie im vereinten Deutschland. Gesellschaftliche und politische Bedingungen (Band 16). München: Beck.

Kaufmann, F.-X. (2005): Schrumpfende Gesellschaft. Vom Bevölkerungsrückgang und seinen Folgen. Frankfurt a. M.: Suhrkamp.

Kearney, A. T. (2021): Global Cities: Divergent Prospects and New Imperatives in the Global Recovery. 2021 Global Cities Report. Chicago.

Keintzel, R. R. (2020): Eine Geschichte der Menschen mit Behinderung. Dis/abled in 500–1620. Günzburg: Bookpress.eu.

Kelle, U. & Kluge, S. (2001): Einleitung. In: S. Kluge & U. Kelle (Hrsg.), Methodeninnovation in der Lebenslaufforschung. Integration qualitativer und quantitativer Verfahren in der Lebenslauf- und Biographieforschung (S. 11–33). Weinheim: Juventa.

Kluge, S. & Kelle, U. (Hrsg.) (2001): Methodeninnovation in der Lebenslaufforschung. Integration qualitativer und quantitativer Verfahren in der Lebenslauf- und Biographieforschung. Weinheim: Juventa.

Keller, M. (2019): Von der Seuchengeschichte der Pest zu einer Naturgeschichte ihres Erregers. In: LWL-Museum für Archäologie & Westfälisches Landesmuseum Herne (Hrsg.), Pest! Eine Spurensuche (S. 31–47). Darmstadt: WB.

Kellerhoff, S. F. (2020): Was die Corona-Krise von der Spanischen Grippe unterscheidet. In: Wissenschaftliche Buchgesellschaft (Hrsg.), Corona-Stories (S. 59–77). Darmstadt.
Kepplinger, M. (2018): Medien und Skandale. Wiesbaden: Springer.
Kersting, W. (2011): Soziale Gerechtigkeit und Sozialstaat. In: F. Jaeger & J. Rüsen (Hrsg.), Handbuch der Kulturwissenschaften. Themen und Tendenzen. Band 3. Sonderausgabe (S. 254–268). Stuttgart, Weimar: Metzler.
Key, E. (2016): Das Jahrhundert des Kindes. Studien. Deutsche Erstausgabe 1902. Berlin: Hoffenberg.
Kim, S. (2020): Zwischen autoritärem Institutionalismus und Populismus. Die illiberal-nationalistischen Staatsprojekte in Ungarn und Polen. In: S. Kim & A. Agridopoulos (Hrsg.), Populismus, Diskurs, Staat (S. 211–234). Baden-Baden: Nomos.
Kirchhoff, P. (2021): Karaoke im Kaufhaus. Frankfurter Allgemeine Metropole, (3), 28.
Kläber, M. (2013): Moderner Muskelkult. Zur Sozialgeschichte des Bodybuildings. Bielefeld: transcript.
Klamt, M. (2012): Öffentliche Räume. In: F. Eckardt (Hrsg.), Handbuch Stadtsoziologie (S. 775–804). Wiesbaden: Springer.
Klein, G. (2010): Soziologie des Körpers. In: G. Kneer & M. Schroer (Hrsg.), Handbuch spezielle Soziologien (S. 457–473). Wiesbaden: VS Verlag.
Kleinschmidt, C. (2008): Konsumgesellschaft. Göttingen: Vandenhoeck & Ruprecht.
Kleinschmidt, C. (2021): Von der exklusiven zur inklusiven Konsumgesellschaft. ›Industrious Revolution‹ und Anfänge des Massenkonsums (1770–1918). In: C. Kleinschmidt & J. Logemann (Hrsg), Konsum im 19. und 20. Jahrhundert (S. 11–56). Berlin, Boston: De Gruyter.
Kleinschmidt, C. & Logemann, J. (Hrsg.) (2021): Konsum im 19. und 20. Jahrhundert. Berlin, Boston: De Gruyter.
Klinger, C. (2012): Leibdienst – Liebesdienst – Dienstleistung. In: K. Dörre, D. Sauer & V. Wittke (Hrsg.), Kapitalismustheorie und Arbeit. Neue Ansätze soziologischer Kritik (S. 258–272). Frankfurt, New York: Campus.
Klocke, A. & Stadtmüller, S. (2009): Wandel der Familienformen in Deutschland und die Bedeutsamkeit des bürgerlichen Engagements für das Familienleben. Forschungszentrum Demografischer Wandel (Hrsg.), Bericht Nr. 3. Frankfurt a. M.: Fachhochschule Frankfurt a. M.
Klotz, L.-O. & Simm, A. (2019): Biologie des Alterns. In: K. Hank, F. Schulz-Nieswandt, M. Wagner & S. Zank (Hrsg.), Alternsforschung. Handbuch für Wissenschaft und Praxis (S. 83–107). Baden-Baden: Nomos.
Knoppe, M. & Wild, M. (Hrsg.) (2018): Digitalisierung im Handel. Geschäftsmodelle, Trends und Best Practice. Wiesbaden: Springer.
Kober, M. (2012): Stadtplanung als Kriminalprävention. Bundeszentrale für politische Bildung. Dossier Innere Sicherheit. Online verfügbar unter: http://www.bpb.de/politik/innenpolitik/innere-sicherheit/125487/stadtplanung-als-kriminalpraevention, Zugriff am 30.09.2022.
Koch, E. (2022): Globalisierung: Wirtschaft und Politik – Chancen – Risiken – Antworten (3. Aufl.). Wiesbaden: Springer.
Kocka, J. (2017): Geschichte des Kapitalismus. München: Beck.
Kohli, M. (1985): Die Institutionalisierung des Lebenslaufs. Historische Befunde und theoretische Argumente. Kölner Zeitschrift für Soziologie und Sozialpsychologie, 37, 1–29.
Kohli, M. (2003): Der institutionalisierte Lebenslauf: ein Blick zurück und nach vorn. In: J. Allmendinger (Hrsg.), Entstaatlichung und soziale Sicherheit. Arbeitsgruppen-, Sektionssitzungs- und Ad-hoc-Gruppen-Beiträge (S. 525–546). Opladen: Leske & Budrich.
Kohli, M. (2013): Alter und Altern der Gesellschaft. In: S. Mau & N. M. Schöneck (Hrsg.), Handwörterbuch zur Gesellschaft Deutschlands (3., grundl. überarb. Aufl.) (S. 11–24). Wiesbaden: Springer.
Kohli, M. (2018): Lebenslauf. In: J. Kopp & A. Steinbach (Hrsg.), Grundbegriffe der Soziologie (12. Aufl.) (S. 261–265). Wiesbaden: Springer.
Kohli, M. (2021): Konfliktlinien in alternden Gesellschaften: Generation, Alter, Klasse? In: J. Hahmann, K. Baresel, M. Blum & K. Rackow (Hrsg.), Gerontologie gestern, heute und morgen. Multigenerationale Perspektiven auf das Alter(n) (S. 111–131). Wiesbaden: Springer.

Kolip, P. (2020): Krankheitsprävention und Gesundheitsförderung: Begründung, Konzepte und politischer Rahmen. In: O. Razum & P. Kolip (Hrsg.), Handbuch Gesundheitswissenschaften (7., überarb. Aufl.) (S. 686–709). Weinheim, Basel: Beltz.

Komlosy, A. (2019): Die Entstehung der »Dritten Welt«: Geschichte der globalen Ungleichheit. In: K. Fischer & M. Grandner (Hrsg.), Globale Ungleichheit. Über Zusammenhänge von Kolonialismus, Arbeitsverhältnissen und Naturverbrauch (S. 57–81). Wien: Mandelbaum.

Könen, A. (2017): Gefahren für die innere Sicherheit aus dem Cyber-Raum – Wie kann Deutschland sich schützen? In: P. E. Sensburg (Hrsg.), Sicherheit in einer digitalen Welt (S. 45–60). Baden-Baden: Nomos.

König, C. (2017): Von New York bis Hamburg. Die erste Weltwirtschaftskrise. Praxis Geschichte, Weltwirtschaftskrisen, 17 (1), 22–27.

König, W. (2000): Geschichte der Konsumgesellschaft. Stuttgart: Steiner.

König, W. (2008): Kleine Geschichte der Konsumgesellschaft. Konsum als Lebensform der Moderne. Stuttgart: Steiner.

Koopmans, R., Veit, S. & Yemane, R. (2018): Ethnische Hierarchien in der Bewerberauswahl: Ein Feldexperiment zu den Ursachen von Arbeitsmarktdiskriminierung. Discussion Paper SP VI 2018-104. WZB Wissenschaftszentrum Berlin für Sozialforschung. Berlin.

Korff, R. (2016): Multiple Moderne. In: K. Fischer, G. Hauck & M. Boatcă (Hrsg.), Handbuch Entwicklungsforschung (S. 91–102). Wiesbaden: Springer.

Körner, M. (1993): Handel und Geldwesen im mittelalterlichen Europa. In: H. Pohl (Hrsg.), Europäische Bankengeschichte (S. 31–72). Frankfurt a. M.: Fritz Knapp.

Kortendiek, B., Riegraf, B. & Sabisch, K. (Hrsg.) (2017): Handbuch Interdisziplinäre Geschlechterforschung. Wiesbaden: Springer.

Kößler, R. (2016): Modernisierungstheorien. In: K. Fischer, G. Hauck & M. Boatcă (Hrsg.), Handbuch Entwicklungsforschung (S. 27–39). Wiesbaden: Springer.

Kößler, R. (2020): Diversität und Erinnerung: Zur Auseinandersetzung um die Konsequenzen des kolonialen Völkermordes (1904–1908) in Namibia. In: A. Bogner, R. Kößler, R. Korff & H. Melber (Hrsg.), Die Welt aus der Perspektive der Entwicklungssoziologie. Festschrift für Dieter Neubert (S. 165–186). Baden-Baden: Nomos.

KPMG (2022): e-Crime Computerkriminalität in der deutschen Wirtschaft 2022. Frankfurt a. M.

Krajewski, C. (2006): Stadterneuerung und Aufwertungsprozesse in der ›neuen Mitte‹ von Berlin – die Beispiele Spandauer Vorstadt und Rosenthaler Vorstadt. In: Ders. (Hrsg.), Berlin – Stadt-Entwicklungen zwischen Kiez und Metropole seit der Wiedervereinigung. Arbeitsberichte 37 (S. 79–106). Münster: Arbeitsgemeinschaft angewandte Geographie.

Kränzl-Nagl, R. & Mierendorff, J. (2007): Kindheit im Wandel. Annäherungen an ein komplexes Phänomen. SWS-Rundschau, 47 (1), 3–25.

Kratzer, N., Menz, W. & Pangert, B. (2015): Work-Life-Balance – auch eine Frage der Leistungspolitik! In: N. Kratzer, W. Menz & B. Pangert (Hrsg.), Work-Life-Balance – eine Frage der Leistungspolitik (S. 57–75). Wiesbaden: Springer.

Kreyenfeld, M., Niephaus, Y. & Sackmann, R. (2016): Gegenstandsbereich der Bevölkerungssoziologie. In: Y. Niephaus, M. Kreyenfeld & R. Sackmann (Hrsg.), Handbuch Bevölkerungssoziologie (S. 3–18). Wiesbaden: Springer.

Kreyenfeld, M. & Konietzka, D. (2020): Bevölkerung. In: H. Joas & S. Mau (Hrsg.), Lehrbuch der Soziologie (4., vollst. überarb. u. erw. Aufl.) (S. 789–829). Frankfurt a. M.: Campus.

Krinninger, D. & Schulz, M. (2022): Kindheit in Familie. In: J. Ecarius & A. Schierbaum, (Hrsg.), Handbuch Familie. Band I: Gesellschaft, Familienbeziehungen und differentielle Felder (2. Aufl.) (S. 395–414). Wiesbaden: Springer.

Kronauer, M. (2000): Armut, Ausgrenzung, Unterklasse. In: H. Häußermann (Hrsg.), Großstadt. Soziologische Stichworte (S. 13–27). Opladen: Leske & Budrich.

Kronauer, M. (2010): Exklusion. Die Gefährdung des Sozialen im hoch entwickelten Kapitalismus (2., akt. u. erw. Aufl.). Frankfurt, New York: Campus.

Kronauer, M. (2020): Ungleichheit und Polarisierung in der Stadt. In: I. Breckner, A. Göschel & U. Matthiesen (Hrsg.), Stadtsoziologie und Stadtentwicklung. Handbuch für Wissenschaft und Praxis (S. 195–206). Baden-Baden: Nomos.

Kropp, C. & Sonnberger, M. (2021): Umweltsoziologie. Baden-Baden: Nomos.

Krüger, H. (1995): Prozessuale Ungleichheit. Geschlecht und Institutionenverknüpfung im Lebenslauf. In: P. A. Berger & P. Sopp (Hrsg.), Sozialstruktur und Lebenslauf (S. 133–154). Opladen: Leske & Budrich.

Krüger, H.-H., Grunert, C. & Ludwig, K. (Hrsg.) (2022): Handbuch Kindheits- und Jugendforschung, (Band 1 und 2) (3. Aufl.). Wiesbaden: Springer.

Krumpal, I. (2020): Soziologie in Zeiten der Pandemie. Arbeitsbericht des Instituts für Soziologie, Nr. 79. Leipzig.

Kuchler, V. (2016): »Global City«: Frankfurt nur zweite Liga. Merkurist 2016.

Kuenen, K. (2018): Costumer-Journey-Prozess. Gabler Wirtschaftslexikon. Wiesbaden: Springer.

Kuhn, T. S. (2020): Die Struktur wissenschaftlicher Revolutionen (26. Aufl.). Berlin: Suhrkamp.

Kühnhardt, L. (2017): Globalität: Begriff und Wirkung. In: L. Kühnhardt & T. Mayer (Hrsg.), Bonner Enzyklopädie der Globalität (Band 1) (S. 21–36). Wiesbaden: Springer.

Kulig, W. & Theunissen, G. (2022): Empowerment. In: I. Hedderich, G. Biewer, J. Hollenweger & R. Markowetz (Hrsg.), Handbuch Inklusion und Sonderpädagogik (2. Aufl.) (S. 116–120). Bad Heilbrunn: Klinkhardt.

Kulke, D. (2020): Arbeitswelt. In: S. Hartwig (Hrsg.), Behinderung. Kulturwissenschaftliches Handbuch (S. 49–54). Berlin: Metzler.

Kulke, E. (2017): Wirtschaftsgeographie (6. Aufl.). Paderborn: Schöningh.

Kumkar, N. & Schimank, U. (2021): Drei-Klassen-Gesellschaft? Bruch? Konfrontation? Eine Auseinandersetzung mit Andreas Reckwitz' Diagnose der »Spätmoderne«. Leviathan 49 (1), 7–32.

Künemund, H. & Vogel, C. (2020): Strukturwandel des Ehrenamts in der zweiten Lebenshälfte? Veränderungen zwischen 1996 und 2014. In: S. Stadelbacher & W. Schneider (Hrsg.), Lebenswirklichkeiten des Alter(n)s. Vielfalt, Heterogenität, Ungleichheit (S. 201–222). Wiesbaden, Heidelberg: Springer.

Kuntz, B., Zeiher, J., Starker, A., Prütz, F. & Lampert, T. (2018a): Rauchen in der Schwangerschaft – Querschnittergebnisse aus KiGGS Welle 2 und Trends. Journal of Health Monitoring, 3 (1), 47–53.

Kuntz, B., Waldhauer, J., Zeiher, J., Finger, J. D. & Lampert, T. (2018b): Soziale Unterschiede im Gesundheitsverhalten von Kindern und Jugendlichen in Deutschland – Querschnittergebnisse aus KiGGS Welle 2. Journal of Health Monitoring, 3 (2), 45–62.

Kuntz, B., Rattay, P., Poethko-Müller, P., Thamm, R., Hölling, H. & Lampert, T. (2018c): Soziale Unterschiede im Gesundheitszustand von Kindern und Jugendlichen in Deutschland – Querschnittergebnisse aus KiGGS Welle 2. Journal of Health Monitoring, 3 (3), 19–35.

Kupferschmitt, T. & Müller, T. (2020): ARD/ZDF-Massenkommunikation 2020. Mediennutzung im Intermediavergleich. Media Perspektiven, (7/8), 390–409.

Kury, H. (2009): Präventionskonzepte. In: H.-J. Lange, H. P. Ohly & J. Reichertz (Hrsg.), Auf der Suche nach der neuen Sicherheit. Fakten, Theorien und Folgen (2. Aufl.) (S. 21–48). Wiesbaden: VS Verlag.

KVJS – Kommunalverband für Jugend und Soziales Baden-Württemberg (2013): Alter erleben – Lebensqualität und Lebenserwartung von Menschen mit geistiger Behinderung im Alter. Stuttgart.

Lakner, C. & Milanović, B. (2016): Global Income Distribution: From the Fall of the Berlin Wall to the Great Recession. The World Bank Economic Review, 30 (2), 203–232.

Lambrecht, K. (2006): Müßiggang oder Arbeit? Adlige Lebenswelten in der Vormoderne. In: I. Wilke, G. Dobler, M. Tauschek & M. Vollstädt (Hrsg.), Produktive Unproduktivität. Zum Verhältnis von Arbeit und Muße (S. 15–31). Tübingen: Mohr Siebeck.

Lampert, T. (2020): Soziale Ungleichheit und Gesundheit. In: O. Razum & P. Kolip (Hrsg.), Handbuch Gesundheitswissenschaften (7., überarb. Aufl.) (S. 530–559). Weinheim, Basel: Beltz.

Lampert, T., Hoebel, J. & Kroll, L. E. (2019): Soziale Unterschiede in der Mortalität und Lebenserwartung in Deutschland. Aktuelle Situation und Trends. Journal of Health Monitoring, 4 (1), 3–14.

Langfeld, K. (2020): Wie ethisch verträglich kann Kobalt sein? FAZ, 77, 12.
Langhans, I. & Prochnow, S. (2016): Welthandel und Weltfinanzsystem. Stuttgart, Leipzig: Klett.
Lauterbach, W. (2004): Die multilokale Mehrgenerationenfamilie. Zum Wandel der Familienstruktur in der zweiten Lebenshälfte. Würzburg: Ergon.
Laux, T. (2021): Vom Protest zur Produktion von Expertise. In: S. Büttner & T. Laux (Hrsg.), Umstrittene Expertise. Zur Wissensproblematik der Politik. Leviathan Sonderband 38 (S. 269–293). Baden-Baden: Nomos.
Lederer, M. (2017): Umwelt und internationale Politik. In: F. Sauer & C. Masala (Hrsg.), Handbuch internationale Politik (2. Aufl.) (S. 1095–1117). Wiesbaden: Springer.
Lees, L., Slater, T. & Wyly, E. (2007): Gentrification. New York, London: Routledge.
Le Goff, J. & Truong, N. (2007): Die Geschichte des Körpers im Mittelalter. Stuttgart: Klett-Cotta.
Leiber, S. & Rossow, V. (2022): Beschäftigung von Migrantinnen in der sogenannten »24-Stunden- Betreuung« in Privathaushalten. Expertise im Auftrag des Sachverständigenrats für Integration und Migration für das SVR-Jahresgutachten 2022. Berlin.
Leisering, L., Müller, R., Schumann, K. F. & Heinz, W. R. (Hrsg.) (2001): Institutionen und Lebensläufe im Wandel. Institutionelle Regulierungen von Lebensläufen. Weinheim: Juventa.
Lemm, S. (2022): COPSY-Studie: Psychische Belastung von Jugendlichen und Kindern weiterhin hoch – aber leicht rückläufig. Pressemitteilung UKE 09.02.2022. Hamburg.
Lenger, F. (2004): Großstadtmenschen. In: U. Frevert & H.-G. Haupt (Hrsg.), Der Mensch im 19. Jahrhundert (S. 261–291). Essen: Magnus.
Lessenich, S. (2015): Die Externalisierungsgesellschaft. Ein Internalisierungsversuch. Soziologie, (44) 1, 22–32.
Lessenich, S. (2018): Neben uns die Sintflut. Wie wir auf Kosten anderer leben (2. Aufl.). München: Piper.
Lessenich, S. (2019): Sozialpolitik als Problemlöser und Problemverursacher. In: H. Obinger & M. G. Schmidt (Hrsg.), Handbuch Sozialpolitik (S. 883–901). Wiesbaden, Heidelberg: Springer.
Lebenshilfe für Menschen mit geistiger Behinderung (Hrsg.) (2008): 50 Jahre Lebenshilfe. Aufbruch – Entwicklung – Zukunft. Marburg.
Leonhard, J. (2014): Die Büchse der Pandora. Geschichte des Ersten Weltkriegs. München: Beck.
Leven, K.-H. (1997): Die Geschichte der Infektionskrankheiten: Von der Antike bis ins 20. Jahrhundert. Landsberg, Lech: ecomed.
Leven, K.-H. (2005): Von Ratten und Menschen – Pest, Geschichte und das Problem der retrospektiven Diagnose. In: M. Meier (Hrsg.), Pest – Die Geschichte eines Menschheitstraumas (S. 11–32). Klett-Cotta: Stuttgart.
Liebsch, K. (2012): »Jugend ist nur ein Wort«: Soziologie einer Lebensphase und einer sozialen Gruppe. In: Dies. (Hrsg.), Jugendsoziologie. Über Adoleszente, Teenager und neue Generationen (S. 11–31). München: Oldenbourg.
Liedtke, R. (2012): Die Industrielle Revolution. Köln: Böhlau.
Lingenberg, S. (2015): Öffentlich(keit) und Privat(heit). In: A. Hepp, F. Krotz, S. Lingenberg & H. Wimmer (Hrsg.), Handbuch Cultural Studies und Medienanalyse (S. 169–179). Wiesbaden: Springer.
LKA NI – Landeskriminalamt Niedersachsen (2018): Befragung zu Sicherheit und Kriminalität in Niedersachsen 2017. Bericht zu Kernbefunden der Studie. Hannover.
Lorenz, S. (2013): Soziologie im Klimawandel – Verhandlungen und Verfahrenswissenschaft gesellschaftlicher Selbstgefährdung. Soziologie, 42 (1), 42–61.
Lorenz, S. (2020): Naturverhältnisse und ökologische Krisen der Gesellschaft. In: H. Rosa, J. Oberthür, u. a. (Hrsg.), Gesellschaftstheorie (S. 35–62). München: UVK.
Lott, Y. (2023): Der Gender Digital Gap in Transformation? Verwendung digitaler Technologien und Einschätzung der Berufschancen in einem digitalisierten Markt, WSI, Nr. 81, Düsseldorf.

Löw, M. & Stollmann, J. (2018): Urbanität in Smart-City-Entwürfen und Stadtvisionen? Moderne Stadtentwicklung zwischen Songdo und Limerick. In: N. Gestring & J. Wehrheim (Hrsg.), Urbanität im 21. Jahrhundert (S. 336–342). Frankfurt, New York: Campus.

Lüdtke, A. (1982): Arbeitsbeginn, Arbeitspausen, Arbeitsende. In: G. Huck (Hrsg.), Sozialgeschichte der Freizeit (S. 95–122). Wuppertal: Hammer.

Lüdtke, H. (1975): Freizeit in der Industriegesellschaft. Emanzipation oder Anpassung? Opladen: Leske & Budrich.

Luhmann, N. (1996a): Die Realität der Massenmedien (2. Aufl.). Opladen: Westdeutscher Verlag.

Luhmann, N. (1996b): Jenseits von Barbarei. In: M. Miller & H.-G. Soeffner (Hrsg.), Modernität und Barbarei. Soziologische Zeitdiagnose am Ende des 20. Jahrhunderts (S. 219–230). Frankfurt a. M.: Suhrkamp.

Luhmann, N. (1998): Die Gesellschaft der Gesellschaft. Frankfurt a. M.: Suhrkamp.

Luhmann, N. (2005): Formen des Helfens im Wandel gesellschaftlicher Bedingungen. In: Ders. (Hrsg.), Soziologische Aufklärung 2. Aufsätze zur Theorie der Gesellschaft (5. Aufl.) (S. 167–186). Wiesbaden: VS Verlag.

Lührmann, A. & Lindberg, S. I. (2019): A Third Wave of Autocratization Is Here: Ahat Is New about It? Democratization, 26:7, 1095–1113.

Lütge, F. (1967): Geschichte der deutschen Agrarverfassung vom frühen Mittelalter bis zum 19. Jahrhundert. Band III: Deutsche Agrargeschichte (2. Aufl.). Stuttgart: Ulmer.

Lutz, H. & Amelina, A. (2017): Gender, Migration, Transnationalisierung. Eine intersektionelle Einführung. Bielefeld: transcript.

Lutz, H., Herrera V., María T. & Supik, L. (Hrsg.) (2010): Fokus Intersektionalität. Bewegungen und Verortungen eines vielschichtigen Konzeptes. Wiesbaden: VS Verlag.

Mackenbach, J. P., Stirbu, I., Roskam, A. R., Schaap, M. M., Menvielle, G., Leinsalu, M. & Kunst, A. E. (2008): Socioeconomic Inequalities in Health in 22 European Countries. The New England Journal of Medicine, 358 (23), 2468–2481.

Mahne, K. & Klaus, D. (2017): Zwischen Enkelglück und (Groß-)Elternpflicht – die Bedeutung und Ausgestaltung von Beziehungen zwischen Großeltern und Enkelkindern. In: K. Mahne, J. K. Wolff, J. Simonson & C. Tesch-Römer (Hrsg.), Altern im Wandel (S. 231–245). Wiesbaden: Springer.

Manow, P. (2019): Wohlfahrtsstaatregime. In: H. Obinger & M. Schmidt (Hrsg.), Handbuch Sozialpolitik (S. 297–313). Wiesbaden: Springer.

Markowetz, R. (2005): Inklusion – Neuer Begriff, neues Konzept, neue Hoffnungen für die Selbstbestimmung und Partizipation von Menschen mit Behinderung. In: H. Kaiser, E. Kocnik & M. Sigot (Hrsg.), Vom Objekt zum Subjekt. Inklusive Pädagogik und Selbstbestimmung (S. 17–66). Klagenfurt: Hermagoras-Mohorjeva.

Marr, M. & Zillien, N. (2010): Digitale Spaltung. In: W. Schweiger & K. Beck (Hrsg.), Handbuch Online-Kommunikation (S. 257–282). Wiesbaden: VS Verlag.

Martini, M., Gazzaniga, V., Bragazzi, N. L. & Barberis, I. (2019): The Spanish Influenza Pandemic: a Lesson from History 100 Years after 1918. J PREV MED HYG, 60, 64–67.

Martyniuk, U., Dekker, A. & Matthiesen, S. (2013): Sexuelle Interaktionen von Jugendlichen im Internet. Ergebnisse einer qualitativen Interviewstudie mit 160 Großstadtjugendlichen. Medien & Kommunikationswissenschaft, 61 (3), 327–344.

Matz, C. (2018): Warenwelten. Die Architektur des Konsums. Baden-Baden: Tectum.

Mau, S. (2017): Das metrische Wir. Über die Quantifizierung des Sozialen (2. Aufl.). Berlin: Suhrkamp.

Mau, S. (2021a): Konturen einer neuen Klassengesellschaft? Einige Anmerkungen zur Konzeption der Mittelklasse bei Andreas Reckwitz. Leviathan, 49 (2), 164–173.

Mau, S. (2021b): Sortiermaschinen: Die Neuerfindung der Grenze im 21. Jahrhundert. München: Beck.

Mayer, K. U. (1998): Lebensverlauf. In: B. Schäfers & W. Zapf (Hrsg.), Handwörterbuch zur Gesellschaft Deutschlands (S. 438–451). Opladen: Leske & Budrich.

Mayer, S. (2018): Politik der Differenzen. Ethnisierung, Rassismus und Antisemitismus im weißen feministischen Aktivismus in Wien. Opladen, Toronto: Budrich.

Mayer-Ahuja, N. & Nachtwey, O. (Hrsg.) (2021): Verkannte Leistungsträger:innen. Berichte aus der Klassengesellschaft. Berlin: Suhrkamp.

Mayntz, R. (1988): Funktionelle Teilsysteme in der Theorie sozialer Differenzierung. In: R. Mayntz, B. Rosewitz, U. Schimank & R. Stichweh (Hrsg.), Differenzierung und Verselbständigung. Zur Entwicklung gesellschaftlicher Teilsysteme (S. 11–44). Frankfurt a. M. u. a.: Campus.

Mayntz, R. (2009): Governancetheorie: Erkenntnisinteresse und offene Fragen. In: E. Grande & S. May (Hrsg.), Perspektiven der Governance-Forschung (S. 9–19). Baden-Baden: Nomos.

Mayntz, R. (2020): Internet und politische Beteiligung. In: M. Nagel, P. Kenis, P. Leifeld & H. J. Schmedes (Hrsg.), Politische Komplexität, Governance von Innovationen und Policy-Netzwerke. Festschrift für Volker Schneider (S. 3–7). Wiesbaden: Springer.

Mayntz, R. & Rosewitz, B. (1988): Ausdifferenzierung und Strukturwandel des deutschen Gesundheitssystems. In: R. Mayntz, B. Rosewitz, U. Schimank & R. Stichweh (Hrsg.), Differenzierung und Verselbständigung. Zur Entwicklung gesellschaftlicher Teilsysteme (S. 117–179). Frankfurt a. M. u. a.: Campus.

McAuliffe, M. & Triandafyllidou, A. (Hrsg.) (2021): World Migration Report 2022. International Organization for Migration (IOM). Genf.

Meadows, D. H., Meadows, D. L., Zahn, E. K. O. & Milling, P. (1972): Die Grenzen des Wachstums. Bericht zur Lage der Menschheit an den Club of Rome. Reinbek: Rowohlt.

Meier, K. (2018): Journalistik (4. Aufl.). Konstanz, München: UVK.

Meinhof, M. (2020): Postkoloniale Soziologie oder Soziologie des Kolonialismus?. Soziologie, 49, 410–422.

Merchel, J. (2011): Wohlfahrtsverbände, Dritter Sektor und Zivilgesellschaft. In: A. Evers (Hrsg.), Handbuch Soziale Dienste (S. 245–264). Wiesbaden: VS Verlag.

Merkens, H. (2002): Sektion Jugendsoziologie in der Deutschen Gesellschaft für Soziologie (DGS). In: H. Merkens & J. Zinnecker (Hrsg.), Jahrbuch Jugendforschung (2. Ausgabe 2002) (S. 329–333). Opladen: Leske & Budrich.

Merlot, J. (2021): Von Wuhan aus in die Welt. In: Bundeszentrale für politische Bildung (Hrsg.), Corona. Pandemie und Krise (S. 32–43). Bonn.

Metz, R. (2005): Säkulare Trends der deutschen Wirtschaft. In: M. North (Hrsg.), Deutsche Wirtschaftsgeschichte. Ein Jahrtausend im Überblick (2. Aufl.) (S. 427–544). München: Beck.

Metzler, C., Seyda, S., Wallossek, L. & Werner, D. (2017): Menschen mit Behinderung in der betrieblichen Ausbildung. Institut der deutschen Wirtschaft, IW-Analysen (Nr. 114). Köln.

Michaelis, O. (1873): Handelskrisis von 1857. Volkswirthschaftliche Schriften (Band 1) (S. 235–372). Berlin.

Michels, E. (2010): Die »Spanische Grippe« 1918/19. Verlauf, Folgen und Deutungen in Deutschland im Kontext des Ersten Weltkrieges. Vierteljahreshefte für Zeitgeschichte, 58 (1), 1–33.

Mierendorff, J. (2010): Kindheit und Wohlfahrtsstaat. Entstehung, Wandel und Kontinuität des Musters moderner Kindheit. Weinheim. München: Beltz Juventa.

Mierendorff, J. (2013): Normierungsprozesse von Kindheit im Wohlfahrtsstaat. Das Beispiel der Regulierung der Bedingungen der frühen Kindheit. In: H. Kelle & J. Mierendorff (Hrsg.), Normierung und Normalisierung der Kindheit (S. 38–57). Weinheim, Basel: Beltz Juventa.

Mierendorff, J. (2019): Kindheit(en) in modernen Gesellschaften. In: J. Drerup & H. Schweiger (Hrsg.), Handbuch Philosophie der Kindheit (S. 26–34). Stuttgart: Metzler.

Mikl-Horke, G. (2017): Arbeit. In: H. Hirsch-Kreinsen & H. Minssen (Hrsg.), Lexikon der Arbeits- und Industriesoziologie (2. Aufl.) (S. 24–28). Baden-Baden: Nomos.

Milanović, D. (2011). Global Inequality. From Class to Location, from Proletarians to Migrants. Policy Research Working Paper (5820). World Bank.

Milanović, B. (2012): Global Income Inequality by the Numbers: in History and Now. An Overview. Policy Research Working Paper (6259). World Bank.

Milanović, B. (2016): Die ungleiche Welt. Migration, das Eine Prozent und die Zukunft der Mittelschicht. Berlin: Suhrkamp.

Minssen, H. (2019): Arbeit in der modernen Gesellschaft. Eine Einführung (2. Aufl.). Wiesbaden: Springer.

Mitterauer, M. (2003): Mittelalter. In: A. Gestrich, J.-U. Krause & M. Mitterauer (Hrsg.), Geschichte der Familie (S. 160–363). Stuttgart: Kröner.
Mitterauer, M. (2009): Sozialgeschichte der Familie. Kulturvergleich und Entwicklungsperspektiven. Wien: Braumüller.
Möhring, M. (2003): Das Müllern. Systematisches Fitness-Training zu Beginn des 20. Jahrhunderts. In: A. Schwab & R. Trachsel (Hrsg.), Fitness. Schönheit kommt von außen (S. 73–85). Bern: Palma3.
Morens, D. M. & Taubenberger, J. K. (2018): The Mother of All Pandemics Is 100 Years Old (and Going Strong)! American Public Health Association (AJPH), 18 (11), 1449–1454.
Moser, H. (2010): Einführung in die Medienpädagogik. Aufwachsen im Medienzeitalter (5. Aufl.). Wiesbaden: VS Verlag.
mpfs – Medienpädagogischer Forschungsverbund Südwest (2021a): JIM 2021. Jugend, Information, Medien – Basisuntersuchung zum Medienumgang 12- bis 19-Jähriger. Stuttgart.
mpfs – Medienpädagogischer Forschungsverbund Südwest (2021b): KIM-Studie 2021. Kindheit, Internet, Medien – Basisstudie zum Medienumgang 6- bis 13-Jähriger. Stuttgart.
Mudde, C. & Rovira Kaltwasser, C. (2019): Populismus. Eine sehr kurze Einführung. Bonn: Dietz.
Mühling, T. & Rupp, M. (2008): Familienbegriffe. In: N. Baur, H. Kort, M. Löw & M. Schroer (Hrsg.), Handbuch Soziologie (S. 77–95). Wiesbaden: VS Verlag.
Müller, H. & Alleweldt, E. (2013): Modernisierung und Individualisierung. In: S. Mau & N. M. Schöneck (Hrsg.), Handwörterbuch zur Gesellschaft Deutschlands (3., grundl. überarb. Aufl.) (S. 624–636). Wiesbaden: Springer.
Müller, S. (2020): Die Spanische Grippe. Wahrnehmung und Deutung einer Jahrhundertpandemie im Spiegel der sozialdemokratischen Presse. Beiträge aus dem Archiv der sozialen Demokratie, (12). Bonn: Friedrich-Ebert-Stiftung.
Müller-Jung, J. (2021): Fällt Gesundheit vom Himmel? FAZ, 38, 9.
Müller-Jung, J. (2022): Die Lobbyisten haben wieder gewonnen. FAZ vom 20.11.2022.
Münch, H. (2017): Tatort Internet – Neue Herausforderungen, neue Aufgaben. In: P. E. Sensburg (Hrsg.), Sicherheit in einer digitalen Welt (S. 9–21). Baden-Baden: Nomos.
Münch, P. (1998): Lebensformen in der Frühen Neuzeit. Berlin: Ullstein.
Münch, R. (2022): Die Herrschaft der Inzidenzen und Evidenzen. Regieren in den Fallstricken des Szientismus. Frankfurt, New York: Campus.
Nachtwey, O. (2016): Die Abstiegsgesellschaft. Über das Aufbegehren in der regressiven Moderne. Berlin: Suhrkamp.
Nachtwey, O., Frei, N. & Schäfer, R. (2021): Generalverdacht und Kritik als Selbstzweck. Empirische Befunde zu den Corona-Protesten. In: W. Benz (Hrsg.), Querdenken. Protestbewegung zwischen Demokratieverdacht, Hass und Aufruhr (S. 194–213). Berlin: Metropol.
Nachtwey, O., Schäfer, R. & Frei, N. (2020): Politische Soziologie der Corona-Proteste. Basel: Universität Basel, Institut für Soziologie.
Nahrstedt, W. (1982): Wir müssen lernen, auch nicht zu arbeiten. Eingangsreferat Jahreskonferenz Kreisjugendamt Lippe 20.11.1982. In: Ders. (1989): Die Wiederentdeckung der Muße: Freizeit und Bildung in der 35-Stunden-Gesellschaft (S. 51–65). Baltmannsweiler: Schneider.
Nahrstedt, W. (2001): Die Entstehung der Freizeit. Dargestellt am Beispiel Hamburgs. Reprint der Originalausgabe 1972 (3. Aufl.). Bielefeld: Institut für Freizeitwissenschaft und Kulturarbeit e. V.
Nassehi, A. (2021): Muster. Theorie der digitalen Gesellschaft. München: Beck.
Nassehi, A. (2022): Nichts ist mehr selbstverständlich. Der Spiegel, 14, 108–109.
Nave-Herz, R. (1989): Gegenstandsbereich und historische Entwicklung der Familienforschung. In: R. Nave-Herz & M. Markefka (Hrsg.), Handbuch der Familien- und Jugendforschung. Band 1 (S. 1–17). Neuwied, Frankfurt a.M.: Luchterhand.
Nave-Herz, R. (2014): Der Wandel der Familie zum spezialisierten gesellschaftlichen System im Zuge der allgemeinen gesellschaftlichen Differenzierung der Gesellschaft. In: Dies. (Hrsg.), Familiensoziologie (S. 1–26). Oldenbourg: De Gruyter.

Nave-Herz, R. (2018): Familiensoziologie. Historische Entwicklung, theoretische Ansätze, aktuelle Themen. In: A. Wonneberger, K. Weidtmann & S. Stelzig-Willutzki (Hrsg.), Familienwissenschaft. Grundlagen und Überblick (S. 119–147). Wiesbaden: Springer.

Nave-Herz, R. (2019): Familie heute. Wandel der Familienstrukturen und Folgen für die Erziehung (7. Aufl.). Darmstadt: Wissenschaftliche Buchgesellschaft.

Nazir, H. (2019): Regierung treibt »Digital India« voran. Online verfügbar unter: https://www.gtai.de/de/GTAI/Navigation/DE/Trade/Maerkte/suche,t=regierung-treibt-digital-india-voran,did=2232312.html, Zugriff am 30.04.2021.

Neckel, S. (2018): Die Gesellschaft der Nachhaltigkeit. Soziologische Perspektiven. In: S. Neckel, N. Besedovsky, M. Boddenberg, M. Hasenfratz, S. M. Pritz & T. Wiegand (Hrsg.), Die Gesellschaft der Nachhaltigkeit. Umrisse eines Forschungsprogramms (S. 11–23). Bielefeld: transcript.

Negnal, D. (Hrsg.) (2019): Die Problematisierung sozialer Gruppen in Staat und Gesellschaft. Wiesbaden, Heidelberg: Springer.

Neuberger, C. (2018): Journalismus in der Netzwerköffentlichkeit. Zum Verhältnis zwischen Profession, Partizipation und Technik. In: C. Nuernbergk & C. Neuberger (Hrsg.), Journalismus im Internet. Profession – Partizipation – Technisierung (2. Aufl.) (S. 11–80). Wiesbaden: Springer.

Neuberger, C. (2020): Journalismus und digitaler Wandel: Krise und Neukonzeption journalistischer Vermittlung. In: O. Jarren & C. Neuberger (Hrsg.), Gesellschaftliche Vermittlung in der Krise. Medien und Plattformen als Intermediäre (S. 119–154). Baden-Baden: Nomos.

Neubert, D. (2016): Entwicklungspolitik: Programme, Institutionen und Instrumente. In: K. Fischer, G. Hauck & M. Boatcă (Hrsg.), Handbuch Entwicklungsforschung (S. 359–373). Wiesbaden: Springer.

Neumann, J. N. (2017): Behinderte Menschen in Antike und Christentum. Zur Geschichte und Ethik der Inklusion. Stuttgart: Hiersemann.

Niekrenz, Y. & Witte, M. D. (2018): Jugend. In: K. Böllert (Hrsg.), Kompendium Kinder- und Jugendhilfe. Band 1 (S. 381–402). Wiesbaden: Springer.

Niemann, H.-W. (2009): Europäische Wirtschaftsgeschichte. Vom Mittelalter bis heute. Darmstadt: WB.

Niephaus, Y., Kreyenfeld, M. & Sackmann, R. (Hrsg.) (2016): Handbuch Bevölkerungssoziologie. Wiesbaden: Springer.

North, M. (2003): Genuss und Glück des Lebens. Kulturkonsum im Zeitalter der Aufklärung. Köln: Böhlau.

North, M. (Hrsg.) (2005): Deutsche Wirtschaftsgeschichte. Ein Jahrtausend im Überblick (2. Aufl.). München: Beck.

Nowossadeck, S. & Engstler, H. (2017): Wohnung und Wohnkosten im Alter. In: K. Mahne, J. K. Wolff, J. Simonson & C. Tesch-Römer (Hrsg.), Altern im Wandel (S. 287–300). Wiesbaden: Springer.

Nussbaum, M. (2014): Die Grenzen der Gerechtigkeit. Behinderung, Nationalität und Spezieszugehörigkeit. Berlin: Suhrkamp.

Oberwittler, D. (2018): Stadtstruktur und Kriminalität. In: A. Pöge & D. Hermann (Hrsg.), Kriminalsoziologie. Handbuch für Wissenschaft und Praxis (S. 317–336). Baden-Baden: Nomos.

Oberwittler, D. (2022): Jugend und Kriminalität. In: H.-H. Krüger, C. Grunert & K. Ludwig, (Hrsg.), Handbuch Kindheits- und Jugendforschung (Band 1) (3. Aufl.) (S. 1199–1237). Wiesbaden: Springer.

Obinger, H. & Petersen, K. (2019): Die historische Entwicklung des Wohlfahrtsstaates: Von den Anfängen bis zum Ende des Goldenen Zeitalters. In: H. Obinger & M. Schmidt (Hrsg.), Handbuch Sozialpolitik (S. 9–31). Wiesbaden: Springer.

OECD (2019): The Heavy Burden of Obesity: The Economics of Prevention. OECD Health Policy Studies. Paris: OECD Publishing.

Oehmer, F. (2011): Skandale im Spiegel der Zeit: Eine quantitative Inhaltsanalyse der Skandalberichterstattung im Nachrichtenmagazin Der Spiegel. In: K. Bulkow & C. Petersen (Hrsg.), Skandale. Strukturen und Strategien öffentlicher Aufmerksamkeitserzeugung (S. 157–175). Wiesbaden: VS Verlag.

Olk, T. (1985): Jugend und gesellschaftliche Differenzierung – Zur Entstrukturierung der Jugendphase. In: H. Heid & W. Klafki (Hrsg.), Arbeit – Bildung – Arbeitslosigkeit. Zeitschrift für Pädagogik. Beiheft 19 (S. 290–301). Weinheim, Basel: Beltz.
Oltmer, J. (2012): Einführung: Migrationsverhältnisse und Migrationsregime nach dem Zweiten Weltkrieg. In: J. Oltmer, A. Kreienbrink & C. Sanz Díaz (Hrsg.), Das »Gastarbeiter«-System. Arbeitsmigration und ihre Folgen in der Bundesrepublik Deutschland und Westeuropa (S. 9–21). Berlin: Oldenbourg (Schriftenreihe der Vierteljahrshefte für Zeitgeschichte, 104).
Oltmer, J. (2015): Migration. In: T. Rahlf (Hrsg.), Deutschland in Daten. Zeitreihen zur historischen Statistik (S. 46–59). Bonn: Bundeszentrale für politische Bildung.
Oltmer, J. (2018): Migration aushandeln: Perspektiven aus der Historischen Migrationsforschung. In: A. Pott, C. Rass & F. Wolff (Hrsg.), Was Ist ein Migrationsregime? What Is a Migration Regime? (S. 239–254). Wiesbaden: Springer.
Oltmer, J., Kreienbrink, A. & Sanz Díaz, C. (Hrsg.) (2012): Das »Gastarbeiter«-System. Arbeitsmigration und ihre Folgen in der Bundesrepublik Deutschland und Westeuropa. Berlin: Oldenbourg (Schriftenreihe der Vierteljahrshefte für Zeitgeschichte, 104).
Omran, A. R. (1971): The Epidemiologic Transition: A Theory of the Epidemiology of Population Change. The Milbank Memorial Fund Quarterly, 49 (4), 509–538.
Opaschowski, H. W. (1970): Freizeit. Eine wortgeschichtliche Studie. Zeitschrift für deutsche Sprache, 26, 142–150.
Opaschowski, H. W. (1976): Pädagogik der Freizeit. Grundlegung für Wissenschaft und Praxis. Bad Heilbronn: Klinkhardt.
Opaschowski, H. W. (1994): Einführung in die Freizeitwissenschaft (2. Aufl.). Opladen: Leske & Budrich.
Opaschowski, H. W. (1996): Pädagogik der freien Lebenszeit (3. Aufl.). Opladen: Leske & Budrich.
Opaschowski, H. W. (2003): Pädagogik der Freizeit: Historische Entwicklung und zukünftige Entwicklungsperspektiven. In: R. Popp & M. Schwab (Hrsg.), Pädagogik der Freizeit (S. 13–26). Baltmannsweiler: Schneider.
Opaschowski, H. W., M. Pries & U. Reinhardt (Hrsg.) (2006): Freizeitwirtschaft. Die Leitökonomie der Zukunft. Hamburg: LIT.
Opp, K. D. (1996): Aufstieg und Niedergang der Ökologiebewegung in der Bundesrepublik. In: A. Diekmann & C. C. Jaeger (Hrsg.), Umweltsoziologie. Sonderheft Kölner Zeitschrift für Soziologie und Sozialpsychologie (S. 350–379). Opladen: Westdeutscher Verlag.
Orth, B. & Merkel, C. (2020): Die Drogenaffinität Jugendlicher in der Bundesrepublik Deutschland 2019. Rauchen, Alkoholkonsum und Konsum illegaler Drogen: aktuelle Verbreitung und Trends. BZgA-Forschungsbericht. Köln: Bundeszentrale für gesundheitliche Aufklärung.
Ottersbach, M. (2017): Muslimische Jugendkulturen in Deutschland. In: P. Antes & R. Ceylan (Hrsg.), Muslime in Deutschland (S. 279–292). Wiesbaden: Springer.
Otto, D. (2017): Entstehung und Ausdifferenzierung des UN-Klimaregimes. In: Ders. (Hrsg.), Handbuch Globale Klimapolitik (S. 260–300). Leiden: Schöningh.
Panagiotidis, J. (2021): Postsowjetische Migration in Deutschland. Eine Einführung. Weinheim, Basel: Beltz.
Paul, J. (2020): Formen und Kategorisierungen von erzwungener Migration. In: T. Faist (Hrsg.), Soziologie der Migration. Eine Systematische Einführung (S. 73–96). Berlin: De Gruyter.
Penger, S., Oswald, F. & Wahl, H.-W. (2019): Altern im Raum am Beispiel von Wohnen und Mobilität. In: K. Hank, F. Schulz-Nieswandt, M. Wagner & S. Zank (Hrsg.), Alternsforschung. Handbuch für Wissenschaft und Praxis (S. 415–443). Baden-Baden: Nomos.
Perlman, J. (2014): Urbanisierung, Megastädte und informelle Siedlungen. APuZ, 64, 52–60.
Pernold, M. (2011): Leibeigenschaft und Grundherrschaft im mittelalterlichen Mitteleuropa. historia.scribere 3, 399–412.
Peukert, R. (2019): Familienformen im sozialen Wandel (9. Aufl.). Wiesbaden: VS Verlag.

Pfündel, K., Stichs, A. & Tanis, K. (2021): Muslimisches Leben in Deutschland 2020. Studie im Auftrag der Deutschen Islam-Konferenz. Stand 04/2021. Nürnberg: Bundesamt für Migration und Flüchtlinge (Forschungsbericht/BAMF, 38).
Pirenne, H. (2009): Stadt und Handel im Mittelalter. Köln: Anaconda.
Plamper, J. (2019): Das neue Wir. Warum Migration dazugehört: eine andere Geschichte der Deutschen. Frankfurt a. M.: Fischer.
Plessow, O. (2013): Die Stadt im Mittelalter. Stuttgart: Reclam.
Plöger, J. & Keuneke, F. (2021): Arbeit per App – neue Abhängigkeiten in der Gig Economy. Standort, 45 (1), 24–30.
Plumpe, W. (2017): Wirtschaftskrisen – Geschichte und Gegenwart (5. Aufl.). München: Beck.
Pohl, H. (1993): Banken und Bankgeschäfte bis zur Mitte des 19. Jahrhunderts. In: H. Pohl & G. Jachmich (Hrsg.), Europäische Bankengeschichte (S. 196–217). Frankfurt a. M.: Fritz Knapp.
Pohl, H. & Jachmich, G. (1993): Einführung. In: H. Pohl & G. Jachmich (Hrsg.), Europäische Bankengeschichte (S. 1330). Frankfurt a. M.: Fritz Knapp.
Pollmer, U. & Warmuth, S. (2007): Lexikon der populären Ernährungsirrtümer. Mißverständnisse, Fehlinterpretationen und Halbwahrheiten von Alkohol und Zucker. Frankfurt: Eichborn.
Ponemon Institute LLC (2019): The Cost of Cybercrime. Michigan.
Popescu-Willigmann, S. (2014): Berufliche Bewältigungsstrategien und ›Behinderung‹: Undoing Disability am Beispiel hochqualifizierter Menschen mit einer Hörschädigung. Wiesbaden: Springer.
Portmann, E. & Finger, M. (2015): Smart Cities – Ein Überblick! HMD Praxis der Wirtschaftsinformatik, 52 (4), 470–481.
Posch, W. (2009): Projekt Körper. Wie der Kult um die Schönheit unser Leben prägt. Frankfurt, New York: Campus.
Postbank (Hrsg.) (2019): Postbank Digitalstudie 2019. Online verfügbar unter: https://www.presseportal.de/pm/6586/4422175, Zugriff am 30.09.2022.
Pott, A., Rass, C. & Wolff, F. (Hrsg.) (2018): Was Ist ein Migrationsregime? What Is a Migration Regime? Wiesbaden: Springer.
Pötzsch, O. (2016): Demographische Prozesse, Bevölkerungsstruktur und -entwicklung in Deutschland. In: Y. Niephaus, M. Kreyenfeld & R. Sackmann (Hrsg.), Handbuch Bevölkerungssoziologie (S. 91–119). Wiesbaden: Springer.
Prahl, H.-W. (2002): Soziologie der Freizeit. Paderborn u. a.: Schöningh.
Prahl, H.-W. (2015): Geschichte und Entwicklung der Freizeit. In: R. Freericks & D. Brinkmann (Hrsg.), Handbuch Freizeitsoziologie (S. 3–27). Wiesbaden: Springer.
Prell, U. (2020): Die Stadt. Eine Einführung für die Sozialwissenschaften. Opladen, Toronto: Budrich.
PwC – PricewaterhouseCoopers (2015): Wearables: Die tragbare Zukunft kommt näher. Online verfügbar unter: https://www.pwc.de/de/technologie-medien-und-telekommunikation/assets/pwc-media-trend-outlook_wearables.pdf, Zugriff am 30.09.2022.
PwC – PricewaterhouseCoopers (Hrsg.) (2021): Ein neues Gesundheitsbewusstsein für Deutschland? Leben mit der Pandemie. Frankfurt a. M.
Prinz, M. (2003): »Konsum« und »Konsumgesellschaft« – Vorschläge zu Definition und Verwendung. In: Ders. (Hrsg.), Der lange Weg in den Überfluss. Anfänge und Entwicklung der Konsumgesellschaft seit der Vormoderne (S. 11–34). Paderborn u. a.: Schöningh.
Quenzel, G. & Hurrelmann, K. (2022): Lebensphase Jugend. Eine Einführung in die sozialwissenschaftliche Jugendforschung (14. Aufl.). Weinheim, München: Betz.
Quenzel, G. & Meusburger, K. (2022): Jugend in Familie. In: J. Ecarius & A. Schierbaum, (Hrsg.), Handbuch Familie. Band I: Gesellschaft, Familienbeziehungen und differentielle Felder (2. Aufl.) (S. 415–434). Wiesbaden: Springer.
Raab, H. (2010): Fragmentierte Körper – Körperfragmente. In: N. Degele, S. Schmitz, M. Mangelsdorf & E. Gramespacher (Hrsg.), Gendered Bodies *in Motion* (S. 143–162). Opladen, Farming Hills: Budrich.
Radkau, J. (2011): Die Ära der Ökologie. Eine Weltgeschichte. München: Beck.
Rahlf, T. (Hrsg.) (2015): Deutschland in Daten. Zeitreihen zur historischen Statistik. Bonn: Bundeszentrale für politische Bildung.

Rajan, S., Khunti, K., Alwan, N., Steves, C., Greenhalgh, T., MacDermott, N., Sagan, A. & McKee, M. (2021): In the Wake oft the Pandemic. Preparing for Long Covid. WHO Policy Brief 39. Kopenhagen.
Rammstedt, O. (1978): Soziale Bewegung. Frankfurt a. M.: Suhrkamp.
Ramsbrock, A. (2011): Korrigierte Körper. Eine Geschichte künstlicher Schönheit in der Moderne. Göttingen: Wallstein.
Raphael, L. (2019): Jenseits von Kohle und Stahl. Eine Gesellschaftsgeschichte Westeuropas nach dem Boom. Berlin: Suhrkamp.
Raschke, J. (2020): Die Erfindung der modernen Demokratie. Innovationen, Irrwege, Konsequenzen. Wiesbaden: Springer.
Ravens-Sieberer, U., Kaman, A., Otto, C., Adedeji, A., Napp, A., Becker, M. u. a. (2021): Seelische Gesundheit und psychische Belastungen von Kindern und Jugendlichen in der ersten Welle der COVID-19-Pandemie – Ergebnisse der COPSY-Studie. Bundesgesundheitsblatt, Gesundheitsforschung, Gesundheitsschutz.
Ravens-Sieberer, U., Kaman, A., Devine, J., Löffler, C., Reiß, F., Napp, A. K., Gilbert, M., Naderi, H., Hurrelmann, K., Schlack, R., Hölling, H. & Erhart, M. (2022): Seelische Gesundheit und Gesundheitsverhalten von Kindern und Eltern während der COVID-19-Pandemie. Ergebnisse der COPSY-Längsschnittstudie. Deutsche Ärzteblatt, 119.
Razum, O. & Kolip, P. (Hrsg.) (2020): Handbuch Gesundheitswissenschaften. Weinheim: Beltz Juventa.
Reckwitz, A. (2019): Das Ende der Illusionen. Politik, Ökonomie und Kultur in der Spätmoderne. Berlin: Suhrkamp.
Reckwitz, A. (2020a): Die Gesellschaft der Singularitäten (3. Aufl.). Berlin: Suhrkamp.
Reckwitz, A. (2020b): Risikopolitik. In: M. Volkmer & K. Werner (Hrsg.), Die Corona-Gesellschaft. Analysen zur Lage und Perspektiven für die Zukunft (S. 241–251). Bielefeld: transcript.
Reichardt, S. (Hrsg.) (2021): Die Misstrauensgemeinschaft der »Querdenker«. Die Corona-Proteste aus kultur- und sozialwissenschaftlicher Sicht. Frankfurt, New York: Campus.
Reinhard, W. (2004): Lebensformen Europas. Eine historische Kulturanthropologie. München: Beck.
Reinhardt, V. (2021): Die Macht der Seuche. Wie die Pest die Welt veränderte 1347–1353. München: Beck.
Rengeling, D. (2017): Eine kurze Geschichte der Influenza. In: Ders. (Hrsg.), Vom geduldigen Ausharren zur allumfassenden Prävention (S. 48–95). Baden-Baden: Nomos.
Rensmann, L. (2022): Autoritäre Herrschaftsformen im 21. Jahrhundert. In: G. Frankenberg & W. Heitmeyer (Hrsg.), Treiber des Autoritären. Pfade von Entwicklungen zu Beginn des 21. Jahrhunderts (S. 89–116). Frankfurt, New York: Campus.
Renz, U. (2007): Schönheit. Eine Wissenschaft für sich. Berlin: Berliner Taschenbuch Verlag.
Reporter ohne Grenzen (Hrsg.) (2021): Jahresbilanz der Pressefreiheit 2021. Berlin.
Reusswig, F. (2011): Klimawandel und globale Umweltveränderungen. In: M. Gross (Hrsg.), Handbuch Umweltsoziologie (S. 692–720). Wiesbaden: VS Verlag.
Richter, M. & Hurrelmann, K. (Hrsg.) (2016): Soziologie von Gesundheit und Krankheit. Wiesbaden: Springer.
Riddiough, T. J. & Thompson, H. E. (2018): When Prosperity Merges into Crisis: the Decline and Fall of Ohio Life and the Panic of 1857. American Nineteenth Century History, 19 (3), 289–313.
Riegraf, B. (2017): Care, Care-Arbeit und Geschlecht: gesellschaftliche Veränderungen und theoretische Auseinandersetzungen. In: B. Kortendiek, B. Riegraf & K. Sabisch (Hrsg.), Handbuch Interdisziplinäre Geschlechterforschung (S. 1–10). Wiesbaden: Springer.
Rinderspacher, J. P. (2020): Freizeit. In: S. Schinkel, F. Hösel, S.-M. Köhler, A. König, E. Schilling, J. Schreiber, R. Soremski & M. Zschach (Hrsg.), Zeit im Lebensverlauf. Ein Glossar (S. 135–141). Bielefeld: transcript.
Ritzi, C. (2019): Politische Öffentlichkeit zwischen Vielfalt und Fragmentierung. In: J. Hofmann, N. Kersting, C. Ritzi & W. J. Schünemann (Hrsg.), Politik in der digitalen Gesellschaft. Zentrale Problemfelder und Forschungsperspektiven (S. 61–82). Bielefeld: transcript.

Ritzmann, I. (2008): Sorgenkinder: Kranke und behinderte Mädchen und Jungen im 18. Jahrhundert. Köln u. a.: Böhlau.
Ritzmann, I. (2017): Kinder und Jugendliche im familiären Umfeld in der frühen Neuzeit. In: C. Nolte, B. Frohne, U. Halle & S. Kerth (Hrsg.), Dis/ability History der Vormoderne. Ein Handbuch (S. 209–210). Affalterbach: Didymos.
Robert-KochInstitut (Hrsg.) (2017): Gesundheitliche Ungleichheit in verschiedenen Lebensphasen. Gesundheitsberichterstattung des Bundes. Gemeinsam getragen von RKI und Destatis. RKI, Berlin.
Robert-Koch-Institut (Hrsg.) (2020): Gesundheitliche Lage der Frauen in Deutschland. Gesundheitsberichterstattung des Bundes. Gemeinsam getragen von RKI und Destatis. RKI, Berlin.
Rodekohr, B. (2017): Inklusive Sozialplanung – partizipative und sozialräumliche Gestaltung der Schnittstelle der Alten- und Behindertenhilfe für Menschen mit und ohne lebenslange Behinderung im Alter. In: C. Fabian, M. Drilling, O. Niermann & O. Schnur (Hrsg.), Quartier und Gesundheit. Impulse zu einem Querschnittsthema in Wissenschaft, Politik und Praxis (S. 101–122). Wiesbaden: Springer.
Röh, D. (2018): Soziale Arbeit in der Behindertenhilfe (2. Aufl.). München: Reinhardt.
Rosenberg, H. (1974): Die Weltwirtschaft 1857–1859. Göttingen: Vandenhoeck & Ruprecht.
Rösener, W. (1989): Grundherrschaft. In: R.-H. Bautier & R. Auty (Hrsg.), Lexikon des Mittelalters. Band 4 (S. 1739–1740). München, Zürich: Artemis.
Rösener, W. (1993): Die Bauern in der europäischen Geschichte. München: Beck.
Rösener, W. (2009): Die bäuerliche Familie des Spätmittelalters. Familienstruktur. Haushalt und Wirtschaftsverhältnisse. In: K.-H. Spieß (Hrsg.), Die Familie in der Gesellschaft des Mittelalters (S. 137–169). Ostfildern: Thorbecke.
Rosseaux, U. (2005): Von der korporativen Freizeitkultur zur kommerziellen Unterhaltung. Zeitschrift für historische Forschung, 32 (3), 437–462.
Rosseaux, U. (2006): Städte in der frühen Neuzeit. Darmstadt: Wissenschaftliche Buchgesellschaft.
Rosseaux, U. (Hrsg.) (2007): Freiräume. Unterhaltung, Vergnügen und Erholung in Dresden 1694–1830. Köln: Böhlau.
Rössel, J. (2009): Sozialstrukturanalyse. Eine kompakte Einführung. Wiesbaden: VS Verlag.
Rössner, P. R. (2017a): Wirtschaft/Handel. Europäische Geschichte Online (EGO). Hrsg. vom Leibniz-Institut für Europäische Geschichte (IEG). Mainz 2017-01-26. Online verfügbar unter: http://www.ieg-ego.eu/roessnerp-2017-de, Zugriff am 30.09.2022.
Rössner, P. R. (2017b): Wirtschaftsgeschichte neu denken. Stuttgart: Schäffer-Pöschel.
Roth, K. H. (2009): Die globale Krise. Hamburg: VSA.
Rucht, D. (2015): Soziale Bewegungen. In: D. Nohlen & F. Grotz (Hrsg.), Kleines Lexikon der Politik (S. 594–597). München: Beck.
Rucht, D. (2019): Faszinosum Fridays for Future. APuZ, 69 (47/48), 4–9.
Rucht, D. & Neidhardt, F. (2020): Soziale Bewegungen und kollektive Aktionen. In: H. Joas & S. Mau (Hrsg.), Lehrbuch der Soziologie (4. Aufl.) (S. 831–864). Frankfurt a. M.: Campus.
Rucht, D. & Rink, D. (2020): Mobilisierungsprozesse von Fridays for Future. Ein Blick hinter die Kulissen. In: S. Haunss & M. Sommer (Hrsg.), Fridays for Future – Die Jugend gegen den Klimawandel (S. 95–114). Bielefeld: transcript.
Rucht, D. & Sommer, M. (2019): Fridays for Future. Vom Phänomen Greta Thunberg, medialer Verkürzung und geschickter Mobilisierung: Zwischenbilanz eines Höhenflugs. Internationale Politik, Deutsche Gesellschaft für Auswärtige Politik, 74 (4), 121–125.
Ruckstuhl, B. & Ryter, E. (2021): Der Aufbau der öffentlichen Gesundheit im 19. Jahrhundert. In: H. Schmidt-Semisch & F. Schorb (Hrsg.), Public Health. Disziplin Praxis Politik (S. 19–33). Wiesbaden: Springer.
Rudloff, W. (2016): Lebenslagen, Aufmerksamkeitszyklen und Periodisierungsprobleme der bundesdeutschen Behindertenpolitik bis zur Wiedervereinigung. In: G. Lingelbach & A. Waldschmidt (Hrsg.), Kontinuitäten, Zäsuren, Brüche? Lebenslagen von Menschen mit Behinderungen in der deutschen Zeitgeschichte (S. 54–81). Frankfurt, New York: Campus.
Rudolph, S. (2019): Digitale Medien, Partizipation und Ungleichheit. Eine Studie zum sozialen Gebrauch des Internets. Wiesbaden: Springer.

Ruiner, C. & Wilkesmann, M. (2016): Arbeits- und Industriesoziologie. Paderborn: Fink.
Ruisinger, M. M. (2019): Fact or Fiction? Ein kritischer Blick auf den »Schnabel-doktor«. In: LWL-Museum für Archäologie, Westfälisches Landesmuseum Herne (Hrsg.), Pest! Eine Spurensuche (S. 267–274). Darmstadt: WB.
Sachße, C. & Tennstedt, F. (1998): Geschichte der Armenfürsorge in Deutschland (2., verb. u. erw. Aufl.). Stuttgart: Kohlhammer.
Sackmann, R. (2013): Lebenslaufanalyse und Biografieforschung. Eine Einführung (2. Aufl.). Wiesbaden: Springer.
Sackmann, R. & Wingens, M. (2001): Statuspassagen und Lebenslauf. Übergang – Sequenz – Verlauf. Weinheim: Juventa.
Salfellner, H. (2020): Die Spanische Grippe. Eine Geschichte der Pandemie von 1918. Prag: Vitalis.
Salzborn, S. (2021): Demokratie. Theorien – Formen – Entwicklungen. Baden-Baden: Nomos.
Sander, A. (2006): Interdisziplinarität in einer inklusiven Pädagogik. Vortrag gehalten im Rahmen des ANCE-Symposiums »interdisziplinarität + multiprofessionnell: zesummen 1 Schoul« an der Universität Luxemburg am 12. Oktober 2006. Online verfügbar unter: https://ances.lu/wp-content/uploads/2008/10/083_Sander_Inklusionspaedagogik_12-10-2006.pdf, Zugriff am 30.09.2022.
Sanders, D. (1865): Wörterbuch der Deutschen Sprache. Mit Belegen von Luther bis auf die Gegenwart. S–Z (2. Band) (2. Hälfte). Leipzig: Wiegand.
Sarasin, P. (2016): Reizbare Maschinen. Eine Geschichte des Körpers 1765–1914 (4. Aufl.). Frankfurt a. M.: Suhrkamp.
Sarimski, K., Hintermair, M. & Lang, M. (2013): Familienorientierte Frühförderung von Kindern mit Behinderung. München, Basel: Reinhardt.
Sassen, S. (1991): The Global City. New York, London, Tokyo. Princeton: Princeton University Press.
Scarvaglieri, C. & Zech, C. (2013): »ganz normale Jugendliche, allerdings meist mit Migrationshintergrund«. Eine funktional-semantische Analyse von »Migrationshintergrund«. Zeitschrift für Angewandte Linguistik, (58), 201–227.
Schaeffer, D., Vogt, D. & Berens, E. (2020): Gesundheitskompetenz. In: O. Razum & P. Kolip (Hrsg.), Handbuch Gesundheitswissenschaften (7., überarb. Aufl.) (S. 672–683). Weinheim, Basel: Beltz.
Schäfers, B. (2010): Stadtsoziologie (2. Aufl.). Wiesbaden: VS Verlag.
Schäfers, B. (2016): Sozialgeschichte der Soziologie. Die Entwicklung der soziologischen Theorie seit der Doppelrevolution. Wiesbaden: Springer.
Schäfers, M. (2008): Lebensqualität aus Nutzersicht. Wie Menschen mit geistiger Behinderung ihre Lebenssituation beurteilen. Wiesbaden: VS Verlag.
Schäfers, M. (2022): Lebensqualität. In: I. Hedderich, G. Biewer, J. Hollenweger & R. Markowetz (Hrsg.), Handbuch Inklusion und Sonderpädagogik (2. Aufl.) (S. 135–140). Bad Heilbrunn: Klinkhardt.
Schäffer, B. (2007): Medien. In: J. Ecarius (Hrsg.), Handbuch Familie (S. 456–479). Wiesbaden: VS Verlag.
Schama, S. (1988): Überfluss und schöner Schein. Zur Kultur der Niederlande im Goldenen Zeitalter. München: Kindler.
Schanze, H. (2001): Integrale Mediengeschichte. In: Ders. (Hrsg.), Handbuch der Mediengeschichte (S. 207–280). Stuttgart: Kröner.
Schaupp, S. (2021): Digitale Unterschichtung: Migrantische Arbeit bei Dienstleistungsplattformen: In N. Mayer-Ahuja & O. Nachtwey (Hrsg.), Verkannte Leistungsträger:innen. Berichte aus der Klassengesellschaft (S. 305–323). Berlin: Suhrkamp.
Schelsky, H. (1957): Die skeptische Generation. Eine Soziologie der deutschen Jugend. Düsseldorf, Köln: Eugen Diederichs.
Schelsky, H. (1965): Die Bedeutung des Schichtungsbegriffs für die Analyse der gegenwärtigen deutschen Gesellschaft. In: Ders. (Hrsg.), Auf der Suche nach der Wirklichkeit. Gesammelte Aufsätze (S. 331–336). Düsseldorf: Diederichs.
Scherger, S. (2007): Destandardisierung, Differenzierung, Individualisierung. Westdeutsche Lebensläufe im Wandel. Wiesbaden: VS Verlag.

Scherger, S. & Vogel, C. (2018): Arbeit im Alter. Wiesbaden: Springer.
Scherr, A. (2001): Soziale Arbeit und die nicht beliebige Konstruktion sozialer Probleme in der funktional differenzierten Gesellschaft. Soziale Probleme, 12 (1/2), 73–94.
Scherr, A. (2009): Jugendsoziologie. Einführung in Grundlagen und Theorien (9. Aufl.). Wiesbaden: VS Verlag.
Scherr, A., El-Mafaalani, A. & Yüksel, G. (Hrsg.) (2017): Handbuch Diskriminierung. Wiesbaden: Springer.
Schetsche, M. (2014): Empirische Analyse sozialer Probleme. Das wissenssoziologische Programm (2., akt. Aufl.). Wiesbaden: Springer.
Schienkiewitz, A., Brettschneider, A.-K., Damerow S. & Rosario, A. S. (2018): Übergewicht und Adipositas im Kindes- und Jugendalter in Deutschland – Querschnittergebnisse aus KiGGS Welle 2 und Trends. Journal of Health Monitoring, 3 (1), 16–23.
Schienkiewitz, A., Mensink G., Kuhnert, R. & Lange, C. (2017): Übergewicht und Adipositas bei Erwachsenen in Deutschland. Journal of Health Monitoring, 2 (2), 21–28.
Schierbaum, A. (2022): Zur Geschichte von Familie und Gesellschaft. In: J. Ecarius & A. Schierbaum (Hrsg.), Handbuch Familie. Band I: Gesellschaft, Familienbeziehungen und differente Felder (2. Aufl.) (S. 3–27). Wiesbaden: Springer.
Schierbaum, A. & Bossek, J. F. (2020): Lebensphasen. In: S. Schinkel, F. Hösel, S. M. Köhler, A. König, E. Schilling, J. Schreiber, R. Soremski & M. Zschach (Hrsg.), Zeit im Lebensverlauf. Ein Glossar (S. 191–196). Bielefeld: transcript.
Schilling, H. & Ehrenpreis, S. (2015): Die Stadt in der frühen Neuzeit (3. Aufl.). München: Oldenbourg.
Schilling, J. & Klus, S. (2022): Soziale Arbeit. Geschichte – Theorie – Profession (8. Aufl.). München: Reinhardt.
Schilling, M. (1990): Bildpublizistik der frühen Neuzeit. Aufgaben und Leistungen des illustrierten Flugblatts in Deutschland bis um 1700. Tübingen: Niemeyer.
Schillinger, S. (2021): Ein Leben in Sorge um andere: Dauereinsatz in der 24-Stunden-Betreuung. In N. Mayer-Ahuja & O. Nachtwey (Hrsg.), Verkannte Leistungsträger:innen. Berichte aus der Klassengesellschaft (S. 117–137). Berlin: Suhrkamp.
Schimank, U. (2016): Ökologische Integration der Moderne – eine integrative gesellschaftstheoretische Perspektive. In: C. Besio & G. Romano (Hrsg.), Zum gesellschaftlichen Umgang mit dem Klimawandel. Kooperationen und Kollisionen (S. 59–84). Baden-Baden: Nomos.
Schimank, U. (2019): Politische Gesellschaftsgestaltung heute – sozial- und gesellschaftstheoretische Erwägungen angesichts von Transformationsvorhaben wie der »Energiewende«. dmd – der moderne Staat, 12 (2), 251–265.
Schmid, J. (2010): Wohlfahrtsstaaten im Vergleich. Soziale Sicherung in Europa: Organisation, Finanzierung, Leistungen und Probleme (3., akt. u. erw. Aufl.). Wiesbaden: VS Verlag.
Schmid, M. & Vogt, I. (2021): Digitale Transformation in der Suchthilfe. In: M. Wolff, W. Looser & G. Cvetanovska-Pllashniku (Hrsg.), Multiprofessionelle Behandlung von Suchterkrankungen (S. 287–305). Bern: Hogrefe.
Schmid, P. (2014): Die bürgerliche Kindheit. In: M. S. Baader, F. Eßer & W. Schroer (Hrsg.), Kindheiten in der Moderne. Eine Geschichte der Sorge (S. 42–71). Frankfurt a. M.: Campus.
Schmidt, A. P. (2009): Kursstürze in Rekordgeschwindigkeit. Die erste große und globale Wirtschaftskrise im Jahr 1857. Telepolis, 11. April 2009.
Schmidt, G. (2018): Die Reiter der Apokalypse. Geschichte des Dreißigjährigen Krieges. München: Beck.
Schmidt, P. (2010): Behinderung in der frühen Neuzeit. Ein Forschungsbericht. Zeitschrift für historische Forschung, 37 (4), 617–651.
Schmidt, R. (2017): Fordismus/Massenproduktion. In: H. Hirsch-Kreinsen & H. Minssen (Hrsg.), Lexikon der Arbeits- und Industriesoziologie (2. Aufl.) (S. 143–148). Baden-Baden: Nomos.
Schmincke, I. (2021): Körpersoziologie. Paderborn: UTB.
Schneider, M. (1984): Der Kampf um die Arbeitszeitverkürzung von der Industrialisierung bis zur Gegenwart. Gewerkschaftliche Monatshefte, 35 (2), 77–89.
Schneiders, K. (2020): Sozialwirtschaft und soziale Arbeit. Stuttgart: Kohlhammer.

Schneidewind, U. (2019): Die Große Transformation. Eine Einführung in die Kunst gesellschaftlichen Wandels (4. Aufl.). Frankfurt a. M.: Fischer.

Scholkmann, B. (2016): Im Schutz der Stadtmauern. Spektrum der Wissenschaft Spezial, 2, 56–61.

Schorb, F. (2008): Adipositas in Form gebracht. Vier Problemwahrnehmungen. In: H. Schmidt-Semisch & F. Schorb (Hrsg.), Kreuzzug gegen Fette. Sozialwissenschaftliche Aspekte des gesellschaftlichen Umgangs mit Übergewicht und Adipositas (S. 57–77). Wiesbaden: VS Verlag.

Schott, D. (2014): Europäische Urbanisierung (1000–2000). Eine umwelthistorische Einführung. Köln u. a.: Böhlau.

Schott, D. (2017): Kleine Geschichte der europäischen Stadt. APuZ, 67 (48), 11–18.

Schrage, D. (2009): Die Verfügbarkeit der Dinge. Eine historische Soziologie des Konsums. Frankfurt, New York: Campus.

Schröder, H. & Lich, A.-K. (2017): Digitale Dienstleistungen im stationären Einzelhandel als Antwort auf die Herausforderungen durch Online-Shops. In: M. Bruhn & K. Hadwich (Hrsg.), Dienstleistungen 4.0. Konzepte – Methoden – Instrumente. Band 1 (S. 483–510) Wiesbaden: Gabler.

Schroer, M. (2022): Geosoziologie. Die Erde als Raum des Lebens. Berlin: Suhrkamp.

Schubert, E. (2022): Alltag im Mittelalter. Natürliches Lebensumfeld und menschliches Miteinander (4. Aufl.). Darmstadt: WB.

Schubert, H. (2016): Kriminalprävention in der Stadt. In: P. Zoche, S. Kaufmann & H. Arnold (Hrsg.), Grenzenlose Sicherheit? Gesellschaftliche Dimensionen der Sicherheitsforschung (S. 51–74). Berlin u. a.: LIT.

Schudson, M. (2020): Journalism. Why it Matters. Cambridge: Wiley.

Schultz, U. (2016): Der Subsistenzansatz in Theorie und Praxis. In: K. Fischer, G. Hauck & M. Boatcă (Hrsg.), Handbuch Entwicklungsforschung (S. 67–77). Wiesbaden: Springer.

Schulz, K. (1983): Mittelalterliche Vorstellungen von der Körperlichkeit. In: A. E. Imhof (Hrsg.), Der Mensch und sein Körper. Von der Antike bis heute (S. 46–64). München: Beck.

Schulz, M. (2018): Lebensphasen: Kindheit, Jugend, Alter. In: G. Graßhoff, A. Renker & W. Schröer (Hrsg.), Soziale Arbeit. Eine elementare Einführung (S. 3–17). Wiesbaden: Springer.

Schulze, G. (2000): Die Erlebnisgesellschaft. Kultursoziologie der Gegenwart. Studienausgabe (8. Aufl.). Frankfurt a. M.: Campus.

Schuppener, S. (2022): Selbstbestimmung. In: I. Hedderich, G. Biewer, J. Hollenweger & R. Markowetz (Hrsg.), Handbuch Inklusion und Sonderpädagogik (2. Aufl.) (S. 110–115). Bad Heilbrunn: Klinkhardt.

Schwering, M. (2014): Interview mit Jürgen Habermas. Die Lesarten von Demokratie. Online verfügbar unter: http://www.berliner-zeitung.de/kultur/interview-mit-juergen-habermas-die-lesarten-von-demokratie-1159050-seite2, Zugriff am 30.09.2022.

Seefried, E. (2022): Grenzen des Wachstums. FAZ, 101, 6.

Seifert, M. (2014): Mütter, Väter und Großeltern von Kindern mit Behinderung. Herausforderungen – Ressourcen – Zukunftsplanung. In: U. Wilken & B. Jeltsch-Schudel (Hrsg.), Elternarbeit und Behinderung. Empowerment – Inklusion – Wohlbefinden (S. 25–35). Stuttgart: Kohlhammer.

Seifert, M. (2022): Wohnen. In: I. Hedderich, G. Biewer, J. Hollenweger & R. Markowetz (Hrsg.), Handbuch Inklusion und Sonderpädagogik (2. Aufl.) (S. 468–472). Bad Heilbrunn: Klinkhardt.

Seils, C. (2009): Chronik der Krisen. Vom ersten globalen Börsencrash 1857 bis zur Implosion des Kasinokapitalismus 2008: Die vier großen Weltwirtschaftskrisen im Vergleich. DIE ZEIT. Online verfügbar unter: https://www.zeit.de/zeit-geschichte/2009/03/Chronik-der-Krisen, Zugriff am 30.09.2022.

Sennett, R. (1983): Verfall und Ende des öffentlichen Lebens. Die Tyrannei der Intimität. Frankfurt: Fischer.

Shahar, S. (2003): Kindheit im Mittelalter (3. Aufl.). Düsseldorf: Patmos.

Sharif, M., Mogilner, C. & Hershfield, H. (2018): The Effects of Being Time Poor and Time Rich on Happiness. NA – Advances in Consumer Research, 46, 303–308.

Shell (Hrsg.) (2019): Jugend 2019. Eine Generation meldet sich zu Wort. 18. Shell Jugendstudie. Weinheim, Basel: Beltz.
Siebel, W. & Wehrheim, J. (2003): Öffentlichkeit und Privatheit in der überwachten Stadt. DISP, 39 (2), 4–12.
Siedentop, S. (2015): Ursachen, Ausprägungen und Wirkungen der globalen Urbanisierung – ein Überblick. In: H. Taubenböck, M. Wurm, T. Esch & S. Dech (Hrsg.), Globale Urbanisierung – Perspektive aus dem All (S. 11–21). Berlin, Heidelberg: Springer.
Silbernagl, C. (2017): Bridging the Digital Gender Gap: Weltweit kann die Digitalisierung Frauen stärken – wenn Zugangschancen und Angebote im Netz stimmen. Online verfügbar unter: http://www.w20-germany.org/fileadmin/user_upload/documents/BDGG-Brochure-Web-DEUTSCH.pdf, Zugriff am 30.09.2022.
Simon, M. (2017): Das Gesundheitssystem in Deutschland. Eine Einführung in Struktur und Funktionsweise (6., vollst. akt. u. überarb. Aufl.). Bern: Hogrefe.
Simonis, G. (2017a): Komplexe Governance – Governanceversagen? In: Ders. (Hrsg.), Handbuch Globale Klimapolitik (S. 498–535). Leiden: Schöningh.
Simonis, G. (Hrsg.) (2017b): Handbuch Globale Klimapolitik. Leiden: Schöningh.
Simonson, J. & Vogel, C. (2019): Aspekte sozialer Ungleichheit im Alter. In: K. Hank, F. Schulz-Nieswandt, M. Wagner & S. Zank (Hrsg.), Alternsforschung. Handbuch für Wissenschaft und Praxis (S. 171–195). Baden-Baden: Nomos.
Sironi, A. & Bauloz, C. (Hrsg.) (2019): Glossary on Migration. International Migration Law, No. 34. International Organization for Migration (IOM). Genf.
Skuse, A. (2021): Surgery and Selfhood in Early Modern England. Altered Bodies and Contexts of Identity. Cambridge: University Press.
Smykalla, S. & Vinz, D. (Hrsg.) (2016): Intersektionalität zwischen Gender und Diversity. Theorien, Methoden und Politiken der Chancengleichheit (4. Aufl.). Münster: Westfälisches Dampfboot.
Solga, H., Berger, P. A. & Powell, J. (2009): Soziale Ungleichheit – Kein Schnee von gestern! Eine Einführung. In: H. Solga, J. Powell & P. A. Berger (Hrsg.), Soziale Ungleichheit. Klassische Texte zur Sozialstrukturanalyse (S. 11–45). Frankfurt, New York: Campus.
Solga, H., Powell, J. & Berger, P. A. (Hrsg.) (2009): Soziale Ungleichheit. Klassische Texte zur Sozialstrukturanalyse. Frankfurt, New York: Campus.
Sommer, M., Haunss, S., Gardner, B. G., Neuber, M. & Rucht, D. (2020): Wer demonstriert da? Ergebnisse von Befragungen bei Großprotesten von Fridays for Future in Deutschland im März und November 2019. In: S. Haunss & M. Sommer (Hrsg.), Fridays for Future – Die Jugend gegen den Klimawandel (S. 15–66). Bielefeld: transcript.
Sommer, M., Rucht, D., Haunss, S. & Zajak, S. (2019): Fridays for Future. Profil, Entstehung und Perspektiven der Protestbewegung in Deutschland. ipb working paper series 2. Berlin: ipb.
Spector, M. & Kitsuse, J. I. (1987): Constructing Social Problems. New York: Aldine de Gruyter.
Spiekermann, U. (1997): Rationalisierung als Daueraufgabe. Der deutsche Lebensmitteleinzelhandel im 20. Jahrhundert. Scripta Mercaturae, 31 (1), 69–128.
Spieckermann, U. (2008): Übergewicht und Körperdeutungen im 20. Jahrhundert – Eine geschichtswissenschaftliche Rückfrage. In: H. Schmidt-Semisch & F. Schorb (Hrsg.), Kreuzzug gegen Fette. Sozialwissenschaftliche Aspekte des gesellschaftlichen Umgangs mit Übergewicht und Adipositas (S. 35–55). Wiesbaden: VS Verlag.
Spiegelman, M. (1948): The Failure of the Ohio Life Insurance and Trust Company, 1857. Ohio State Archeological and Historical Quarterly, LVII, 247–265.
Spinney, L. (2021): 1918 – die Welt im Fieber. Wie die Spanische Grippe die Gesellschaft veränderte (11. Aufl.). München: Hanser.
Spode, H. (2001): Wie der Mensch zur Freizeit kam. Eine Geschichte des Freizeitverhaltens. Kultur & Technik, 25 (3), 31–37.
Staab, P. (2019): Digitaler Kapitalismus. Markt und Herrschaft in der Ökonomie der Unknappheit. Berlin: Suhrkamp.
Staab, P. (2020): Digitalisierung. In: H. Joas & S. Mau (Hrsg.), Lehrbuch der Soziologie (4. Aufl.) (S. 901–927). Frankfurt a. M.: Campus.

Stapelfeldt, G. (2006): Der Merkantilismus. Die Genese der Weltgesellschaft vom 16. bis zum 18. Jahrhundert. Freiburg: ça ira-Verlag.
Statista (2021a): Freizeitaktivitäten der Deutschen. Dossier: Hamburg.
Statista (2021b): Lebenshaltungskosten. Dossier: Hamburg.
Statista (2021c): Einzelhandel in Deutschland. Dossier: Hamburg.
Statistisches Bundesamt (2021a): Datenreport 2021. Ein Sozialbericht für die Bundesrepublik Deutschland. Bonn.
Statistisches Bundesamt (2021b): Gesundheit. Grunddaten der Krankenhäuser 2020. Fachserie 12, Reihe 6.1.1. Wiesbaden.
Statistisches Bundesamt (2022a): Bevölkerung und Erwerbstätigkeit – Haushalte und Familien, Ergebnisse des Mikrozensus. Erstergebnisse 2021. Fachserie 1, Reihe 3. Wiesbaden.
Statistisches Bundesamt (2022b): 7,8 Millionen schwerbehinderte Menschen leben in Deutschland. Pressemitteilung Nr. 259 vom 22. Juni 2022. Wiesbaden.
Statistisches Bundesamt (2022c): Erwerbstätige im Inland nach Wirtschaftssektoren. Ergebnisse der Erwerbstätigenrechnung im Rahmen der Volkswirtschaftlichen Gesamtrechnungen (VGR). Online verfügbar unter: https://www.destatis.de/DE/Themen/Wirtschaft/Konjunkturindikatoren/Lange-Reihen/Arbeitsmarkt/lrerw13a.html, Zugriff am 30.09.2022.
Statistisches Bundesamt (2022d): Bevölkerung und Erwerbstätigkeit. Bevölkerung mit Migrationshintergrund. Ergebnisse des Mikrozensus 2021. Fachserie 1 Reihe 2.2. Wiesbaden.
Statistisches Bundesamt (2022e): 15. koordinierte Bevölkerungsvorausberechnung – Deutschland. Berichtszeitraum 2021–2070. EVAS-Nummer 12421. Wiesbaden.
Statistisches Bundesamt & WZB – Wissenschaftszentrum Berlin für Sozialforschung & BiB – Bundesinstitut für Bevölkerungsforschung (2021): Datenreport 2021. Ein Sozialbericht für die Bundesrepublik Deutschland. Bonn: Bundeszentrale für politische Bildung.
Stehr, N. & Machin, A. (2019): Gesellschaft und Klima. Entwicklungen, Umbrüche, Herausforderungen. Weilerswist: Velbrück.
Steinbach, A. & Hank, K. (2020): Familie. In: H. Joas & S. Mau (Hrsg.), Lehrbuch der Soziologie (4. Aufl.) (S. 439–469). Frankfurt a. M.: Campus.
Steiner, C. (2018): Immer mehr, immer länger, immer höher? In: A. Lange, H. Reiter, S. Schutter & C. Steiner (Hrsg.), Handbuch Kindheits- und Jugendsoziologie (S. 111–133). Wiesbaden.
Steuerwald, C. (2016): Die Sozialstruktur Deutschlands im internationalen Vergleich (3., überarb. Aufl.). Wiesbaden: Springer.
Stichweh, R. (1988): Inklusion in Funktionssysteme der modernen Gesellschaft. In: R. Mayntz, B. Rosewitz, U. Schimank & R. Stichweh (Hrsg.), Differenzierung und Verselbständigung. Zur Entwicklung gesellschaftlicher Teilsysteme (S. 261–293). Frankfurt a. M. u. a.: Campus.
Stichweh, R. (2005): Individuum und Weltgesellschaft. Handlungsmöglichkeiten für Individuen in einem globalen Gesellschaftssystem. In: E. Böhlke & E. François (Hrsg.), Montesquieu. Franzose – Europäer – Weltbürger (S. 117–127). Berlin: Akademie Verlag.
Stichweh, R. (2010): Der Fremde. Berlin: Suhrkamp.
Stichweh, R. (2012): Medikalisierung und Massenmedien: Interaktionen und Konkurrenzen der Funktionssysteme der Moderne. In: E. Murer (Hrsg.), Gesellschaft und Krankheit: Medikalisierung im Spannungsfeld von Recht und Medizin (S. 151–164). Bern: Stämpfli.
Stichweh, R. (2020a): Simplifikation des Sozialen. In: M. Volkmer & K. Werner (Hrsg.), Die Corona-Gesellschaft. Analysen zur Lage und Perspektiven für die Zukunft (S. 197–206). Bielefeld: transcript.
Stichweh, R. (2020b): Simplifikation des Sozialen. FAZ, (83), 9.
Stichweh, R. (2021): Individual and Collective Inclusion and Exclusion in Political Systems. In: A. L. Ahlers, D. Krichewsky, E. Moser & R. Stichweh (Hrsg.), Democratic and Authoritarian Political Systems in 21st Century World Society (S. 13–38). Bielefeld: transcript.
Stichweh, R. (2022): Resonanz auf das Virus. Die Corona-Pandemie als die Pandemie einer kommunikationsbasierten Weltgesellschaft. In: U. Stephani, K. Ott & C. Bozzaro (Hrsg.), Die Coronavirus-Pandemie und ihre Folgen (S. 379–402). Kiel: Universitätsverlag.
Stichweh, R. & Ahlers, A. L. (2021): The Bipolarity of Democracy and Authoritarianism and Its Societal Origins. In: A. L. Ahlers, D. Krichewsky, E. Moser & R. Stichweh (Hrsg.), Demo-

cratic and Authoritarian Political Systems in 21st Century World Society (S. 209–240). Bielefeld: transcript.
Stichweh, R. & Windolf, P. (Hrsg.) (2009): Inklusion und Exklusion. Analysen zur Sozialstruktur und sozialen Ungleichheit. Wiesbaden: VS Verlag.
Stieninger, M., Auinger, A. & Riedl, R. (2019): Digitale Transformation im stationären Einzelhandel. Wirtschaftsinformatik & Management, 11 (1), 46–56.
Stihler, A. (1998): Die Entstehung des modernen Konsums. Darstellung und Erklärungsansätze. Berlin: Duncker & Humblot.
Stiftung Dalheim (Hrsg.) (2020): Verschwörungstheorien – früher und heute. Bonn: Bundeszentrale für politische Bildung.
Stiftung für Zukunftsfragen (2014): Top 10 Ergebnisse des Freizeitmonitors 2014. Forschung aktuell, 257 (35), 1–3.
Stiftung für Zukunftsfragen (2021): Freizeit-Monitor 2021. Die beliebtesten Freizeitaktivitäten der Deutschen. Forschung aktuell, 293 (42). Online verfügbar unter: https://www.stiftungfuerzukunftsfragen.de/forschung-aktuell-293-42-jg-16-9-2021, Zugriff am 30.09.2022.
Stiftung für Zukunftsfragen (2022): Freizeit-Monitor 2022. Top Aktivitäten. Forschung aktuell, 297. Online verfügbar unter: https://www.stiftungfuerzukunftsfragen.de/freizeit-monitor-2022/, Zugriff am 30.09.2022.
Stöber, R. (2013): Neue Medien. Geschichte. Von Gutenberg bis Apple und Google. Bremen: edition lumiére.
Stolleis, M. (2003): Geschichte des Sozialrechts in Deutschland. Ein Grundriß. Stuttgart: Lucius & Lucius.
Stoob, H. (1985): Stadtformen und städtisches Leben im späten Mittelalter. In: Ders. (Hrsg.), Die Stadt. Gestalt und Wandel bis zum industriellen Zeitalter (S. 151–190). Köln, Wien: Böhlau.
Strupp, J., Groebe, B., Eisenmann, Y., Schmidt, H. & Voltz, R. (2019): Lebensende. In: K. Hank, F. Schulz-Nieswandt, M. Wagner & S. Zank (Hrsg.), Alternsforschung. Handbuch für Wissenschaft und Praxis (S. 313–338). Baden-Baden: Nomos.
Sutterlüty, F. (2022): Gewalt in der Familie. In: J. Ecarius & A. Schierbaum (Hrsg.), Handbuch Familie. Band I: Gesellschaft, Familienbeziehungen und differente Felder (2. Aufl.) (S. 707–723). Wiesbaden: Springer.
SVR – Sachverständigenrat für Integration und Migration (2022): Systemrelevant: Migration als Stütze und Herausforderung für die Gesundheitsversorgung in Deutschland. Jahresgutachten 2022. Berlin: SVR.
Tangermann, J. & Hoffmeyer-Zlotnik, P. (2018): Unbegleitete Minderjährige in Deutschland. Herausforderungen und Maßnahmen nach der Klärung des aufenthaltsrechtlichen Status. Fokusstudie der deutschen nationalen Kontaktstelle für das Europäische Migrationsnetzwerk (EMN). Working Paper 80 des Forschungszentrums des Bundesamtes. BAMF.
Teipen, C. (2019): Globale Wertschöpfungsketten und nationale Institutionen. Eine wirtschaftssoziologische Analyse zu Entwicklern digitaler Spielesoftware in Deutschland, Schweden und Polen. Baden-Baden: Nomos.
Tews, H. P. (1993): Neue und alte Aspekte des Strukturwandels des Alters. In: G. Naegele & H. P. Tews (Hrsg.), Lebenslagen im Strukturwandel des Alters. Alternde Gesellschaft – Folgen für die Politik (S. 15–42). Wiesbaden: VS Verlag.
Textor, M. R. (1996): Bauernfamilien im Mittelalter. Online verfügbar unter: https://www.ipzf.de/mittelalter.html, Zugriff am 30.09.2022.
Theunissen, G. (2001): Die Independent Living Bewegung. Behinderte in Familie, Schule und Gesellschaft, (3/4), 13–20.
Thimm, W. (2005): Das Normalisierungsprinzip – eine Einführung. In: Ders. (Hrsg.), Das Normalisierungsprinzip. Ein Lesebuch zu Geschichte und Gegenwart eines Reformkonzepts (S. 12–31). Marburg: Lebenshilfe-Verlag.
Thole, W. (2010): Freizeit, Medien und Kultur. In: H.-H. Krüger & C. Grunert (Hrsg.), Handbuch der Kindheits- und Jugendforschung (2. Aufl.) (S. 727–763). Wiesbaden: VS Verlag.
Thommen, L. (2009): Umweltgeschichte der Antike. München: Beck.

Thompson, E. P. (2007): Zeit, Arbeitsdisziplin und Industriekapitalismus. In: J. Holloway & E. P. Thompson (Hrsg.), Blauer Montag. Über Zeit und Arbeitsdisziplin (S. 19–72). Hamburg: Nautilus.

Tichenor, P. J., Donohue, G. A. & Olien, C. N. (1970): Mass Media Flow and Differential Growth in Knowledge. Public Opinion Quarterly, 34, 159–170.

Tillmann, C. (2022): Für und Wider der Inklusion: Welche Positionen vertreten die Disability Studies in der Inklusionsdebatte? In: A. Waldschmidt (Hrsg.), Handbuch Disability Studies (S. 517–531). Wiesbaden: Springer.

Timm, A. (1968): Verlust der Muße. Zur Geschichte der Freizeitgesellschaft. Hamburg: Knauel.

Tokarski, W. & Schmitz-Scherer, R. (1985): Freizeit. Stuttgart: Teubner.

Townsend, A. M. (2013): Smart Cities. Big Data, Civic Hackers, and the Quest for a New Utopia. New York: Norton & Company.

Trachsel, R. (2003): Fitness und Körperkult. Entwicklungen des Körperbewußtseins im 20. Jahrhundert. In: A. Schwab & R. Trachsel (Hrsg.), Fitness. Schönheit kommt von außen (S. 3–34). Bern: Palma3.

Treibel, A. (2008): Migration. In: N. Baur (Hrsg.), Handbuch Soziologie. Online-Ausgabe (S. 295–317). Wiesbaden: Springer (EBL-Schweitzer).

Treibel, A. (2011): Migration in modernen Gesellschaften. Soziale Folgen von Einwanderung, Gastarbeit und Flucht (5. Aufl.). Weinheim, München: Juventa.

Treibel, A. (2015): Integriert Euch! Plädoyer für ein selbstbewusstes Einwanderungsland. Frankfurt a. M.: Campus.

Trentmann, F. (2018): Herrschaft der Dinge. Die Geschichte des Konsums vom 15. Jahrhundert bis heute (3. Aufl.). München: Pantheon.

Trescher, H. (2016): Freizeit als Fenster zur Inklusion. Vierteljahresschrift für Heilpädagogik und ihre Nachbargebiete, 85 (2), 98–111.

Trkulja, V. (2008): Die Digitale Kluft: eine Analyse der Informationsinfrastruktur in Bosnien-Herzegowina. Information, Wissenschaft & Praxis, 59 (2), 142–148.

TUI Stiftung (Hrsg.) (2022): Junges Europa 2022. So denken Menschen zwischen 16 und 26 Jahren. Hannover.

Turba, H. (2020): Sozialpolitik als Problemarbeit an Menschen und an Institutionen. Soziale Probleme, 31 (1/2), 123–140.

UBA – Umweltbundesamt (Hrsg.) (2018a): Konsum 4.0: Wie Digitalisierung den Konsum verändert. Dessau-Roßlau.

UBA – Umweltbundesamt (Hrsg.) (2018b): Urbaner Umweltschutz. Die strategische Forschungsagenda des Umweltbundesamtes. Dessau-Roßlau.

UNCTAD – United Nations Conference on Trade and Development (2013): World Investment Report 2013. Global Value Chains: Investment and Trade for Development. New York, Genf.

UNCTAD – United Nations Conference on Trade and Development (2017): World Investment Report 2017. New York, Genf.

UNCTAD – United Nations Conference on Trade and Development (2019): World Investment Report 2019. New York, Genf.

UNDP – United Nations Development Programme (2022): Human Development Report 2021–22. Uncertain Times, Unsettled Lives : Shaping our Future in a Transforming World. New York: United Nations.

UNESCO (1994): Die Salamanca Erklärung und der Aktionsrahmen zur Pädagogik für besondere Bedürfnisse. Salamanca. Online verfügbar unter: https://www.unesco.de/fileadmin/medien/Dokumente/Bibliothek/salamanca-erklaerung.pdf, Zugriff am 30.09.2022.

UNHCR (2015): Abkommen über die Rechtsstellung der Flüchtlinge vom 28. Juli 1951/Protokoll über die Rechtsstellung der Flüchtlinge vom 31. Januar 1967. Online verfügbar unter: https://www.unhcr.org/dach/wp-content/uploads/sites/27/2017/03/GFK_Pocket_2015_RZ_final_ansicht.pdf, Zugriff am 30.09.2022.

UNICEF (1989): Konvention über die Rechte des Kindes. Köln.

Uchatius, W. (2007): Alles ist weg – Wie gefährlich können lokale Finanznöte werden? DIE ZEIT, 42.

van Dyk, S. (2020): Soziologie des Alters (2., akt. u. erg. Ausgabe). Bielefeld: transcript.

van Hear, N., Bakewell, O. & Long, K. (2018): Push-Pull Plus: Reconsidering the Drivers of Migration. Journal of Ethnic and Migration Studies, 44 (6), 927–944.
Vasold, M. (2008): Grippe, Pest und Cholera. Eine Geschichte der Seuchen in Europa. Stuttgart: Franz Steiner.
Vasold, M. (2009a): Die »spanische Grippe« 1918/19. Eine globale Betrachtung. Zeitschrift für Weltgeschichte. Interdisziplinäre Perspektiven, 10 (2), 135–157.
Vasold, M. (2009b): Die Spanische Grippe. Die Seuche und der Erste Weltkrieg. Darmstadt: Primus.
Vaupel, M. & Kaul, V. (2016): Die Geschichte(n) des Geldes. Von der Kaurischnecke zum Goldstandard – So entwickelte sich das Finanzsystem. Kulmbach: Börsenbuchverlag.
Vázquez-Espinosa, E., Laganà, C. & Vazquez, F. (2020): The Spanish Flu and the Fiction Literature. Revista Española de Quimioterapia, 33 (5), 296–312.
Veblen, T. (2007): Theorie der feinen Leute. Eine ökonomische Untersuchung der Institutionen. Frankfurt a. M.: Fischer.
Vensky, H. (2012): Als der Mauersprecht noch am Betonwall pickte. ZEIT Online, 14.06.2012.
Vereinte Nationen (2015): Millenniums-Entwicklungsziele 2015. New York.
Vereinte Nationen (2016): The World's Cities in 2016. New York.
Vereinte Nationen (2019): World Urbanization Prospects 2018 – Highlights. New York.
Vereinte Nationen (2022): World Economic Situation and Prospects as of Mid-2022. New York.
Vester, M., Oertzen, P. v., Geiling, H., Hermann, T. & Müller, D. (2001): Soziale Milieus im gesellschaftlichen Strukturwandel. Zwischen Integration und Ausgrenzung. Frankfurt a. M.: Suhrkamp.
Vocelka, K. (2017): Frühe Neuzeit 1500–1800 (2. Aufl.). Konstanz, München: UVK.
Vogel, C. (Hrsg.) (2013): Altern im sozialen Wandel. Die Rückkehr der Altersarmut? Wiesbaden: Springer.
Vogel, C., Wettstein, M. & Tesch-Römer, C. (Hrsg.) (2019): Frauen und Männer in der zweiten Lebenshälfte. Älterwerden im sozialen Wandel. Wiesbaden: Springer.
Vögele, J. (2014): Vom epidemiologischen Übergang zur emotionalen Epidemiologie. Zugänge zur Seuchengeschichte. In: M. Thießen (Hrsg.), Infiziertes Europa. Seuchen im langen 20. Jahrhundert (S. 29–49). München: De Gruyter.
Volkmer, M. & Werner, K. (Hrsg.) (2020): Die Corona-Gesellschaft. Analysen zur Lage und Perspektiven für die Zukunft. Bielefeld: transcript.
Voß, G. G. (2018): Was ist Arbeit? Zum Problem eines allgemeinen Arbeitsbegriffs. In: F. Böhle, G. Wachtler & G. G. Voß (Hrsg.), Handbuch Arbeitssoziologie. Band 1: Arbeit, Strukturen und Prozesse (2. Aufl.) (S. 15–84). Wiesbaden: Springer.
Vowe, G. (2021): Massenmedien. In: U. Andersen, J. Bogumil, S. Marschall & W. Woyke (Hrsg.), Handwörterbuch des politischen Systems der Bundesrepublik Deutschland (8. Aufl.) (S. 607–616). Wiesbaden: Springer.
Vowe, G. & Henn, P. (2016): Leitmedium Fernsehen? Online verfügbar unter: http://www.bpb.de/gesellschaft/medien/medienpolitik/172063/leitmedium-fernsehen?p=all, Zugriff am 30.09.2022.
Vries, J. D. (2008): The Industrious Revolution: Consumer Behavior and the Household Economy. 1650 to the Present. Cambridge: Cambridge University Press.
Wachtel, G. (2016): Familie. In: I. Hedderich, G. Biewer, J. Hollenweger & R. Markowetz (Hrsg.), Handbuch Inklusion und Sonderpädagogik (S. 427–432). Bad Heilbrunn: Klinkhardt.
Wagner, E. (2014): Schönheitschirurgie-Patientinnen als »ugly dopes«? Zur Medialität der Entscheidungsfindung für plastisch-chirurgische Eingriffe. Berliner Journal für Soziologie, 24 (1), 89–110.
Wagner, M. & Valdés Cifuentes, I. (2014): Die Pluralisierung der Lebensformen – ein fortlaufender Trend? Comparative Population Studies, 39 (1), 73–98.
Wahl, H-W. & Kruse, A. (Hrsg.) (2014): Lebensläufe im Wandel. Entwicklung über die Lebensspanne aus Sicht verschiedener Disziplinen. Stuttgart: Kohlhammer.
Wahl, H.-W. & Heyl, V. (2015): Gerontologie – Einführung und Geschichte (2., vollst. überarb. Aufl.). Stuttgart: Kohlhammer.

Waldschmidt, A. (2012): (Körper-)Behinderung als soziales Problem. In: G. Albrecht & A. Groenemeyer (Hrsg.), Handbuch soziale Probleme. Band 1 (2. Aufl.) (S. 716–751). Wiesbaden: Springer.

Wallaschkowski, S. (2019): Die Entstehung des modernen Konsums. Entwicklungslinien von 1750 bis heute. Wiesbaden: Springer.

Wallaschkowski, S. & Niehuis, E. (2017): Digitaler Konsum. In: O. Stengel, A. v. Looy & S. Wallaschkowski (Hrsg.), Digitalzeitalter – Digitalgesellschaft. Das Ende des Industriezeitalters und der Beginn einer neuen Epoche (S. 109–141). Wiesbaden: Springer.

Wallerstein, I. (2019): Welt-System-Analyse. Eine Einführung. Wiesbaden: Springer.

Walter, C. (2009): »utiliter servire non possunt«: Zum Umgang mit chronisch kranken, behinderten, alten oder aus anderen Gründen arbeitsunfähigen unfreien oder abhängigen Personen in der frühmittelalterlichen Grundherrschaft. In: C. Nolte (Hrsg.), Homo Debilis: Behinderte – Kranke – Versehrte in der Gesellschaft des Mittelalters (S. 291–301). Korb: Didymos.

Wampfler, P. (2014): Generation »Social Media«. Wie digitale Kommunikation Leben, Beziehungen und Lernen Jugendlicher verändert. Göttingen: Vandenhoeck & Ruprecht.

Weber, M. (2015): Inklusion, Integration und Lebensqualität in Werkstätten für behinderte Menschen. Zeitschrift für Heilpädagogik, 66 (3), 128–141.

Weber, W. E. J. (2004): Buchdruck. Repräsentation und Verbreitung von Wissen. In: R. v. Dülmen & S. Rauschenbach (Hrsg.), Macht des Wissens. Die Entstehung der modernen Wissensgesellschaft (S. 65–91). Köln: Böhlau.

Wedemeyer, B. (1996): Starke Männer, starke Frauen. Eine Kulturgeschichte des Bodybuildings. München: Beck.

Wehrheim, J. (2004): Städte im Blickpunkt Innerer Sicherheit. APuZ, 44, 21–27.

Wehrheim, J. (2012): Die überwachte Stadt – Sicherheit, Segregation und Ausgrenzung (3. Aufl.). Opladen u. a.: Leske & Budrich.

Wehrheim, J. (2018): Überwachte Stadt. In: D. Rink & A. Haase (Hrsg.), Handbuch Stadtkonzepte (S. 451–471). Opladen, Toronto: Budrich.

Weidner, M. (2003): Finanzen und Konsum im Spannungsfeld von »Ehre« und »Ruin«. Eine Skizze zum Stiftsadel des Fürstenbistums Münster (1650–1750). In: Ders. (Hrsg.), Der lange Weg in den Überfluss. Anfänge und Entwicklung der Konsumgesellschaft seit der Vormoderne (S. 105–119). Paderborn u. a.: Schöningh.

Weiland, U. (2015): Stadtökologie – zum Verhältnis von Stadt und Umwelt. In: A. Flade (Hrsg.), Stadt und Gesellschaft im Fokus aktueller Stadtforschung. Konzepte – Herausforderung – Stadtforschung (S. 177–210). Wiesbaden: Springer.

Weinberg, P. & Gröppel, A. (1988): Formen und Wirkungen erlebnisorientierter Kommunikation. Marketing ZFP, 10 (3), 190–197.

Weiß, A. (2016): Globale Ungleichheiten und die Soziologie. In: H. Bude & P. Staab (Hrsg.), Kapitalismus und Ungleichheit. Die neuen Verwerfungen (S. 95–114). Frankfurt, New York: Campus.

Weiß, A. (2017): Soziologie globaler Ungleichheiten. Berlin: Suhrkamp.

Weiß, A. (2020): Globale Ungleichheiten. In: H. Joas & S. Mau (Hrsg.), Lehrbuch der Soziologie (4., vollst. überarb. u. erw. Aufl.) (S. 725–756). Frankfurt a. M.: Campus.

Wendt, C. (2013): Krankenversicherung oder Gesundheitsversorgung? Gesundheitssysteme im Vergleich (3., überarb. Aufl.). Wiesbaden: Springer.

Wendt, R. (2016): Vom Kolonialismus zur Globalisierung. Europa und die Welt seit 1500 (2. Aufl.). Paderborn: Schöningh.

Wenisch, D. (2015): Nachhaltige Stadtentwicklung. Eine-Welt-Presse, 32, 2–3.

Welskopp, T. (2021): Feine Unterschiede oder scharfe Differenzen: Klassen, Milieus und Konsum im Kapitalismus. In: C. Kleinschmidt & J. Logemann (Hrsg.), Konsum im 19. und 20. Jahrhundert (S. 59–85). Berlin, Boston: De Gruyter.

Wetzel, J. (2022): Die Pest war nicht so tödlich wie gedacht. Süddeutsche Zeitung, 19. April 2022.

Wetzel, M. & Simonson, J. (2017): Engagiert bis ins hohe Alter? Organisationsgebundenes ehrenamtliches Engagement in der zweiten Lebenshälfte. In: K. Mahne, J. K. Wolff, J. Simonson & C. Tesch-Römer (Hrsg.), Altern im Wandel (S. 81–95). Wiesbaden: Springer.

WHO – Weltgesundheitsorganisation (1986): Ottawa-Charta zur Gesundheitsförderung. WHO-organisierte Übersetzung. Online verfügbar unter: https://www.euro.who.int/__data/assets/pdf_file/0006/129534/Ottawa_Charter_G.pdf, Zugriff am 30.09.2022.

WHO – Weltgesundheitsorganisation (2004): Vierte Ministerielle Konferenz Umwelt und Gesundheit »Wohnen und Gesundheit« – Arbeitspapier, EUR/04/5046267/12.

WHO – World Health Organization (2017): Plague: Key facts, 31. Oktober 2017. Online verfügbar unter: https://www.who.int/news-room/fact-sheets/detail/plague, Zugriff am 30.09.2022.

WHO – World Health Organization (2020a): 2019-nCoV-Ausbruch zur gesundheitlichen Notlage von internationaler Tragweite erklärt, 31. Januar 2020. Online verfügbar unter: https://www.euro.who.int/de/health-topics/health-emergencies/coronavirus-covid-19/news/news/2020/01/2019-ncov-outbreak-is-an-emergency-of-international-concern, Zugriff am 30.09.2022.

WHO – World Health Organization (2020b): WHO Director-General's opening remarks at the media briefing on COVID-19, 11. März 2020. Online verfügbar unter: https://www.who.int/director-general/speeches/detail/who-director-general-s-opening-remarks-at-the-media-briefing-on-covid-19---11-march-2020, Zugriff am 30.09.2022.

WHO – World Health Organization (2022): WHO European Regional Obesity Report 2022. Kopenhagen.

Wienberg, G. (2013): Von der sozialen Exklusion zur Inklusion von Menschen mit Behinderungen – eine sozialhistorische Skizze. Zeitschrift für evangelische Ethik, 57 (3), 169–182.

Wilke, J. (2008): Grundzüge der Medien- und Kommunikationsgeschichte. Köln u.a.: Böhlau.

Will, A.-K. (2016): 10 Jahre Migrationshintergrund in der Repräsentativstatistik: ein Konzept auf dem Prüfstand. Leviathan, 44 (1), 9–35.

Williams, E. (2021): Capitalism and Slavery (3. Aufl.). North Carolina Press.

Wingens, M. (2020): Soziologische Lebenslaufforschung. Wiesbaden: Springer.

Winker, G. & Degele, N. (2010): Intersektionalität. Zur Analyse sozialer Ungleichheiten (2., unv. Aufl.). Bielefeld: transcript.

Winkle, S. (2021): Die Geschichte der Seuchen. München: Anaconda.

Winkler, M. (2017): Kindheitsgeschichte. Eine Einführung. Göttingen: Vandenhoeck & Ruprecht.

Witte, J., Zeitler, A. & Hasemann, L. (2022): Krankenhausversorgung von Kindern und Jugendlichen während der Pandemie. Fokus: Psychische Erkrankungen. Ergebnisse des DAK-Kinder- und Jugendreports 2022. Bielefeld.

Witte, M. D., Schmitt, C. & Niekrenz, Y. (2021): Jugendliche. In: U. Deinet, B. Sturzenhecker, v. L. Schwanenflügel & M. Schwerthelm (Hrsg.), Handbuch offene Kinder- und Jugendarbeit (5. Aufl.) (S. 375–386). Wiesbaden: VS Verlag.

Wöhler, K. (2011): Freizeit. In: H. Reinalter & P. J. Brenner (Hrsg.), Lexikon der Geisteswissenschaften. Sachbegriffe – Disziplinen – Personen (S. 220–225). Köln, Weimar: Böhlau.

Wolf, N. (2014): Kurze Geschichte der Weltwirtschaft. APuZ, 14 (1–3), 9–15.

Wollmershäuser, T., Ederer, S., Fourné, F., Lay, M., Lehmann, R., Link, S., Möhrle, S., Sauer, R., Wohlrabe, K. & Zarges, L. (2022): ifo Konjunktur-Prognose Frühjahr 2022: Folgen des russisch-ukrainischen Krieges dämpfen deutsche Konjunktur. ifo Schnelldienst digital, 1, 23. März 2022. München.

Wonneberger, A., Weidtmann, K. & Stelzig-Willutzki, S. (Hrsg.) (2018): Familienwissenschaft. Grundlagen und Überblick. Wiesbaden: Springer.

Worbs, S., Bund, E., Kohls, M. & Gostomski, C. B. v. (2013): (Spät-)Aussiedler in Deutschland. Eine Analyse aktueller Daten und Forschungsergebnisse. BAMF – Bundesamt für Migration und Flüchtlinge. Nürnberg (Forschungsbericht 20).

World Bank (2022a): Poverty and Shared Prosperity 2022: Chapter 1 Annexes. Washington, DC: World Bank.

World Bank (2022b): Poverty and Shared Prosperity 2022: Correcting Course. Washington, DC: World Bank.

World Bank (2022c): »Poverty and Inequality Platform«. Online verfügbar unter: https://pip.worldbank.org, Zugriff am 11.10.2022.

World Food Programme (2019): Welternährungskarte 2019. World Food Programme. Rom. Online verfügbar unter: https://de.wfp.org/veroffentlichungen/welthungerkarte-2019, Zugriff am 29.09.2022.

Worobey, M. (2021): Dissecting the Early COVID-19 Cases. Wuhan Science, 374 (6572), 1202–1204.

WTO – World Trade Organization (2020): World Trade Statistical Review 2020. Genf.

Würgler, A. (2013): Medien in der frühen Neuzeit (2. Aufl.). München: Oldenbourg.

Zarotis, G. F. (1999): Ziel Fitness-Club: Motive im Fitness-Sport. Gesundheit? Aussehen? Ausgleich? Spaß?. Aachen: Meyer & Meyer.

Zelenka, K. (2012): Ansichtssache?! – Eine qualitativ-empirische Studie über die Wahrnehmung der Selbstbestimmungsmöglichkeiten von Menschen mit geistiger Behinderung im Zusammenhang mit Sachwalterschaft. Diplomarbeit Universität Wien. Online verfügbar unter: http://othes.univie.ac.at/19800/1/2012-03-30_0301196.pdf, Zugriff am 30.09.2022.

Zick, A. (2017): Das Vorurteil über Muslime. In: P. Antes & R. Ceylan (Hrsg.), Muslime in Deutschland (S. 39–57). Wiesbaden: Springer.

Ziemann, A. (2018): Medien und Gesellschaft. In: D. Hoffmann & R. Winter (Hrsg.), Mediensoziologie (S. 57–70). Baden-Baden: Nomos.

Zillien, N. (2013): Wissenskluftforschung. In: W. Schweiger & A. Fahr (Hrsg.), Handbuch Medienwirkungsforschung (S. 495–512). Wiesbaden: Springer.

Zillien, N. & Fröhlich, G. (2018): Reflexive Selbstverwissenschaftlichung. Eine empirische Analyse der digitalen Selbstvermessung. In: T. Mämecke, J.-H. Passoth & J. Wehner (Hrsg.), Bedeutende Daten. Modelle, Verfahren und Praxis der Vermessung und Verdatung im Netz (S. 233–249). Wiesbaden: Springer.

Zillien, N., Fröhlich, G. & Dötsch, M. (2015): Zahlenkörper. Digitale Selbstvermessung als Verdinglichung des Körpers. In: K. Hahn & M. Stempfhuber (Hrsg.), Präsenzen 2.0. Körperinszenierung in Medienkulturen (S. 77–94). Wiesbaden: Springer.

Zillien, N. & Haufs-Brusberg, M. (2014): Wissenskluft und Digital Divide. Baden-Baden: Nomos.

Zillien, N. & Lenz, T. (2021): Digitale Ungleichheit in der Wissenschaftsgesellschaft. Wie die Corona-Krise Problemlagen im Bildungsbereich verschärft. Online verfügbar unter: https://www.ueberaus.de/wws/digitale_ungleichheit.php?sid=88900218074856791361564326432720, Zugriff am 30.09.2022.

Zimmermann, H. (2010): Kommunikationsmedien und Öffentlichkeit: Strukturen und Wandel. In: K. Neumann-Braun & S. Müller-Dohm (Hrsg.), Medien- und Kommunikationssoziologie. Eine Einführung in zentrale Begriffe und Theorien (S. 41–54). Weinheim, München: Juventa.

Zimmermann, O. & Konietzka, D. (2020): Die Heterogenität familialer Lebensverläufe. Kölner Zeitschrift für Soziologie und Sozialpsychologie, 72 (4), 651–680.

Zink, K. J. (Hrsg.) (2019): Arbeit und Organisation im digitalen Wandel. Baden-Baden: Nomos.

Zink, K. J., Schröder, D., Hellge, V. & Bosse, C. K. (2019): Zukunft der Arbeit = Arbeit 4.0? In: K. J. Zink (Hrsg.), Arbeit und Organisation im digitalen Wandel (S. 53–93). Baden-Baden: Nomos.

Zöttl, I. (2023): Wie 1857 eine Bankenpleite eine globale Finanzkrise auslöste. Capital, 09.04.2023. Online verfügbar unter: https://www.capital.de/wirtschaft-politik/die-grossen-wirtschaftskrisen-finanzkrise-1857, Zugriff am 15.04.2023.

Zuboff, S. (2018): Das Zeitalter des Überwachungskapitalismus. Frankfurt, New York: Campus.